신앙고백적 칼빈주의의 태동과 특징
개혁신학 광맥

Reformed Theology Series 1
The Gold mine of Reformed Theology

Jae Sung Kim, (Westminster Theological Seminary) Ph.D.
Prof. Systematic Theology & Director of Graduates Studies,
Kukje Theological University, Seoul, Korea
calvinjskim@gmail.com

개혁신학 총서 **01**

신앙고백적 칼빈주의의 태동과 특징

개혁신학 광맥

김재성 지음

The Gold mine of Reformed Theology
주의 말씀은 내 발에 등이요 내 길에 빛이니이다(시편 119:105)

킹덤북스
Kingdom Books

개혁신학 총서 시리즈 01
개혁신학 광맥

발행 2016년 11월 24일

지은이 김재성
발행인 윤상문
편집부장 권지현, 김현아
코디네이터 박현수
디자인실장 여수정
디자인 표소영, 박진경
발행처 킹덤북스
등록 제2009- 29호(2009년 10월 19일)
주소 경기도 용인시 기흥구 동백동 622- 2
문의 전화 031- 275- 0196 팩스 031- 275- 0296

ISBN 979-11-5886-080-6   (03230)

Copyright ⓒ 2016 김재성
이 책은 저작권법에 따라 보호받는 저작물이므로 무단전재와 복제를 금지하며,
이 책의 내용의 전부 또는 일부를 이용하려면 반드시 저작권자와 킹덤북스의
서면 동의를 받아야 합니다.

※ 잘못된 책은 구입하신 곳에서 교환하여 드립니다.
※ 책 가격은 표지 뒷면에 있습니다.

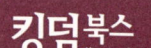
킹덤북스(Kingdom Books)는 문서사역을 통해 하나님의 나라를 확장하고,
한국교회와 세계 교회를 섬기고자 설립된 출판사입니다.

이 책을 믿음과 배움의 길로 인도해 주신

외조모 노진화 권사님(1918-1995)과 모친 이영주 권사님(1937-2014)

그리고 아내 조소양에게 감사하며 헌정합니다.

"집과 재물은 조상에게서 상속하거니와

슬기로운 아내는 여호와께로서 말미암느니라"

(잠언 19:14)

차 례

개정 증보판 서문   12

제1부 신앙고백적 칼빈주의의 태동과 특징

제1장 칼빈주의 서론   17
칼빈주의란 무엇인가?   19
칼빈주의라는 용어의 의미   21
   칼빈주의의 형성
신앙고백적 칼빈주의   33
   고전적인 신앙고백서들 | 개혁주의 신앙고백서들
신앙고백서 이후의 발전   38

제2장 개혁신학의 교리 체계와 특징   41
기독교 공통의 교리들   44
개혁신학의 독특한 교리들   46
   신앙고백적 구원론의 5대 교리 | 하나님의 주권적 통치와 은혜
   하나님의 작정, 예정, 선택 | 언약 신학 | 중요한 교리들
개혁신학의 독특한 방법론   54
   개혁신학의 전제들 | 개혁신학의 방법론적 특성
개혁신학의 독특한 성격   61
   성경의 최우선권 | 구원-역사적 해석 원리 | 진리의 변증
   경건의 신학 | 인간과 우주에 관한 학문
개혁신학에 대한 오해들   75

제3장 개혁신학의 교리사적 배경   77
예수와 사도들의 신앙 계승   78
어거스틴: 칼빈주의의 뿌리   81
   하나님이냐 인간이냐? | 철학이냐 하나님의 지혜냐?
반펠라기우스주의의 오류 시정   93
동방과 서방 교회에서 얻은 교훈   95
스콜라 신학의 거부   100

제4장 종교 개혁 시대에 정립된 구원론   104
구원론의 재정립   104
   루터의 문제 제기 | 공로주의에 맞서는 칭의론의 재정립 | 칭의의 본질 | 의의 전가
구원 얻는 믿음   127
초기 개혁신학의 두 흐름   134
   스위스의 개혁신학자들 | 독일의 개혁신학자들

제5장 칼빈 신학의 구조와 특징   146
칼빈 신학의 기본 자세: 겸손   147
칼빈의 회심과 그 신학적 전개   150
제네바 개혁자의 섭리 인식   154
경건의 신학   159
신학 방법론과 성경적 해석학   168
   신학 방법론 | 신학과 주석과 설교의 상호 연결
   독특한 성경 해석의 면모들 | 그리스도 중심의 예언과 성취
교회의 치리권 확립과 제도 정착   190
성령의 신학자   193

제6장 개혁신학의 정체성과 칭의론　　　　201
서론　　　　201
칼빈의 칭의론　　　　202
바르트의 은혜 보편주의와 복음주의　　　　214
에큐메니칼 운동과 칭의론의 타협　　　　217
바울 신학의 새 관점　　　　222
　언약적 율법주의 | 성부 유일신론자가 주장하는 "관계성" | 언약백성, 언약 참여자의 개념
다양한 수정주의자들　　　　229

제7장 제네바 정통신학의 승리와 쇠퇴　　　　233
제2 헬베틱 신앙고백　　　　234
베자의 제네바 정통신학　　　　238
스위스의 종교 개혁 후기 신학자들　　　　243
　개혁신학의 계승자와 도전자들 | 프리드리히 쉬판하임 | 프랑수와 뒤르땡 | 베네딕트 쁵테 |
　정통신학의 쇠퇴

제8장 프랑스 개혁신학사　　　　257
박해 속에서 피어난 칼빈주의 신앙　　　　258
갈리칸 신앙고백서　　　　262
대량 학살과 낭뜨 칙령　　　　263
피터 라무스　　　　266
개신교 신학자들　　　　269
　삐에르 뒤 물랭 | 앙뜨완느 드 라 로쉬 샹디외 | 몽또방 아카데미

제9장 남부 독일의 개혁신학과 하이델베르크 요리 문답　　　　276
제2 개혁 운동　　　　277
프레데릭 3세　　　　282
하이델베르크 교리 문답　　　　290
　우르시누스와 올레비아누스 | 신학적 특징
독일 개혁신학의 확산　　　　308
　브란덴부르그 | 브레멘 신앙고백

제2부 개혁파 정통신학의 확립

제1장 개혁파 스콜라주의 정통신학의 흐름　　317
초기 개혁파 정통신학　　321
스콜라주의 정통신학의 절정기　　334
후기 스콜라 정통신학과 이성주의　　347
칼빈주의와 루터파의 중요한 차이점　　352
개혁 교회 내의 신비주의　　359

제2장 돌트 총회와 알미니안주의　　360
네덜란드 칼빈주의의 확산과 특징　　361
　교회와 세속 정치 | 저지대 국가의 종교 개혁
벨직 신앙고백서　　367
야콥 알미니우스와 신학자들　　375
돌트 총회와 신경의 채택　　385
　돌트 총회의 결의 배경 | 대표적인 신학자들 | 다섯 가지 기본 교리 |
　알미니안파의 정죄
마우리스 이후의 관용 정책　　405
　성경 번역 | 입양한 자녀의 유아 세례 문제
개혁 교회의 발전　　407

제3장 청교도 신학　　411
청교도란 누구인가?　　412
　성경에 근거한 순수한 신앙생활 | 칼빈 신학의 계승자들 | 순수한 교회론
정치적 격동기에 형성된 청교도 신학　　427
케임브리지 칼빈주의자들　　433
　윌리엄 휘태커 | 존 윗키프트의 이론적 칼빈주의 | 리들리, 브레드포드, 그린햄
　윌리엄 퍼킨스, '케임브리지의 칼빈' | 윌리엄 에임즈 | 리처드 십스, 어셔 감독, 존 호웨
청교도 신학의 공통점과 다양성　　450
　공통적 특징들 | 장로교회 체제 | 회중교회의 청교도주의 | 킹 제임스 영어 성경
스코틀랜드 신앙고백서　　461
　존 낙스 | 스코틀랜드 신앙고백서

제4장 웨스트민스터 신앙고백 · 473
- 청교도 신학의 대헌장 · 474
- 국가와 교회의 통일성 문제 · 478
- 혼란한 신학 사상의 극복 · 480
- 에라스티언주의 · 483
- 웨스트민스터 총회의 구성과 진행 과정 · 485
- 주요 신학자들 · 489
  - 윌리엄 고그 | 토마스 굳윈 | 허버트 팔머
  - 조지 길레스피에 | 윌리엄 트위세 | 존 라이트풋
- 신학적인 쟁점들 · 500
- 관련된 문서들 · 501
- 웨스트민스터 신앙고백서의 신학 사상 · 504
- 왕정 복고 이후 청교도들의 몰락 · 507

제5장 언약 신학 · 512
- 종교 개혁자들의 언약 신학 · 514
  - 쯔빙글리와 불링거의 언약 사상 | 칼빈의 언약 신학
  - 하이델베르크 교리 문답의 언약 신학 | 롤록의 언약 신학
- 대표 언약 · 524
- 언약의 개념 · 532
- 구속의 언약 · 533
- 행위의 언약 · 536
- 은혜의 언약 · 539
- 언약과 성례 · 542
- 언약 신학과 세대주의의 대조 · 543

제6장 '높은' 칼빈주의 556
두 흐름 558
타락 전 선택설 562
구원의 확신 571
실천적 삼단논법 576

제7장 '낮은' 칼빈주의: 아미랄디즘 580
모와즈 아미로 582
가설적 보편주의 585
아미랄디즘에 대한 반론들 587
영국의 아미랄디즘과 그 반대자들 590
칼빈과 속죄의 범위 594

끝맺는 말 598
참고 문헌 607

개정 증보판 서문

필자가 『개혁신학의 광맥』을 시작으로 『개혁신학의 정수』『개혁신학의 전망』이라는 제목으로 종교 개혁 시대로부터 현대교회에 이르기까지 지난 오백 년간의 발전되어온 찬란하고도 풍성한 개혁주의 전통과 역사적 유산들을 한국교회에 소개한지 20여 년이 지났다. 그런데, 이제 한국교회는 과연 무엇을 핵심으로 붙잡고 믿고 있으며, 어떤 신앙을 가지고 있느냐 하는 정체성 논쟁을 해야 할 처지에 놓이고 말았다. 소위 상당한 전통을 가지고 있어서 적어도 한국 기독교에서 어느 교단, 어느 교파라 하면 복음적인 신앙을 갖고 있다고 인정을 받고 있다 할지라도, 그 교회가 소속해 있는 교단 명칭만으로는 안심할 수 없게 되었다. 정작 그 안에 개혁주의 정통 신앙의 메시지가 울려 퍼지고 있느냐를 따져 물어야 할 만큼 한국교회의 흐름이 급변하고 있다.

필자가 『개혁신학의 광맥』을 출판하던 때는 아직 한국교회가 힘차게 빛을 발휘하던 시대였고, 교회가 양적인 발전을 거듭하던 시대였다. 그러나 지난 십여년 사이에 세상의 문화가 매우 빠르게 바뀌게 되자 교회도 세속화 되어 버렸다. 특히 전통적 권위에 대한 저항, 기존의 질서와 개념을 해체하려는 극도의 개인주의 시대에 직면하게 되어서 교회와 목회 환경이 완전히 변해 버렸다. 이제는 목회자들이 나가서 믿지 않은 이들에게 전도하는 것마저도 힘겨운 처지에 놓이게 되었고, 영적 고통과 압박이 커지고 말았다. 정말로 교회를 유익하게 하려 하더라도 결코 쉽지 않은 가운데 놓여 있고, 교회마다 갈등과 대립이 심각한 시대에 접어들었다. 한국교회가 개혁신학의 정체성을 확고히 정립하게 되기를 간절히 기도하면서 여기에 "칭의론"을 새롭게 추가하였다. 오늘의 시대에 우리의 좌표를 비추어 볼 시금석으로 필자는 "칭의론"에서 개혁주의 신학의 역사적 전통을 찾아내기를 제안하고자 한다.

한국교회가 지금 직면한 가장 심각한 과제는 교회의 견고한 초석을 바른 신앙고백과 성경적인 가르침에 두는 일이다. 그래야만 외형적인 성장과 함께 보여주어야 할 신앙인의 영적인 성숙함이 나올 수 있다. 오직 성령께서 사랑의 능력을 부어주셔서 한국교회가 예수 그리스도에게서 나오는 샘물과 향기를 나누어 주면서 힘차게 되살아나기를 간절히 소망한다. 마지막으로 필자의 책을 기념작으로 만들어 주신 킹덤북스 (Kingdom Books) 대표 윤상문 목사님께 감사를 드린다.

2016년 3월 2일
국제신학대학원 연구실에서
저자 김재성 씀

제1부

신앙고백적 칼빈주의의 태동과 특징

The Gold mine of Reformed Theology

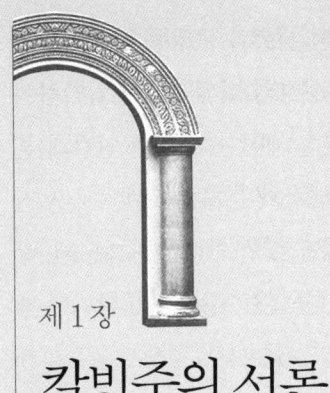

제 1 장

칼빈주의 서론

  20세기에 저명한 프랑스 역사학자 에밀 레오나르드(Emil G. Léonard, 1891-1961)는 2천년 기독교 역사에서 최초로 가장 신실한 성도의 모습이 칼빈주의자라고 평가하였다. 칼빈주의자는 첫째, 윤리적으로 엄정하고, 둘째 고난과 박해와 시련에도 교회를 중심으로 믿음을 견고히 지켜내며, 셋째, 직업의 소명의식을 가진 성도라고 규정하였다.[1] 칼빈주의자로 살아가는 것은 정말 좋은 일이요. 행복한 길이다. 칼빈주의는 가장 기본적으로 사람이 어떻게 구원을 받았는가를 분명히 설명하여 준다. 또한 교회에서 성만찬을 어떻게 이해하고 받아야 하는가를 놓고 논쟁할 때에, 예수그리스도의 영적인 임재 가운데서 먹고 마시는 감

---

1 Emil G. Léonard, *A History of Protestantism* (London: Thmas Nelson, 1965), V. 1. The Regormation, 292-355.

격을 누리도록 하였다. 칼빈주의는 교회의 제도와 구성을 장로회의를 근간으로 할 것을 보여주었다. 무엇보다 성경의 절대권위에 입각하여 하나님의 영광을 향하여 살아가는 인생관을 제시한다. 또한 인간의 본질에 대한 철저한 반성에서 비롯된 전적 타락과 부패를 고백하고 오직 하나님의 은혜에만 의존한다. 사람의 타락을 깊이 인식하는 까닭에, 상하 계급구조의 성직제도를 철저히 반대한다. 목사 위에 목사 없다는 직분론과 소명의식을 심어준다.

16세기 유럽에서 일어난 종교 개혁의 시대에 '칼빈주의자'라는 한 무리의 교회들이 스위스 여러 곳에서 형성되었음을 기억하는 자들에게는 한없이 영광스러운 신학의 세계가 쏟아져 들어온다. 칼빈주의는 새로운 신학을 정립하여 성경의 권위를 높이고, 구원의 확신을 부정하는 로마 가톨릭에 대항하여 값없이 주신 믿음으로 인하여 예수 그리스도의 은혜를 바라보는 자들에게 성령의 연합하심을 제시하였다. 교회론, 성찬론, 기독론 등을 완전히 성경적으로 다시 세웠다. 그 외에도 근대 민주주의 발전과 교육과 학문의 성장에 기여했고, 근면한 자본주의와 자원 봉사를 격려하는 "실천적 칼빈주의"가 형성되었다. 존 칼빈 이후로 지금까지 세계 전역에 칼빈주의 신앙에 공감하는 성도와 목사와 신학자들이 늘어나게 되었고, 신앙고백서에 가르침을 남겨놓았다. 그래서 우리는 "신앙고백적 칼빈주의"가 가장 올바른 표현이라는 것을 주장한다. 신앙고백서를 중시하는 칼빈주의는 각 시대와 각 민족 속에 남긴 가르침이 역사 속에서 면면히 이어지면서 '정통신학' 또는 '정통 교회'라고 부르게 된다. '칼빈주의' 혹은 '개혁신학'이라는 말은 상호 교환적으로 사용하는 신앙체계인데, 성경 말씀을 바르게 풀이하여 신앙의 도리에 대한 갖가지 질문들에 대해 기독교적 세계관과 성경적 신학을 제시하여 주고 있다.

그리스도인들은 하나님께서 특별히 주신 계시에서 진리를 발견한다. 성경은 원칙을 분명히 선포하는 바, "여호와를 경외하는 것이 지식의 근본이다"(잠 1:7). 따라서 사람의 주요 임무는, 성경에서 하나님에 대한 신뢰와 복종을 배우고 무엇이 그분을 경외하는 길인지 깨닫고 노력하는 것이다. 기독교인들 가운데 상당수가 어려서부터 교회 안에서 성장했지만 진리에 대한 분별 없이 생활하는 것을 볼 수 있다. 교회의 중책을 맡고 직분자가 되는 사람들은 많지만 무엇이 바른 신앙인지, 어떤 것이 하나님을 바르게 섬기는 길인지, 구원을 얻어 살아가는 생활이란 무엇인지, 바른 기독교 가르침이란 어떤 것인지에 대해 바로 아는 사람은 드물다. 그래서 안타깝게도 불건전한 가르침에 얽매여 기쁨과 감격을 상실하기도 하고, 소수이지만 이단을 구별하지 못하여 그릇된 길로 접어드는 경우도 있다.

성숙한 신앙인이란 그저 어른이 될 때까지 아무 교회에나 출석하는 것만으로는 부족하다. 어느 교회든지 다 똑같다고 생각하는 방관주의에 익숙해지는 것이다. 한국에서는 '대한 예수교 장로회'라는 교단의 명칭이 널리 알려져 있다. 1884년에 복음이 들어온 후, 초기 신앙인들을 지도할 목적으로 1901년 5월 평양신학교가 세워지고 그곳에서 배출된 분들이 세운 교단이 오늘에까지 그 명칭을 전수해 오고 있다. 한국 기독교인들은 그래도 장로교회는 믿을 만한 교회라고 생각하고 있다. 장로교회는 개혁신학을 기초로 하고 있으므로, 이를 좀 더 종합적으로 연구해서 바른 신앙을 갖추도록 노력해야 할 것이다.

칼빈주의란 무엇인가?

성경을 바르게 믿고 그 가르침에 충실한 교회를 창출하기 위해 노력을 기울인 16세기 유럽의 신학과 신앙을 총칭하여서 '개혁신학' 또는

'칼빈주의'라고 부른다. 이 용어들은 유럽의 역사 속에서 그 배경을 이해하여야 한다.[2] 간단히 한마디로 정의하자면 '가장 순수한 기독교', '가장 깨끗한 기독교 신앙의 해설들을 모아 놓은 것'을 일컬어서 '칼빈주의'라고 부른다.[3] 칼빈주의자들은 성경에 따라 하나님을 의지하고 믿으며 신앙인으로서 살아가고자 애쓰고 있고, 구원에 이르는 복된 소식을 전하고자 노력하고 있다. 하나님 앞에서 무릎을 꿇고 바른 자세로 기도하는 태도와 정신을 가진 신앙이 '칼빈주의'이다. 몸으로만 그런 태도를 표시하는 것이 아니라 마음과 가슴도 함께 공손하게 엎드린다.

가장 순수한 기독교는 하나님에 대한 전적인 신뢰와 겸손한 의존심으로 이루어진다. 자기를 주장하거나 내세우는 것이 아니라, 철저히 신뢰하고 의지하는 마음을 가져야 한다. 이것이 바로 칼빈주의가 지닌 정서이다. 칼빈주의자는 스스로 어떤 일을 결정하는 사람이 아니다. 자신의 생각과 감정과 느낌과 삶을 제멋대로 판단하지 않고 하나님의 은혜와 은총만을 믿고 의지하며 살아가는 사람이다.

---

2   저자가 집중적으로 밝혀 보려는 칼빈주의 신학과 교리의 흐름은, 각 국가별로 칼빈주의가 어떻게 발전되었는가를 교회사적으로 연구한 문헌들의 도움으로 더욱 더 명확하게 드러날 것이다. W. Fred Graham, ed., *Later Calvinism: International Perspectives*, Sixteenth Century Essays & Studies, Vol. XXII (Kirksville: Sixteenth Century Journal Publications, 1994). Robert V. Schnucker, ed., *Calviniana: Ideas and Influence of Jean Calvin,* Sixteenth Century Essays & Studies, Vol. X (Kirksville:Sixteenth Centu Journal Publications, 1988). Menna Prestwich, ed., *International Calvinism 1541-1715* (Oxford: Clarendon Press, 1985). W. Stanford Reid, ed., *John Calvin: His Influence in the Western World* (Grand Rapids: Zondervan, 1982). John T. McNeill, *The History and Character of Calvinism* (New York: Oxford University Press, 1954). 보다 더 세밀하게 특정 도시나 지역에서 일어난 칼빈주의 역사를 추적한 책도 있다. Andrew Pettegree, Alastair Duke, and Gillian Lewis, eds., Calvinism in Europe 1540-1620 (Cambridge: Cambridge University Press, 1994).

3   B.B. Warfield, "What is Calvinism?" the Presbyterian (1904, Mar.2): 6-7; in *Selected Shorter Writings of Benjamin B. Warfield*, vol. 1 (Nutley, New Jersey: Presbyterian and Reformed Publishing Company, 1970), 47.

모든 교회가 하나님의 말씀을 믿는다고 하나 그렇다고 하더라도 불순물이 개입하지 않은 순수한 신앙과 순결한 기독교를 찾아가는 노력은 계속하지 않을 수 없다. 성경에 충실하게, 우리가 믿는 바를 가장 잘 요약한 신앙고백서들을 찾아보면, 대부분 칼빈주의자들이 작성한 것이다. 그래서 우리가 믿는 것이 무엇인지를 설명하라고 하면, 성경이 가르쳐 주는 진리에 대하여 작성해 놓은 칼빈주의자들의 신앙 전통을 제시하게 되는 것이다. 칼빈주의는 기독교 신앙을 가장 성경적으로 요약한 체계이기 때문이다.

만약 우리가 칼빈주의자라면 '나는 하나님을 바르게 공경하는 신앙을 가르쳐준 개혁신학을 신뢰하며, 그런 신앙고백에 근거하여 정립된 정통 칼빈주의 교회에 다닌다'고 말할 수 있어야 한다. 그렇게 되기 위해서는 자신이 속한 교회가 어떤 전통 체계 위에 형성되었는가를 아는 것이 매우 중요하다. 왜냐하면 그 강조하는 바가 과연 무엇이며 왜 그런 가르침이 중점적으로 교육되는가를 알 때 좀 더 자신 있는 신앙생활을 영위할 수 있기 때문이다.

칼빈주의라는 용어의 의미

칼빈주의라는 용어에 대해 종종 다음과 같은 몇 가지 부정적인 반론을 든다. 첫째, '칼빈주의'나 '개혁신학'이라는 말은 모두 성경에 나오지 않는 단어이다. 그래서 이 단어에 별로 호감이 가지 않는다는 것이다. 그렇게 생각하는 사람들에게 우리는 다음과 같이 설명하여 이해를 촉구하고자 한다. 성경에 없는 신학 용어를 통해서 얼마든지 성경에 나오는 가르침을 요약할 수 있다. 그 가장 좋은 예가 '삼위일체'라는 용어이다. 성경에 '삼위일체'라는 말이 단 한 번이라도 나오는가? 나오지 않는다. 그러나 삼위일체라는 단어로 우리는 오직 한 분이면서도 성부, 성자, 성령의 인격적 통일성과 다양성을 가지신 하나님을 설명하고 있다.

기독교 신앙의 가장 핵심 진리인 하나님에 대한 가르침을 어떻게 성경에 나오지 않는 단어로 가르칠 수 있느냐고 반문할 사람은 아무도 없을 것이다. 특히 삼위일체를 설명하는 교리는 예수님의 완전한 신성에 대해서 문제를 제기하려는 사람들에게 복음을 설명하기 위해서 만들어진 말이다. 삼위일체라는 용어를 '여호와의 증인'들이 가장 맹렬히 반대하고 있는 줄로 아는데, 그 이유인즉 성경에 나오는 내용들 가운데서 그리스도가 참 하나님이시며 동시에 참 사람이라는 것을 반대하기 때문이다.

그밖에도 많은 용어들이 성경에 없는 단어이지만 그 내용에서 하나님의 진리에 관해서 성경에 나오는 가르침을 압축하는 상징성을 가지고 있기 때문에 사용하고 있는 것이다. '휴거'라는 말도 역시 성경에는 없지만, 재림의 모습을 떠오르게 해 준다. '천년왕국'이라는 말도 역시 성경에 나오지 않는다. 우리가 자주 사용하는 수많은 용어들이 성경에 나와 있지 않아도 기독교 진리를 정확히 전달하여 주는 데 도움이 되는 까닭에 역사의 어느 시점부터 교회 안에서 개발되어 지금까지 사용하여 오고 있는 것이다.

둘째, 일부에서는 '칼빈주의'라는 용어 속에 프랑스 출신의 신학자이자 목사인 칼빈이라는 특정인의 이름이 들어 있어서, 그 사람만을 너무 높이는 것처럼 생각되어 탐탁지 않게 보는 이도 있는 것 같다. 이런 주장은 성경적으로 근거를 갖고 있고, 일면 타당성이 있는 반론처럼 들려온다. 고린도전서 1장에 보면, 어떤 사람은 그리스도에게 속하고, 어떤 이는 베드로에게, 어떤 이는 바울에게 또는 아볼로에게 속하여, 초대교회가 분열되었음을 바울은 꾸짖고 있다. 그래서 오늘날 내가 칼빈주의자라고 하면 혹시 고린도교회의 분파처럼 어떤 사람에 소속하는 것이

 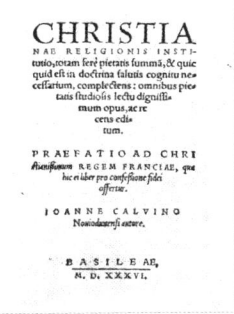 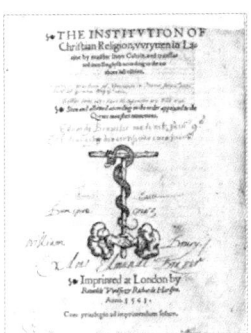

칼빈의 초상화와 『기독교 강요』의 라틴어 초판과 영역본 표지.

아니냐고 반문할 수 있는 것이다. 사람을 높여 온 이단들의 경우에서처럼 특정인을 자주 거론하는 것에 대한 우려와 염려를 가지게 되는 것이 무리는 아니다. 그러나 지금 우리가 칼빈주의라는 이름을 사용하는 것은 칼빈이라는 어떤 영웅을 따르고자 함이 아니다. 단지 그가 가장 훌륭하게 예수 그리스도를 따랐고, 그래서 그의 제자들과 성도들이 가장 충실하게 그리스도를 따르는 신앙의 체계를 발전시켰으므로, 편의상 이 용어를 사용하는 것뿐이다. 우리는 그리스도를 경배하고 그분께만 영광을 돌린다. 결코 칼빈이 아니다. 칼빈도 역시 흠이 많은 인간이요, 허물과 결점이 많은 사람이다. 그리고 칼빈주의자들이 만든 위대한 신앙의 가르침들 속에는 칼빈이 언급하지 않은 것들도 매우 많다.

칼빈주의자들은 칼빈을 그리스도와 그의 복음보다도 더 중요하게 생각하지 않도록 조심하고 주의해야 한다. 위대한 칼빈주의 설교자였던 스펄전 목사는 '어떤 사람들은 칼빈의 성경 해석을 성경 그 자체보다도 더 중요하게 생각한다'고 주의를 환기시킨 바 있다. 옳은 지적이다. 우리가 칼빈을 교주로 따르지 않으면서도, 그의 이름이 들어가 있는 칼빈주의를 우리의 신앙 체계로 받아들이기를 주저하지 않는 이유는, 가장 순수한 기독교 신앙, 가장 성경에 충실한 진리들을 이 체계 안에서 가르치고 있기 때문이다.

생전에 칼빈은, 자신을 비난하는 뜻으로 '칼빈주의'라는 용어가 사용되고 있음을 알고 있었다. 그는 이 용어를 사용하는 것을 거의 임종 직전에 알았는데, 루터파에서 그를 다소 경멸하고 차별하려는 의도에서 사용하고 있었다. 이 용어는 칼빈을 영웅시하려는 것이 아니라 오히려 조롱하고 낮추려는 의도에서 비롯된 것이었다. 그래서 칼빈주의자들은 비판자들이 가진 반감을 풀어보려고 노력해 왔다. 그러나 오늘날처럼 이 용어가 정통신학의 대명사로 사용되고 있었다면 아마도 칼빈은 칼빈주의라는 이름을 사용하는 자들에게 그 이름을 버리라고 질타하였을 것이다. 자기 이름을 따서 특정한 기독교 그룹이 만들어졌다는 것에 대해 틀림없이 반대하였을 것이다.

칼빈주의라는 명칭이 사용된 16세기 유럽의 특수한 정황을 이해하면 칼빈주의라는 말은 그리 불쾌하거나 기분 나쁘게 생각할 일이 아니다. 기독교 역사 속에는 중요한 지도자들의 이름을 따서 교파의 명칭으로 사용된 예가 너무나 많다. 베네딕트 수도원이나 끌루니 수도원을 비롯해서 로마 가톨릭의 수도원들이 거의 대부분 사람의 이름을 따라서 지어졌다. 그런 전통은 일반 학문에서도 마찬가지이다. 특히 16세기 유럽에서는 위대한 종교 개혁자들의 이름을 따서 교회나 교단의 명칭을 통칭하였다.

루터(1483-1546)의 지도하에 북유럽 여러 나라에서는 '루터 교회'가 국가 교회 체제로 발전하였고, 독일인들의 교회는 거의 다 루터 교회라고 할 정도로 독일에 널리 보급되었다. 20세기 후반부터 급격히 교세가 줄어들어서 지금은 루터 교회의 영향력이 매우 약화되었지만, 전세계에 크게 전파되었다. 독일에서는 루터 교회를 복음주의 교회라고 부르기도 한다. 스위스 북부에는 쯔빙글리 교회로 불리는 개신교회가 지금까지 그 지역 사회의 중심을 형성하고 있다. 그런가 하면, 또 종교 개혁 초반부터 네덜란드와 독일의 남부 지대, 스위스 여러 도시들에는 재세례파라고 불려지던 성도들이 로마 가톨릭을 반대하여 형성되었는데, 후에 이들은 메노 시몬을 따르는 메노나이트와 그밖에 여러 재세례파 그룹을 형성하였다.

칼빈주의라는 말을 사용하는 것은 그러한 유럽인들의 습성에서 나온 것이다. 메노 시몬(Menno Simons, 1496-1561)을 따르는 사람을 '메노나이트'라고 부르고, 제이콥 후터를 따르는 사람들을 '후터라이트'(Hutterites)라고 부른다. 따라서 유럽에서 칼빈주의라는 용어나 칼빈주의자라는 말은, 그렇게 한 인물만을 섬긴다고 여겨지거나 나쁜 인상을 주는 용어가 아닌 것이다. 그러나 종교 개혁 시대에는 성경을 가르쳐 주는 지도자나 존경하는 사람의 이름을 따서 명명하는 일이 흔한 일이었다. 너무나 거대한 움직임을 일별하기 쉽기 때문이요, 자신들의 특색을 쉽게 드러내기 때문이다. 각 지도자들은 문자 그대로 성경에 관한 진리를 다시 형성(re-form)하고, 그 진리의 체계를 확립하여 교회를 새롭게 갱신하려는 운동을 이끌었다. 그러나 로마 가톨릭의 박해와 고난 속에서 개신교 신자들은 충분한 신앙의 자유를 누릴 수 있는 형편이 아니었다. 지리적으로, 국가적으로, 문화적으로 가까운 사람들끼리 신앙 체계를 세우고 교단을 발전시켰다.

어떤 이들은 성경만 믿으면 되는 것이지 무슨 신학자의 도움이 필요한가, 무슨 성경 주석서들이 필요하냐고 반문한다. 그런 사람들은 왜 운전면허를 따기위해 교습소에 다니는가에 대해 천천히 생각해 보면 금방 알 수 있을 것이다. 왜 요리 학원에 다니면서 음식을 조리하는 방법을 배워야 하는가? 어째서 엄청나게 많은 노력을 기울여 학교에 다녀야만 하는가? 초보적인 학습에서부터 전문적인 연구에 이르기까지 배워야만 사람다운 구실을 할 수 있다. 모든 분야에는 전문적인 지식인들이 필요하고, 그들의 도움으로 일반인들은 보다 용이하게 바른 길로 접어들 수 있다. 기독교 신앙을 가진 사람들이 잘못된 길에 빠지지 않고 올바른 믿음을 유지하고 발전시키려면 신학자들의 도움이 필요한 것이다.

먼저 에베소서 4:11에서, 하나님께서 성경을 가르치는 직분자들을 세우셨다는 점을 기억해야만 할 것이다. 성경의 가르침들 중에 어떤 것은 어렵고 난해하며, 신실한 하나님의 종들의 도움이 필요하다. 목사와 교사를 세우는 것은 교회가 성경적인 조직체로 세워지는 데 필수적인 것이다(롬 6:17, 딤후 1:13). 우리가 개혁신학을 공부하는 가장 중요한 이유는 바로 더 나은 성경 이해를 얻어 낼 수 있기 때문이다. 특히 종교 개혁 시대에 등장한 하나님의 종들은 성경 원어인 히브리어와 헬라어에 능통하였고, 중세 천 년 동안 사용된 라틴어를 모국어처럼 사용할 수 있는 사람들이었으므로, 그들의 글에서 우리는 성경적인 기독교를 배우게 되는 것이다.

성경의 진리를 깨우치려는 노력의 일환으로 생겨난 신학자들의 저술이나 신앙 운동 가운데서 16세기 유럽의 종교 개혁 시기에 등장한 것이 칼빈주의이다. 예수 그리스도를 믿는 기독교 신앙을 체계적으로 설명하기 위해 노력해 온 기독교 신학은 지난 20세기 동안 교회 역사 속에서 발전을 거듭해 내려왔는데, 특히 종교 개혁 시대에 하나님의 섭리 가운데 놀라운 성취가 있었다. 칼빈주의자들이 믿는 것은 모두 2천 년 동안 내려온 일관된 기독교 신앙이다.

칼빈주의의 형성

'루터파'와 구별되는 '개혁신학' 또는 '개혁파'라는 용어가 서로 대칭을 이루는 신앙고백의 흐름을 각각 대변하는 통칭으로 등장한 것은 초기 종교 개혁 시대부터였다. 조금 더 정확하게 표현하면 16세기 유럽의 프로테스탄트(로마 가톨릭에 항거하는 개신교회) 진영은 크게 두 그룹으로 나뉘어졌는데, 한 그룹은 '복음적인 루터파'(Evangelcial Lutheran)를, 다른 한 그룹은 '복음적인 개혁파'(Evangelical Reformed)를 형성하였다. 종교 개혁 초기에 개혁자들은 기본적으로는 같은 신앙을 고백하였기에 다같이 복음주의자들이었다. 그들은 서로 복음에 따라서 교회의 개혁과 신앙 교육의 갱신에 같이 헌신하는 자들로 간주하였다.

그러나 16세기 중반에 이르자 점차 기본적인 것은 같지만 서로 차이점이 있음을 인정하게 되었다. 주로 광범위한 독일 지역에서 하나의 흐름이 생겨나고, 루터가 신학적인 권위를 인정받으며, 아우구스부르그 신앙고백과 교리 문답을 받아들이는 사람들의 집단이 형성되었다. 그런가 하면 라인 지방과 스위스에서는, 칼빈을 최종 권위로 생각하고 『기독교 강요』와 하이델베르크 교리 문답을 인정하는 무리들이 형성되었다. 특히 교회론이나 정치론이 서로 달라지면서 각 도시나 지역마다 약간의 차이가 나는 신앙고백들이 만들어졌다.

지금까지 "칼빈주의"라는 단어가 등장하는 최초의 문서는 1548년 칼빈이 쮜리히 종교 개혁자 하인리히 불링거에게 보낸 편지에서다. 칼빈은 자신이 주장한 성만찬의 신학을 따르는 사람들에 대해서 불링거에게 설명하면서, "그들은 칼빈주의 혹은 부써주의라는 방식대로 하고 있다"고 설명한 것이다.[4] 당시에 성만찬에 관한 해석은 첨예한 주제였

---

[4] Calvini Opera 12:270. Friedrich Wilhem Graf, "Calvin in the Plural: The Diversity of Modern Interpretations of alvinism, Especially in Germany and the English Speaking World," in *Calvin and His Influence, 1509-2009*, ed. Irena Backus & Philip Benedict (Oxford: Oxford University Press, 2011), 256. cf. "Introduction," 3; "... by the Bernese authorities to be done with their Calvinism and their Bucerianism."

다. 스위스 로잔에서 모인 쮜리히와 제네바 신학자들은 성만찬 신학의 통일을 시도하였다. 쮜리히에서 온 신학자들은 쯔빙글리의 기념설, 혹은 상징설을 주장하였으나, 베른에서 온 신학자들은 칼빈이 주장한 바를 따라서 그리스도의 영적 임재설을 따르는 자들이었으므로, 쯔빙글리의 해석에 반대하였다 이처럼 "칼빈주의"는 루터의 공재설이나 쯔빙글리의 기념설과는 전혀 다른 매우 독특한 성만찬의 신학을 발전시켰던 것이다.

'칼빈주의'라는 새로운 용어를 학문적으로 사용한 최초의 문서는 루터파 신학자 요아힘 베스트팔이 1552년에 스위스의 종교 개혁자들, 특히 칼빈의 성찬론을 비판하면서 발행한 논쟁적인 책자에서였다.[5] 이 용어는 한번 사용되자마자 루터파 교회 내에 급속히 보급되었다. 이렇게 빨리 퍼진 이유는, 역사적으로 루터파로 간주되던 독일 지방에 개혁신학의 영향력이 점차 급증하자 루터파 내부에서 걱정이 많았음을 반증하는 것이다.

팔라틴 지역에서는 프레데릭 3세가 1563년에 하이델베르크 교리문답을 채택하였다. 이것은 독일 지역에서 아우구스부르그 평화 조약에 대한 공공연한 분열과 배신이 있음을 의미하는 것이다. 따라서 '칼빈주의'라는 이름을 사용함으로써 독일 지역의 외부로부터 낯선 영향력이 미쳐 오고 있음을 경계하려는 의도였던 것으로 추측된다. '칼빈주의'라는 용어는 결국 개혁신학에 나쁜 이미지를 주려고 사용된 단어였던

---

5 Westphal, *Farrago confusanearum et inter se dissidentium opinionum de coena Domini ex sacramentariorum libris congesta* (Magdeburg: 1552). 이를 지적한 교리사는 Ernst Bizer, *Studien zur Geschichte des Abenmahlsteirs im 16. Jahrhundert*(Gutersloh: 1940); Jean Cadier, *La doctrine calviniste de la sainte ce`ne* (Montpellier: 1951).

것이다.

칼빈은 '칼빈주의'라는 말이 자신의 이름을 빗대어서 부정적인 용어로 사용되고 있다는 것을 알고 있었다. 그는 베스트팔의 성찬론을 비판하는 글을 발표했으므로 충분히 이 용어에 대해 파악하고 있었다. 칼빈은 1563년 7월 23일 프레데릭 군주에게 예레미야 주석의 헌사를 쓰면서 이에 대해서 밝혔다. 여기서 그는 성찬론의 이해가 다른 독일 루터파 신학자들이 칼빈주의라는 용어를 사용해서 프레데릭 군주의 개혁 신앙 옹호 의지를 깎아 내리려고 시도하였음을 상세히 기술하고 있다.

"폐하의 고명하심에 대해, 칼빈주의라는 말을 전면에 부착하여 사용함으로써 그들이 주력하고 있는 바는 불명예를 표시하는 것이며, 결국 자신들의 사악함과 어리석음과 그리고 야비함을 드러내는 것입니다."[6]

이런 실상을 프레데릭에게 알려 준 후에 칼빈은 불과 몇 달밖에 더 살지 못했다. 그리고 그가 루터파 교회를 향해 상세하게 부당함을 호소했던 항의는 아무런 효과를 거두지 못했다. '칼빈주의'라는 용어는, 이제 그것을 싫어하는 사람들에 의해서, 복음적인 개혁 교회의 신학적인 견해를 통칭하는 것으로 간주되었다. 이렇게 칼빈주의는 16세기 초기 유럽 개혁 진영의 내부적인 정치적 이해 관계로 인해서 의심스러운 유산으로 오해받게 되었던 것이다.[7]

---

6 칼빈의 예레미야 주석 서문 헌사", Dum ergo Calvinismum obiciendo aliqua infamiae notatua, Celsitudinem aspergere conantur, nihil aliud quam suam privitatem cum stultitia frustra et magno suo cum dedecore produnt."(While, then, they endeavor, by bringing forward CALVINISM, to affix to your Highness some mark of infamy, they do nothing more than betray their own perversity, and also their folly and disgrace.)

7 Alister McGrath, *The Intellectual Origins of the Europen Reformation* (Oxford: Basil Blackwell, 1987), 6-7.

칼빈주의라는 용어가 스위스를 넘어 하이델베르크 주변 지역에 널리 확산된 개혁신학을 의미하는 것이라면, 이는 매우 중요한 의미를 가진다. 이는 칼빈주의가 스위스 내부에서만 득세한 것이 아니라, 이제는 유럽 전역의 성도들에게 확산되었다는 것을 의미한다. 독일 영토에서 루터교와 미묘한 갈등을 일으키면서 보다 넓은 공감대를 형성하게 되었다는 의미이다.

루터파 종교 개혁사 연구가 루이스 스피츠 교수는 조금 다른 주장을 한다. '칼빈주의'라는 말은 스말칼트 동맹에서 처음 사용되었다고 한다. '칼빈주의'라는 단어는 혼란과 박해 속에서, 루터교인들과 구별된 신조와 신앙을 지닌 일단의 교회들을 지칭한다는 것이다. '칼빈주의자'는 로마 가톨릭도 루터란도 아닌 한 부류의 개신교회를 지칭하는 용어로, 주로 스위스의 자치 도시들(제네바, 바젤, 베른 등)에서 칼빈과 같은 사상을 가진 성도들의 교회를 통칭하는 말이었다는 것이다. 그는 '칼빈주의'가 매우 부정적인 뉘앙스를 지닌 용어로 쓰이기 시작했다고 본다.[8]

독일 지역에서도 로마 가톨릭을 신봉하도록 하여 통합된 왕국을 통치하려는 황제 찰스 5세와 그를 따르는 군주들이 연합하여 루터의 새로운 신앙을 박해하자, 독일 북부 삭소니의 군주 요한과 헷세의 필립을 중심으로 개신교를 지지하는 군주들이 스말칼트 동맹군을 결성하였다. 그런데 로마 가톨릭도 아니요 루터를 따르는 독일 교회도 아닌 스위스 지방의 교회들을 칼빈주의자라고 부르게 되었다.

1530년 12월 로마 가톨릭 교회와 루터파의 화해를 위한 아우구스부르그 회의가 결렬되자 공식적으로 스말칼트 동맹이 출범되었다. 이 동

---

8 Lewis W. Spitz, *The Protestant Reformation*, 1517-1559 (New York: Harper & Row, 1985), 122.

맹군은 다분히 방어적이요 수세에 몰려 있었다. 1535년 스말칼트에서 모인 회의에서, 새로운 교리를 가르치고 설교하는 약간의 자유를 허용하도록 주장하는 동맹군 군주들의 요청이 받아들여졌으나, 결국 1547년 무엘베르그와 비텐베르크 전투에서 신성 로마제국의 후예를 자처하는 합스부르크 황제군이 스말칼트 동맹군을 대파하였다. 칼빈주의자들이 루터파와 첨예하게 대립하게 된 것은 성찬론의 차이 때문이었다. 아우구스부르그 종교 평화 회의 이후 1558년 루터파와 칼빈주의자들 사이에 몽펠리에 회의(the Colloquy of Montpellier)가 열렸는데, 양측의 성찬론이 첨예하게 맞서 결론을 내리지 못하였다. 그리고 이를 해소하려는 노력을 시도하였으나 결국 서로간의 이견이 좁혀지지 않았다.[9] 프랑스에서 종교 전쟁이 일어난 이후 칼빈주의자들은 엄청난 핍박의 대상이 되었고, 개혁 신앙을 소유한 사람들은 신학적인 동지들을 상호 보호하고 도와 주어야 할 절박한 상황에 처하게 되었다. 신학적인 입장이 사람들의 행동과 연합을 결정하는 기준이 되었다.

오늘날에는 성찬론이나 정부와 교회의 관계에 대한 논의는 주로 신학대학원에서 연구하고 가르치는 신학자들의 전문적인 일이지만, 16세기 유럽은 전혀 다른 상황이었다. 일반 사람들, 군주들, 시골과 농촌에 사는 사람들 사이에도 이런 신앙적인 논쟁이 편을 가르는 기준이 되었고, 군대를 동원하는 이유가 되었으며, 심지어 목숨을 내걸고 싸우는 전쟁도 마다하지 않았다.

칼빈주의라는 용어에 대한 또 다른 문헌적인 자료를 살펴보면

---

9 Jill Raitt, *The Colloquy of Montpellier: Religion and Politics in the Sixteenth Century* (Oxford: Oxford Univ. Press, 1993). 이 책에서 저자는 루터파와 칼빈주의자들이 자신들의 성찬론이 다르다는 이유로 인해서 첨예하게 대립하는 과정을 설명하고 있다. 16세기는 "신앙고백의 시대"로서, 이렇게 믿는 바에 따라서 살았던 것이다.

'칼빈파'(Calvinian)라는 말이 사용된 것은 1566년이고, '칼빈주의' (Calvinism)라는 용어가 사용된 것은 1570년대이며, 칼빈주의자 (Calvinist)라는 말이 처음 등장하게 된것은 1579년에 발행된 문서에서 였다는 주장도 있다.[10] 엘리자베스 여왕 통치기에 스위스의 영향을 입은 지도자들에 의해서 칼빈주의라는 말이 자주 소개되었고, 마틴 부써와 불링거의 영향에 의해서 청교도들이 형성한 신앙을 칼빈주의라고 불렀다. 다른 지역에서도 역시 칼빈주의가 발전했는데, 피터 마터 버미글리와 존 라스코의 기여도 있었다.

결론적으로, 칼빈주의라는 용어는 루터파나 재세례파에 비하면 다소 늦게 생겨났음이 드러난다. 그러나 칼빈주의는 스위스와 독일 남부 지방에서 시작되었지만 그 지역에 국한되지 않고 후에 네덜란드, 영국, 미국, 헝가리, 동구 유럽으로 널리 퍼져 나갔다. 그들은 중심 인물을 존 칼빈(1536-1564)으로 생각하고, 그의 신학을 기준으로 하여 루터파와는 다른 교리 체계를 발전시킨 스위스 개혁주의 신학과 교회를 칼빈주의자들이라고 불렀다.

칼빈주의자란, 칼빈의 신학과 저술에서 영향을 입고, 제네바 교회가 채택한 성도들의 생활을 중시하는 사람들을 일컫는 말이다. 그러나 여기서 오해하지 말아야 할 것은, 칼빈주의라는 용어에 칼빈이라는 개인의 이름이 들어가 있다고 해서 그것이 오직 칼빈의 신학에만 정체되어 그것만 앵무새처럼 외우는 것을 의미하는 것은 결코 아니다.

---

10 John T. McNeill, *The History and Character of Calvinism* (N.Y.: Oxford University Press, 1954), 309.

신앙고백적 칼빈주의

개혁주의는 기독교의 참된 본질을 그들이 고백하는 신조(creeds)나 신앙고백(confession) 또는 교리 문답(catechism)이라는 형식을 빌어서 정리하였다. 오늘의 한국교회가 의존하고 있는 그 뿌리에 선진들의 신앙이 자리하고 있다면, 가장 많은 영향을 입고 있는 젖줄과 같은 흐름이 16세기 유럽의 신앙고백 속에서 발견되는 칼빈주의 신학과 신앙이다. 과거의 역사에 담겨 있는 선진들의 신앙을 잊어버리는 것 만큼 큰 불행도 없을 것이다. 그들은 당대에 고민하던 문제들에 대한 해답을 성경에서 발견하여 정리하고 고백적인 선언으로 문서화했던 것이다. 다시 말해서 우리 한국 기독교 교회, 특히 장로교회의 자기 정체성을 명쾌하게 규정하고자 한다면, 우리는 그것을 우리 자신이 규칙으로 받아들인 신앙고백에서 찾아야만 한다. 우리가 어디에 속한 신앙적인 단체이며, 어떤 내용을 믿는 신앙을 가졌는지 밝히려면, '역사적 신앙고백적 칼빈주의'(historical confessional calvinism)라는 말보다 더 좋은 단어는 없다. 종교 개혁 시대의 신학자들 사이에서 선포되고 후대에 내려오면서 공식적으로 토론하고 심사숙고하여 교회의 문서로 채택된 것들이야말로 칼빈주의가 무엇인가를 명확하게 보여 주는 핵심이다. 이것을 보면 칼빈주의 신앙이 고스란히 정리되어 있으므로, 칼빈주의가 무엇을 믿는가에 대해서 진지하게 살펴보려면 반드시 다음 신앙고백서들의 내용을 찾아서 읽어 보아야 할 것이다. 신앙고백적 칼빈주의는 성경에서 주장하는 복음을 그대로 요약하고 전수하고자 노력해 왔다.

고전적인 신앙고백서들

기독교 신앙을 규정하는 초대교회 시대의 신앙고백서들 가운데 가장 중요한 문서는 네 가지가 있다. 이 조항들은 오늘날에도 여전히 세계

기독교 신자들이 귀하게 사용하고 있으며, 교단과 교파를 초월하여 여러 개신교회들이 채택하고 있고, 로마 가톨릭이나 동방 정교회에서도 인정하고 있다. 초대교회 시대에 작성된 신앙고백서들 중에서 오늘날 개혁주의 신조로 인정할 만한 것들은 대략 60개에 달하고 있다.[11]

사도신경(The Apostles' Creed) | 전설에 의하면 원래 사도들이 만들었다고 하는데 당시의 문헌을 직접 확인할 수는 없고, 6세기와 7세기의 문헌에서 과거에 관한 언급과 함께 발견된다. 주후 200년경 초대교회 시대에 세례받을 사람들이 고백하던 신앙 내용이라고 추측된다. 대부분 서양 교회들이 채택하고 있다.

니케아 신경(Nicene Creed, 325) | 니케아 종교회의에서 채택한 신앙 조항으로 삼위일체 하나님에 관하여 규정한 것이다. 성부, 성자, 성령의 관계를 규정하였고, 381년 콘스탄티노플 회의에서 더 구체적으로 완전한 문서가 만들어졌다. 특히 성자는 성부와 동일한 본질을 가진 분으로 모든 면에서 완전한 하나님 되심을 강조한 신조이다. 주로 동방 정교회에서 사용하고 있다.

칼세돈 신경(Creed of Chalcedon, 451) | 그리스도의 인격에 관해서 아폴리나리우스, 네스토리우스, 유티케스 등이 주장한 잘못된 설명을 배격하고, 신성이 인성(몸) 안에서 혼합되거나 혼란을 일으키거나 분리되지 않은 채 온전한 조화를 이룬다는 것을 규정한 신조이다. 극단적인 단성론과 양성론을 모두 배격하고 둘사이의 조화를 꾀하고자 하였다.

아다나시우스 신경(The Athanasian Creed) | 어거스틴의 삼위일체론

---

11 Sara Little, *The Language of the Christian Community* (Richmond: The CLC Press, 1965). John H. Leith, *Creeds of the Churches* (New York: Doubleday and Co., 1963). Phillip Schaff, *Creeds of Christiandom* (Grand Rapids: Baker, 1966).

을 계승하여 아다나시우스가 만들었다고 전해 오는 문서인데, 실제로는 알려지지 않은 저자가 5세기경에 삼위일체와 그리스도의 성육신에 대해 설명한 것이다. 성부도 하나님이고 성자도 하나님이며 성령도 하나님이지만, 세 분이 있는 것이 아니라 한 분 하나님만 존재한다. 성자는 성부로부터 나오는 영원한 분이므로 완전한 신성과 완전한 인성을 가지신 분이며, 죄인을 위해 죽으시고 부활하시고 승천하시고 재림하시며 최후 심판을 하실 것이다. 동방 정교회에서는 아다나시우스 신경을 인정하지 않는다.

개혁주의 신앙고백서들

칼빈주의를 웅변적으로 드러낸 고백서로, 그 내용이 종합적이고 체계적이다. 이를 취급한 교회의 총회가 국가적으로 받아들인 매우 중요한 신앙 문서들은 다음과 같다.

제네바 교리 문답(The Geneva Catechism, 1541) | 칼빈이 제네바로부터 부름을 받아 성도들을 교육하기 위해 1537년 작성한 신앙 교육용 교리 문답을 수정 증보한 것으로, 그의 책 『기독교 강요』를 요약한 것이라고 할 수 있다. 이 문서는 1559년 프랑스 신앙고백서의 기초가 되었으며, 핵심 주제들에 대한 간략한 설명이 특징이다.

제2 헬베틱(스위스) 신앙고백(The Second Helvetic Confession, 1566) | 1562년 하인리히 불링거는 개인적인 신앙고백을 작성하다가 1564년 다시 개정하여 자신의 유언을 덧붙였다. 쮜리히에 전염병이 휩쓸면서 부인을 잃어버렸고, 자신도 언제 죽을지 몰랐기 때문이다. 그러나 다행히 살아 남게 되고, 1565년 12월 팔라틴의 선제후 프레데릭 3세의 요청이 오자, 정통 신앙의 기준이 무엇인가를 알려 주는 문서로 이를 작성하여 베자의 추인을 받고자 제네바로 우송하였다.

이 고백서는 하이델베르크 교리 문답 다음으로 스위스 개혁파 교회들의 지지를 얻었고, 가장 널리 사용되었다. 제네바에서도 채택되었으나, 바젤에서만 거부당하였다. 심지어 헝가리 개혁 교회에서도 채택하였다. 가장 성숙하고 세련된 개혁 교회의 신앙고백서하고 할 수 있다.

이 고백서의 특징은 초대교회의 정통성을 계승하고 있는 부분에 대해 깊은 관심을 표명하고 있다는 점이다. 제1조에서 하나님의 말씀의 선포는 곧 하나님의 말씀이라고 강조하여, 개혁 교회가 얼마나 설교를 중시하는가를 표명하였다. 그리고 성만찬 교리에 있어서는, 칼빈과 파렐이 대표가 된 제네바 교회와 불링거가 대표가 된 쮜리히 교회 사이에 1549년에 맺은 합의안(Consensus Tigurinus, 1549)을 충실히 반영하고 있다.

하이델베르크 교리 문답(The Heidelberg Catechism, 1563) | 우르시누스(Zacharias Ursinus, 1534-83)와 카스파르 올레비아누스(Caspar Olevianus, 1536-87)에 의해서 작성된 이 문서는, 독일 남부 팔라티네 지방의 군주의 요청에 따른 것이다. 성찬에 관한 교리는 분명히 개혁주의를 따르고 있지만, 몇 가지 교리는 루터파와 개혁주의의 중간 노선을 취하는 것도 있다. 칼빈이 이 문서를 검토한 후 극찬할 만큼, 아주 간단하고 명료하고 경건한 내용이 특징이다. 이 문서는 독일 칼빈주의 신앙고백에서 가장 탁월한 문서로 손꼽히고 있고, 오늘날에도 개혁주의 교회에서 널리 받아들여지고 있다.

프랑스 갈리칸 신앙고백(Gallican Confession, 1559) | 박해받는 프랑스 위그노들이 칼빈의 제네바 신앙고백을 기초로 약간 수정한 문서이다. 오래 지속된 박해로 인해서 프랑스 위그노들의 힘은 크지 못했으나, 악조건 가운데서도 순수하고 깨끗한 신앙의 정신을 따라 가기로 결의한 놀라운 의지가 담겨 있다.

벨직 신앙고백서(Belgic Confession, 1561) | 네덜란드에서 가이 드

브레(Guido de Bres, 1522-67)가 작성한 것으로, 그 내용은 프랑스에서 나온 갈리칸 신앙고백과 매우 유사하며, 유럽 북서부의 저지대 국가들에서 박해받던 성도들을 위해서 쓴 변증서이다. 이 문서는 1619년 돌트 총회에서, 네덜란드 교회의 신앙고백으로 받아들이기로 공식적으로 채택되었다.

스코틀랜드 신앙고백(The Scots Confession, 1560) | 스코틀랜드 최초의 신앙고백으로 존 낙스와 다섯 명의 목사들이 작성하였다. 낙스가 유럽에서 경험한 것들이 반영되었고, 하나님과 창조, 성육신과 예정과 십자가, 불가시적인 교회관, 참된 교회의 세 가지 표지로서 말씀의 선포, 성례의 시행, 권징의 실시를 규정하고 있다.

돌트 신경(Canon of Dort, 1618-9) | 네덜란드 지역에서 발전된 정통 개혁 신앙의 절정기에 작성된 교리의 압권으로, 알미니우스주의의 오류를 지적하기 위해서 만들어진 신조이다. 예정론을 근간으로 한 칼빈주의 5대 교리라고 알려진 구원론에 관련된 다섯 가지 핵심 사항을 채택한 것이다. 논쟁을 거쳐서 나온 문서인 만큼, 16세기에 나온 신조에 비하면 매우 정교하고 체계적이며 논증적이다. 종교 개혁 시대에는 새롭게 복음을 발견하는 통찰력이 필요하였던 것이 아니라 보다 정확하고 명쾌하게 규정하여 종교 개혁자들의 신앙을 옹호할 필요가 있었기 때문에, 개신교 정통신학 또는 개신교 스콜라주의라고도 불린다.

웨스트민스터 신앙고백(Westminster Confession of Faith, 1647) | 칼빈주의 정통신학의 최고봉에 위치하는 가장 체계적인 문서이다. 한국 장로 교회는 이 문서를 성경 다음에 표준 신앙고백서로 채택한 바 있다. 청교도 신학자와 목회자들이 모여 작성한 이 문서의 특징은, 스코틀랜드 언약 신학이 반영되고 성화와 주일 성수에 대한 엄격성이 강조되었다는 것이다. 이중 예정, 자유 의지, 아담의 행위언약 등도 계속해서 중

요한 교리로 인식되고 있다.

웨스트민스터 대요리 문답(The Westminster Larger Catechism, 1648) | 개혁주의 교리 문답 가운데 가장 긴 문서로, 어린이들을 위해서는 소요리 문답이 있다. 거의 모든 개혁주의 교리를 다루고 있다. 주기도문과 십계명 해석도 포함되어 있다.

신앙고백서 이후의 발전

개혁주의 교회 역사를 돌아볼 때, 16세기와 17세기가 지나고 나서는 별로 중요한 신앙고백서들이 나오지 않고 있다. 특히 루터교는 '콘코드의 신앙고백'(the Formula of Concord, 1577)과 '콘코드의 책'(the Book of Concord, 1580)이 작성된 후에는 더 이상 신앙고백이 발전하지 않았다. 그러나 개혁주의 진영에서는 지속적으로 신앙고백서가 작성되어 왔다.

이 말은 칼빈주의자들 사이에는 통일된 단 하나의 고백을 향한 노력이 없었다는 말이 아니다. 오히려 그만큼 개혁주의자들은 신조를 중요하게 생각하여, 종교 개혁 이후에도 다양한 조류를 형성하였고 또 발전되어 왔다는 것을 시사한다. 같은 신앙을 고백하는 칼빈주의자들이지만 그 내부에서 다시 몇 가지로 세분될 수도 있는 것이다. 이러한 다양한 그룹은, 다음 장에서 고찰하게 될 칼빈의 신학을 어떻게 이해하였느냐에 따라서 각각 다른 분위기의 신학 사조가 형성되었던 것이다.[12]

---

12 Dionysius Kempff, *A bibliography of Calviniana 1959-1974* (Potchefstroom: Institute for Reformational Studies, 1983). Henry Van der Goot, "A typology of 'Schools' of Calvin interpretation in 19th and 20th Century"(paper for the University of Toronto, 1975). cf. Heiko A. Oberman, *The Dawn of the Reformation*, ch. xi: "Calvin's Critique of Calvinism", 259-268.

첫째, 높은 칼빈주의(Higher Calvinism)라는 그룹이 칼빈 사후 얼마 되지 않아서 출현하였다. 극렬-칼빈주의(Hyper Calvinism)라고 불리우는 이 사조는 칼빈의 신학 중에서도 특정한 주제들을 집착하여 강조하는 바, 특히 이들은 '타락 전선택설'과 '반율법주의'를 신봉하는 자들로서 주로 하나님의 절대 주권을 강조하여 인간의 책임에 대해서 약화시키는 경향을 갖고 있다. 그들은 일반 은총을 완전히 부정하고 철저히 선택자들만의 세계를 고집하여, 극단으로 치우치는 경향을 띠고 있었다. 칼빈의 신학을 교조화(dogma)시켰다는 비판을 받고 있다.

둘째, 칼빈주의 주류(Mainstream Calvinism)를 형성하는 그룹이 있다. 이 흐름은 칼빈의 신학을 가능한 한 따르고자 노력하면서, 다른 개혁신학자들도 우호적으로 수용하는 경향을 갖고 있다. 그리하여 언약신학을 주장하고, 온건한 칼빈주의 노선을 견지하려 한다.

셋째, 낮은 칼빈주의(Lower Calvinism)라고 불리우는 그룹이 있는데, 개혁신학을 지지하되 어떤 특정한 교리에 있어서는 누락을 시키거나 약화시키는 경향을 가지고 있다. 이들은 주로 속죄의 범위가 제한적이라는 교리와 선택의 조건에 관한 교훈들을 열렬히 지지하지 않는다. 칼빈 사후에 프랑스에서 일어난 아미랄디언주의자들과 신율법주의자들이 여기에 속하는 바, 5대 교리로 구성된 돌트 신경을 다 믿지 않고 오직 네 가지만을 믿는 사람들이다.

넷째, 교회 정치 제도상의 차이가 나타난다. 칼빈주의자들은 장로교회, 회중교회, 영국 성공회, 침례교회, 감리교회에서 발견된다. 그러나 교회를 실제적으로 운영하는 방법과 제도는 모두 다르다. 칼빈주의는 오직 한 가지 정치 제도에서만 찾을 수는 없다. 심지어 로마 가톨릭에서도 칼빈주의와 가까운 주장이 나왔는데, 17세기에 나타난 잔세니즘이 곧 그것이다. 어거스틴을 따르던 네덜란드 신학자 잔센(Cornelius

Jansen, 1585-1638)은 주로 예수회의 신학을 철저히 부정하여, 결국 교황 이노센트 10세로부터 정죄를 받았다.

잔센의 주장에서 정죄를 받은 핵심 내용은 다섯 가지다. ① 하나님의 명령은 은혜 없이는 수행될 수 없다. ② 은혜는 거부할 수 없다. ③ 타락한 인간은 강요로부터 자유롭다. 그러나 필연성으로부터 자유로운 것은 아니다. ④ 반펠라기우스주의자들의 오류는 은혜의 불가항력적인 성격을 부인한다는 점이다. ⑤ 그리스도가 모든 인류를 위해서 죽으셨다는 것은 반펠라기우스주의자들의 주장이다.

다섯째, 칼빈주의 가운데서 자라난 여러 이단과 불건전한 신학이 있다. 알미니우스의 신학은, 개혁신학의 요람에서 자라났지만 가장 큰 해악을 끼친 독버섯이었다. 20세기에는 자유주의 신학을 주장하는 사람들이 개혁신학을 거부하였고, 20세기 신정통주의 신학 역시 일부에서는 개혁주의로 취급하고 있지만, 16세기부터 내려온 정통 칼빈주의와는 거리가 너무나 멀다.

세계에 흩어져서 발전된 개혁신학은 너무나 다양한 양상을 띠고 있지만, 앞에서 언급한 여러 문서들에 담겨 있는 공통분모를 무시할 수 없고, 그 기초에는 역사적 신앙고백들이 자리하고 있다. 그래서 저자는 개혁주의 교회가 자신의 정체성을 규명할 때 '신앙고백적 칼빈주의'(Confessional Calvinism)라고 부르면 틀림이 없음을 거듭 강조하는 것이다. '개혁신학'이라는 용어도 역시 이 신앙고백의 관점에서 평가되고 발전하여 내려온 칼빈주의를 의미하는 것이며, 그 토대위에서 신앙을 정립할 때 가장 순수한 기독교 신앙을 갖게 되리라 믿는다.

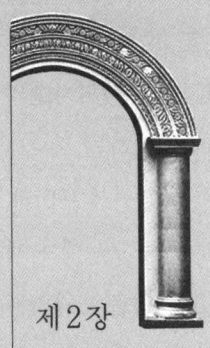

제 2 장
개혁신학의 교리 체계와 특징

이미 앞에서 언급한 바와 같이 '개혁신학'(the Reformed Theology)이라는 명칭과 '칼빈주의'라는 용어는 같은 뜻으로 사용되고 있다. 그러나 명확한 개념 규정이 필요하므로 개괄적으로 정리하고자 한다. 종교 개혁자들의 신앙을 물려받은 개혁신학은 매우 포괄적인 용어로서, 개혁주의를 주장하는 사람마다 이상과 신념이 상당히 다양하다. 어떤 사람은 로마 가톨릭의 신학을 개혁했던 종교 개혁자들의 신학을 모두 다 개혁신학이라고 부르고, 심지어 루터를 비롯하여 멜랑히톤이나 요하네스 부겐하겐 등 북부 독일에서 발전된 흐름을 개혁신학이라고 생각하는 사람도 있다. 그런가 하면 좀 더 엄밀하게 루터파와 구별되어 사용하되, 독일 남부 지방에서 마틴 부써와 쟝스트룸이 선포한 것을 개혁신학의 원조로 보는 사람도 있다. 여기에다가 역시 같은 독일어권에 속하는 스위스 북부 쮜리히에서 쯔빙글리와 불링거 등이 활약하여 세운 신앙 체계를 개혁신학이라고 생각하는 사람들도 있다.

'개혁신학'이라는 말을 넓은 의미에서 생각한다면 '종교 개혁자들의 신학'이라고 볼 수 있는데, 그렇게 되면 로마 가톨릭에 반대하는 프로테스탄트(개신교회) 전체 신학을 통칭하는 포괄적인 용어가 되어서 루터파, 쯔빙글리파, 자유교회파, 재세례파, 회중교회와 장로교회 등 모두에게 해당될 수도 있음에 유의하여야 한다. 이렇게 모든 개신교 신학을 포괄하는 뜻으로 '개혁신학'이라는 용어를 사용하는 것은 일반적인 견해가 아니다.

신학 사전에서 정의하는 것을 먼저 정확하게 살펴보면 간략하게나마 개념을 규정할 수 있다. 윌리엄 스탠포드 리드(William Stanford Reid) 교수는 "개혁주의라는 용어는 루터파와 재세례파로부터 칼빈주의자들을 구별하기 위해 사용한 용어로서, 쯔빙글리가 기초를 놓고 그 위에 칼빈이 『기독교 강요』에서 정립한 신학과 성경 주석을 통해서 발전시킨 개신교 신학을 의미한다"고 하였다.[1] 스위스와 독일 남부에서 발전된 신학을 일컬어서 개혁신학 또는 개혁주의라고 한다는 설명한다. 독일 개혁신학(German Reformed Theology)과 스위스 개혁신학이 양대 줄기를 형성하였다는 것이다.

다시 독일 개혁신학을 좀 더 세분하면, 스트라스부르그와 팔라틴 개혁주의로 나눌 수 있다. 스위스 개혁신학도 역시 쮜리히와 제네바로 나뉘어지게 되었다. 크게 볼 때에 개혁신학은 이렇게 종교 개혁 제1세대와 제2차 개혁 그룹이 참여하는, 네 그룹이 주도한 각종 교회 개혁과 신학의 체계화를 통해서 형성된 개신교 신학의 전통을 의미한다.[2]

---

[1] *Evangelical Dictionary of Theology*, ed. Walter A. Elwell (Grand Rapids: Baker, 1984), 921-2.

[2] Lowell H. Zuck, "Melanthonianism and Reformed Theology in the Late Sixteenth Century", in *Controversy and Conciliation: The Reformation and the Palatinate,*

"16세기 개혁주의자들 중에서 쮜리히의 쯔빙글리와 불링거, 스트라스부르그의 부써와 피터마터 버미글리, 제네바의 파렐, 칼빈, 베자, 프랑수아 뒤르땡 그리고 아만두스 폴라누스 등이 저술하고 시행한 것들과 그들이 작성한 신앙고백을 개혁주의라고 부른다."[3] 이런 개혁신학자들이 바라본 발전적인 교회의 이상형으로는 로마서 12:4-13을 꼽을 수 있다. 그에 따르면 모든 성도들이 서로 마음을 합하여 각자의 맡은 은사를 따라서 서로 사랑하며 함께 쓸 것을 공급하는 삶을 소망하였다.

'칼빈주의'라는 용어도 개혁신학이라는 말과 그 내포된 의미가 매우 유사하다. 다만 역사적으로 볼 때에, 개혁신학자들 가운데서도 쮜리히의 쯔빙글리와 불링거를 따르는 그룹이 아니라, 스위스 제네바의 칼빈과 베자를 따라서 형성된 교회와 신앙고백을 따르는 사람들을 제한해서 일컫는다. 정확한 의미에서 칼빈주의란 제네바에서 형성된 교회의 생활과 종교 개혁의 업적을 성취한 존 칼빈(1509-1564)의 신학과 저술에 영향을 입고 형성 발전되어 내려온 교회와 신학의 전통을 일컫는 말이다.

칼빈주의란, 포괄적인 의미에서는 16세기 종교 개혁의 정신을 물려받은 개혁신학이요, 로마 가톨릭 교회를 개혁하자는 의미에서 개혁주의이며, 교회 정치제도의 특색으로는 장로교회이고, 그리고 신학 체계는 하나님의 주권과 은혜 중심의 신학이다.

이 책에서는 개혁신학이나 개혁주의라는 용어를 좀 더 좁은 의미로 해석하여, 칼빈주의 신학 체계와 같은 동의어로 사용하고자 한다. 개혁신학자로 분류해야 할 사람들 중에서 칼빈주의자들의 신학을 다루고

1559-1583, ed., Derk Visser (Allison Park, Pickwick Publications, 1986), 176.

3 Robert Letham, *New Dictionary of Theology*, ed. Sinclair B. Ferguson, David F. Wright(Downers Grove: IVP, 1988), 569.

자 하기 때문이다. 역사적으로 볼 때 개혁 교회 또는 개혁주의라는 말은 16세기에 여러 나라에서 일어난 종교 개혁의 신학을 통칭하는 말로 사용되고 있으므로 너무 포괄적이다. 이 책에서는 '개혁신학'이라는 말을 자주 사용하게 되는 바, 이는 루터파, 재세례파, 영국의 성공회와 달리, 교회 조직 면이나 신학 체계나 성경 해석이나 문화 전통에서 매우 독특한 업적을 성취한, 스위스 제네바 지역에서 시작하여 유럽과 신대륙에서 발전된 교리와 신앙의 체계를 의미하는 용어로 사용하고자 한다.

교회 제도라는 측면에서 볼 때에 개혁신학 또는 칼빈주의는 전세계에 장로교회라는 정치 제도를 형성시켰다. 스코틀랜드로 돌아간 존 낙스를 중심으로 장로교회 제도는 광범위하게 발전하였다. 개혁신학에 입각하여 형성되어 온 개혁교회는 제도적 특성에서는 장로교회(presbyterian church)라는 말로 대치된다. 영국이나 미국의 일부 회중교회, 미국의 남부 침례교회 일부, 헝가리와 체코의 일부 국가교회, 동유럽 지역에 있는 감독교회 안에도 칼빈주의 신학과 신앙 원리를 철저히 찬동하는 성도들이 상당히 많다.

기독교 공통의 교리들

개혁신학 또는 칼빈주의는 기독교 신앙을 가장 순수하게 지켜 온 기독교 신앙 체계를 세웠다. 다른 교파나 종파와 같이, 기본적인 교리 체계에서는 조금도 다를 바 없다. 예수 그리스도의 십자가와 부활을 성경대로 믿어야만 구원을 얻으며, 교회의 규칙에 따라서 살아가는 공로나 선행의 대가로 구원을 얻는 것이 아니라, 오직 하나님의 은혜로 값 없이 구원을 얻는다는 구원론은 조금도 차이가 없다(고전 15:1-4). 단지 칼빈주의는 종교 개혁신학의 다른 유파들과는 부차적인 교리에서 다를 뿐이다.

다시 말해 중요 교리는 일치하되 이차적인 교리에서 약간의 차이가 있을 뿐이므로, 지나치게 차이점에 대하여 확대 포장해서는 안 된다.

종교 개혁자들의 신학을 가장 함축적으로 표현하는 다섯 가지 라틴어 표어를 이해하면 그들이 주장하던 요지를 파악할 수 있다.[4]

① 오직 은총으로만(Sola Gratia, 하나님의 은혜로만, 우리가 구원을 얻는다).
② 오직 믿음으로만(Sola Fide, 오직 믿음으로만, 우리가 그리스도와 그의 모든 충분한 의로움을 받아들이게 된다).
③ 오직 그리스도로만(Solus Christus, 우리의 의로움은 우리들이 만들어내는 것이 아니요, 그리스도께서 우리를 위해서 사역하시고 갖고 계신 것, 특히 십자가 위에서 하신 것들에 의해서만 주어진다).
④ 오직 하나님께 영광을(Soli Deo Gloria, 이 믿음은 성도의 공로가 아니라 죄인을 구원하시는 모든 영광을 성부, 성자, 성령 하나님께만 돌려드린다).
⑤ 오직 성경으로만(Sola Scriptura, 성령께서 우리에게 복음을 전달하는 것은 오직 하나님의 기록된 말씀의 진실된 설명에 의해서이다).

이상과 같이 칼빈주의가 다루어 온 교리들은 성경이 가르치는 바대로 교회와 신앙생활에서 매우 중요하고 핵심적인 교리들이었다. 오늘

4　Heiko A. Oberman, *The Reformation* (Edinburgh: T & T Clark, 1994), 113. Alister E. McGrath, *Reformation Thought: An Introduction* (Oxford: Basil Blackwell, 1988), 67ff. W.C. Robinson, *The Roformation: A Rediscovery of Grace* (Grand Rapids: Eerdmans, 1962), 1. Wilhelm Pauck, *The Heritage of the Reformation* (Chicago: Free Press, 1950), 113-146.

의 교회들은 방언이나 예언의 계속성, 병 고침의 능력이나 휴거, 천년왕국설 등에 흥미를 더 느끼고 있다. 그러나 이런 주제들이 기본 진리에 속하는 것들을 능가할 수 없다. 칼빈주의가 가장 핵심적으로 거론하여 온 주제는 역시 기독교의 핵심 주제들이었다. 불행하게도 현대 기독교 신자들은 사소한 주제에는 깊은 흥미를 느끼면서 칼빈주의가 중점적으로 거론하여 온 주제들에 대해서는 별로 관심을 두지 않는 경향이 있다.

그러나 칼빈주의가 거짓 종교와 이단들에 대처하여 마련한 기초 진리에 있어서는 다른 여타의 기독교 신앙 체계와 동일하다. 이 점에서 칼빈주의자들은 조금도 과장이나 오해가 없어야 할 것이다. 다른 교파의 가르침을 믿지 말고 오직 칼빈주의자가 되어야만 구원을 얻을 수 있다고 가르치는 것이 아니라는 말이다. 그러나 오랫동안 경쟁적으로 싸워 온 알미니안주의에 대해서는 17세기 초엽의 칼빈주의자들이 분명히 이단이라고 결정하였다. 20세기 자유주의와 신정통주의 신학에 대해서도 마찬가지로 정통 칼빈주의가 아니라고 결론지었다.

개혁신학의 독특한 교리들

칼빈주의는 독특한 신앙 체계를 가지고 있다. 다른 기독교 신앙과 공유하는 부분이 많지만, 그럼에도 불구하고 매우 논쟁적인 주제에 대해서 특별한 해석을 제시하여 왔다. 특히 구원의 도리를 설명함에 있어서 다른 어떤 교리 체계보다도 분명하게 하나님의 경륜과 계획을 포괄적으로 이해하고자 한다. 칼빈주의의 특성이 가장 잘 드러나는 몇 가지 교리들을 살펴보면 다른 신앙인들이 동조할 수밖에 없는 독특성과 장점이 드러난다.

신앙고백적 구원론의 5대 교리

개혁신학은 신앙고백적 정통 신앙을 시금석으로 삼고 그 내용 가운데서도 구원론적 요소들을 매우 중요한 교리로 채택하였다. 개혁주의 신학은 16세기 종교 개혁의 역사적 신앙고백의 유산을 토대로 하여 발전하였는 바 그 핵심은 죄인을 구원하는 복음이었다. 성경에 대한 철저한 옹호와 의존이라는 정신에 입각하여 교회가 고백하는 바 신앙 내용을 요약한 것으로는 대표적으로 다음과 같은 것을 꼽을 수 있다. 하이델베르크 교리 문답(1563), 돌트 신경(1618), 그리고 웨스트민스터 신앙고백(1643-8) 등이다. 그밖에도 다룬 주제나 문서가 미친 영향력의 범위에서 볼 때에 다소 규모가 적은 것으로는 '헬베틱 고백서'(The First Helvetic Confession, 1536), '갈리칸 신앙고백'(1559), '제네바 교리 문답'(1537;1545), '벨직 신앙고백서'(The Belgic Confession, 1561) 등을 꼽을 수 있고, 그밖에도 여러 지역에서 각 교회나 교단에 맞는 고백서들이 채택되고 발표되었다.[5] 이들 고백서들은 우리가 성경에서 믿어야 할 교리들을 매우 탁월하게 요약 압축하여 놓고 있는데, 그 중에서도 구원의 도리를 압축하여 가르치고 있고, 지금도 전세계 개혁 교회의 표준 문서로 받아들여지고 있다.

신앙고백서에 등장하는 여러 내용 중에서 가장 기본적인 것들은 그리스도의 구속 사역을 통해서 죄인을 구원하시는 복음을 설명하는 것이다. 칼빈주의 신학은 독특한 구원론을 근간으로 정립되었다. 칼빈주의의 영향이 확대되어 가고 있을 때, 야콥 알미니우스(1560-1609)를 추종하는 자들이 인간의 본유적 능력을 인정하는 신학을 근거로 하는 반펠

---

5 Jan Rohls, *Reformed Confessions: Theology from Zurich to Barmen*, tr. John Hoffmeyer(Louisville: Westminster/John Knox, 1998), 9-28.

라기우스(semi-pelagianism)를 퍼뜨렸다. 1618-19년에 발표된 [돌트 신경]을 만들어 낸 칼빈주의자들이 개혁 신앙의 본질을 훼손하는 알미니안주의를 강력히 제지함으로써 그 당시에는 뜻을 이루지 못하고 비교적 수월하게 청산되었으나, 그 후에 다시 근대 계몽 사조에 편승하여 거대한 조류를 형성하게 되었다. 인간의 자유 의지와 선택권을 강조했던 알미니안주의는 개혁신학에의 도전이자 위기의 첫 신호탄이었다.

돌트 신경은 칼빈주의 5대 교리라고 일컬어지는 구원론을 확립하였다.[6] 인간의 구원을 하나님의 전적인 단독 사역(divine monergism)으로 집약시킨 교리이다. 알미니안주의자들이 주장하는 대로 인간이 인간 자신의 구원에 책임을 지거나 선택을 할 수 있는 것이라면 위로란 있을 수 없으며, 확신과 소망도 가질 수 없음을 지적하였다. 칼빈의 신학을 계승한 베자의 교리 체계에 따라서 예정론이 정통신학의 핵심에 위치하게 되었고, 하나님의 선택을 구원론과 연계시켜서 생각하게 되었다.

칼빈주의자들은 인간의 전적인 부패(Total Depravity), 무조건적

---

6 칼빈주의 5대 교리는 개신교의 역사 속에서 오랜 세월 동안 연구되고 가르쳐 왔다.Duane Edward Spencer, *TULIP: The Five Points of Calvinism in the Light of Scripture*(Grand Rapids: Baker, 1979). Steele and Thomas, *The Five Points of Calvinism* (Phillipsburg: Presbyterian & Reformed, 1963). Frank B. Beck, *The Five Points of Calvinism* (Ashland: Calvary Baptist Church, n.d.). Leonard J. Cooper, *Are Five Points Enough? The Ten Points of Calvinism* (Denver: by the Author, 1980). Robert L. Dabney, *The Five Points of Calvinism* (Harrisonburg: Sprinkle Publications, 1992). Mark Duncan, *The Five Points of Christian Reconstruction from the Lips of Our Lord* (Edmonton: Still Waters Revival Books, 1990). Herman Hanko, Homer C. Hoeksema, and Gise J. Van Baren, *The Five Points of Calvinism* (Grand Rapids: Reformed Free Publishing Association, 1976). Edwin H. Palmer, *The Five Points of Calvinism* (Grand Rapids: Baker, 1980). Fred Phelps, "The Five Points of Calvinism", The Berea Baptist Banner, February 5, 1990. Ben Lacy Rose, *T.U.L.I.P.: The Five Disputed Points of Calvinism*, (Franklin: Providence House Publishers, 1996). W.J. Seaton, *The Five Points of Calvinism* (Edinburgh: The Banner of Truth Trust, 1970).

인 선택(Unconditional Election), 제한 속죄(Limited Atonement), 불가항력적 은혜(Irresistible Grace), 성도들의 견인(Perseverance of the Saints)을 필수적이고 본질적인 신앙 조항으로 받아들인다. 영어로 번역된 이 다섯 가지 교리의 첫 자를 모으면 튤립(TULIP)이 된다. 추운 겨울눈에 덮여 얼어 붙은 대지 속에서 생명력을 간직하고 있다가 봄빛에 아름답게 솟아올라 강렬한 색깔로 피어오르는 튤립을 연상시키는 빛나는 교리이다. 칼빈주의 구원 교리의 독특성이 담겨 있는 이 다섯 가지에서 종종 문제가 되는 것은 세 번째 교리 때문이다. 일부 칼빈주의자들 가운데서는 제한 속죄보다는 보편 속죄를 주장하고 있다.

하나님의 주권적 통치와 은혜

하나님께서 먼저 인간을 지으시고 축복하셨듯이, 타락한 인간에게도 하나님께서 구원의 방법을 먼저 제시하시지 않았다면 인류에게는 소망이 없다. 이 교리는 앞에서 설명한 '튤립'의 뿌리에 해당한다. 칼빈주의만이 하나님 중심의 신학(God-centered theology)을 가르치는데, 이는 성경이 가르치는 구원의 도리에 대해서 논리적으로 접근할 때에 자연스러운 귀결이다. 하나님의 주권적 통치는 인간의 모든 문제를 풀어 주는 최종적인 해답이다.

다른 교파에서는 이 주권에 대해서 약화시키려 하고, 심지어 부인까지 한다. 그러나 칼빈주의는 가장 합당한 자리에 위치시켜서 인간과의 관계를 바르게 형성하도록 가르친다. 인간은 피조물이요 죄인이지만, 하나님은 그들을 창조하시고 다스리시며 지배하시는 분이다. 하나님은 창조와 구원과 영화에 절대적 주권을 행사하신다. 칼빈주의자들이 가장 견고하게 내세우는 껍질과 같은 교리이다. 칼빈주의가 주장하는 가장 독특한 진리 가운데 하나가 바로 하나님의 주권적인 은혜의 교리다.

기독교 신앙의 출발은 하나님의 은혜다. 그의 한량 없는 은혜로 말미암아 인류는 생존하고 있다. 따라서 귀착점도 역시 하나님의 은혜이다.

> 너희가 그 은혜를 인하여 믿음으로 말미암아 구원을 얻었나니
> 이것이 너희에게서 난 것이 아니요 하나님의 선물이라(엡 2:8).

따라서 "내 은혜가 네게 족하도다"(고후 12:9)라는 하나님의 말씀에 대해서 사도 바울은 "나의 나 된 것은 하나님의 은혜로다"라고 고백하였던 것이다. 하나님이 주시는 은혜는 그 목적이 분명하다. 하나님의 영광을 위해서 쓰임받는 그릇들에게 그의 한량 없는 은혜가 주어지는 것이다. 인간이 하나님의 영광을 높이는 것이 마땅한 도리임을 가르치는 성경의 교훈들은 에베소서 1장과 2장, 로마서 8장과 9장, 요한복음 6장과 10장에 자세히 풀이되어 있다. 칼빈주의자들이 가장 애송하던 대표적인 성경 말씀 속에는 하나님께만 영광을 돌려드리려는 사상이 담겨져 있다.

> 이는 만물이 주에게서 나오고 주로 말미암고 주에게로 돌아감이라
> 영광이 그에게 세세에 있으리로다(롬 11:36).

하나님의 작정, 예정, 선택

하나님의 절대 주권의 신학은 그 내용을 살펴보면 인간 의지의 반대편에 서 있다고 생각되어 왔다. 그래서 현대 자유주의 신학은 하나님의 성품이나 속성들에 대해서 연구하려 하지 않고, 사람의 의지적 판단이나 사회의 흐름과 심리, 현세적 필요에서 신학의 자료를 찾고 있다.

어떤 사람들은 장로교인들은 '예정론'을 믿고, 감리교인들은 '자유의지'를 믿는다고 단순하게 구분한다. 칼빈주의자들은 예정론자로서

모든 것을 이 한 가지 예정이라는 출발점에서 풀어 간다고 생각하는 것이다. 그러나 그런 주장을 했던 일부 신학자들이 있었지만, 결코 칼빈주의자들을 예정론주의자로 오해해서는 안 된다. 이것은 예정론을 결정론이나 운명론, 숙명론으로 오해하는 데서 비롯되었다.

인간은 이미 정해진 프로그램이 장착되어서 일거수 일투족 모두 다 각본대로 움직이는 기계가 아니다. 그것은 기계적인 결정론이다(determinism). 더구나 성도들은 자신을 미래에 있어서 아무도 모르는 어떤 운수나 우연에 맡기는 운명론자가 아니다(not by the chance but by God). 인간은 내일의 불행이나 재앙이나 심판이나 진노에 대해서 어찌할 대책도 없이 그저 모든 것을, 그것이 인과응보로 이루어져 있기 때문에 숙명적으로 받아들여야만 하는 존재(fatalism)가 아닌 것이다.

예정론을 기독교 신학에서 심각하게 다룬 최초의 학자는 어거스틴이었으며, 개혁신학은 이를 충실히 인정하며 따르고 있다. 종교 개혁 시대의 철저한 예정론자는 멜랑히톤이었고, 오히려 루터 교회가 예정론을 철저히 다루었다. 물론 칼빈주의도 예정과 선택 교리를 다른 어떤 체제보다도 중요하게 취급하고 있다. 그러나 칼빈주의자들이 모두 다 예정론자는 아니다.[7] 워필드 박사에 따르면, 예정론은 칼빈주의를 결정짓는 중요한 교리도 아니요, 칼빈주의가 발전해 나오는 근원이거나 뿌리에 해당하는 교리가 결코 아니다. 단지 구원론(soteriology)을 전개할 때에, 인간이 세운 공로나 훌륭한 선택에 따라서 영생이 주어지는 것이 아니라, 아무런 자격도 없는 자들이지만 하나님께서 그렇게 정하신 사람들만(the elected) 구원에 이르게 된다는 것을 인정하는 논리적인 귀

---

7 김재성, 『칼빈과 개혁신학의 기초』 (수원: 합동신학대학원 출판부, 1997), 123-25.

결일 뿐이다. 그리고 성경에서 하나님이 예정을 가르치고 있으므로 우리가 충분히 설명하지 못하는 부분이 있음에도 불구하고 불가피하게 받아들일 수밖에 없다.

언약 신학

16세기와 17세기에 베자의 영향으로 형성된 것과는 달리, 새로운 개혁신학의 흐름이 독일 남부 지역과 스위스 자치 도시에서 발전되었다. 예정론 중심의 논리와 체계적 전개보다는 좀 더 부드럽고 온화한 개혁신학의 강조점이 등장한 것이다. 언약 신학은 초기 종교 개혁자들의 사상에 기초하여 좀 더 포괄적이고 부드러운 구원의 교리를 형성하였다. 언약 신학은 구속 계시의 점진적 발전 과정과 통일성을 주목하여 보면서, 구속 관계는 언약 관계이며, 신앙이나 경건은 이 언약 관계의 열매이자 목표라고 생각하였다.

언약 신학은 '우리 안에 계신 하나님' 또는 '우리와 함께 계시고 우리를 통해서 일하시는 하나님'을 가장 핵심적으로 가르친다. 하나님과 사람이 에덴 동산에서 '행위언약'을 맺었지만, 인간 편에서 파기하고 무효화하는 죄를 범하였다. 타락한 다음에 하나님은 인간을 위해서 '구속 언약'을 세우시고 소망을 주셨다. 하나님과 사람의 언약 관계를 가장 잘 설명해 준 최상의 계시는 창세기 15장과 17장에 나오는 아브라함과의 언약에 들어 있으며, 그 이후에 나오는 하나님의 구속적 약속은 모두 이 안에 포함되어 있다고 본다. "하나님이 아브라함과 세우신 은혜와 약속은 언약 관계였다. … 구원론은 언약 구원론이요 종말론은 언약 종말론이다."[8]

---

8 John Murrary, *The Covenant of Grace* (Phillipsburg: Presbyterian and Reformed Publishing Company, 1953), 4.

마침내 하나님께서는 그리스도 안에서 새로운 은혜언약을 세워 믿음으로 인간을 구원하시고, 성령의 역사를 지속하고 계신다. 언약 신학의 발전에 공헌한 신학자로는 쯔빙글리, 불링거, 칼빈, 올레비아누스, 우르시누스, 에임즈, 코케이우스, 롤록, 카트라이트, 클로펜부르크, 윗시우스, 조나단 에드워즈, 헤르만 바빙크, 게할더스 보스 등을 꼽을 수 있다.

중요한 교리들

칼빈주의는 개혁신학이라는 나름대로의 전통을 형성하여 오면서, 교회에서나 사회에서 여러 가지 독특한 강조점을 드러냈다. 보편적 기독교 교회의 일원으로서 그리고 보다 특수하게 개혁 교단의 구성원으로서, 무엇을 믿고 무엇을 자신의 중요한 신앙의 원리로 삼고 있는가를 문서화한 신앙고백들을 살펴보면, 다음과 같은 여러 가지 교리들이 중요한 위치를 차지하고 있음을 보게 된다.[9]

① 하나님의 영광과 통치.
② 우상 숭배에 대한 신랄한 비판.
③ 역사 속에 이룩되는 하나님의 목적.
④ 거룩한 신자의 생활.
⑤ 하나님께 대한 봉사로서의 생활.
⑥ 설교의 중요성에 대한 강조.
⑦ 권징과 훈련된 생활.
⑧ 조직된 교회의 중요성과 목회적 관심.

---

9   John Leith, *Introduction to the Reformed Tradition: A Way of Being the Christian Community* (Atlanta: John Knox Press, 1977), 67-85.

⑨ 예배와 생활의 단순성.

이러한 개혁신학에 입각한 교리들은 유럽의 여러 나라에 퍼져 나갔다. 17세기에는 영국의 청교도들에 의해 더욱 철저히 지켜졌고, 영국 국교회의 핍박 속에서도 장로교회와 회중교회, 침례교회에 널리 영향을 미쳤다. 미국 뉴잉글랜드 지방으로 이민 간 청교도들에게 교육과 새로운 국가 건설의 이념을 제공하고 신대륙에서의 꿈을 갖게 해 준 소망의 메시지가 되었다. 그 뒤 조나단 에드워즈, 찰스 핫지(Charles Hodge), 벤자민 워필드, 존 머레이, 코넬리우스 반틸 박사 등이 미국의 청교도 사상을 계승하여 지금에 이르렀다.

개혁신학과 사상은 19세기 말과 20세기 초엽에 네델란드의 세계적인 신칼빈주의자 아브라함 카이퍼와 헤르만 바빙크에 의해 새롭게 조명을 받아, 현대 자유주의 신학의 소용돌이 속에 새로운 영향을 미치고 있다.

개혁신학의 독특한 방법론

개혁신학의 전제들

개혁신학은 선재하시는 하나님의 자기 존재와 성경, 즉 그 가운데서 인간에게 주신 하나님 자신에 관한 무오한 계시를 전제로 한다. 즉, 특별 계시와 성경에서 출발한다.[10] 바빙크(H. Bavinck)는 『개혁 교의학』에

---

10 Benjamine Breckinridge Warfield, *The Inspiration and Authority of the Bible* (Philadelphia: Presbyterian & Reformed, 1948). 이 책을 공격하기 위해서 쓰여진 현대 신학적 접근은 Jack Rogers & Donald McKim, *The Authority and Interpretation of the Bible: An Historical Approach* (San Francisco: Harper & Row, 1979).

서, 자의식적이고 자존적인 하나님에 대한 개념 없이는 우리는 어떤 것도 알 수 없다고 주장한다. 세상이 있기 전부터 하나님은 영원히 자충족적인 존재로 계셨다(self-contained and selfsufficient being). 우리는 무에서 유를 창조하신 하나님을 믿는 것이다.[11]

만일 성경이 하나님의 계시인가를 증명하지 못한다면 어떻게 할 것인가? 칼빈은 '성령의 내적 조명'(testimonium internum Spiritus Sanctus)이 그 증거를 우리의 마음속에 계시하고 있다고 말한다. 성령의 조명하심이 없이는 신학의 정립이 불가능하다.

서구 유럽의 전통에서 볼 때 그리고 현대신학의 발전된 관점에서 볼 때에, 아직도 하나님이 어떤 분이신가, 하나님은 누구이신가, 하나님이 어떤 일을 하시는 가에 대해서 일치하지 못하는 부분들이 많다. 성부 단일신론(unitarianism)에서부터 심지어 인격적인 하나님이 계시다는 것을 믿지 않는 '사신 신학'(Death of God theology)에 이르기까지, 너무나 다양하다. 그 이유는 신앙의 전제가 동일하지 않기 때문이다.

그러나 개혁신학은 확실히 다른 신학의 체계와 전제를 견지해 오고 있으며, 이는 성경의 가르침에 충실하고자 노력해 온 결과이다. 하나님은 초월적인 분이시요 영원하신 영으로서, 이 세상을 지배하시고 세상 속에 내재하시는 분이시다. 하나님을 자신 속에 계신 분으로서 이해하고 동시에 인간과의 관계와 세상과의 관계 속에서 이해할 때, 하나님은 초월자이시며 내재하시는 분이시다.

또한 인간이 신학이라는 학문을 시작하려면 '믿음' 또는 '신앙'이 필수적으로 있어야만 한다. 개혁신학은 믿음을 전제로 하며 필수 불가결

---

11 H. Bavinck, *Gereformeerde Dogmatiek* (Kampen: Uitgave von J.H. Kok, 1928), 제1부 6.

한 조건으로 삼는다. 믿음이 없이도 얼마든지 하나님에 대해서 말할 수 있다. 그러나 그것은 공허한 논리요 수사학적 언어에 그치고 만다. 오늘의 많은 신학자들이 믿음이 없이 하나의 학문으로, 연구 과목으로 신학을 전개하고 있다. 더구나 신학을 세워나가는 데 있어서 아무런 윤리적 귀결이 없다면, 이는 사람의 업적에 지나지 않는다.

하나님은 신실하시다(시 100:5). 진리란 하나님의 신실하심, 우리를 향하신 신실하심, 또 만물을 지으시고 다스리시고 돌보시는 진실하심 속에 있다. 사람에게 있지 않으며, 자연에게 있지 않다. 개혁신학은 객관성과 주관성을 뛰어넘어 하나님과 인간의 언약 관계를 중시한다. 개혁신학은 성경적이어야 하며, 경험적이거나 이념적이어서는 안 된다. 신학이 예수 그리스도의 십자가와 부활을 고백하는 데서 이탈해 있으면서도 신학 과목이나 교수들의 연구 과제로서의 흥미만을 유발하는 것이라면, 그것은 신학으로서의 존재 가치가 전혀 없는 것이다.

헤르만 바빙크는 신학의 외적인 원리로서 특별 계시인 성경이 있어야 하고, 내적인 원리로서 신앙이 있어야 한다고 주장한 바 있다. 인간의 입장에서 볼 때에 신앙 또는 믿음이라는 '거듭난 이성'이 있어야 신학의 탐구가 가능하다. 혹 하나님을 인정하지 않는 어떤 역사학자나 전기 작가가, 하나님을 철저히 믿었던 어떤 신학자를 연구 대상으로 해서 훌륭한 저술을 남기는 경우를 예외로 인정해야 할 것이라고 주장할지 모른다. 그러나 그것은 인물 탐구, 지성사 연구, 역사의 이념을 규정하는 학문적 성과가 될지는 몰라도, 신학의 본질을 밝혀 주거나 바르게 평가하며 규정하는 데에는 일반 이성만으로는 불가능하다. 신학은 역사학, 고고학, 인류학, 문헌학, 어원학 등의 도움을 필요로 한다. 그러나 그것들만을 절대적으로 의존할 수는 없다.

개혁신학 또는 엄밀한 의미에서 칼빈주의에서 설정해 본 신학의 방

법론은 다음과 같이 도식화해 볼 수 있다.[12]

탐구자 —— (종교적 전제) —— 제2차적인 분석(분석의 제분야) = 신학

개혁신학의 방법론은 독특한 특성을 갖고 있다. 그리고 이것은 다른 학문들과도 공통점이 많다. 우선 개혁주의 조직신학은 신학 서론이라는 과목을 통해서 바른 전제와 방법론을 제시한다. 칼빈주의 신학은 절대적인 하나님의 존재와 계시에 대한 선험적인 측면을 강조하되, '지식의 존재 원리'(the principium essendi)를 절대적이고 자의식적인 하나님의 선험적 존재에 두고 출발한다. 이 때에 이성이란 단지 수단에 불과하고, 이론을 세우는 근거로서는 신뢰되지 않는다. 그래서 이성에 의해서 체계를 세우고, 분석하고, 명확히 하고자 노력한다.

단, 거듭난 사람이 소유한 이성이요, 신앙과 믿음을 전제로 한 이성을 사용한다.

개혁신학의 방법론적 특성

첫째, 개혁신학은 하나님의 불가이해성이라는 원칙을 기초로 삼는다. 인간은 하나님을 완전히 이해할 수 없다는 선언이다. 이것은 인간의 지식과 이성에 대한 불신이자, 하나님의 계시에 대한 신뢰를 표현하는 말이다. 하나님만이 절대적이요 유일하고 궁극적인 요인이다(God is the one and only ultimate fact). 하나님의 불가이해성

---

12 Fred H. Klooster, "How Reformed Theologians 'Do Theology' in Today's World", in *Doing Theology in Today's World*, eds., John D. Woodbridge & Thomas Edward McComisky (Grand Rapids: 1991), 237.

(incomprehensibility of God)이라는 말은 모든 개혁신학자들이 동의하였다. 하나님께서 자족적이며 영원히 자의식적인 존재라면, 우리 인간들은 그의 피조물로서 결코 창조주를 완전히 다 이해할 수 없다.

하나님은 인간이 가까이 하지 못할 빛에 거하신다. 오직 하나님의 빛이 비쳐질 때에만 우리가 빛을 보는 것이다. 다시 말하면 우리는 철저히 비합리적이고, 하나님은 궁극적인 분이요 가장 합리적인 분이시다. 신학은 철학의 논리에 의존해서 평가를 받는 것이 아니다. "경건한 자가 세상에서 끊어졌고 정직한 자가 사람들 가운데 없도다"(미 7:2), "사람이 가진 모든 철학이나 사상은 죄악의 사상이다"(사 59:7).

둘째, 개혁신학의 방법론은 유비적으로 추론한다는 것이다. 이는 하나님과 사람이 상호 관련된 것으로 생각하는 것을 의미한다. 하나님께서 선험적인 측면을 제공하시고, 우주는 후험적인 측면을 제공한다. 여기서 인간은 유비적으로(analogically) 추론하게 된다. 또한 신앙은 유비가 가능하다는 확신을 가지고 있다. 성경에 나오는 모든 사람과 사건들 속에서 오늘의 신앙인에게 주는 교훈과 의미를 추론하는 것이 가능하다고 보는 것이다. 다시 말하면, 사람의 존재가 하나님 편의 자원적인 창조 행위에 의존하는 것처럼, 사람의 지식도 하나님의 사람들에 대한 자원적 계시 행위에 의존하는 것이다. 우리 편에서의 지식은 아무리 사소한 것일지라도 모두 다 파생적이고 재해석적인 것에 지나지 않는다.

사람의 지식이 유비적이라는 말은, 하나님의 본래 행위는 궁극적 합리성이 있으므로 그것에 의존하여서 인간은 체계적인 해석을 세울 수 있다고 희망하는 것이다. 로마 가톨릭은 이성이 자연을 참되게 해석할 수 있다고 하는 데서 출발한다. 거기에다 신앙으로 보충을 받아야 한다고 주장한다. 이는 이성과 신앙 사이를 왔다갔다 하는 체계이다. 그러나 개혁신학은 철두철미하게 계시 의존적이다.

셋째, 개혁신학(좁은 의미의 조직신학)은 하나님이 계시하신 것을 통해서, 하나님이 말씀하시고 하나님 자신에 대하여 알게 하신 것을 찾아내고자 한다. 이 때 복음은 우리가 명상하고 생각하는 것의 핵심에 위치해 있다. 그런 의미에서 개혁신학은 항상 계시 의존적이다.[13]

개혁신학은 개인의 선호에 따라서 마음대로 자기 만족을 추구하지 않는다. 신학자 개개인의 관심이나 흥미나 몰입하는 주제나 연구는 결코 신학의 기준에서 볼 때 건설적이고 긍정적인 호응을 얻을 수 없다. 신학이 추구하는 이해와 설명들은 모두 다 교회에 의해서 선포되고 고백되는 것이라야만 한다. 신학은 교회가 지켜 온 믿음을 연구하고 받아들여서 후손들에게 물려줄 수 있는 가장 가치있는 것이어야만 한다.

넷째, 신학은 설교를 강화시켜 주려는 지향점을 가지고 있다. 개혁신학은 그저 교회가 지니고 있어야 할 건전한 교리들을 모아 주는 것으로 그치지 않는다. 교회란 이 세상을 향하여 주님의 남은 사역을 수행하는 도구로서 존재 의미와 가치를 지니고 있다. 교회는 이 사명을 설교를 통해서 수행하고 있다. 교회가 고백하는 예수 그리스도의 교훈들을 바르게 설교하고 빠짐 없이 온전하게 선포하도록 만들기 위해서, 일관성 있고 설득력 있는 형식이 요청된다.

성경만 읽고 신학을 공부하지 않은 일부 남녀 사역자들에게서는 흔

---

13 *Institutes*, I.ii.2: "What is God? [quid sit Deus?] Men who pose this question are merely toying with idel speculations. It is more important for us to know of what sort his is and what is consistent with his nature[qualis sit Deus]. 4 What good is it to profess with Epicurus some sort of God who has cast aside the care of the world only to amuse himself in idleness? What help is it, in short, to know a God with who we have nothing to do [negotii]. Rather, our knowledge should serve first to teach us fear and reverence; secondly, with it as our guide and teacher, we should learn to seek every good from him, and having received it, to credit it to his account."

히 복음을 잘 전한다고 하면서도 오직 일부에만 치우쳐서 선택적으로 하나님을 증거하는 것을 보게 된다. 상당수는 복음을 개인의 기복 신앙이나 현세에서의 행복으로만 치부하고 있고, 최근에는 자기 가족의 행복 추구에만 치우치는 경향이 크게 나타나고 있다. 그리스도의 인격이나 신성과 인성의 해석에 있어서, 또는 삼위일체의 설명에 있어서 자신들만의 무리한 주장을 허무맹랑하게 배포하는 경우도 많다. 그 모든 것은 신학이 부실하기 때문임을 알지 못하고, 교회사에 출몰했던 사이비 이단들의 가르침으로 무지한 양들을 호도하기도 한다. 한국교회에는 터무니없는 주장을 펴는 이단 종파들이 너무나 많다.

신학의 연구는 복음을 종합적 체계적으로 선포하는 데 도움을 준다. 특히 조직신학은 하나님의 경륜을 이해하게 하고, 하나님의 구원 사역을 성경 중심으로 정리하여, 그리스도인이 알아야 할 복음을 균형 있게 가르쳐 주고 건전한 사역의 과제를 제시해 준다. 능력 있고 시의적절하게 복음을 선포하려면, 그리스도인들은 허망한 사람의 마음, 시대 정신, 문화, 역사적 상황 등을 잘 파악할 필요가 있다. 신학은 변화하는 역사적 상황 속에서 교회의 고백들을 효과적으로 전달하기 위한 중대한 임무를 지니고 있는 것이다. 개혁신학은 교회로 하여금 무지한 인간의 속임수를 깨우쳐 주며, 전통이나 다른 사람의 허탄한 이야기들을 무조건 되뇌이지 않고 건전한 가르침을 회복하고자 노력하여 왔다.

설교에는 그 선포자의 신학이 담겨야 하며, 개혁신학은 예수 그리스도의 십자가와 부활이라는 복음 선포에 초점을 맞추어 오고 있다. 바른 신학이 들어 있는 설교, 그리고 설교에 신학적인 균형 감각이 주어지도록 부단히 노력해 나가는 것이 21세기 개혁주의 신학을 물려받은 우리 세대의 과제이다.

마지막으로, 개혁신학은 교회와 성도의 사역을 하나님께 의존하는 정신으로 일관하여야 하며, 우리를 하나님의 영광을 위한 도구로 사용해 주시기를 기도하는 심정에서 날마다 최선의 노력을 경주해 나가야 한다. 우리가 신학을 입으로, 논리로, 수다쟁이가 되려는 연습으로 일정한 연구 과정을 거쳐 가는 것이라고 착각한다면, 결코 아무 것도 얻을 수 없다. 신명기 5:23-27에 대한 칼빈의 설교를 보면 다음과 같은 호소가 있다.

> 만일 일류 학자가 되지 못하거나 또는 훌륭한 학생이 아니라면 결코 하나님의 말씀을 증거하는 좋은 사역자가 될 수 없다.
> (No one will ever be a good minister of the word of God if he is not a first-rate scholar or perhaps, a competent student.)

신학은 생명과 죽음을 다루는 학문으로, 우리의 신앙과 생활에 결정적인 영향을 미치고 있다. 따라서 신학은 그 열매로서 결과를 검증받는다. 따라서 단순한 이해의 수준을 넘어서서 가슴으로 받아들이는 생명의 학문이다. 또한 신학은 전인격적인 학문이 되어야 한다. 지식, 감정, 의지가 다 포함되어야 한다. 신학은 하나님께 영광을 돌리는 봉사이자 이웃에 대한 봉사의 학문이다. 이를 통해서 교회가 든든히 서고, 하나님의 사람이라는 확신이 주어지게 된다.

개혁신학의 독특한 성격

성경의 최우선권

칼빈주의 신학 또는 개혁신학은 기본적으로 성경 본문의 가르침에 충실하고자 한다. 개혁신학은 성경을 신학 체계를 세우기 위한 참고 대상(proof texts)으로 다루지 않고, 신학을 형성시켜 주는 원초적 자료(source texts)로 본다. 동시에 성경 본문은 신학에 있어서 규범적 기준이다(normativity of Scripture). 개혁신학은 스위스 종교 개혁자들이 지닌 신학의 절대 기준을 따라서 성경의 권위를 높이며 성경에 입각한 신학을 구성하려고 한다. 따라서 성경의 내용을 절대적으로 신뢰하며, 근본적인 신앙의 교훈을 체계화함에 있어서 성경에 근거하고 있다.[14]

개혁신학은 모든 신학적 활동에서 성경의 권위를 높이 인정한다. 성경은 최고의 기준이요, 최종의 권위로 존재한다. 따라서 인간의 이성적 산물이자 역사적 산물인 신앙고백, 교리, 전통, 인간의 종교적 체험 등은 이 기준에 따라서 판단을 받아야 한다. 모든 인간의 신앙이나 실천 강령은, 정확 무오하고 성령에 의해 영감된 말씀에만 의존해야 한다. 이것은 '오직 성경으로만'(sola scriptura)과 '전체 성경으로만'(tota scriptura)의 원리를 지키는 것이다. 칼빈의 『기독교 강요』는 이런 관점에서 전개된 개혁신학의 중요한 실례이다.[15]

성경이 가라는 데까지만 가고 성경이 멈추는 데서 멈춘다는 공리하에서, 개혁신학자들은 다양한 신학을 창출하였다. 특히 개혁신학은 고전적인 신앙을 현대인에게 전달하려고 지속적으로 노력하고 있다. 세속화되는 시대에 세상 학문이 인정하지 않는 성경의 가르침을 끝까지

---

14 Heinrich Heppe, *Reformed Dogmatics Set Out and Illustrated from the Sources*, ed. Ernst Bizer, tr. G.T. Thomson (Grand Rapids: Baker Book House, 1978), 12: "The one source and norm of all Christian knowledge is Scripture, i.e., the inner content of all the books which God has allowed to be recorded by Prophets, Evangelists and Apostles."

15 John Murray, *Calvin on Scripture and Divine Sovereignty* (Philadelphia: Presbyterian and Reformed Pub., 1960).

붙잡고 새롭게 깨우쳐서 인류의 교훈으로 삼고자 노력하는 것이다. 또한 개혁신학은 성경의 가르침을 따라서 성화의 과정에 있는 성도들에게 거룩하게 살아가는 지침을 주고자 애쓰고 있다.

구원-역사적 해석 원리

개혁신학은 성경신학(biblical theology)이라는 독특한 관점을 매우 중요시한다. 개혁신학자들은 성경 역사(Biblical History)에 담긴 구원의 역사(Historia salutis)를 가장 주목해야 할 대상으로 연구한다. 창조와 타락, 홍수, 바벨탑, 아브라함, 모세, 여호수아와 사사들, 왕정 시대, 분열 왕국 시대, 유대 왕국, 예수 그리스도의 성육신, 공생애, 승천, 오순절 등의 사건과 이름과 시대는 우리에게 무엇을 가르쳐 주고 있는가? 이것들이 왜 한 권의 책으로 묶여졌으며, 빠지지 않고 상호 유기적으로 인용되고 해석되는가?

다시 말하면, 성경 역사를 전체적으로 보는 안목이 필요하다. 성경신학적 해석이란 무엇인가? 그것은 넓은 의미에서 건전한 성경 해석을 위한 필수 불가결한 방법론으로서, 성경 본문의 내용을 이해하고 각각의 사항을 해석하고자 노력하면서, 어떤 책이나 상황이나 사건이나 전통이나 문화나 그 크기와 규모에 상관없이 항상 구원 역사의 정황 속에서 이해한다는 것이다. 다시 말해 성경에 나오는 연구 주제들을 확고히 밝혀 내려고 할 때에, 구원 역사를 통하여 다시 열어 보여 주려는 지평에서 이해한다는 것이다.[16]

---

16 Richard B. Gaffin Jr., "Redemption and Resurrection: An Exercise in Biblical-Systematic Theology", in *A Confessing Theology for Postmodern Times*, ed. Michael S. Horton (Wheaton:Crossway, 2000), 12: "Specially, in terms of the principle of context, the text, whatever its relative size, is always to be read in its redemptive-

프린스턴 신학교의 게할더스 보스(Dr. Geerhardus Vos, 1862-1949)는 이 방법을 '구원 역사적 해석'(redemptive-historical interpretation)이라고 규정하였다. 그는 자유주의자들의 성경 비평에 맞서서 신구약 성경은 하나님의 일관된 언약의 점진적 전개라는 것을 부각시키고, 이를 개혁신학의 한 부분으로 새롭게 체계화하고 발전시켰다.

성경신학은 특별 계시의 역사 속에서 다양한 단계들을 구속사적-역사적 접근(redemptive-historical approach) 방법으로 연구한다. 보스는 성경신학이 직선적인 계시 이해(계시의 역사적 전개 과정을 따라서)를 위해서 노력을 기울이는 것이라면, 조직신학은 원을 그리는 것이라고 하였다.[17]

개혁신학은 성경 주석(Biblical Exegesis)으로 구절에 대한 해석을 바르게 내리고자 노력한다. 성경은 하나님의 말씀이 문자의 형태로 기록된 것이다. 성경적인 계시는 히브리어와 헬라어라는 문자적 언어적 형식 속에서 우리에게 주어졌다. 따라서 문장 내용과 시대 상황을 고려하지 않고서는 이해가 불가능하다. 베드로후서 3:16에서 사도는 바울의 편지에 이해하기 어려운 부분이 있다고 주의를 환기시키고, 어리석고 불경건한 자들이 그것을 왜곡할 수 있다고 경고한 바 있다.

신학은 이 성경 본문 연구를 토대로 신학적인 메시지를 발견한다. 모

---

or salvation-historical context, understanding the text's subject matter within the horizon of the unfolding history of salvation-that, I take it, is the distinguishing concern of biblical-theological exegesis(redemptive-historical interpretation)."

17 G. Vos, *Biblical Theology: Old and New Testaments* (Grand Rapids: Eerdmans, 1948), p.v-vi:"Biblical Theology deals with the material from the historical standpoint, seeking to exhibit to organic growth or development of truths of Special Revelation from the primitive preredemptive Special Revelation given in Eden to the close of the New Testament canon."

든 성경의 단어들은 부분적이고 사건적이다. 따라서 해석자는 전체를 통해서 드러나는 메시지를 찾는 데 주력하게 된다. 그런데 그것은 각 부분을 세밀히 해석해 보아야 하므로, 부분들을 전체로 통합하는 데 도움을 준다. 이때에 개혁신학은 법적-문학적-역사적-신학적-정경적(grammatical-literary-historical-theological-cannonical exegesis) 해석의 원리를 따른다.

개혁신학은 전체 성경이 증거하는 균형 잡힌 메시지를 찾으려고 노력한다. 따라서 성경 해석의 원리를 오직 구원-역사적 관점에 집중하고자 하는 것이다. 보스의 성경신학은 웨스트민스터 신학교의 밴틸, 존 머레이(John Murray, 1898-1975)에 의해서 활용되었고,[18] 안토니 후크마, 리처드 개핀(Richard Gaffin Jr.), 싱클레어 퍼거슨, 로버트 레이몬드(낙스 신학교), 리처드 갬블(개혁장로회 신학교, 핏츠버그) 교수 등이 지속적으로 이를 계승하고 있다.

한국 개혁신학의 선구자인 정암 박윤선 박사는 가장 먼저 성경신학의 중요성을 파악하고 한국 교계에 이를 소개하였다.[19] 박윤선의 체계적인 신학 사상을 보여주는 저술로는 유일무이한 것이 바로 '성경신학'이었다. 한국 개혁주의 신학은 바로 성경신학적 안목에서 나왔다. 또한 그가 일생을 바쳐서 완성한 성경 주해는 바로 구원-역사적 해석을 근간으로 하는 성경신학의 체계적 적용이었다.

구원 역사적 해석의 독특성을 이해하기 위해서 서로 첨예하게 대립

---

18 존 머레이는 조직신학자로서 성경신학적 방법론을 가장 잘 접목시킨 논문을 많이 남겼다. 1923년 Glasgow, M.A. 학위를 수여받은 후 Princeton Theological Seminary에서 Th.B., Th.M.(1927) 학위를 마쳤고, 유럽에서 더 수학한 후 1937년부터 1966년까지 미국 필라델피아 웨스트민스터 신학 대학원에서 조직신학교수로 재직하였다.

19 박윤선, 『성경신학』 (서울: 영음사, 1971).

하고 있는 성경 해석의 한 예를 들어 보자. "받아 먹으라, 이것이 나의 몸이다"(막 14:22)라는 주님의 말씀을 놓고서 기독교 내부에서는 다양한 해석으로 논쟁을 해 오고 있다. 이 본문을 근거로 루터파는 공재설을, 로마 가톨릭은 화체설을, 쯔빙글리파는 기념설을 각각 주장했으며, 현대 자유주의, 신정통신학, 불트만 학파 모두 다 각각 다른 해석을 펴 놓고 있다.

개혁신학에서는 이 본문에서 '그리스도의 영적 임재'를 강조한다. 구원-역사적 관점에서 이 본문을 보면, 그리스도가 빵과 자신을 일치시킨 것이 아니므로 루터파나 가톨릭처럼 지나치게 문자주의로 흘러서는 안 되며, 또한 의미만을 강조한 것이 아니므로 현대 자유주의나 쯔빙글리처럼 추상화해서도 안 된다. 개혁신학은 이 본문에서 항상 성령 안에서 성도들과 동행하고 동거하는 그리스도의 임재를 강조한다.

성찬에서 성도들은 성령의 인도하심을 받아 천상의 보좌에 계시는 그리스도에게로 이끌려 올라가서 그분과 영적으로 교통하며, 그리스도와 함께 영으로 호흡하고 교제하고 더불어 먹고 마시는 특별한 시간을 강조한다.

진리의 변증(Apologetical Character)

개혁신학은 기독교 신앙의 신뢰성과 진리성을 손상시키는 잘못된 성경 이해와 역사 연구를 반박하고 교정하는 데 힘써 왔다. 개혁신학의 모든 분야는 넓은 의미에서 성경적 신앙의 옹호라는 변증적 과제를 수행하고 있다고 볼 수 있다.

기독교 신앙의 근거를 설명하고 그 인식론과 지식론을 설정하여 왔으며, 비기독교적 사상 체계에 도전하여 회의론과 불가지론을 잠재우고 진리에로 설득하려는 노력을 기울여 왔다. 개혁신학은 복음 전도의 신학이요, 선포적인 특성을 가지고 있기 때문이다. 이런 구체적인 예가 바로 그레샴 메이첸(John Gresham Machen, 1881-1937)의 『바울 종교의 기원』이다.[20] 그는 박윤선 박사가 마음속에 가장 흠모하며 따르고자 했던 신약학자이자 변증학자였다.[21]

불신자들의 세상을 향해서 기독교 신앙의 진리를 주장하되, 살아 계신 하나님을 옹호하고 그리스도인들의 신앙을 변호하는 것을 변증학이라고 말한다. 좁은 의미로는 개개인의 신앙을 변증하는 것을 말하기도 하고, 넓은 의미에서는 기독교의 교리, 신앙 그리고 성경의 계시에 대한 공격을 옹호하는 것을 말한다. 미국 필라델피아에 소재한 웨스트민스터 신학대학원 변증학 교수였던 반틸 박사는 조직신학의 개념을 정의하면서 "하나님에 관하여 성경이 가르치는 바에 따라 질서 있는 진술을 제공하려고 힘쓰는 학문이다"[22]라고 규정했다. 개혁신학자들은 성경에서 나온 하나님을 아는 체계적 지식을 수립하고자 노력했고, 그 내용은 또 다시 성경으로 돌아가서 검증을 받아야만 바른 신학이라고 생각했다.

크게 대별해 볼 때, 19세기 말과 20세기 초엽 두 사람의 개혁신학자가 혁신적으로 변증적인 특성을 지닌 개혁신학의 체계를 발전시켰다. 오늘의 세계 개혁신학은 이 두 신학자에게 매우 깊이 영향을 입고 있다. 한 사람은 웨스트민스터 신앙고백을 중시하는 영국 청교도에 뿌리를 둔 벤자민 워필드(B. B. Warfield, 1851-1921)로서, 구 프린스턴 신학

---

20 J. G. Machen, *Origin of Paul's Religion* (London: 1921)

21 J. G. Machen, *Christianity and Liberalism* (New York: Macmillan, 1923) Cf. D.A. Hart, *Defending Faith: J. Gresham Machen and the Crisis of Conservative Protestantism in Modern America* (Baltimore: John Hopkins University Press, 1994). N.B. Stonehouse, *J. Gresham Machen: A Biographical Memoir* (Grand Rapids: Eerdmans, 1954).

22 Cornelius Van Til, *An Introduction to Systematic Theology*, 9.

을 집대성한 신학자이다. 다른 한 사람은 유럽 대륙의 뿌리에서 나와 네덜란드에서 신학의 원리를 계승 발전시킨 아브라함 카이퍼(A. Kuyper, 1837-1920)이다.

이들 두 사람은 자유주의 신학자들(특히 Ritschl, Harnack, Herrmann, Ernst Troeltsch 등)의 이론을 비기독교적인 것이라고 규정하고 활발하게 개혁신학을 옹호하였다. 워필드의 스승이자 미국 조직신학의 초석을 놓은 찰스 핫지 교수는 자유주의 신학의 아버지로 일컬어지는 슐라이어마허(Schleiermacher)와 동시대인이었다.

워필드와 카이퍼의 변증학 방법론에 대한 차이점은 서로의 신학을 학문적으로 발전시키는 데 도움을 주고 있다고 생각된다. 그들의 출발점에서 드러나는 차이점은 무엇인가? 구 프린스턴 신학은 스코틀랜드 상식 철학(Scottish common sense philosophy)과 경험적인 전통(empirical tradition)의 영향을 깊이 받았다. 워필드는 변증학의 독립적인 우선권을 주장한다. 그래서 일반 학문은 우리의 지식의 일부를 질서와 조화로 약화시키고 있으므로, 신학이라는 학문은 세 가지 전제를 확고하게 증거해야 한다고 주장하였다. 즉, 하나님의 존재, 하나님을 아는 것이 가능한 인간의 종교적인 본성, 하나님을 알게 만들어 주는 계시이다. 따라서 신학이라는 내용에 대해서 어떤 진술을 전개시키기 이전에 먼저 변증학을 통해서 전제들을 확고히 세우는 데 주력해야만 한다는 것이다.

워필드는 변증학이야말로 이런 전제들을 이성적으로 확고히 세워 줄 수 있다고 주장한다. 변증학은 이성적으로 이런 전제들을 세워 주는 학문이며, 따라서 모든 신학의 출발점이 되어야 한다는 것이다. 특히 성경과 신앙에 호소하거나 또는 그것들에 근거를 두지 않아도, 이성적인 논쟁에 근거하여서 이 세 가지 전제, 즉 하나님, 기독교, 계시 자체인 성경에 대해서 충분히 이론을 세울 수 있다고 주장한다. 변증학은 하나님의 위대한 사실들, 기독교, 그리고 성경에 대해서 인간의 이성 차원에서 해결할 수 있고, 그 다음에 신학의 주요 네 가지 지류들로 나아갈 수 있다고 하였다.

반면에, 아브라함 카이퍼는 네오 칼빈주의의 태두로서, 조직신학이 파악하려는 내용을 먼저 공부하고 나서 변증학을 가르쳐야 한다고 주장한다. 그도 역시 이 세 가지 근본적인 전제를 신학 활동의 주제로 인정하였다. 그러나 이런 전제들은 성경이 있어야만 가능하고, 믿음 안에서만 파악될 수 있다고 보았다. 먼저 기독교 신학의 가능성과 전제를 수립해야 하고, 하나님이 과연 누구인지 규정해야만 한다. 그리고 나서 우리는 하나님의 존재 여부를 물을 수 있다는 것이다.

이것들은 우리 안에서 파악된다기보다는 인정된다는 것이 올바른 표현이다. 즉, 이성적으로 논증을 통해 입증(to establish)되는 것이 아니라 솔직히 수긍(acknowledge)될 뿐이라는 것이다. 이성적으로 입증하려는 시도는 개혁 신앙의 모든 견해들과는 서로 상충된다. 인간은 결코 하나님보다 우위에 올라갈 수 없으며, 성경 위에 설 수 없고, 신앙 밖에서는 바로 서기가 불가능하다. 아담의 타락은 인간의 이성에 손상을 가져왔고, 이런 인간의 인지적인 기능은 하나님에 대해서나 성경과 계시에 대해서 이성적인 입증을 불가능하게 만들었다는 것이다. 기독교인들의 입장을 증거해 주는 근거들은 얼마든지 많이 세상에 존재하며 또한 기독교 신앙의 확실성은 분명하다. 그러나 인간의 마음은 죄로 인해서 타락했다. 신앙으로 받아들이는 사람이 아니고서는 이런 객관적인 자료들과 성경에 나오는 진리들에 대해서 바르게 반응한다는 것이 불가능하다. 성경의 관점만이 자연 계시, 일반 계시를 바르게 파악하게 만든다.

카이퍼의 견해를 따르는 사람들로는 헤르만 바빙크, 헤프(Valentine Hepp), 도이베르트(H. Dooyeweerd), 볼렌호벤(D.H. Vollenhoven), 벌코프(Louis Berkhof), 반틸(C. Van Til) 등을 들 수 있다. 반틸은 워필드보다는 카이퍼의 주장을 옳다고 수용하여, 먼저 기독교 신앙의 내용을 정립하는 학문이 전제되어야 하고 그런 다음에 무엇을 변호할 수 있다고 주장하여, 전제주의 변증학을 체계화하였다.[23] 모든 학문은 하나님을 전제해야 하고, 동시에 전제는 최선의 증명이라는 것이다.

따라서 워필드에 의하면, 카이퍼의 방법론은 지나치게 전제를 강조하는 체계이다. 먼저 기독교 체계를 설명한 후에야 우리가 과연 사실을 다루고 있는지 상상을 다루고 있는 것인지가 분명해진다. 즉, 만일 카이퍼의 주장을 따른다면 조직신학을 받아들이는 사람에게 변증을 하게 되는 격이라고 하였다.

반면에 카이퍼에 따르면, 워필드의 방법론은 결국 우리 자연인(natural man)이 기독교 진리를 이해할 수 있는 능력이 있다고 인정해 주는 것이 되며, 그렇게 되면 실질적으로 전적 타락의 교리를 부인하는 것이 된다고 주장한다. 성경은 이 문제점에 대해서 분명하게 제시하고 있지 않다. 현대 기독교 철학에도 역시 명쾌한 해답이 없다. 과연 두 종류의 사람(신자와 불신자), 두 종류의 학문(신학과 철학)이 어떻게 구분되어야 하는 것인가를 판단하기에 역부족이다.

이론상으로는 카이퍼의 주장이 옳은 것 같으나, 실제적으로는 워필드의 주장이 옳다고 볼 수 있기 때문이다. 중생한 상도라 할지라도 일상생활에서나 학문에서나 불신자의 '상식'과 별로 차이가 나지 않는다. 이

---

23 Cornelius Van Til, *The Defense of Faith* (Philadelphia: Presbyterian & Reformed Publishing Company, 1955).

런 점에서는 워필드의 주장이 옳다. 반면, 구원론적으로 보면 신자와 불신자는 서로 본질적인 차이가 있으므로 카이퍼의 대립적 구조가 옳게 여겨진다.

위와 같은 개혁주의 변증 신학적 노력은 문화 변혁주의라는 적극적인 측면을 창출하였고(Henry R. Van Til), 모든 영역에서 하나님의 영광을 높이려는 노력을 하도록 격려하였다. 메이첸 박사의 제자였던 프란시스 쉐퍼 박사가 유럽 청년들의 정신을 깨우는 문화 강좌를 통해서 적극적인 신학 운동을 전개한 것을 비롯하여 많은 칼빈주의 기독교 철학자들이(William Harry Jellema, Henry Stob, Gordon H. Clark, Alvin Plantinga, Nicholas Wolterstorff, Henk Hart, Richard Mouw, William P. Alston 등) 기독교 세계관과 철학을 발전시켰다.

경건의 신학

개혁신학은 신학을 진술하고 전개하는 태도에 있어서 하나님 앞에서 가지는 관계성을 중요시한다. 개혁신학은 신학의 윤리적 결론을 중시하며, 경건이 빠져 버린 신학은 겉만 번지르하고 속은 썩어 버린 과일에 불과하다고 생각한다.

개혁신학은 경건의 신학이다(Theologia pietatis).[24] 칼빈의 『기독교 강요』는 경건의 대전이라고 잘 알려져 있다. 그의 책은 가장 순수하고 깨끗한 진리의 모음으로 평가받고 있는데, 그 이유는 그의 신학 진술의 자세가 하나님 앞에서 인간이 가져야 할 바른 태도에 기초하고 있기 때문이다. 하나님을 아는 지식과 인간을 아는 지식의 윤리적 귀결은 참된

---

24 Ford Lewis Battles, *The Piety of John Calvin* (Grand Rapids: Baker, 1978), 13-26.

경건, 곧 참된 지식을 추구하는 것이다.[25]

그는 '하나님을 사랑하고 경외하는 마음의 결합체'를 경건이라고 규정하였다. 칼빈은 세속 철학의 우물에서 이성적 논리를 빌려다가 성경과 합하여 놓지 않았다. 그의 신학은, 하나님과 사람과의 관계에서 하나님의 영광을 높이고 윤리적 의무를 다하고자 하는 경건하고 거룩한 삶과 행함에 깨어 있음으로써, 오늘날도 살아있는 감동과 힘을 발휘하고 있다.[26]

이런 살아 있는 신학자의 모범, 신앙인의 경건한 모델이 바로 한국교회의 지도자들이었다. 초대 평양 신학교 출신의 길선주 목사, 순교자 주기철 목사, 평양신학교 교수였고 훗날 총신대학교에서 조직신학을 체계화한 박형룡 박사, 그리고 고려 신학교와 총신대학교 교수를 역임한 후 합동신학대학원을 설립하고 생애를 마친 박윤선 박사 등이 하나님의 은혜로 한국 개혁주의 교회에 경건 신앙의 유산을 남긴 분들이라고 볼 수 있다.

그 중에서도 가장 의미 심장한 경건의 열매를 인격적인 감화와 학문적인 저술사역으로 남긴 분은 박윤선 박사이다. 한국 장로교회의 신학 전통에서 계승하고 발전시킬 만한 가장 두드러진 핵심은 박윤선 박사의 진실한 삶, 그의 언행, 그의 기도를 통해서 이어져 내려오고 있다. "나는 83년 된 죄인이다.… 나는 근년에 이르러 나 자신을 미워하는 심리가 계속 지속되고 있다. 이것은 '나'라는 것이 얼마나 부족한가를 증명

---

25 김재성, 『칼빈과 개혁신학의 기초』 (수원: 합동신학대학원 출판부, 1997), 119-174. 특히 이 책의 후반에 나오는 칼빈의 경건 신학을 참고할 것.
26 김재성, 『칼빈의 삶과 종교 개혁』 (서울: 이레서원, 2001). 제7장을 참고할 것.

한다. 나 자신의 죄에 대한 미움이 있는 동안 나는 참으로 살게 된다."[27]

그가 추구한 경건의 표어는 지금도 국내외 곳곳에 간직되어 있는 휘호에 담겨서 후진들에게 계승 발전되고 있다. '침묵 정진', '기도 일관', '여주 동행', '지사 충성', '성령 충만', '성결 화목', '신앙 용단', '송영 위주', '항상 감사', '추구 성결' 등의 성구들은 박윤선 박사가 즐겨 쓴 단어들로, 경건이 무엇인가를 간단 명료하게 제시하고 있다.

인간과 우주에 관한 학문

칼빈주의 신학은 주로 그리고 우선적으로 하나님에 대해서 말하고자 하는 학문이다. 예를 들어, 성경은 사람에 대해서도 증언하고 우주와 자연에 대해서도 선언한다. 우리의 구원에 관한 설명으로 가득 차 있다. 그러나 그런 주제들은 모두 다 신학의 핵심 주제들이어서 하나님에 관한 생각과 매우 긴밀하게 연관을 맺고 있다. 인간의 구원에 대해서 말하는 모든 것은 결국 하나님의 영광을 위한 것이다. 이때에 개혁신학은, 우리 인간에 대해서 말하든지 교회나 문화에 대해서 설명하든지 오직 모든 삶이 하나님을 중심으로 해야만 바르게 세워질 수 있음을 확신하고, 결국 하나님 중심 신학으로 되어야 함을 역설한다.

신학은 이런 하나님과 그 관계된 주제들에 대해 접근하고 생각하는 작업을 인간이 한다는 데 대한 흥미와 호기심을 자아 내지 않을 수 없다. 성경은 1차적이지만, 인간이 세워 나가는 신학은 2차적이 된다. 성경이 말하는 예배, 기도, 교회, 그밖의 모든 신앙인들의 행동에 관해서 수세기 동안 신학적인 용어로 풀이해 온 것이 신학사이다. 신학을 하는

---

27 박윤선, 『성경과 나의 생애』 (서울: 영음사, 1992), 172.

사람은 매우 중요한 임무를 부여받았다. 하나님을 안다는 것, 그분의 길과 안목을 안다는 것보다 더 중요한 일이 어디에 있겠는가?

그러나 지난 수십 년 동안 신학을 한다는 말이나 또는 신학이란 학문은 우리 사회에서 매우 부정적인 의미로 받아들여지곤 했다. 과학적 객관적 지식에 대한 신뢰가 높아 가면서 신학은 저급한 학문이라고 생각되기도 했다. 마치 요리사가 음식을 만드는 방법을 가르쳐 주는 요리책이나 과학적 자료집에서 무엇을 따라 하듯이, 신학이란 성경에서 사건이나 개념을 끌어 내어 나열하면 된다는 식으로 경시하기도 했다. 이것은 신학의 영적 깊이와 성경의 풍요함을 모독하는 매우 잘못된 견해이다.[28]

더구나 너무 많은 신학 교육 기관들이 생겨나면서 신학에 대해 천시하는 경향마저 발생하였다. 성경을 나열하거나 재배열하는 정도에 그친다면 신학은 세상과는 상관없는 학문이 되고 말 것이다. 또한 신학의 세계 안에서 신학자들끼리만 서로 주고받는 고립을 면치 못할 것이다. 그러나 개혁신학은 자기 시대가 이해한 하나님의 말씀에 기초하여 신앙고백을 창출해 냈을 뿐만 아니라, 점점 인간의 모든 생활과 교회에 대한 자기 비판을 계속해 옴으로써 신학이 전 포괄적인 범위로 재확립되었다. 과거 중세 시대에 신학은 학문의 여왕이었고, 모든 학문은 신학의 시녀들이었다. 다시 말하면 모든 학문은 로마 가톨릭 교회의 독점적인 전유물이었다. 신학자들의 판정에 따라서 과학이나 의학이나 예술 등 모든 분야가 복종해야만 하였다. 당시 신학은 소수의 상류 계층에서만 공부할 수 있는 특수 학문이었으나, 문자가 보편화되고 휴머니즘의 영향으로 많은 학자들이 배출되면서 로마 가톨릭 신학자들의 사회적 권

---

28 Charels J. Scalise, *From Scripture to Theology* (Downers Grove: InterVarsity Press, 1996), 15.

위가 점차 떨어지게 되었다.

신학의 권위가 추락하면서, 실용적이지 못하고 실제적이지도 못하며 낭비적이라는 냉소가 퍼부어졌다. 다른 한편에서는 인간의 고통과 아픔에 대해서 실제적인 해답을 주지 못한다는 지적도 나왔다. 일부에서는 극단의 체험을 내세우면서 이론적이고 사변적인 경향이 있는 신학을 경시하고 무시한다. 열심 있는 기도와 함께 성경만 읽으면 다 된다고 확신하면서 신학 무용론을 외치곤 한다. 그러나 개혁신학은 16세기 유럽에서 시작된 교회와 기독교의 회복기에 형성된 학문이다. 성경을 바르게 이해하도록 돕고, 성경의 내용을 파악할 수 있도록 유익을 줄 뿐만 아니라, 교회를 회복시켜서 하나님의 뜻을 명확하게 제시해 준다.

개혁신학에 대한 오해들

지금까지 개괄적으로 살펴본 바와 같이, 개혁신학은 생명력을 가지고 교회와 사회에 중요한 진리 체계를 제시하여 왔다. 그런데도 칼빈주의자들은 엄격한 교리주의자라거나 또는 예정론자라고만 편협하게 생각하는 오해가 상당히 널리 퍼져 있다. 감정으로 기울어지거나 현상의 문제에 치우치는 현대신학의 잘못된 견해를 해명하는 안목은 칼빈주의 신학자가 주었다. 그리고 더욱 생동감 넘치는 신학 체계로서 큰 영향력을 회복할 것이다. 또한 더 나은 성숙을 위해 끊임없이 지속적으로 노력해야 한다는 면에서 개혁신학에 대해 어떤 비판들이 있는가를 되돌아볼 필요가 있다.

칼빈주의에서 가르치는 교리가 아닌데도 오해를 받고 있는 대표적인 내용들은 다음과 같다.

① 만일 하나님께서 구원하시기로 선택한 사람이 아니라면, 비록 그 사람이 회개하고 뉘우치며 일반 신자들처럼 똑같이 믿는다 하더라도, 하나님은 구원하려고 하시지 않는다.
② 기독교 신자들은 잃어버린 자들을 복음화하려고 노력할 필요가 없다. 칼빈주의는 선교와 전도에 열의가 없고 그것을 반대한다.
③ 하나님은 사랑이 없는 독재자와 같고, 죄의 실제 창시자요 허용자이다.
④ 유아 세례를 가르치며, 따라서 그리스도의 보혈에 의해서 구원을 얻기보다는 교회에서 주는 세례에 의해서 구원을 얻는다고 가르친다.
⑤ 장로교 정치라는 오직 하나의 교회 제도만을 인정한다.
⑥ 청교도들이 마녀를 사냥하던 것에 대해 자신들을 변명하는 신학이다.

이러한 터무니없는 오해가 그저 한두 사람의 답변으로 해결될 일은 아닐 것이다. 칼빈주의 신학과 문화가 일찍부터 발전되어 온 나라들에서 다소 부정적인 모습으로 비쳐졌으므로 이런 오해가 축적되었을 것이다. 무지는 오해를 불러일으키고 쓸데없는 논쟁을 유발하게 만든다. 그러므로 우리는 다양한 형태의 교회 제도와 신조들을 발전시킨 개혁주의 신학의 광맥에서 가장 진실된 성경의 교훈을 되찾을 수 있다. 개혁주의는 성경 중심주의이며, 교회를 위해 존재해 온 신학이요, 성도들의 생활과 경건한 실제 현장에서 능력을 발휘하는 신앙 체계이다.

따라서 다소 엄격한 교회 분위기에 대하여 불필요한 전제나 오해가 발생하지 않도록 바르게 교육하는 일이 필요하다.

제3장
개혁신학의 교리사적 배경

개혁신학은 어떤 한 사람의 신학자나 천재가 갑자기 만들어 낸 신학 체계가 아니다. 성경이 어떤 한 개인의 저술이 아니듯이, 가장 성경적인 신학을 목표로 한 칼빈주의는 16세기의 신학만을 고집하는 것이 아니라 신구약 성경에서부터 나온 초대교회의 신앙을 존중하고 계승하였다. 앞서 언급한 바와 같이, 칼빈주의라는 말은 칼빈이 자신만의 독특한 교회를 세우고자 고안하거나 창안해 낸 것이 아니다. 또한 칼빈주의자들이 믿는 신앙 체계는 한두 사람의 종교 개혁자들이 갑자기 천재의 영감을 받아서 만들어 낸 것도 아니다.

여기에는 오랜 인류 역사 속에 숨겨져 있던 순수한 기독교의 훌륭한 신앙 전통을 물려받으려 노력하여 온 광범위한 체계가 포함되어 있다. 다만 16세기 유럽 종교 개혁 시대에 초대교회의 순수한 전통을 되살리고 전세계에 큰 영향을 끼친 한 신앙 체계를 칼빈주의라고 불러 오고 있을 뿐이다. 따라서 칼빈주의자들은 기나긴 기독교 역사 속에 숨쉬고 있는 살아 있는 전통을 소중히 여기며, 믿음의 선진들이 세워 놓은 바른 신앙의 전통을 가장 중요시한다.

예수와 사도들의 신앙 계승

칼빈주의 신앙과 신학의 모범은 예수 그리스도이다. 미국 필라델피아에 있는 '제10장로교회'의 담임 목사로 사역하다가 하나님의 부르심을 받은 제임스 몽고 메리 보이스 목사는 그의 유명한 요한복음 강해에서 "그리스도는 칼빈주의자"라는 제목의 설교를 남겼다.[1] 그는 요한복음 10:27-29을 설교하면서, 칼빈주의자들의 면면을 소개한 후에, 모든 칼빈주의자들이 믿는 교리는 기독교 교회사의 발전 과정에서 갑자기 튀어나온 것이 아니라, 예수님이 가르침에 기원을 두고 있음을 강조하였다. 그리스도가 주신 복음을 그대로 따른다는 의미에서 진정한 칼빈주의 창시자는 그리스도임을 주장한 것이다.

개혁신학이라는 신앙 운동이나 칼빈주의라는 용어가 사용된 것은 지금으로부터 불과 5백여 년 전이지만, 로마 가톨릭 교회는 2천 년이라는 기나긴 전통을 갖고 있으므로 당연히 역사적으로 개신교와는 비교가 되지 않는다는 식으로 평가 절하하는 사람이 있는데, 이는 아주 잘못된 것이다.

이탈리아 로마 교회가 누려온 정치적 영향력은 2천 년 가까이 되었

---

1   James M. Boice, *The Gospel of John: An Expositional Commentary* (Grand Rapids:Zondervan, 1976), III: 176. 요한복음 강해 설교집 2권 23번째 설교(요 6:36 강해)에서도 칼빈주의 역사를 설명하고 강조한 바 있다.

을지 모르지만, 그런 세월의 전통으로만 우열을 가리자면 유대교나 불교가 훨씬 더 오래되었다고 할 것이다. 예수 그리스도를 믿는 다른 종파들과 비교해 보아도, 그리스 정교회와 러시아 정교회 그리고 콥틱(이집트) 정교회 등도 역시 이탈리아 로마 교회와 동일한 역사를 자랑하고 있다. 따라서 더 오랫동안 세상에 존재하고 있었으므로 그 교파나 교회가 정통이라는 것은 진실을 오도할 가능성이 많은 말이다. 물론 저자를 포함한 개혁주의 신학자들은, 성경이야말로 지상에서 가장 오래된 신앙 전통을 가르쳐 주고 있으므로, 성경의 하나님만이 가장 믿을 만하고 진실된 분이심을 거듭 주장할 것이다.

칼빈주의 신앙 체계는 예수 그리스도께서 남기신 보편적 기독교의 가르침을 그대로 물려받았으므로, 신약 성경 이후에 형성된 사도들과 교부들이 남겨 준 가르침을 정통신학으로 삼고 있다. 성경적인 가르침에 근거한 것이라면, 외적인 교회 전통은 약간의 차이가 있다 해도 순수한 신앙의 교리만큼은 다 수용하고 인정하여 왔다. 안타깝게도 칼빈주의의 발전 과정에서 다양한 여러 교파나 단체들이 파생되었지만, 칼빈주의자들은 공통적인 신앙고백을 가지고 상호 공통적인 기초를 성경으로부터 확인하고자 노력하여 오면서, 다른 한편으로 각각 지역이나 역사에 따라서 나름대로의 다양성을 용납하고 있다.

그러나 칼빈주의자들의 신앙 속에는 확고한 통일성이 자리잡고 있다. 다시 강조 그러나 칼빈주의자들은 공통점과 독특성을 각각 인정하고 있다. 칼빈주의는 역사의 흐름 속에서와 문화와 민족의 다양성 속에서 약간의 차이점이 있음을 인정한다. 그것을 '동질성'과 '다양성'의 원리로 받아들인다. 그러나 이런 차이점은 사소한 문제에 대한 것이요, 가벼운 교리들이다.

칼빈주의가 믿는 진리들은 성경에 명시적으로 언급된 사항들을 고대 교회에서 배워 왔다.[2] 예수님이 죽으신 지 60여 년이 지난 주후 95년 경에 살았던 성도들은 로마의 주교 클레멘트(90-100)의 가르침을 받았다. 그는 고린도 교회에 편지를 보냈고, 그리스와 로마 제국의 여러 도시들로 사람을 보내어 초기 교회 설립에 나타나는 거짓 교훈에 대항하는 교훈을 주었다.

당시에 널리 유포된 이단 중에 하나는 영지주의였다. 자칭 그리스도인이라고 주장하던 자들이지만, 예수 그리스도는 절대로 육신으로 오신 하나님이 아니라고 가르쳤다. 자신들이 더 고상한 지식을 소유하고 있다고 믿고, 엘리트주의에 빠져 버렸다. 더구나 예수님은 십자가에서 죽지 않았고 일시적으로 몸을 입고 나타났을 뿐이라고 가르쳤다.

2세기 말엽 프랑스 리용에서 이레니우스(Irenaeus of Lyons, 175-195)는 『이단에 반대해서』라는 책을 발표하였다(그는 어린 시절에 폴리캅에게서 교훈을 받았던 것으로 추정된다). 이는 영지주의의 가르침을 자세히 논박한 책으로, 사도들의 가르침에 대한 자세한 해석을 첨가하였다. 그러므로 영지주의자들은 곤경을 겪게 되었다. 초대교회의 수도사나 목사들, 감독들에게 전파된 가르침은 다시 터툴리안(Tertullian, 160/170-215/20?)으로 인해서 새롭게 자극을 받았다. 아프리카 북부 카르타고 출신의 법률가였던 그는 여러 가지 이단들을 밝히는 책들을 썼고, 건전한 기독교 신조들에 대한 자신의 명석한 논리를 추가하였다. "예루살렘과 아덴이 무슨 상관이 있느냐"라는 그의 변증론은 북아프리카 교회의

2　David Frederick Wright, "1 Corinthians 7:14 in Fathers and Reformers" in *Die Patristik in der Bibelexegese des 16. Jahrhunderts*, edited by David C. Steinmetz (Wiesbaden: Harrassowitz Verlag 1999), 33-113. Anthony Nigel Sidney Lane, "Calvin's Use of the Fathers and the Medievals", *Calvin Theological Journal* 16 (1981):149-205. Idem, *John Calvin Student of the Church Fathers* (Grand Rapids: Baker, 1999).

분위기를 결정지었고, 라틴 신학의 견고한 초석이 되었다.

복음의 본질적인 교리를 결정한 첫 번째 국제 기독교 회의는 주후 325년에 콘스탄틴 황제에 의해 자신이 건설 중이던 콘스탄티노플 바로 옆 도시인 니케아에서 소집되었는데, 황제 자신이 직접 사회를 맡았다. 영지주의자들의 이단적인 가르침으로 문제가 된 예수님의 신성에 관한 논의가 가장 큰 쟁점이었다. 여기서 결정된 가장 중요한 사항은, 누구든지 그리스도인으로 인정받으려면 예수 그리스도는 하나님 아버지와 동등하심(homoousios, 동일 본질설)을 고백해야만 한다는 것이었다. 하나님의 아들 예수 그리스도는 단순한 피조물이 아니요, 성부하나님과 똑같이 신성이 충만하신 영적인 분이요 동시에 같은 본질을 소유하신다. 이러한 신학이 381년 제1차 콘스탄티노플 회의에서 공식화되었다.

이러한 초대교회의 신학은 사도신경, 니케아 신경, 칼세돈 신경, 아다나시우스 신경 등으로 요약되었고, 초대 교부들의 신학을 깊이 연구한 종교 개혁자들이 이들 신조를 기초로 하여 좀 더 체계적인 개혁주의 신앙고백을 작성하게 된 것이다.

어거스틴: 칼빈주의의 뿌리

어거스틴(Aurelius Augustinus, 354-430)은 기독교 신학을 체계적으로 종합하고 정돈하였다. 어거스틴주의라고 불리는 이 체계는 기본적으로 칼빈주의가 채택하는 가르침과 거의 같은 내용으로 되어 있다. 다시 말하면 칼빈주의는 어거스틴주의를 다시 한 번 더 정화하고 순수화시켜서 각 교리들을 재창출하여(Purified Augustinianism) 가르치는 것이라고 말할 수 있다.

대부분의 칼빈주의자들은 종교 개혁의 신학에서 자신들의 출발점을

찾고 있는데, 그것은 매우 단편적인 이해에서 비롯된 것이다. 칼빈주의
는 초대 교부들의 신앙과 신학을 물려받았고, 루터와 칼빈 그리고 거의
모든 종교 개혁자들은 그런 입장을 가지고 있었다.[3] 물론 초대교회 시
대에 교부들이 모든 교리를 완전히 정리해 놓은 것은 아니었다. 그들에
게는 완전한 성경이 아직 없었고, 서로 멀리 떨어져 살던 관계로 충분
히 만나서 신앙과 교회의 문제점들을 토의하지 못하였다. 따라서 초대
교회 지도자들 사이에는 다소 모호하고 불명확한 가르침들이 존재하고
있었다. 그들 자신들도 어떤 주제에 대해서는 아직 완전하게 신앙의 교
리를 정립하지 못하고 있었기 때문이다. 그러나 어거스틴의 시대에 이르
러 대부분의 이단 문제는 정리되었고, 초대교회에서 거론된 전체적인 신
앙의 체계가 세워졌으며, 그에 의해서 초기 기독교 신앙의 기틀이 마련
되었다. 어거스틴은 놀라운 탐구력을 가지고 있었고, 탁월한 문장가로서
방대한 문서를 섭렵하고 난 후, 남다른 신학의 분석과 종합을 이루었던
것이다.[4] 따라서 칼빈주의자들은 그 뿌리를 어거스틴의 저술들에서 발견
했으며, 그것을 명쾌하게 이해하였고, 한 걸음 더 나아가서 사도 바울과

---

3 Joseph Fitzer, "The Augustinian Roots of Calvin's Eucharistic Thought", *Augutinian Studies* 7 (1976): 69-98. Benjamin. B. Warfield, *Calvin and Augustine* (Philadelphia: Presbyterian & Reformed, 1956).

4 Garry Wills, *Saint Augustine* (Viking, 1999). 윌스는 이미 링컨 대통령 전기(*Lincoln at Gettysburg*)로 퓰리처 상을 수상한 작가이자 미국 Northwestern University 대학교의 교수인데, 이번에 출중한 어거스틴 전기를 발표하였다. 그는 이 책에서, 『고백록』(Confessions)이라고 알려진 책을 기초로 하여 어거스틴이 믿은 것이 과연 무엇인가를 밝히고 있으며, 당시 교회에서 그것이 어떤 의미를 갖고 있었던가를 밝히고 있다. 윌스는, 『고백록』은 정확히 성격을 규명하자면 『증언』(The Testimony)이었다고 주장한다. 그밖에 가장 훌륭한 초대 교부들의 신학을 정리한 책으로는 다음을 참고하라. J.N.D. Kelly, *Early Christian Doctrines* (London: Adam & Charles Black, 1958). George McCracken, *Early Medieval Theology*, Library of Christian Classics, vol. IX. (Philadelphia: Westminster Press). Jaroslav Pelikan, *The Christian Tradition*, vol. 3 (Chicago: University of Chicago Press, 1978).

초기 교부들의 글에서 자신들의 정체성을 찾았다.

하나님이냐 인간이냐?

하나님의 주권과 인간의 책임에 대한 논쟁은 매우 오래된 주제이다. 정말 아주 오래 전부터 많은 신학자들이 이 문제로 고민하여 왔으나, 시원한 해답이 없었다. 심지어 이 주제에 대해서 고대 그리스 철학자들도 풀어 보려고 노력했고, 고대 동양 종교에서도 거론되었다. 인간이 어느 정도 책임을 져야 하는가에 대해서, 사도 바울은 인간의 선한 행위나 업적에 의해서가 아니라 오직 믿음으로 의롭다 하심을 얻는다고 설명하였다. 바울에 맞서서 유대주의자들은 인간의 책임과 의무를 다해야 한다고 강조하였다. 그 결과 인간의 믿음과 행위에 의해서 구원을 얻는 것이지 믿음과 은혜로 구원을 얻는 것이 아니라고 주장하게 되었다.

인간은 자신의 행동에 대해서 절대적으로 책임이 있다. 그러나 아담이 타락한 이후에 하나님께 순종하고 복종할 수 있는 능력이 상실되어 버렸다. 여기에서 신학자들 사이에 논쟁이 지속된다. 누가 과연 구원의 주도권을 가지고 있는가? 누가 결정권을 가지는가?

그러나 간단히 요약하면 두 가지 답변이 있다. 하나는 하나님이 주도적이요, 인간이 이에 반응을 나타낸다는 것이다. 다른 하나는 인간이 주도적으로 결정하고, 하나님이 이에 대해서 반응을 나타낸다는 것이다.

초기 교회 시대에는 하나님의 주권이나 인간의 책임과 같은 주제에 대해서는 충분히 토론하지 못하였다. 주로 실제적인 문제들을 설명하거나, 삼위일체를 변호하거나, 그리스도의 신성에 대한 오해를 막기 위해서 논쟁을 하는 정도였다.

초대교회 시대에는 주로 영지주의(Gnosticism)가 중요한 문제로 등장하였다. 그리고 세례와 중생, 성찬론, 수도원의 금욕주의, 교황권 등이 가장 중요한 주제로 등장하였다. 그러다가 새로운 논쟁거리로 등장한 것이 펠라기우스주의이다. 펠라기우스(370-435)는 로마와 북아프리카, 팔레스타인 등을 여행한 영국의 수도사이자 금욕주의자였다. 그의 추종자 중에는 셀레스티우스와 같이 극단으로 치달은 사람도 있었고, 시리아 출신 루피니우스와 율리안 같은 사람도 꼽을 수 있다. 결국 펠라기우스의 견해는 카르타고 회의(418)와 에베소 회의(431)에서 이단으로 정죄되었다.[5]

펠라기우스는 기름진 음식과 편안한 생활을 거부하고 구원을 얻기 위해 수도원에서 몸부림쳤다. 조용한 처소에서 세상과 결별하고 금욕적인 노력으로 구원을 얻을 수 있다는 생각을 가지고 있었다. 그러한 사상으로 수도원 운동이 곳곳에서 일어났다. 그러나 그것은 율법주의로 빠지는 결과를 낳고 말았다. 자신들이 세워 놓은 규칙을 강조하고, 죄를 짓는 생활은 모두 반율법주의에서 나온다고 정죄하였다. 펠라기우스는 하나님보다는 인간에 초점을 맞추었다. 인간의 책임에 대해서 강조하고 주장하다 보니 결국 하나님의 주권을 약화시키고 말았다.

아담은 타락하기 전에는 순수한 상태였는데, 자신의 실수로 죄를 지었다. 그리고 그러한 타락으로 인하여 죄의 영향 아래 놓이게 되었다. 그러나 그것이 단지 운명의 방향을 결정지어 놓았을 뿐이지, 사람의 의지에는 아무런 영향이 없었다는 것이다. 모든 인간은 아직 죄와 관련을 맺기 전에 중립적인 상태로 태어난다. 선도 아니요, 악도 아니다. 인간

---

5 Augustine, *Selected Library of the Nicene and Post-Nicene Fathers of the Christian Church*, 8 vols. (Grand Rapids: Eerdmans, 1971), vol. v: 374-465. 이 책에 소개된 펠라기우스와의 논쟁을 통하여 420년에 작성한 네 권의 글에서는 인간의 죄성과 칭의론을 다루고 있고, "은총과 자유 의지에 대하여"(426-7)에서는 펠라기우스의 자유 의지론을 반박하였다. 펠라기우스가 쓴 문서들은 대부분 라틴어로 남아 있다.

의 상태가 처음부터 악하지도 않고, 죄를 짓도록 되어 있는 것도 아니라는 말이다. 그러면 중립적인 사람이 왜 죄를 짓는가? 그것은 아담 같은 좋지 않은 모델을 닮아서 범죄를 저지르기 때문이다. 이것은 원죄를 부정하는 교리였다. 아담은 자기 자신만을 위해서 죄를 지었을 뿐이다. 다시 말하면, 이론상으로는 인간이 죄를 짓지 않고도 완전히 살 수 있다는 말이다.

펠라기우스는 예수 그리스도만이 죄를 짓지 않고 완전한 생활을 했다고 인정하는가 하면, 자신도 그런 기준에 부합된다고 자랑하였다. 구약 성경에 죄 없이 살다가 죽은 사람들이 있다고 보았고, 그리스도 이후에는 그런 사람이 없다고 하였다. 유아들은 죄가 없는데, 다른 사람을 보고 나서 죄를 짓는다는 것이다.

그런데 어떤 사람들은 이런 유아 상태로 오랫동안 살아 갈 수 있다는 것이다. 따라서 인간이 죄를 범하더라도 인간의 자유 의지에는 아무런 영향을 미칠 수 없다고 주장하였다.

모든 사람이 죄를 범하느냐 범하지 않느냐는 자유 의지로 결정된다. 만일 하나님이 중간에 도움을 주어야 한다면 이는 자유 의지가 아니다. '만일 내가 해야만 한다면 나는 할 수 있다'는 것이 펠라기우스가 가장 좋아하던 구호였다. 하나님은 인간이 할 수 없는 것을 명하시는 분이 아니므로, 인간이 책임질 수 있는 것을 할 수 있도록 만드셨다. 하나님의 은혜는 이런 인간의 행동을 가능하도록 도와주는 역할을 한다. 그러므로 인간이 우선 결정하고 하나님이 반응을 보이시는 것이다.

그리스도의 속죄는 단지 도덕적인 감화를 주어서 완전한 모범이 되었을 뿐이다. 그런 모범을 좇아서 우리는 죄를 원하지 않고, 구원받기를 원하게 되었다. 모든 은혜는 보편적이고, 인간이 거부할 수도 있는 것이다. 그러므로 그리스도인들도 그들의 구원을 잃어버릴 수 있다는 주장이다. 펠라기우스가 인간을 중심에 놓고 모든 것을 풀어 나갔다면, 어거스틴은 하나님의 절대적인 통치와 주권이, 전적으로 죄에 빠져 있어서 무능력하고 죄책을 면할 길이 없는 인간에게 미치고 있다는 교리를, 성경적인 신학의 핵심으로 주장하였다.

어거스틴은 강력하게 원죄론을 성경적으로 옹호하면서 펠라기우스를 반박하였다. 그리스도를 제외한 모든 인간은 아담의 죄를 물려받았다. 죄를 짓지 않을 수 없는 경향성을 가지고 있다. 그리고 아담의 죄에 대한 책임도 물려받았다. 우리는 육체적으로 아담의 후손이기 때문에, 우리가 죄를 지을 때에는 아담의 죄와 죄의 책임과 형벌도 물려받았다. 이것을 신학에서는 '실재론' 또는 '직접 전가설'이라고 부른다. 로마서 5:12을 보면 "그러므로 한 사람으로 말미암아 죄가 세상에 들어오고 죄로 말미암아 사망이 들어왔나니 이와 같이 모든 사람이 죄를 지었으므로 사망이 모든 사람에게 이르렀느니라"고 기록되어 있다.

아담은 타락 이전에는 완전한 자유 의지를 가졌으나 타락함으로 변화가 일어나고 말았다. 이제는 더 이상 순종할 수 없는 상태가 된 것이다. 어거스틴은 원죄가 부모의 성적인 행위로 인해서 후손에게 전달된다고 보았으나, 후에 칼빈주의자들은 이에 동의하지 않고 좀 더 포괄적으로 해석하였다. 즉, 아담 안에서 모든 사람이 죄를 지었다는 것을, 아담이 인류의 조상으로 모든 사람을 대표하기에 우리 인류 모두가 포함된다는 '언약 대표설'(federalism)로 해석하였다.

전적 부패의 교리도 역시 어거스틴에게서 나왔다.[6] 인간은 부모로부터 물려받은 원죄에다가 자신의 죄를 더하고 있다. 인간은 펠라기우스

---

6 Michael Horton, *For Calvinism* (Grand Rapids: Zondervan, 2011), 35-52.

가 말한 것처럼 완전히 살 수 있는 것이 아니라, 영적 도덕적으로 죽은 존재이다. 의지나 마음도 역시 죽었다. 하나님을 향해 단 한 가지라도 선한 동기에서 스스로 무엇을 할 수 없게 되었다. 하나님이 은혜를 베풀어 주시더라도, 하나님이 받으실 만한 선행을 할 수 없고 오직 죄를 지을 뿐이다. 마치 길들지 않은 망아지와 같아서 오직 재갈을 물리는 방법 밖에는 없다. 마치 브레이크가 고장난 자동차가 비탈길을 달리는 것과 같다. 어떤 것을 시도하더라도 죄를 더할 뿐이다. 인간은 스스로는 희망이 없는 존재이다. 자신의 책임을 면하거나 피할 길이 없다. 구원에 대해서 어거스틴은 그리스도의 대속적인 속죄로 인해서 대가를 지불하였음을 강조했다. 그리고 이를 받아들이는 세례는 반드시 필요한 요소라고 주장했다. 유아 세례를 강조하여, 어린아이라도 반드시 세례를 받아서 죄 씻음 의예식에 참여하라고 촉구했다.

어거스틴은 초기에 로마 가톨릭에서 강조하는 교회 밖에는 구원이 없다는 교리를 주장했으나, 후기에는 은총의 교리로 강조점을 옮겼다. 칼빈주의자들은 어거스틴의 후기 사상을 높이 평가하여, 하나님이 택하신 자들에게 주신 은혜로 인하여 구원을 얻게 됨을 강조하였다. 선택은 하나님의 주권에 전적으로 의존한다. 인간이 하나님을 선택했기 때문에 구원을 얻는 것이 아니요, 하나님이 은혜를 주시기로 작정하여 인간을 택하여 주셨기에 구원을 얻게 된 것이다.

어거스틴은 은총의 신학자로 불리운다. 그는 우리 인간이 은총을 받을 만한 가치를 가지고 있지 못하다고 확신하였다. 더구나 이 은총은 값없이 주어진다. 인간이 그것을 간구하여야만 받는 것이 아니다. 초기에 어거스틴은 인간이 은총을 간구하는 부분을 먼저 실행에 옮겨야만 하고, 그 후에 하나님께서 은총을 내려주시는 몫을 담당한다고 생각하였다. 그러나 후기 어거스틴은 이것을 철회하였다. 인간은 자기의 역할을 할 수 없고, 따라서 하나님께서 그를 위해서 일하시지 않으면 안 된다. 어거스틴이 펠라기우스를 공격하면서 항상 표어로 사용한 말은, 우리가 먼저 무엇을 하는 것이 아니라, 먼저 "주님께서 명령하시는 바를 내려 주시오며 당신께서 원하시는 바를 명하시옵소서"라고 해야 한다는 것이다.

은총에는 선행적 은총, 유지하는 은총, 예방적인 은총 등 여러 가지가 있는데, 이러한 은총들은 회심 이전에 주어진다. 중생과 우리 마음을 밝혀 주시는 은총은 매우 특수하고 예외적인 은총이다. 중생과 그 후의 신앙을 유지하는 일은 모두 다 하나님께 전적으로 달려 있다. 선택하시기로 하나님이 한번 작정하셨다면, 하나님은 결코 중간에 바꾸시지 않으신다. 하나님의 보호하심으로 택함을 받은 사람들은 영원히 보전된다. 하나님은 그들을 죄악에서 건져내셨다. 이 생명 안에서 완전하게 사는 것은 불가능하다. 아직도 옛 사람의 구습과 본성이 구원을 받은 사람에게 남아 있기 때문이다.

하나님은 절대적으로 통치하시는 분이시며, 그의 예정은 아무런 조건이 없다. 그의 예정은 모든 만물에 관련된다. 어거스틴은 예정을 죄의 근원으로 생각하기를 주저하였다. 오히려 죄는 하나님이 없는 상태라고 보았다. 물론 하나님이 없으신 곳은 한 곳도 없으므로, 죄의 존재와 하나님의 예정은 전혀 무관한 사항은 아니다. 어거스틴의 신학은 그가 거론하지 않은 주제가 거의 없을 정도로 광범위하며, 초대교회 신학의 기초를 거의 다 세웠다고 볼 수 있다. 그는 지칠 줄 모르는 탐구자였다. 그러나 자신의 지성으로 하나님의 비밀을 결코 다 통달할 수 없음을 잘 알고 있었다.

중세 시대에 일부 서부 유럽의 교회와 수도원 내에서 어거스틴의 신학은 정통으로 영향을 발휘하였다. 아끼뗀의 프로스퍼(Prosper of Aquitaine, d. 463)가 앞장서서 어거스틴 파를 주도하였다. 그밖에도 카이사리우스(Caesarius of Arles, d. 542), 세빌의 이시도르(Isidore of Seville, 560-636), 유기피우스(Dugippius, d. 535), 베데(Bede, d. 735), 플로리우스(Florius of Lyons, d. 860), 알퀸(Alcuin, d. 804), 스트라보 (Walafrid Strabo, d. 849), 마우루스(Rabanus Maurus, d. 856) 등이 더욱 널리 보급하였다.

아마도 가장 뛰어난 어거스틴 신학자는 독일 베네딕트 파 수도사 고트살크(Gottschalk, 803-69)라고 할 수 있다. 그는 카롤링 왕조 시대에 예정론을 비롯한 어거스틴의 교리를 열렬히 설교하고 돌아다녔으며, 프랑스와 독일에서 논쟁을 불러일으켰다.

고트살크는 철저하게 하나님만이 최고의 위치에 계시며, 인간은 아무 것도 아니요 무가치한 존재라고 가르쳤다. 하나님만이 절대적으로 선하시고 의롭다. 인간의 원죄를 철저히 파악하여 인간의 의지는 완전히 부패하였음을 강조하고, 구원은 오직 하나님이 은총을 베푸시는 수단, 즉 세례를 통해서 주어진다는 것을 거부하였다. 그리스도께서는 오직 선택된 자들만을 위해서 죽으셨으므로, 하나님이 미리 정하신 자들만이 구원을 받는다. 선택은 이미 특수한 사람들로 한정되었고, 이들에 대한 예정은 논리적으로 볼 때 예지에 앞선다. 모든 사람이 구원에 이르는 것이 아니라면, 결국 모든 사람이 선택받은 것이 아니라 유기된 자들이 있음을 의미하는 것으로 보았다. 즉, 이중 예정을 강하게 주장하였다.

고트살크의 삼위일체론은 통일성보다는 삼위의 서로 다른 인격과 사역에 초점이 맞춰져 있었고, 그것은 동방 신학의 전통에 치우친 듯한 인상이 있다. 그러나 그는 참된 의미의 신학이란 하나님에 대해서 논하는 것이라고 확신하고, 하나님 중심적인 체계를 세우고자 노력하였다. 그러나 그의 적수들은 그냥 머물러 있지 않았다.

고트살크의 자격에 대해서, 그리고 그가 가르치는 교리에 대해서, 마인쯔 종교회의(848)와 퀴이어시(Quiercy, 849, 853) 종교회의는 정죄를 선언하였고, 그의 신부 자격을 박탈하였다. 라트람누스(Ratramnus), 프루덴티우스(Prudentius of Troyes, d. 861), 레미기우스(Remigius of Lyons, d. 875) 등 그의 열렬한 지지자들이 교황에게 편지를 보내서 구명과 석방을 탄원하였다. 그러나 라바누스(Rabanus), 존 스코투스 에리게나, 특히 힝크마르(Hincmar of Reims, 806-82) 등은 이중 예정론에 대해서 극렬히 반대하였다.

고트샬크는 라바누스를 반펠라기우스주의자로 고소하였는데, 이는 중세 초기 신학의 변질과 이탈에 대해서 합당한 판단에서 나온 것이었다. 그러나 고트샬크를 지지하는 사람의 숫자가 너무나 적었다. 그럼에도 불구하고 그는 자신의 주장을 완강히 철회하지 않았고, 이런 태도가 오만하다는 미움을 사서 도리어 이단으로 간주되고 말았다. 고집이 너무 세고 완고하다는 죄목으로 그의 책들은 불태워졌고 그의 몸은 채찍으로 심하게 난타당하였으니, 전유럽의 성도들이 안타깝게 부르짖을 정도였다.

남은 여생을 로마 가톨릭 수도원(Hautvillers)의 감옥에서 보내도록 하라는 판결에 따라서 고트샬크는 20년의 세월을 어두운 지하 감옥에서 허비하다가 신경이 끊어져서 죽었다. 그러나 결코 자신의 주장을 철회하지 않았고, 타협하지도 않았다. 당시 로마 교회는 반펠라기우스주의에 기울어 있었기 때문에, 오해와 박해를 당하고 있던 그를 구해 줄 사람은 아무도 없었다. 그는 출중한 시인이기도 해서 카롤링 왕조 시대의 시문학 발전에도 기여한 바가 크다.

어거스틴주의 신학은 일부 수도원을 통해서 보급되어 내려왔으며, 종교 개혁의 선구자들로 순교한 존 위클리프와 존 후스 둘 다 순수한 어거스틴주의자였다. 이들은 비록 화형에 처해졌지만, 고트샬크와 마찬가지로 자신들의 신앙을 함부로 타협하거나 버리지 않았다. 그 후 13세기에 이르러 그레고리의 리미니, 요한 스타우핏츠(1460-1529)와 그의 제자 마틴 루터 등에게도 어거스틴 신학은 큰 영향을 미쳤다. 종교 개혁자들은 모두 다 어거스틴의 문하에서 나왔다고 볼 수 있을 만큼 그의 영향력은 대단하였다. 아니, 어거스틴을 뛰어넘어 바울에게로 돌아가고, 마침내 성경의 복음을 회복하고자 하였다.[7] 그래서 어거스틴은 종교 개혁자들에게 매우 중요한 의미를 갖게 되었다.

독일 에르푸르트 어거스틴 수도원에서 루터는 다시 한 번 어거스틴이 발견한 사도 바울의 은총론을 재발견하였고, 믿음으로 인하여 받는 값 없는 구원의 도리를 확신하게 되었다. 이는 근본적인 신학의 전환점이었다. 루터는 다시금 인간의 타락성에 대해서 집착하였고, 의지의 노예 상태에 대해서는 어거스틴의 주장을 넘어서서 다소 지나칠 정도로 강조하였다. 그는 행위에 의해서가 아니라 오직 믿음으로만(Sola Fide, justification by faith alone) 구원을 얻는다는 주장을 강조하고, 믿음으로 인한 칭의를 대표적인 교리로 내세웠다.

그러나 칼빈은 어거스틴의 신학을 좀 더 종합적으로 검토하여, 믿음도 오직 하나님의 은총으로만(Sola Gratia) 받는 것이며, 이는 오직 하나님께 영광을(Soli Deo Gloria) 돌리게 하기 위함이라고 강조하였다. 이 차이점이 서로의 후계자들에 의해서 계승 발전되어 오늘날에 이르게 된 것이다.

철학이냐 하나님의 지혜냐?

칼빈주의는 앞에서 언급한 것처럼 하나님의 주권과 통치를 가장 높이고 존중하는 신앙 체계이다. 하나님이 누구신가를 바르게 이해하는

7　Roland H. Bainton, *The Reformation of the Sixteenth Century* (Boston: Beacon Press, 1952), 5.

데 따라서 이 세상을 보는 안목이 완전히 달라지게 된다. 칼빈주의가 믿는 하나님의 절대 주권에 대한 논쟁은 오래 끌어 온 문제였다. 무신론자들은 아예 하나님이란 없다고 말한다. 눈에 보이지 않는 것을 인정하지 않으려 하기 때문이다. 펠라기우스주의자들은, 결정의 주체는 하나님이 아니라 인간이라고 주장한다(이슬람교에서는 하나님에 대하여 마음을 자주 바꾸는 변덕쟁이요 잔인한 폭군이라고 생각한다).

신약 성경이 기록될 무렵에 두 종류의 철학이 그리스에서 널리 성행하고 있었다. 이 두 가지 철학 사상은 사도행전 17:18에 언급되어 있으며, 하나님을 아는 지식이 전무한 상태에서 인간이 더듬어 발견한 최고의 지혜요 지식이라 할 수 있다. 곧 에피큐로스의 철학과 스토아 철학이 그것이다.

에피큐리언들에 따르면 우주는 아직 결정되어 있는 것이 아니요 우연히 결정되는 것이며, 악으로 이끌려지는 생활도 우연이라는 것이다. 스토아 철학은 에피큐리언들의 주장과 정면으로 반대편에 서 있는데, 범신론이 기초를 이루고 있다. 세네카, 제논, 마르쿠스 아우렐리우스, 에픽테투스 등 스토아 철학자들은, 비인격적이요 인간의 감정을 배제하는 철학 사상을 강조하였다. 인간이 최고로 기대하는 경지는 슬픔이나 기쁨이나 분노나 어떤 감정도 갖지 않으며, 사랑이나 죄에 대한 진노의 감정마저도 없는 경지를 추구한다.

스토아 철학에 따르면 그들이 믿는 신이 이 모든 것을 결정하는데, 이는 칼빈주의자들이 믿는 예정이나 섭리와는 전혀 다른 운명이다. 한번 운명이 결정된 것에 대해서는 기적의 가능성마저도 전혀 없다. 그들은 모든 것이 신의 일부이기 때문에, 물질도 영원한 것이라고 생각하였다.

그들은 인간의 책임성을 왜곡시켜 버렸고, 자연의 법칙 등과 같은 초월적인 어떤 존재의 결정에 따라서 모든 것이 좌우된다고 주장하였다.

가장 최선의 방법은 가능하면 모든 것에서 물러나서 무정념(Apathy)을 갖는 것이요, 의지나 감정을 발동하지 않고 수동적으로 살아가는 것이라고 하였다. 그리고 항상 운명을 강조하였다. 이 세상은 이미 자연 법칙과 섭리에 따라서 숙명적으로 결정되어 있으며, 우주적인 결정과 선은 개인이 어떻게 할 수 없는 일이요, 이것을 초월하여 오직 무정념을 갖는 것이 최고 선이라고 생각한 것이다.

미래의 부활도 믿지 않고 재림에 대한 기대와 긴장도 없는 자들이 주장하는 이런 사상은 얼핏 보기에 기독교의 수도원 생활, 은둔자들의 금욕주의와 매우 유사하게 보이지만, 이는 기독교의 진리도 아니고 칼빈주의가 믿는 진리도 아니다.

반펠라기우스주의의 오류 시정

종교 개혁의 신학은 중세 로마 가톨릭 교회의 주된 가르침인 반펠라기우스주의를 극복하고, 어거스틴의 가르침을 토대로 하여 새로운 발전을 모색하였다.[8] 칼빈주의자들이 거부한 반펠라기우스주의의 가르침을 간단히 요약하면 다음과 같다.

펠라기우스주의자들이 잘못된 교훈을 가르친 것으로 정죄를 당하게 되자 약간 수정된 펠라기우스주의, 즉 반펠라기우스주의(semi-Pellagianism)가 프랑스 고올(Gaul) 지방을 중심으로 발전하였다. 이들은 어거스틴도 너무나 지나치게 극단이요 펠라기우스도 인간의 능력

---

8 N.T. van der Merwe, "Calvin, Augustine and Platonism: A Few Aspects of Calvin's Philosophical Background", in *Calvinus Reformator: His Contribution to Theology, Church and Society* (Potchefstroom: 1986): 69-84.

을 너무 과신하고 원죄를 믿지 않았다고 생각하였다. 존 카시안(John Cassian, 360-435)을 중심으로 빈센트(Vincent of Lerins)와 파우스투스(Faustus of Riez) 등이 약간 수정된 원죄론을 내놓았다. 이 절충안은 교묘한 타협의 산물로서, 후대의 로마 교회가 인간적인 행위 위주와 종교적인 노력 위주로 신앙을 타락시키는 길을 열어 놓았다.

펠라기우스주의에 따르면, 인간의 의지는 죽은 것이 아니다. 그렇다고 완전히 건강한 것도 아니다. 병들었고, 죽어 가는 것이다. 인간은 죄를 짓는 경향을 물려받았다. 그러나 반드시 죄에 대해 필연성을 갖는 것도 아니요, 죄의 책임을 감당해야만 하는 것도 아니다. 인간의 반은 선하고 반은 악하다. 그러나 스스로의 힘으로 자신을 구원할 능력은 없다. 따라서 은혜가 필요하다. 그러나 은혜는 인간이 먼저 간구해야 한다. 인간이 스스로 할 수 없는 것들이 반드시 이루어져야만 구원을 얻을 수 있다. 모든 인간에게는 선행적인 은혜가 주어져 있으므로, 그것을 사용해서 먼저 자신의 의지로 구원을 얻는 은혜를 간구해야만 한다. 그러나 은혜는 거부될 수 있는 것이요, 특별한 자들에게만 주어지는 것도 아니다. 인간이 먼저 시작하는 것이요, 하나님이 그에 대해서 응답하시는 것이다.

반펠라기우스주의는 어거스틴과 펠라기우스를 절반씩 뒤섞어서 타협하고 절충시킨 해괴한 사상이다. 그러나 좀 더 면밀히 검토하여 보면, 그것은 어거스틴보다는 펠라기우스에 훨씬 더 가까웠다. 그들은 인간의 자유 의지를 아직도 살아 있는 것으로 보았고, 병들어 있지만 여전히 활동한다고 생각하였다. 인간은 여전히 죄의 책임을 물려받은 존재가 아니며, 원죄의 무능력으로 인해서 소망없는 자로 전락한 것도 아니라고 주장하였다. 반펠라기우스주의는 오렌지 총회와 발렌스 종교회의(529)에서 이단으로 정죄받았다. 그럼에도 불구하고, 초기 중세 신학은 반펠라기우스로 기울어 있었다.

동방과 서방 교회에서 얻은 교훈

칼빈주의는 터툴리안과 어거스틴의 훌륭한 문서들에서 많은 교훈을 발견하고 있지만, 그밖에 다른 여러 교부들과 심지어 그리스 동방 정교회에서도 직 간접으로 도움을 받은 바 적지 않다.[9] 칼빈은 동방 교회 초기 교부들의 신학 가운데서도 삼위일체론의 영향을 입은 바가 적지 않은데, 나지안주스의 그레고리(Gregory of Nazianzus, 329-90), 그의 친구 바실(Basil of Caesarea, 329-379), 바실의 동생인 닛사의 그레고리(Gregory of Nyssa, 335-95), 디디무스(Didymus) 등이 그들이다. 이들은 그리스도의 신성, 성육신, 성령의 인격성과 신성을 정립하면서 아리우스주의자들과 마케도니아인들의 교리적 모순을 지적하였다.

동방 신학에서는, 특히 아프리카 알렉산드리아에서는 요한복음 1:14 "말씀이 육신이 되어"라는 구절을 가장 중요한 것으로 생각하고, 그리스도가 인간을 구원하기 위해서 육신으로 오시는 주현절(또는 서방 교회의 성탄절)을 가장 성대한 축제로 지키고 있다. 이 본문은 동방 신학이 단성론을 중요시하는 신학적 기초를 제공한 것이기도 하다. 그리스도의 두 본성 중에서 신성만을 받아들이는 시리아 교회는 칼세돈 종교회의가 내린 결정을 따르지 않는다. 이집트의 콥트교회 역시 단성론으로 기울어 있다.

동방 신학의 기독론 정립에는 헬라 철학에서 얻어 온 개념들이 상당수 포함되어 있다. 성자의 동일 본질설을 정통신학으로 채택한 이후에도 그리스도의 인성과 신성의 결합에 관한 물음은 계속 제기되었다. 라오디

---

9 Stephen M. Reynols, "Calvin's View of the Athanasian and Nicene Creeds", *Westminster Theological Journal* 23 (1960): 33-37. Charles Brooks Partee, *Calvin and Classical Philosophy* (Leiden: E.J. Brill, 1977).

게아 교회 아폴리나리우스는, 오직 하나님이어야만 하며 온전한 인간을 취했다면 죄 있는 육체를 입었다는 것이므로 안 된다는 주장을 폈다. 그리스도가 만일 인간이라고 한다면 두 본질과 두 본성이 결합되어 있어야 하는데, 그것은 하나님을 대적하는 인간의 육체에 신성이 머무는 것이 되므로, 로고스가 영감된 육체를 취하되 그리스도 안에서 스스로 영적인 자아를 형성하였다고 주장했다. 381년 콘스탄티노플 회의에서 아타나시우스와 앞서 언급한 두 사람의 그레고리에 의해서 정죄되었다.

그리스도의 양성론이 확정되는 과정에서 다시 그 결합의 본성에 대한 이해 차이가 제기되었다. 그리스도의 신성을 중요시하는 알렉산드리아 학파와 양성의 완벽한 조화를 주장하는 안디옥 학파가 격돌한 에베소 회의(431)에서 네스토리우스는, 신성과 인성의 완전한 연결과 하나님과 인간이라는 이중성을 주장하다가 이단으로 정죄되었다. 알렉산드리아의 시릴은 마리아가 '하나님을 잉태한 자'라고 불리울 수 있다면서 신성과 인성의 가설적 연합을 주장하였다. 반면에 콘스탄티노플 수도원장이던 유티케스(378-454)는, 시릴이 죽은 후에 이에 상반되는 단성론을 주장하다가 칼세돈 회의(451)에서 정죄되었다. 그러나 칼세돈 회의는 혼돈을 증가시켰을 뿐이요, 두 학파의 견해가 적당히 타협안을 마련한 것이라는 지적을 받고 있다.

이러한 초대교회의 교리 논쟁은 종교 개혁자들에게 깊은 영향을 미쳤다. 칼빈은 루터가 이해한 그리스도의 인격의 통일성을 따르지 않고, '양성의 교류'(communicatio idiomatum)라는 개념을 명확히 설명하였다. 칼빈은 "우리는 예수 그리스도의 인격의 통일성을 논증하기 위해서 두 본질의 특성을 모두 파괴시켜 버린 유티케스의 무모한 광기를 조심해야 한다. … 신성에 속한 모든 특성들이 인간적인 본성으로 전달되는 것이 아니며, 하나님의 아들은 우리의 구원에 필요한 신성의 권능을 은밀히 보존하신다"¹⁰고 말했다.

양성의 교류가 지나쳐서 단성론으로 치우친 루터와는 정반대로, 칼빈은 그리스도의 인격 안에 신성과 인성이 서로 영향을 미치지 않으면서 각각의 특성을 유지하는 것이 이 단일한 연합의 특징이라고 보았다. 그리스도의 신성은 모든 만물에 충만하다. 비록 그것이 인성 안에 머물러 있으나, 결코 인성에 구속되지 않는다.

신성은 어떤 세밀한 부분까지도 인성에 따라서 좌우되는 것이 아니다. 예수께서는 신성을 인간의 본성과 결합시켰지만, 그럼에도 불구하고 신성이 인성에 구속당하거나 묶여 있지는 않았다. 왜냐하면 그리스도는 기적적으로 인간의 몸을 입고 오시기 때문에, 충만한 그의 신성으로 동정녀의 몸에도 들어가시고 십자가에 달리기도 하신다.

그러나 그의 신성의 어떤 부분이 수난을 받으셨다는 것은 아니다. "이것은 그의 신성이 하늘 밖으로 빠져나와 한 세포의 육신 속에 갇히는 것이 아니라, 육신으로 그리고 인성 안에서 형언키 어려운 형태로 임재하심으로써 모든 것을 충만케 하시려는 것이다."¹¹ 이것이 후에 초월적 칼빈주의(extra calvinisticum)라고 불리우는 가장 명쾌한 체계이다. 이는 그리스도의 신성과 인성의 근본적인 분리와 각각의 고유한 특성 유지에 관하여 가장 기초적인 원리를 규정한 것이다.

루터는 그리스도의 인격의 통일성을 출발점으로 하여 양성의 교류에 대해 전통적인 교리를 확대하는 선에서 신성만이 아니라 인성도 편재한다는 쪽으로 결론을 지었다. 칼빈은 신성의 불변성과 무한성을 토대로 하여 신성의 편재만을 강조하고 육신의 편재는 배격하였다. 비록

---

10 Calvin, *Institutes*, II.xiv. 4, 7.
11 Calvin, *Institutes*, IV. xvii. 30.

인격의 통일성 속에서 하나님이시며 동시에 인간이지만, 인간으로서의 그리스도께서 최후의 날을 알지 못하셨다 하더라도 그것이 영원히 죽지 아니하시는 그의 신성을 결코 손상시키지는 않았다.[12]

초기 천 년간의 기독교 연합과 동 서양의 교제는 점차 시간이 흐르면서 대립으로 치닫게 되어, 주후 1054년 그리스와 터어키를 중심으로 한 동방 교회가 '필리오쿠베'(Filioque) 논쟁을 기회로 로마 교회와 완전히 교제를 단절하였다.

동방 교회가 사도 요한과 깊은 연관이 있었다면, 서방 교회는 바울의 전통을 소중히 물려받았다. 동방 교회는 성육신을 중요시하고, 그리스도의 인격을 배경으로 하며, 그 통일성에 관심을 두었다. 서방 교회는 그리스도의 죽음을 중요시하고, 그리스도의 사역을 배경으로 하며, 그리스도가 인간과 하나님 사이의 중보자라는 점을 강조했다. 동방 교회가 예식과 신비를 강조하였다면, 서방 교회에서는 정치와 법률적인 요소가 지배적이었다.

그러므로 삼위일체의 이해에서도 동방과 서양의 차이점이 드러난다. 과연 성령은 누구로부터 나오는가? 아버지와 아들로부터 함께 오는 영이신가, 아니면 성부로부터만 오는 영이신가? 그리스 정교회에는, 베드로가 천국의 열쇠를 가지고 있다고 주장하며 세계 교회를 지배하려드는, 로마 주교의 권위와 권력에 대한 반감이 쌓여 있었다. 따라서 교회 조직이나 신학의 구조에서 우위권을 내세우는 로마 가톨릭 교회를 동방 교회가 거부함으로써 서로 갈라지게 된 것이다.

그리스 정교회가 성령을 성부와 성자로부터 나오신 분으로 인정하

---

12 *Calvin's Commentary on A Harmony upon the Three Euangelistes.* (Matthew 24:36).

지 않으려 했던 이유는, 신학적인 것이라기보다는 교회의 정치적인 위상에 관한 것이었다. 만일 성령이 성자로부터 나온다고 인정하면, 성자의 후계자인 베드로와 베드로의 후계자인 교황에게 복종해야 한다는 논리가 성립하기 때문이다. 그리하여 요한복음 14장과 16장에서 밝혀지는 성령의 근원에 대한 논쟁의 배면에는 이탈리아와 그리스 사이에서 오랜 세월에 걸쳐 다투어 온 민족적 자긍심, 정치적 대립과 경쟁, 그리고 언어의 차이에서 단절되어 온 전통과 문화적 거리감이 내재해 있다. 동방 교회는 서방 교회나 다른 전통과는 완전히 단절하고, 자신들의 체제 내부에서만 기독교 신앙을 고수하려는 전통을 쌓아 가면서, 순수한 초대교회의 신앙에서 더욱 멀리 떨어진 쪽으로 변질하게 된다. 기독교적 신비 체험에 초점을 맞추어서 예식을 중시하고, 성상들과 함께 기도하며, 묵상하여 하나님을 경험하는 일을 강조하였다. 신학은 실제적 지식을 얻는 수단으로 사용되기보다는 지혜에 이르는 수단으로 생각한다. 합리적인 신학적 성찰에 대한 관심이 거의 없었던 것이다.

종교 개혁자들은 비잔틴 문화를 건설하여 거의 천 년 동안 발전해 온 콘스탄티노플(현재 터어키의 이스탄불) 중심의 동방 교회에서 얻을 수 있는 초대교회의 올바른 전통을 계승하기에 주저하지 않았다. 그 중에서도 칼빈은 요한 크리소스톰의 설교와 갑바도기아 신학자들에 대해 깊이 공감하여 자주 그들을 인용하고 자신의 성경 해석에 참고로 삼았는데, 이는 이미 연구를 통해서 널리 알려진 사실이 다.[13] 그러나 종교 개혁을 거부하고 끝까지 자신들의 전통에만 집착하는 그들의 편협성에 대

---

13 John Robert Walchenbach, "John Calvin as Biblical Commentator: An Investigation into Calvin's Use of John Chrisostom as an Exegetical Tutor"(Pittsburgh: 1974).

해서는, 전통보다 소중한 최종의 권위는 성경이라고 생각하였다.[14]

스콜라 신학의 거부

개혁신학은, 초대교회로부터 흘러온 교회의 역사와 신앙의 전통을 중요시하면서도, 바르지 못한 가르침에 대해서는 목숨을 걸고 거부하였다. 16세기 유럽의 종교 개혁자들은, 특히 칼빈주의자들은 ① 교황과 종교회의의 선언을 성경의 증거와 동일시하는 것을 거부하고, ② 하나님에 대한 참된 지식을 얻기 위하여 자연 신학을 신뢰할 수 없으며, ③ 모든 신자가 성경을 읽고 해석할 수 있는 권리가 있음을 인정하고, ④ 행위가 아니라 믿음으로, 하나님이 값없이 주신 은혜만으로 구원에 이르게 됨을 믿는다.

중세 후기 신학 교육 기관에서는 대부분 토마스 아퀴나스(Thomas Aquinas, 1225-74)의 신학을 가르치고 있었다. 토미즘으로 불리는 스콜라주의 신학 체계는 철저히 이성 중심의 신학이다. 인간의 이성으로 하나님이 주신 신앙의 세계를 완전히 풀이하고 설명할 수 없음에도 불구하고, 아퀴나스는 그것을 확신했다. 그래서 이교도 아리스토텔레스의 논리학으로 하나님에 관한 진리를 논증하려고 했다.

그 유명한 다섯 가지 신의 증명이라는 것도 초월적인 하나님을 이성으로 입증하겠다는 것인데, 종교 개혁자들은 이것을 철저히 불신앙적인 것으로 배격했다. 아퀴나스는 인간의 마음과 의지는 죄로 물들었으나 아주 죽은 것은 아니라고 믿었다. 또한 선택은 하나님의 예지에 의존

---

14 Heiko A. Oberman, *The Dawn of the Reofrmation* (Edinburgh: T & T Clark, 1986), 269-296.

토마스 아퀴나스는 신앙과 이성을 종합하여, 『신학 대전』에서 스콜라주의 신학을 체계화하였다. 그의 책으로부터 광채가 널리 퍼져나가고 있으며, 그의 오른쪽에는 아리스토텔레스가 있고 왼쪽에는 플라톤이 있다. 그리고 무릎 위에는 이슬람의 철학자 아버로스가 아리스토 텔레스에 대해 쓴 주석을 펼쳐 놓고 있다.

하는데, 하나님은 어떤 사람이 믿음, 선행, 성례에 참여할 것인가를 미리 아시고 선택하신다는 주장을 폈다.

중세 말기 토마스주의자들의 특징은 자연 신학(natural theology)인데, 자연 세계나 인간 존재를 자세히 관찰하면 하나님의 존재를 합리적으로 발견하고 설명할 수 있다는 것이다. 그래서 자연, 경험, 학문의 영역과 은총 및 전통의 이중 구조 속에서 누구도 완전히 벗어날 수 없게 되었다. 종교회의와 교황은 공식적이요 의무화된 진리를 가지고 있고, 그것에서 벗어나면 이단으로 정죄당할 수밖에 없는 도그마(dogma, 교의)이다. 따라서 이는 어떤 신학자도 공적으로 반박할 수 없고 받기만 해야 하는 의무 조항이 되고 말았다.

종교 개혁이 진행되기 직전, 르네상스 이후 14세기에서 15세기 초엽 유럽의 거의 대부분의 신학 대학에서는 토마스 아퀴나스와 둔스 스코투스의 '구파 스콜라 신학'(via antiqua)의 실재론에 대응하는 '신파'

(via moderna)가 차츰 보급되고 있었다.[15] 구파는 전통을 존중하고 상상을 금지하며 오직 의심과 회의를 통해서 혼자의 힘으로 자신의 전제를 입증하는 방법론을 강조한다. 요약하면 구파는 원인과 결과를 체인처럼 연결하여서 논리성을 매우 강조한다. 훗날 헤겔과 독일관념주의자들(idealism)이 집착하던 방법론이기도 하다.

구파 스콜라주의는 '증명'(proof)을 위해서 노력하는 합리적 신학이다. 그들은 하나님의 존재를 증명하고자 했고, 그분이 논리적으로 어떤 분과 같은가를 제시할 수 있다고 보았다. 하나님은 무소부재해야만 한다. 왜냐하면 그분의 전지전능과 필연적으로 동반되어야만 할 사항이기 때문이다. 이와 같이 그들에게는 모든 논쟁이 이성과 필연성의 연결에 의해서 계속된다.

신파, 즉 '유명론'의 주창자인 윌리엄 옥캄은 개체성, 특수성을 강조하여 새로운 학문 방향을 제시했고, 그를 따르는 새로운 부류가 형성되어 새로운 해석이 시도되었다. 옥캄의 유명한 두 구절을 인용해 보면 확연히 그 차이가 드러난다. "하나님이 전지전능하시다는 사실은 입증할 수 없고, 단지 믿음에 의해서만 파악되고 또 주장할 수 있을 뿐이다."[16] 또한 그는 "하나님의 마음은 우리의 마음과는 다르기에 우리가 파악하는 것은 불가능하다"고 토로했다.[17] 인간의 이성과 논리적 기준에 따라

---

15 Heiko A. Oberman, *The Impact of the Reformation* (Grand Rapids: Eerdmans, 1994), ch. 1, "'Via Antiqua and Via Moderna: Late Medieval Prolegomena to Early Reformation Thought", 3-22. 김재성, 『칼빈의 삶과 종교 개혁』, 제2장에 나오는 "6. 스콜라주의에 빠진 학문", 64-71을 참고할 것.

16 'Non potest demonstrari quod Deus sit omnipetens, sed sola fide tenetur' (Guillelmi de Ockham. Quodlibeta septem, Quodlibet I. q.1 ad 7) ed. J.C. Wey CSB, *Opera Theologica* IX, St. Bonaventure, (NY: 1980), 230f.

17 Ibid., 202f. 207, 'Intellectio Dei est alterius rationis a nostris intellectionibus' (Quodlibet III.q. 1 ad 3)

서 하나님의 본성과 특징을 설명할 수 없다고 본 것이다. 대표적인 신파 학자들로는 쟝 부리댕, 마르실리우스, 삐에르 다일리, 가브리엘 비엘 등을 꼽을 수 있다. 1460년 스위스 바젤 대학을 필두로 하여 하이델베르크, 에르푸르트 등 여러 대학에서 가르쳐졌다.

그러나 신파 역시 인간의 의지가 하나님의 능력에 반응하여 구원이 주어진다는 신인 협력설을 근간으로 하는 반펠라기우스주의에서 완전히 벗어난 것은 아니었다. 후에 발전된 '신파 어거스틴주의'(schola Augustiniana moderna)라는 새로운 사조도 역시 어거스틴의 은총론과 인간의 자발적 열심을 절충시킨 새로운 형태의 스콜라 신학이었다.

루터는 윌리엄 옥캄의 신파 방법론의 영향을 받았지만, 그를 훨씬 벗어나는 결론을 내렸다.[18] 쯔빙글리와 칼빈을 비롯한 개혁신학자들은 중세 말기의 스콜라주의와 과감하게 단절하였다.[19] 구원은 처음부터 마지막까지 전적으로 하나님의 행위요 하나님의 단독 사역이며, 하나님의 뜻에 의한 것이요 하나님의 주도하에 주어지는 선물이라고 확신하였다. 또한 그들은, 인간의 구원은 그 어디에서도 근본 원천이 인간에게 속해 있지 않다는 '오직 은혜로만'의 교리를 손상시키는 스콜라 신학의 학문 방법론과, 인간의 예비적 노력과 선행을 근본으로 하는 구원론을 철저히 거부하였다.

---

18 Heiko A. Oberman, *The Reformation: Roots and Ramifications* (Edinburgh: T & T Clark, 1994), 197. David C. Steinmetz, *Luther and Staupitz: An Essay in the Intellectual Origin of the Protestant Reformation* (Durham, NC: 1980), 13-27.

19 Alister E. McGrath, *The Intellectual Origins of the European Reformation* (Oxford: Basil Blackwell, 1987), 86-93. Heiko A. Oberman, *Masters of the Reformation: The Emergence of a New Intellectual Climate in Europe* (Cambridge: Cambridge University Press, 1981), 64-110.

제4장
종교 개혁 시대에 정립된 구원론

칼빈주의는 16세기 유럽 종교 개혁 시대에 등장한 여러 기독교 교파 가운데서 가장 독특한 성격을 드러내면서 발전한 일련의 신앙 체계이다. 이는 보편성과 특수성을 동시에 지닌 개신교 신학의 한 체계이다. 다른 개신교와 공동으로 일치하는 칼빈주의의 구원론과 그 핵심인 칭의론을 살펴보면, 칼빈주의 신학이 종교 개혁의 광맥을 가장 잘 형성하고 있음을 볼 수 있을 것이다. 또한 이 장에서는 종교 개혁 시대에 등장한 독일과 스위스의 개혁신학자들을 일별하여 보고자 한다. 그리고 종교 개혁의 광맥을 형성한 신앙고백서들을 간략히 소개한다.

구원론의 재정립

기독교 신앙과 교회는 중세 말기에 이르러 본질적으로 타락하였다.

로마 교회의 성직자들이 하는 일들은 세속적인 권력자들이 하는 일과 별로 다를 바 없었다. 종교 개혁이 일어나지 않을 수 없을 만큼 형식과 사치에 휩싸여 있었다. 이런 점을 지적하고 일찍이 바른 신앙을 추구하던 영국의 위클리프(1329-1384)나 동구 유럽 프라하 대학의 후스(Jan Hus, 1373-1415)와 같은 선구자들이 있었지만, 그들 개인으로는 도저히 대세를 바꿀 수 없었을 뿐만 아니라 마침내 로마 교황주의자들의 무지에 의해서 화형을 당하고 말았다. 16세기 초반, 유럽 전역에서 가장 널리 알려진 지성의 최고봉은 에라스무스였다.[1] 그는 '그리스도의 철학'을 강조하였고, 그것은 중세 말기에 스콜라주의에 빠져 있던 로마 가톨릭의 신학자들에게 던진 도전으로서, 신학은 그저 상아탑에서 학자들끼리 논박을 일삼는 죽은 학문에서 벗어나 현실성을 가진 학문으로 탈바꿈해야 한다는 제안이었다. 즉, 신학은 예수 그리스도의 모범을 따라서 생동감이 넘치는 도덕적인 삶의 기초가 되어야 하며, 모든 사람들의 평화와 조화를 고려하는 실제적인 학문이 되어야 한다고 에라스무스는 주장하였다.

루터의 문제 제기

밤이 깊으면 아침이 밝아 오는 것과 같이, 16세기가 밝아 오자 유럽의 기독교 신학은 일대 전환점을 맞게 되었다. 이탈리아 로마의 바티칸에서 발표되는 권위적인 선언이 거부되는 일대 사건이 발행한 것이다. 바

---

[1] Roland H. Bainton, *Erasmus of Christiandom* (N.Y.: Charles Scribners' Sons, 1969), 8. 그의 출생에 관련된 내막은 비극적이다. 원래 네덜란드 네덜란드 지방의 신부 게르하르트 또는 게르트(Gerhard or Geert)와 마가렛이라는 여인 사이에 태어났고, 3살 위의 형이 있었던 것으로 알려져 있다. 그는 아버지를 만난 일이 없이 '불법적으로 출생한 사람'으로 성장했고, 어머니는 일찍 사망하였다고 전하여진다.

루터를 지지하는 화가의 작품(1617).
교회의 출입문에 루터가 95개 조항을 써 넣고 있고, 그 펜은 사자로 상징된 당시 교황 레오 10세의 귀를 뚫고 신성로마 제국 황제 찰스 5세의 왕관을 벗겨 버리는 역할을 했다. 그 오른쪽으로 성경이 상징적으로 구름 속에 있는 그리스도를 비춰 주고 있다. 오른쪽 하단의 불타는 오리는 순교자 존 후스를 상징한다.

티칸의 선언은 모든 사람들이 어떻게 살아야 할 것인가, 무엇을 생각해야만 하는가에 대해서 결정하는 지상 명령이었다. 그러나 1517년 10월 31일 마틴 루터가 면죄부 판매에 대해 토론하고자 내건 95개 조항 문서로 인해서 그 권위는 무너지게 되었다. 더구나 루터가 파문을 당하게 되면서 여론과 군주들의 루터에 대한 지지가 있었고, 점차 유럽 각지에 공감대가 형성되면서 새로운 교회 개혁과 회복 운동이 가속화되었다.

루터의 본래 의도는, 당시 교회의 오류를 지적하면서 자신이 가르치던 학생들에게 토론 주제로 95개 조항을 지적해 주고자 했던 것이었다. 그런데 활자의 발명으로 인해서 불과 한 달 안에 그것이 널리 읽혀지게 되었고 또 큰 반향을 불러일으켰다. 성 베드로 대성당 공사를 마무리하기 위해 '면죄부'를 판매하여 큰수익을 거두고 있었던 교황 레오 10세는 이것을 읽고는 루터가 술에 취한 것이 분명하다고 생각했다. 그리고 "주님의 포도원에 있는 가장 나쁜 수퇘지"라고 루터를 비난하면서 그의 출교를 선언했다. 그러나 그는 루터의 종교 개혁이 이미 정거장을 떠난 기차처럼 멈출 수 없는 궤도로 진입한 것을 알지 못하였다.

기본적으로 종교 개혁자들의 확신은 몇 가지 중요한 기본 교리로 요약된다. 바로 그것이 로마 교회의 잘못된 신앙을 거부하게 된 기초적인 메시지를 형성하고 있으며, 공통되는 신앙의 내용은 '오직 믿음으로만'(sola fide), '오직 은혜로만'(sola gratia), 그리고 '오직 성경으로만'(sola scriptura)이었다. 또한 로마 가톨릭의 성직자 중심적인 체제에 대항하여 모든 신자들이 왕 같은 제사장이라는 사상도 공유하였다. 각기 종교 개혁자 나름대로 다양성과 강조점을 가지고 있지만, 적어도 공동의 기초로서 기독교가 세워져야 할 기반은 이러한 신앙임을 공감하고 있었다.

하나님의 말씀은 모든 인간의 전통을 능가하는 최고의 권위를 가지고 있다. 그리고 구원은 오직 믿음으로 얻는 것이요 인간의 행위나 공로로 얻을 수 있는 것이 아니다. 이런 믿음은 오직 하나님의 값 없는 은혜로 주어지는 것이다. 또한 예수 그리스도 외에 다른 인간 중보자가 있을 수는 없다. 개혁자들의 일치된 목표는 신약 성경에서 보여지는 초대교회로 돌아가서 예수 그리스도의 교회를 건설하는 일이었고, 모든 거짓된 가르침과 잘못된 교회의 행사나 방법이나 장식이나 절차들을 제거하는 것이었다.

루터는 하나님의 은총과 은혜에 대해서 가위 혁명적인 재발견을 하게 되었다.[2] 1517년 10월 31일 면죄부를 판매하는 텟젤 일행이 도착하

---

2 Martin Luther, "Preface to the Complete Edition of Luther", in *Martin Luther: Selections From His Writings*, ed. John Dillenberger (Garden City: Doubleday,

면죄부 행상을 하던 텟젤을 새겨 놓은 당대의 작품. 면죄부 값을 적어 놓고, 돈을 받기 위해서 준비된 현금 상자를 갖고 있다.

였다는 소식에 접하고, 33세의 어거스틴 파 수도사이자 신학 교수였던 루터는, 구원의 복음을 해석하는 기존의 패러다임을 깨뜨리는 95개 항목을 비텐베르크 대학 학생들이 출입하는 성벽 교회당 게시판에 내걸었다. 면죄부는 연옥의 불길로부터 죄인을 석방하여 주는 것으로 간주되는 것으로서, 일정 기간 동안의 죄책을 사해 준다는 교황청의 증서였다. 95개 항목 가운데서 특히 82항은 교황의 진노를 불러일으켰다. "어찌하여 교황은 (가장 거룩한 일이라고 하는) 사랑에 기초하여, 또한 저들의 영혼에 최우선적인 필요성이 있음에도 불구하고, 연옥에 있는 모든 사람을 다 구원하지 아니하는가? 이것이 모든 이유 가운데서도 도덕적인 최상의 일이다. 그는 돈을 위해서 수많은 영혼을 구원하고 있는 것이다."[3]

루터는, 믿는 사람들은 자신들이 한 행동에 의해서는 절대로 의롭다 여김을 받을 수 없고, 오직 예수 그리스도의 의로움으로서만 그것은 가능하며, 끝없이 자비하신 하나님께서는 그리스도의 의로움을 성도들의

1961), 11. David Steinmetz, *Luther in Context* (Bloomington: Indiana University Press, 1986), 5. Heiko Oberman, *Luther: Man Between God and the Devil*, tr., Eileen Walliser-Scharzbart (New York: Doubleday, 1992), 120-54.

3 Martin Luther, "The Ninety-Five Theses" in *Martin Luther: Selection From His Writings*, 498.

의로움으로 간주하신다고 가르쳤다. 그 어느 누구도 하나님의 인정을 받을 만한 가치를 가진 사람은 없다. 우리 죄인들의 실상은 하나님의 진노만을 쌓을 뿐이다. 이러한 루터의 깨달음에 많은 사람들이 공감하게 되면서, 종교 개혁의 핵심적인 쟁점이 형성되어 갔다. 하나님의 면전에서 죄인의 칭의에 관한 교리는 개신교 교회가 발견한 가장 중요한 교리로 점차 발전되었다.

하나님께서는, 그리스도 안에 있는 자들에게는 그들의 불순종과 죄악된 행위에 대해서 심판하지 않으신다고 약속하셨다. 이는 그들의 구세주이신 그리스도의 순수한 삶과 죽음과 부활에 기초하여, 믿는 자들이 성령에 의해서 그리스도와 연합하여 거룩한 옷으로 갈아입었기 때문이다. 루터는 그리스도인들 가운데 성령이 머물러 있음을 믿었으며, 그가 모든 의무와 죄의 굴레에서 그들의 영혼을 해방하였음을 믿었다. 따라서 인간의 선행이란 하나님이 받으실 만한 의로움이 아니다. 하나님께서는 오직 믿음을 보시고 의롭다고 간주하시는 것이다. 루터를 비롯한 종교 개혁자들은, 인간의 의란 오직 하나님이 주시는 은혜로써 믿음을 통해 그리스도 안에서 주어진다고 주장하였다.

루터는 스말칼트(Smalcald Articles, 1537) 신앙고백에서, "구원이 인간의 어떤 선행이나 율법이나 공로에 의해서 얻어질 수 없다는 점을 분명히 믿어야만 한다"고 주장하였다. "교황이 판매하는 면죄부를 포함해서 어떤 인간의 공로라 하더라도, 죄를 감소시켜 주거나 하나님의 면전에서 인간에게 호의를 베풀 만큼의 가치가 있는 것으로 간주될 만한 것은 없다." 그는 한 걸음 더 나아가서, 이 신앙조항이야말로 "하늘과 땅 그리고 그밖의 것들이 멸망되더라도 결코 포기하거나 타협할 수 있는 대상이 아니다. … 이 조항 위에서 교황과 사탄과 세상에 저항하는 우리의 모든 가르침이 기초하고 있다. 따라서 우리는 이 점에 대해서 확신을 가져야 하고, 조금이라도 의심해서는 안 된다. 그렇지 않으면 모든 것이 실패할 것이요, 교황과 마귀와 우리의 모든 대적들이 다시 승리할 것이다"라고 단호히 선포하였다.[4]

로마 가톨릭에서는 루터의 칭의론에 대해서 공식적으로 반대했고, 그를 출교시켰다. 그들은 면죄부 판매의 제도를 개선하기는 했지만, 그 시행을 완전히 포기하지는 않았다. 개신교 종교 개혁자들이 비판했던 문제점에 대해서 철회하지도 않았다.

스페인 트렌트에서 모인 종교회의(Council of Trent, 1545-63)는 루터를 비롯한 종교 개혁자들의 신학에 대처하기 위해서 소집되었는데, 주로 칭의론에 관심을 집중하였다. 이 회의는 단호하게 루터의 교리에 대해서 반대하였다. "그 누구도 믿음만으로 충분하다고 생각해서는 안 된다. 믿음만으로 천국을 상속하거나 물려받으리라고 생각해서는 안 된다. 영생을 얻기에 가치 있는 기초를 세우기 전에, 믿음은 기독교인의 자애로운 행동에 의해서만 온전하게 되어지는 것이다. … 영생은 하나님을 끝까지 신뢰하는 자에게 그리고 행동을 바르게 잘 하는 사람들에게 주어지는 것이요, 다시 말해 그리스도 예수를 통하여 하나님이 약속하신 자비로우신 은총으로 주어지며, 동시에 선행과 공로가 있는 신실한 자들에 대한 하나님의 보상으로서 주어지는 것이다."

교황청은 이러한 로마 가톨릭의 교리에 찬성하지 않는 사람은 저주를 내린다고 발표하였다. 자신들이 발표한 교리를 받아들이지 않으면 결코 영생으로 들어갈 수 없다고 하였다.[5] 이로 인하여 로마 가톨릭과

---

4 Roger E. Olson, *The Story of Christian Theology: Twenty Centuries of Tradition and Reform* (Downers Grove: InterVarsity Press, 1999), 377.

5 6th Session of Canons of Council of Trent, xxxii: "to those who work well unto the end and trust in God" that "eternal life is to be offered, both as a grace mercifully

개신교회는 믿음에 대해서 서로 분명하게 다른 이해를 가지게 되었으므로, 오랫동안 갈라져 있게 되었다.

그러나 불행하게도 모든 개혁자들이 추진 방법에 있어서 의견의 일치를 이루지는 못하였다. 그래서 연합된 하나의 개신교 교회가 세워지지 못하였다. 루터를 비롯한 여러 종교 개혁자들은 신학적인 오류를 시정하는 데 깊은 관심을 가지고 있었다는 점을 놓쳐서는 안 될 것이다. 단지 로마 가톨릭 교회의 제도나 목회 또는 예배의 오류를 지적하였을 뿐만 아니라, 보다 본질적으로 면죄부를 판매하는 그들의 논리, 즉 하나님과 인간의 관계란 어떤 성격의 것인지, 과연 하나님 앞에서 의롭다는 것은 무엇이며 인간의 죄악됨이 무엇인지를 논하게 되었다. 이런 논쟁은 부패한 행실들에 대한 지적에서 그치지 아니하고, 하나님께서 인간에게 주시는 죄의 용서가 어떤 것인가를 규명하는 '구원론'이라는 가장 본질적인 신학의 재구성을 가져왔다.

공로주의에 맞서는 칭의론의 재정립

로마 가톨릭 교회 구원론의 핵심은 '공로'(merit)라는 단어이다. 구원

---

promised to the sons of God through Christ Jesus, and as a reward promised by God himself, to be faithfully given to their good works and merits." "if anyone says that the sinner is justified by faith alone, meaning that nothing else is required to cooperate in order to obtain the grace of justification … let him be anathema." Further, "if anyone says that the justice received is not preserved and also not increased before God through good works … let him be anathema." And, "if anyone says that the good works of the one justified are in such manner the gifts of God that they are not also the good merits of him justified; or that the one justified by the good works that he performs by the grace of God and the merit of Jesus Christ, whose living member he is, does not truly merit an increase of grace, eternal life, and in case he dies in grace, the attainment of eternal life itself and also an increase of glory, let him be anathema."

에 대한 체계적인 설명의 근거에는 인간이 자신의 구원을 얻기 위해서 하나님의 은총에 덧붙여지는 모든 노력들을 스스로 할 수 있다는 사상이 잠재적으로 담겨 있다. 이것을 반펠라기우스주의라고 하는데, 은총이란 이런 인간의 노력이나 수고를 통해서 가질 수 있거나 얻어지는 것으로 주장했다. 인간은 믿음의 행위와 선행을 통해서 하나님이 충분히 긍휼히 여길 만한 공로나 업적을 쌓아야만 은총을 받을 수 있고, 구원을 얻을 수 있다는 것이다.

구원 얻는 믿음이란 공식적인 로마 교회의 가르침에 따라서 충실하게 순종하는 것이라고 교황은 설명하였다. 구원을 얻기 위해서 실천해야 할 사랑의 선행이란 곧바로 면죄부를 구입하여 연옥에 있는 영혼의 미사를 위해서 대가를 지불하는 것이요, 가난한 자를 구제하는 것이요, 성자들의 유품을 보기 위해 많은 비용을 들여 순례의 여행을 가는 것이며, 고해성사를 하고 각종 성례에 참여하고 기도와 명상을 통해서 헌신적인 충성을 보이는 것이라고 가르쳤다.

기독교의 근본이 되는 교리는 하나님께서 인간을 구원하시는 도리에 관한 것들이다. 구원하시는 하나님에 관한 것과 구원의 대상인 인간에 관한 것, 이 양자사이에서 신학의 핵심 주제와 주변 소재들이 논의의 대상으로 거론되어 왔다.

특히 16세기 유럽의 종교 개혁자들이 성경에서 발견한 "오직 그리스도만을 믿음으로 말미암아 은혜로 구원을 얻는다"는 교리는 그 핵심 중에 하나로 손꼽힌다. 그런데 최근 현대 기독교 신학자들 일부가 기독교 신학의 성경적 기초를 벗어나서 현저히 다른 내용과 방법으로 치우치고 있다. 현대 기독교 신학은 죄인이 의로우신 하나님의 면전에서 어떻게 설 수 있는가를 가르쳐 주신 예수 그리스도의 십자가와 부활의 능력을 도외시하고 있고, 종교 개혁자들의 신학 사상을 약화시키고 있다.

기독교 신학의 근간은 구원의 도리이다. 그런데 중세 시대 로마 교회는 민족적인 풍토와 정치적인 영향으로 기독교를 인간 중심의 종교로 왜곡시키고 말았다. 모든 인간은 하나님 앞에서 반드시 자신의 행함에 대해서 심판을 받게 됨을 강조하고, 이를 심각하게 거론하였다. 마지막 날에 모든 인류가 감추었던 행동이나, 속임수나, 거짓된 말들을 모두 다 드러내서, 하나님 앞 심판대에 서게 된다고 가르쳤다. 물론 심판은 성경의 가르침이다. 사도 바울은 "알지 못하던 시대에는 하나님이 허물치 않으셨거니와 이제는 어디든지 사람을 다 명하사 회개하라 하셨으니, 이는 정하신 사람으로 하여금 천하를 공의로 심판할 날을 작정하셨다"(행 17:30-31)고 경고하였다.

이 마지막 심판은 연약한 인간들에게는 두렵고 무서운 것이다. 한 걸음 더 나아가 심판은 경건한 생활을 영위하도록 인간들을 일깨워 주시려는 하나님의 의도를 반영하고 있다. 심판은 거룩한 두려움을 갖게 하는 매우 긍정적인 역할을 하는 것이다. 의로우신 하나님에 의해서 행해지는 공정한 판결이야말로 인간을 올바르게 살도록 만드는 자극을 주며, 그리스도인의 거룩한 생활에 동기를 부여한다.

그런데 중요한 것은 심판대 앞에서 모든 인류가 죄인이라는 점이다. "그러면 어떠하냐 우리는 나으냐 결코 아니라. 유대인이나 헬라인이나 다 죄 아래 있다고 우리가 이미 선언하였느니라 기록된 바 의인은 없나니, 하나도 없으며"(롬 3:9-10). 아담의 타락 이후로 인간에게는 의로움이 없어지고 말았다. 바로 이 점이 인간의 고뇌이며, 종교 개혁 시대에 마틴 루터를 비롯한 종교 개혁자들이 가장 우선적으로 해결하고자 했던 신학의 핵심 주제였다.

칭의의 본질

구원론의 핵심은 칭의의 본질에 관한 것이요, 이를 다시 세분하면 의롭다 하심을 얻는 근거와 방법에 대한 논쟁으로 구성되어 있다. 하나님께 반항한 인간의 죄의 실재는 매우 복잡한 문제이지만, 하나님 앞에서 의인이라고 자부할 만한 사람이란 하나도 없다. 그 누구도 하나님 앞에서 완전하다고 주장할 수 없는 죄인이라고 한다면, 그가 어떻게 구원을 얻을 수 있느냐의 문제는 심각하고도 절실한 무게를 가진 주제가 된다. 그것은 칭의의 근거와 방법에 대해서 서로 다른 개념을 가지고 있기 때문이다. 제임스 뷰캐넌은 칭의란 "하나님의 면전에서 의롭다고 영접을 받는 사람을 지칭하고자 성경에서 사용된 법률적이요 외부적인 개념이다"[6]라고 지적한 바 있다.

그러면 로마 가톨릭이 이런 개념을 받아들이지 않게 된 이유는 무엇인가? 성경이 말하는 칭의의 개념과 신학적으로 논의된 칭의론 사이에는 현격한 차이가 있었다. 개신교에서나 로마 가톨릭에서나 근본적으로 주목해야 할 신학적인 대립은 신학적인 칭의론, 즉 칭의의 본질에 대한 것이다. 맥그라트는 로마 가톨릭 진영에서 칭의의 개념과 칭의의 교리 사이에 혼돈이 초래되었다고 비판한다.

"칭의의 개념은 신구약 성경에서 많이 채택되어 있고 특히 바울 서신에서 그러한데, 하나님이 자기 백성을 향해서 베푸시는 구원의 행위를 설명하는 것이다. … 칭의 교리는 그 말의 성경적인 근거와 관심에서 상당히 이탈하여 하나님과 인간의 관계에서 형성되는 것이다."[7]

---

6 James Buchanan, *The Doctrine of Justification: An Outline of Its History in the Church* (1867; London: Banner of Truth, 1961), 226.

7 Alister E. McGrath, *Iustitia Dei: A History of the Christian Doctrine of Justification*, 2 vols.(Cambridge: Cambridge University Press, 1986), I:2.

칭의에 관한 신학적인 교리의 차이는 성경이 말하는 칭의의 개념을 이해하는 데 매우 중요하다. 모든 사람이 죄를 범하여 하나님의 영광에 미치지 못하게 되었으므로, 죄인이 하나님에게 받아들여질 수 있는 근거와 방법, 그리고 하나님이 인정하는 길에 대해서 집중적으로 연구하지 않을 수 없었다. 그것은 신학적인 칭의론의 중요성과 의미에 관련하여 신학의 역사를 통해서 볼 때에, 사도 바울과 어거스틴의 글에서 그리고 루터와 칼빈 등 종교 개혁자들의 강조점에서도 확연히 드러난다. 특히 루터는 믿음으로만 주어지는 칭의야말로 "교회가 서느냐 무너지느냐를 결정하는 조항"이라고(articulus stantis et cadentis ecclesiae) 강조하였다.[8]

칭의가 핵심 교리라는 이런 강력한 주장은 그가 로마서 1:17에서 발견한 오직 믿음으로만(sola fide)이라는 가르침과 긴밀히 연결되어 있다. 신약 성경에 선포된 복음은 단순히 그리스도의 대업과 그의 교훈을 전파하는 것으로 그치는 것이 아니라, 그리스도께서 성취한 구원의 대업을 믿는 자들이 어떻게 수용하고 받아 누리게 되는가를 포함해서 전파되는 것이다. 칼빈은 『기독교 강요』에서 칭의 교리의 중요성을 역설하면서 "기독교 종교가 돌아가야 할 중심점"이라고 강조하였다.[9]

최근에 소위 종교 개혁의 신학적인 차이점을 극복하기 위해서 만들어졌다는 1999년 '합의 문서'는, 기존 로마 가톨릭의 입장을 풀이하면서 죄의 용서와 사죄의 교리에서 공로적인 요소, 인간의 노력과 교회의

---

8   Martin Luther, *What Luther Says: An Anthology*, ed. Ewald M. Plass, 3 vols (St. Louis:Concordia, 1959), II:704, n.5.
9   Calvin, *Institutes of the Christian Religion*, III.xi.1. 김재성, 『칼빈과 개혁신학의 기초』 (수원: 합동신학대학원 출판부, 1977), 제5장, '칼빈의 칭의론과 트렌트 종교회의', 177-207.

역할을 주장하고 있다.[10] 죄인의 본성이나 죄의 본질에 대해서 개혁신학이 주장하는 바와는 전혀 판이한 해석이다. 단지 죄인이 용서받을 수 있는 방법을 여전히 강조하면서 로마 교회에서 제시하는 성례로 인한 용서를 주장한다.

과연 성경이 가르치는 복음이 그러한가? 구원의 도리를 요약한 본문은 로마서 3:19-4:5이다. 기독교 신앙을 가진 성도들이 가장 기초적으로 이해하고 깨달아야 할 복음의 내용을 압축한 것이다. '율법'에 비추어 본 사람의 행위는 정죄아래 있다. 따라서 부패하고 타락하여 썩어질 형상으로 하나님의 영광을 바꾸어 버린 인간의 내부에서는 어떤 선의 가능성도 없으며, 오직 인간의 밖으로부터(extra nos) 의로움이 주어지지 않으면 안 된다. 그리스도의 의로움은 인간 밖에 따로 존재한다. 그리스도의 의를 전가받는다는 것이 칭의의 근거요, 기초이다.

종교 개혁자들은 우리가 의롭다 하심을 얻는다는 본질을 법정적인 칭의(forensic in nature)로 이해하였다. '법정적'이라는 단어는 법의학

---

10 Declaration: Joint Declaration on the Doctrine of Justification: 30. Catholics hold that the grace of Jesus Christ imparted in Baptism takes away all that is sin "in the proper sense" and that is "worthy of damnation"(Romans 8:1).16 There does, however, remain in the person an inclination(concupiscence) which comes from sin and presses toward sin. Since, according to Catholic conviction, human sin always involves a personal element and since this element is lacking in this inclination, Catholics do not see this inclination as sin in an authentic sense. They do not thereby deny that this inclination does not correspond to God's original design for humanity and that it is objectively in contradiction to God and remains one's enemy in lifelong struggle. Grateful for deliverance by Christ, they underscore that this inclination in contradiction to God does not merit the punishment of eternal death17 and does not separate the justified person from God. But when individuals voluntarily separate themselves from God, it is not enough to return to observing the commandments, for they must receive pardon and peace in the Sacrament of Reconciliation through the word of forgiveness imparted to them in virtue of God's reconciling work in Christ. [See Sources, section 4.4.]

이나 법심리학에서 설명하듯이, 법정에서 자주 쓰는 단어다. 일반 법적인 개념을 신학적인 진술에 적용하는 것은 매우 흔한 일이었다. 죄인을 다루는 것은 법정의 일이다. 그러므로 법정적인 개념으로 설명하는 것은 도움을 준다. 일상적인 용어로 표현하면, 법률상의 또는 재판상으로 어떤 선언이 관련을 맺는다는 뜻이다. '법정적인 칭의'라는 본래 의미는 '법률적인 선언'(legal declaration)이라는 말이다.

칭의의 교리는 하나님의 법정에서, 최후의 심판에서 인간에게 선포되는 것을 다룬다. 그 보좌 앞에서 인간은 '그 누구도 의인이라고 자신 있게 말할 수 없다'(롬 3:10). 하나님의 심판대 앞에 선 우리들은 완전한 의로움 앞에 직면하여 감히 설 수 없다(시편 130:3). 하나님은 우리를 향해서 '내가 거룩하니 너희도 거룩하라'고 명령하셨다. 하나님 앞에서(coram Deo) 인간의 도덕적인 의무는 완전하고 깨끗하게 살아가는 것이다. 따라서 이 명령을 어기고 거룩하지 못한 행실을 드러냈다면, 그리고 단 한 번이라도 죄를 범했다면, 완벽하고 깨끗한 삶이라고 말할 수 없다.

성경은 이런 인간의 죄를 용서해 주시는 하나님의 행동을 일컬어서 "씻어 준다", "지워 준다", "덮어 버린다"는 비유로 표현했다. 죄를 용서 받는다는 것은 그 죄가 없어졌다는 것을 말하는 것은 아니다. 그러나 이런 구체적인 설명으로 인간은 하나님의 면전에서 하얀 눈처럼 정결한 사람으로 간주되어진다는 뜻이다. 이런 이미지들은 죄의 보상, 우리의 죄의 속죄, 용서를 위한 희생을 전제로 한다. 세상의 모든 죄가 없어지는 것이 아니라, 죄의 책임만을 면제한 것이다.

우리 인간의 죄에 대한 기록은 완전히 없어진 것이 아니다. "주께서 그 죄를 인정하지 아니하실 사람은 복이 있도다"(롬 4:8). 하나님께서는 마땅히 우리에게 물어야 할 것을 책임 지우지 아니하시고자 구속의 은혜를 베푸셨다. 하나님은 우리의 죄를 계산하지 아니하시고, 대신 그리스도 예수를 희생 제물로 삼으셨다. 오직 죄 없으신 예수 그리스도께서만 하나님 앞에 설 수 있다. 법정적인 칭의라는 말을 법적인 선포라고 규정할 때에, 이는 하나님께서 한 인간을 의롭다 선언하시고, 인간의 죄를 일일이 세지 아니하시고, 그 대신에 그의 은총으로 거듭나게 하시고, 거룩하게 하시고, 영화롭게 하시는 것이다. 그러나 이런 주장에 대해서 로마 가톨릭은 용납하지 않으려 하고 있다.

개신교 칭의론의 핵심을 법정적인 칭의라고 말할 때에, 성도의 신분(status)이 달라진 것에 대한 선언일 뿐 성도의 본질(nature)의 변화는 전혀 상관이 없다고 확연히 분리시키는 것은, 개신교 칭의론을 곡해시킬 염려가 있다. "칭의는 본질에서 변화가 있기보다는 신분상의 변화이다"라고 맥그라트는 설명하였는데, 너무 극단적으로 대비시킬 사항은 아니다.[11]

하나님은 아무런 변화가 없는 사람에 대해서 그저 신분상으로만 달라진 존재라고 말하는 것이 아니다. 칼빈은 믿음을 통해서 성령께서 우리를 그리스도와 연합시켰음을 강조하면서, "누구든지 그리스도 안에 있으면 새로운 피조물이다"는 것을 더욱 힘있게 역설하였다.

너무 지나치게 칭의를 좁은 관점에서 따로 떨어진 어떤 것으로 생각하지 말고, 중생과 회심과 성화와 동시적으로 일어나는 복합적인 모델로 이해해야 한다. 칼빈이 자주 사용하는 용어를 빌리자면 칭의와 성화는 분명히 구별되어야 하나(distinguish) 그러나 분리시킬 수는 없다(separate). 칭의는 다른 내용들과 함께 연관되어 있고, 관련되어 있다

---

11 Alister E. McGrath, *Justification by Faith: What It Means for Us Today* (London: Marshall Pieckering, 1988), 61: "Justification is the forensic declaration that the Christian is riegheous, rather than the process by which he or she is made righteous. It involves a change in status rather than in nature."

(involved). 중생과 회심과 성화가 함께 연관되지 않은 칭의란 있을 수 없다. 칭의는 믿음이라는 도구적 수단(instrumental cause)과 떼려야 뗄 수 없다.

칭의는 좀 더 넓은 관점에서 보아야 한다. 또한 다른 요소들과 함께 결부지어서 이해해야 한다. 그래야만 변화하지 않은 사람들을 의롭다고 선언했다는 도덕 폐기론자(antinomian)의 오류를 피할 수 있다. 중생은 한 인격의 본질에 중대한 변화를 초래한다. 구원에 이르는 믿음을 소유한 자는 중생한 사람이다. 곧 의롭다고 여겨지는 모든 사람은 중생한 사람이다. 그들은 완전하지는 않지만, 그들의 본성에 변화가 초래된 사람이다.

의의 전가

근본적으로 로마 가톨릭 측에서 제시하는 공로 사상에 대해서 개혁신학이 전적으로 서부할 수밖에 없는 이유는, 인간 본성의 변화를 칭의의 근거로 간주하고 그로부터 믿음이 주어지고 있다고 선언하는 중세신학의 오류에 빠지지 않기위해서이다. 무엇보다도 먼저 개혁신학이 확고히 정립하였던 그리스도의 의의 '전가'(imputation)와 의로움이 인간 내부에 내재하는 '고유한 것'(inherent)이라는 주장에 대해 살펴보아야 한다.

칭의 교리의 핵심적인 오해의 소지는 어거스틴에서 출발하였다. 그는 의롭게 하신다는 라틴어 'iustificare'라는 단어를 'to make righteous'라고 생각하고, 의롭게 된다는 것은 인간이 어떤 행동이나 자신의 생활을 통해서 이루어 가는 것으로 풀이하였다. 다시 말하면, 인간의 의로움을 인간 내부에 잠재해 있는 성질로 이해한 데서 로마 가톨릭의 오류가 시작된 것이다.[12] 의로움이란 하나님으로부터 나온 것이기도 그러나 인간의 내부에도 들어 있는 것이고, 존재의 일부이며 내재적인 것으로 생각되었다. 어거스틴은 칭의에 영향을 주는 인간의 의로움이란 물질 고유의 특성(inherent)으로 생각하였다. 근원을 따지자면 하나님으로부터 나온 것이지만, 인간의 내부에 존재하고 인간 존재의 일부가 되어지고 인격에 내재적인 것(instrinsic)이라고 이해했다.

또한 로마 가톨릭 신학은 주로 토마스 아퀴나스의 『신학 대전』(Thomas Aquinas's Summa Theologica)에 기초하고 있다. 그는 은총의 필요성과 본질에 대해 설명하면서, 아리스토텔레스에서 영향을 입은 인과 관계에 나오는 공로 사상(its cause and effects, and merit)을 설정하였다. '신인 협동설'이라고 평가받는 아퀴나스의 구원론은, 인간의 공로 사상을 칭의의 기초로 설정하는 반펠라기우스 신학의 특성을 그대로 드러내고 있다.

인간의 공로적인 행위는 두 가지 방식으로 이해되어질 수 있다. 하나는 인간 자신의 자유 의지에서 나온 것으로 이해하는 것과, 다른 하나는 성령의 은혜로 부터 나온다는 것이다. … 그러나 이 두 가지가 동등하다는 것이 적절한 말이다. 인간이 자신의 힘에서 나오는 행동을 할 때에, 하나님은 반드시 그 자신의 뛰어나신 권능으로 상을 베푸신다. 그러나 공로적인 행동에 대해서 말할 때에 이것이 성령의 은혜로써 나온 것이라고 하여야 그것은 영생에 합당한 가치를 가진다.[13]

---

12 Alister E. MacGrath, *Iustitia Dei: A History of the Christian Doctrine of Justification*(Cambridge: Cambridge University Press, 1986), I:30-1.
13 Thomas Aquinas, *Summa Theologica*, 12ae, Q. 114, Art. 3. "A man's meritorious work may be considered in two ways; in so far as it proceeds from his own free wills, and in so far as it proceeds from the grace of the Holy Spirit.… There is,

교황 Paul 3세가 1545년에 스페인 트렌트에서 소집한 종교회의. 회의가 끝나던 1563년에는 총 참석자가 270명에 이르렀으나, 그 주교들 가운데 218명이 이탈리아 출신이거나 스페인 출신이었다.

아퀴나스를 답습하는 트렌트 종교회의가 제시한 칭의의 근거와 방법(the ground and manner of Justification)이 종교 개혁자들의 이해와는 현저히 다르다.

이번에 발표된 '합의 문서'에서도, 여전히 죄인으로서 의인이 되는 것에 대한 인간의 발적이요 능동적인 노력과 행위 중심의 공로 사상에 대한 확고한 입장이 드러나 있다.[14] 칭의의 근거는 오직 그리스도 예수

---

however, congruity, since there is a certain relative equality. For it seems congruous that if a man works according to his own power, God should reward him according to the excellence of his power. But if we are speaking of a meritorious work as proceeding from the grace of the Holy Spirit, it merits eternal life condignly."

14 *Declaration: Joint Declaration on the Doctrine of Justification*: 24. When Catholics

의 십자가로 인한 구속하심이다. 의로운 인간이 가능하다면, 그는 의인이라고 칭함을 받을 필요도 없을 것이다. "그리스도 예수 안에 있는 속량으로 말미암아 하나님의 은혜로 값 없이 의롭다 하심을 얻은 자 되었느니라"(롬 3:24).

로마 가톨릭 교회에서는 오랫동안 외부로부터 주어진 의로움을 법정적인 선언(foresic justification)이라고 하지 않고 의인이 되어 가는 것이라고 가르쳤다. 트렌트 종교회의에서 발표된 11항목은 그리스도의 의의 전가를 거부하고 인간에게 내재적으로 갖추어진 의로움을 강조하였다. "누구든지 그리스도의 의의 전가에 의해서 의롭게 된다고 말하는 자는 저주가 있을지어다."[15] 역시 같은 트렌트 종교회의 선언문 제7장에서는 "우리 안에 의로움을 받아들여서 우리가 진정으로 의인이 된다"[16]고 주장한다.

문제의 핵심은 '칭의의 근거'(ground of justification)와 '칭의'가 효력을 발휘하는 '방법'(manner of justifciation)에 대한 현격한 이해의 차이에서 나온다. 로마 교회에서는 '의인으로 간주된다'는 것과 '의인이 되

---

emphasize the renewal of the interior person through the reception of grace imparted as a gift to the believer,13 they wish to insist that God's forgiving grace always brings with it a gift of new life, which in the Holy Spirit becomes effective in active love. They do not thereby deny that God's gift of grace in justification remains independent of human cooperation [cf. Sources, section 4.2].

15 Council of Trent, Canons of 6th Session, XI. "Whosoever shall say that men are justified by the mere imputation of Christ's righteousness, or by the mere remission of sins, exclusive of grace and charity which is shed abroad in their hearts by the Holy Spirit, and is inherent in them, or also, that the grace by which we are justified is only the favour of God, let him be anathema."

16 Canons and Decrees of the Council of Trent: Original Text with English Translation, tr. H.J. Schroeder (London: Herder, 1941), 33: "… not only are we reputed but we are truly called and are just, receiving justice within us, each one according to his own measure…"

어 가는 것'(being just)의 구분을 매우 싫어한다. 다시 말하면, 존 칼빈이 우리는 '양자의 영'을 받아서 하나님의 자녀로 입양되었다는 점을 중시하는 '구속의 형상'에 대해 혼동하고 있다.

칼빈은 성령의 가장 중요한 이름을 '양자의 영'이라고 했다(롬 8:12-21).[17] 성도들은 세례를 받고 거듭나서 살아가는 동안 성령의 인도함을 받는다는 말이다. 성령의 인도는 무슨 신비적인 지시나 지침을 받는다는 것이 아니라, 도덕적인 특성을 지닌 인격의 형성 과정을 거치면서 하나님의 인도하심을 받는다는 말이다. 이것은 성도가 하나님의 거룩하심을 따라 살아가는 과정을 의미한다.

반면에, 로마 가톨릭의 오류는 하나님의 자녀로 입양되는 것은 인간 본성의 변화에 따른 것이라고 보았다는 점이다. 칼빈은 우리가 은혜의 주입(infusion)에 의해서 의인이 되는 것이 아니라, 전가(imputation)에 의해서 신적인 본성에 참여하는 자가 되었다(벧후 1:4)고 설명하여, 하나님의 은혜론을 손상시키지 않았다. 그러나 로마 가톨릭 신학자들은 은혜를 단지 인간됨에서 어떤 다른 영적인 실체로 변화시키는 것으로만 생각했다. 로마 교회는 은혜를 인간 내부에 들어오는 어떤 것으로만 축소시킨 것이다.[18]

---

17 Calvin, *Institutes*, III.i.3.

18 Declaration: Joint Declaration on the Doctrine of Justification: 38. According to Catholic understanding, good works, made possible by grace and the working of the Holy Spirit, contribute to growth in grace, so that the righteousness that comes from God is preserved and communion with Christ is deepened. When Catholics affirm the "meritorious" character of good works, they wish to say that, according to the biblical witness, a reward in heaven is promised to these works. Their intention is to emphasize the responsibility of persons for their actions, not to contest the character of those works as gifts, or far less to deny that justification always remains the unmerited gift of grace.

은혜를 좀 더 정확하게 설명한 칼빈에 따르면, 죄인들의 자연적인 본성이나 상태와는 아무런 상관이 없이, 그들에게 임하는 하나님의 값 없는 은총으로 인한 죄의 용서와 그리스도의 의의 전가라고 설명하였다.[19] 구원이란 성령의 권능을 통하여 어떤 사람들을 그리스도의 형상을 따라 하나님의 자녀로 입양함으로써 삼위일체적인 생명에 참여하게 하시는 하나님의 행위이다. 이러한 양자됨은 하나님의 은혜 없이는 일어날 수 없다. 하나님은 은혜로 죄인의 마음속에 믿음이라는 선물을 심어 주신다. 따라서 하나님께서 의인이라고 불러 주실 때에 의인이 되는 것이요, 그들에게는 양자의 영으로 인해서 그리스도의 의를 전가시켜 주신다. 이는 하나님의 법정적인 선언을 내포하는 말이다. 선언의 근거에 대하여 근본적으로 로마 가톨릭과 개신교가 대립하고 있는 것이다.[20]

인간이 의롭다고 불리는 것은 인간 내부에 어떤 의가 있기 때문이 아니라, 주님의 의를 우리의 것으로 간주하기 때문이다. 이것을 '의의 전가'(imputation of the righteousness)라고 부른다. 의로움이 인간 내부에 있는 것이 아니라, 오직 그리스도의 의로움을 인간의 것으로 간주되는 것이요, 주님의 의로움을 우리의 것으로 돌린다는 말이다. 의로움은 결코 범죄하고 넘어진 인간의 내적인 요소가 아니다. 최후적인 것이요, 외적인 것이며, 법정적인 개념이다. 그러나 로마 교회에서는 거듭난 죄인의 내적으로 일어나는 의로움이 뒤따라야만 의인으로 선포된다고 주

---

19 *Institutes*, II.xii.6.
20 *Institutes*, III.xi.2. "… a man will be justified by faith when, excluded from the righteous of works, he by faith lays hold of the righteousness of Christ, and clothed in it appears in the sight of God not as a sinner, but as righteous. Thus we simply interpretjustification, as the acceptance with which God receives us into his favour as if we were righteous; and we say that this justifcation consists in the forgiveness of sins and the imputaion of the rightousness of Christ."

장한다. 의를 가지지 않은 사람에게는 절대로 선포가 불가능해진다. 논쟁의 초점은 칭의의 근거(ground)와 칭의를 얻는 방식에 차이가 있다는 점이 다시 한 번 확연해진다.

오랫동안 아리스토텔레스의 인과율에 의해서 채색된 로마 가톨릭에서는 이 말씀에 근거한 절대 믿음 충족설을 받아들이지 않고, 사랑으로서 역사하는 믿음 곧 행위가 동반된 믿음을 강조하여 왔다. 아리스토텔레스의 네 가지 인과율(causality)에 대해서 주장하는 이 세상 만물의 진행 원리를 설명하는 핵심 내용은 다음과 같다. 주목할 만한 것은, 칼빈도 역시 아리스토텔레스의 이런 인과율을 기초로 로마서 3:24-25을 풀이하였다는 점이다.[21] 칼빈은 인과율에 관계된 용어를 많이 채용하는 편이 아니었음에도 불구하고, 로마서 주석에서는 예외적으로 채택하였다. 즉, 하나님의 자비가 효과적인 원인이요, 그리스도가 물질적인 원인이며, 믿음은 형식적인 원인이고, 하나님의 영광은 최종적인 원인이라고 했다.

Material Cause	어떤 것이 만들어지는 근본이 되는 원인	예) 그리스도
Formal Cause	어떤 것을 만들어 가는 수단 또는 도구	예) 믿음(성례)
Final Cause	어떤 것을 만들고자 하는 목표	예) 하나님의 영광
Efficient Cause	어떤 것이 만들어지는 가장 주요한 대행자	예) 하나님의 자비

그러나 칼빈이 아리스토텔레스의 용어를 사용했더라도, 종교 개혁 시대에 가장 논란이 되었던 것은 바로 칭의에서의 '도구적인 수단'

---

21 Calvin's Comm. on Romans 3:24-5.

(instrumental cause of justification)에 관한 것이었다. 이에 대해 로마 교회에서는 두 가지 수단이 있다고 주장하였다. 하나는 세례의 성례이고, 둘째는 고해성사라는 성례이다.

로마 교회에 따르면 오직 교회에서 성직자의 주관하에 집행되는 성례에 의해서만 칭의를 말할 수 있다는 것이다. 그런데 고해성사는 특히 인간의 행위에 의한 보상이나 속죄를 강조하는 의식이다. 로마 가톨릭 신학자들 중 한스 큉 같은 학자는 칭의를 가져다 준다는 가톨릭의 공로 사상에 일부 잘못이 있음을 시인하기도 한다.[22]

그러나 종교 개혁자들은 'Sola fide', 오직 믿음으로만 의롭게 되는 것이지 성례를 통해서 되는 것이 아니라고 반론을 제시하였다. 믿음만이 그리스도와 그의 의로움을 인간에게 접목시켜 주며, 칭의의 은혜를 얻는 수단이라는 것이다.

종교 개혁자들은 여기서 '오직 그리스도만'(Solus Christus)을 믿음의 대상으로 확고히 연결시킨다. 루터와 칼빈에게 있어서 그 믿음의 대상은 "그리스도 한 분이시다."[23] 그는 중세 스콜라 신학이 하나님을 믿음의 대상으로 설정함으로써 큰 실수를 범했다고 생각한다. 하나님께 대한 여러 가지 혼란스러운 지식들을 믿음이라고 하지는 않는다. 믿음이란 하나님의 자비하심과 죽으셨다가 다시 사신 그리스도를 바라보는 것이지만, "더 엄밀히 말하자면 믿음으로 마땅히 바라봐야 할 분은 오직 그리스도 예수 한 분이시다."[24] "그리스도는 믿음이 마땅히 지향해야 할

---

22 Hans Küng, *Rechtfertigung: Die Lehre Karl Barths und eine katholische Besinnung* (Einsiedeln: Johannes, 1957), 263: "Christ himself sharply denounced the pharisaical morality of merit."
23 Calvin's Comm. on Galatians 3:6.
24 Calvin's Comm. on John 3:16, Ephesians 3:12.

대상(scopum)으로 자신을 지시하신다. 우리가 그리스도만을 향해야 한다는 것은 믿음의 주요한 항목 가운데 하나이다."[25] 예수 안에 있는 구속으로 인해서 우리는 의롭다 하심을 얻은 자가 되는 것이요, 이는 "믿음을 통하여 주어지는 의로움"이다. 이에 대해서 성경 본문은 분명히 통일된 진리를 거론하고 있다.

> 그러므로 사람이 의롭다 하심을 얻는 것은 율법의 행위에 있지 않고 믿음으로 되는 줄 우리가 인정하노라(롬 3:28)

믿음은 성도들이 그리스도를 영접하는 도구이다. 믿음은 그리스도께서 성도들에게 흘러들어오는 통로이며, 성도들을 그리스도께로 인도하는 성령의 매개체이다.[26]

구원 얻는 믿음

로마 가톨릭과 개신교 신학자들이 모두 '믿음'이라는 용어를 똑같이 사용해도, 서로 생각하는 믿음의 정의가 같지 않음을 우리는 주목해야 한다. 과연 로마 가톨릭은 변화된 입장을 표명했는가? 정작 양측에서 바뀐 것은 아무 것도 없다. 제2차 바티칸 회의의 선언이나 최근에 나온 『가톨릭 교회의 교리 문답』(Catechism of the Catholic Chruch)이나 1999년 합의 문서나 모두 '트렌트 종교회의'(the Council of Trent)에서 채택한 신학적 입장을 그대로 반복하고 있다.

---

25 Calvin's Comm. on John 14:1.
26 Calvin's Comm. on John 1:12, Ephesians 1:18.

1564년 복음적인 기독교 신앙을 저주한 그 강령을 그대로 고수하면서, 주님의 의로우심을 전가함에 의해서 우리도 의롭다 함을 받는다는 신앙을 저주하였던 문서를 취소하지 않고 있는 것이다. 이러한 태도는 자신들의 모임에는 절대로 오류가 없으며 오직 절대 진리만이 자신들과 함께 한다는 주장을 계속해 온 사람들에게는 하나도 이상할 것이 없는 일이다.

칼빈은 『기독교 강요』 제3권 2장 전체에서, 스콜라 신학의 절대적이고 맹목적인 믿음(fides implicita)의 개념을 반대한다. 그것은 맹목적인 신앙을 의미하기 때문이다. "믿음은 하나님과 그리스도께 관한 지식이지, 교회에 대한 존경심이 아니다." 칼빈에 따르면 교황주의자들의 믿음은, 그리스도에 대한 지식이라기보다는 우상 숭배와 다를 바 없는 대체물로서의 교회와 그 권위에 대한 감정적인 동의일 뿐이다.[27] 칼빈에 의하면 믿음은 교회가 가르치는 하나님에 대한 주장들을 인정하는 것이 아니라, 그 주장들을 경험으로 자각하는 일이다.

트렌트 종교회의에서는 믿음을 '구비된 믿음'(formed faith)과 '미비된 믿음'(unformed faith)으로 구분하여 놓고, 믿음과 선행을 연관시켜서 사랑으로 역사하는 믿음(갈 5:6)이 구비된 믿음이라고 선언하였다.[28] 사도 바울이 갈라디아서에서 강조하는 것은 의로운 사람들에게만 믿음이나 자선이 가능하다는 것이 아니었다. 온전한 그리스도인을 설명하고자 새로운 피조물의 사랑과 선행, 그리고 그리스도인의 생활을 언급한 것이다.

물론 칼빈도 믿음은 사랑 및 소망과 연결되어 있음을 말하고 있다.

---

27 Institutes, III.ii.3.
28 Council of Trent, VI. ch. 8. and 11.

그런데 왜 로마 가톨릭에서는 믿음과 사랑만을 연관지으려 하는가? "소망은 믿음이 하나님의 참된 약속이라고 믿은 내용들을 기대하는 것이다."[29] 종교 개혁 시대 이후로 믿음의 내용은 세 가지 요소로 정립되었다. 진리가 지적인 틀에 맞춰져 있지않고 자비하심과 은혜, 진실하심에 기초한다는 지식(notitia), 견고한 마음의 확신(assensus), 그리고 우리의 암울한 현실에 상관 없이 미래를 향한 약속에 대한 신뢰(fiducia)가 그것이다.[30] 구원 얻는 믿음(Saving Faith)은 이 세 가지 요소들을 모두 필요로 하며, 그것들은 따로 떨어져 있지 아니하고 함께 긴밀히 연결되어 있다.

믿음은 분명한 대상을 인식한다. 성경에 따라서 구원 얻는 믿음은 지적인 요소를 가지고 있다. 미신은 마술과 환상을 제멋대로 따라간다. 구원 얻는 믿음은 예수 그리스도의 십자가와 그것을 아는 지식에서 자라가는 것이다. 이 지식은 메마르고 공허하지 않으며, 인격적인 관계 속에서 개인의 반응과 체험을 불러일으킨다. 하나님에 대하여 바르게 이해하며, 인간 자신에 대해서도 올바른 깨우침을 갖게 된다.

그러나 칼빈의 생각은 "믿음은 이해를 추구한다"(fides quaerens intellectum)는 안셈의 주장을 훨씬 뛰어넘는다. 칼빈에게 믿음은 "인간 이해보다 훨씬 높은 상위 개념이다."[31] 이해는 마음으로 또는 외면적으로 사실에 입각해서 받아들이는 이지적인 요소인데, 이것은 로마 가톨릭 교회에서 가르치는 교리에 대한 맹목적 동의를 말하며, 의심의 여지

---

29 *Institutes*, III.ii.42.
30 *Institutes*, III.ii.7. 김재성, 『인간의 좌표』 (서울: 도서출판 하나, 1999), 100-106.
31 *Institutes*, III.ii.33.

가 있다. "믿음의 지식은 이해라기보다는 확신이다."[32]

믿음은 진리에 대한 확신과 그에 의한 의지적인 결단을 내적인 일관성 속에서 이루어지게 한다. 확신이나 확고한 찬성 동의가 없으면 인간의 믿음이란, 매우 어설픈 회의나 반론에 부딪히게 되고 그것에 걸려서 넘어지게 된다. 사탄도 예수 그리스도가 하나님의 아들이라고 알고 있다. 그러나 그들은 구원을 얻지 못한다. 그리스도를 알고는 있지만 확고하게 따르는 충분한 신뢰가 없기 때문이다.

칼빈은 거짓된 믿음(wrong faith)은 구원을 얻을 수 없으나 연약한 믿음(weak faith)은 구원을 얻는다고 풀이하였다. 믿음은 온갖 사악한 의심과 두려움으로부터 공격을 받는 가운데서도 일관성 있고 확고한 지식으로서 하나님의 은혜, 진리, 약속에 힘입어서 마침내 승리를 거둔다. 그 이유는 성령의 비밀스러운 사역으로 성도와 그리스도가 긴밀히 연합하기 때문이다. "여러분 자신을 돌아보면 확실한 멸망밖에 보이지 않는다. 그러나 그리스도는 우리 밖에 계시지 않고 우리 안에 거하신다. 끊을 수 없는 사귐의 띠로 우리와 밀접하게 계실 뿐만 아니라, 놀라운 사귐으로 매일 우리와 점점 더 한 몸이 되시며, 결국 우리와 온전한 한 몸이 되신다."[33]

구원을 얻는 믿음은 다음과 같은 신자들에게 주어진다. 그들은 하나님이 택한 사람들이기에 어떤 의심이 몰려와도 믿음이 끝내 사라지지 않는 자들이다. 구원얻는 믿음은 사람의 일이 아니라 하나님의 일이다. 그것은 인간의 노력으로 붙잡는 것이 아니라 하나님 자신이 친히 붙들어 주시는 것이기 때문이다. 즉, 하나님이 자신에게 인자하시고 호의를

---

32 *Institutes*, III.ii.15.
33 *Institutes*, III.ii.24.

지닌 아버지시고 그 관대하심으로 친히 모든 것을 약속하시는 분임을 굳은 확신으로 믿는 사람, 또한 자신에 대한 하나님의 자비의 약속들을 의지하고 그것을 의심하지 않고 구원을 기대하는 사람이다.[34]

구원을 얻는 믿음의 본질은 지적인 요소(notitia, knowledge)와 의지적인 찬동의 요소(assensus, assent)와 확신에서 오는 신뢰(fiducia, trust)로 이루어진다. 구원에 이르는 이러한 믿음은 가톨릭에서 강조하는 무조건적인 믿음(implicit faith)과는 전적으로 구별되는 믿음이요, 로마 교회에서 가르치는 바에 따라서 무조건 맹종하는 것이 아니라 성경적인 가르침을 숙고하고 신뢰한다. 가슴 또는 마음이라는 표현이 여기에 해당한다. 귀신들도 하나님이 한 분이시라는 것을 알고 있으며(약 2:19), 예수 그리스도께서 하나님의 아들이심과 그들의 심판주가 되실 것을 안다(마 8:29). 그러나 사탄은 주님에 대해서 심사숙고하지 않으며, 절대로 인정하거나 신뢰하지 않는다.

신약 성경에 나오는 구원 얻는 믿음은 인간에게 주신 자의식이나 자각이 있는데, 바로 믿음을 구성하는 요소 가운데 의식적인 선택이나 분별력을 가지고 자신이 바라는 것을 향해서 나아간다. 신뢰라는 것은 어떤 목표나 대상에 대해서 적극적이요 긍정적인 마음의 결심, 또는 느낌이나 판단, 생각을 하게 하는 것이다.[35]

로마 가톨릭에서는 루터와 개혁신학자들이 주장하는 '죄인이며 동시에 의인인 인간'(simul iustus et peccator)이라는 개념을 용납하지 않고 있다. 이는 인간이 같은 시간에 양면을 지닌다는 말이지, 동일한 의

---

34 *Institutes*, III.ii.16.
35 B.B. Warfield," On Faith in Its Psychological Aspects", in Biblical and Theological Studies (Philadelphia: Presbyterian and Reformed, 1952), 402-3.

미를 가진다는 것은 아니다.

　한 인간이 얼마만큼은 죄인이요 또 얼마만큼은 의인이라는 말은 절대 아니다. 인간의 내부적으로 존재하는 칭의 개념을 가진 로마 가톨릭에서는 인간이 동시에 이 양면성을 가질 수 없다고 거부한다. 그리고 법정적인 칭의는 소설과 같은 허구라고 거부한다. '법적인 허구'(leagal fiction)라고 비난한다. 복음주의 신앙은 원래 '오직 성경으로만'(sola Scriptura)을 형식적인 원리로 채택했고, '오직 믿음으로만'(sola fide)을 도구적인 원리로 받아들였으며, 공통의 신앙고백을 작성하려고 노력하여 왔다. 종교 개혁자들은 교황권이나 미신적인 미사나 동정녀 성모 마리아의 기적이나 성자들의 숭배 등에 대하여 집중적으로 연구한 것이 아니다. 단지 복음이란 무엇인가를 밝혀 주고자 했을 따름이다.

　1963-5년에 있었던 바티칸 제2차 회의를 기점으로 로마 가톨릭은 루터교와 복음주의 진영의 교회들, 성공회 및 침례교 등과 연속적으로 대화를 갖고 상호 교리적인 차이를 극복하고자 노력하는 모습을 보이고 있는데, 과연 이런 근본적인 차이에도 불구하고 서로의 개념을 포기하지 않은 채 대화를 계속하는 것이 가능한 일인지 확신이 서지 않는다. 교회의 하나 됨은 외형적 일치보다는 내용과 질이 중요함을 깊이 인식해야 하기 때문이다. 물론 기독교의 연합과 일치는 사도적인 교회가 받은 성경의 명령이다. 그러나 주님이 기뻐하시는 뜻에 따르지 않는다면 도리어 영웅적인 야망과 야심으로 빚어진 일치 운동이 더 큰 시기와 분쟁과 다툼을 만들어 낼 가능성도 얼마든지 많은 것이다.

　가만히 들어온 거짓 교훈은 진정한 사랑이 아니라 자기를 과시하려는 허영에서 나온 것이다. 그래서 심지어 관용과 포용을 절묘하게 적용했던 사도 바울도 절대로 교만함에서 나오는 야망은 용납하지 않았다. 따라서 현대 개혁신학자들 사이에 다른 복음을 가지고 들어와서 교회의 하나 됨을 빙자하여 교묘한 화해주의를 널리 퍼뜨린다면 이는 무의미한 열정에 빠지는 것이요 신앙의 참된 의미와 가치를 훼손시키는 일이므로, 무조건 수용하는 것만이 옳다고 할 수는 없다.

현대신학이 전통적인 종교 개혁신학에 대해 비판하는 과정이 진행되면서 보편적인 윤리, 정치적인 공동의 주장, 공통의 경험과 열심, 공통되는 기독교적 요소들을 찾아 보려는 시도를 계속하고 있지만, 인간의 어두운 마음을 밝혀서 구원으로 인도하는 길은 오직 하나의 횃불뿐이다. 성경에 제시된 진리만이 우리의 마음에 불안과 두려움을 몰아내고 구원의 도리를 밝혀 줄 것이다. '어두움이 지나면 빛이 찾아오듯이'(Post tenebras Lux) 기독교 신학의 역사에서 제일 어두운 중세라는 시대가 지나고 복음이 밝히 드러나게 된 것을 우리는 잊지 말아야 한다.

하나님은 스스로 선하신 의지와 작정에 따라 구원 얻을 자를 정하시고 그들을 새롭게 하시는 능력을 은혜로 주신다. 대다수의 현대 기독교인들이 좋아하는 대로 따라간다면, 분명히 복음 진리와는 상충된 인간론과 구원론을 가르치는 기독교를 만나게 된다. 현대 기독교 신학을 들여다보면 하나님은 뒷전에 두고 오직 인간들의 영적인 자만심과 허영심만 부채질하는 책략과 술수들이 가득함을 자주 발견하게 된다. 그러나 성경은 분명히 구원의 주체는 하나님 자신이라고 선언하고 있다.

> 내가 긍휼히 여길 자를 긍휼히 여기고 불쌍히 여길 자를 불쌍히 여기리라 하셨으니 그런즉 원하는 자로 말미암음도 아니요 달음박질하는 자로 말미암음도 아니요 오직 긍휼히 여기시는 하나님으로 말미암음이니라. 성경이 바로에게 이르시되 내가 이 일을 위하여 너를 세웠나니 곧 너로 말미암아 내 능력을 보이고 내 이름이 온 땅에 전파되게 하려 함이로라 하셨으니, 그런즉 하나님께서 하고자 하시는 자를 긍휼히

여기시고 하고자 하시는 자를 완악하게 하시느니라(롬 9:15-18).

16세기 유럽 종교 개혁자들의 신학과 주장이 오늘날에도 여전히 중요한 이유는, 그들이 발견한 구원론과 교회론과 기타 신학적인 정립이야말로 오늘의 신학을 새롭게 세워 주는 토대가 되기 때문이다.

초기 개혁신학의 두 흐름

개혁주의 교리사는 루터파의 교리사보다 훨씬 정리하기가 어렵다. 개혁주의는 한 지역에 국한되거나 한 민족에게서만 전개된 것이 아니기 때문이다. 특히 교리의 발전에 있어서 루터파는 칭의론을 전면에 내세우고 있지만, 개혁신학은 더 광범위한 주제들을 다루고 있다.

스위스의 개혁신학자들

일반적으로 칼빈주의라고 불리는 신학의 뿌리는 초대교회 교부들의 신앙에서 찾아 볼 수 있지만, 구체적으로 인류 역사상 영향력 있는 기독교 교회의 뚜렷한 체제와 조직을 갖추고 등장한 것은 16세기 유럽의 스위스 여러 자치 도시에서였다. 스위스 개혁신학은 크게 두 부류로 형성되었는데, 쯔빙글리를 중심으로 한 북부 지역의 개혁신학이 그 한 축을 형성했고, 다음으로 칼빈과 그의 후계자 베자를 통해서 스위스 남서부, 독일 남부, 스코틀랜드, 프랑스와 이탈리아 북부에 광범위한 영향이 미쳤다. 칼빈과 그의 후예들에 대해서는 다음에 다시 자세히 다룰 것이다. 먼저 스위스 북부 도시에서 발전한 개혁신학의 지도자들을 살펴보자.

1520년대 이후 유럽에서는 개신교 교회가 여러 그룹으로 나뉘어 발전하기 시작하였다. 개신교는 처음부터 로마에 본부를 둔 서방 가톨릭 교회처럼 단일 체제를 갖추지 않았다. 루터를 중심으로 한 독일 복음주의 교회에 이어서, 스위스에서는 개혁 교회가 탄생하여 자치 도시를 중심으로 각각 로마 가톨릭과 과감히 맞서서 싸워야 했다. 일부 유럽의 도시들과 농촌 지방에서는 재세례파라는 과격한 일파가 생겨나서 다시 개혁신학자들과 대립하였다.

루터가 어거스틴 파 수도원 출신의 신부였듯이 초기 개혁주의 신학자들은 대부분 로마 가톨릭의 신부나 수도사로 있다가 회심하였던 까닭에, 처음부터 완벽한 성경적 신학을 세울 수는 없었다. 종교 개혁 제1세대의 신학자와 지도자들은 중요한 핵심 사상을 바꾸어 놓았다는 점에서 큰 공헌을 했다고 할 수 있다. 그들은 교회론과 구원에 관한 진리를 회복시켰고, 세세한 부분에 대해서는 다음 세대가 살을 입혔다. 그리고 시간이 지나면서 루터의 신학 사상에 대하여 일부에서 다른 견해를 피력하면서, '복음적인 개혁주의 신학'이 형성되었다. 첫 발자국을 남긴 스위스 개혁신학자들의 면면을 살펴보자.

울리히 쯔빙글리 | 쯔빙글리(Ulrich Zwingli, 1483-1531)는 스위스 종교 개혁의 선구자로서, 마치 독일에서 루터가 남긴 영향력에 맞먹는 업적을 스위스에 남겼다. 독일어를 사용하는 스위스 북부에서 쯔빙글리가 성취한 종교 개혁은 자치적인 시의회의 인정을 받음으로써 광범위한 지지를 획득하였다. 또한 이는 시민들의 대표들과 함께 성취했다는 점에서 독일의 루터 교회가 군주들의 결정에 따라서 개혁 신앙으로 넘어온 것과는 다른 양상을 띤다. 쮜리히 시의회는 신앙에 대한 진리의 기준과 규칙을 결정하기 위해 쯔빙글리에게 의견을 요청하였고, 1523년 쯔빙글리는 '제1 쮜리히 토론안'을 제시함으로써, 독일 남부 여러 지역에까지 미치는 개혁주의 사상이 확고히 자리를 잡게 되었다.

쯔빙글리는 바젤의 존 외콜람파디우스와 함께 종교 개혁 운동을 성공리에 이끌었다. 그는 바젤과 베른, 비엔나에서 학업을 하는 동안 휴머니즘에 매료되었고, 에라스무스의 영향을 많이 받았다. 1506년 사제 서품을 받고 글라루스에서 열심히 성경을 가르치다가, 1516년경 에라스무스가 편집한 헬라어 성경을 깊이 연구하면서 복음의 진수에 대해 눈을 떴다. 1519년 쮜리히의 목사로 부임하면서 신약과 구약 성경을 차례로 강해하였고, 당시 교회의 실제 상황을 비판하였다. 1520년 흑사병으로 동생을 잃었고, 자신도 거의 죽을 뻔했으나 간신히 살아 남았다.

쯔빙글리는 당시 잘못된 로마 가톨릭 교회의 관행과 전통에 대해서 철저히 배격하는 운동을 폈다. 미사를 종결시키고, 교황 무오설을 거부하며, 성직자들의 상향식 계급 제도를 폐지하고, 수도원 운동을 금지하고, 성경을 모국어로 번역하고, 목사들의 신학 교육을 개선하고, 교회 연합 총회를 구성하며, 평신도의 역할을 허용하고, 엄격한 권징 제도를 도입하였다. 그러자 쮜리히에 로마 가톨릭 군대의 공격이 시작되었고, 1531년 카펠 전투에서 쮜리히를 사수하는 병사들을 격려하기 위하여 군목으로 참전하던 중 전사하였다. 쯔빙글리는 1529년 말부르크 회합에서 루터와 격렬한 성찬 논쟁을 벌였다. 루터의 공재설에 맞서서 그는 '기념설'(memorialism)을 고집하였다.

교회의 갱신과 재조직에 바쁜 시간을 보냈던 그는 『참된 종교와 거짓 종교에 대한 주석』(1525)을 발표하여 교계에 큰 영향을 미쳤다. 그리고 루터의 성찬론에 대한 반박의 글을 많이 남겼다. 쯔빙글리는 근본적으로 믿음으로 말미암는 칭의를 주장하여 로마 가톨릭 신학을 배척했다는 점에서는 루터와 같다. 그러나 성경적인 규칙을 실제 교회에 적용하는 면에서는 루터보다 훨씬 엄격하였다. 그러나 그는 자신의 신학을 충분히 발전시키지 못한 채 애석하게 일찍 삶을 마쳤다.

하인리히 불링거 | 스위스 교구 신부의 아들로 태어난 하인리히 불링

거(Heinrich Bullinger, 1505-1575)는 네덜란드와 콜론에서 공부하는 동안 에라스무스, 루터, 멜랑히톤으로부터 영향을 받았고, 특히 성경을 통해서 깊은 감동을 받아 1522년 개신교로 회심하였다. 고향 브렘가르텐으로 돌아와서 시토 수도회에서 성경에 대한 강의와 설교를 통하여 종교 개혁을 확신하게 되었다. 1523년 쯔빙글리를 만난 이후 서로 긴밀히 돕다가, 쯔빙글리가 카펠 전투에서 사망하자 27살에 쥐리히 교회의 설교자로 부름을 받았다.

불링거는 스위스와 독일 남부 지방에서 보다 체계적이고 학문적인 활동을 전개하면서 개혁신학의 일체성을 도모하는 데 큰 활약을 하였다. 그는 쥐리히와 독일어를 사용하는 기독교에 있어서는 구원의 역사를 설명하는 언약 신학을 정립하는 데 큰 공헌을 세운 신학자로 손꼽힌다. 불링거의 기본적인 신학 사상은 종교 개혁의 일반론에서는 다른 신학자들과 큰 차이가 없다. 그는 행위로 구원을 얻는 것이 아니라 믿음으로 의롭다 하심을 얻는다고 확신하였고 칭의론, 속죄, 교회와 국가에 관계, 교황권에 대한 거부에 다른 개혁자들과 일치하였다.

불링거는 독일어를 사용하는 스위스 북부 지역에서 널리 유통되는 신앙고백서를 작성하여 루터파와 쯔빙글리파 교회들의 연합에 큰 영향력을 발휘하였다. 그는 마틴 부써, 레오 주드와 함께 '제1 스위스 신앙고백서'를 작성하기에 이른다. 개혁 진영에서 가장 광범위하게 채택한 '제2 스위스 신앙고백서'는 독일 남부 팔라티네 군주의 요청에 따라 작성한 것인데 스위스, 헝가리, 폴란드, 프랑스, 독일, 네덜란드 등지에서 폭넓은 추인을 받았다. 그밖에도 불링거는 수많은 저술을 남겼는데, 성경 주석과 초대 교부들의 신앙을 소개하는 한편 그의 십계명 해설은 널리 영국에까지 큰 영향을 미쳤다.

종교 개혁 초기에 개신교 진영의 최대 쟁점은 성찬론이었다. 1529년 말부르크 회합 이후로 쯔빙글리와 루터 사이에는 성만찬 해석으로 인한 갈등이 있어 왔다. 칼빈은 1546년에 작성한 성찬론을 가지고 1547년 초 쮜리히를 방문하여 불링거와 많은 대화를 주고받았다. 칼빈은 불링거를 완전히 신뢰할 수 없었다.

1548년 6월 24일 24개 항으로 된 자신의 견해를 불링거에게 다시 보냈다. 불링거는 이에 주석을 붙여서 다시 칼빈에게 반송했고 칼빈은 다시 수정을 거듭하여 성만찬에 관한 26개 항으로 된 합의문(Consensus Tigurinus, 1549)을 발표하게 된다. 이것은 칼빈의 신학이 쮜리히에서 큰 역할을 담당하게 되는 계기를 마련하여 주었다.

칼빈이 불링거에게 역점을 두고 주장한 성찬론의 핵심은 그리스도의 몸은 하늘에 계시며 그의 인간적인 속성들을 그대로 보전하고 계신다는 사실에서 출발한다. 그러나 성찬에서는 그리스도가 우리에게 강림하시는 것이 아니라 우리가 성령의 인도하심 가운데 천상으로 그분에게 올리워진다고 생각하라는 것이다.

다시 말하면 성찬에서 우리는 영적이고 천상적인 방식으로 그리스도에게 참여한다는 것이다. 성찬에서 그리스도는 실재로 임재하시지만 그 방식은 천상적이라는 점이 독특하다. 쮜리히 협약에서 성찬은 그리스도와 진정으로 연합하는 것이요, 동시에 상징물들은 공허한 것이 아니라 은혜의 도구로서 구원의 유익을 전달하여 준다고 하였다.

불링거는 종교 개혁이란 교회를 새롭게 개선(innovation)하는 것이 아니라 회복(restoration)하는 것이라고 확신했다. 교회가 만들어 낸 신조들이나 교부들의 글도 모두 다 하나님의 말씀에 복종해야만 한다고 확신했다. 하나님의 말씀은 육신으로 나타나시고 말씀으로 증거하시고 기록으로 남아 있다. 성경을 기록할 때에 성령께서 영감을 주신 것처럼, 똑같이 해석할 때에도 성령이 중요한 역할을 하고 있음을 중요시하였다. 그러나 그는 실제 생활에서는 신앙의 자유 영역을 존중하였고, 영국 엘리자베스 여왕 치하에서 비난과 박해를 피해 온 청교도들을 동정하고 지지하는 자세를 취하였다.

바디안 | 쥐리히의 수석 목사는 불링거였으나, 칼빈의 신학이 차츰 주도적인 영향을 미치게 되었다. 생 갈랑(St. Gallen) 시의 최초의 개혁주의 목사인 바디안(Vadian, 또는 Joachim von Watt, 1484-1551)은 쯔빙글리의 영향을 입은 사람이었지만, 칼빈과의 사이에 성만찬에 대한 합의가 있어야 한다고 생각하였고, 쥐리히 협약이 나오자 이를 적극 환영하였다. 그는 칼빈의 신학을 대부분 수용하였다. 칼빈은 바디안을 존경하여 그에게 자신의 저서『스캔달에 관하여』를 헌정하였다.

생 갈랑의 또 다른 개혁자인 요한 케슬러(Johan Kessler, 1502-74)도 역시 칼빈의 방문을 고대하던 겸손한 개혁자로, 일생 동안 신실하게 칼빈의 신학을 옹호하였다. 시간이 지나면서 스위스에서 칼빈의 신학은 공감대를 형성하였고, 루터파에 우호적인 바젤을 제외하고는 거의 모든 도시에서 환영을 받았다.

독일의 개혁신학자들

독일 남부 지역에서는 칼빈과 동시대에 많은 신학자들이 설교와 저술 활동을 통해 개혁에 영향을 미쳤는데, 이들은 크게 두 부류로 구분해 볼 수 있다. 하나는 부써를 중심으로 하는 남부 독일의 개혁신학이요, 다른 하나는 하이델베르크 대학을 중심으로 하는 팔라틴 지방의 개혁신학이다. 후자는 전자에 비해 훨씬 더 큰 영향력을 발휘하여 제6장에서 자세히 취급할 것이므로, 여기서는 개괄적인 흐름을 제시하는 것으로 간략히 다루고자 한다.

독일 남부 일부 도시들(Strassburg, Cologne, Memmingen, Lindau,

Ulm, Augsburg)은 개혁주의 사상을 일찍부터 받아들였다. 그들은 독일 북부의 루터파와 스위스 종교 개혁자들 사이에 화해와 일치를 이루기 위하여 노력하였다. 그리고 스트라스부르그의 마틴 부써와 버미글리, 바젤의 외콜람파디우스, 쥐리히의 불링거 등이 제시한 개혁의 이념과 사상을 받아들였다.

이들 개혁자들의 주장 가운데 핵심 사항을 살펴보면, 소중한 칼빈주의 유산이 어떻게 형성되었는가를 이해할 수 있다. 이 말은 칼빈 한 사람이 당대 교회가 직면한 모든 문제들에 대해서 답변을 제시하였던 것은 아니라는 의미이다. 칼빈은 종교 개혁자들 사이의 교황(pope)이 아니었다. 칼빈이 다른 종교 개혁자들에게 끼친 영향은 매우 크지만, 반면에 그들의 주장들을 받아들이고 수용하였던 부분도 무시할 수 없다.

마틴 부써 | 종교 개혁의 중요한 지도자 가운데서 마틴 부써(Martin Bucer, 1491-1551)의 역할은 일반적인 상상을 초월할 정도로 매우 주목할 만하다.[36] 알사스 지방에서 도미니크 수도사로 있다가 에라스무스와 루터의 영향으로 1522년 결혼하였다. 그로 인해서 파문을 당하자 다음해 남부 독일 국경 지대 스트라스부르그(지금은 프랑스에 속해 있음)로 피신하였다가 이 도시의 종교 개혁을 주도하였다. 처음에는 루터의 신학에 동조하였으나 차차 쯔빙글리와 외콜람파디우스의 사상을 이해하고, 칼빈과의 교제를 통해서 스위스 종교 개혁자들의 입장을 존중하게 되어, 상호간의 대화를 통한 화해를 시도하였다.

말씀과 성령의 상호 작용을 중요시한 그는 성찬에 있어서 쯔빙글리

---

36 W. Pauck, ed., *Melanchthon and Bucer* (Philadelphia: Westminster, 1969)에는 부써의 유명한 저술『그리스도의 왕국』이 번역되어 있다.

의 기념설에 반대하였다.[37] 말씀과 성령이 없으면 성찬은 아무런 의미가 없으며, 심지어 말씀마저도 믿음을 통해서 성령이 역사하지 않는다면 아무런 소용이 없는 죽은 문서라고 주장했다. 그러나 성령은 말씀을 떠나서 구원과 성화의 역사를 도모하지 않는다. 마찬가지로 말씀과 성례의 관련성도 역시 성령의 역사라고 그는 주장하였다. 이것은 부써의 훌륭한 공헌으로, 칼빈의 성찬론인 그리스도의 영적인 임재설에 많은 영향을 주었다.

가장 훌륭한 종교 개혁의 산물로 꼽히는 그의 교회론은 교회 질서를 유지하는 제도, 예배 의식의 갱신, 성도들의 찬송, 교육 등에서 큰 업적을 이루었다. 칼빈이 3년 동안 스트라스부르그에 머물 때 그와 교제를 나누었고, 노년에는(1548-51) 영국에 건너가서 케임브리지 대학의 교수로 활약하면서 영국의 종교 개혁자들인 브레드포드(John Bredford, 1510-55), 파커(Matthew Parker, 1504-75), 윗트기프트(John Whitgift, 1530-1604) 등에게 많은 영향을 미쳤다. 그가 에드워드 6세에게 남긴 『그리스도의 왕국』은 기독교 국가의 이념을 제시하는 탁월한 문서가 되었다.

피터 마터 버미글리 | 출중한 언어학자 버미글리(Peter Martyr Vermigli, 1500-1562)는 이탈리아 플로렌스에서 태어나 스위스 쮜리히에서 일생을 마쳤다. 프랑스에서 학업을 마치고 헬라어 교수로 있다가, 교회와 학문의 개혁을 꿈꾸며 1542년 쮜리히의 개혁 진영에 합류하였다. 부써의 동료가 되어 5년 동안 스트라스부르그에서 구약을 강의했고, 수녀 출신과 결혼도 했다. 1547년 크랜머로부터 초빙을 받아 옥스퍼드 대학의

---

[37] 부써의 성령론을 주의 깊이 다룬 책은 W. Peter Stephens, *The Holy Spirit in the Theology of Martin Bucer* (Cambridge: Cambridge University Press, 1970).

교수가 되었고, 예배 의식을 갱신하려는 그들의 노력을 적극 지지하고 도와 주었다. 1553년 메리 여왕의 취임으로 영국이 다시 로마 가톨릭 지배하에 놓이게 되자, 쮜리히로 돌아와서 1556년부터 죽을 때까지 히브리어 교수로 사역했다. 불링거와 칼빈의 좋은 친구로서 많은 사역을 조용히 감당하였다.

버미글리가 정리한 성찬론은 종교 개혁자들 사이에 가장 첨예한 대립이 있던 까다로운 주제에 대하여 매우 훌륭한 진일보를 이룬 것으로 주목된다.[38] 칼빈은 '더 이상 작업할 영역이 남아 있지 않을 정도로 모든 성만찬론을 훌륭하게 다루고 있다'고 극찬을 아끼지 않았다. 버미글리는 성찬이란 처음부터 끝까지 하나님의 사역이라는 점을 강조했고, 두 가지 실재하는 물체들 사이에 역동적인 연계성이 있음을 주목하였다. 그는 성찬에서 두 가지 실체인 빵과 포도주는 기본이 되는 기초적인 물질이요 하늘에 있는 그리스도의 몸에 대한 증거라고 하였다.

성찬은 세 가지 요소로 구성되어 있다. 첫째는 그리스도께서 마지막 잡히시던 밤에 역사적으로 이것을 제정하셨다는 것이요, 둘째는 이를 확정하는 하나님의 말씀이요, 셋째는 성령의 역사로 인해서 수용하는 것이다. 육신이 서로 교제하듯이 실제적으로 접촉하거나 교류하는 것은 아니지만, 영적으로 진실하게 그리스도의 영광스럽게 된 몸과 보혈을 통해서 우리에게 양식을 주신다. 빵과 포도주가 그리스도의 진짜 몸이나 피로 본질상 똑같이 변화하는 것이 아니라, 그렇게 그 상징하는 것

---

38 *Loci communes D. Petri Martyr Vermigli* (London: 1576); *The Commonplaces of D. Peter Martyr Vermigli* (London: 1583). 그의 생애는 David Steinmetz, *Reformers in Wings* (Philadelphia: Fortress Press, 1971), 151-161. 그의 신학에 대해서는 John Patrick Donnelly, *Calvinism and Scholasticism in Vermigli's Doctrine of Man and Grace* (Leiden: 1976). J.C. McClelland," The Reformed Doctrine of Predestination according to Peter Martyr", *Scottish Journal of Theology* 8 (1955): 255-71.

들이 성령의 역사로 인해서 쓰임을 받는 도구가 될 때, 하나님의 말씀의 권위와 같은 수준으로 승화된다.

그러나 성찬은 그것을 사용할 때에만 유익을 준다(sacramentum est tantum in usu). 아무 때에나 빵과 포도주가 그리스도의 신비를 포함하고 있다고 생각해서는 안 된다. 오직 성찬이 성령의 인도하심 가운데 시행될 때에만 하나님의 도구로 역사하는 것이요, 믿음으로 그것을 받을 때에만 가능하다. 불신앙으로 그것을 받는 사람에게는 아무런 효과가 주어지지 않는다. 믿는 사람이 먹을 때에는 두 가지 역사가 동시에 일어난다. 입으로는 외적으로 드러난 상징물인 빵을 먹지만, 성령의 동일한 역사로 인해서 그 사람은 하늘에 있는 참된 그리스도를 먹는 것이다.

외콜람파디우스 | 독일 뷔르템부르그에서 태어난 외콜람파디우스(John Oecolampadius, 1482-1531)는 하이델베르크 대학에서 수학하는 도중에 휴머니즘을 가르치던 로이힐린 교수 등과 교제하였고, 멜랑히톤 및 부써 등과 호흡을 나누게 되었다. 한동안 팔라티네 지방의 군주 필립 1세의 자녀들을 가르치는 교사로 있다가, 1510년에 봐인베르크에서 설교자가 되었다. 그 후에 튀빙겐 대학에서 헬라어, 라틴어, 히브리어를 연구하였고, 1515년에는 에라스무스의 신약 성경을 편찬하는 일을 돕기도 하였다. 1518년에 바젤 대학에서 박사 학위를 수여받았다. 그 후 초대 헬라 교부들의 신학을 집중적으로 연구했으며, 한동안 수도원에 들어가 있다가 점차 개혁 진영으로 마음이 움직여서 1522년 바젤로 다시 돌아왔고, 자신의 최초의 저술로 크리소스톰의 책을 번역하여 출판하였다.[39]

---

39 Gordon Rupp, *Patterns of Reformation* (London: 1969).

바젤에 남긴 외콜람파디우스의 영향은 절대적이었다. 이 도시가 확고하게 종교 개혁으로 돌아서게 되는 데에는 그가 결정적인 영향을 미쳤다. 물론 쯔빙글리의 영향을 상당히 입었으며, 부써와 카피토의 도움도 받았다. 쯔빙글리처럼 그는 1529년 재세례파와의 심각한 대립을 경험했고, 바젤에서 그들을 물리치는 데 크게 기여했다.

그의 신학 사상은 초대 교부들을 중점적으로 다루고 있고, 특히 크리소스톰에 대해서 집중적으로 연구함으로써 큰 업적을 남겼다. 그는 최소한 교회 권징만큼은 목사회가 독립적으로 시행할 수 있도록 하기 위해서 시의회에 제안서를 제출하기도 했다. 그러나 카펠 전투 다음에 아쉽게도 죽음을 맞이하였다.

볼프강 무스쿨루스 | 학문적인 성취로 볼 때에, 무스쿨루스(Wolfgang Musculus, 1497-1563)만큼 중요한 저술을 많이 남긴 개혁신학자도 별로 없을 것이다. 그는 쉴레스탄의 휴머니스트들로부터 학업의 기초를 배우는 중에 마틴 부써를 만났다. 가족들의 권고로 1512년 릭스하임 근처에 있던 베네딕트 수도원에 들어가 있다가, 1518년에 아마도 부써가 보낸 것으로 추정되는 루터의 저술들을 접하고 개혁주의로 돌아섰다. 1527년 수도원을 떠나서 스트라스부르그로 왔고, 부써의 서기로 있다가 교회의 집사로 개혁 신앙을 호흡하면서 교회와 목회자들을 섬겼다. 1531년 아우구스부르그의 설교자로 부임하여 로마 가톨릭, 루터 교회, 재세례파, 부써의 개혁 교회 사이에서 개혁 사상을 정립하는 데 노력했다.

그는 성만찬 및 교회와 세속 군주들의 관계 등의 문제에 대해서 부써의 입장을 지지했다. 1547년 찰스 5세와 개신교 군주들의 화해가 결렬되자, 1548년 아우구스부르그를 떠나 불링거의 추천으로 베른의 신학 교수가 되었다. 첫 강좌는 그가 아우구스부르그를 떠날 때에 중단되었던 본문 시편 104편에서부터 시작되었다. 그의 시편 주석은 1550년에 출판되었다.

베른 시 행정 당국자들은 제네바 교회와의 사이에 갈등이 많았다. 특히 군주들이나 귀족들은, 성직자들을 임명하고 교회에서 파문당할 자들을 선별하여 결정하고 교회에 들어오는 모든 헌금을 관장해 왔던 자신들의 일체의 권한을 교회에 내어놓으려 하지 않았다. 무스쿨루스는 군주들의 입장을 옹호했다. 역시 쯔빙글리나 불링거의 입장과 동일했던 것이다. 그러나 베른 시는 1551년 쮜리히에서 칼빈과 불링거 사이에 합의문을 도출한 문서를 채택하지 않은 스위스 내의 유일한 도시가 되었다.

무스쿨루스는 최대한 관용을 허용하자는 입장이었다. 아디아포라(adiaphora, 성경에서 직접 언급되지 않은 일로, 이렇게 해도 되고 저렇게 해도 무방한 영역)를 충분히 관용으로 용납하자고 주장했다. "하나님의 영광과 우리 신앙의 순결과 영혼의 구원에 관해서 적합하지 않은 경우를 제외하고는 제발 서로 포용하자."[40] 또한 그가 남긴 '신학 총론'의 방법론을 보면, 중세 말기의 아리스토텔레스적인 교리 논리와 개혁신학의 성경 본문 위주의 신학 사이에 놓여 있음을 발견할 수 있다.

---

40 *Loci communes sacrae theologiae* (Basel, 1560); 16세기 영역본, *Commonplaces of Christian Religion* (London: 1563). 가장 뛰어난 전기는 Ludwig Grote, *Wolfgang Musculus, ein biographischer Versuch* (Hamburg: 1855). Paul J. Schwab, *The Attitude of Wolfgang Musculus toward Religious Tolerance* (Yale: 1933).

제 5 장
칼빈 신학의 구조와 특징

존 칼빈의 등장은 그보다 앞서서 복음적인 신앙 운동을 전개한 많은 순교자들의 희생이 가져온 하나님의 응답이었다. 엄밀한 의미에서 칼빈은 칼빈주의를 창안해 낸 신학자가 아니다. 칼빈이 개혁신학자로 등장하기 전에, 그의 책 『기독교 강요』가 세상에 나오기 전에, 이미 쯔빙글리는 확고한 개혁주의 교회를 세워 놓고 세상을 떠났다. 그밖에 수많은 종교 개혁자들이 여러 저술을 남겼다.

그러나 종교 개혁자 가운데서 칼빈을 능가하는 신학자는 없다. 거의 모든 신학 서적이 칼빈의 저술을 인용하고 있는 것은 지금도 그의 신학이 많은 유익을 주고 있기 때문이다.[1] 칼빈의 생애와 사상에 대해서는

---

1 김재성, 『나의 심장을 드리나이다: 칼빈의 삶과 종교 개혁』 (서울: 이레서원, 2001)에는 가장 포괄적인 칼빈의 생애와 목회, 사상과 영향 등이 조명되어 있다. 칼빈의 신학 사상을 요약한

보다 전문적으로 다룬 저술들이 충분하므로, 여기서는 개괄적으로 살펴보고자 한다.

칼빈 신학의 기본 자세: 겸손

칼빈의 신학은 칼빈주의의 가장 순수한 형태라고 말할 수 있을 것이다. 그의 신학 사상은 수많은 초기 종교 개혁자들의 노력을 기초로 한 것이요, 멀리 거슬러 올라가면 초대 교부들에게서 배워 온 것이며, 더 거슬러 올라가면 성경에서 배운 것들이다. 칼빈은 어거스틴이 서술한 체계에 비하면 오히려 더 간단하고 단순한 기독교 진리를 제시하면서도, 그의 탁월한 종합과 분석으로 인해서 기독교의 본질을 밝혀 내는 엄청난 영향을 남겼다.

기술적인 의미에서 말한다면, 칼빈이야말로 진정한 칼빈주의자라고 할 수 있다. 그의 신학은 후대 칼빈주의자들의 기준이 되었고, 그것을 기초로 신학의 주제와 폭이 확대되고 발전되었다. 칼빈은 자신의 주요 신학 논문이나 저술에서 어거스틴의 교리를 재발견하여 당시 성도들을 위해 재구성하였고, 이를 성경에서 확증하였다. 칼빈의 신학은 당시 로마 가톨릭의 전통에 사로잡힌 교회를 갱신하는 원리였고, 여러 신학자들의 주장을 종합적으로 체계화하여 제시한 것이다.

오늘날 모든 사람들이 존 칼빈의 신학을 매우 중요시하는 것은, 그가 당대에 이룩한 업적도 물론 많지만, 무엇보다도 로마 가톨릭 교회가 주

교과서적인 연구서는 프랑수아 방델, 『칼빈, 그의 신학사상의 근원과 발전』, 김재성 역 (크리스챤 다이제스트, 1999)이다. 그리고 최근 연구를 재조명한 저자의 저서인 『칼빈과 개혁신학의 기초』 (합동신학대학원 출판부, 1997)와 신복윤, 『칼빈의 신학 사상』 (서울: 성광문화사, 1993)을 참고하라.

장하는 신학을 개혁하고 프로테스탄트 기독교 신학의 종합적인 체계를 수립하였기 때문일 것이다. 반면에 가톨릭 수도사 출신이었던 루터는 종교 개혁의 선두 주자로서 여러 시도를 했지만, 하나의 종합적이고 체계적인 신학 저술을 남기지 못했다.

그의 사상은 여러 주석과 설교, 논문들 속에 산재해 있어서 뚜렷하게 주장하는 바를 요약하기가 어렵다. 특히 루터는 역설적인 면모를 많이 보여주는데, 하나님 자신에 대한 이해나 하나님의 말씀에 대한 연구는 인간의 이해로는 불가능한 것이기 때문에, 일반적인 언어로 표현하는 것에 대해 부정적으로 생각하기까지 하였다. 그러나 칼빈은 좀 더 체계적인 규모로 계획을 세우고 기독교 신앙의 내용들을 요약하고 성경적으로 설명하는 데 주저하지 않았고, 일관된 신학의 체계를 펼침으로써 로마 가톨릭이 갱신해야 할 것이 무엇인가를 보여 주며 개신교 신학의 새로운 지평을 열었다.

칼빈의 업적은 위대하고 다양하다. 신학자요, 교회 정치가요, 프랑스 개신교의 기초를 놓은 사람이요, 제네바 아카데미를 세워 유럽의 인재들을 배출한 교육가였고, 교수이자 성경 주석가요, 성 베드로 예배당의 설교자였다. 그러나 이러한 칼빈의 모든 사역과 직책은, 그가 목사였다는 점을 간과하거나 도외시한다면, 이 모든 사역들을 감당하는 통일성의 기초가 되는 그의 인격에 대해서도 무시하는 결과가 되고 만다.

칼빈을 가장 격렬하게 비난했던 사람조차도 "칼빈이 성취한 것은 도저히 믿어지지 않을 정도이다. 우리는 그가 네 다섯 개의 두뇌를 모두 동시에 사용하였다고 말해야 할 정도이다. 오랜 세월 동안 질병에 시달리면서도 그는 네 개 또는 다섯 개의 직책들을 동시에 감당하였다"고 인정한다. 그러면 이렇게 유럽 최고의 지성인이요 대학자였던 칼빈의 신학적 태도는 어떠했는가? 그렇게 바쁜 활동으로 세인들의 주목을 받았던 사람이었지만, 칼빈이 가장 소중하게 생각한 덕목은 '겸손'이었다. 따라서 그를 비난하는 자들의 선입견에서 나온 판단은 온당한 것이 못 된다.

> 나는 항상 크리소스톰이 준수하던 원칙, 즉 우리 철학의 기초는 겸손이라는 말을 극도로 좋아하여 왔다. 그러나 어거스틴이 말한 것도 역시 좋아하고 있다. 그는 "수사학자로서 웅변 기술에 있어 무엇이 가장 첫째 되는 것이냐"는 질문에 '발음'이라고 답변하였다. 이와 별개로 무엇이 두 번째, 세 번째 중요한 것이냐 하는 질문에도 역시 동일하게 대답하였다. 따라서 어떤 사람이 나에게 "기독교의 원칙에서 무엇이 가장 중요한 것이냐"고 묻는다면, 나는 첫째도 둘째도 셋째도 역시 '겸손'이라고 항상 똑같이 대답할 것이다.[3]

칼빈의 신학은 그 바탕에 하나님 앞에서의 겸손이라는 정신이 스며있으나, 그의 겸손은 항상 생동하는 확신의 원천이 되었다. 어거스틴처럼 칼빈도 역시 철학만으로는 불충분하다는 것을 잘 알고 있었다. 어거

---

2   스테판 츠바이크는 1938년 오스트리아가 독일에 합병되자 우울증으로 아내와 함께 동반 자살한 오스트리아 출신의 독일 문학자이다. 그는 에라스무스를 높이고 루터를 비난하는 입장에 섰고, 역시 칼빈의 반대로 제네바의 목사직을 얻지 못한 카스텔리오를 변호하는 입장에서, 극렬한 어조로 시종일관 칼빈을 비난하였다. Stefan Zweig, 『폭력에 저항한 양심, 칼뱅에 맞선 카스텔리오』, 안인희 역 (서울: 자작나무, 1998), 66.

3   *Institutes of the Christian Religion*, II,ii,11.

스틴은, 진리에 이르는 길은 이성의 무능력 때문이 아니라 특히 교만이 그 길을 방해하기 때문에 어려운 것이라고 생각했다. 따라서 겸손만이 생명에 이르는 길이라고 강조했다. 다시 말하면, 믿음의 길이란 겸손하게 자기를 낮추는 길이라는 말이다.

겸손을 비관주의나 소극주의라고 착각해서는 안 된다. 겸손을 강조한 그의 감화와 영향력은 전세계로 향하여 뻗어나갔다. 제네바는 칼빈이 1559년에 세운 '아카데미'에서 유럽의 각계 각층에 빛나는 능력을 발휘하는 인재들을 배출하였다. 이 가운데 영국에서 박해를 피해 건너온 존 낙스(1514-1572)를 비롯한 수많은 인물들이 칼빈의 저술과 인격을 통해서 영향을 입었고, 교회 개혁에 대한 구체적인 아이디어를 얻어서 자기 나라로 돌아갔다. 낙스는 칼빈의 영향 하에 세워진 제네바와 제네바 아카데미를 일컬어서 '사도 시대 이후로 가장 완벽한 그리스도의 학교'라고 극찬하였다.

칼빈의 회심과 그 신학적 전개

존 칼빈(1509-1564)은 아주 어린 시절부터 종교 개혁을 체계화한 개신교 신학자가 되려 했거나 로마 가톨릭을 대항하여 싸우는 프로테스탄트 목사가 되려고 했던 사람은 아니었다. 그의 아버지 제라르 꼬뱅은 네 아들 중 어려서부터 공부를 잘하고 영특한 둘째 아들이 법학 공부를 해서 변호사나 학자가 되기를 원했다. 그래서 귀족의 자녀들만이 누린 교육의 혜택을 받음으로써 당대 최고의 새로운 학문을 섭렵한 탁월한 학자의 자질을 갖춘 것이 칼빈의 일생을 결정짓게 만들었다.

칼빈이 훌륭한 학자의 자질을 갖추게 된 것은 부모들의 열성과 인쇄술의 발달로 좋은 책들이 보급되었기 때문이었다. 또한 개혁신학이 수립되는 과정에서 복음에 대한 새로운 인식이 싹트고, 중세 말기에 널리 퍼진 기독교 휴머니즘의 확산으로 인하여 대학과 학문이 발전하였기 때문이다. 하나님의 특별한 은혜와 섭리 가운데 종교 개혁 진영에 가담한 뛰어난 학자들은 곧바로 목사가 되었다. 학문의 발전은 수준 높은 교회의 지도자들이 속속 배출되는 데 큰 기여를 하였다.

칼빈의 모습(로테르담에 있는 Boijmans 박물관 소장).

칼빈은 종교 개혁 운동이 유럽에 번지기 직전인 1509년 7월 10일, 프랑스 북부 피카르디 지방의 느와용에서 제라르 꼬뱅과 쟌느의 둘째 아들로 태어났다. 형 샤를르는 신부가 되었으나 칼빈이 종교 개혁의 선봉에 설 무렵에 다른 문제로 파면된 후 곧 죽었고, 아래로 프랑수아와 앙뜨완느라는 동생이 있었다. 프랑스어로는 '쟝 깔뱅'(Jean Calvin)이지만 당시의 학문 용어인 라틴어화된 이름은 '요하네스 칼비누스'(Johannes Calvinus)였고, 영어로 표기된 '존 칼빈'(John Calvin)이라는 이름이 널리 사용되고 있다.

당시 사람들은 페스트와 개인의 질병 때문에 그리 오래 살지 못하였다. 그의 어머니는 칼빈의 어린 시절에 죽었고 동생 프랑수아도 어려서 죽었으므로, 아버지는 재혼하여 마리와 다른 여동생을 낳았다. 마리와 앙뜨완느는 칼빈과 함께 제네바에서 생활하면서, 칼빈이 55세라는 비교적 이른 나이에 사망할 때까지 서로 의지하며 살았다. 칼빈은 1564년 5월 27일 제네바에서 생애를 마감하였다.

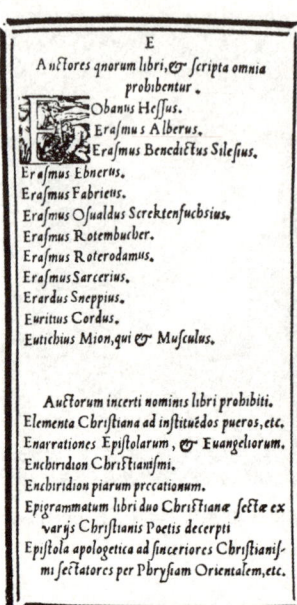

1559년 가톨릭 금서 목록의 일부. 금서 목록에는 개신교 지도자들의 책 뿐 아니라 개혁 성향인 에라스무스의 책들도 들어 있었다.

아버지의 지도에 따라서 칼빈은 총명한 소년 시절에 로마 가톨릭의 사제가 되는 과정을 거쳐 1523년부터 1528년까지 파리의 라 마르슈, 몽떼귀 대학에서 공부하였다. 그가 받은 중세 말기의 스콜라주의 신학은 매우 엄격하였고, 청소년기의 칼빈에게 큰 감동을 주지 못했다. 그러나 당시 부패한 로마 교회에 대해서 회의를 품고 더 나은 생활의 방편은 변호사가 되는 길이라 판단한 아버지에 의해 1528년에서 1532년까지 파리의 남쪽에 있던 오를레앙과 부르쥬에서 법학을 공부했다. 법학 수업을 하는 기간 동안에 그는 새로운 학문 사조인 휴머니즘 연구에 진력하고자 하는 포부를 갖게 되었고, 인문주의 학자 또는 저술가의 꿈을 갖게 되었다.

칼빈의 이상형은 당시 세계적인 헬라어 학자이자 문필가였던 에라스무스(1466?-1536)였다. 에라스무스는 가톨릭 신부로 살면서도 로마 가톨릭의 신학과 실천의 모순을 비판하는 글을 통해서 당대를 일깨웠다. 그는 영국의 헨리 8세, 프랑스의 프랑수아 1세, 스페인과 네덜란드를 통치한 찰스, 유럽 서북부 저지대 국가를 통치했던 마가렛, 헝가리 국왕, 영국 켄터베리의 대주교, 스페인의 추기경, 심지어 교황 레오 10세까지도 만나기를 원했고 케임브리지, 옥스퍼드, 루뱅, 바젤, 비엔나 등 여러 대학에서 간절히 초대했던 인물이다.

칼빈은 에라스무스가 졸업한 파리의 몽테귀 대학을 졸업하였으므로, 그의 명성에 견줄 만큼 큰 학자가 되리라는 포부를 갖게 되었다. 그래서 에라스무스가 주석을 펴낸 바 있는 '세네카의 『관용론』에 대한 주석'을 자신의 첫 연구 대상으로 삼아서 1532년 새로운 해설본을 자비로 출판하였다. 그밖에도 칼빈은 프랑스 기독교 휴머니즘의 대표자인 르페브르 데따쁠(Lefevre d'Etaples, 1455-1529)과 기욤 뷔드(Guillaume Bude, 1468-1540)에게서도 많은 영향을 받았다. 신앙에 대한 일대 전환점, 즉 한 가톨릭 신자에서 목숨을 건 종교 개혁의 대열로 회심하는 변화가 일어난 것은 1533년 11월 1일의 사건에서 비롯되었다. 니꼴라 꼽이 파리 대학 인문학부 취임 연설에서 루터의 개혁 사상을 선포하자, 그의 절친한 친구였던 칼빈도 체포자 명단에 오르게 되었고, 그는 파리를 떠나야만 했다. 이런 불행한 사건을 경험한 후에 칼빈은 비로소 '예상치 못했던 회심'(unexpected conversion)을 경험하게 된다. 칼빈 자신은 훗날 이를 가리켜 '갑작스러운 회심'(subita conversio)이라고 말했다.

> 그런데 처음에 나는 교황권이라는 미신에 완고하게 사로잡혀 있었기 때문에 갑작스런 회심으로 그같은 깊은 수렁에서 빠져나오는 것이 어려운 일이었으나, 하나님께서는 이 문제에 대해 너무 굳어 있는 나의 마음을 아시고 유순하게 만드셨다. 이같이 참된 신앙심에 대해 약간의 맛을 미리 보고 어느 정도의 지식을 취하고 나서, 나는 바로 신앙에 의해 유익을 얻고자 하는 강한 욕망에 불타게 되었다. 비록 나는 다른 학문들을 포기하려는 시도는 하지 않았지만, 그러나 마지 못해 공부했다. 나도 초심자에 불과했는데, 일 년이 채 가기도 전에 참된 교리에 대한 지적 욕망을 가진 사람들이 내 주위에 모여들어 나에게 배우고자 한다

는 사실을 발견하고는 놀라지 않을 수 없었다.[4]

1534년 칼빈은 프랑스 남부 앙굴렘에서, 개신교 신앙을 변호하고 바른 신앙을 제시하려는 목적으로 여러 책을 참고하여 『기독교 강요』를 저술하고 다음 해 바젤에서 마무리하여, 마침내 1536년에 출판하였다. 이 책은 그 후 다섯 번의 수정증보를 거듭하여 마침내 개혁신학의 금자탑으로 손꼽히게 되며, 오늘날까지 많은 영향을 미치고 있다. 이 책을 통해서 유럽 최고의 신학자가 세계 역사의 무대에 등장하게 된 것이다.

제네바 개혁자의 섭리 인식

칼빈의 신앙생활에서 두드러지게 드러나는 특징은 하나님이 정하신 뜻대로 자신의 기존 입장과 의지를 꺾고 순종하는 체험을 여러 번 반복하였다는 점이다. 그는 몇 차례 자신의 인생 여정이 바뀌면서 차츰 하나님의 섭리를 인식하게 되었다. 신부가 되라는 아버지의 권고에 따라 파리로 갔다가 역시 아버지의 뜻에 순종하여 법학으로 방향을 바꾸었다. 그러나 니꼴라 꼽의 사건으로 조용히 학자로 살고 싶은 꿈을 접고 제네바에 정착하게 되었다. 그 후 부써의 뜻에 따라서 스트라스부르그에 3년간 머물다가, 다시 제네바 시민들의 간청으로 돌아오게 된다. 이렇게 네다섯 차례의 전환점에서 그는 하나님의 섭리를 발견하고 순종하였다. 개혁신학은, 인간이 계획을 세우나 그 인생의 걸음을 지도하시는 분은 하나님이라는 섭리사관을 가지고 있다.

---

[4] CO xxxi:22.

1536년 여름, 칼빈은 스위스 제네바에 머물다가 역시 프랑스 출신의 개혁자 파렐의 간청으로 그곳에서 종교 개혁의 기치를 높이 들게 된다. 1557년에 쓴 시편 주석 서문에서 당시 상황을 칼빈은 다음과 같이 술회하고 있다.

> 조용히 은거하고자 했던 스트라스부르그로 가는 지름길이 전쟁으로 말미암아 폐쇄되었기 때문에, 나는 이 제네바에서 하룻밤 이상은 머무르지 않으려고 했다. 이 일이 있기 바로 얼마 전에 [파렐]과 삐에르 비레의 노력으로 이 도시에서는 교황의 추종자들이 축출되었다. 그러나 모든 것이 아직 안정된 상태는 아니었으며, 제네바는 위험하고도 고약한 분열의 위기를 맞고 있었다. 그런데 지금은 비열하게 교황주의자로 전향해 버린 어떤 사람이 나를 발견하고 다른 사람들에게 알려 주고 말았다. 이 사실을 알고 복음을 드러내려는 열정에 불타고 있던 파렐이 나를 머물게 하려고 온갖 애를 썼다. 그러나 내가 몇 가지 특별한 연구를 위해서 자유를 얻기 원한다는 사실을 듣고 나서 자신의 간청이 내게 아무 소용이 없다는 사실을 깨닫게 되자, 그는 나에게 "이렇게 큰 도움이 절실히 필요할 때에 돕기를 거절한다면 하나님께서는 당신의 휴양과 평안을 처벌하실 것이다"라는 저주의 말까지 서슴지 않았다. 이 말에 너무나 놀라고 두려움에 사로잡힌 나머지 나는 계속하던 여행을 포기하고 말았다. 그러나 나로 하여금 자신의 수줍음과 소심함을 느끼도록 한 그 방법을 통해서, 나는 그 특별한 직무를 내던지지 않도록 스스로 결심하기에 이른 것이다.[5]

---

5 CO xxxi:26.

그러나 칼빈이 머물게 된 제네바는 정치적으로나 신앙적으로 혼란이 계속되고 있었다. 파렐이 제네바에서 가톨릭에 대항하여 신앙의 자유를 회복하게 된것은 1534년 초였고, 미사를 폐지하는 결정을 하도록 만든 것이 그 해 11월 29일이었다. 칼빈이 도착했을 때는 제네바를 포위하고 있던 가톨릭 군대가 베른의 원병에 밀려서 물러난 지 불과 넉 달 정도 지난 후였고, 겨우 개혁주의가 첫걸음을 내딛던 혼란한 상황이었다.

1536년 8월부터 1538년 4월까지 만 2년이 채 못 되는 기간 동안 칼빈은 강력한 개혁 교회의 영향력을 세우고자 분투 노력하였다. 먼저 '제네바 신앙고백서'를 작성하여 무엇이 로마 가톨릭과 다른가를 설명하여 주고, 모든 시민들이 통일된 개혁 신앙을 채택하도록 했다. 시의회의 협조를 얻어서 교회의 출교권을 확립하였고, 철저한 개혁 교회를 조직하는 데 심혈을 기울였다.

그러나 1538년 시의회 선거에서, 칼빈과 파렐에게 지나치게 순종적이라고 비판받던 길레르멩 측이 패퇴하고, 칼빈의 개혁정책에 불만을 품은 세력을 선동하는 비판자와 반대파들이 승리함으로써, 이들은 제네바 교회의 설교자라는 신분을 유지하는 일조차 어려울 정도로 곤경에 빠지게 되었다. 더구나 칼빈의 신학에 아리우스적인 요소가 있다고 비판한 삐에르 까롤리를 1537년 5월과 6월에 격렬한 논쟁을 거쳐서 추방하기까지 시의회는 양분되어 있었다.

개혁 교회의 제반 사항이 아직 미성숙했던 초기 제네바 교회는 로마 가톨릭에서 사용하던 예배 의식을 완전히 청산하지 못하고 있었다. 그래서 칼빈은 성만찬에 있어서 누룩 있는 빵을 사용하는 등 로마 가톨릭의 구습을 과감히 청산하려고 하다가 반론에 부딪혀서 1538년 4월 부활절을 앞두고 제네바에서 쫓겨나는 비애를 맛보았다. 그러나 하나님의 섭리는 다시 한 번 칼빈을 사로잡았다. 스트라스부르그에 있는 마틴 부써의 초청을 받아들이게 된 것인데, 파렐이 칼빈을 제네바로 초청하던 것과 매우 유사하게 간청을 했기 때문이다.

요나처럼 하나님이 주신 사명을 외면하지 말고 힘들고 어려워도 참고 이겨 나가라는 부름에 응하여, 그 후 3년 동안 다시 제네바에 부름을 받기까지 스트라스부르그에 머물면서, 프랑스 난민 교회 목사로

제네바 최초의 개혁자 기옴 파렐.

서 풍부한 경험을 새롭게 쌓았다. 칼빈의 신학과 목회 방법은 부써와 함께 지내는 동안에 눈부신 발전을 거듭했다. 1540년 8월 그는 아이가 둘인 재세례파의 미망인 이들레뜨 드 뷔르(Idelette de Bure)와 결혼했는데, 그녀의 전남편은 칼빈의 권고로 개종하였으나 페스트에 걸려서 죽고 말았다.

얼마 후 제네바 교회는, 로마 가톨릭 추기경 싸돌레가 보내 온 편지로 인해서 과연 어느 쪽을 택할 것인가에 대하여 여론이 비등하고 다시금 혼돈에 빠지게 되자, 칼빈이 다시 돌아와서 개혁 신앙으로 가르쳐 줄 것을 강력히 요청하였다.

그래서 1년여의 설득과 파렐을 비롯한 주위 개혁자들의 간곡한 권유을 받아들여 칼빈은 돌아오기 싫은 제네바로 다시 오게 된다. 이때 칼빈이 장차 당할 시련을 예견하면서 결심을 표현한 용어가 바로 '나의 심장을 드리나이다. 즉시 그리고 신실하게'이다. 이 문장에는 그의 순교적 결단이 배면에 스며 있다. 1541년 9월 13일 하나님의 섭리에 따라서 칼빈은 시민들의 환호 속에 다시 제네바로 돌아온다. 그때부터 23년

동안 칼빈은 각종 구시대의 관행을 고치려고 노력하고 교회의 바른 제도 정착과 이단에 대한 강력한 비판을 통해서 복음의 진수를 전파하고자 진력하였다. 단순히 교회의 갱신을 위해서만 노력한 것이 아니라, 그 신학 사상을 바르게 고치려고 저술 사역에도 꾸준히 노력하였다. 칼빈이 이해한 하나님의 섭리에 관한 신학적인 진술들은 그의 저술 곳곳에서 매우 중요하게 강조되어 있다. 섭리의 성경적 설명은 『기독교 강요』제1권 16-28장에 전반적으로 언급되어 있는데 특히 16장, 17장, 18장에 걸쳐서 집중적으로 조명되어 있다.[6] "모든 성공이 하나님의 축복이고 재난이나 역경이 하나님의 저주일진대, 인간사에는 운이나 우연이 들어설 자리가 없기 때문이다." 한번에 모든 것을 달성하신 분으로 창조주 하나님을 생각하지 말고, 지금도 우주의 영원한 지배자로서 간섭하시고 다스리심을 공경하자는 것이다. 하나님의 섭리가 무엇이며 그 섭리가 지배하는 범위가 얼마나 광활한지를 믿음으로 알아야만 한다. 칼빈의 경우에 예정론은 어떤 면에서 보면 보다 일반적인 개념인 하나님의 섭리의 특별한 적용이라고 할 수 있다.

> 우리의 머리카락까지도 세신 바 되었다는 그리스도의 가르침을 받은 사람들은 그 목적을 향해 보다 멀리 바라볼 수 있으며, 그들이 어떠한 인간이든지 간에 모든 일은 하나님의 은밀한 계획 속에서 다스려진다는 것을 스스로 확신하게 될 것이다.[7]

---

6 Calvin, Institutes, I.xvi.4. "빗방울 하나라도 하나님의 확고한 명령이 없이는 떨어지지 않는다." II.iv.1.4에도 들어 있다. 김재성, 『칼빈과 개혁신학의 기초』, 167-169.

7 Institutes, I.xvi.2.

『자유 사상가들에 대한 논박』(Against the Libertines, 1545)의 핵심적인 요소는 섭리이다. 여기에는 세 가지 차원의 섭리가 설명되어 있다. 첫째, 하나님께서는 만물을 각기 주어진 상황과 특성에 따라서 운행하시고 자연적인 질서를 주관하신다. 이것은 우주적 차원의 일반 섭리라고 말한다. 둘째, 의인을 돕고 악인을 응징하시는 특별한 섭리를 발동하신다. 셋째, 성령에 의해서 믿는 자들을 부르시고 다스리시는 구원의 축복을 주시는 바, 이것은 독특한 섭리라고 보았다. 이렇게 해서 인간사가 모두 다 하나님의 통치와 권능에 의해서 인도된다는 확고한 신앙이 자리를 잡게 되었다.

하나님의 뜻을 떠나서는 아무 것도 이룰 수 없다. 이것은 기독교 윤리를 세우는 데 있어서나 경건의 요구를 만족시키는 데 있어서나 절대적으로 요청되는 하나님의 권능과 주권을 옹호하는 개혁주의의 섭리적 통치 사상이다.[8] 하나님의 거룩한 인도하심은 인간에게 큰 위로와 소망이 된다.

경건의 신학

전세계 신학의 역사를 통틀어 영향력이나 저술의 분량이나 다룬 주제의 내용에 있어서나, 개혁주의 최고의 신학자로 존경받는 칼빈의 신학의 사상적 특징은 경건의 신학이라고 할 수 있다. 그의 가르침은 하나님 앞에서 한 성도가 가져야 할 경건한 태도와 이념에 관한 것에 집중되어 있다.

---

8   Benjamin Wirt Farley, *The Providence of God* (Grand Rapids: Baker, 1988), 156.

물론 '경건의 신학'이라고 특징지어지는 그의 사상과 이념은, 몇 가지 중심 사상으로 정리할 수 없을 만큼 광범위하다. 로마 가톨릭이 일곱 가지 성례와 획일적인 상하 관계를 중심으로 조직된 반면에, 그의 신학은 어떤 한 가지 주제가 아니라 성경에 담긴 가르침 전체를 모두 그대로 수용하여 하나님을 섬기고 예배하고자 한다. 그의 신학 저술 목록은 그가 모든 성경 주제에 대해서 공통적으로 다루었다는 것을 보여 주고 있으며, 성경과 초대 교부들 특히 어거스틴의 저술을 정확히 기억하여 그 정신에 입각하여 풀이하고, 때로는 어거스틴의 해석에 대해서 반론을 제기하기도 하였다.

한마디로 말하면, 칼빈 신학의 내용적인 초점은 하나님 중심적이다 (God centered). 특히 그는 하나님의 영광과 그의 통치를 높이고 영광을 돌리기 위하여 신성의 특성과 본성들을 강조한다. 예배자의 마음가짐으로 성경이 증거하는 바에 따라 성령의 인도하심과 감동에 의해서 하나님의 은총을 높이고 존중한다. 이에 비해서 인간은 원죄의 영향으로 부패한 피조물이다. 여기서 칼빈의 신학에 담겨진 남다른 태도와 자세가 우러나오게 된다.

> 참된 경건은 아버지 하나님을 신실하게 사랑하는 감정과 주님으로서 그분을 두려워하고 존경하는 마음이 결합하여, 그분의 의로움을 흠모하고 그분을 거역하는 것을 죽음보다도 더 두려워하는 것이다. 이 참된 경건이 주어진 사람은 그 누구든지 자신들만을 위해서 하나님께 어떤 경솔한 행동이라도 함부로 하지 않게 될 것이다. 도리어 하나님으로부터 참된 하나님을 아는 지식을 추구할 것이며 그분 자신이 어떠하

심을 보여 주시고 선포해 주시는 바대로 그분을 이해할 것이다.[9]

칼빈은 경건을 사랑보다 더 높은 위치에 놓고 믿음, 두려움, 존경심, 경외심, 사랑, 지식을 모두 다 함께 이 경건의 기본적인 요소들로 연결시키고 있다. 따라서 근래에 칼빈의 신학에서 경건을 또 다른 말로 풀이하여 '영성'이라고 접목시키는 것은 인위적인 필요성에 따른 혼란을 가져 올 우려가 많다. 칼빈이 사용하지도 않는 단어를 현대신학의 합리화를 위해서 억지로 추출하려는 것은 비역사적인 접근이기 때문이다.[10]

칼빈은 어거스틴이나 루터보다 훨씬 더 은총의 신학을 강조하였다. 이것은 그의 성경적 인간관에서 기인한다. 하나님은 일반 은총을 주셔서 보편적으로 죄를 억제하시고 세상의 문화, 과학, 의학 등 학문의 발전을 도모하신다. 그러나 이런 은혜로는 하나님이 주시는 구원의 은혜를 받을 수 없다. 구원에 이르는 은혜는 하나님의 특별 은총으로 주어진다. 이 은혜를 받은 사람은 누구도 그것을 거부하지 못하며, 하나님께서 끝까지 지켜 주셔서 영생에 들어가게 하신다. 전적으로 값 없이 주시는 은혜는 오직 하나님의 선물이다.

택함을 입은 성도는 자신이 의롭다 하심을 입은 사실을 확신할 수 있

9　*Gevenva Catechism* (1537), ed., & tr. Ford Lewis Battles (Pittsburgh: Pittsburgh Theological Seminary, 1972), 2. Ford Lewis Battles, ed. & tr., *The Piety of John Calvin* (Grand Rapids: Baker, 1978), 13.

10　김재성," 칼빈의 신학에서 본 영성 신학 비판",『칼빈과 개혁신학의 기초』, 249-292. 김재성," 위대한 경건",『칼빈의 삶과 종교 개혁』, 521-531. Richard C. Gamble," Calvin and Sixteenth-Century Spirituality: Comparison with the Anabaptists", *Calvin Theological Journal* 31 (1996): 335-358. 영성에 관한 최근의 연구를 개괄적으로 살펴보려면 다음을 참고하라. Jill Raitt, ed. in collaboration with Bernard McGinn and John Meyendorff. *Christian spirituality: high Middle Ages and Reformation* (New York: Crossroad, 1987). Kenneth J. Collins, ed., *Exploring Christian spirituality: an ecumenical reader* (Grand Rapids, Mich.: Baker Books, 2000).

으며, 자기가 마지막 날에 구원의 반열에 들었다는 것을 자신 있게 주장할 수 있다. 이런 확신은 성령의 내적인 증거를 통해서 주어진다. 단순히 주관적인 체험에 의존하는 것이 아니다. 참된 믿음은 하나님께서 성경의 확실한 주장을 마음에 심어 주셔서 메아리처럼 확신을 울려 주신다.

흔히 오해받는 부분이 칼빈주의 예정론이다. 혹자는 예정론을 신학의 최고급 주제로 착각한다. 사실 칼빈에 의해서 예정론이 바르게 정립된 것은 부인할 수 없다. 그러나 칼빈의 신학이 예정론에 좌우되는 것이라고 생각하거나, 예정론만 알면 신학을 전부 다 통달한다고 생각하면 큰 잘못이다. 더구나 예정론을 서구철학에서 말하는 운명론으로 생각해서 반대하거나 오해하면 큰 일이다.

운명론은 전혀 비인격적인 사상이다. 필연적인 결정을 하는 존재란 아무도 없다. 누군가 결정하는 존재를 상정하지 않은 채, 지금 주어진 현재의 환경과 상황을 운(fortune)으로 받아들이는 것이다. 마치 라스베가스에서 슬롯 머신을 잡아당겨 '잭팟'이 터지는 것처럼, 어떤 사람에게는 운이 좋기도 하고 어떤 사람에게는 나쁘기도 하다. 이런 사상은 인격적으로 계획을 미리 가지고 계시는 하나님의 역사하심과는 거리가 멀다.[11] 칼빈은 스토아 학파의 결정론을 단호히 배격하면서도, 하나님이 친히 결정하신다는 주장은 자연스럽게 받아들였다.

칼빈은 스토아 학파의 결정론에 대해서 매우 날카롭게 지적하였다. "하나님은 당신의 뜻하신 계획에 의해서 자신의 행동을 진행시키고 계신다. 간단히 말하면, 우주와 인간의 사건들과 인간 자신이, 하나님의 전능하심에 의해서 통치를 받는다. 그러나 그것은 하나님의 기계적 결

---

11 *Institutes*, I.xvi.4, 9.

정에 따라서(not by His determination) 되는 것이 아니다."[12]

예정론과 "유사한 사상 중 하나가 결정론(determinism)인데, 그에 따르면 기계의 프로그램처럼 또는 바꿀 수 없는 부속처럼 미리 인간의 앞날이 결정되어 있는 것으로 이해한다. 그러나 하나님은 우리의 기도를 받으시고, 회개하고 뉘우치는 사람들을 용서하시며, 얼마든지 예상된 진노와 심판을 바꾸기도 하신다.

따라서 기독교의 하나님은 결정론자들의 주장과는 거리가 멀다. 결정론이란 모든 행위들이 행위자 밖에서 주어진 상황과 조건에 의하여 발생한다는 의미이다. 또한 동양 철학에서는 사람의 미래란 사주팔자에 따라서 미리 결정되어 있다는 숙명론(fatalism)을 가르치고 있으나, 이것은 아주 잘못된 사상이다. 요한복음 9장에는 날 때부터 소경된 사람의 가련한 생애가 나온다. 사람들은, 그 사람이 소경으로 난 것은 비극적인 숙명을 지고 태어났기에 어쩔 수 없이 그런 불쌍한 거지 생활을 하는 것으로 해석하려 했다. 제자들은, 부모의 죄를 3-4대까지 갚으시는 하나님의 진노에 따라서 그가 태어난 것이라고 해석했다. 그러나 예수님은 그렇게 해석하지 않았다. 도리어 이 사람이 소경으로 난 것은 하나님의 영광을 드러내고자 하심이라고 가르쳤다. 따라서 태어날 때부터 비극을 경험하는 인생도, 숙명에 사로잡혀서 비참한 생활에서 한 치도 벗어날 수 없다고 속단하거나 포기해서는 안 된다.

예정론을 오해하는 사람들은 개혁주의를 곡해하는 말을 한다. "내가 손가락 하나 까닥 하는 것까지도 다 하나님이 예정하신 것이다." 그러나 이런 말은 존 칼빈의 예정론에 해당되지 않는다. 그것은 하나님의 예

---

12 *Institutes*, I.xvi.4.

정을 가지고 인간의 자유로움과 자연스러운 생활이나 육체의 움직임을 정당시하려는 잘못된 오해이다.

내가 손가락을 까닥거리는 것은 나의 자유로움이요, 나의 자연스러움이다. 내가 아침에 집을 나서기 전에 어떤 옷을 입을까 판단하고 결정하는 것은 당연히 나의 선택이요, 나의 재량권에 속하는 일이다. 하나님께서 그런 우리 인간 각자의 결정을 허용하시고, 사용하시고, 시기와 형편과 내용들이 모두 다 궁극적으로 하나님의 목적을 이루는 도구가 되도록 섭리하시는 것이다.

하나님은 나의 자연스러운 행동이나 자유로움을 억압하거나 제약하지 않으신다. 내가 결정하고 판단하도록 허용하신다. 다만 그 결과에 대해서 나에게 책임을 요구하시는 것이다. 내가 아침에 몇 시에 일어나느냐, 무슨 음식을 먹느냐, 어디에서 무엇을 하느냐 모두 다 내가 스스로 생각하고 판단하고 선택할 일이다. 하나님은 그토록 인간을 높이시고, 그 존엄성을 인정하신다. 칼빈이 풀이한 개혁신학의 윤리적 귀결은 바로 경건이다. 칼빈이 하나님의 절대 주권(the absolute sovereignty of God)을 매우 강조해서 가르쳤고, 하나님이 모든 만물의 최초 원인 제공자이며 근원자이심을 말한 것은 사실이지만, 그것이 곧 하나님을 기계적으로 모든 것을 작동시키는 분으로 가르치거나 주장한 것은 아니다. 이는 우리의 구원을 위해서 세계의 모든 만물을 지으시고 그에 간섭하신다는 것이요, 거시적으로 만물의 흐름과 때를 결정하시고 미리 작정하신다는 말이다.

하나님만이 영광을 받으실 유일한 분이시며, 만물은 어떻게든 그분의 영광을 드러내야 한다(Soli Deo Gloria). 특히 전적인 은혜로 선택하신 자들을 통해서 하나님은 영광을 받으신다. 그러나 앞으로 하나님을 잘 믿고 바른 행실의 열매를 드릴 만하다는 것을 아시기 때문에 인간을 선택하시는 것은 아니다. 칼빈은 예지와 예정을 구분하되, 둘 다 분리할 수 없는 성질의 지식임을 인정한다. 다른 죄인들은 선택을 받지 못하였으므로, 마침내 지옥에서 진노 가운데 하나님의 영광이 드러난다. 선택을 받은 자들이나 버림을 받는 자들이나, 하나님에 의해서 결정된다. 에베소서 1장과 로마서 9장의 가르침이 분명히 이런 선택을 가르치고 있는 바 이를 부인하려 해서는 안 된다. 성경이 말씀하고 있는 한 우리 인간의 이성으로 하나님을 속단해서는 안 된다.

칼빈은 혼자서 신학을 개발하거나 발명해 낸 천재가 아니다. 그는 종교 개혁자들의 글과 시시각각으로 변화되던 복잡한 주변 환경 속에서 성경의 진리를 발견하고자 노력하였고, 이를 실천에 옮기려고 주력하였다. 따라서 칼빈의 신학은 머리에서 나온 것이 아니라 가슴에서 나온 것이요, 손과 발에서 구체적으로 나타나는 신학이다.

> 신학을 누가 입술의 학문으로 말하려는가?
> 누가 지식이나 암기력으로 다른 학문들처럼 신학이 가능하다고 생각하는가?
> 이것은 오직 인생의 전부를 다 바쳐서, 영혼을 다 던져서,
> 가슴으로 받아들이고, 가슴 속 깊은 곳에서 찾는 것이다. …
> [신학은] 우리의 매일의 생활 속으로 파고 들어가야만 하는 것이요, 우리에게 그 동안 아무런 열매도 맺을 수 없다고 생각되어 온 것들을 변화시키는 것이다.[13]

---

13 John Calvin, *Institutes of the Christian Religion*, III.vi.4.

칼빈이 『기독교 강요』를 헌정한 국왕 프랑수아 1세(1515-1547). Joos van Cleve(1485-1541)가 그린 초상화.

불과 24살에 집필을 시작하여 26살에 출간한 『기독교 강요』에는 칼빈의 신학사상이 집약되어 있는데, 사도신경의 순서에 따라서 하나님, 성자, 성령 그리고 교회에 대해 차근차근 설명하고 있다. 칼빈의 신학은 정통의 기준'(orthodox', 즉 '정통'이라는 말은 'right teaching' 곧 '바른 가르침'을 뜻함)으로 사용되고 있다. 그가 사도신경, 니케아 신경, 아다나시우스 신경, 칼세돈 신조를 기초로 종교 개혁의 신학을 체계적으로 종합하였기 때문이다.

칼빈의 주 저서인 『기독교 강요』는 네 권으로 구성되어 있다. 각권의 주제는 성부 하나님, 성자 예수님, 성령 그리고 교회이다. 따라서 사도신경의 구조를 그대로 순서대로 설명한 것이다. 이러한 구성은 루터의 초기 교리 문답에서도 볼 수 있다. 그러면 그 주제들의 구체적인 내용을 살펴보자. 제1권의 주제는 창조주로서의 하나님이다. 칼빈에게 있어서 하나님은 항상 창조주이시며 초월자이시다. 그는 그분을 아는 지식과 인간에 대한 지식을 중요한 출발점으로 삼았다. 그러나 이 지식은 오직 성경에서 나온다. 삼위일체되신 하나님을 믿되, 창조와 섭리를 다루고 있다.

제2권에서는 구속주로서의 하나님을 아는 지식에 집중한다. 하나님이 구원한 인간과 죄, 율법, 구약 성경과 신약 성경의 연속성과 특수성, 그리스도와 그의 구속 사역에 관한 내용이다.

제3권은 성령의 감추어진 사역에 대하여 다루는데, 구원론의 여러 주제들 중에서 믿음을 그리스도의 은혜에 참여하는 제일 근본적인 방법이라고 강조하였다. 또한 중생과 그리스도인의 삶을 다루고 있는데, 성화가 칭의보다 앞서 거론되었다. 그리고 예정과 종말 사상을 다룬다.

제4권은 우리가 연약하기 때문에 필요한 외적인 은혜의 수단으로서의 교회를 다루고 있다. 제도적인 교회와 인간의 눈으로는 보이지 않는 교회를 동시에 취급하였다. 말씀의 선포와 성례의 시행과 더불어 특히 권징을 강조하여, 이것을 교회의 본질에 속한다고

칼빈의 모습.

하였다. 교회가 해야 할 목회 활동이란 설교, 성례의 집행, 교리의 교육, 권징에 의한 선한 질서 유지, 자선 행위들이다. 교회는 영적인 기관으로 정부와의 협조를 위해 기꺼이 노력하지만, 그러나 신앙의 고유 사항을 침해하는 경우에는 저항권을 갖는다고 주장했다.

칼빈의 교회론은 다른 여러 부분으로 확대 적용된다. 두 번째 제네바로 돌아온 1541년 칼빈은 '교회와 당회를 위한 규칙들'(Ecclesiastical Ordinances)을 시의회에 제출하여 관철시켰다. 그리고 확고한 신앙의 통일을 실현하기 위해서 피나는 투쟁과 노력을 기울임에 따라 제네바는 점점 질서있는 교회 생활을 회복하였다. 그 후부터 오늘날까지 시의 지배를 받지 않는 목회자와 장로가 참여하는 당회 중심의 교회가 자치권을 행사하는 것이 자연스럽게 받아들여지게 되었다.

칼빈은 하나님 앞에서의 경건한 생활을 목표로 하여 제네바 교회의 당회가 출교와 각종 징계 등의 강력한 권징을 집행하도록 함으로써 도시 전체가 이를 받아들이게 하려고 노력하였다. 따라서 엄격한 통제와

모든 생활에 대한 지나친 교회의 간섭에 불평하는 반대파들과의 대립이 끊이지 않았다. 그러다가 혼란 중에 오스트리아 비엔나의 감옥을 탈출하여 몰래 숨어들어와 있던 세르베투스가 잡혀 처형되었고(1553), 1555년 다른 반대파들이 추방됨으로써 비로소 제네바는 정치적으로도 안정과 평안을 되찾게 되었다.

제네바는 칼빈의 헌신적인 노력으로 개혁 교회의 구체적인 체제와 적용이 가능하게 되었고, 개혁 교회의 예배와 생활이 정착되었다. 이곳에는 프랑스와 이탈리아, 영국과 스코틀랜드에서 박해를 피해 몰려오는 많은 난민들이 계속 유입되었다. 칼빈은 사회적인 구제와 봉사에도 참여하여 가난한 피난민들을 돕는 재단을 설립하였고, 가난한 자들과 병든 자들을 위해 봉사하는 집사 제도를 정착시켰다. 또한 1559년에 세운 제네바 아카데미는 시민들의 자발적인 도움으로 건물을 마련하고 훌륭한 인재들을 배출하는 탁월한 업적을 남겼다. 유럽에서 가장 훌륭한 교사들을 보유한 학교이자, 가장 많은 학생들이 공부하는 학교로 발돋움하였다.

신학 방법론과 성경적 해석학

칼빈이 제시한 좋은 신학을 중심으로 하여 발전한 개혁신학은 성경에 충실한 학문이다. 인간의 사변이나 토론이 아니라 성경의 가르침에 입각하여 정리한 신학이다. 로마 가톨릭의 스콜라주의를 벗어나서 이러한 새로운 경향을 시도한 종교 개혁자들의 공통된 사상을 물려받은 칼빈에게 가장 중요한 책은 항상 성경이었다. 그리고 그 성경의 해석과 풀이를 위해서 그의 지성이 번득였다. 칼빈의 신학은 하나님의 말씀의 신학이었다. 그의 가장 첫 번째 목표는 성경에서 발견한 것을 충실하게

조직적으로 잘 표현하고 가르치는 데 있었다.[14]

신학 방법론

칼빈의 신학 방법론은 '바른 교리의 순서'(ordo recti docendi)를 정연하게 정리하여 이를 따라서 각 항목과 주제의 설명을 바르게 성경적으로 세우려는 데 있었다.[15] 'ordo recte dicendi'(설명의 정당한 순서 또는 표현의 바른 순서)라는 말은 칼빈이 『기독교 강요』(Institutio, 1539, vol. 2)에서 직접 사용한 말이다. 이 말이 1543년 수정본에서는 'ordo recte docendi'로 바뀌어졌다. 1536년 초판에서부터 1559년 최종 증보판까지 『기독교 강요』의 발전 과정을 살펴보면 이러한 주제별 집중 연구와 그 순서가 확연히 드러난다. 여기서 우리는 칼빈의 최종적인 신학적 결과가 발표되었음을 주목하게 된다. 칼빈은 끊임없이 주제를 재배열하는 노력을 기울였고, 그 주제에 대한 논쟁과 해설에 세심한 주의를 기울였다.

개혁주의 조직신학 초기 개척자의 한 사람으로 출발하여 가장 탁월한 신학 체계를 세운 칼빈은, 바른 교훈(institutio)의 형태를 취하여 그가 거론하고 다루려는 주제들을 세심하게 구조화하였다. 이것은 당시에 보편적이던 스콜라주의 신학 방법론, 즉 핵심 주제를 놓고 교리적으로 논쟁(disputationes)하던 방식과는 큰 차이가 있다.[16] 회의적이거나

---

14 Ronald S. Wallace, *Calvin, Geneva, and the Reformation* (Grand Rapids: Baker, 1988), 222.

15 Richard A. Muller, *The Unaccommodated Calvin*: Studies in the Foundation of a Theological Tradition (Oxford: Oxford University Press, 2000), 118.

16 David C. Steinmetz," Calvin Among the Thomists", in *Biblical Hermeneutics in Historical Perspective*, ed., Mark S. Burrow & Pual Rorem (Grand Rapids: Eerdmans, 1991): 198-214. James A. Weisheipl, O.P., *Friar Thomas D'Aquino: His Life, Thought*

철학적인 논증이 아니라, 교육적이며 가르침을 베풀려는 동기가 숨어 있는 것이다.

또한 모든 가르침과 교훈이 그 배열과 순서에서도 독특한 방식으로 드러나도록(methodus) 신학의 여러 주제들의 개념을 엄밀히 정립하고, 때로는 주제와 주제 사이를 서로 긴밀하게 연관지어 놓고 복합적인 구조와 이중적인 결합의 특성을 밝히려고 하였다. 예를 들어, 창조주 하나님과 구속주 하나님의 연결, 성경과 믿음의 연결, 중생과 칭의 사이의 연결 등이 대표적으로 손꼽히는 이중적 교리들이다.[17]

그러나 각 주제들 사이의 연결만을 강조한 것이 아니라, 사실은 『기독교 강요』를 뛰어넘어서 그의 주석과 연관성을 강조한 점을 주목하지 않으면 안 된다.[18] 신학 저술에서 칼빈은 체계화된 구성으로 성경의 교훈을 종합하였고, 각권의 주석과 설교에서는 깊이 있는 특정 구절의 설명에 충실하였다. 그러나 무작정 성경 해석으로만 그치지 않고, 이를 서론적으로 압축하여 주제에 따라서 다시 배치하고 성경의 핵심을 재구성하고자 한 것이 돋보인다.

수사학과 논리학을 훈련받고 휴머니즘의 영향을 입고 성장한 칼빈은 일생 동안 방법과 형식에 있어서 많은 흔적을 드러내는데, 그의 수사학의 초점은 단순한 설명이나 박식함의 과시(demonstratio)가 아니라 오히려 설득 또는 설복(persusio)에 있었다. 칼빈이 멜랑히톤의 방법에

---

and Works (Washington: Catholic University of America Press, 1974, 1983), 246-249.

17　*Institutes*, I,ii,1; I,vi,1; I,vii,4; III,iii,1.

18　Elsie Anne McKee," On Relating Calvin's Exegesis and Theology", in *Biblical Hermeneutics in Historical Perspective*, ed. Mark S. Burrows & Paul Rorem (Grand Rapids: Eerdmans, 215-226.

대해서 논박한 것은, 주제별 강론(loci communes)이 잘못된 것이라는 지적이기보다는, 성경에 대한 주석으로서(commentarius)는 자의적으로 생략하거나 확대하지 말고 순전히 본문을 따라서 엄격하게 저자의 뜻과 의미를 밝혀야 한다는 생각의 표현이었다.

계몽주의 시대 이후로 성경 해석학과 조직신학은 서로 독립된 연구 방법론을 고수하고 있으나, 이는 16세기 종교 개혁자들의 신학에서는 전혀 생각지도 못했던 일이었다. 성경비평학이 발달된 이후 주석가들의 입장과 주제별로 다루는 학자들 사이에는 지나치게 긴장감이 유발되고 거리감이 조성되었다. 그리고 교의학을 연구하는 사람들은 칼빈의 『기독교 강요』를 집중적으로 분석하면서, 그가 인용한 성구들은 그저 논리적으로 뒷받침되는 근거 구절로만 취급해 버리고, 논리적인 체계를 우선적으로 취급하는 오류를 범하였다.

신학과 주석과 설교의 상호 연결

칼빈은 자신의 최대의 임무가 성경의 충실한 해석 작업임을 깊이 인식하고 있었다. 그는 신학자로서 교리적 주제들을 설명하면서도 또한 자신이 주석가로서 성경 해석자임을 잊지 않고 함께 이 두 가지 임무를 접목시키고자 노력하였다. 그는 신학과 성경 전체 주석이라는 두 가지의 비전을 하나로 통합하고자 노력하는 독특한 연구 자세를 보여 주었다. 칼빈의 신학적인 체계화 작업은 방대한 설교와 성경 강해라는 기초 연구에서 피어난 산물이기도 했다.

칼빈의 신학과 주석을 서로 별개로 분리시켜서 항상 따로 생각하고, 그래서 결국 교리적인 신학을 연구하는 사람은 주석을 소홀히 취급하고 반대로 성경 강해를 연구하는 사람은 칼빈의 신학적인 서적을 소홀히 취급하는 경향이 있는데, 이것은 적어도 칼빈 연구에서만큼은 매우 잘못된 연구 방법이다. 칼빈의 신학과 성경 주석, 그리고 그의 설교는 서로 분리시킬 수 없는 유기적 연관성을 갖고 있다. 성경 주석에서 상세한 설명을 『기독교 강요』에서 찾아 볼 것을 권유하고 생략하는 경우도 많고, 반대로 『기독교 강요』에서 간단하게 마친 것은 성경 주석을 찾아 보라고 권하고 있다.[19]

칼빈은 보통 프랑스어로 설교하고 라틴어로 저술하였다. 제네바 당회록과 같이, 그가 직접 저술하지는 않았지만 깊이 관련된 자료들도 많이 남아 있다. 현재 칼빈의 사상이 담겨 있는 저술의 상당수, 아마도 약 3분의 2 정도는 아직도 라틴어와 프랑스어로 그냥 남아 있다. 그가 학문적인 글을 작성하고 펴낸 세월은 거의 33년에 해당하는데, 지금까지 저작의 양으로 비교할 때에 루터 및 찰스 스펄전 목사와 더불어 세계 3대 집필자의 한 사람으로 꼽히고 있다.

칼빈은 매년 약 1,000페이지에 해당하는 작품을 남겼다.[20] 주로 신학적이고 종교적인 주제만으로 그처럼 많은 저술을 남긴다는 사실은 그가 얼마나 총명하고 학문적으로 탁월하였는가를 여실히 증명하는 일이다. 컴퓨터나 타자기가 전혀 없던 시대에 이런 업적을 남긴 것은 타고난 성실성과 노력, 사명감에 불타는 집중력이 없이는 불가능한 일이라는 것을 증명하는 증거가 된다. 보통 사람들은 그저 일생에 전문 신학책 몇 권 정도를 읽을까 말까 하는 정도인데 반해서, 그는 끊임없이 연구하고

19　Calvin's Comm. on Acts 6:3, Rom.3:21; 3:28; 1 Cor. 1:1; 3:9; 3:14; 5:5; 9:5-6; 2 Cor. 4:17; 5:10; Eph. 3:18-19; 1 Tim. 2:6; 3:8; 1 Pet. 1:20.

20　인터넷의 발달로, 영어로 번역된 칼빈의 성경 주석 전체와 『기독교 강요』, 프랑스어로 된 중요한 설교 내용 전체를 볼 수 있다. www.calvin.edu.에 들어가면 미국 미시간에 소재한 '칼빈대학교' 부설 '칼빈 연구소'(Meeter Center for Calvin Studies)에 접속할 수 있는데, 여기서 누구나 쉽게 칼빈 저작의 전체 내용을 직접 읽어 볼 수 있다.

생각하였다.

칼빈이 남겨 놓은 편지에도 역시 성경적인 사상과 생각이 스며 있다. 4천여 통에 달하는 그의 편지는 단순한 안부나 신변 잡담이 아니라 신학적인 주제에 대한 예리한 판단이 주류를 이루고 있고, 어려운 문제에 대한 성경적인 해답이 그 핵심을 차지하고 있다. 그 가운데서 영어로 번역된 것은 모두 686편이다. 그가 편지를 나눈 사람들은 왕궁에 거하는 군주들, 왕비들, 귀족들, 로마 교회의 고위 성직자들, 학창 시절의 친구들, 각처의 개신교 지도자들이었고, 심지어 감옥에 갇힌 평범한 여성도들도 포함되어 있었다.

1540년 첫 성경 해석인 로마서에 대한 해석을 출판한 이후로, 그의 성경 주석들은 지금까지도 거듭 출판되어서 읽혀지고 있으며 매우 중요한 가치를 지니고 있다. 저술 중에 가장 많은 분량을 차지하는 것은 바로 이들 성경 주석이다. 그가 지병으로 인하여 사망함으로써 주석하지 못한 채 남겨 놓은 것은, 구약으로는 사사기, 룻기, 사무엘상 하(사무엘상 설교집은 출판됨), 열왕기상 하, 에스라, 에스더, 느헤미야, 욥기(설교집은 출판됨), 잠언, 전도서, 아가서 등이고, 신약에서는 요한2 3서, 계시록 등이다. 이 주석들은 성경의 75%에 해당한다.

신학 논문들은 대부분 당대의 문제를 파헤치고 해결한 글로서, 개혁신학의 적응성을 알려 주는 주목해야 할 작품들이 많다. 후대 학자들이 학술 논문의 대상으로 삼고 연구를 거듭해서 많은 박사 학위 논문의 연구 과제가 이러한 저술들에서 나왔다. 칼빈은 당시 재세례파, 로마 가톨릭, 동료 종교 개혁자들, 이중적으로 처신하던 니고데모 파들, 다른 반대파들에 대한 견해를 명쾌하게 밝혀 줌으로써 개혁신학의 방향타를 결정해 주었다.

그가 맨 처음 쓴 논문은 "영혼의 잠에 관하여"(Psychopannychia)인데, 사람의 영혼은 육신이 죽은 다음부터 부활 때까지 그냥 잠을 자고 있다는 재세례파의 주장을 논박한 것이었다. 교회 개혁의 필요성에 관한 논증, 국가와 교회의 관계, 예정론에 대한 논증, 균형 잡힌 성찬론, 로마 가톨릭의 유물 숭배, 트렌트 종교회의에 대한 반박문 등이 그러한 논문의 주제들이다. 이런 문서들도 항상 성경의 원리에 입각하여 논구하는 일관성을 유지하고 있다.

칼빈의 설교에는 건전한 설교자의 해석과 적용이 들어 있다. 건강할 때에는 매주 다섯 차례 설교했는데, 이러한 수천 편의 설교는 성경 강해의 모형으로 큰 영향을 미치고 있다. 대부분의 설교는 시사성과 현실성 때문에 한번 들으면 그 후로는 별로 유효성이 없는 법인데, 칼빈의 설교는 시대를 초월해서 지금도 감동을 주고 있다. 현재 2,304편이 남아 있는데, 그 중에서 800편은 목록에만 있을 뿐이고 도중에 제네바에서 처분해 버려 상실되었다.

인류 역사상 성경 전체의 해석을 책으로 출판한 사람은 그리 많지 않다. 칼빈은 개혁신학의 체계를 그대로 적용하여 신학생들에게 가르쳤고, 이를 책으로 출판하여 '성경 주석의 왕'이라고 불리고 있다. 그의 성경 해석은 후대의 길잡이가 되었다. 이것은 칼빈의 일생을 특징지으려 할 때에 바로 '성경의 사람'임을 간과해서는 안 된다는 말이다. 그는 성경에만 의존하여 그 해석을 가르치고 그 내용을 전파하고 성경대로 살다 간 사람이다. 기독교 신자나 목사의 직무란 모두 똑같이 성경에 입각하여 진리를 터득해야 함을 보여 주었다.

독특한 성경 해석의 면모들

칼빈의 모든 저술 속에서 성경 중심이라는 철저한 사고와 저술 태도를 접하게 될 때에 우리는 다음과 같은 몇 가지 중요한 성경 해석의 교훈을 깨닫게 된다. 그러나 칼빈의 성경 해석 방법론만을 따로 떼어서 신학 방법론과 분리시키려는 시도는 칼빈의 의도와 상충된다. 그는 교훈적인 주제의 연관성을 잊지 않고 신학 체계를 정리하고자 노력했음을 기억해야 한다.

첫째, 성경 주석가로서 칼빈을 연구하는 어떤 경우에도, 성경은 하나님의 계시로서 하나님께서 우리에게 자신을 낮추어서 말씀하신 책으로 인식했던 그의 확고한 인식을 소홀히 한다면, 실패하고 말 것이다.[21] 칼빈은 성경이란 우리의 상황과 수준에 맞도록 우리들의 이해 수준으로 하나님께서 낮아지신 것이라고 여러 차례 강조하였다.[22] 마치 박사 학위를 가진 학자가 유치원 아이들에게 하나님을 설명하려는 것과 같다. 하나님을 아버지, 선생, 의사로 표현하는 것들이 모두 이런 원리에서 나온 것이다.[23] 어린아이와 같이 무지하고 무식한 인간들을 깨닫게 하시고 도와 주시는 분은 성령이시다. 이성으로 성경을 풀이하여 논리적으로 답을 찾지 말고 비밀스럽게 역사하시는 성령님께 의존해야 한다.

둘째, 성경을 가능하면 간단하게 그리고 쉽게(brevitas et facilitas) 해석한다. 이것은 칼빈이 바젤 대학의 그리네오 교수에게 헌사한 서문에서 가장 합당한 성경 해석 방법론으로 두 사람이 서로 합의했음을 밝힌

---

21 Ford Lewis Battles," God was Accommodating Himself to Human Capacity", *Interpretation* 31 (1977): 19-38. Clinton Ashley, "John Calvin's Utilization of the Principle of Accommodation and Its Continuing Significance for an Understanding of Biblical Language"(Ph.D. dissertation, Southwest Baptist Theological Seminary, 1972).

22 *Institutes*, I.xvii.12:" God represents Himself to us not as He is in Himself, but as He seems to us, to accommodate to our weak capacity His description of Himself."

23 *Institutes*, I.xi.3; II.xi.2; II.x.6.

것이다.[24] 이것은 구약을 인용하여 신약에서 해석할 때에 성경 저자들이 보여 주는 방법이다. 칼빈은 이런 해석 방법을 그의 첫 번째 성경 주석인 로마서 주석 서문에서 명쾌하게 천명하였다. 루터와 부써의 방법은 지나치게 길어서 바쁜 목회자들이 핵심을 찾기 어렵고, 멜랑히톤은 너무나 짧아서 충분히 내용을 전달치 못하였다고 평가했다.

칼빈은 로마서 주석을 집필할 당시에 스트라스부르그에 머물면서 여러 면에서 많은 빚을 지고 있던 마틴 부써의 주석을, 당대 어느 누구도 따를 수 없는 근면과 박식함이 넘치는 귀중한 연구라고 매우 높이 평가하는 칭찬과 함께, 너무나 장황하게 성경 해석을 하고 있음을 과감하게 지적하였다.[25] 물론 훗날 부써의 요한복음 주석이 너무나 간단하여서 중요한 해석을 놓치고 있다고 판단하여 오히려 부써보다 긴 주석을 남기기도 했다. 더구나 부써는 도미니크 교단의 수도사에서 루터에게 감명을 받아 개신교로 넘어왔지만, 토마스 아퀴나스의 주석에서 많은 부분을 참고하여 채택하고 있었으므로, 칼빈은 이런 요소들을 철저하게

---

24 Calvin, *Commentarii ad Romans* (1540), xxvi. Richard C. Gamble," Brevitas et Facilitas: Toward Understanding of Calvin's Hermeutic", *Westminster Theological Journal* 47 (1985):1-17.

25 Martin Bucer, *Metaphrases et Enarrationes Perpetuae Epistolarum d. Pauli Apostoli Tomus Primus continens Metaphrasim et Enarrationem in Epistolam ad Romanos* (Strasbourg: Wendelin Rihil, 1536). 칼빈의 로마서 주석은 이보다 4년 후에 같은 출판사에서 나왔다. *Iohannis Calvini Commentarius in Epistolam Pauli ad Romanos* (Leiden: Brill, 1981); tr. Ross Mackenzie, *Calvin's Commentaries*: The Epistles of Paul the Apostle to the Romans and to the Thessalonians, ed., David W. and Thomas F. Torrance (Grand Rapids: Eerdmans, 1961), 2:" Finally, there comes Bucer, who spoke the last word on the subject with the publication of his writings. In addition to his profound learning, abundant knowledge, keenness of intellect, wide reading, and many other varied excellences in which he is surpassed by hardly anyone at the present day, this scholar, as we know, is equalled by few and is superior to very many. It is to his especial credit that no one in our time has been more precise or diligent in interpreting Scripture than he."

거부하였던 것이다.

로마서 주석에서 칼빈은 멜랑히톤이 간단한 주제 집중적 방법론(loci communes)을 주석에 도입한 것을 비판하였다. 그 이유는 성경을 보다 명백하게 이해하게 하려면 성경의 모든 요소를 놓치지 말고 설명해야지 너무나 간단하게 줄여서 제대로 설명하지 못했다는 것이다. 쉽고 분명하게 설명하면서도 본문에서 저자의 의도를 충분히 밝혀야 한다는 것이다. 물론 해석하는 사람들이 자신의 신학적인 지식을 덧붙여서 복잡하게 만들어서도 안 된다. 누가 읽어도 이해가 되도록 쉽고 간결하게 해석하려고 노력해야 한다.

그러나 간단히 한다고 해서 모든 것을 생략하고 몇 가지 핵심 주제만을 다루는 방법론을 지양하고 모든 성경구절을 한 구절도 빠짐 없이 해설해야 한다는 것이, 칼빈의 전체 주석과 전체 설교의 초지일관된 방법론이었다. 이것은 칼빈과 멜랑히톤의 중요한 방법론적 차이이며, 칼빈은 종종 그의 반대자들에 대하여, 예를 들어, 카스텔리오의 경우 전체 성경을 주의 깊게 상고하지 않음을 통렬하게 지적하였다.[26]

따라서 칼빈의 해석학적 방법론은 어느 한 극단에 치우지지 않는 '중간의 길' 또는 '중도 노선'(via meida)임을 어렵지 않게 확인할 수 있다.[27] 그의 창세기 주석은 루터처럼 너무 지나치게 길지도 않고, 멜랑히톤처럼 너무 간단해서 중요한 내용을 놓치지 않는, 즉 가운데 노선을 유지하

---

26 Timothy J. Wengert," 'We Will Feast Together in Heaven Forever: The Epistolary Friendship of John Calvin and Philip Melanchthon", in *Melanchthon in Europe: His Work and Influence Beyond Wittenberg*, ed. Karin Maag (Grand Rapids: Baker, 1999): 19-44.

27 Ford Lewis Battles, *Calculus Fidei: Some Ruminations on the Structure of the Theology of John Calvin* (Grand Rapids: Calvin Theological Seminary, 1978), 2.

고 있는 것이다.

셋째, 성경 각권의 저자가 주장하는 의도가 무엇인가 충분히 찾아 보려고 세심한 주의를 기울인다. 로마서 주석 서론에서는 본문의 논쟁점(argumentum), 분석(dispositio), 체제(scopus), 방법론(methodus)을 먼저 다루고 난 후에 각 구절의 해석을 시도하였다. 이런 서론적 분석이 그의 주석의 내용적 기초를 이루고 있다. 로마서의 논쟁점에서 독자들에게 칼빈은 서론적인 통찰력을 제시하는 바, 전체 서신이 의도적으로 또 방법론적으로 매우 잘 배열되었음에 주목한다. 그리고 이는 수사학과 변증학의 예술이자 모델이라고 극찬한다. 이와 같이 먼저 본문의 내용과 배열의 우수성을 설명한 다음에, 성경 속에 감추어진 모든 보물을 찾으러 들어가는 것이다.

성경 해석에서는 특정한 저자의 독특한 언어 사용의 습관을 깊이 고찰해야 한다. 성경 각권마다 문장을 잘 살펴보아야 한다. 설교자나 해석자의 의도를 이미 설정해 놓고 성경을 그 주제나 이념에 맞추는 것은 철저히 조심해야 할 일이다. 칼빈은 이런 분석의 결론으로, 히브리서는 바울이 쓰지 않았다고 보았다. 또한 베드로후서 3:16에서 "그 중에 알기 어려운 것이 더러 있으니, 무식한 자들과 굳세지 못한 자들이 다른 성경과 같이 그것도 억지로 풀다가 스스로 멸망에 이르느니라"고 말한 것을 근거로, 베드로후서 역시 베드로가 저술한 책이 아닐 수도 있다고 보았다. 그러나 이는 성경이 하나님의 감동으로 기록된 책임을 부인하는 것은 아니다. 각각의 문단에서 인간 저자의 목적과 의도를 조심스럽게 살펴 찾으려고 노력하면, 그 저자를 사용하여 말씀하시는 성령의 의도와 일맥상통하게 되는 것이다.

넷째, 교회의 전통화 작업을 과감히 탈피하고, 성경의 전통화 작업을 시도하였다. 칼빈이 성경 주석과 신학 작업을 하던 16세기는 전통을 거부하고 성경의 권위만을 강조하던 시대였다. 그렇다고 해서 전통을 버리는 종교 개혁자들이 제멋대로 자신들의 지혜와 학문에서 나온 독창적인 해석만을 고집한 것은 아니다.

최근 일부 칼빈 연구자들이 포스트 모던 비평 신학의 입장에서 16세기의 칼빈을 비판하는 경우가 있는데, 이것은 역사적 전통 속에 살았던 그 시대와 환경을 무시하는 것으로서 합당한 연구 태도가 아니다.

한 가지 실례를 들어 보면, 마태복음 18:15-18에 나오는 교회에 대한 해석에서 칼빈은 당대 교회가 내린 전통적 해석에 반기를 든다. 이 구절은 교회의 권징을 가르쳐 주신 예수님의 교훈으로, 교회에 대해서 두 번째 말씀하신 것이자 마지막 가르침이기도 하다. 어떤 사람이 죄를 범하면, 개인적으로 두세 사람이 찾아가서 은밀히 권면하고, 마지막으로 교회에 의뢰하여 치리하도록 하라는 말씀이다. 그런데 여기에 나오는 교회란 놀랍게도 목사와 평신도들의 대표로 구성된 장로들의 회의(the council of elders)라고 칼빈은 풀이하였다.

칼빈 이전의 로마 가톨릭 전통에서 교회란 성직자들만으로 구성된 특별한 공동체로 상징되었다. 이 점은 동방 정교회에서도 역시 마찬가지로 받아들여지고 있었다. 특히 동방 교회에서는 존 크리소스톰의 해석이 자주 인용되어졌는데, 이는 루터와 라이프찌히에서 논쟁을 벌였던 로마 가톨릭 신학자 요한 에크(Johannes Eck, 1486-1543)가 자신의 대표적 저술인『교본』(Enchiridion)에서 강조한 바이다. 16세기 전통을 고수하던 교단에서 주장한 공통된 견해는 교회만이 남을 꾸짖을 수 있다는 것인데, 그것은 곧바로 성직자를 의미하는 것이었다.

이에 반대하여 개신교 종교 개혁자들은 교회의 개념 속에 평신도들을 포함시켰다. 그러나 대부분의 개신교 신학자들은 이 평신도의 범위를 귀족이나 군주로 생각하였다. 루터와 쯔빙글리, 영국 성공회의 신학자들, 심지어 재세례파까지도 역시 이들 평신도 장로들이란 기독교 통치자들이라고 생각하였다. 칼빈은 마태복음 18:17의 주석에서(더 정확히 말하자면 The Harmony of the Synoptic Gospels, 1554) 기독교 군주들이 곧바로 여기서 말하는 평신도 지도자들 또는 장로들이라고 풀이하지 않았다. 그는 신약 성경의 교회를 가장 확실하게 닮아 가고자 하면서, 초대교회에 장로를 맡은 사람들 중에 세속적인 군주들이 들어 있지 않았음을 기억해야 한다고 역설했다. 칼빈은 본문에서 그리스도가 말씀하시던 역사적 상황을 벗어나서는 안 된다고 보았다. 권징의 말씀을 가르쳐 주실 때에 예수께서는 당시 유대인들의 '습관'(custom)으로 쉽게 이해될 수 있던 내용으로 말씀하신 것이다.[28] 적어도 유대인들의 산헤드린 공회를 생각하면 된다는 것이다.

아직 교회가 분리된 공동체로서 태동되지 않았으므로, 칼빈은 예수께서 유대의 산헤드린 공회를 지적하여 가르쳐 주신 것이라고 보았다. 이 회의는 정치적인 권세를 가진 기관이 아니라 신앙적인 문제를 다루는 기관으로, 평신도들이 대표자로 참석하였다. 따라서 칼빈은, 16세기 개신교 신학자들의 주장과 같이 군주들이 교회의 권징에 참여하는 것이 바른 해석이 아니라, 회중을 대표하는 일반 평신도가 선출한 장로들이 이를 맡아야 한다는 것을 지적한 것이다.[29]

이를 반증하는 또 다른 성경 해석은 고린도전서 5:17을 살펴보면 잘 드러난다. 교회는 잘 다스리는 장로를 존경해야 하며 가르치는 이들을 더욱 존경하라고 하신 말씀이다. 여기서 칼빈은 가르치는 장로와 다스

---

28 Institutes, IV.xii.2. IV.xi.4, IV.xi.1.

29 Elsie Anne McKee, *Elders and the Plural Ministry: The Role of Exegetical History in Illuminating John Calvin's Theology* (Geneva: Librairie Droz, 1988): 34-36.

리는 장로라는 두 종류의 장로가 있음을 설명하였다.

로마 가톨릭에서는 개신교의 해석을 거부하면서, 모든 성직자들이 다 가르치고 있는 것이 아니므로 여기서 말하는 장로들이란 모두 다 성직자들이라고 강조하였다. 토마스 아퀴나스의 디모데전서 주석에 나오는 장로의 임무를 살펴보면, 가르치지 않으면서도 교회 행정과 치리를 담당하는 주교에 대해서 아무런 문제를 제기하지 않았음을 알 수 있다. 로마 교회에서는 평신도 장로라는 것은 생각조차 할 수 없는 일이었다.

이에 의문을 제기한 것이 16세기 종교 개혁자들이었다. 물론 개신교 신학자들도 장로들이 모두 다 설교하는 것이 아님을 받아들이지만, 성찬만을 집행하고 하나님의 말씀을 가르치거나 설교하지 않는 성직자에 대해서는 받아들이지 않는다. 바울은 말씀에 전념하는 설교자들과 가난한 자들을 구제하는 집사 직(딤전 3:1-13, 빌 1:1)을 구분하여 가르쳤다. 그러나 루터와 쯔빙글리는 이 구절에 나오는 두 종류의 장로란 설교하는 목사들과 다스리는 군주들로 나누어진다고 풀이하였다. 반면에 칼빈은 디모데전서 1:17에 나오는 두 종류의 장로를 설명하면서, 하나는 가르치는 목사들이며, 다른 하나는 다스리는 장로들 곧 평신도 장로들이라고 설명하였다. 이 구절은 평신도 장로들의 독특한 역할을 구별하여 강조한 것이며, 세속적인 권세를 장악하고 있는 군주나 영주들을 의미하는 것이 아니었다.[30] 이처럼 칼빈은 본문과 당대의 주석들을 읽으면서 끊임없이 성경을 공부하였다.

---

30 *Institutes*, IV.iii.8(장로직의 개념); IV.xi.1(성경적인 문맥 검토); IV.xx.4.(세속 권세에 대한 해석).

그리스도 중심의 예언과 성취

거의 모든 칼빈의 성경 해석에는 그리스도가 중심에 자리하고 있다. 다시 말하면 복음의 핵심인 그리스도를 드러내려는 노력이 두드러지게 나타난다. 구약 성경을 해석할 때에도 이런 일관된 견해가 돋보인다. 학개, 스가랴, 말라기 등의 예언서에 대한 설명에서 칼빈은, 이들 선지자들이 당시의 임박한 사건들만을 예언한 것이 아니라, 더 의미를 확대하여 그리스도에 관해 증언하였다고 풀이하였다. 물론 신약 성경에서도 메시야 되시는 그리스도를 통해서 성취된 구약의 예언들을 밝혀 주려고 노력하고 있다.

그러나 지난 20년 동안 칼빈의 해석학적 방법론에 대한 연구가 새로운 중흥을 맞이하였다고 해도 과언이 아닐 정도로 쏟아져 나왔지만, 이러한 칼빈의 가장 핵심적인 성경 해석 방법론인 그리스도 중심의 해석을 밝혀 준 연구는 그리 많지 않았다. 다시 말해서 칼빈학자들이 쌓아 놓은 해석학에 대한 연구는 대부분 칼빈이 어떤 해석학적 전통에서 영향을 입었는가에 대한 것이었다.[31]

---

31 Thomas H.L. Parker, *Calvin's New Testament Commentaries* (Grand Rapids: Eerdmans, 1971). idem, *Calvin's Old Testament Commentaries* (Edinburgh: T. & T. Clark, 1986). Alexandre Ganoczy & Stefan Scheld, *Die Hermeneutik Calvins* (Wiesbaden: Franz Steiner Verlag, 1983). T.F. Torrance, *The Hermeneutics of John Calvin* (Edinburgh: Academic Press, 1988). Antony G. Baxter," John Calvin's Use and Hermeneutics of the Old Testament"(Ph. D. dissertation, University of Sheffield, 1987). Michael Carl Armour," Calvin's Hermeneutic and the History of Christian Exegesis"(Ph.D. dissertation, University of California, 1992). David L. Puckett, *John Calvin's Exegesis of the Old Testament* (Louisville: Westminster, 1995). Gilbert Vincent, Exigence EA Athique et Interpreatation dans l'Oeuvre de Calvin(Geneve: 1984). Benoit Girardin, *Rheatorique et Theaologique: Calvin, le Commentaire de l'EApitre aux Romains*(Paris: 1979). David Steinmetz, *Calvin in Context* (Oxford: Oxford University Press, 1995). Frintz Büsser," Bullinger as Calvin's medel in Biblical Exposition: An Examination of Calvin's Preface to the Epistle to the Romans", in

종교 개혁자 칼빈은 분명히 로마 가톨릭의 영향을 받고 성장한 사람이다. 그러므로 그의 학문에는 16세기 초엽의 로마 가톨릭의 흔적이 전혀 없다고 말할 수는 없다. 그래서 칼빈이 영향을 받았음직한 16세기 초기 성경 해석학의 상황을 광범위하게 제시한 가녹지의 연구에 대해서 무조건 거부할 수는 없다. 그러나 그의 관심사가, 칼빈이 로마 가톨릭에서 영향을 입어서 여전히 그의 해석학에도 그러한 영향이 깊이 배어 있다는 '연속성'과 '역사성'을 지나치게 강조하는 것에 대해서는, 의구심을 갖지 않을 수 없다.[32]

칼빈은 초대 교부들, 크리소스톰, 어거스틴, 제롬, 암브로스 등을 아주 많이 인용하고 참고하면서도, 이들을 잘못 해석하였던 중세 신학자들의 설명은 전혀 참고하지 않았다.[33] 따라서 가녹지와 같은 로마 가톨릭 신학자들의 주장에서는, 칼빈이라는 종교 개혁자의 사상 속에 항상 그를 키워 준 로마 가톨릭의 영향이 남아 있다고 해석하려는 계산된 목표를 보게 된다.

파커의 칼빈 주석에 대한 많은 연구서들도 역시 그러한 연속설을 폭넓게 채택하고 있다. 파커는 적어도 칼빈이 16세기 초반 프랑스 파리의 로마 가톨릭 학교에서 수사학을 공부하였다는 점에서, 개신교 성경 해석학과 기독교 전통 방식의 유사성에 주목한다. 유럽에서는 리라의 니콜라스(Nicholas of Lyra)가 제시하는 이중 문자적 모형(the double-

---

In Honor of John Calvin, ed. Edward J. Furcha (Montreal: McGill University Press, 1987): 64-95. Susan Schreiner," Through a Mirror Dimly: Calvin's Sermon on Job", *Calvin Theological Journal* 21 (1986): 175-193.

32 Ganoczy, *Die Hermeneutik Calvins*, 144-154.
33 David C. Steinmetz," Paul", in *The Bible in the Sixteenth Century*, ed. David C. Steinmetz (Durham: Duke University Press, 1990): 100-118.

literal pattern), 파버 스타퓨렌시스(Faber Stapulensis)의 문자적 예언적 모델(the literal-prophetic model), 언어학적 수단들을 완전히 연구하도록(the mastery of philological tools) 강조하는 에라스무스의 어원학적 방법, 그리고 부쎄, 불링거, 멜랑히톤 등이 주로 사용한 교리적 방식(the doctrinal mode)이 널리 알려져 있었다. 게다가 16세기 초기 신학 방법으로서 널리 영향을 발휘했던 루터와 외콜람파디우스의 해석학적 방법론도 빼놓을 수 없을 것이다.[34]

이러한 16세기 초반의 해석학적 흐름 속에서 칼빈이 주로 채택한 방법론과 다른 학자들의 그것을 비교할 때에, 성경을 기술한 저자들의 역사적인 상황을 강조한 칼빈의 주장은 매우 돋보인다. 칼빈은 에라스무스로부터 완전히 결별하여, 한편으로는 성령의 조명하심(mens Spiritus sancti)을 지성적인 연구보다 중요시하고 성경에 있는 역사성을 고찰하는 데 주력하였다. 그리고 칼빈은 성경 본문의 단순한 문자적 의미를 밝히고자, 리라의 니콜라스나 다른 해석자들이 가지고 있던 알레고리칼한 해석을 거부했다. 그리고 부쎄, 불링거, 멜랑히톤의 교의학적 방법론을 채택하지도 않았다. 그 후 파커의 상황적 분석은 많은 학자들의 지지를 받았다. 파커와 유사한 입장에서 끌라비에르(Henri Clavier),[35] 비셔(Wilhelm Vischer),[36] 지르아르댕(Benoit Girardin),[37] 크라우스 교수 등도

---

34 Henri Strohl," La meathode exeageatique des Reaformateurs", in *Le probleame biblique dans le Protestantisme*, ed. J. Boisset (Paris: 1955), 98.

35 Henri Clavier," Calvin commentateur biblique", in *EAtudes sur le calvinisme*, ed. H. Clavier (Paris: 1936): 99-144.

36 Wilhelm Vischer," Calvin exeage`te de l'Ancien Testament", *La Revue Reformeae* 18 (1967): 1-20.

37 Benoit Girardin, *Rheatorique et Theaologique: Calvin, le Commentaire de l'EApitre aux Romains* (Paris: 1979): 76-81.

칼빈의 해석 방법론에는 중세 말기와 16세기 초반의 영향이 지대하다는 견해에 동조하고 있다.

크라우스는 칼빈의 해석학적 원리를 상당히 교리적으로 분석하여 다음 여덟 가지로 요약하였다.

① 명료성과 간결성의 추구.
② 저자의 의도를 결정하도록 노력함.
③ 저자 당시의 역사적 상황에 관심을 가질 것.
④ 간단한 문법적 의미를 기초로 할 것.
⑤ 문맥 속에서 구절의 의미를 이해할 것.
⑥ 저자의 의도를 따라서 성경적인 단어를 해석할 것.
⑦ 상징에 대해서 관심을 가질 것.
⑧ 모든 성경에서 그리스도를 중심으로 인식하고자 노력할 것.

간결성과 명료성에 대해서는 이미 설명했으므로, 크라우스가 주장하는 몇 가지 중요한 내용을 간추려 보면 다음과 같다.

칼빈은 성경이 쓰여진 역사적 지리적 제도적 상황을 면밀히 검토한다. 성경은 우리의 상황과 다른 시대에 쓰여진 책이다. 따라서 각 책의 배경을 잘 살피고 관습을 익숙히 알아야 성경을 따분하고 죽은 책으로 대하지 않게 된다.[38]

칼빈은 성경에 쓰인 단어의 근원적인 의미를 찾는다. 성경에 사용되

---

38 Hans Joachim Kraus," Calvins exegetische Prinzipien", *Zeitschrift für Kirchen-geschichte* 79 (1968): 329-41;" Calvin's Exegetical Prinzpien", tr. Keith Crim, *Interpretation* 79(1968):8-18.

는 언어에 담긴 참 의미를 알기 위해서는 히브리어와 헬라어 단어를 사용하는 뿌리를 파악하는 일이 중요하다. 일반 성도들로서는 불가능한 일이므로 전문 연구자들에게 의존하게 되는데, 연구자들의 신학 사상을 면밀히 검토해야 할 것이다. 한 어휘의 사전적 의미와 보통의 용례를 살펴보고 근원을 살펴서 해석하여야 한다. 성경의 각 부분에서 문맥과의 연결 상황을 자세히 살펴본다. 성경을 인용하더라도 앞과 뒤의 아무런 연관 없이 사용한 후에 얼마든지 성경에서 나왔으니 그것을 따르라고 주장할 수도 있다. 그러나 같은 단어라도 문맥에 따라서 얼마든지 달리 사용될 수 있다. 예를 들어, 낡은 가죽 부대에 새 포도주를 담는다는 구절에서 문맥을 무시해 버리고 낡은 가죽 부대는 20세기를 의미하고 새 포도주는 21세기를 의미한다거나, 낡은 가죽부대는 여당이고 새 포도주는 야당이라고 억지를 부리는 일 따위가 그렇다.

성경에 사용된 상징적 표현을 해석할 때에는 제멋대로 상상하는 풍유적 해석도 잘못이요 지나치게 문자적으로만 매달리는 해석도 배격해야 한다. 때로는 일반적인 원리를 적용하지 않고 특수한 해석을 찾아야 한다. 성경에는 비유와 은유와 직유 등 문장 기법이 많이 등장한다. 알레고리(풍유)란 매우 신령한 해석처럼 보이고, 매우 고차원적인 해석처럼 보여진다. 그러나 비유나 은유를 지나치게 영적으로 해석하면 전혀 엉뚱한 내용을 강조하게 된다.

칼빈은 성만찬의 의미를 세우는 데 있어서 루터의 문자적 해석을 반대했다. 루터는 '이것은 내 몸이다'라는 말씀을 그대로 적용하여 주님의 몸과 피가 그 안에 실재로 내재한다고 주장했으나, 칼빈은 이를 받아들일 수 없었다. 본질과 상징 사이에는 분명한 구분이 있어야 하기 때문이다. 따라서 칼빈의 생각은 성경의 각 페이지마다 항상 그리스도의 관점으로 해석하는 것이었다.

구약 해석에서 모형론을 도입하는 것이 칼빈의 특징이다. 아담, 요셉, 모세, 다윗, 다니엘 등은 모두 다 그리스도의 모형이요, 장차 오실 그리스도의 면면을 보여 주었다. 동시에 그리스도께서 하신 말씀으로 구약을 다시 해석한다. 성경 해석의 열쇠는 예수 그리스도에게 있다. 그리스도야말로 가장 위대한 성경 해석자이다. 인간의 두뇌를 가지고 성경을 서로 맞추려는 생각은 매우 위험한 발상이다.

동시에 그는 성경으로 성경을 해석하고자 노력했다. 각종 예언, 비유, 은유, 모형, 직유, 상징적인 문학 표현 방법이 등장하는 만큼, 이것을 정확하게 밝혀 주는 유일한 비결은 다른 성경에서 이와 유사한 표현을 찾아 보는 방법이다. 성령께서 성경의 저자이기 때문에 같은 책에서 사용된 원리를 적용하면 가장 정확한 의미를 찾을 수 있다. 그리고도 알 수 없는 구절이 있다면 성경이 가르쳐 주시는 데까지만 생각하는 것이다.

그러나 이러한 칼빈의 해석학적인 원리들을 몇 가지 개념들로 요약하여 보고난 후 중세 해석학의 연속선상에 있다고 결론짓는 크라우스의 해석에 대해서는 동의할 수 없다.

리처드 뮬러 교수는 크라우스의 주장에도 동의할 만한 부분이 상당히 많지만, 중세 해석학의 방법을 칼빈이 받아들였다는 점에 대해서만큼은 강력하게 반론을 제기한다.[39] 크라우스가 칼빈의 해석학적 특징의 근거로 제시한 대부분의 구절들이 '로마서 주석 서문'에 들어 있는 그리네오에게 헌사한 대목에서 인용한 것이요, 그 외에는 주로 칼빈의 『기독교 강요』에서 찾아본 것이므로, 칼빈이 직접 성경 본문을 다루는 문

---

39 Richard A. Muller, "The Hermeneutic of Promis and Fulfillment in Calvin's Exegesis of the Old Testament Prophecies of the Kingdom", in *The Bible in the Sixteenth Century*, ed. David C. Steinmetz (Durham: Duke University Press, 1990): 100-118.

맥을 검토한 것이 아니라는 치명적인 약점이 있다는 것이다.

또한 뮬러 교수는 21세기 주석학자들이 알고 있는 성경 비평학적 해석 방법과 16세기라는 역사적 상황은 너무나 다르며, 칼빈 당시의 학문적 풍토를 너무나 무시해 버리는 논리적 비약이라고 반론을 제기하였다. 왜냐하면 적어도 칼빈의 성경 해석학이 발휘되던 시대는 본문 비평이나 역사 비평, 양식 비평이란 상상할 수 없던 때였기 때문이다.

따라서 우리는 칼빈의 성경 해석학에 담긴 가장 핵심적인 특징이자 독창적이며 복음적인 성경 해석의 패턴은, 그리스도 중심의 예언과 성취라는 패턴임을 강조하고자 한다. 칼빈의 주석 곳곳에서 우리는 구약 성경 예언자들을 통해서 주시는 하나님의 메시야적 약속과 역사적 성취, 그리스도 중심의 해석법에 주목한다. 칼빈은 그리스도의 범위(Scope of Christ)가 성경 전체에 광범위하게 들어있음을 복합적 해석을 통해서 드러내려고 하였다.[40] 본문의 문자적 해석을 통해서 간단하게 문법적 특성을 밝힌 후에, 그 구절의 다양한 예언적 성취를 고찰하여 서로 연결시키는 것이다.

이사야 주석 서문에서 칼빈은, 구약의 율법이란 선지자들에 의해서 '교회를 위한 영원한 규칙'으로 강조되었음을 주목한다. 율법은 삼중적인 의미를 가지고 있는데 '생활의 교훈', '특수한 약속', '그리스도에게서 발견되어질 은혜의 언약'이라는 것이다.[41] 다시 말하면 율법은 각각의 상황에 주어진 것으로, 생활의 교훈이자 약속이며 은혜로운 언약으로서 항상 불변하는 것이다. 따라서 그리스도 안에서 구원의 약속들이 성

---

40 'scope of Christ'라는 용어를 성경 해석에서 가장 자주 사용한 사람은 에라스무스였다. Marjorie O'Rourke Boyle, *Erasmus on Language and Method in Theology* (Toronto: 1977): 72-81.

41 Calvin's Comm. on Isaah 1:26-27.

취로 전환되어진다 하더라도 서로 충돌을 일으킬 것이 전혀 없으며, 더욱이 구약 성경의 역사의 점진성을 확실히 드러내는 것이다. 율법의 기준이 변함이 없듯이 약속의 기초와 본질은 변하지 않는 것이다(사 1:29, 렘 33:9).

약속과 성취, 그리스도 중심적인 내용을 드러내려는 해석 방법의 대표적인 예가 시편 78:70, "또 그 종 다윗을 택하시되"라는 구절의 해석에서 드러난다. 본문 말씀은 문자적으로 보면 다윗을 양을 치던 목동에서 왕의 권위에 올려 놓으셨다는 것을 의미한다. 본문이 강조하는 것은 다윗 왕국에 대한 하나님의 은총을 보여 주려는 말씀이다. 이는 또한 솔로몬에게까지 확장되는 축복을 포함한다. 뿐만 아니라, 비록 희미하나 그리스도에게서 성취될 하나님의 나라를 지칭하고 있는 것으로 본다. 따라서 이 본문은 제한적으로는 다윗에게 해당하는 말씀이지만, 다윗의 후손들과 그리스도에게로 확장되는 다양한 성취가 있음을 주목한다.

시편 2편의 해석에서도 역시 칼빈은 본문의 약속에 대해 주목하면서, 문자적으로 의미를 밝히되 약속의 원래 형태가 들어 있는 왕국의 한 유형이라고 풀이한다. 다윗의 왕국이 영원한 나라가 되리라는 서약 속에서 다윗 자신의 조건에 관한 선포는, 그리스도의 예언으로서 문자적 기능을 하는 것으로 본다.

다윗의 왕국에 적대적인 나라들에 대해서 개탄하는 다윗의 불만은 고대 이스라엘의 전쟁을 의미하는 동시에, 그리스도의 나라에 적대적인 모든 나라들의 대적자들을 의미하기도 한다. 열방이 분노하며 그리스도를 대적하노라고 다윗이 탄식한 시편에 대한 문자적인 해석이 들어 있으며 그리스도 안에서 시편의 예언들이 성취됨을 풀이한 사도행전 4:25-27은, 사도들이 처한 위험스러운 상황 중에서 나온 강력한 항거였다. 그리스도 안에서 성취될 하나님 나라의 최상의 모습들은 이미 다윗 왕국 시대에 부딪혀야 했던 시련 가운데서 최초로 나타났었다.

이 구절에서 이중적인 위로가 있음을 설명해 볼 수 있을 것이다. 세상의 진노가 일반적인 것처럼 그리스도의 나라의 번영에 대하여 방해하고 막아서려는 일이 있을 때에, 우리는 그것을 기억해야만 한다. 이미 아주 오래 전에 예언된 일이 지금 성취되는구나 하고 생각해야 한다. … 수없이 많은 적자들로부터 그리스도가 우겨싸여 고생한 것을 우리가 알고 있다면, 그들은 자신들이 이기지 못할 하나님과 전쟁을 하고 있는 사람들임을 기억해야 할 것이며, 따라서 그들의 시도는 아무 것도 성취되지 못할 것이요 아무런 효과를 거둘 수 없을 것이다. 따라서 이 교리가 복음 전체를 통해서 흐르고 있음을 우리는 배워야 한다.[42]

따라서 칼빈의 해석학은 구약에 예언된 것들이 단지 어떤 사건들을 통해서만 성취된다고 보지 않음을 알 수 있다.

교회의 치리권 확립과 제도 정착

일생 동안 칼빈이 남긴 업적 가운데서 '개혁신학의 정립'과 더불어 결코 놓치지 말아야 할 가장 중요한 공헌은, 구체적으로 그리고 실제적으로 개혁 교회의 제도와 법규를 정착시켜 놓았다는 점이다. 이것은 그의 피나는 투쟁과 노력으로 이룩된 것이다. 혹자는 칼빈이 제네바의 '독재자'라거나 '신정 통치의 권력가'로 착각하고 있다. 칼빈이 달성하려는

---

42 *Calvin's Commentaries*, Vol. IV, Commentary on the Book of Psalms 2:1-3(Grand Rapids: Baker, 1989, reprint), 12.

최선의 대상은 정치적 권력을 장악하여 사회를 전체를 바꾸려는 것이 아니고, 오직 성경적인 교회의 유익을 위하여 성경적인 예배의 회복과 제도의 개혁에 있었다. "하나님의 영광과 교회의 유익을 위해서 가장 좋은 것이 무엇인지를 바라는 것 외에 다른 욕심은 전혀 없습니다."[43] 그는 매사에 제네바 시의회의 반대와 씨름해야 했고, 인간의 판단으로 교회의 중요한 일을 결정하려는 세력과 맞서서 싸웠다.[44]

첫째, 칼빈은 목사의 안수를 비롯하여 성도들의 권징에 대한 결정에 이르기까지 교회의 조직과 독자적인 권한을 규정하는 내용을 '교회 법령'(Ecclesiastical Ordinances)에 확고히 제정하여 놓았다.[45] 그는 자신이 세운 이 원리에 따라서 교회를 활성화시키고 보호하는 교리를 확립하는 데 심혈을 기울였다. 물론 교회가 독립적인 파문권을 가지며 성도들을 권징한다는 원칙을 확고히 세우고 이것을 적용시키고자 노력하였다. 초기 제네바 사역시에도 이것을 제네바 신앙고백에 삽입하였고, 교회는 국가로부터 또는 시의 행정 당국의 지배로부터 벗어나서 자유롭게 행동해야 한다고 굳게 믿었다.

칼빈이 교회의 권징을 위임한 당회는 목사들과 그들의 동의로 임명된 12명의 장로들(시의원들)로 구성되었다. 당회는 정통 교리를 벗어나거나 도덕 규범을 위반한 사람들을 견책하고 출교할 권한을 가지고 있었다. 물론 이런 책벌은 대부분 6개월 이내에 용서를 받고 해벌을 받았

---

43 1541년 8월 칼빈이 파렐에게 보낸 편지. *Calvin's Selected Work*, vol. 4:281.

44 John T. McNeill," John Calvin: Doctore Ecclesiae", in *The Heritage of John Calvin*, ed. John H. Bratt (Grand Rapids: Eerdmans, 1973): 9-22.

45 O laf Kuhr." Calvin and Basel: The Significance of Oecolampadius and the Basel Discipline Ordinance for the Institution of Ecclesiastical Discipline in Geneva", *Scottish Bulletin of Evangelical Theology* 16 (1998): 19-33.

다. 당회는 세속적인 사법권과 견줄만한 정신적이요 영적인 재판권을 행사하였던 것이다.

이것은 마틴 루터의 독일 교회 형편과는 전혀 다른 독립적인 자치 도시에서 가능한 일이었다. 루터를 비롯한 독일 교회들은 제후들의 지배를 받고 있었다. 역시 프랑스나 다른 로마 가톨릭의 지배하에 있던 국가 체제하에서는 교회의 독립적인 권한을 보장받을 수 없었다. 많은 회의에 참석하면서 독일 교회의 체제에 대해 알게 된 칼빈은 루터 교회가 너무나 국가에 의존하고 있다고 판단했다.

역시 마틴 부써 또한 자신에게 맡겨진 지역 사회에 효과적인 권징을 교회에 도입하고자 1531년 이후 여러 번 시도하였다. 부써는 스트라스부르그에서 1534년에 제정된 법령에, 최종적인 권징의 선언인 파문권을 교회가 결정하는 것으로 명시하도록 만들었다. 그러나 그 적용에 있어서는 행정 관리들과 시민 권력의 대표자였던 일부 장로들의 반대로 유보되고 말았다. 칼빈은 스트라스부르그에 머물던 시절에 이미 제정된 '1534년의 교회 법령'을 적용하고자 끈질긴 노력을 계속하였고, 대다수 교구 성도들의 도움으로 인하여 자신이 담당한 지역의 권징은 그 도시의 여러 다른 지역들에서보다 더 큰 중요성을 부여할 수 있었다. 그러나 칼빈이 스트라스부르그 시절에 얼마나 자주 파문권을 행사할 수 있었는지에 대해서는 전혀 증거가 남아 있지 않다.

칼빈은 제네바로 돌아오자마자 '교회법령'을 시의회에 제출했고, 이는 1541년 11월 20일 공포되었다. 여기서 그는 네 가지 직분 제도를 개혁 교회의 모범으로 확고히 정착시켰다. 목사와 교사(오늘날의 신학 대학 교수), 장로, 집사 등 네 가지 직분론을 확립한 것이다. 이 직분들은 모두 교회의 유익을 위한 것이다. 칼빈은 항상 자신이 목사이기 때문에 정치적인 문제들에 개입하지 않도록 주의하였다. 그는 1561년 11월 이 법령을 다시 개정했으나, 자신의 이상을 모두 삽입시키지는 못하였다. 당회의 권한이 강화되기는 했지만, 그가 당회의 권한과 권징에 대해서 시 행정 당국자들과의 논쟁에서 완진한 승리를 획득한 것은 아니었다.

성령의 신학자

마지막으로 그 중요성에 있어서 결코 나중으로 빼놓을 수 없는 것이 칼빈의 신학에서 드러나는 역동성이다.[46] 그의 신학은 독자로 하여금 감화를 받게 하고, 새로운 마음으로 하나님을 대하게 만든다. 이것은 성령의 내적 증거라는 신학이 그의 사상 전반에 스며 있기 때문이다. 칼빈 신학이 지금도 영향력을 발휘하고 있는 이유는 그의 신학이 가장 성경적이기 때문인데, 특히 더 중요한 부분은 그 누구보다도 삼위일체 하나님의 외적 사역을 공정하게 강조하면서 다이너마이트와 같이 힘 있고 감화력을 발휘하는 성령의 사역을 되살려 내었기 때문이다. 그러므로 그에 대해서 보통 사람들은 전혀 생각지도 못했던 평가가 나오게 된다. 즉, 칼빈은 '성령의 신학자'라는 위대한 이름으로 불러야 한다는 것이다.[47] 어거스틴은 은혜의 신학자요, 토마스 아퀴나스는 성례의 신학자이며, 루터는 칭의의 신학자라고 하면서 칼빈의 위대한 공헌에 대해 강조하였다.

---

46 Kim Jae Sung, "Unio cum Christo: The Work of the Holy Spirit in Calvin's Theology" (Ph. D. dissertation, Westminster, 1998), 36.

47 Benjamin B. Warfield," John Calvin the Theologian", in *Calvin and Augustine* (Philadelphia: Presbyterian and Reformed Publishing Company, 1956), 487:" And above everything else he deserves, therefore, the great name of the theologian of the Holy Spirit."

워필드 박사가 이렇게 칼빈에 대해서 평가한 이유는, 칼빈의 신학 전반에 성령의 사역을 강조하는 내용이 매우 돋보이기 때문이라고 하였다. 특히 칼빈이 성경이라는 책이 하나님의 말씀이라는 사실을 증거하면서 성령의 내적 증거를 강조한 점, 그리스도의 구원 역사에 성령이 처음부터 마지막까지 권능으로 역사한 것을 지적한 점, 그리고 개인에게 주관적으로 그리스도의 은혜를 적용하시는 분이 성령임을 역설한 점이라고 하였다.

칼빈은 무엇보다도 스콜라주의와 이성주의적인 변호를 벗어나 성경이 왜 하나님의 말씀인가에 대해 변호하면서 이는 오직 성령의 내적인 증거라는 점을 강조하였다. 다음으로 칼빈은 그리스도의 구속 사역이 성취되는 모든 과정에서 역사하신 성령의 모든 권능 있는 사역에 주목하였다. 그리스도는 성령으로 잉태되셨고, 성령으로 세례를 받고, 성령에 이끌려서 광야에서 시험을 이기고, 성령의 기름 부음을 받고 권능을 행하고 말씀을 증거하였다. 그리고 승천하신 후에 우주의 왕으로서 성령을 선물로 보내셔서 예루살렘 교회를 세우시고, 전세계 사람들에게 구원을 선물로 주신다. 성령은 각 개인에게 내주하면서 개인적인 감화 감동을 주시며, 동시에 그 성도들의 모임인 교회 공동체의 예배, 기도, 찬송, 성찬에서 그리스도의 실재 임재를 체험케 하시는 분이시다.[48]

특히 성령은 예배와 성례를 통하여 그리스도와의 교제와 교통을 가능케 하신다. 그의 비밀스러운 역사로 인해서 성도들은 천상에 계신 그리스도에게로 이끌려 올라간다. 따라서 칼빈은 목사들에게 성도 개개인이 더 엄숙한 성찬식을 거행할 수 있도록 부탁했고, 합당하지 않은 자

---

48 김재성, 『성령의 신학자 론 칼빈』 (서울: 기독교문서선교회, 2014), 365-402.

들을 배제시키는 방안에 대해서 생각하도록 촉구하였다. 이런 목표를 달성하기 위하여, 성찬식이 있기 전에 미리 목사나 교구 목사와 면담한 성도들 외에는 어느 누구도 성만찬에 참석할 수 없다는 시행 규칙을 내놓았다. 어린이들을 위해서 의무적으로 교리 문답을 가르쳤고, 그들이 필수적인 신앙 지식을 습득할 때까지는 성만찬에 참례하지 못하도록 하였다.

성찬의 내용에 대해서도 루터파가 지나치게 가톨릭의 미사를 모방하고 있다고 생각한 칼빈은, 획기적으로 신약 성경의 내용을 성찬에 반영하였다. 가톨릭에서는 성만찬시에 빵과 포도주를 들고 예수님이 축사하는 부분과 나누어서 먹는 부분을 따로 떼어서 두 가지 의식으로 발전시켰다. 그리고 신부의 축사와 함께 빵과 포도주가 예수님의 몸과 피로 변환된다(화체설, transubstantiation)고 주장한다. 루터는 로마 가톨릭이 평신도들에게 빵만 나누어 주고 포도주는 나누어 주지 않는 것을 강력히 비판하고 이 둘을 모두 다 나누어 주도록 고쳤다. 그러나 가톨릭의 성만찬을 약간 변형시켜서, 주님의 실제 몸과 피가 빵과 함께 '안에, 속에' 들어 있다(공재설, consubstantiation)고 해석했다.

쯔빙글리는 이와 완전히 다르게, '이것을 행하여 나를 기념하라'(고전 11:24)는 말씀에 따라서 어떤 실제적인 접촉이 없이 단순히 기억을 되살리면 된다고 주장했다. 그는 그리스도의 몸이 하늘의 보좌에 앉아 계신데 어떻게 이 세상의 특정한 교회에서 시행되는 성찬식에 임재할 수 있느냐고 반문하였다. 루터가 주장한 그리스도의 인성의 편재설(ubiquity of Christ's humanity)을 부정한 것이다.

칼빈의 독창성과 탁월함이 드러난 성만찬의 해석은 '성령을 통한 그리스도의 실제적 임재'(real presence of Christ through the Holy Spirit)이다. 그래서 칼빈의 성만찬은 '임재설'이라고 요약된다. 그리스도의 부활하신 인성은 분명히 하늘에 계신다. 그렇다고 해서 우리가 주님과 함께 먹는다는 것이 불가능한 것은 아니다. 우리는 성령의 신비스러운 임재로 인해서 천상으로 끌어올려져서 마치 지상의 마지막 날 밤에 주님이 제자들과 실제적으로 함께 먹고 마신 것처럼 동일한 체험을 가지는 것이다.

우리는 주님의 몸의 상징으로 떡을 받고, 주님의 피의 상징으로 포도주를 받는다. 그런데 이는 주님의 실제 몸과 실제 피를 우리에게 주시는 것과 다를 바 없다. 그가 성령을 통해서 믿음으로 먹고 마시는 자에게 동일한 효과를 주시기 때문이다. "우리에게 있어서, 실제 임재하는 방법은 영적인 것이다. 왜냐하면 성령의 비밀스러운 능력이 우리와 그리스도의 연합의 띠가 되기 때문이다."[49]

그리하여 실제적으로 임재하시는 주님이 성도들의 믿음을 강화시키신다. 독일 하이델베르크 대학의 벨커 교수는 그리스도의 '인격적인 임재'라는 용어를 '실제적 임재'라는 표현으로 이해하면 더욱 분명하게 오해를 방지할 수 있다고 제시한다. "그리스도의 생명이 성찬식 과정과 별도로 빵과 포도주 자체 안에 현존하는 것이 아니라, 이중의 화해 사건이 일어나는 성찬식의 빵과 포도주 속에 임재한다. 성찬식에서 부활한 그리스도와 더불어 하늘로 고양된 그리스도가 임재한다. 그러한 그리스도와 더불어 부활 전 지상 예수의 전생애가 임재한다. 곧 성찬식 속에서 우리들은 완전히 예수 그리스도의 희생을 염두에 두고서 하나님을 찬양하며 공동으로 주고받으며 먹고 마신다. 성찬식 속에서 우리들은 완전히 예수 그리스도의 희생을 염두에 두면서 하나님과의 화해, 그리고

49　*Institutes*, IV.xvii.33." For us, the manner [of real presence] is spiritual because the secret power of the Spirit is the bond of our union with Christ."

제네바 대학 북쪽 기슭에 기욤 파렐, 존 칼빈, 베자, 낙스의 입상을 세워 종교 개혁자들의 자취를 되새기고 있다.

사람과 사람 사이의 화해를 축하한다."[50]

존 칼빈의 영향으로 인해서 개혁신학은 서구 유럽과 북미 대륙에 있는 개신교 교회 전체에 엄청난 감동을 불어 넣었고, 선교 사역을 통해서 세계 전역으로 퍼져나갔다. 스위스와 프랑스, 네덜란드 개혁 교회는 유럽 내의 모든 삶의 영역에서 광범위한 영향을 끼치고 있으며, 남아프리카와 북아메리카 그리고 장로교를 받아들인 아시아의 여러 나라에까지 퍼져나갔다. 칼빈의 제네바를 모델로 삼은 영국의 청교도들은 새로운 세계를 건설하기 위해서 신대륙으로 건너갔다.

---

50 Michale Welker, *Was geht vor beim Abendmahl* (Quell Verlag: Stuttgart, 1999); 임걸 역, 『성만찬에서 무엇이 일어나는가?』 (서울: 한들출판사, 2000), 142.

칼빈의 신학은 각 나라로 퍼져나가면서 그 나라의 전통과 환경에 따라 다양성을 갖게 된다. 시대에 따라서 또는 지역에 따라서 각자 처한 상황에 따라서 강조하는 부분이 다르고 질문과 해답의 방식이 달라졌다. 그렇다면 어느 것을 따라가야만 진정한 칼빈주의를 발견하고 찾아낼 수 있을 것인가? 어떤 체계가 순수한 칼빈의 신학을 계승한 것인가? 그저 칼빈의 신학을 답습하지 않으려 한다면 어디까지 허용할 수 있을 것인가? 우리는 앞으로 칼빈주의자로 자처하는 사람들 가운데 두 그룹을 발견하게 될 것이다. 그 하나는 칼빈보다 더 높은 칼빈주의자들로 (High Calvinists) 알려진 일단의 학문 경향으로서, 그 대표적인 출발은 그의 제자 테오도르 베자에게서 발견된다. 다른 하나는 낮은 칼빈주의자들로(Low Calvinists) 알려진 그룹이다.

케임브리지 대학의 교회사 교수 바실 홀의 충격적인 논문이 나온 이후, 칼빈은 그 이후에 나온 칼빈주의자들과는 매우 다른 신학을 가지고 있었다는 논쟁이 일어났다.[51] 그는 칼 바르트가 이해한 그리스도 중심적인 칼빈 이해도 잘못이라 하고 정통주의 칼빈 파의 해석에도 반대하였다. 칼 바르트를 따르는 일련의 칼빈 학자들이 칼빈을 바르트주의자의 한 사람으로 채색하려 한다는 것이다. 특히 니이젤, 토렌스, 켄달, 롤스톤 등 바르트주의자들은, 웨스트민스터 신앙고백은 칼빈을 왜곡한 것이요 자신들이 다시 칼빈의 신학을 회복하였다고 주장한다.[52]

---

51 Basil Hall," Calvin Against Calvinists", in *John Calvin*, ed. G.E. Duffield (Grand Rapids: Eerdmans, 1966), 19-37.

52 R.T. Kendall, *Calvin and English Calvinism to 1649* (N.Y.: Oxford University Press, 1979). idem," The Puritan Modification of Calvin's Theology", in *John Calvin: His Influence in the Western World*, ed. W. Stanford Reid (Grand Rapids: Zondervan, 1982), 199-216. Holmes Rolston III," Responsible Man in Reformed Theology", *Scottish Journal of Theology* 23 (1970): 129-56. idem, *John Calvin versus the*

이에 맞서서 영국의 폴 헬름 교수가 이를 반박하는 저술을 출판했고,[53] 리처드 뮬러 교수가 거듭 반박하고 나섰다.[54] 칼빈의 신학에는 구원의 확실성이 중요시되지 않았는데 후대에 칼빈주의자들이 그것을 개조하여 행위 중심의 자발주의를 주장하게 되었다는 해석에 반대한 것이다. 칼빈은 신앙을 단순히 이해나 지식 차원(apprehension)에서 추구한 것이 아니라, 에베소서 3:18-19의 인용을 통하여 확실성으로 구성되어 있다(the knowledge of faith consists of assurance)고 하였다.

신학의 방법론에서는 여러 다양한 주장들이 있을 수 있다. 이성적이고 논리적인 해석을 추구하느냐의 문제, 구원의 확신이 믿음의 본질적인 것이냐 아니냐의 논쟁, 신앙의 본질이 과연 능동적이냐 수동적이냐, 대속의 범위에 관한 논쟁, 언약의 위치에 대해서, 율법의 사용 여부, 작정의 순서에 대해서 등등 엄청난 토론이 아직까지도 지속되고 있다.

다만 여기서 저자가 강조하고자 하는 것은, 칼빈의 신학이 취급하지 않았던 후기 세대의 문제들을 가지고 훨씬 오래 전에 살았던 칼빈에게로 돌아가서 자신의 입장을 정통화하려는 것은 대단히 위험한 발상이라는 점이다. 비록 칼빈주의가 칼빈의 신학에 근거하여 발전되었다는 것을 부인하기는 어렵지만, 언제나 칼빈의 신학이 평가의 기준이어서는 안 된다. 오직 성경이 기준으로 사용되어야 하고, 이것이 진정한 칼빈의 모습이다. 그는 성경을 따르고자 했던 사람의 모범을 보여 주었고, 그래서 우리도 이러한 모습을 본받아 성경이 가르치는 신학을 추구하

Westminster Confession (Richmond: 1972).

53 Pual Helm, *Calvin and Calvinists* (Edinburgh: Banner of Truth, 1982). idem," Calvin and Covenant: Unity and Continutiy", *The Evangelical Quarterly* 55 (1983):65-81.

54 Richard A. Muller," Fides and Cognitio in Relation to the Problem of Intellect and Will in the Theology of John Calvin", *Calvin Theological Journal* 25 (1990):207-24.

고자 노력하는 것이요, 성경이 어떻게 답하고 있느냐를 스스로 묻고 찾아야 하는 것이다.

칼빈의 신학을 평가함에 있어서 개혁주의자들 또는 칼빈주의자들은 결코 칼빈을 위대한 영웅이나 교황, 심지어 개신교회의 독재자나 군주로 만들어서는 안된다. 이 점은 분명히 칼빈도 동의하리라 믿는다. 그는 시대의 아들이었고, 그가 모든 문제를 다 해결해 주는 것은 아니기 때문이다. 그럼에도 불구하고 지금까지 어떤 신학 서적에서든지 심도 있게 신학을 논의하는 중에 가장 많이 인용되는 것이 칼빈의 견해임을 부인할 사람은 아무도 없을 것이다.

칼빈은 로마 가톨릭의 영향에서 벗어나서 개혁주의 신학의 본질과 내용을 구성한 특출한 설계자요 그 기초를 놓은 공로자였을 뿐만 아니라, 아직도 프로테스탄트 전체의 방향을 결정지어 주는 항구적인 영향력을 발휘하고 있다. 칼빈은 모든 철학적이고 인문주의적인 이념들을 배제시키고 가능한 한 성경과 결합시키고자 했으며, 기독교 신앙의 객관성을 확보하려고 주력하였다. 그는 놀라운 체계와 통일성을 유지함으로써 루터와 쯔빙글리가 따라올 수 없는 확고한 토대를 마련하였다.

제6장

개혁신학의 정체성과 칭의론

서론

개혁주의 신학의 독특성과 정체성은 한마디로 구원론의 정립에서 나왔다. 구원은 오직 하나님이 보내신 예수 그리스도의 속죄를 믿음으로 고백하여 얻는다. 좁은 의미에서 개혁 신앙은 칭의론에서 확실히 나타난다. 칭의론은 교회를 세우기도 하고 무너뜨리기도 하는 조항으로 여겼다. 어떤 성도나 목회자가 개혁주의 신앙을 가지고 있다고 말하려면, 가장 기본적으로 칭의론에 있어서 성경적인 정립이 있어야만 하는 것이다. 루터와 칼빈은 모두 중생, 거듭난다는 것에 대해서 로마 가톨릭이 주장하는 주입된 은혜를 받아서 하나님 앞에 가치 있는 존재로 나타나게 한다는 것을 거부하였다. 현대 칭의론 논쟁의 흐름을 간략히 짚어 보고, 칭의론의 핵심을 세운 칼빈의 신학 체계를 구조적으로 분석해 보고자 한다. 칼빈은 믿음으로 그리스도의 의로움을 전가 받아 칭의와 성화를 동시에 얻는 '이중 은총론'으로 구성되어 있고, 이 두 가지 은혜는 '그리스도와의 연합'을 기초로 하고 있음을 강조한다.

칼빈의 칭의론

칼빈의 칭의론은 개혁주의 신학형성에 결정적인 영향을 끼쳤다. 칼빈의 칭의론은 큰 구조에서 볼 때에, 로마 가톨릭의 "트렌트 종교회의" 선언에서 나온 행위와 공로사상의 헛점을 성경적으로 배제하는 일관된 강조점을 가지고 있다. 성경이 가르치는 구원에 대한 가르침은 칭의론을 중심으로 전개되고 있으며, 초대교부들과 개혁주의 신학자들이 가장 중심적인 교리로 다루어 왔다. 칼빈은 『기독교 강요』 제 3권 11장에서 18장까지 칭의론을 다루면서 "교회를 세우느냐 무너뜨리느냐를 결정짓는" 가르침이기에, 로마 가톨릭의 '공로'사상에 맞서는 은총의 교리를 중심부에 놓았다. 제 3권 3장에서 10장까지에서 칼빈은 '칭의'에 앞서서 먼저 '성화'에 대한 설명을 제시하되, 의를 가져다 주는 믿음이라는 것은 결코 선한 행동을 빼놓고 말하는 것이 아니라는 점을 분명히 하였다.

믿음이란 하나님의 자비로우심으로 인해서 의를 가져다주는 도구이자 수단이지만, 여기에 거룩하게 하는 믿음의 역할도 포함된다는 점을 무려 133쪽이나 되는 분량을 할애하여 설명한다.[1] 개신교 신자들은

---

1 John Calvin, *Instittues* III:11," The theme of justification was therefore more lightly touched upon because it was more to the point to understand first how little devoid of good works is the faith, through which alone we obtain free righteousness by the mercy of God; and what is the nature of good works of the saints, with which part of this question is concerned." K. W··ubbenhorst," Calvin's Doctrine of Justification," in B. L. McCormack, ed., *Justification in Perspective: Historical Developments and Contemporary Challenges* (Grand Rapids: Baker, 2006), 117.

오직 믿음으로만 의롭다 하심을 전가받는다는 확고한 교리를 주장하면서도 동시에 거룩한 생활에 결코 무관심할 수 없으며, 영적인 나태함(spiritual slothfulness)에 대한 핑계를 대서도 안 된다.

교회의 예배와 기도는 예수 그리스도 중심으로 고백되고 진행된다. "예수 그리스도 안에서"라는 바울 사도의 강조와 표현은 종교 개혁자 요한 칼빈이 주목했던 문법이요, 또한 구원을 이해하는 핵심 구조였다. 우리가 그리스도에게 연합되어서 구원의 은혜를 입는 까닭에 구원론의 모든 측면들을 이해하는 기초가 된다.² 최근, 종교 개혁자들의 핵심 주제였던 칭의론이 최근 들어서 새로운 주목을 받고 있는 이유는 무엇보다도 이 주제의 중요성 때문이요, 또한 이 주제를 다루는 현대신학자들의 안목이 다소라도 성경에 근거한 경향으로 바뀌었기 때문이다.

따라서 현대 개혁주의 신학자들이 칭의론을 다루면서, 좀 더 포괄적으로 구원론을 체계화하면서 사도 바울이 "그리스도 안에서"를 164회나 반복하였다는 점에 주목하고 있다." 모든 성도들은 "그리스도 안에 있으면 새로운 피조물"(고후 5:17)이요, "이제는 내가 산 것이 아니요, 오

G. Hunsinger," A Tale of Two Simultaneities: Justification an Sanctification in Calvin and Barth," in C. Raynal, ed., *John Calvin and the Interpretation of Scripture* (Grand Rapids: Calvin Studies Society, 2006), 224. R. Seeberg, *Textbook of the History of the Doctrines*, tr. Charles E. Hay (Philadelphia: Lutheran Publication Society, 1904), 2:369-74. Thomas C. Oden, *The Justification Reader* (Grand Rapids: Eerdmans, 2002), 29-30.

2 John Murray, *Redemption: Accomplished and Applied* (Grand Rapids: Eerdmans, 1955), 201, 205. Anthony A. Hoekema, *Saved by Grace* (Grand Rapids: Eerdmans, 1989), 90. Lewis Smedes, *Union with Christ* (Grand Rapids: Eerdmans, 1983), xii. Richard B. Gaffin Jr." Union with Christ: Some Biblical and Theological Reflections," in *Always Reforming: Explorations in Systematic Theology*, ed. by A.T.B. McGowan (Downerss Grove: IVP, 2006): 271-88. idem, "Justification and Union with Christ," in *A Theological Guide to Calvin's Institutes: Essays and Analysis*, ed. David W. Hall and Peter A. Lillback Phillipsburg: P&R, 2008): 248-269.

직 내 안에 그리스도께서 사시는 것"(갈 2:20)을 고백하면서, 긴밀하고 영원한 관계 속에서 구원의 혜택을 누리며 살고 있는 것이다.

다시 칼빈의 칭의론을 요약하면, 세가지 기본 구도가 드러난다. 첫째 칼빈은 칭의와 성화가 분리될 수 없는 동일한 가치를 지닌 두 가지 은혜, 이중 은혜라고 주장했다. 핵심을 한마디로 요약하자면, 성화는 칭의의 목적이 아니다. 칭의는 행위로 말미암지 않지만 행위와 무관하지 않다. 둘 다 똑같은 원천에서 나오지만, 각각 분리되지는 않고 별도로 남는다. 그리스도께서는 자신이 거룩하게 하시지 않은 사람을 의롭다고 하시지 않는다. 그래서, 칼빈은 성화를 먼저 다루고 나중에 칭의를 다룬다. 둘째, 칭의의 내용에 대해서는, 사죄와 전가를 주장한다. 사람이 "본질로서가 아니라 전가에 의해서" 의롭다 하심을 받는다고 역설하였다.[3] 셋째, 칼빈은 그러한 근거로서 성화와 칭의가 그리스도와의 연합의 띠에서 나오는 유익이라고 역설한다. 그리스도와의 연합을 강조하고, 칭의와 성화 모두 다 그리스도가 자신 안에 모두 포함시킨다.[4]

그리스도인들은 하늘로부터 마치 "그리스도의 순결을 부여받은 것처럼 나타난다"고 보았다. 법정에서 의롭다고 선포되는 개념을 통해서 의인의 개념을 설명한다. 칼빈이 제시하는 칭의의 법정적 성격은 다음과 같이 정의한다:

> "그리스도와의 사귐 안으로 받아들여진 죄인이 그리스도의 은혜에 힘입어 하나님과 화목하게 되고, 그리스도의 피로 씻음을 받아 사죄를 받고 그리스도의 의를 마치 자신의 의처럼 옷입고, 그로써 하늘 법정

---

3 Calvin, *Institutes*, III.xi.2, 11.

4 Calvin, *Institutes*, III.xvi.1.

에서 확신을 가지고 서는 것이다. …그리스도의 완전으로 가리움을 받고 하늘 법정에서 조금도 의문이 남지 않도록 모든 얼룩이 깨끗이 씻겨진다."

칼빈이 『기독교 강요』(1559년 최종판)에서 가장 많은 장수를 할애하여 다룬 주제가 칭의론이다. 칼빈은 제3권 11장에서부터 18장까지 집중적으로 칭의와 선행의 문제를 다룬다. 특히 이처럼 집요하게 많은 장을 할애하게 된 배경에는 1539년 3월 프랑스 남부 카르팡트라스의 주교 야곱 샤돌레(Sadoleto)가 제네바 시 당국에 보내온 공개편지에서 다시 로마 가톨릭으로 돌아오라고 요청한 것에 대한 반론적 성격이 들어 있고, 루터파에서도 배척을 당하는 오시안더를 논박하려고 하기 때문이었다. 믿음으로 말미암아 구원을 얻는다는 이신칭의 교리는 종교 개혁자들의 기본 신조였다. 당연히 칼빈도 "행위로 말미암은 의"에 대해서 정면으로 반박하면서, 탁월한 논지로 『기독교 강요』 제13장 5절을 마무리한다:

"믿는 자들이 천국 유업을 소망할 수 있는 유일한 근거는 그리스도의 몸에 접붙임을 받음으로써 값없이 의롭다 하심을 받은 사실에 있다는 것을 확신해야 한다. 하나님의 호의를 되찾는 데 우리는 아무 것도 보태는 게 없고, 다만 우리에게 없는 것을 그리스도께로부터 받음으로 칭의에 관한 한, 믿음은 단지 수동적인 것에 지나지 않기 때문이다."

---

5   Calvin, *Institutes*, III.xvii.8.

루터와 칼빈의 칭의론이 본질적으로 같은 노선을 택하고 있지만, 루터가 거의 일방적으로 믿음으로 얻는 칭의만을 강조하는 반면에, 칼빈은 칭의와 성화가 떨어질 수 없는 동질의 가치를 지닌 것으로 하나님의 이중 은혜에 해당한다고 주장했다. 칼빈은 칭의란 하나님이 호의를 가지사 우리를 의인으로 받아주시는 그 받으심이라고 설명한다. 그리고 칭의는 사죄와 그리스도의 의의 전가(imputation of Christ's righteousness)로 구성된다고 풀이한다(제3권 11장 2절).

루터에게서 성도는 의인이자 죄인이라는 이중성을 띠게 되지만, 칼빈은 훨씬 더 담대하고 분명하게 성경을 따라서 증언한다. 거듭난 성도는 그리스도 안에서 완전히 새로운 피조물이라고 확신있게 선포한다. 그래서 칼빈의 칭의론은 훨씬 더 정교하고 세밀하게 정립되어 있다고 말할 수 있다. 믿음으로 의롭다 하심을 얻는다 말할 때에, 과연 우리 자신의 믿음을 내세우거나 키우거나 완전히 해야 하는가? 여기서 칼빈은 믿음이 일종의 행위라는 로마 가톨릭의 견해와 쯔빙글리가 주장하는 믿음의 완전 개념이나, 사람이 믿음으로 성령을 받고 그로써 의롭게 되기 때문에 믿음으로 의롭다함을 받는다는 극단적인 루터파 오시안더의 개념에 반대한다. 칼빈에 의하면, 우리 인간이 가진 믿음이란 빈껍데기와 같고 그 믿음의 대상이 되시는 예수님이 믿음으로 모셔짐으로 인해서 하나님의 은혜가 임하는 것이다. 스코틀랜드 칼빈학자 월레스 교수는 칼 바르트와는 완전히 다른 입장에서 칼빈의 칭의론이 가지는 중요성을 높이 평가하였다. 칼빈의 칭의론에서는 구원의 확신을 가질 수 있다고 본다. "우리의 선행으로 나타나는 우리를 향한 하나님의 호의의 증거들에 힘입어서 확실한 양심의 무결상태가 있다."⁶ 하나님의 의 곧 칭의가 우리 성도의 마음에 그저 묻힌 상태에서 버려진 채로 그냥 숨어있거나 덮여 있는 것이 아니요, 새생활로 표출된다. 생활이 청결하다면, 그것은 선택을 받았다는 증거일 수 있다. 물론, 이런 모든 증거들은 부차적인 것이요, 칭의의 근거나 토대가 될 수 없다.

칼빈의 칭의론을 다루는 곳에서도 우리는 경건의 신학을 발견한다. 하나님과의 관계에서 소망과 확신과 찬송을 강조하는 것이다. "믿음은 성부의 아름다운 이름을 주장하고 묵상할 때에만 비로소 참되다."

칼빈에 의하면, 칭의는 처음받는 순간부터 완전하다. 우리에게 옷을 입혀주시는 그리스도의 의가 완전한 것이기 때문이다.

결론으로, 칼빈의 이중 은혜와 연합사상이 주는 위로와 확신을 주목해야 한다. 칼빈은 예수 그리스도를 믿는 믿음으로 주어지는 의롭다 하심과 그리스도의 의로움을 믿는 자들의 것으로 인정해 주시는 '전가'(imputation)를 성경적으로 견고히 정립하였다. 특히 칼빈은 『기독교강요』 3권 11-18장에서 개신교 종교 개혁의 칭의론을 종합적으로 진술하였다. 칼빈의 칭의론, 그 첫 시작은 그리스도와의 연합(Union with Christ)이다.

> 첫째로, 우리가 반드시 이해해야 할 것은 그리스도가 우리 밖에 머물러 있는 한, 그리고 우리가 그분으로부터 떨어져 있는 한, 그분이 인류의 구원을 위해서 고난당하고 이룩하신 모든 것들은 소용없는 것이 되

---

6 Ronald S. Wallace, *Calvin's Doctrine of the Christian Life* (Grand Rapids: Eerdmans, 1982), 301.

고, 우리를 위해서는 아무런 효과가 없게 되는 것이다.[7]

바울 신학의 핵심 주제인 칭의론과 그리스도와의 연합의 교리를 개혁주의 입장에서 다루고자 한다면 우리는 먼저 구체적인 성경을 근거로 하는 칼빈에게서 시작해야 한다. 칼빈은 고린도전서 1장 30절을 근거로 하여, 예수 그리스도와의 연합과 그리스도의 의로우심의 전가를 핵심으로 제시하고 있다.

"너희는 하나님으로부터 나서 그리스도 예수 안에 있고 예수는 하나님으로부터 나와서 우리에게 지혜와 의로움과 거룩함과 구원함이 되셨으니"

의로움과 거룩함, 조직신학적인 용어로 하자면, '칭의'와 '성화'가 모두 함께 예수 그리스도 안에서 이루어졌고, 우리는 그것을 성령의 적용 사역으로 받아서 함께 누리게 된다. 칭의는 성화 이후에 따로 받는 은혜가 아니요, 성화와 거룩함은 인간의 공로나 업적으로 세워야 할 종교적인 성취가 결코 아니다. 이 둘은 구별은 가능하나 그러나 분리할 수 없는 이중적인 은혜(duplex gratia Dei)이다.[8]

칼빈에게 있어서 이 성경구절은 너무나 중요하였다. 그의 강조에 따라서 1559년에 세워진 제네바 대학교 입구에 "그리스도는 우리를 위하

---

7   John Calvin, *Institutes* III.i.1. "First, we must understand that as long as Christ remains outside of us, and we are separated from him, all that he has suffered and done for the salvation of the human race remains unless and of no value for us."

8   Mark A. Garcia, *Life in Christ: Union with Christ and Twofold Grace in Calvin's Theology* (Milton Keynes: Paternoster, 2008), 90.

여 지혜가 되셨다"라는 글자가 정면에 새겨져 있을 정도이다. 이 성경구절은 칼빈의 생애를 걸쳐서 성취하고 노력하고자 했던 바를 상징적으로 써 놓은 것이다. 1539년 칼빈은 고린도전서 1:30을 새로운 개정판 『기독교 강요』 제3권 16장 1항에 구체적으로 풀이하여, 칭의론의 구조를 세우고 있다.

그리스도가 우리에게 의로움과 지혜와 성화와 구속으로 주어졌다. 따라서 그리스도는 의롭게 하시는 바, 동시에 거룩하게 만든 자들이 아니고서는 결코 그렇게 하지 않으신다.[9]

1550년대에 쓰여진 칼빈의 글 속에서 우리는 자주 고린도전서 1:30의 인용을 주목하게 된다. 그는 구원역사를 이해하는 가장 중요한 핵심 구조로 그리스도와의 연합을 강조하였던 것이다.

만일 거룩한 영으로 충만하신 그리스도가 우리와 연합되어져 있다면, 구원의 축복들은 당연히 믿는 자들에게 전달되어지는 것이기 때문이다. 칼빈은 로마 가톨릭에서 주장하는 공로사상과 선행에 근거한 구원의 성취가 얼마나 헛된 것인가를 바로잡으려 하였다. 그리스도의 의로우심으로 인하여서 우리 믿는 자들은 의롭게 되어졌고, 율법의 성취를 이룩한 것이다. 예수 그리스도 안에 충만했던 동일한 성령이 그리스도인들에게 이를 골고루 충만하게 나누어 주시는 것이다. 따라서 사도 바울의 진술 속에서 우리는 그리스도가 우리를 위하여 의로움과 거룩함과 구속이 되신 것이다.

첫째로, 이 구절에서 사도 바울이 가장 먼저 하나님 자신의 행동, 사

---

[9] Calvin, *Institutio*, III.xvi.i". Christius iustificat ... simul sanctificet."(For he is give unto for righteousness, wisdom, sanctification, and redemption. Therefore, Christ justifies no one whom he does not at the same time sanctify).

역, 성취를 근거로 하여 기독신자의 구원을 풀이하되, 기독론을 근거로 설명하고 있음에 주목한다. "하나님께로부터 나서"라는 구절이 바로 하나님 자신의 행동을 구원역사 진행에서 최초의 시작으로 보는 것이다. 둘째로, 예수 그리스도와 성도와의 연합을 핵심으로 제시한다. 기존의 유대적 구원관은 완전히 바뀌어졌다. 사도 바울은 하나님의 행동의 본질이 무엇이냐를 규명하는 바, "하나님은 예수 그리스도를 우리의 구원자로 삼으시고, 자신의 백성들을 위해서 구원이 그리스도 안에서 이루어지게 하신 것이다. 따라서 구원은 이제 마지막 과제로서 그리스도와의 연합이 문제가 되는 것이다."그리스도 안에 있는 것"이 구원이다.

사도 바울은 에베소서 2:8에서 가장 좋은 선물로서 예수 그리스도를 주신 것이요, 우리의 구원은 예수 그리스도 안에서 있느냐의 문제라고 지적하였다. 구원의 본질은 그리스도 예수 안에 있는 것이다. 구원은 아주 단순하게 그리스도 예수 안에서 머물러 있는 것이다. 구원을 얻은 자가 얻는 혜택과 축복들에 대해서 설명하면서도, 사도 바울은 그리스도 예수 안에 머물고 있는 자들에게 주어지는 것이라고 보았다.

여기서 우리 모든 성도들이 그리스도 안에서 있다는 점이 기독교 구원론에 서 결정적인 구조인데, 그리스도 안에 있는 자들에게만 특별한 은총 네 가지 혜택이 주어진다. 지혜(sopia), 의로움(dikaiosune), 거룩함(hagiasmos), 구속함(apolutrosis)이 연계되어서 나타난다.[10] 이 네 가

---

10 최근 신약학자들 사이에 이 구절을 놓고서 매우 독특한 해석이 있다. David E. Garland, *1 Corinthians* (Baker Exegetical Commentary on New Testament, Grand Rapids: Baker Academic, 2003), 79,' 지혜'를 다른 세 가지의 서론이자, 전치사적인 성격이라고 주장한다. Raymond F. Collins, *First Corinthians* (Collegeville: Liturgical Press, 1999), 112. 종말론적인 지혜가 되는 그리스도에게 초점을 맞추어서 강조하고 있는 대목이기에, 다른 세 가지는 그리스도 안에 있는 하나님의' 지혜'의 열매로서 보아야 한다는 주장을 펴고 있다.

지는 각각 예수 그리스도와의 연합에서 나오는 것이며, 서로 밀접한 관계 속에 있다. 에베소서 2:8의 은혜가 이 네 가지와 구별되기는 하나, 그러나 완전히 분리시킬 수 없다. 예수 그리스도와의 연합이 가장 기본이 되며, 그 파생적인 결과들이 지혜, 의로움, 거룩함, 구속함이다. 이 연합이 구원의 본질이요, 예수 그리스와의 관계를 통해서 그리스도의 의로움에 우리가 참여하게 된다.[11]

칼빈의 초기 사상을 집약한 "제네바 요리 문답" 속에서도 역시 그리스도와의 연합을 통해서 칭의와 성화라는 이중적 은총이 함께 성령의 역사로 전달되는 것임이 서술되어 있다. 특히 여전히 로마 가톨릭의 공로사상을 주장하는 삐에르 카롤리와의 논쟁에 관련해서 초기 칼빈의 사상에서 주목할 만한 것이다.[12]

> 우리는 그분의 영에 의해서 우리가 새로운 영적 본성으로 중생됨을 인식한다. 우리 육체의 악한 욕망들은 은혜에 의해서 죽임을 당하고, 그리하여 그것들은 더 이상 우리를 지배할 수 없다. 도리어 우리의 의지는 하나님의 의지를 향해서 평안을 느끼며, 그분을 기쁘시게 해 드릴 것이 무엇인가를 추구하고 그분의 길을 따라가고자 한다. 따라서 우리는 그분에 의해서 우리 자신이 그 힘에 의해 억눌려 있던 죄의 노예 상태로부터 풀려나며, 이 구원으로 인해서 우리가 선행을 할 수 있는 능

---

11 Richard Gaffin Jr." Justification and Union with Christ," in *A Theological Guides to Calvin's Institutes: Essays and Analysis*, ed. by David W. Hall and Peter A. Lillback (Phillipsburg: P&R, 2008); 248-269.
12 칼빈과 까롤리와의 논쟁에 대해서는 다음을 참고할 것. 김재성, 『칼빈의 삶과 종교 개혁: 나의 심장을 드러나이다』 (서울: 이레서원, 2003), 250-255.

력과 힘을 얻게 되었다.[13]

칼빈이 칭의와 성화의 긴밀한 연관성을 인식하고 있었고, 동일한 성령의 역사하심으로 그리스도와의 연합을 통해서 이를 주신다는 것은 야고보 샤돌렛에게 보낸 답변서에서도 발견되어진다. 칼빈은 종교 개혁의 칭의론이 선행을 약화시키거나 과소평가하는 것이 아니라, 믿음으로 의롭다 하심을 얻은 자들의 마땅한 의무임을 피력한다.

> 우리는 선행이 의롭다 하심을 가져온다는 것을 부인한다. 그러나 우리는 의롭다 하심을 얻은 자들의 삶에서 선행을 위한 풍부한 의무가 있음을 주장한다. 왜냐하면 의롭다 하심을 얻은 자들이 그리스도를 소유하고, 동시에 그의 성령이 없는 곳에는 그리스도는 결코 존재할 수 없는 것이기에, 값없이 의롭다 하심을 얻은 자들은 반드시 중생과 연결되어져 있음이 명백해진다. 따라서 그대가 믿음과 선행이 결코 분리시킬 수 없는 것임을 정확히 이해한다면, 사도가 가르친 바와 같이, 그리스도를 바라보아야 하며, 그는 우리에게 의로움과 거룩함을 주시는 분이시다. 따라서 믿음으로 의로움을 값없이 얻는다는 것을 우리가 주장하되 역시 그리스도를 얻는 것이며, 그리스도가 있으면 거룩한 영이 함께하는 것이요, 생명의 새로움을 영혼에게 재생시키는 것이다.[14]

---

13 Calvin, *Catechismus: Confessio Genevensum praedicatorum*: 동일한 내용이 프랑스어로 펴낸 것도 참고할 것: 영어판은 Calvin, Instruction of Faith, 43), 김재성, 『칼빈의 삶과 종교 개혁』230-2쪽에 제네바 신앙고백서 전문이 번역되어 들어있음.

14 Calvin, *Responsio to Sadoleto in Tracts and Treatises*, I:62, 김재성, 『칼빈의 삶과 종교 개혁』, 318. 김재성, 『칼빈과 개혁신학의 기초』(수원: 합동신학대학원출판부, 1997), 54-55를 참조할 것.

이상에서 우리는 칼빈의 구원론을 이해할 수 있는 바, 그가 지속적으로 고린도전서 1:30을 중요하게 붙잡고 있음을 알 수 있다. 성령으로 인해서 믿음을 통해서 믿는 자들은 그리스도와 연합되어지며, 의로움과 거룩함을 그리스도 안에서 얻는다. 따라서 이런 은총들은 구별은 되어지지만, 분리시킬 수 없으며, 전적으로 그리스도 안에서만 주어진다. 칼빈은 이런 은총들이 한꺼번에 동시적으로 주어진다는 것을 강조하였다. 선행을 수단으로 해서 의롭다 하심을 받게 되는 것이 아니다. 그리고 의롭다 하심을 얻은 자라고 한다면 그리스도의 거룩하심과 분리되어서는 안 된다.

바울 사도가 강조하는 "그리스도 안에서"는 모든 믿는 자들에게 주어지는 신비롭고도 영적인 연합이다. 이들 구원의 은혜들이 분리되어질 수 없다. 그리스도는 우리를 위해서 의로움도 되시고, 동시에 거룩함도 되신다. 이중적인 은혜가 그리스도와의 연합에 뿌리를 두고 있는 것이다.

이렇게 주장하는 칼빈의 칭의론이 주는 유익은 바로 구원의 확신과 위로이다. 성도들이 자신의 구원을 찾고 세우고자 할 때마다 경험하는 좌절과 불안을 해소시켜 준다. 자기 행위를 돌아보지 말고, 오직 하나님의 인자하심과 긍휼을 바라보라는 것이다. 또한 성도들은 의로운 자들의 선행을 생각할 때에, 아무 것도 자신들에게서 나온 것으로 생각하지 말라는 것이다. 아무리 훌륭한 행위라 하더라도 주님께서 그런 선행을 베풀도록 허락하신 것에 감사하라는 것이다. 감사한 마음은 하나님을 사랑하며, 그 사랑이 두려움을 물리치는 것이다. 그러므로, 그리스도인들은 예수 그리스도께서 이루신 일 때문에 확신과 담대함을 가질 수 있다. 마귀와 이 세상의 권력을 대항할 때에도 두려워하지 않는다.

바르트의 은혜 보편주의와 복음주의

시대가 바뀌어서 믿음이 마치 사람의 감정이나 사람의 노력에 의해서 시작되며, 더구나 구원에 기여하는 요인이나 행위가 될 수 있다는 생각이 확산되었다. 개혁주의 칭의론은 객관적이기에 아무런 감동이 없다는 식으로 외면을 당하고, 개인적이면서도 감정주의에 의존하는 쉴라이어막허와 체험주의자들인 오순절 은사주의가 등장했다. 하나님이 하시는 일을 기쁨으로 느끼고 체험하여야 한다고 주장한다면, 믿음은 하나님의 선물이지만 인간의 종교심과 크게 다르지 않다고 생각하게 된다.

최근 칭의론에 대한 혼돈은 그 저변에 개혁신학의 정체성에 대한 혼란에서 비롯된 것들이다. 개혁주의 신학을 고백하는 교회라고 하면서도 웨스트민스터 신앙고백서에 정립된 하나님과의 언약을 근본적으로 이해하지 못하는 가운데 행위언약과 은혜언약의 개념마저 내버리게 되었고, 율법과 은혜의 구별과 관계성을 곡해하는 각종 이론들이 개발되고 있다. 심지어 개혁주의 교회 내에서마저도 현대신학자들의 영향을 받아서 전통적인 칭의론에 대해 심각한 혼선을 빚고 있어서 크게 우려하지 않을 수 없는 상황에 이르렀다. 오늘날 일부 신약학자들을 중심으로 제기된 "바울 칭의론의 새로운 관점"(New Perspective on Paul's Justification)을 내놓으면서 전통적인 칭의론을 크게 위협하고 있다.

현대신학에서 칭의론이 크게 왜곡되기 시작한 과정을 들여다보면, 몇 단계의 중요한 신학의 변질을 발견하게 된다. 18세기 유럽 자유주의 신학자들만이 아니라, 복음주의 신학자들이 전통적인 칭의론을 허물고 있으며, 더 나아가 네델란드 개혁파 스킬더 (Klass Schilder, 1890-1952)와 드그라프 (S. G. DeGraaf, 1889-1955)가, 미국에서는 노만 쉐퍼드 등이 이미 상당부분 개혁신학의 내용들을 가지고 논쟁을 야기하여 왔다.[15] 현대신학의 흐름을 보면, 성경의 정경성을 부정하던 극단적인 자유주의 신학자의 시대가 끝이 나고 서구 유럽에 새로운 경향이 큰 영향을 미쳤다. 칼 바르트(Karl Barth, 1886-1968)와 에밀 부르너(Emil Brunner, 1889-1966) 등으로 이어지는 신정통주의가 큰 영향을 미치면서 광범위하게 '에큐메니칼 운동'이 전개되었다. 바르트는 칼빈을 비롯해서 16세기와 17세기 정통신학자들에서 인용하고 있지만, 한편으로 고전적인 관점에 대해서도 전혀 다르다.

바르트는 고전적인 개신교에서 율법과 복음으로 대비시키고, 행위언약과 은혜언약의 구별로서 하나님의 언약을 설명해오던 대조를 완전히 거부한다. 바르트는 '은혜'를 강조하였는데, 모세와 예수 그리스도라는 역사적 형태로 나타났다고 보았으며, 특히 하나님의 보편적 선택을 호의라고 풀이하였다. 바르트는 전통적인 선택설을 완전히 거부하고 개인적인 선택이란 없다고 하면서, 모든 사람이 그리스도 안에서 의롭다함을 얻는다고 하였다.[16] 바르트는 행위언약의 개념도 완전히 거부하

---

15 J. Van Genderen & W. H. Velema, *Concise Reformed Dogmatics*, tr. Gerrit Bilkes & Ed M. van der Maas (1992; Phillipsburg: P&R, 2008), 296. 헤르만 바빙크를 비롯한 화란 개혁주의 신학자들이 스킬더의 언약 신학을 반대하는 이유는 노아의 언약을 '자연언약'이라고 주장하기 때문이다. '자연언약'이 불가능한 것은 불신자들에게까지 일반은총이 있다고는 하지만, 그러나 하나님의 선하심과 인내하심은 특별은총을 받은 오직 그의 자녀들 밖에는 이해하지 못하기 때문이다. 그래서 자연언약이라는 설정을 받아들일 수 없는 것이다. John Murray, *Covenant of Grace: A Biblical Theological Study* (London: Tyndale, 1953); idem, *Collected Writings of John Murray* (Edinburgh: Banner of Truth, 1976-82): IV:216-60. J. Geertsman, ed., *Always Obedient: Essays on the Teaching of Dr. Klaas Schilder* (Phillipsburg: P&R, 1995).

16 Karl Barth, *Church Dogmatics*, ed. G. W. Bromiley and T. F. Torrance, 13 Vols. (Edinburgh: T & T Clark, 1936-62), IV.1: 516. Idem, *Community, State, and Church* (1960; Eugene: Wipf & Stock, 2004), 71-100.

고 그리스도 중심의 언약, 은혜의 언약 한가지만을 줄기차게 제기한다. 칭의와 순종 사이의 관계성을 평가절하고 행위의 언약, 더욱이 일반적으로 행위 원리를 완전히 배제한다.

바르트의 이런 주장들은 보편구원론이라는 비판을 받고 있고, 그의 신학이 영향을 미치는 신학계에서는 칭의론의 새 이론들이 다양하게 개발되게 하는 단초를 제공하였다. 이처럼 신정통주의가 확산되는 토양에서 세계 교회는 교파와 교단을 벗어나서 교리보다는 개인의 체험을 강조하는 '복음주의'가 파생되어 더욱 칭의론은 혼란에 빠졌다. 전통적인 신학사상과 교리와 교단을 벗어나서 독립적이며 무교파적인 목회 방법론이 등장하면서, 개혁주의 구원론과 칭의론이 희석되어진 것이다. 이들은 단순히 칭의론만을 문제 삼고 있을 뿐만 아니라, 사실은 개혁신학의 정체성을 위협하고 있고, 전체적으로 신학의 이해에 있어서 혼란에 빠지는 위험을 안고 있다.

복음주의가 등장하면서 종교 개혁의 뿌리가 희석되었다. 현대 한국 교회를 섬기는 설교자들과 지도자들은 로마 가톨릭의 오류에서 벗어나고자 했던 16세기 종교 개혁자들의 신앙을 계승하는 개혁주의가 무엇을 주장하고 있는가를 정확히 파악해야 하며, 거대한 정치그룹으로 등장한 '복음주의'와는 무엇이 다른가를 분별해야 한다.[17] 개혁주의 신학의 정체성은 다양한 흐름으로 나타나는 복음주의 운동과 전통적인 성경관의 옹호, 회심체험 강조, 예수의 복음이라는 기본적인 공통점이 있고, 깊은 연계성을 갖고 있다. 그러나 거의 대부분의 복음주의 진영 교

---

17 B. B. Warfield," A Brief and Untechnical Statement of the Reformed Faith". *Selected Shorter Writings of Benjamin B. Warfield* v. 1. John E. Meeter, ed. (Nutley, NJ: Presbyterian and Reformed, 1970); 407-410.

회들은 개혁주의 신학이 강조하는 '신앙고백서'들에 관심이 없으며, 하나님의 주권, 인간의 전적 타락, 믿음으로 인한 칭의와 교회론의 핵심요소들을 중요시 하지 않는다. 복음주의는 초교파와 개교회주의에 심취해 있고, 세속주의에 포로가 되고 있으면서도 세상과 교회 사이의 건전한 긴장관계에 주목하지 못하고 있다.[18] 복음주의는 전혀 다른 뿌리, 부흥운동과 은사체험을 강조하고 있다.

에큐메니칼 운동과 칭의론의 타협

교회사에서 볼 때, 20세기는 '교회일치운동의 시대'라는 칭호를 붙이고 있다. 사건과 행사로 볼 때에는 로마 가톨릭과 개신교와의 대화, '세계교회 협의회'의 출현, 각종 교파 연합운동 등이 가장 중요한 특징임에 틀림이 없다. 그러나 신학적으로 볼 때에 우리 시대는 '개혁신학의 혼돈'과 '개혁신학의 실종'이 초래된 시대라고 해도 과언이 아니다. 세계 신학계는 최근 몇 년 사이에 미국과 영국 복음주의 신학자들 중에 성경비평학과 해석학에 영향을 깊이 받은 이론가들을 중심으로 개신교 신학 체계를 갱신한다는 명분하에 칭의론의 재정립을 시도하고 있다. 루터파와 일부 복음주의 화해주의자들 사이에서는 로마 가톨릭과의 대화를 통한 칭의론의 동질화를 시도하고, '일치선언'을 발표했지만, 아직도 신학적 통일을 기대하기는 어려운 실정이다. 이들의 논쟁점을 들여다 보면, 현대 개신교 신학자들 사이에서도 의견일치가 되지 않고 있음

---

18 Cf. Michael Scott Horton, *Beyond Culture Wars* (Chicago: Moody Press, 1994); 『세상에 포로가 된 교회』, 김재영 역 (부흥과 개혁사), idem, *Made in America: the shaping of modern American evangelicalism* (Grand Rapids: Baker Book House, 1991).

이 드러난다.[19]

많은 로마 가톨릭 화해주의자들은 '트렌트 종교회의'(1545-1563)에서 정립된 칭의론을 전혀 개정하지 않으면서, 개신교 진영의 에큐메니칼 운동의 주도자들과 용어상의 차이를 좁히려는 노력을 한 것이다. 이미 칼빈은 이 문서의 문제점을 낱낱이 지적하면서 성경적으로 정립된 것이 아님을 밝힌 바 있다.[20] 로마 가톨릭 신학자들이 루터의 이신칭의를 정죄하고 대신에 '트렌트 선언'을 굳게 붙잡고 있으면서 개신교 진영과 대화를 나눈다고 할 때에 어떤 결과가 올 것인가?

상호의 이해를 도모함으로써 개신교의 칭의론을 인정하는 것도 아니요, 더구나 '행위'와 '선행'을 강조하는 로마 교회의 교리를 바꾸지도 않았다. 현대 로마 가톨릭 신학자들이 16세기 종교 개혁자들이 강력히 거부했던 트렌트 종교회의 칭의론을 포기하거나 넘어서려는 것이 아니라면 양자간의 대화는 불가능하고 단지 각자 자기주장에 머무를 뿐이다. 상호 입장 차이를 분명히 하기보다는 대단히 모호하고 불명확한 교리를 제시하여 개혁주의 칭의론마저도 혼돈에 이르게 되고 만다. 칭의론에 있어서 개신교 개혁주의 진영이나 로마 가톨릭 측이 모두 다 만족할만한 부분은 일반적인 선언에 그치는 큰 제목에서나 가능한 일이었지 상세한 성경적 설명에 대한 것이 아니었다. 양측이 참여하여 발표하고 그 결과를 발표하는 형식들은 매우 낙관적으로 보였으나, 결과는 양측 모두로부터 비판을 받고 말았다.

1999년 독일 아우구스부르그에서 종교 개혁 기념일에 로마 가톨릭

---

19 Mark Husbands and Daniel J. Treier, eds., *Justification: What's at Stake in the Current Debate* (Downers Grove: IVP, 2004). R. Scott Clark, ed., *Covenant, Justification, and Pastoral Ministry* (Phillipsburg: P & R, 2007).

20 김재성, 『칼빈과 개혁신학의 기초』 (수원: 합동신학대학원 출판부, 1997).

교회와 세계 루터파 연맹의 대표들이 "공동선언과 칭의교리"라는 문서에 서명하였다.[21]

예일대학교 신학대학원의 루터파 신학자 린드백의 '문화 언어학적 접근법'으로 지난 개신교 칭의론을 재해석해야 한다는 주장이 이 선언문의 배경에 담겨 있다. 로마 가톨릭 쪽에서 유난히 에큐메니칼 운동을 주도한 신학자는 미국에서 나왔다. 미국 워싱턴 디씨에 소재한 가톨릭 대학인 아메리칸 대학교에서 오랫동안 교수로 있다가 지금은 뉴욕 교구의 추기경이 된 덜레스라는 분이다. 이번 일치운동에는 그의 영향이 크게 반영되어 있다.[22] 그러나 이 문서는 로마 가톨릭 측의 공식적인 인정을 받지 못했고, 동시에 루터파 진영에서도 참가자들 이외에는 환영을 받지 못했다. 단지, 에큐메니칼 운동을 하는 사람들 사이에서만 오랫동안의 토론을 통해서 합의에 이른 획기적이며 기념비적인 '이정표'라고 주장되어지고 있을 뿐이다.

'공동선언'에 담긴 루터파와 로마 가톨릭 진영의 공동 인식은 더 이상 칭의론을 기초로 하여 상대방을 정죄하는 일은 없어야 한다는 것이다. 왜냐하면 칭의에 관한 기본 교리에서 상호 합의를 할 수 있기 때문이며, 서로 다르다고 알려진 특별한 주장들도 역시 관용할 수 있음이라 하였다. 여전히 쟁점으로 남아 있는 '트렌트 종교회의' 선언문과 교리들이 개신교회를 향해서 포고한 저주들과 이단선포를 의미없다고 선언하는 것도 아니었다.[23] '공동선언'은 대단히 포용적이요 정치적이다. 이제

---

21 *Joint Declaration and the Doctrine of Justification* (Grand Rapids: Eerdmans, 2000).

22 George A. Lindbeck, *The Nature of Doctirne: Religion and Theology in a Postliberal Age* (Philadelphia: Westminster, 1984). Avery Dulles," Two Languages of Salvation: The Lutheran-Catholic Joint Declaration," *Frist Thing* 98 (Dec. 1999).

23 *Canons and Decrees of the Council of Trent*, ed. by H. J. Schroeder (St. Louis:

는 16세기가 아니므로 종교 개혁 시대에 정죄한 것을 놓고서 의미없는 논쟁을 하지 말자는 것이다. 그러나 로마 가톨릭 신학자들이나 신부들 가운데서 그들의 전통과 선조들의 신앙고백에 집착하고 있는 자들에게는 무의미한 메아리일 뿐이다. 더구나 개신교 신학자들 가운데 종교 개혁의 정신을 성실하게 간직하고 선명하게 고수하고 있는 자들에게는 이 새로운 '공동선언'이란 도무지 '새로운 통찰력'이 되지 못한다. 신학의 갱신이 일어난 것도 아니요, '발전적인 교리'도 찾을 수 없는 그저 모호한 문서일 뿐이다.

'공동선언'에서 칭의는 "그리스도 그분만이 우리의 의로움이요" 우리는 오직 은혜에 의해서만 구원은 얻되, 오직 그리스도 구속사역에 대한 믿음을 가지고 있음으로 가능한 것이지, 우리의 선행이나 공로에 의존하는 것이 아님을 서로 합의하였다. 그런데, 여기서 한 걸음 나아가서 의롭다 하심을 얻은 자에게 주시는 값없는 선물로서의 믿음이란 누구에게나 선행이 전제 되거나 혹은 반드시 후속적으로 선행이 따라오는 것이라는 설명이 뒤따른다. "우리는 선행이 칭의에 따라서 오는 것이며, 그 열매라고 하는 것을 함께 고백한다"고 덧붙인다. 이렇게 함으로써 로마 가톨릭 진영에서는 루터파의 믿음과 칭의론을 배려하는 듯하게 하면서도, 결국 '선행'에 강조점을 두고 있는 것이다.[24]

칭의론에서 핵심으로 다루어야할 믿음으로 믿는 자들에게 주시는 그

Herder, 1960). *The Sources of Catholic Dogma*, ed. by Henry Denzinger, tr. Roy J. Defarrari (St. Louis: Herder, 1957).

24 *Joint Declaratin on the Doctrine of Justification*, 15." Whatever in the justified precedes or follows the free gifts of faith is neither the basis of justification nor merits it." 37:"We confess together that good works... follow justification and are its fruits."

리스도의 의로우심의 전가에 관한 설명은 전혀 거론조차 하지 않으면서도, "칭의는 죄의 용서이다. … 죄와 죽음의 압도하는 권세로부터 자유이다. … 율법의 저주로부터 자유이다. … 하나님과의 교통을 받아들이는 것이다"라고 매우 일반적이며 피상적인 개념규정을 하고 있다.[25] 죄의 권세로부터의 해방을 칭의론의 핵심으로 이해하는 것은 자칫하면 칭의와 성화를 혼돈하는 것이요, 이 두 가지 교리간의 관계에 대해서 대단히 모호하게 표명하여온 로마 가톨릭의 신학적 기조에 기초한 것이다.

'공동선언'에서는 칭의와 성화와의 관련성과 밀접함에 관한 설명이 아주 모호하다. 하나님께서는 죄인을 용서하시고, 죄의 노예된 권세로부터 자유함을 주시며, 새 생명을 심어주시고, 사랑을 가능하게 하신다. 이때에 종교 개혁자들의 표현과 이해에서 보면, 칭의와 성화로 나뉘어진다. 그런데 '공동선언'에서는 하나님의 어떤 행동이 칭의로 간주되며, 어떤 행동들이 성화에 해당하는지에 대한 명확한 구별이 없다. 종교 개혁자들에게 있어서 믿음은 수단이요, 이로 인해서 의롭다 하심을 받으며, 사랑은 칭의로부터 나오는 열매이다. 그런데 이번 '공동선언'은 그리스도의 의로움의 전가라는 핵심적인 알맹이는 완전히 빠져버리고, 칭의와 성화는 혼합시켜 놓고 말았다. 최근 논쟁에서 폴 레인보우는 '구원의 길'에서 인간의 순종이라는 요소를 강력하게 주장하고 있다. 그는 16세기 유럽의 종교 개혁자들, 특히 루터와 칼빈을 비판하면서, 이들이 믿음으로 얻는 칭의교리를 주장하면서 로마 가톨릭에서 힘쓰던 성화와 순종, 자발적인 참여의 가치를 완전히 죽여 놓았다고 비판한다.[26] 여전

25　Ibid., 11.
26　Paul A. Rainbow, *The Way of Salvation: The Role of Christian Obedience in Justification* (Milton Keynes: Paternoster, 2005).

히 '트렌트 선언문'의 선행과 공로사상은 로마 교회의 전유물로 내려오고 있다.

바울 신학의 새 관점

일부 현대신학자들은 예수 그리스도의 의로움을 우리의 것으로 간주하는 '의의 전가'를 부정한다. 따라서 정통개혁주의 칭의론에 대해 논쟁하고 있는 신약학자들의 이론들이 과연 바울 사도의 신학을 바르게 파악하고 있는가 살펴보게 된다. 바울 신학의 핵심 구조는 예수 그리스도 안에서 얻은 새 생명이다: '너희는 그 은혜에 의하여 믿음으로 말미암아 구원을 받았나니 이것은 너희에게서 난것이 아니요, 하나님의 선물이라, 행위에서 난 것이 아니니 이는 누구든지 자랑하지 못하게 함이라'(엡 2:8-9).

일부 현대 바울 신학자들은 구조적으로 종교 개혁자들의 이해를 거부한다. 바울 사도와 유대주의자들 사이의 논쟁은 16세기 종교 개혁자들이 로마 가톨릭의 행위와 공로사상을 거부할 때에 인용하던 것들과는 아무런 상관이 없다는 것이다. 사도 바울에게서 '의로움의 전가'와 '유효한 칭의'를 구별하는 것은 옳지 않다고 주장하면서 루터와 칼빈, 개혁주의 칭의론에 이의를 제기하고 있다.

소위 "바울 신학의 새 관점"(the New Perspective on Paul)을 주장하는 신학자들은 각각 다소의 차이는 있지만, 개혁주의 칭의론의 재구성을 주장한다는 점에서 연계성이 있고 특히 샌더스와 던은 매우 유사하고, 라이트의 접근법은 다르다. 이들(N. T. Wright, E. P. Sanders, James Dunn 등)은 바울의 율법관에 대한 근거들을 유대주의와 현대 자유주의 신학자들에게서 얻어내고 있으며, 제2차 성전 건축 이후의 유대주의에

대한 재검토를 시도한다는 공통점도 보이고 있다.[27]

언약적 율법주의(covenantal nomism)

옥스퍼드 대학교에서 바울 연구에 몰두한 샌더스는 사도 바울이 기독교의 출범에 기여하기 위하여서 유대주의를 전면 다 버렸다고 생각하지 않는다. 바울 사도와 유대주의는 완전히 결별한 것이 아니라, 일부만을 발전적으로 동시대 1세기의 유대인들이 그들의 조상들처럼 자신들의 의로움이나 행위에 의해서 하나님의 호의를 얻는다는 생각을 하지 않았다고 주장한다. 유대인들은 하나님이 제정하신 '언약적 율법주의'라는 기준을 가지고 살았다는 것이며, 이 개념을 샌더스는 당시 유대주의 특징이라고 거듭 주장한다.[28] 그러면서 동시에 사죄의 은총을 받기 위해서는 속죄 제사라는 방식을 취하게 했다는 것이다. 언약은 합당한 순종을 요구하는 것일 뿐이지, 의로움을 얻게하는 것과는 별개의 것이라고 주장한다. 하나님이 이스라엘 백성과 언약을 맺으신 것은 이미 은혜를 전제하는 것으로 본다. 그러므로 예수 그리스도를 중심으로 하나님의 은혜가 나타났다는 바울 사도의 증거를 약화시키고 있다.

샌더스는 하나님께서 이스라엘과 언약을 맺으시고, 이미 하나님의 은혜 안에 들어갔으므로 완벽한 순종을 요구하지 않으시고, 도리어 그 은

---

27 Moiseis Silva, "Abraham, Faith, And Works: Paul' Use Of Scripture In Galatians 3:6-14," *Westminster Theological Journal* 63 (2001) 251-67.

28 E. P. Sanders, *Paul and Palestinian Judaism: A Comparison of Patterns of Religion* (Philadelphia: Fortress, 1977), 75:" Briefly put, convenantal nomism is the view that one's place in God's plan is established on the basis of the covenant and that the covenant requires as the proper response of man his obedience to its commandments, while providing means of atonement for transgression." idem, *Paul, the Law, and the Jewish People* (Philadelphia: Fortress, 1983), 210:" The development of a new covenantal nomism would proceed. It would be too much to say that in these and other matters Christianity was conscious of following Pual."

혜 안에 머물러 있기를 원하신다는 것이다. 샌더스의 주장대로 언약을 이해한다면, 율법과 이스라엘 백성의 관계가 이미 설정되어 있기에, 더 이상 예수 그리스도의 의로우심을 그리스도인들이 전가받을 필요성조차 없게 되는 것이다. 율법과 속죄의 제사들은 예수 그리스도가 오기 전까지는 하나님과의 올바른 관계를 시행하기 위해서 필요한 것들이었다. 그러나 율법과 속죄제사로는 불충분하다는 것을 인정할 때에라야 비로소 예수 그리스도를 믿는 믿음 안에서 구원이 주어지는 것이다. 율법에 대한 순종만으로 구원을 얻는 것이 아니다. 바울 사도는 로마서 2:17에서, 율법을 자랑만하고 지키지 못하는 유대인들에게 꾸짖고 있으며, "율법을 자랑하는 네가 율법을 범함으로 하나님을 욕되게 하느냐"(롬 2:23)고 질타한다. 바울 사도의 경고는 하나님과의 관계에 대한 자랑을 하는 것이다. 바울 사도는 빌립보서 3:4-11에서 예수그리스도에게 비교하여 볼 때에 율법에서 난 의로움을 자랑할 수 없다고 선언한다.

메시야의 오심이라는 새로운 빛으로 바라볼 때에, 바울 사도 시대의 유대주의는 여전히 불충분한 율법주의를 붙잡고 있었던 것이다. 그리고 바울 사도는 유대주의자들처럼 율법을 지키는 것으로 의로움을 이룰 수 없다고 파악한 것이다.

샌더스의 주장처럼, 바울 사도가 율법준수에 대한 열심을 가지고 있었고, 결코 그것을 비난하거나 부정적으로 언급한 적이 없다는 것은 모순되는 주장이다. 율법을 지키는 것만으로 '의로움'을 얻을 수 있다고 믿었던 것이 아니기 때문이다. 바울 사도는 예수 그리스도를 믿음으로 주어지는 외부적인 의로움을 믿었다. "언약적 율법주의"라는 샌더스의 새로운 패러다임에는 예수 그리스도의 의로움을 전가받는 필요성이 없어지고 만다. 언약적인 성실함을 지켜나가기만 하면, 하나님의 의로우심이 율법을 어긴 자들에게 지속적으로 주어질 것이라고 생각하기 때문이다.

성부 유일신론자가 주장하는 "관계성"

샌더스의 새로운 바울 해석을 따라서 제임스 던은 하나님의 "의로움"이란 헬라적인 개념에서 찾지 말라고 주장하면서, 개인이나 개인의 행동이 측정되어지는 것을 반대하는 생각이 헬라어 '디카이오오'(δικαίοω)에 들어 있다는 것이다.

"정의를 충족시켜야 한다"는 말은 너무나 헬라적인 생각이라는 것이다. 도리어 히브리적인 개념에서 찾아야 함을 주장하면서, "관계적 특성"이라고 강조한다.[29] 의롭다는 말은 특정한 관계에서 의무를 감당했다는 뜻이라고 한다. 그러나 던의 주장은 무엇이 헬라적인 개념이고, 무엇이 히브리적인 단어의 개념인지 그 차이점에 대해서 확실하게 밝혀놓지 못하였다.

바울 신학의 핵심인 기독론에서 던이 주장하는 애매모호한 설명에 필자는 정말로 큰 허점과 문제점이 있음을 발견하게 된다. 던은 예수 그리스도가 과연 하나님이냐?고 의심하는 입장에 서 있다.[30] 그는 삼위일체 하나님에 대해 배척하는 신론을 가지고 있다. 하나님의 존재에 대해서 성경적으로 정리된 것을 받아들이지 않고, 지속적으로 의구심을 갖고 있다. 예수는 그저 메시야 사상을 전한 특수한 선지자로 이해하려는 것이다. 더구나 성경에도 특별한 사람들이 많이 있었다는 것이다. 예를

---

29 James D. G. Dunn, *The Theology of the Apostle Pual* (Grand Rapids: Eerdmans, 1998), 340": Again and again this point has had to be repeated in exegesis particularly of Galatians: that Paul was not arguing against Jews as such of of Judaism as such but aginst other Christian (Jewish) missionaries." 341:" righteousness is a more relational concept". 342,n.32. Dunn은 H. Ridderbos가 바울 사도와 회당의 칭의론 사이에 절대적인 대립이 있었다는 지적을 거부한다.

30 James Dunn, *Christology in the Making: A New Testament Inquiry Into the Origins of the Doctrine of the Incarnation* (Grand Rapids: Eerdmans, 1996).

들어, 에녹과 엘리야는 죽음을 보지 않고 하늘로 승천한 존재이며, 예수의 구주되심도 역시 하나님의 영광을 드러내는 관계 속에서만 그러하다고 주장한다. 따라서 성부 유일신론을 신봉하는 유대교와 유니테리언의 입장에서 크게 벗어나지 않는다. 제임스 던의 칭의론은 "하나님의 의로움"이라는 것을 택한 백성들을 향한 언약관계에서 하나님의 신실하심으로 본다. 하나님의 의로움은 비록 택한 백성들이 실패함에도 불구하고, "이스라엘의 하나님으로서 인도하시고, 구원하시고, 보호하시는 언약적인 의무를 충실히 수행하심이다."[31]

제임스 던이 주장하는 하나님의 의로움이란 하나님의 의로우신 심판의 개념이 부정확하다. 하나님은 의로우신 분이시기에, 예수 그리스도의 의로움을 통해서 사라지고 손상된 의를 세우시는 것이다. 그런데, 제임스 던에 의하면, 의로움이란 관계성이기에 그 관계는 굳이 예수 그리스도의 십자가와 부활이 없어도 하나님 자신의 신실하심으로 지켜지는 것이다.

제임스 던은 로마서 4장을 해석하면서, 개혁주의 칭의론이 주장하는 하나님께서 믿음을 의로 간주하신다는 것에 대해서도 전혀 달리 해석한다. 창세기 15:6에서 하나님이 아브라함의 믿음을 의로 여기셨다는 것은 창세기 22장의 사건을 염두에 두고 있음이 확실하다. 그래서 사도 바울은 로마서 4장에서 아브라함이 이삭을 바치는 사건을 언급하면서 아브라함의 신실한 믿음을 의로 여기셨다고 지적한 것이다. 그러나 던에 의하면 창세기 15:6의 선언은 아브라함의 신실함에 근거한 것이 아

---

31 Dunn, *Paul*, 342. "It should be equally evident why God's righteousness could be understood as God' faithfulness to his people. For his righteousness was simply the fulfilment of his covenant obligation as Israel's God in delivering, saving, and vindicating Israel, despite Israel's own failure."

니고, 우리 믿는 자들의 전형적인 신앙의 이미지로 세워서도 안 된다고 주장한다. 던은 칭의를 초기 칭의와 최종 칭의라는 이중 구조로 해석하면서, 할례라는 것으로 지켜지던 율법의 행위, 행위의 선행이라는 율법주의가 여전히 필요하다는 것이다. 구원을 받으려면, 단순히 예수 그리스도의 십자가에 대한 신뢰 혹은 믿음에 근거하는 것만으로는 부족하다는 것이다.

이것은 초기 칭의이고, 이제 각자의 선행과 행위로 나타나는 최종 칭의가 있어야 한다고 주장한다. 이것은 칭의의 효과에 대해서 잘못된 해석을 한 것이다.[32] 던은 아브라함을 언약적인 신실함에 근거하여서 의인으로 간주하였다고 해석되어서는 안 된다고 한다. 바울 사도가 주장하는 바는 아브라함의 의로움이란, 지금 그리스도 안에서 믿는 자들이 가지는 의로움과 같이, 믿음으로 세워져 있음을 설명한 것이라고 한다.

던이 소홀히 취급하는 부분은 다음과 같다. 바울 사도의 동시대 유대인들이 자신들의 죄책을 전혀 벗어날 수 없었다는 점을 과소평가하는 점이다. 그 당시 유대인들이 죄를 짓고 있는 것은 하나님의 호의를 얻을 만큼 바른 행동을 하지 못하고 있어서가 아니라, 하나님의 선택을 받은 민족으로서 그들 자신의 신분에 대해서 지나치게 거만하여 잘못된 자긍심으로 가득 차 있었기 때문이다. 그래서 유대인들은 예수 그리스도의 대속의 보혈을 믿는 믿음을 거부하였다. 그런데, 던의 해석을 따르게 되면, 예수 그리스도를 믿는 믿음을 통해서 주어지는 하나님의 의로우심이란 구조가 설정될 필요성이 없어지고 만다.

---

32 Dunn, *Romans 1-8*, Word Biblical Commentary, vol. 38a (Dallas: Word, 1988), 203-4.

언약백성, 언약 참여자의 개념

가장 많은 청중을 사로잡고 있는 성공회 신학자 니콜라스 라이트(Nicholas Thomas Wright, 1948-)는 인기를 끌고 있는 신약학자이기에 더욱 경계하여야 하며 그가 주장하는 위험한 요소들에 대해서도 냉철하게 분별해야만 한다. 라이트는 알버트 쉬바이처의 신학에 깊이 공감하고 있는 신약학자로서, 영국 성공회가 2009년에 동성애 하는 주교를 세우는 일에 앞장서는 등, 기존의 신학적인 주제에 대해서 개방적인 새 해석을 제기하고 있다. 라이트는 앞의 두 사람과 같은 내용으로 '바울의 칭의론에 대한 새로운 관점'을 제기한 것은 아니지만, 샌더스의 견해에 일맥상통하는 바가 있기에 이 그룹에 속하는 신학자로 취급되고 있다.

라이트에 의하면 믿음으로 받은 칭의를 중심으로 하는 구원론의 근본구조가 달라진다. 예수님의 복음에 대한 믿음은 하나님의 사람들 가운데 언약 참여자의 새로운 표시라고 본다. 그는 전통적인 칭의론을 완전히 부정하는 가히 도전적인 해석을 내놓았다. 로마서 4장 해석에서, 언약의 회원은 의인으로 분류되는 것이기에, 예수 그리스도에 대한 믿음으로 얻는 칭의론이나 의의 전가를 전면 거부한다.[33] 로마서 4장 3절에 나오는 하나님이 의로 여기셨다는 구절은 바울 칭의론의 매우 중요한 근거로 중요하게 취급할 것이 아니라, 단순하고 쉬운 해설에 불과하다는 것이다.

로마서 5:12-21은 그리스도의 의로움을 믿는 자들에게 전가시키는 매우 중요한 구절로 취급되어져 왔다. 그리하여 개혁주의 신학자들은

---

33 N. T. Wright라이트(Nicholas Thomas Wright, 1948-) , *What Saint Paul Really Said: Was Paul of Tarus the Real Founder of Christianity?* (Grand Rapids: Eerdmans, 1997), 302.

구원 역사의 전체 구조를 설명하는 핵심으로 아담과 예수 그리스도의 위치를 언약적 대표설이라는 명칭 하에 강조하여 왔다. 그러나 라이트는 언약적 대표설로 다루는 것은 바울 사도의 마음에 들어 있지 않았을 것이라고 본다. 순종하는 자는 메시야이며, 이사야서에 나오는 고난의 종이요, 이스라엘의 하나님께 대한 불순종을 바꾸어서 세상에 대한 구원을 가져온다. 율법에 순종하는 것으로 공로를 쌓아서 인정을 받는 것과는 다르다. 메시야의 순종은 적극적 순종과 소극적 순종 모두를 포함하는 것이며, 언약, 법정, 종말을 강조한다.

로마서 5:9에서, "그의 피로 말미암아 의롭다 하심을 받았으니"라는 의미는 예수 그리스도의 십자가로 인하여서 칭의가 주어진다는 뜻이다. 게할더스 보스는 "칭의는 생명의 의로움"이며, 초점은 두 번째 아담으로서 예수 그리스도의 대표적인 역할이 미래지향하는 종말론적 목표를 향하도록 하고 있다. 마치 아담이 지속해서 삶을 살아 나아가듯이, 예수 그리스도는 순종하시고, 인류를 향하신 하나님의 목표가 성취되어진다"고 주장한다.[34]

다양한 수정주의자들

20세기에 들어와서 칭의론의 다양한 해석들이 나오면서 개혁주의 교회들 안에서도 적지 않은 영향을 받았다. 미국 장로교회(Presbyterian Church of America)에서는 지난 3년 동안 총회 때마다 현대 칭의론에 대한 논쟁으로 열띤 논쟁과 토론을 가졌다. 마침내 2010년에 최종 보

34　Geerhardus Vos, *The Pauline Eschatology* (1930, reprint; Phillipsburg: P&R, 1994), 57.

고서를 채택하고, 개혁주의 정체성을 어떻게 지켜가야 할 것인가를 종결지었다. 개혁주의가 주장하는 "오직 성경"과 "오직 예수"는 하나님에 대한 흥분이나 감정이 아니다. 하나님을 체험하는 것은 중요한 것이지만, 개인의 실현이나 자긍심으로 연결되어지는 것은 바울의 아테네 설교에 담긴 교훈이 아니다. 이 시대의 복음주의는 이 세상에 구속받은 문화가 있을 수 없으며, 하나님의 나라가 임하는 그날까지 "하늘의 진리"를 선포해야 하는 사명을 강조하는 신학의 기본을 세워야 한다. 교단에서는 2008년 총회에서부터 거론해 온 '바울의 칭의론에 대한 새로운 관점'을 거부하기로 결의했다. 또한 내부적으로 단속을 강화해서 여러 다양한 칭의론들을 받아들이지 않기로 결정하였다. 이번 검토 과정에서 다양한 주장들을 놓고 논쟁이 이어졌는데, 포용적 복음주의자들의 영향이 많이 나타나고 있다. 결국 개혁주의 목회자들과 신학자들 가운데서도 전통적인 칭의론에 회의를 제기하는 경우가 많아졌다는 것인데, 신학의 혼란을 의미한다. 특히, 성화와 칭의를 함께 묶으려 하거나, 구원을 얻기 위한 인간의 노력에 강조, 율법과 복음 사이의 구별을 모호하게 하는 주장들이 제기되고 있다. '개혁주의 수정론자들'(Reformed revisionists)이라고 불리우고 있는 그룹은 다음과 같다.[35]

1) '어번 애브뉴 신학': 미국 남부 루이지애나주, 몬로에 시에 있는 어번 애브뉴 장로교회 (Auburn Avenue Presbyterian Church)에서 가진 2002년도 신학논문 발표회에서 제기된 문제점을 중심으로 일부 장로교회 목회자들과 신학자들이 주장하는 것이다.[36] John Barach, Steve

---

35 Guy Prentiss Waters, *The Federal Vision and Covenant Theology: A Comparative Analysis* (Phillpsburg: P&R, 2006). R. Scott Clark, ed. *Covenant, Justification, and Pastoral Ministry* (Phillipsburg: P&R, 2007),

36 E. Calvin Beisner, ed. *The Auburn Avenue Theology, Pros and Cons: Debating the*

Schlissel, Steve Wilkins, and Douglas Wilson 등이다. 2003년 8월, 미국 플로리다주 낙스 신학대학원에서 개최된 학회에서 여러 학자들, Peter Leithart, Rich Lusk, Tom Trouwborst, James Jordan 등이 이 견해를 옹호하였다. Jeffrey Mayers, Mark Horne, Joel Garver도 여기에 속한다. 대체로, 눈에 보이는 언약 공동체로서 교회 안에서 회원권을 가지는 자들에게 주어진 선택, 중생, 그리고 구원에 필요한 은혜들이 주어져 있음을 강조한다.

2) 쉐퍼드주의: 필라델피아 웨스트민스터 신학대학원의 조직신학교수로 있던 쉐퍼드 (Norman Shepherd)는 1974년에 제출한 논문에서 구원은 칭의와 인간의 노력에 의한 성화가 동시에 이루어져야 한다고 하여 논쟁을 불러일으켰다. 그는 1981년에 웨스트민스터 교수직을 사퇴하고 자신의 입장을 다소 부드럽게 다듬어서 옹호하고 있다.

3) '페더럴 비전' 그룹: 전통적인 개혁주의 언약 신학의 개념을 수정하고 비전에 대해서 좀 더 무게를 두는 쪽으로 체계를 변화시키려는 사람들이 주장하는 것들이다. 노만 쉐퍼드 교수의 사상에서 좀 더 발전되어 나온 그룹이라고 볼 수 있다.

4) 단일언약주의: 역사적인 개혁주의 언약 사상은 웨스트민스터 신앙고백에 있는 것처럼 행위언약과 은혜언약의 구분을 짓는 것이다. 단일언약주의자들은 인간의 타락 이전과 이후에 오직 하나님과 사람 사이의 언약은 은혜로운 언약뿐이었다고 주장한다. 칼 바르트의 칭의론과 기독론을 그대로 추종하는 입장이다.

5) 신율법주의: 언약 신학을 이해하는 데 있어서 믿음과 행위가 칭의

Federal Vision (Fort Lauderdale: Knox Theological Seminary, 2004).

의 조건이자 수단으로서 함께 협력해야 한다는 구원론을 주장하는 것이다. 오직 그리스도 안에서 믿음으로 말미암아 은혜로만 구원을 얻는다는 전통적인 개혁주의 신학을 위협하고 크게 훼손시킨다.

개혁주의 진영 내부의 다양한 도전들은 아직은 그 영향이 크지 않기에 간략하게 일별해 보았는데, 이미 구원의 은혜에 대한 로마 가톨릭과의 연합운동에서 나온 이론들이거나, 일부는 '바울 신학의 새 관점'에서 영향을 입은 그룹이기 때문이다. 모든 개혁주의자들은 이런 근래의 도전들이 어떻게 실패하고 있는가를 직시해야만 한다. 여러 가지 이론들은 왔다가 사라지는 것들이다. 정통개혁주의 칭의론은 역사적으로 16세기에 정립된 두 가지 핵심교리, '오직 은총으로만'(sola gratia)과 '오직 믿음으로만'(sola fide)을 근간으로 하고, 그리스도의 의로우심의 전가를 핵심으로 하고 있다. 이런 일반적인 특징을 개혁주의는 요즘 복음주의와는 상당히 다른 강조점과 뿌리를 갖고 있다. 즉, 칼빈, 오웬, 에드워즈, 워필드, 메첸 등으로 역사 속에서 이어져 내려오는 유산과 전통이 있다.

제 7 장
제네바 정통신학의 승리와 쇠퇴

　개혁신학은 칼빈을 비롯한 여러 개혁자들의 노작을 통해서 기본적인 체계가 세워졌지만, 몇 사람이 모든 신학의 내용을 다 체계화한 것은 아니다. 칼빈의 사상과 정신을 이어받은 후대 수많은 신학자들이 계속 발전시켜 온 것이다. 특히 16세기는 초대교회 이후로 성경을 가장 많이 연구한 시대였다. 활자의 발명으로 인해서 손쉽게 책을 접할 수 있었고, 곳곳에 세워진 대학에서 고전 언어에 능숙한 인재들이 배출되었다. 초기 종교 개혁자들이 죽고 나서 1560년부터 1600년까지 칼빈주의는 유럽의 서부와 동부에서 많은 사람들에게 영향을 미치고 국제적으로 전파되었다.[1]

1　Jill Raitt & Robert M. Kingdon. eds., *Shapers of traditions in Germany, Switzerland, and Poland, 1560-1600* (New Haven: Yale University Press, 1981).

먼저, 유럽의 여러 나라 중에서도 스위스와 프랑스 개혁 교회의 교리사를 연구하되 그 두 지역을 중심으로 주변 지역의 개혁신학자들을 함께 고찰하려는 이유는, 제네바가 프랑스어를 사용하고 있고 여러 프랑스 신학자 및 목회자들과 상호 교류했다는 점 때문이다. 이런 가운데 하나님께 영광을 돌리려는 신학의 체계가 공고해졌고, 동시에 국가마다 교회정치 체제가 채택되어졌다. 교회는 국가로부터 독립된 자체의 규칙에 의해서 운영되는 기관으로 돋움하게 되었다.

이런 칼빈주의 교회론은, 파문권이 교회보다는 시의회의 지배하에 귀속되어 있기를 주장했던 쯔빙글리파 교회론과는 전면적으로 대치되었다. 따라서 근본적으로 자치적인 교회법령의 권한을 행사하는 새로운 교회 체제가 역사에 등장하여 강력한 영향을 미치게 된 것이다.

제2 헬베틱 신앙고백

1564년 5월 27일 칼빈이 죽자, 그의 친구들과 대부분의 제네바 시민들은 비교적 젊은 나이에 자신들의 지도자가 하나님께 부름받은 사실로 인하여 매우 큰 슬픔을 맛보았다. 1546년 마틴 루터가 서거한 이후 약 20여 년 가깝도록 칼빈의 목소리는 거의 개신교 전체를 대변하였다. 칼빈의 서거로 인해서 루터파와 개혁주의자들 사이에 갈등이 깊어지고, 로마 교회와 재세례파, 그밖의 많은 분파 그룹에 대해서 다양한 토론과 논쟁이 있었다.

교회와 국가의 관계에서는 더욱 갈등이 깊어졌다. 신학의 중심 주제에 대한 논쟁이 심화되었고, 믿는 자의 마음속에서 역사하시는 은혜로 인하여 믿음이 주어지며, 그것은 선택과 예정이라는 주제 하에 정리되어졌다. 거의 모든 개신교 교단에서 점차 중세 말기 로마 가톨릭 신학자들이 채용했던 스콜라주의 방법론과 용어들을 동원하여 교리의 명료성을 도모하고 자신들의 교회가 정통이라는 주장을 폈다.

스위스 개혁 교회들은 이런 모든 논쟁의 중심에 서 있었고, 그들의 지도자들이 발표하는 논문에 따라 논쟁의 해결책을 얻고자 했다. 칼빈 이후, 그의 친구 쮜리히의 불링거가 스위스 신학계에 상당한 영향을 미쳤다. 불링거는 자신이 만든 첫 번째 신앙고백을 토대로 '제2 헬베틱 신앙고백'(Second Helvetic Confession, 1566)을 작성하여 스위스 여러 지역의 교회들에게 신앙의 표준으로 제시하였다.[2] 이 문서를 작성토록 요청한 프레데릭 3세는 독일의 루터파와 로마 가톨릭 영주들로부터 이단이라고 고발을 당했던 사람이다. 그는 자신의 영지에서 신앙의 혼돈을 피하고자 1565년 불링거에게 개혁 신앙을 충분히 설명해 줄 것을 요청하였다.

사실 그 동안 개신교 진영에서는 서로 다른 신앙의 일치를 꾀하기 위해 노력하면서 여러 시도를 했었다. 마틴 부써는 이런 소망을 품고 독일 루터파와 스위스 쮜리히 진영의 성찬론을 조화시키기 위해 '비텐베르크 합의문'(Wittenberg Concord, 1536)을 작성한 바 있었으나, 스위스 측에서 이를 받아들이지 않아서 실패하고 말았다. 불링거도 역시 스위스 여러 캔톤들과 독일 개신교 사이에 연합의 소망을 품고 쮜리히의 레오 쥬드(Leo Jud), 바젤의 오스왈드 미코니우스와 요한 그리네우스, 베른의 캬스파 메간더(Caspar Megander) 등과 1536년 '제1 헬베틱 신앙고백'을 작성한 바 있었으나, 루터파의 호의를 얻지 못하여 그만 실패하고 말았다. 그리하여 이제 독일어를 사용하는 개혁 교회만이라도 일치

---

2   Phillip Schaff, ed., *The Creeds of Christiandom* (New York: Harper & Brothers, 1877), I:390-420.

된 신앙고백의 필요성을 절감하여 국가적으로 개혁 신앙의 위상을 높여 보고자 제2 헬베틱 신앙고백을 작성하게 된 것이다. 제2 헬베틱 신앙고백은 기본적으로는 제1 헬베틱 신앙고백의 구조와 형식을 따르고 있지만, 그 내용은 불링거에 의해서 크게 보완되고 증보되었다. 1562년에 처음 기록되자마자, 제일 먼저 마틴 부써로부터 개인적으로 동의를 받았다. 프레데릭은 이 문서를 받고 난 후 라틴어와 독일어로 인쇄하여 제출하였다.

스위스 교회들도 역시 좋은 신앙고백서를 필요로 하고 있었다. 제1 헬베틱 신앙고백은 너무나 내용이 간단하였다. 1566년 3월 쮜리히에서 공식적으로 인쇄된 고백서는 모든 스위스 캔톤에서 채택하였다. 이 해에 스코틀랜드에서도 찬성하는 결의를 하였다. 1567년에는 헝가리 데브라첸 총회에서 이를 채택하였다. 1571년 프랑스 총회에서도 받아들였고, 폴란드 개혁 교회에서도 1571년과 1578년에 동의하였다. 영국과 네덜란드의 경우 공식적으로 채택하지는 않았지만 여러 교회에서 사용하였다. 물론 하이델베르크 신앙고백서에 비하면 사용 범위가 좁은 것이지만, 그럼에도 불구하고 매우 폭넓게 스위스 교회의 일치된 신앙을 보여 주는 문서임에 틀림없다.

이 신앙고백서는 먼저 제1장에서 교회 개혁의 필요성을 역설하고 있고, 권위의 근거로 오직 성경만이 유일함을 강조한다. 루터가 주장한 바와 같이, 설교를 통해서 전파되는 것도 하나님의 말씀이다. 제2장은 로마 가톨릭이 내세우는 전통의 헛점을 공격한다. 거룩한 교부들이나 종교회의나 전통이라는 것은 오직 성경에 일치할 때에만 받아들일 수 있는 것이다. 또한 성경 해석의 원리로서 제세례파에서 주장하는 성령의 주관적인 내적 계시를 거부하고, 성경의 원래 의미를 파악하기 위해 원어를 연구하고 공적으로 교부들의 증거를 통해서 객관적으로 해석할 것을 주장한다. 제3장에서는 소시니언주의자들을 배척하고 삼위일체를 거듭 천명하였다.

제5장에는 불링거의 우상타파주의 사상이 깃들어 있는 바, 우리의 경배와 예배와 찬양의 대상은 오직 그리스도 한 분임을 주장하였다. 제6-9장은 창조와 섭리, 타락과 자유 의지에 대한 논의를 하고 있다. 자유 의지론에서 불링거는 에라스무스의 낙관론도 거부하고 루터의 약간 과장된 노예 의지론도 역시 거부하였다. 하나님의 형상, 마음, 의지는 모두 다 현재 존재하고 있으나, 그것들의 능력은 하나님의 선물인 중생을 필수적으로 요청하고 있다. 만일 중생이 구원에 반드시 필요한 것이라면, 이 선물에 대해서 결정하는 분은 누구인가? 불링거는 사도 바울, 어거스틴, 칼빈의 입장을 따라 하나님의 은총에 의해서 좌우됨을 주장하는 바, 그것은 예정이다. 예정은 그 수단이 되시는 그리스도와 밀접히 관계를 맺고 있다. 동시에 거룩한 생활도 역시 매우 강조되었다. 성도의 선택 여부는 오직 그리스도의 모범을 따르느냐의 여부에 달려 있다.

제10장의 가르침은 세례와 성찬을 강조한 것으로, 세례를 받아서 그리스도의 지체가 되며 교회에서 양식을 공급받고 영생의 보혈과 육체를 먹고 마신다. 성만찬의 신학은 다분히 칼빈의 것과 유사하다. 성찬은 그리스도의 보혈과 육체를 먹는 것이지만, 실제 물질적인 것으로 먹는 것이 아니라 영적으로 먹는 것이다.

그럼에도 불구하고 "그리스도의 몸과 피를 먹는 것이다"(21장). 그 외에도 공적인 예배에 대한 강조가 담겨 있는데 지나치게 과시적인 기도나 장황한 기도가 되지 않도록 가르치고 있고, 찬송의 필요성(23장), 거룩한 날에 대한 의무 사항들(24장), 신앙 문답을 가르치는 일(25장), 장례와 연옥설(26장), 교회 재산의 상속에 관한 주장이 담겨 있다. 당시에는 군주나 시 행정 당국이 모든 재산을 소유하고 있었으므로, 종교 개혁과 함께 모든 교회의 재산을 되돌려 주고 교회의 재정 형편을 도와 줄 것을 요청하였다(30장).

불링거는 종교 개혁 제1세대와 제2세대에 걸쳐서 풍부한 경험을 쌓은 훌륭한 학자로서, 스위스 여러 교회가 당면한 문제들을 명쾌하게 집약하여 신앙고백을 만들었다. 이는 스위스 종교 개혁의 신학과 목회가 지향해 나갈 방향을 가장 진솔하게 보여 준 문서이다.

베자의 제네바 정통신학

칼빈주의는 스위스에서 16세기와 17세기에 중대한 영향을 미쳤다. 단순히 기독교 내부의 예배나 성찬에만 그친 것이 아니라, 사회 생활 전반에 심대한 변화를 가져왔다. 개혁신학의 본산으로 주목받던 제네바를 중심으로 칼빈주의자들은 개혁신학을 좀 더 체계화하는 작업을 전개했다. 개혁주의 신학의 전통이 형성되기 시작한 것이다. 그래서 다소 모호하던 주제들을 좀 더 분명히 설명하고, 신학의 주제들을 세분화하며, 논리적으로도 빈틈 없는 구조를 제시하고자 했다. 그리고 이성적인 질문들에 대해 답변하기 위하여 신비롭고 초월적인 영역을 좀 더 면밀하게 설명하였다. 이것을 개혁주의 스콜라 정통신학이라고 부르는데, 개신교 신학 대학을 중심으로 칼빈이 죽은 후부터 돌트 신경이 만들어지기 전까지, 16세기 말과 17세기 초엽의 종교 개혁 후기 개혁신학의 특징이었다.[3]

---

3 Richard A. Muller, *Post-Reformation Reformed Dogmatics*, vol., 1, Prolegomena to Theology (Grand Rapids: Baker, 1987), 28. idem, *God, Creation, and Providence in the Thought of Jacob Arminius* (Grand Rapids: Baker, 1991), 21, 31.

이런 새로운 시도의 기초 작업에 간여한 영향력 있는 신학자는 제네바에서 칼빈의 후계자인 테오도르 베자(Theodore De Beza 또는 Besze, 1519-1605)였다. 그도 칼빈처럼 프랑스 출신이요, 법학을 전공한 탁월한 학자였다. 그는 칼빈의 헬라어 선생 볼마르(Melchior Wolmar)에게 라틴어와 헬라어를 배웠다. 그리고 휴머니스트로서 학업을 계속하다가

테오도르 베자

1548년에 개신교 신앙을 받아들였고, 로마 교회와 결별한 후 스위스 로잔에서 헬라어 교수가 되었다. 1558년 제네바로 오게 되었고, 다음 해 칼빈의 추천으로 제네바 아카데미의 학장이 되었다.

그는 이미 칼빈 생전에 확실히 후계자로 지목을 받았는데, 가장 가까운 동료 목사이자 협력자로서 많은 문제들을 칼빈 대신에 감당했기 때문이다. 그는 박해받는 프랑스 위그노들을 위한 토론장에 칼빈 대신 참가하여 위험한 고비를 넘기기도 했다. 제롬 볼섹과 칼빈이 예정론 논쟁을 벌일 때에, 칼빈보다 훨씬 더 논리적이고 방법론적인 글을 발표하였다.

칼빈보다 40년을 더 살았던 베자는 칼빈이 죽은 다음에 개신교 진영을 대표하는 중요한 역할을 부여받게 되었다. 베자는 매우 '체계적인 신학', '논증적인 정통신학'을 세운 인물로 알려져 있다. 베자를 비롯한 칼빈의 제자들은 논리적인 신학을 추구하던 나머지, 구원에 있어서 로마 가톨릭의 공로 사상이나 반펠라기우스주의자들이 내세우는 하나님의 사역에 대한 인간의 협동설(synergism)이 틈타지 못하도록 하기 위해

예정론을 강조하고, 엄격한 작정 교리를 체계화하였다.[4]

그는 신학의 다른 항목들, 예를 들어, 성례나 교회 등을 하나님의 작정이라는 항목에 부수되는 것으로 만들었으며, 하나님의 작정이 실제화되는 행동으로 풀이했다. 그리고 그는 작정과 역사 속에서 그 작정의 시행을 확연히 구별했으며, 그리스도와 성령을 하나님의 목적(타락 전 선택설)을 성취하는 '수단들'로 보았다.

칼빈이 훌륭한 후계자를 둠으로써, 제네바 종교 개혁은 일관성을 유지하게 되었다. 베자는 제네바 교회의 대표 목사일 뿐만 아니라 스위스 개혁 교회 진영의 목사회 회장(1564-80)으로서 놀라운 지도력을 발휘하였다. 종교 개혁의 와중에서 정치 세력과의 투쟁을 체험해야만 했던 그는 기독교 신자의 저항권을 가장 강력하게 옹호하였다. 만일 악한 정부나 잔인한 군주가 다스린다면 저항할 뿐만 아니라 파멸에 이르도록 무너뜨려야 한다고 주장하였다.

베자도 칼빈처럼 다방면에 재능이 많은 사람이었다. 그가 쓴 최초의 칼빈 전기는 제네바 개혁자가 겪은 생생한 증언으로 높은 가치를 지니고 있다. 그의 학문적인 업적으로 꼽히는 것은 헬라어 신약 성경을 새롭게 편집하여 출판한 일이고, 이것은 1611년에 킹 제임스 영역 성경의 원본으로 사용되었다. 그는 에라스무스에 방불하는 어학자로서 명성을 쌓았다. 그래서 유명한 성경 필사본을 발굴하였고, 자신의 이름을 붙여서(Codex Beze Cantabrigiensis) 영국 케임브리지 대학에 기증하였다.

그는 여러 권의 성경 주석도 집필하였다. 그는 여러 신학 토론

---

4 J.S. Bray, *Theodore Beza's Doctrine of Predestination* (Nieuwkoup: B. DeGraff, 1975). J. Raitt, *The Eucharistic Theology of Theodore Beza: Development of the Reformed doctrine* (Chambersburg, Pa.: American Academy of Religion, 1972).

회에 참석하여 무려 100여 편이 넘는 신학 논문을 발표하였는데 (Tractationes Theologicae, 1570-83), 이것만으로도 개혁신학의 발전에 큰 기여를 한 것이다. 그러나 불행하게도 베자는 칼빈의 신학을 이탈하여 '개혁주의 스콜라 신학'(Reformed Scholasticism)을 만들어 내었다는 비판을 받고 있다.[5] 이런 주장을 하는 사람들은 그가 너무나 논리적으로 치우쳐서 아리스토텔레스와 논리학을 칼빈이 사용한 것보다 훨씬 더 많이 사용했다고 비판한다.

그가 제한 속죄를 확고하게 주장했고 예정론을 보다 체계적으로 설명하기 위해 '타락 전 선택설'(Supralapsarianism)이라는 교리를 설정했던 것은 사실이다. 하나님의 작정을 논리적으로 설명하려는 이 교리는, 하나님께서 처음에 어떤 사람을 선택하거나 다른 사람들을 거부하기로 결정하셨는데, 이런 결정을 아담의 타락 이전에 이미 내리셨다는 것이다. 그리고 죄의 예정에 대해서도 다른 사람이 주장한 것보다 훨씬 더 강조하였다.

그러나 칼빈과 베자 사이에 일정한 차이점이 있다고 해도, 사상적인 일치성과 일관성을 부정할 근거는 별로 많지 않다고 본다.[6] 반면에 베자

---

5   M. Charles Bell, *Calvin and Scottish Theology: The Doctrine of Assurance* (Edinburgh: Handsel Press, 1985). B. Armstrong, *Calvinism and the Amyraut Heresy* (Madison: University of Wisconsin Press, 1969), 37-41, 138, 166, 189, 266. Basil Hall," Calvin Against the Calvinists", in G.E. Duffield, ed., *John Calvin* (Grand Rapids: Eerdmans, 1966), 25-28. R.T. Kendall, *Calvin and English Calvinism to 1649*(Oxford: Oxford University Press, 1979), 13-18. idem," The Puritan Modification of Calvin's Theology" in *John Calvin; His Influence in the Western World*, W. Stanford Reid, ed.,(Grand Rapids: Zondervan, 1982), 207. Jack B. Rogers and Donald McKim, *The Authority and Interpretation of the Bible: An Historical Approach*(San Francisco: Harper & Row, 1979), 162-65.

6   베자의 신학이 칼빈을 계승하고 있다고 보는 학자들은 다음과 같다. Robert Letham, "Theodore Beza: A Reassessment", *Scottish Journal of Theology* 40(1987):25-40.

의 신학을 변형으로 생각하지 말고 오히려 발전으로 인정해야 할 측면이 너무 많다. 종교 개혁의 제2세대에 이르러 보다 정확한 개념 정립이 요구되었고, 그러한 노력을 기울인 끝에 정통신학이라고 명명하는 새로운 체계가 세워진 것이다. 과연 성경적 경륜이 무엇인가에 대해서 논쟁이 일어났고, 그 중에서도 예정론이 가장 핵심적인 쟁점으로 부각되었기에, 베자는 보다 견고한 교리적 뿌리를 세우려 했던 것으로 보인다.[7] 베자가 신학의 강조점을 바꾸고 싶어서 그런 논쟁을 한 것이라기보다는 새로운 세대의 사람들이 오해한 것을 바로잡기 위해서 보다 논리에 더 치중하다가 만들어진 부산물이라는 것이 더 설득력이 있다 하겠다.

또한 베자는 제네바 교회에서 강력한 지도력을 발휘하면서 문서 전도에 힘을 쓴 남다른 공헌을 남겼다. 유명한 크리스천의 초상화를 나무에 새겨 그들의 신앙이 어떤 공헌을 남겼는가 상세히 설명하여 줌으로써 성도들에게 시적인 운율을 불어 넣어 주고, 또한 초기 순교자들의 이야기와 그들의 신앙고백을 모은 책을 출판하여(Icones, 1581) 개신교

---

idem, " Saving Faith and Assurance in Reformed Theology: Zwingli to the Synod of Dort", 2 vols.(Ph. D. dissertation, Aberdeen, 1979). idem," Faith and Assurance in Early Calvinism: A Model of Continuity and Diversity", in *Later Calvinism*, 355-383. idem," Baptism in the Writings of the Reformers", *Scottish Bulletin of Evangelical Theology* 7(1989): 21-44. Paul Helm, Calvin and Calvinists(Edinburgh: The Banner of Truth Trust, 1982). W. Robert Godfrey," Reformed Thought on the Extent of the Atonement to 1618", *The Westminster Theological Journal* 37(1975): 133-171. Richard C. Gamble," Switzerland: Triumph and Decline", in *John Calvin; His Influence in the Western World*, W. Stanford Reid, ed.,(Grand Rapids: Zondervan, 1982), 66. Richard A. Muller, *Christ and Decree: Christology and Predestination in Reformed Theology from Calvin to Perkins*(Grand Rapids: Baker, 1986), 33, 194. William Cunningham, *Reformers and the Theology of the Reformation*(Edinburgh: Banner of Truth Trust, repr. 1967), 349-412.

7   Catharine Randall Coats," Reactivating Textual Traces: Martyrs, Memory and the Self in Theodore Beza's Icones"(1581), *Later Calvinism*: 71-92.

신자들을 크게 격려하였다.[8]

스위스의 종교 개혁 후기 신학자들

16세기 말과 17세기에 칼빈주의 신학을 계승한 스위스의 대표적인 신학자들은 좀 더 많은 연구가 필요한 채 알려지지 않은 경우가 대부분이다. 그들의 글은 주로 라틴어로만 남아 있고, 너무나 탁월한 인물들이 많이 배출된 시대에 속해 있어서, 특수한 몇 사람을 제외하고는 전혀 알려지지 않고 있다.

개혁신학의 계승자와 도전자들

바젤 대학의 요한 야콥 그리네우스(Johann Jakob Gryneus, 1540-1607)는 처음에는 루터파였으나 칼빈의 저술들을 면밀하게 섭렵한 후에 철저한 칼빈주의자로 변신하였다. 그는 바젤 대학의 신학을 칼빈주의로 바꾸었고, 특히 구원론과 성찬론에서 칼빈의 신학을 고수하였다. 그의 사위 아만두스 폴라누스 아 폴란스도르프(Amandus Polanus a Polansdorf, 1561-1610)는 제네바에서 베자와 같이 연구한 후에 바젤 대학으로 돌아와 구약학 교수로 봉직하면서 칼빈의 신학을 계승하여 제한 속죄론을 강하게 주장했다.

요하네스 볼렙 또는 볼레비우스(Johannes Wolleb or Wollebius, 1586-1629)가 개혁파 정통신학의 대요를 명료하게 집대성한 『기독교

---

8 Catharine Randall Coats," Reactivating Textual Traces: Martyrs, Memory, and the Self in Theodore Beza's Icones"(1581), in *Later Calvinism*, ed. W. Fred Graham (Kirksville: Sixteenth Century Journal Publishers, 1994), 19-28.

신학 총론』(Compendium of Christian Theology, 1626)은 라틴어에서 영어로(1650), 독일어로(1651) 번역되어서 많은 영향을 미쳤다. 그는 신학이란 "하나님의 영광과 우리의 구원을 찬양하고 예배하기 위해서 알려진 하나님에 대한 지식"이라고 정의하였다. 첫째, 신학의 주제는 하나님이시다. 둘째, 하나님은 알려지신 분이다. 셋째, 하나님을 아는 지식과 하나님에 대한 예배는 불가분의 연관성을 지니고 있다. 넷째, 이 지식은 인간의 구원과도 연결되어 있다.[9]

테오도르 쯔빙거(Theodore Zwinger, 1597-1654)는 칼빈의 무조건적 선택론을 강하게 옹호하였고, 바젤 대학에서 "제2 스위스 신앙고백"을 받아들이도록 영향을 미쳤다. 그리하여 성찬시에 로마 가톨릭처럼 특수한 성단을 만들어 사용하지 않고 단순히 제조한 빵을 사용할 수 있게 되었다. 베른에서는 볼프강 무스쿨루스의 아들인 아브라함 무스쿨루스(Abaraham Musculus, 1591년 사망)가 사무엘 후버에 대항하여 베자의 예정론을 옹호하였고, 모든 성도들은 하나님의 은혜로 말미암아 받은 믿음을 가지도록 절대적으로 예정되었다고 주장하였다.[10] 1598년부터 베른 대학의 교수로 재직한 헤르만 뒤르홀츠(Hermann Du rholz)가 그 후 30여 년 동안 철저히 칼빈주의 노선에서 교육하였다.

베자가 서거한 다음에 제네바 대학은 죠반니 디오다티(Giovanni Diodati, 1576-1649)의 주도하에 칼빈주의를 지켰는데, 특히 구약 성경을 원어로 강의하였다. 베자의 사위 테오도르 트론친(Theodore Tronchin, 1582-1657)이 디오다티의 뒤를 이어 히브리어와 근동어를

---

9 Geoffrey W. Bromiley, *Historical Theology: An Introduction* (Grand Rapids: Eerdmans, 1978), 305-7.

10 James I Good, *History of the Swiss Reformed Church since the Reformation* (Philadelphia: Board of the Reformed Church in the U.S., 1913), 18-31.

가르치면서 학교를 이끌어 갔다.

1604년 뒤 플레시스 모르네(Du Plessis Mornay)가 설립한 소뮈르 아카데미(Academy of Saumur)를 중심으로 일단의 학자들이 모여들었고, 이들은 네덜란드 칼빈주의자들이 세운 돌트 신경 채택을 거부하였다. 죠쉬에 드 라 쁠라스(Josue de La Place, or Placeus, 1596-1655)는 어거스틴 이후 칼빈주의가 채택한 원죄의 직접 전가설을 부정하고 간접 전가설을 내세웠다. 루이 까펠(Louis Cappel or Capellus, 1585-1658)은 구약 성경의 문자적 영감을 부정하고 맛소라 사본의 완전성에 정면으로 도전하였다.

모와즈 아미로(Moyse Amyraut, Mois Amyraldus, 1596-1664)는 이런 분위기의 극단에 서서, 특별 예정을 받아들이지 않고 가설적 보편주의(Universalismus hypothecticus)를 주장하였다. 이는 루터파와 아주 유사한 보편 속죄와 제한 선택을 의미한다. 1634년 아미로는 『예정론에 대한 소고 및 그것이 의존하는 근본적인 원리들』을 출판했는데, 이는 1633년에 나온 프랑스 개혁신학자 뽈 떼스따르(Paul Testard)보다 훨씬 더 알미니우스 쪽으로 기운 저작이었다.

알미니우스에 맞서 칼빈주의자의 입장을 옹호하던 삐에르 뒤 물랭(Pierre du Moulin, Molinaeus, 1568-1658)과 앙드레 리베(Andre Rivet)는 열심히 테스타르와 아미로의 교리를 공격하였다. 물랭은 세당, 파리, 케임브리지, 라이덴 대학에 유학을 하고 1592년에서 1599년까지 라이덴 대학의 교수를 역임했다. 두 곳의 목회 사역을 거친 후 1615년 케임브리지에서 박사 학위를 받았고, 1625년 세당에 돌아가서 죽을 때까지 머물면서 가르치기를 계속했다. 유감스럽게도 점차 합리주의의 영향을 받은 프랑스어를 사용하는 목사들은 알미니우스의 견해를 받아들이고 있었다.

프리드리히 쉬판하임

아미로에 맞서서 제네바 아카데미에서 정통신학을 고수한 프리드리히 쉬판하임(Friedrich Spanheim, 1600-1649)은 안타깝게도 오늘날 영어권의 독자들에게는 거의 잊혀진 신학자 가운데 하나이다.[11] 그는 1600년 1월 1일 팔라티네 지방의 상류 암베르그에서 출생했다. 그의 아버지 위간드 쉬판하임(Wigand Spanheim)은 신학 박사로서, 군주의 자문 기관이던 종교 위원회 회원이었다. 프리드리히의 어머니는, 역시 유명한 프랑스 출신의 신학자로 주로 독일에서 활동했던 다니엘 뚜쌩(Daniel Toussain 또는 라틴어로 Tossanus, 1541-1602)의 딸이었다. 일찍이 칼빈과 오랫동안 특별한 교제를 나누었던 프랑스 출신 공주 르네(루이 12세의 딸로 개신교 신앙을 가지고 있었으며, 이탈리아 페라레의 공작 부인으로 정략 결혼의 희생양이 되었다가, 남편이 죽은 후 사위마저 개신교를 핍박한 주모자로 오해받아 살해당한 프랑스 국왕 프랑수아 1세의 육촌 누이)가 그녀의 세례식에서 대모 역할을 맡았다.[12] 따라서 프랑스 최고위층과 교제하던 상류 가정의 자녀였다.

아버지로부터 가정 교육을 받은 후에 프리드리히는 1619년 하이델베르크 대학에서 문학사 학위를 받았다. 그 후 제네바로 가서 베네딕트 뒤르땡의 지도하에 학업을 마쳤다. 그리고 나서 30년 전쟁의 격화로 인해 프랑스 남부 엠부룬(Embrun)의 영주 비뜨롤(Vitrolles)의 초청을 받아 3년 동안 사역하다가 다시 파리로 가서 사촌 새뮤얼 뒤랑(Samuel

---

11 Roger Nicole," Friedrich Spanheim", in *Through Christ's Word*, ed., W. Robert Godfrey & Jesse L. Boyd III (Phillipsburg: Presbyterian & Reformed, 1985): 166-179. 프랑스어로는 많은 논문이 있지만, 쉬판하임에 관한 로저 니콜 박사의 논문은 영어로 작성된 최초로 종합적인 소개에 해당한다.
12 르네에 관해서는 다음을 참조할 것. 김재성, 『칼빈의 삶과 종교 개혁』, 161-173; 482-483.

Durant, 1574-1626)과 함께 지내기도 했다.

그는 1626년부터 제네바 아카데미에서 철학을 가르치면서 많은 저술을 남겼다. 1627년에는 칼빈의 스승 기욤 뷔드의 증손녀 (Charlotte Du Port)와 결혼했고 일곱 자녀를 낳았다.

1629년 그는 탁월한 교수 사역을 인정받아 제네바 시민권을 취

프리드리히 쉬판하임

득했다. 이것은 1541년부터 1559년 사이에 오직 유일하게 칼빈만이 수여받았던 명예로운 시민권과 같은 것으로, 시 전체가 존경을 표시하는 매우 이례적인 사건이었다. 1630년부터 소수의 독일어권 난민들의 예배를 인도하는 목사가 되었고, 1631년 베네딕트 뒤르땡이 사망하자 제네바 아카데미의 신학 교수 직에 취임하여 근면하고 성실하게 교수 직무를 감당하였다. 그의 아들들도(Ezekiel Spanheim, 1629-1710, Friedrich Spanheim Jr.,1632-1710) 모두 제네바에서 아버지로부터 물려받은 철저한 칼빈주의 신학을 지켰으며, 가문의 빛을 이어 갔다.

쉬판하임 교수는 마태복음의 문제들을 풀이한 매우 인기 있는 해설집 세 권을 출간했고(1634-1639) 또한 『30년 전쟁사』중 스웨덴의 참전에서부터 구스타프 아돌프의 사망에 이르기까지를 기록한 무려 900쪽에 달하는 당대 역사를 남겼으며, 스위스 현대사를 기록했다. 또한 제네바 종교 개혁 백주년의 역사를 담은 책(Geneva Restituta, 1635)을 104쪽이나 썼다. 이러한 명성 때문에 유럽의 여러 대학에서 그를 초빙했으나 번번히 뿌리치다가, 라이덴 대학에서 끈질기게 소원하므로

1642년 그곳으로 갔다. 기나긴 행렬이 그의 가족이 떠나는 행로에 늘어서서 배웅하였다.

그는 라이덴 대학의 후원으로 바젤 대학에서 박사 학위를 획득하고 충분한 경제적인 도움을 받으며 책을 출판하고 안전을 보장받는 등 혜택을 누리면서 중년을 보냈다. 라이덴 대학에 머무르는 동안 그는 재세례파들과 아미로의 보편 은총론과 심각한 논쟁을 벌였다. 이러한 그의 사상을 담은 『신학 논쟁 체계』(Syntagma Disputationum Theologicarum, 1652)가 그의 사후에 출간되었다. 그가 죽은 후 요하네스 코케이우스가 라이덴 대학의 신학 교수직을 승계했다.

프랑수와 뒤르땡

17세기 후반에 제네바에서 가장 영향력이 큰 신학자는, 1648년에 제네바 교회의 이탈리아 회중을 인도하는 목사로 부름을 받고 1653년부터 제네바 대학의 신학 교수로 봉직한 프랑수아 뒤르땡(1623-87)이다.[13] 그의 아버지 베네딕트 뒤르땡이 이미 1612년부터 신학 교수이자 목사

---

[13] 프랑수아 뒤르땡의 새로운 공헌들이 알려지고 있다. Timothy R. Phillips, "Francis Turretin's Idea of theology and its Bearing upon his Doctrine of Scripture"(Ph. D. dissertation, Vanderbilt University, 1986). Paul T. Jensen, "Calvin and Turretin: A Comparison of their Soteriologies"(Ph.D. dissertation: University of Virginia, 1988). Stephen R. Spencer," Reformed Scholasticism in Medieval Perspective: Thomas Aquinas and Francis Turretini on the Incarnation"(Ph.D. dissertation: Michigan State University, 1988). Richard A. Muller," Scholasticism Protestant and Catholic: Francis Turretin and the Object and Principles of theology", *Church History* 55 (1986): 193-205. John Beardslee," Theological Development at Geneva Under Francis and Jean-Alphonse Turretin, 1648-1737"(Ph.D. dissertation, Yale University, 1956). idem, ed. *Reformed Dogmatics: J. Wollebius, G. Voetius, and F. Turretin* (N.Y.: Oxford Press, 1965). 이 책에는 영어로 번역된 프랑수아 뒤르땡의 예정론이 약 100여 쪽 소개되어 있다. 뒤르땡과 제네바 개혁신학 발달에 대하여 많은 연구 업적을 남긴 비르드스리 박사는 뉴브런스윅 신학교의 교수로 재직하였다.

로 봉직하였고 제네바 이탈리아 교회의 목사로 봉직한 바 있다. 이런 배경에서 뒤르땡 목사 가문은 훌륭한 학문을 계승 발전시켰다. 프랑수아 뒤르땡은 제네바 대학에서 쉬판하임과 죠반니 디오다티의 지도를 받았고, 소뮈르 대학에서 까펠, 아미로, 쁠라스 등과 사귀었다.

그러나 제네바에 교수로 취임한 이후에는 학창 시절 친구들의 가설적인 보편구원론을 막는 데 앞장섰

프랑수아 뒤르땡. 베자의 후계자로 스콜라적 정통 개혁신학을 정립하였다.

는데, 프랑스 개혁 교회에서는 하나님의 보편적인 자비와 특수한 자비로 나누어서 생각하는 것이 보통이었다. 보편적인 자비에 의해서 하나님은 믿음의 조건에 따라 모든 사람을 구원하기를 바라신다. 그러나 죄가 있어서 믿음이 역할을 하지 못하게 되므로, 하나님은 특별한 자비에 의해서 특정한 사람들에게만 효과적으로 구원이 임하게 하신다.[14] 그는 『변증 신학의 체계』(Institutio Theologiae Elenctiae, 1679-1685)에서 확고한 칼빈의 입장과 개혁신학의 전통에 서 있음을 강조하였다.[15] 그의 신학은 18세기 미국 프린스톤의 찰스 핫지 교수에게 심대한 영향을 미

---

14 D.D. Grohman, "The Genevan Reactions to the Saumur Doctrine of Hypothetical Universalism: 1633-1685"(Ph.D. dissertation, Knox College, Toronto, 1971).

15 Francis Turrentin, *Institutes of Elenctic Theology*, tr. George Musgrace Giger, vol. 1 (Phillipsburg: Presbyterian & Reformed, 1992). 이 책은 종교 개혁 후기 약 삼십 년 동안 제네바 아카데미에서 정통신학을 연구하여 온 뒤르땡이 1679년에서 1685년까지 저술한 놀라운 조직신학의 종합 체제이다.

쳤다.[16]

프랑수아 뒤르땡은 조금도 주저함이 없이 칼빈과 베자로 이어져 내려온 정통신학의 체계를 옹호하였다. 그의 견해에 따르면, 예정은 복음의 핵심 중 하나였다. 그는 하나님의 영광을 훼손한다는 이유에서 보편은총을 거부하였다. 하나님의 참된 영광은 그의 선하신 뜻대로 오직 구원을 위해 선택된 자들을 통해서만 드러난다고 보았다. 하나님의 선택은 단지 그분의 자애로우심에 의존하는 것이지 어떤 공로나 어떤 업적을 미리 알고 있기 때문에 주어지는 것이 아니라는 것은, 개혁 교회가 공통적으로 완전히 합의한 신학의 기초라고 주장했다. 그리고 이에 상응하게 하나님의 유기도 역시 불가피하다는 것이다.

하나님께서 일정한 사람들만을 선택하셨다면 그 말은 반드시 일정한 사람을 버렸다는 것을 의미한다. 하나님께서 일부는 선택하고 일부는 버리기로 작정하셨는데, 모든 사람에게 구원을 주시려 한다는 것은 서로 모순이라고 보았다.[17] 하나님 안에 서로 다른 두 가지 의지가 들어 있을 수 없다는 것이다. 더욱이 만일 성경이 모든 사람을 다 구원하시는 것이 하나님의 뜻이라고 가르치고 있다면, 실제로는 많은 사람들이 구원을 받지 못하므로, "결국 하나님은 자신이 확실히 아는 바에 따라서 의도하신 것을 이루지 못한 것이 되어 버린다."

따라서 요한복음 3:16에서 "하나님이 세상을 이처럼 사랑하사 독생자를 주셨다"고 하신 말씀은 단지 선택하신 사람에게만 적용되는 말씀이요, "일부의 사람들에게만 특권을 주셔서 모든 인류가 멸망치 않게 하

---

16 J. Beardslee, *Reformed Dogmatics* (Grand Rapids: Baker, repr. 1977), 14.
17 Turretin, *Institutio Theologiae Elencticae* (1680-83), IV. in Beardslee(ed.), *Reformed Dogmatics*, 425.

려 하심"이라고 보았다.[18]

뒤르땡은 이 구절에 대한 칼빈의 해석을 참고로 제시하면서, "그 특별히 구별된 사람"이라고 지정된 사람은 "하나님께서 모든 사람을 구원하시려고 뜻하는 것이 아님을 성경이 가르치는 것이다"라고 주장했다. 그래서 하나님이 이처럼 사랑하시는 대상에 대해서 칼빈도 "인간이라는 종을 언급한 것이지 모든 개인을 의미한 것이 아니다"[19]라고 했던 것이다. 그에 따르면 하나님은 모든 인간을 사랑할 의무가 없으며, 그의 자비가 아무리 크더라도 모든 사람을 구원한다는 의미로 보편적이 되어야 할 하등의 이유가 없다. "인간을 향한 하나님의 사랑과 자비는 죄 가운데 있는 인류의 상당수를 그냥 버려 두신다는 그의 작정을 결코 희생시킬 수 없다."[20] 뒤르땡은 아미로와의 논쟁에서 그리스도가 하나님을 만족시켰기 때문에 하나님께서는 모든 사람을 구원에 이르도록 부르신다는 주장을 통렬하게 비판했다.[21]

뒤르땡의 신학이 무미건조하고 메마른 것이라고 생각하는 사람들은 그의 따스하고 온화한 내용을 미처 파악하지 못하고 있기 때문이다. 생명책에 선택자들의 이름을 기록하신 하나님께서는 역시 지속적으로 일하고 계신다.

> 하나님은 양심의 책에 우리의 선택의 사본을 기록하고 계시는 바 돌로 만들어진 석판에다 쓰시는 것이 아니라 사람의 마음 판에 새기고 계시

---

18 Ibid., 433.
19 Ibid., 439.
20 Ibid., 430.
21 Ibid., 449-453.

며 잉크로 쓰시는 것이 아니라 살아 계신 하나님의 영으로 우리의 영혼 위에 은총과 율법을 새겨 넣으셔서 그분의 영원한 사랑과 그분의 영원한 보호와 돌보심을 우리에게 확신시켜 주고 계신 것이다.[22]

뒤르땡은 『거룩한 성경의 권위』(De sacra scripturae authoritate)에서 칼빈과 마찬가지로 성경의 무오설을 입증하되, 그 기원과 권위가 신적인 것이기 때문이라고 주장했다. 이는 외적 증거나 내적 증거에 의해서뿐 아니라, 성령의 역사에 의해서 하나님의 말씀으로 확신하게 되어진다는 것이다.

개인적인 학문의 성취 외에도 뒤르땡은 여러 학자들과 함께(J.H. Heidegger, Lukas Gernler, Hummel, Johann Heinrich Ott) 『헬베틱 합의신조』(Helvetic Consensus Formula, 1675)를 작성하여 스위스 자치 도시 내에서 신앙의 일치를 도모하는 데 노력하였다.[23] 1674년 쮜리히, 바젤, 베른, 샤프하우젠 등 네 도시에서 이 문서를 채택하기로 결의하였다. 스물여섯 항목으로 된 이 문서는 주로 소뮈르 학파의 가설적 보편주의를 배척하기 위한 개혁주 신학자들의 공동 대응이 담긴 것이다.

1-3항은 루이 까펠(Louis Cappel)이 주장하는 히브리 성경이 우리에게 전수되어 온 과정에 대한 의구심에 답변한 것이다. 4-9항과 13-25항은 아미로의 보편속죄론을 거부하는 것이요, 10-12항은 아담의 죄가 직접적으로 전가된다는 교리를 거부하는 죠쉬에 드 라 쁠라스(Joshua de la Place)를 반박한 것이다. 쁠라스는 아담의 죄책이 다른 어

---

22 Ibid., 396.
23 Schaff, *The Creeds of Christiendom*, I:477-49. 이 문서와의 관련성을 기술한 본서 제13장 "낮은 칼빈주의: 아미랄디즘"을 참고하라.

떤 것에 의해서 중개되어진다고 보았다. 부모들을 통해서 아담의 부패성을 물려받는다는 주장을 폈다. 그러나 로마서 5:12-18에 보면, 한 사람 아담의 범죄로 인하여 저주가 모든 사람에게 임했다고 분명히 말하고 있다. 몇 세기가 지난 후에 프레의 견해는 일부 신파 학자들, 사무엘 홉킨스, 티모티 드와이트, 나다나엘 에몬스 등 뉴잉글랜드 신학자들에게 받아들여졌다.[24] 1675년 이 문서는 개혁주의 노선에 선 여덟 개 도시에 받아들이도록 요청되었다.

베네딕트 삑테

제네바 정통신학 말기와 쇠퇴기 사이의 신학자는 베네딕트 삑테 (Benedict Pictet, 1655-1724)이다. 그는 1687년부터 1724년까지 제네바 아카데미의 신학 교수였고, 1690년부터 1694년까지, 다시 1712년부터 1718년까지 학장을 역임하였다. 유명한 제네바 개혁주의 신학자였던 프랑수아 뒤르땡의 조카였다. 제네바 대학에서 공부할 때 숙부의 영향을 받았고, 파리와 라이덴 대학에서 공부할 때에는 프레데릭 쉬판하임(Frederic Spanheim)의 영향을 입었다.

삑테는 마지막 정통신학의 옹호자이자 새로운 학문의 주창자로서의 양면성을 모두 가지고 있었다.[25] 그는 프랑수아 투레틴의 정통신학을 철저히 옹호하면서, 동시에 사촌 쟝 알퐁스 뒤르땡의 입장도 두둔하였

---

24 Hermann Bavinck, *Dogmatiek*, III:88-89. John Murray, *The Imputation of Adam's Sin* (Grand Rapids: Eerdmans, 1959), 42-64. G.C. Berkouwer, *Sin*, tr. P. Holtrop (Grand Rapids: Eerdmans, 1971), 4554-58. Antony Hoekema, *Created in God's Image* (Grand Rapids: Eerdmans, 1986), ch. 8.

25 Martin I. Klauber," Family Royalty and Theological Transition in Post-Reformation Geneva: The Case of Benedict Pictet"(1665-1724), *Fides et Historia* (1992):54-67.

다.[26] 그는 스콜라적인 방법론을 거부하면서도 자연신학을 광범위하게 채택하였고, 기본적으로 교회의 일치와 정교한 신학의 정립을 도모하였다. 그의 『기독교 신학』(Theologia Christiana)은 조직신학의 개요를 보여 주는 중요한 저술이다.

뻭테는 26개 항목으로 된 '합의 신조'(the Formula Consensus, 1675)의 옹호자로서 스위스 개신교 신앙의 일체성을 강조하고 소뮈르 학파를 정죄하는 데 앞장섰다.[27] 제네바 아카데미를 졸업하고 목사가 되려는 사람들에게 이 신조를 의무적으로 받아들이도록 함으로써 신학의 통일을 기하고자 노력하였다. 이 신조는 제네바 아카데미의 교수들이 채택하는 데 이견을 보여서 1679년에야 통과되었다.

이 신조의 4항에서 9항까지, 그리고 13항에서 22항까지는 아미로의 신학에 맞서서 제한 속죄를 강조하고 있다. 10항부터 12항까지에서는 죠쉬에 드 라 쁠라스의 원죄에 대한 전가를 부인함에 대하여 전인류가 타락하고 부패하였음을 논증하였다. 칼빈의 신학적인 역동성을 회복하고자 노력하고, 스콜라적인 방법론의 경직성을 회피하며, 열린 학문적 방법을 추구하면서 교회의 일치를 도모했던 탁월한 신학자 가운데 한 사람이었다.

---

26 Martin I. Klauber," Reformed Orthodoxy in Transition: Benedict Pictet (1655-1724) and Enlightened Orthodoxy in Post-Reformation Geneva", in *Later Calvinism*, 93-113.

27 Martin I. Klauber, "The Helvetic Formula Consensus (1675): An Introduction and Translation", *Trinity Journal* (1990): 103-23.

정통신학의 쇠퇴

17세기 중반부터 프랑스어를 사용하는 신학자들 가운데 서서히 칼빈주의를 신봉하지 않고 새로운 경향과 학설을 제창하는 사람들이 늘어났다. 이런 영향으로 제네바에서 중요한 역할을 감당했던 인물은 베자의 사위인 테오도르 트론친(Theodore Tronchin, 1582-1657)의 아들 루이 트론친(Louis Tronchin, 1629-1705)과 프랑수아 뒤르땡의 아들 쟝 알퐁스 뒤르땡(Jean Alfonse Turretin, 1671-1737)이었다. 루이 트론친에서부터 정통신학을 벗어나기 시작한 제네바 아카데미는 쟝 알퐁스 뒤르땡에 의해서 완전히 다른 방향으로 기울어지고 말았다. 두 명문가문의 후예들에 의해서 그들의 선조의 신앙과 신학을 완전히 벗어나게 되어버린 것이다.

쟝 알퐁스 뒤르땡은 제네바와 라이덴 대학에 수학한 후 1693년에 제네바 교회의 목사가 되었고, 1697년에 제네바 대학의 교회사 교수가 되었다. 이때를 전후하여 그를 따르는 스위스 지성계는 계몽주의와 합리주의에 빠지게 된다. 그는 자신의 할아버지가 물려주었고 아버지가 칼빈주의 정통신학 형성을 위해서 체계화한 『스위스 일치 신조』(Formula Consensus Helvetica, 1675)보다 이성적이요 합리적인 방향으로 신학을 전개하고 말았다.

일치 신조는 초기 종교 개혁의 신학 형성기에 신앙고백서의 형태로 발전해 나갈 때에 작성된 가장 훌륭한 신조였으며, 당시 정통신학의 변질을 바로잡아야 할 필요성을 느껴 칼빈의 제네바 신앙고백서 이후에 만들어진 것이었다.[28] 소뮈르 학파의 영향으로 그리고 네덜란드 항론파

---

28 영어로 번역된 문장은 A.A. Hodge, *Outline of Theology* (Grand Rapids: Zondervan, repr. 1972), 656 이하를 보라. 핫지는 이 신앙고백서를 칼빈주의자들이 작성한 가장 탁월하

들의 사상의 영향을 입어서 그는 개혁 교리를 강조하지 않고 자연신학의 주창자가 되었으며 이성주의에 사로잡히게 되었다.[29]

차디찬 교리주의, 자만심에 도취한 자기만족주의, 외부에서 밀려온 이성주의로 인해서 칼빈주의는 점차 영향력을 잃게 되었다. 오늘날 스위스 전역에서 칼빈주의는 극소수에 불과하다. 국가 교회는 특정한 신앙고백을 채택하지 않았다. 이 말은 극단적인 자유주의자들이 칼빈, 쯔빙글리, 베자가 설교했던 강단에 설 수 있게 되었다는 말이다. 심지어 무신론자들도 그 교회에서 설교할 수 있고 또 설교하고 있는 실정이다.

스위스 칼빈주의는 사회의 세속화에 밀려서 옛날의 명성이 사라진 지 오래이다. 쯔빙글리와 칼빈, 베자가 살던 시대로부터 약 100년간은 매우 큰 영향력을 발휘하였지만, 계몽주의 시대 이후로 그 역사적 신앙이 내리막길을 걷게 되었다.

1909년 칼빈 탄생 4백주년을 기념하여, 제네바 대학교에서 가르치던 뒤메르그 교수의 열성적인 노력으로 제네바 대학의 뒷 벽면에 파렐, 칼빈, 베자, 낙스 등 네 명의 종교 개혁자들의 동상을 세우고 프랑스 위그노의 역사를 부조로 남기는 등 좀 더 구체적인 역사의 현장이자 유산을 일반인들에게 보여 주려는 노력을 기울이고 있지만 그 영향력은 이미 현저히 쇠퇴하였다.

고 철저하며 일관성을 가진 문서라고 매우 높이 평가하였다. 우리는 이 책 제12장에서 그 고백서의 내용이 당시 '낮은' 칼빈주의자들과 어떤 관계에 있었고 그 신학적 특징이 무엇인가에 대해서 살펴볼 것이다.

29 Martin I. Klauber," The Context and Development of the Views of Jean-Alphonse Turrettini on Religious Authority"(Ph. D. dissertation: University of Wisconsin Madison, 1987). Martin I. Klauber and Glenn S. Sunshine, "Jean-Alphose Turrettini on Biblical Accommation: Calvinist or Socinian?" *Calvin Theological Journal* 25 (1990): 7-27.

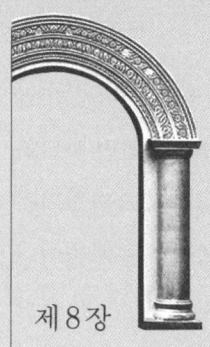

제8장
프랑스 개혁신학사

프랑스 개혁신학은 제네바와 같은 프랑스어권 개신교 학자들의 저술을 통하여 많은 영향을 받으면서 급속히 확산되었고, 1533년에서 1633년까지 100여 년 동안 전성기를 맞게 된다. 이 시기에는 박해와 시련이 있었고 엄청난 희생이 뒤따랐지만, 프랑스 개혁 교회는 세계 개신교 역사에서 몇 가지 뚜렷한 발전과 특징을 보여 주었다.

1560년에 프랑스 칼빈주의자들은 위그노라고 불렸다. 위그노라는 말에는 스위스 연합의 타락이라는 의미가 있다고 주장하는 이도 있으나 이는 틀린 말이고, 프랑스 개신교 신자들이 주로 밤에 남몰래 모일 때 이들이 마치 전설적인 인물 위고 왕(King Hugo)의 귀신이 밤에 돌아다니는 것과 흡사하다고 해서 천박하게 멸시하는 투로 부른 단어이다.

박해 속에서 피어난 칼빈주의 신앙

프랑스는 칼빈주의가 치열한 고난 속에서 인정을 받은 남다른 수난사를 갖고 있다. 그래서 프랑스 개혁신학은 다른 나라에 비하면 활발하게 발전되지 못하였다. 그것은 21세기를 맞이한 지금까지도 마찬가지다. 그러나 오늘날 프랑스 개혁신학의 양과 질이 부족하다는 불평이나 비판을 하는 것은 매우 단견에서 나온 소치이다. 비록 소수이지만 프랑스 위그노들은 복음을 이해하고 바르게 깨달은 바를 지키려고 노력하였다.

오랫동안 강력한 가톨릭 국가로 남아 있던 프랑스가 교황청과 성직자들의 타락을 인식하게 된 것은 루터의 종교 개혁 소식을 접한 뒤부터이며, 특히 지식인들이 확신을 갖게 된 것은 에라스무스의 글을 통해서였다. 그러나 프랑스 개신교회는 대부분 칼빈의 저술을 접하면서 큰 영향을 받게 되는데, 박해가 너무 심해서 칼빈주의자들의 연합된 조직이 불가능해 보였다. 파리의 어느 개신교회 목사는 '이 나라의 곳곳에 불이 붙고 있어서, 바다의 모든 물을 퍼다가 부어도 그 불길을 소진시키는 데 충분하지 못할 것이다'라고 칼빈에게 편지를 보내 오기도 했다.[1]

칼빈은 단 하루도 마음속에서 고국 프랑스를 잊은 적이 없었으며, 그가 파리를 떠난 1533년부터 1562년까지 극심한 박해가 개신교도들에게 가해질 때에도 최선을 다해 그들을 도우려고 노력하였다. 그러나 칼빈은 어떤 공격과 시련에도 참고 굳게 견디면서 폭력을 사용하지 말 것을 권유했다.

---

1   E.G. Leaonard," Le protestantisme francais au XIIe sie`cle", Rev. Historire (1948), 166.

여러분들이 당하고 있는 고난이 얼마나 고통스러우며 우리에게 얼마나 침통함을 가져다 주었는가에 대해서는 긴 설명이 필요 없을 것으로 압니다. … 기도 외에는 우리가 도울 수 있는 다른 방법이 없음을 알지만, 그러나 우리에게 자신들이 잊혀졌다고 생각하지는 말기 바랍니다. 하나님께서 여러분을 향해 눈여겨보고 계심을 의심하지 마십시오. 여러분들이 흘리는 피눈물과 고통의 절규를 그분이 듣고 계심을 확신하시기 바랍니다. … 사랑하는 형제들이여, 그러나 우리는 위대하신 주님께서 여러분들에게 인내하면서 영혼을 지키라고 가르쳐 주신 교훈을 실천하도록 기도합니다. 우리는 육신적으로 그것이 얼마나 어려운가를 잘 알고 있습니다. 그러나 우리가 적으로부터 공격을 당했을 때에, 그 순간이 바로 우리의 감정과 자기 자신의 싸움의 순간이라는 것을 기억해야만 합니다. … 하나님께서는 강한 권능을 가지고 계시므로 원수들의 잔인함에 대해서 얼마든지 제압하실 수 있으며, 눈에 보이는 방법이 아니라도 얼마든지 가능하신 분이십니다. … 분명히 말씀드립니다. 하나님의 말씀이 허용하지 않는 한 그 어떤 폭력도 시도하지 말아야만 합니다. … 우리는 여러분에게 우리 자신들이 좀 더 온화해져야만 하고 그러한 상황 속에서도 절제해야만 한다는 것을 조언해 드리는 것입니다. … 하나님의 복음이 사람으로 하여금 폭동이나 반란을 일으키도록 하기 위해서 무장을 시켰다는 비난을 받게 하기보다는 차라리 우리가 전멸당하는 쪽이 나을 것입니다.[2]

1555년 파리에는 최초로 개신교 교회가 비밀리에 설립되었고 예배가

---

[2] 칼빈이 1557년 9월 16일자로 프랑스 파리의 교회에 보낸 편지. Calvin's Selected Works, vol. 6 (Grand Rapids: Baker, 1983 rep.) 359-61.

드려졌다.³ 이는 국가적인 통제와 왕의 지배를 받아 오던 프랑스 사회에 중대한 도전으로 받아들여졌고, 실로 엄청나게 큰 혁신적인 일이 아닐 수 없었다. 프랑스 칼빈주의자들은 교회의 체제를 바꿀 뿐만 아니라 국가의 정치 조직을 근본적으로 바꾸고자 하는 꿈을 갖고 활동하였다.

1560년경 프랑스 위그노들은 무려 2백만 명을 넘어섰고, 이는 당시 인구의 약 10분의 1에 해당한다. 그러나 더 중요한 것은 1550년대 말 각 지역 귀족들의 50%가 칼빈주의자가 되었다는 점이다.⁴ 1567년까지 제네바는 적어도 120명의 목사를 프랑스로 들여보냈으며, 1561년에는 무려 2,000개의 교회가 조직될 정도로 급속히 성장하였다. 프랑스 사회는 갑작스러운 칼빈주의 신앙의 전파로 인해서 엄청난 변화와 갈등을 겪어야만 하였다.

국왕 프랑수아의 누이 마르그리트는 1527년 앙리 달브레와 결혼하였다. 그녀는 에라스무스의 학문을 경청하여 로마 가톨릭의 정통성에 대해서 심한 불만을 갖고 있었고, 기독교 휴머니즘을 높이 존경하여 많은 학자들을 선대하였다. 초기 개신교의 지도자들은 그녀의 도움으로 은신처를 마련할 수 있었다. 또한 그녀의 딸 쟌느 달브레는 칼빈주의자로서 나바르의 여왕을 지냈으며, 그녀가 낳은 앙리 4세가 낭뜨 칙령을 발표하게 된다.

---

3   Menna Prestwich," Calvinism in France, 1555-1629", in *International Calvinism 1541-1715*, 71-107. Elisabeth Labrousee," Calvinism in France, 1598-1638", in *International Calvinism*, 285-314.

4   J. Garrison-Est be, *Protestants du Midi, 1559-1598* (Toulouse: 1980), 62-6. J.H.M. Salmon, *Society in Crisis: France in the Sixteenth Century* (London: 1975). R.M. Kingdon, *Geneva and the Coming of the Wars of Religion in France 1555-1563* (Geneva: 1956). idem, *Geneva and the French Protestant Movement 1564-1572* (Geneva: 1967).

또 한 사람의 대표적인 귀족은 루이 12세의 딸로서 이탈리아 북부와 프랑스 동남부의 경계 지방에 시집을 간 르네 공주를 통해서였다. 칼빈은 그곳을 방문하였을 뿐만 아니라, 그녀와 특별한 관계를 유지했고, 많은 조언을 통해서 개신교 신앙으로 확실히 기울어지도록 회심을 도왔으며, 찬송 시인 끌레몽 마로를 비롯하여 많은 개신교 인사들이 그곳에 머물렀다. 비록 성공적으로 완전히 개신교 도시를 만들지는 못했지만, 이런 귀족들의

나바르의 앙리(무명의 17세기 화가의 작품). 그는 1589년 파리를 장악하는 데 성공하고 앙리 4세로 호칭되었으며, 1598년 낭뜨 칙령을 발표하여 신앙의 관용을 실현함으로써 프랑스 개신교회는 예배를 위해 모일 수 있는 장소를 허락받았다.

도움으로 인하여 1558년부터 1562년 사이에 많은 상류층들이 개신교 신앙에 마음을 열게 되었다. 지방의 변호사들과 공증인들이 대부분 문서를 통해서 개신교도가 되었고, 변화를 갈망하던 지식인 층과 지방 엘리트들, 귀족들 역시 속속 가담하였다. 상인들과 서적상, 세공업자와 구두 피혁업자들, 의사들과 예술가들, 학교 교사들도 칼빈주의자가 되었다. 1562년경 프랑스 의회의 3분의 1이 칼빈주의와 관련을 맺은 사람들이라는 소문도 나돌았다. 뚤루즈 지방 의회 의원 80명 가운데 30명이 칼빈주의자였다. 지방 법원에서도 이런 변화는 마찬가지여서 종교의 자유를 갈망하는 시민들의 손을 들어 주는 판결이 계속해서 나오게 되었다.

칼빈주의는 사회 각계 각층에 파고들어갔는데, 특히 기술 종사자들 사이에 많이 확산되었다. 그러나 인구의 80%를 차지하는 농부들의 참

여를 유도하는 데는 실패하였다. 프랑스 농민들은 그만큼 변화에 능동적이지 못했다. 농부들 가운데 옷감을 만들고 상업을 하는 사람들은 칼빈주의를 받아들였으나, 역시 프랑스에서 칼빈주의는 주로 기능인, 전문가, 상인들의 종교가 되었다. 순교자들의 직업에서도 역시 숙련공이 압도적으로 많은 것은 이를 반증하는 통계이다. 피난민의 3분의 2 역시 숙련공들이었다. 노르망디 지역에서도 루앙 지방과 랑구도 지방에서 주로 많은 숙련공들이 칼빈주의를 받아들였다.

갈리칸 신앙고백서

프랑스의 정치권은 오랫동안 가톨릭의 영향과 지배를 받아 왔고, 각 지방에서도 가톨릭 대주교의 권한은 절대적이었다. 그러한 가운데 저항과 희생을 무릎쓰고 은밀히 발전한 위그노들의 교회는 상하 관계로만 맺어져 있는 교회 제도를 과감히 교정하는 헌장을 제정하였다.

갈리칸 고백서를 만들어 낸 프랑스 개신교회 지도자들은 대부분 칼빈과 베자의 숨은 지원과 도움 속에 성장한 사람들이어서, 프랑스 개신교회에서 그들의 역할은 결코 과소 평가해서는 안 될 요소이다. 1559년에 세워진 제네바 아카데미는 프랑스 개신교 목사들의 사관 학교와 같았다. 교회 조직의 근거가 되는 목사들을 배출하여 은밀히 프랑스로 돌려보냄으로써 큰 역할을 감당하였다. 그러나 1559년에 채택된 '갈리칸 신앙고백서'(Gallican Confession)를 보면 개혁주의 교회론의 정립에 큰 발전이 있었음을 알 수 있다.[5]

---

5 Schaff, *The Creeds of Christendom*, I:490-497.

이 고백서는 주로 칼빈의 제네바 신앙고백을 근거로 한 것이어서 거의 체제와 내용이 대동소이하다. 그럼에도 불구하고 교회의 표지로서 말씀에 대한 순종과 성례가 첨가되었다. 교회와 목회자 상호간의 상명하복이라는 위계 질서는 인정하지 않았다. 지역 교회는 내부 문제에 대해서 자치적인 통치권을 갖는다. 따라서 총회의 원활한 진행을 위해서 총회장을 세우는 것도 반대하고, 지역 교회 담임 목사가 순서대로 맡았다. 교회의 대표자를 인정하지 않는 교회의 동등권 강조가 철저히 시행된 것은 유럽 교회 역사에 처음 있는 새로운 정치 체제였다. 그것은 칼빈의 교회관에만 머무르지 않고 매우 확장된 의식을 반영한 것이다.[6]

대량 학살과 낭뜨 칙령

프랑스 칼빈주의자들의 신앙은 책이나 학술적인 문서보다는 수난과 핍박 속에서 찾아 볼 수밖에 없다. 개신교 역사에서 잊을 수 없는 날이자 가장 중요한 두 사건에 관련된 사항들을 잠시 살펴보고자 한다.[7] 어린 앙리 2세가 1559년에 사망하자 세력 다툼이 벌어졌고, 앙리의 아내였던 까뜨린느 드 메디치(영어식 발음은 캐터린, Catherine de' Medici, 1519-1589)와 앙리의 삼촌이 되는 기즈 집안이 정권을 완전히 장악하였다. 개신교에 호감을 가지고 대했던 마그리뜨의 남편이요 나바르의

---

6 Glenn S. Sunshine," Reformed Theology and the Origins of Synodical Polity: Calvin, Beza and the Gallican Confession", in *Later Calvinism*, 141-158.

7 Robert M. Kingdon, *Myths about the St. Bartholomew's Day Massacres, 1572-1576* (Cambridge: Cambridge University Press, 1988). Barbara Diefendorf, *Beneath the Cross: Catholics and Hugunots in Sixteenth-Century Paris* (New York: Oxford University Press, 1991). N.M. Sutherland, *The Huguenot Struggle for Recognition* (New Haven: Yale University Press, 1980).

까뜨린느 드 메디치. 그녀는 자신의 세 아들 프랑수아 2세(1559-1560), 샤를르 9세 (1560-1574), 앙리 3세(1574-1589) 등이 통치하는 기간 동안 막강한 권력을 행사하여 위그노를 탄압한 인물로서, 그 대표적인 사건이 성 바돌로매의 날에 자행된 대학살이었다.

왕이 된 앙뜨완느 드 부르봉과 갸스파르 꼴리니 장군은 따라서 철저히 대적자로 몰리게 되었다. 1562년 3월 1일 바씨에서 예배를 드리던 개신교 성도들을 학살한 사건을 필두로 해서 그 후로 30년 동안 프랑스는 종교 전쟁과 내전이라는 참혹한 시기에 휩싸였다. 까뜨린느 메디치 태후와 기즈 집안의 합작으로 1572년 8월 24일 성 바돌로매의 날에 이루어진 대학살은 그 절정이었다.[8] 무려 7천 내지 9천 명이 살해된 것으로 추정되는 바, 이러한 일이 한 번으로 그치지 않고 빈번히 되풀이되었다. 장로들 가운데 6분의 1이 살해당했다는 통계가 나올 만큼 사회적인 강압이 극심하였다.

장 크레스펭(Jean Crespin, 1500-72)은 『순교자의 책』에서 789명의 비화를 기록해 놓고 있다. 그리고 역시 순교한 2,120명의 이름을 첨가해 놓았다. 그들은 대부분 온갖 핍박과 박해에도 저항하지 않았고, 짐승과 같이 잔인한 무기로 달려드는 폭력의 공포 속에서 죽어가야만 했다. 프랑스 칼빈주의자들은 성경을 가지고 다니거나 그와 관련된 문서

---

8 Glenn S. Sunshine," French Protestantism on the Eve of St. Batholomew: The Ecclesiastical Discipline of the French Reformed Church, 1571-72", *French History* 4 (1990): 340-77.

위그노 대학살: 프랑수아 뒤브와(Francois Dubois)의 그림. 1572년 8월 24일 성 바돌로매의 날에 프랑스 파리에서 로마 카톨릭 정권이 위그노를 대학살하던 일을 기억하기 위해서 직접 목격한 대로 그린 것이다.

를 소지하면 체포되었고, 개혁주의를 주장하는 소책자를 가지고 있으면 화형에 처해졌다. 집 안이나 책장 서랍에서라도 발견되면 화형장으로 끌려 갔다. 그러나 개혁 신앙의 불꽃은 이런 어려운 환경에서도 그칠 줄 모르고 타올랐다.

바돌로매 대학살과 같은 극심한 박해 때문에 프랑스에서는 개혁신학이 발전할 수 없었고, 프랑스 출신으로 스위스에서 활동한 기욤 파렐, 교리 문답, 테오도르 베자, 삐에르 비레 등의 지대한 영향을 받았다. 프랑스 칼빈주의자들의 특징과 저술들을 살펴보면 다음과 같다. 랑베르 다노(Lambert Da-neau, 1530-95)는 70여 편의 저술을 남겼고, 목사와 신학 교수로 활약했다. 기독교 윤리적인 조언을 많이 남긴 그는 전적으로 말씀을 충실히 따르면서도, 극단적으로 모든 인간의 활동을 무가치한 것으로 배제하는 것은 거부했다. 춤을 추는 것을 무조건 금지해야만 하는 것이 아니라, '건강을 돌보고 힘을 축적하고 신체의 능력을 회복해서 하나님을 기쁘시게 할 수 있다면, 이러한 모든 활동은 하나님의 영광을 높이는 일이다.'

미쉘 베로(Michel Berault or Beraud, 1537-1611)는 몽토방 개혁주의 아카데미의 교수였는데, 예정설을 공격하는 로마 가톨릭에 대항하여 하나님의 의로우심과 은총을 옹호하는 글을 발표했다. 시몽 굴라르(Simon Goulart, 1543-1628)는 제네바에서 목사로 일하기도 했는데, 순교자의 책을 증보해서 출판한 바 있다. 그는 시인이자 신학자여서 다수의 출중한 시들을 남겼고 『프랑스의 정세에 관한 논제』(Theses on the State of France, 1576)를 남겼다. 순교자들의 슬픔을 모아서 책으로 발간한 신학자가 시상을 가다듬고 노래를 만들었다는 것이 놀랍기만 하다.

> 아 행복했던 그 해, 행복했던 그 달, 행복했던 그 날, 행복했던 그 시간
> 하늘의 아버지께서 나를 생각하셨을 바로 그때
> 내 가슴에다 소리쳐 외쳤으니
> 제가 여기 있나이다
> 지금부터는 당신 품 안에 나의 영원한 처소를 만들겠나이다.[9]

피터 라무스

프랑스 개신교 신학자와 철학자 가운데서 가장 걸출한 인물은 역시

---

9   P ierre Courthial," The Golden Age of Calvinism in France: 1533-1633", in *John Calvin: His Influence in the Western World*, ed. W. Stanford Reid (Grand Rapids: Zondervan, 1982), 84

삐에르 드 라 라메(흔히 그의 라틴어 이름인 라무스로 호칭됨, Pierre de la Ram or Ramus, 1515-72)를 손꼽지 않을 수 없다. 피카르디 출신으로 파리 대학에서 공부를 하고 1551년부터 모교에서 가르쳤다. 1561년 개신교로 개종한 라무스는 대학 교육과정을 전반적으로 개혁할 것을 주장하였다. 당시 널리 유행하던 아리스토텔레스의 철학과 논리학

피터 라무스

을 배격하고, 반스콜라주의 방법론을 제창하였다. 1568년부터 1571년까지 박해를 피해 독일에 머물면서 프랑스 칼빈주의 교회에서 회중교회 체제를 세우고자 노력하다가, 베자와 충돌을 일으켜서 프랑스로 돌아간 지 불과 1년이 지난 1572년 성 바돌로매의 날에 피살되었다.

라무스의 논리적 방법론은 실제적인 활용과 단순성을 강조한 것이다. 그의 변증 방법론(Dialecticae intitutiones, 1543; Dialecticae partitiones, 1543)은 주제를 두 가지로 양분하는 그림이 삽입되어 매우 깊은 인상을 주었고, 인쇄술의 발전으로 1573년부터 1620년까지 무려 52판이 보급되었다. 라무스의 방법론은 교육적으로 활용가치가 높아서 휴머니스트들에게 큰 영향을 끼쳤다. 반면에 라무스가 신학에 끼친 영향은 잘 드러나지 않는다.

라무스에 따르면 신학은 더 단순하고 실제적이며 구체적이어야 한다. 간략하게 정리한 『기독교 종교에 대한 주석』(Commentary on the Christian Religion, 1576년)에서 그는, 신학이란 실제적인 활용이 있어야 함을 강조하며 '바른 생활에 대한 가르침'(doctrina de bene vivendo)이라고 새롭게 규정하였다.

　신학의 내용은 두 가지로 나뉘는데, 곧 믿음과 실천이다. 신학은 객관적인 계시를 연구하기보다는 실제 경건의 길을 준비하는 것이다.[10] 중세 교회가 신봉하는 토마스 아퀴나스가 세웠던 스콜라주의는 이교적인 아리스토텔레스의 철학을 받아들여 성경보다는 합리적인 이론을 더 우위에 내세웠기 때문에, 그는 이를 버리고 가장 단순 명료한 논리 체계를 선호했다. 중세와 근대의 분기점을 이루는 코페르니쿠스의 새로운 천체론을 받아들이고, 자신도 역시 가장 단순하게 이분법적으로 전개하는 핵심적인 방법론을 제창했다.

　라무스는 아리스토텔레스를 선호한 베자의 학문 방법론을 좋아하지 않았고, 회중교회를 선호한 점에서도 역시 베자의 장로교회 체제와 충돌하였다. 라미즘이라고 불리우는 학문 방법론은 선풍적으로 널리 퍼져 나갔고, 개신교 진영에서는 거의 대부분 이를 크게 환영하였다. 피스카토르(Johannes Piscator, 1546-1625)의 성경 주석에 보면 이러한 흔적이 나타나 있고, 폴라누스(Amandus Polanus, 1561-1610)의 조직신학 체계와 알스테드(J. H. Alsted, 1588-1638)의 신학사상에도 큰 도움을 주었다. 17세기에도 그의 사상은 여전히 영국의 청교도들에게 큰 힘을 행사하고 있었고, 윌리엄 퍼킨스와 에임즈에게 많은 영향을 끼치게 된다.

10　W.J. Ong, *Ramus, Method, and the Decay of Dialogue* (Cambridge, M.A.: 1958). idem, Ramus and Talon Inventory (Cambridge, M.A.: 1958). R.W. Letham, 'The Foedus Operum: Some Factors Accounting for its Development", *The Sixteenth Century Journal* 14 (1983):457-467.

개신교 신학자들

프랑스 개혁주의는 재능이 많은 기능인들과 휴머니즘을 공부한 부르주아의 공헌이 절대적이었다. 프랑스 칼빈주의의 황금기에 기여한 사람들은 재능이 풍부한 예술가와 공예가들이었다. 수많은 조각가, 건축가, 작곡가, 문인들이 배출되어서, 각 분야에서 눈부신 업적을 남기게 되었다.[11] 전체 인구에서 불과 7% 또는 8%에 불과했던 칼빈주의자들이 이처럼 엄청난 영향력을 발휘할 수 있었다는 것은, 제네바에서 확신에 찬 프랑스 출신 개신교 성도들이 이룩한 공헌에 깊은 영향을 받아 확고한 신념에 차 있었기 때문이다.

그들은 소수였지만, 결코 나약하지 않았다. 그리고 칼빈이 말한 바와 같이 정치적으로 과격해지지 않도록 매우 조심하면서, 기존의 정권을 담당한 세력들에게 온건하게 대하려고 노력하였다. 그들은 적어도 1629년까지는 전 프랑스를 개신교화할 수 있다는 확신을 가졌다. 두 차례의 극심한 종교 전쟁을 치르고 또 박해를 받았지만, 그래도 지칠 줄 모르는 신념을 가지고 살았다.

삐에르 뒤 물랭

17세기 프랑스 개신교회는 상당한 교육을 받은 휴머니즘의 토양에서 발전되었고, 부르주아의 분위기를 갖고 있었다. 그 중에서도 지성적

---

11 Carter Lindberg, *The European Reformation* (Oxford: Blackwell, 1996), 283. Henry Haller, *the Conquest of Poverty: The Calvinist Revolt in Sixteenth Century France* (Leiden: E.J. Brill, 1986). Albert-Marie Schmidt, *Jean Calvin et al tradition calvinienne* (Paris: 1936). Emile G. Leaonard, *Historie geanearale du protestantisme* (Paris: Presses Universitaires de France, 1961), vols. 1-2. August Lecert, *Etudes calvinistes* (Paris: Delachaux et Nieastlea, 1948). Raoul Stephan, *Histoire du protestantisme fran ais* (Paris: Club des Libraires de France, 1961).

1564년경 리용에서 '파라다이스'라고 불렸던 칼빈주의 교회의 예배 광경. 신분과 성별에 따라 앉고, 설교자를 포함하여 모자를 쓰는 것이 전통이었다.

인 분위기와 스콜라적인 논리를 갖추고 위그노 목사들을 이끈 가장 훌륭한 지도자는 삐에르 뒤 물랭(Pierre Du Moulin, 1568-1658)이었다.[12] 프랑스 출신이지만 영국 케임브리지 대학으로 건너가서 윌리엄 휘태커의 지도하에 개혁신학을 공부하였다. 1593년 라이데 대학의 교수가 되어 그로티우스를 가르쳤다. 1599년 목사 안수를 받고 프랑스 근교 샤렝통 교회의 목사가 되었고, 많은 개신교 지도자들과 교류하였으며, 나중에 세당에서 목회와 교수 사역을 감당하였다.

삐에르 뒤 물랭은 앙리 4세의 누이 까뜨린느 드 부르봉(Catherine de Bourbon)의 궁정 목사로서 프랑스 교회가 알미니우스로 기우는 것을 방지하는 데 최선을 다했다. 『교황제의 갱신』(Newness of Poery, 1627)이라는 책으로 뒤 뻬롱(du Perron) 추기경의 공격을 반박하면서, "사람

---

12 Brian G. Armstrong," The Changing Face of French Protestantism: The Influence of Pierre Du Moulin", *Calviniana: Ideas and Influnce of Jean Calvin* (Kirksville: Sixteenth Century Essays & Studies, 1988): 131-149.

을 하나님과 동반 관계에 들어가게 만들어 놓고 그 사람을 찬양하는가? 진정한 종교는 모든 찬양을 하나님께, 모든 축복은 사람에게 돌리는 것이다. 하나님께 영광을 돌리고, 양심의 안식을 원한다면 예수 그리스도에게로 돌아가야 한다"고 주장하였다.

베르나르 빨리시(Bernard Palissy, 1510-90)는 개신교 신앙을 받아들임으로써 파리의 바스티유 감옥에 투옥되었다가 끝내 옥사하고 말았다. 그의 광범위한 지식은 신학을 비롯하여 식물생리학, 생물학, 과학, 수리학 등을 통해서 하나님의 창조의 아름다움을 전하고 동시에 인간의 복지 증진을 도모했으며, 하나님께 영광을 돌리고자 노력하였다. 의학자로서 명성을 떨친 앙브루아즈 빠레(Ambroise Parea, 1509-90)와 농업 분야에서 탁월한 저술을 남긴 올리비에 드 세르(Olivier de Serres, 1539-1619) 역시 모두 당대 왕의 총애를 받았던 칼빈주의자들이었다.

앙뜨완느 드 라 로쉬 샹디외

개혁파 스콜라주의가 등장할 정도로 세밀한 신학의 작업이 시도된 것은 앙뜨완느 드 라 로쉬 샹디외(Antoine de la Roche Chandieu)의 『하나님의 성경 말씀』(De Vervo Dei Scripto, 1580)부터라고 볼 수 있다.[13] 샹디외는 1534년 도팽 지방 샤보(Chabot)의 성에서 귀족 집안의 자녀로 태어났다. 어린 시절 개인 교습을 받던 교사에게서 칼빈주의 신앙을 접촉한 그는 툴루즈에서 법학을 공부하면서 더욱 확신을 갖게 되었다. 제네바로 건너가 개혁 신앙을 공부하면서 칼빈의 영향으로 확고한 입장을 정리하고 1556년 또는 1557년경 파리에서 창설된 개혁 교회의

---

13 Donald Sinnema," Antoine De Chandiue's Call for a Scholastic Reformed Theology" (1580), in *Later Calvinism*, 159-189.

두 번째 목사가 되었다. 또한 비밀리에 여러 지방을 돌아다니면서 헌신적으로 개혁 교회의 창설에 협력하였다. 1559년 첫 프랑스 개혁 교회 총회가 개최되고 '갈리칸 신앙고백서'와 '교회 권징'을 채택하는 데 결정적으로 중요한 역할을 담당하였다.

1562년 첫 번째 종교 전쟁이 일어나자 상디외는 위그노의 중심지였던 오를레앙으로 피신하였다. 거기서 세 번째 전국 총회(1562)를 개최할 때에 사회를 맡아, 쟝 모렐리(Jean Morelli)의 민주주의적이요 회중교회적인 조직 구성안을 정죄하는 일에 앞장섰다. 그는 '교회 권징의 확증'(La Confirmation de la disciplineeccl siastique, 1566)을 저술하여 프랑스 개혁 교회가 장로교회 제도를 확고히 정립하도록 노력하였다.[14]

두 번째 종교 전쟁이 일어나던 1567년에서 1568년 사이에 그는 자신의 영지에 머물러 있었는데, 형의 죽음으로 인해서 자신이 가정일을 돌보아야 했기 때문이다. 그러나 세 번째 전쟁이 나던 1568년에는 스위스로 피신하여 제네바와 로잔에서 은거해야만 했다. 그 후 다시 1570년에 귀국하여 프랑스 전국 교회 총회(La Rochelle, 1571; Nime, 1572)에 참석하였다. 바돌로매의 날에 벌어진 학살을 피해서 1572년 또 다시 가족들과 함께 제네바로 피신하였다가 1년을 머문 후에 로잔으로 이주했다. 상디외는 이렇게 해서 무려 11년 동안을 난민으로 보내야만 했는데, 이 기간 동안에 그는 중요한 저술들을 발표하고 프랑스 난민들의 대변인역할을 담당하였다. 로잔에서 그는 스콜라적인 방법론을 개발하였는데, 그 즈음 아리스토텔레스의 논리학에 관심을 갖게 되었다. 1576년부터 로잔 대학에서 열렬한 아리스토텔레스의 추종자 끌라우드

---

14 Robert M. Kingdon, *Geneva and the Consolidation of the French Protestant Movement 1564-1572* (Madison: University of Wisconsin Press, 1967), 77-78.

오베리(Claude Aubery)가 철학을 강의하게 되었는 바, 샹디외는 그의 강의를 듣고 이를 받아들인 것이다. 동시에 자신도 로잔 대학의 강사로서 강의를 맡았다.

흑사병이 돌자 샹디외는 1579년 7월에 로잔과 제네바 사이에 있는 오봉으로 옮겨서 비교적 평화롭게 저술에 전념하였다. 1580년 출판된 그의 책은(Locus de Verbo Dei Scirpto adversus Humanas Traditiones, Theologie & Scholastice Tractatus) 프랑스 개혁 교회의 목사들과 교사들에게 헌정되었다. 그 뒤에도 로마 가톨릭의 미사와 연옥설을 반박하는 유사한 저술을 출간하였고, 이때에도 스콜라적인 형식을 취했다.

1583년 고향으로 돌아온 후에는 개혁 교회의 지원에 열심을 다했고, 로마 가톨릭의 화체설과 루터파의 공재설을 반박하는 글을 발표하였다. 1585년 여덟 번째의 종교 전쟁이 벌어지자, 자신은 나바르의 앙리를 돕기 위하여 군목으로 참전하고 가족들은 다시 제네바로 안전하게 피신시켰다. 그렇게 약 3년 동안 박해받는 프랑스 위그노를 향한 스위스 캔톤의 후원과 독일 자유 도시들의 공감대를 형성하기 위해 노력하다가 1588년 제네바의 가족들에게 돌아갔다. 그리고 베자를 도와 제네바 대학에서 신학을 강의하다가 1591년 2월에 사망하였다.

샹디외가 개혁파 스콜라주의 방법론에 동조하게 된 배경에는 몇 가지 복합적인 요인이 있다. 무엇보다도 프랑스 휴머니즘에서 성장한 개혁주의 신학자들이, 중세 스콜라주의자들이 사용했던 삼단논법을 그대로 채택하고 있었고, 16세기 신학자들이 유려한 문장의 기법을 매우 중요시했다는 점이 눈길을 끈다. 다음으로, 반종교 개혁파 '예수회'의 개신교에 대한 공격이 주로 스콜라적인 방법론으로 무장하고 있어서, 그에 효과적으로 대응할 논리가 필요했다는 점을 지적할 수 있다. 골로새서 2:8에서 바울 사도가 철학을 거부하였기 때문에 개혁신학자들은 거의 다 철학적 방법론을 회피하고 있었다. 그러나 샹디외는 이는 잘못된 철학을 피하라는 것이지 철학적 방법이 무조건 나쁘다고 할 수는 없다고 판단하였다.

몽또방 아카데미

프랑스에서 개혁주의에 입각한 진일보된 신학 저술이 발표된 것은 역시 1598년 앙리 4세의 낭뜨 칙령 발표 이후이다. 성도들에게는 평화로운 신앙생활이 보장되었고, 신학자들에게는 표현의 자유가 확산되었다. 한때 개신교 신자였던 앙리 4세는 '국가 속의 또 다른 국가'라고 불리는 관용을 베풀었다.

앙리 4세의 친구이자 협력자 중의 한사람이었던 필립 뒤 쁠레시 모르네(Philippe du Plessi Mornay, 1549-1623)는 칼빈의 제자로서 성경과 초대 교부들의 저작에 대하여 독보적인 해석을 내 놓았다. 일찍이 『교회론』(A Treatise of the Church, 1577)을 발표하였고, 파스칼에게 영향을 준 『기독교 종교의 진리에 대한 논증』(A Treatise on the Truth of the Christian Religion, 1581)이라는 변증서를 저술하였다. 몽또방 개혁주의 아카데미에서는 다니엘 샤미에르(Daniel Chamier, 1621 사망) 교수가 교리와 어학을 두루 아우르는 뛰어난 능력을 발휘하였는데, 로마 교회에 대항하는 신학 저술(Pantrastae Catholicae)을 미처 완성하지 못하고 그들의 공격을 당해 사망하였다.

성경의 입문서를 훌륭하게 편찬한 앙드레 리베(Andr Rivet, 1572-1651)는 열렬한 칼빈주의자로 활약했다. 몽또방의 교수 앙트완느 가리솔(Antoine Garrissoles, 1587-1650)은 『원죄의 전가』(Imputation of Original Sin)를 출판하여 죠쉬에 드 라쁠라스(Joshua de la Place or Placaeus, 1606-1655)의 간접 전가설을 배격하였다. 그러나 다시 루이

14세가 1685년 개신교의 자유를 허락했던 낭뜨 칙령(1598년)을 철회함으로써 프랑스 사회에 뿌리를 내렸던 칼빈주의는 처절한 박해 아래서 어쩔 수 없이 쇠퇴하는 비극을 맛보아야만 했다. 위그노들은 노아의 방주를 찾아서 네덜란드, 스위스, 브란데부르크, 영국, 아일랜드, 북아메리카, 그밖에 그들이 환영을 받는 유럽의 다른 도시들로 뿔뿔이 흩어졌다.

1675년부터 1679년 사이에 프랑스 전지역을 여행했던 영국의 존 로크는 프랑스 칼빈주의의 핵심 지역인 랑그독(Languedoc)에 머물렀다. 그는 그곳에서 소수의 위그노들이 당하는 차별과 고통을 목격하고 깜짝 놀랐다. 그러나 프랑스에는 수없이 많은 위그노 학자들과 문인들과 예술가들이 태어나 칼빈의 영적인 아들과 딸들이 되어서 하나님의 말씀에 따라 생활 전반에서 창조주 하나님을 노래하고 영광을 돌리는 일을 감당하였다.

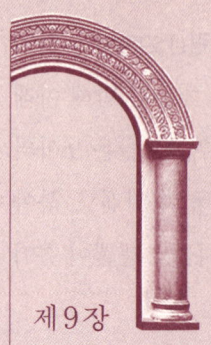

제 9 장

남부 독일의 개혁신학과 하이델베르크 교리 문답

　독일 개혁신학이나 하이델베르크 교리 문답이나, 종교 개혁자들에 대한 지식이 별로 없다고 구원을 못 받는 것은 아니다. 그러나 성경에서 무엇을 전해 주는가를 올바로 파악하는 가장 좋은 길은 앞서 연구한 개혁주의 신학자들이 남긴 신앙적인 문서들을 공부하는 일이다. 그런 것들을 몰라도 얼마든지 신앙생활을 잘할 수 있고, 심지어 병을 고치는 능력을 체험하고 신비한 은사를 받으며 교회의 양적인 부흥과 놀라운 영적인 집회를 이끌어 갈 수 있다고 호언하는 것은, 성경에서 가르치는 지혜로운 길과는 거리가 있다고 할 수 있다.

　개혁주의 종교 개혁의 제1세대는 쯔빙글리의 저술들이 나온 1523년부터 칼빈의 서거로 초기 기초 작업이 마무리되었던 시기까지이다. 이 기간 동안 기본적인 교리에 대한 연구가 제시되었고, 앞으로 나아갈 방향을 제시하는 선에서 자신들의 역할을 다했다. 이 시기는 매우 다양한 목소리들이 각각 여러 도시에서 제기되었고, 합의를 도출하기 위하여 회의와 공동 문서를 마련하는 노력이 있었다. 이제 개혁 시대의 후계자들에 의해서 좀 더 정교하고 명확한 신학 해설 작업이 시도되어서 개혁신학의 전제들과 요목들을 학문적인 훈련으로서 발전시키게 되었다. 어떤 면에서는 제2의 종교 개혁 운동이 지속적으로 일어나야만 했다.

제2 개혁 운동

독일에서는 봉건적인 통치 단위를 세습적으로 지배해 온 군주들과 귀족들이 제2단계로 접어든 종교 개혁의 발전 단계에서 매우 중요한 위치를 차지하게 된다. 1520년대 이후 독일 각 지역에서는 휴머니즘, 곧 기독교 철학이 널리 보급되어 교회 내의 개혁 사상을 함양시켜 주었다. 16세기 중엽에 이르러 신성 로마 제국 하에서 중간 규모의 공국들은 좀 더 명확하게 개신교의 신앙을 독자적으로 결정할 수 있게 되었다.

루터가 삭소니 지방의 중심지 비텐베르크에서 1517년 10월 31일 라틴어로 쓴 95개 토론 조항을 내걸어 놓자, 이는 로마 가톨릭에 엄청난 압박을 가하는 결과를 가져왔다. 그 후부터 루터를 지지하고 따르는 루터파 교회가 형성되었고, 1530년에는 아우구스부르그 신앙 고백(Augusburg Confession)이 채택되어 개신교는 확고한 체계를 세워 나갔다. 그러나 1566년부터 16세기 말까지는 반종교 개혁 운동

마틴 부써. 독일 남부 스트라스부르그의 종교 개혁자.

(Counter-Reformation)이 일어나서 매우 강도 높은 반격을 시도하였다.

반면에 프랑스 경계 지방에 있는 남부 독일 지역에서는 사정이 전혀 달랐다. 이곳에는 스트라스부르그라는 자유 도시가 있었고, 1521년 매튜 젤(Mattew Zell)이 복음적인 설교를 전하면서 새로운 복음운동이 일어났다. 이어서 카피토(Wofgang Fabricius Capito, 1478-1541), 마틴 부써(Martin Bucer, 1491-1551), 헤이도(Caspar Heido) 등이 동지가 되어서 루터파와는 또다른 개혁 교회를 구성하였다. 특히 마틴 부써는 지도력을 발휘한 위임 목사였는데, 그는 마틴 루터와 필립 멜랑히톤이 주장하는 성찬론과 쯔빙글리를 중심으로 한 스위스 북부 진영을 조화시키려고 노력하였다. 그러나 그리스도의 인성에 대한 견해 차이가 너무나 커서 말부르크 회의는 결렬되고 말았다.

부써와 카피토는 『테트라폴리탄』(Tetrapolitan) 신조를 발표하였다. 성만찬은 그리스도께서 그의 제자들에게 자신의 몸과 피를 내어 주신다는 의미를 가지고 있다. 그러나 루터파에서는 이런 점을 충분히 설명하지 못하고 있었다. 더구나 루터파는 교회 안에 종교적인 조각들, 성자들의 묘사를 그대로 안치해 두고 있었다. 스트라스부르그에서는 아무런 장식이 없는 탁자만을 사용했다. 따라서 이곳에 머무는 3년 동안 칼빈은 성찬론을 연구하였고, 갈등의 요인을 철저히 분석하는 기회를 가졌으며, 부써의 성찬론을 좀 더 정교하게 발전시켰다.

1548년 신교와 구교 사이의 평화 협정(Interim)으로 다시 가톨릭 미사가 강제로 실시되자, 부써는 스트라스부르그를 떠나 영국으로 갔다. 급진적인 루터파 교회가 『협화 신조』(Formula of Concord, 1577)를 강요하면서 칼빈주의 교회들과의 사이에 거리감을 형성하였다.

독일 개혁 교회의 교회 정치를 발전시킨 사람은 북서 프리스랄트 교회의 존 라스키(또는 라스코, John Laski or a Lasco, 1499-1560, Jan Lasi

의 조카)이다. 폴란드 귀족이며 대주교였던 숙부의 후광을 입고 휴머니즘을 공부한 후에 개신교로 개종하였다. 그는 노회와 총회의 권한을 규정하고, 특히 각 지역 교회의 당회보다는 좀 더 규모로 도시 전체 목사와 장로가 모이는 당회를 제안했다. 그리고 장로들은 각각 담당 구역을 돌아보도록 했다. 목사들의 연합 모임을 정례화하여, 상호 감독과 토론을 도모하고 교리적인 통일을 기하도록 하였다. 평신도의 참여와 역할이 별로 자연스럽지 못했던 루터파 교회에서는 장로들이 그리스도인의 생활에 대해 세세한 부분까지 관심을 갖는 조직을 받아들일 수 없었다.

라스키는 황제가 미사를 강요하자 런던으로 피신하였다. 독일은 종교 개혁을 누구보다도 먼저 받아들인 북부 삭소니의 현자 프레데릭 3세(Frederic III, the Wise, 1463-1525)가 루터를 지지하는 정책을 적극적으로 펴나감으로써 국가적으로 거의 신앙적 통일을 이루었다. 또한 독일 남부 지방 선후제로 통치권을 물려받게 된 경건한 자 프레데릭 3세(Frederic III, the Pious of the Palatinate, 1515-1576, 1559년부터 재위함)의 주도하에 남부 개혁 교회는 약 60년 동안 놀라운 능력을 발휘하였다.

프레데릭 3세의 재위 시기부터 30년 전쟁이 한창이던 1622년 스페인 군대에 의해서 하이델베르크가 함락될 때까지 칼빈주의 개혁 교회는 학문과 출판과 철학의 꽃을 피웠다. 최고의 지성을 제공한 하이델베르크 대학, 가장 유수한 장서를 수집해 놓고 있던 도서관(Bibliotheca Palatina), 도시의 수입을 증진시켜 주는 번창하는 출판사들이 칼빈주의 신앙의 가치를 구현하고 있었다. 하이델베르크는 개혁 신앙을 가졌다는 이유로 망명을 해야 했던 목회자들의 피난처였고, 정치인들과 귀족들, 고급 관리들의 도피처 역할을 수행했다.

물론 하이델베르크라는 도시만이 칼빈주의 개혁 교회를 받아들여 영향력을 발휘했던 것은 아니다. 1567년부터 1620년 사이에 드러난 곳은 모두 네 지역 도시를 꼽을 수 있다. 하이델베르크, 비텐베르크(Wittenberg, 1591년까지), 나싸우(1577, Nassau), 라인강 주변의 저지대 도시들(Juülich 1570, Cleves 1572, Berg 1589, Mark 1564-1571). 이들은 모두 괄호 안에 있는 연도에 당회를 조직하고 칼빈주의 노회를 조직하였다. 특히 저지대 도시들에는 프랑스 난민들이 흩어져 있었고, 1575년부터 다시 고향으로 돌아간 네덜란드 개혁자들과 더불어 상당수의 독일 개혁 교회 지도자들이 활동하였다.

루터파 신도들이 있는 도시에 칼빈주의 신앙이 보급되면서 서로 갈등을 빚게 됨은 당연한 이치였다. 그러나 차츰 군주들이 칼빈주의 신앙을 이해하고 받아들이게 되었다. 그들은 보다 안정된 통치 기반을 구축하기를 원했는데, 따라서 군주들에 의해서 칼빈주의 신앙이 각 도시에 소개되고 보급되었다는 특징을 갖고 있다.[1] 특히 독일 개혁신학의 광맥을 찾아 보고자 하는 우리들의 학문적 추적에서 볼 때, 독일 남부 지방의 개혁신학자들이 남긴 문서들과 개혁 교회의 전통, 그리고 "하이델베르크 교리 문답"의 가치와 소중함은, 말로 표현할 수 없을 만큼 칼빈주의적 군주들의 업적을 보여 주는 귀중한 실례이다. 칼빈주의의 보석함 속에서도 가장 빛나는 보석이요, 개혁주의 신학의 걸출한 유산이다.

1559년부터 1622년까지의 기간을 제2 종교 개혁 기간으로 부르는데, 독일 루터파 교회가 개혁 교회라는 새로운 신학의 전파로 인해서 보다 철저한 삶의 갱신 운동을 전개했기 때문이다. 종교 개혁 두 번째 세

---

[1] H. Schilling, *Konfessionspolitik und Staatsbildung. Eine Fallstudie u ber das Verha ltnis von religio sem und sozialem Wandel in der Fru hneuzeit am Beispiel der Grafschaft Lippe* (Gu tersloh: 1981), 47-50.

대에 이르게 되면, '제2 종교 개혁'이라고 말할 수 있을 만큼 상당한 교리적인 변화, 교육과 복음 전파의 원칙들이 달라지고 있었다.[2] 루터파 교회의 신학과 실제 사이에는 혼돈이 일어나고 있었고, 개혁파와의 사이에 두드러진 차이점은 교리적인 관심과 방향이 다르다는 데 있었다.

중앙 집권에 거부하는 귀족이나 군주들의 주도하에 프랑스와 네덜란드 칼빈주의자들의 입장에 동조하는 이들이 국제적으로 개입하게 된 것이 제2 종교 개혁 운동이다. 따라서 이는 루터파의 종교 개혁 이념을 완전히 버린 것이 아니라, 교회와 교육과 성경적인 복음주의 원리에 입각한 국가의 제도를 재정비하고 조직적으로 그리스도인의 생활을 갱신하는 운동을 의미한다.[3]

1530년대에서 1560년대 사이에 루터파 신학자들은 자신들의 노력에도 불구하고 교회에 출석하는 사람들이 적어지고 신앙적인 순종과

---

2 지금까지는 제2 종교 개혁 운동을 루터 이후에 독일이나 주변 국가에서 일어난 거듭되는 갱신 노력에 대해 사용하여 왔다. K. von Greyerz, *The Late City Reformation in Germany: the Case of Colmar*, 1522-1628 (Wiesbaden: 1980), 196-203. 그러나 새로운 주장이 제기되고 있다. 제2 종교 개혁을 17세기 말과 18세기 초엽, 루터파의 갱신을 주도했던 경건주의 운동으로 생각해야 한다는 주장이다. Richard Gawthorp, and Gerald Strauss, "Protestantism and Literacy in Early Modern Germany", *Past and Present* 104 (1980): 43-45. Gerald Strauss, *Ideas of reformatio and renovatio from the Middle Ages to the Reformation* (Leiden: E. J. Brill, 1995). 그런가 하면 경건주의 운동은 제2 종교 개혁의 완성 단계에서 나온 것이요 제2 종교 개혁의 이념을 구현하려는 것이므로 제3 종교 개혁 운동으로 보아야 한다는 주장도 있다. Mary Fulbrook, *Piety and Politics: Religion and the Rise of Absolutism in England, Wuürttemberg and Prussia* (Cambridge: Cambridge University Press, 1983). 이런 주장은 부자연스럽기 그지없다. 차라리 퓨리턴 운동을 제3 종교 개혁이라고 부르는 것이 타당할 것이다. 마지막으로, 경건주의는 제2 종교 개혁이요 현대 오순절 운동과 은사 운동을 루터 교회 내에서 일어난 제3 종교 개혁이라고 부르는 입장도 있다. C. Lindberg, *The Third Reformation? Charismatic Movements and the Lutheran Tradition* (Macon, Ga.: 1983).

3 T. Klein, *Der Kampf um die zweite Reformation in Kursachsen 1586-1591* (Cologne: 1962), 70.

규칙의 준수에서 질적으로 변화가 없음에 대해 환멸을 느끼게 되었다.[4] 그러나 루터파의 개혁 운동은 완성되어야만 했다. 바로 이런 시점에 프레데릭 3세가 1566년 제국 회의에서 당당하게 '혁신한다'는 주장을 폈던 것이다.

프레데릭 3세

요즈음 평신도 중에서는 신앙이 확고하고 분명하여 모든 일에 하나님의 영광을 생각하고 자신의 생애를 헌신하는 사람들이 많다. 종교 개혁 시대에는 거의 대부분 신학자들이 모든 일을 주도할 수밖에 없었는데, 그것은 평신도들이 고등교육을 받지 못했기 때문이다. 그래서 군주 가운데서 확고한 개혁신학의 소유자들 몇 사람을 주목하지 않을 수 없으며, 그 중에서도 칼빈주의 신학을 발전시키는 데 결정적으로 기여한 인물을 중점적으로 살펴보고자 한다.

남부 독일 하이델베르크는 프레데릭 3세(Frederick III, 'the Pious', 1515-1576. 루터의 후견인이었던 삭소니의 군주 Frederick III, 'the Wise', 1463-1525와 호칭이 비슷하여 혼동하기가 쉽다)에 의해서 1545년에 개신교를 받아들였다. 그 후로 약 20여 년 동안 먼저 로마 가톨릭을 신봉하는 신성 로마 제국과 싸우고, 다음에는 루터파와 대립하는 종교적 갈등에 휩싸이게 되었다.

팔라틴 지역 선제후가 된 오토 하인리히(또는 오토 헨리, Otto

---

[4] G. Strauss, *Luther's House of Learning: the Introduction of the Young in the German Reformation* (Baltimore: Boston University Press, 1979), 300-302. idem, "Success and Failure in the German Reformation", *Past & Present* 67 (1975): 30-63.

Heinrich)는 열렬한 루터 신봉자 미카엘 딜러(Michael Diller)의 도움을 받아서 멜랑히톤의 가르침을 따르는 종교 개혁 운동을 전개하였다. 그러나 오토 하인리히는 1559년 2월 12일 후사 없이 갑자기 사망하였다. 독일은 당시 모든 권력을 심메른 집안(Simmern)에서 장악하고 있었는데, 그 대표적인 인물인 프레데릭 3세가 1557년 팔라틴 지방 선제후의 자리를 물려받아 1559년부터 통치권을 행사하였다.[5]

새로운 군주 프레데릭 3세가 취임할 무렵 팔라티네 지방은 과열된 대립 분위기가 조성되어 있었다. 이 지역은 프랑스, 스페인, 포루투갈, 네덜란드 등과는 달리 로마 가톨릭이나 루터파로부터 큰 핍박을 받지 않았다. 그런데 종교 개혁초기와는 달리 갈등과 대립이 점차 심화되었는데, 루터파의 성찬론과 스위스 개혁 교회의 성찬론 사이에 대결 양상이 전개된 것이다. 군주 프레데릭은 어느 쪽이 더 성경적이냐에 대해 하이델베르크에서 논쟁을 주선하였는데, 칼빈과 불링거를 따르는 개혁파 노선이 더 옳다는 판단을 갖게 되었다. 따라서 과연 새로운 선제후가 칼빈주의 쪽으로 기우는 것이 아니냐는 우려가 나오게 되었고, 루터파와 개혁파의 대립이 첨예화하였다.

1559년 4월, 하이델베르크 대학의 학사 학위를 청구하는 논문에서 칼레빗츠(Kalebitz)라는 학생은 칼빈주의 성찬론을 주장하는 논제를 제시하여 루터파 학교가 큰 소란을 겪어야 했다. 칼레빗츠는, 당시 영향력 있던 루터파 신봉자요 멜랑히톤의 추천으로 하이델베르크 신학 대학의 학장에 부임한 헤수스(Tilemann Hesshus)는 더 이상 목사 직을 맡을 수 없다고 몰아붙였다. 당시 일반 성도들은 화체설을 지지하고 있던 추세

---

5   Hendrikus Berkhof," The Catechism in Historical Context", in *Essays on the Heidelberg Catechism* (Philadelphia: United Church Press, 1963): 76-92.

프레데릭 3세(1515-1576). "경건한 자"(the Pious) 라는 별명이 붙여졌던 그의 칼빈주의 신앙은 1566년 아우구스부르그 평화 회담에서 루터파 영주들의 요청에도 불구하고 전혀 변함이 없었다. 그의 영향으로 1570년 장로교회 제도가 도입되었으나, 그의 아들 루이스 6세(1576-83 재위)는 루터파로 잠시 기울어졌다가 그 후 다시 칼빈주의로 되돌아왔다.

였다.

1560년대에 이르러 이런 갈등은 매우 심화되었다. 한 루터파 목사와 칼빈주의를 따르는 집사가 시의회에서 주일날 거행하는 성만찬을 놓고서 격론을 벌이는 일이 벌어졌다. 프레데릭 3세는 매우 낙심하였다. 그리고 양편의 싸움을 진정시킬 묘안을 찾기 위해서 고심하였다. 당시 매우 영향력 있던 의사이자 의학 교수인 토마스 에라스투스(1524-83, Thomas Erastus)가 1558년 하이델베르크 대학에 초빙되어 부임하였는데, 그는 프레데릭 3세에게 이런 종교적인 문제에 대해서 적극적으로 대처하여 해답을 제시해 달라고 간청하였다. 그는 스위스 사람으로, 쥐리히에서 의학과 신학을 수학하면서 쯔빙글리의 성찬론에 영향을 입었다. 그는 하이델베르크교회의 당회원이 되자, 스위스 학자들을 많이 초빙하고자 노력하였다.

에라스투스는 교회와 국가의 관계에 대해서 로마 가톨릭과는 거꾸로 된 구조를 주장한 사람이다. 그는 이제 국가가 교회를 다스리는 권세를 가진다고 역설하였다. 이러한 주장을 하는 사람들을 그의 이름을 따서 '에라스티안들'(Erastians)이라고 부른다. 로마 가톨릭의 교회 우월권이나 에라스투스를 따르는 자들이나 모두 일방적으로 어느 한 편만을 들고 있기에 극단적이요, 잘못된 이론이다.

프레데릭 3세는 루터파와 갈등을 보이고 있는 개혁파의 신앙을 받아들이기까지 심사숙고를 거듭하였다. 그는 네덜란드 귀족 헨리 브레데로데(Henry of Brederode)의 미망인 마리아(Maria of Brandenburg-Bayreuth, 1546년 아우구스부르그 신앙고백서를 공식적으로 받아들였고 1567년 사망)와 1537년 결혼하였는데, 그녀를 통해서 칼빈주의 신앙 쪽으로 기울어지게 되었다. 그의 부인은 루터파 교단에 속해 있었지만 과연 어떤 신앙 노선을 택할 것인가에 대해서는 2년 여 동안(1559-1561) 고심하다가 마침내 프레데릭 3세는 칼빈주의 신앙을 받아들였다. 그래서 이 지역 교회들은 성찬식에 있어서 루터파의 성례전을 시행하지 않게 되었다.

당시 독일에서는 오직 1555년에 채택된 아우구스부르그 종교회의에서 채택된 것만 인정되던 시대였다. 칼빈주의적인 개혁파가 독일의 남부에서 새롭게 신앙고백을 작성하자, 막시밀리안 황제는 이에 반대하고 즉각 루터파로 복귀하라는 명령을 내렸다. 물론 가톨릭 측에서도 즉각 이 문서의 이단성을 정죄하고 나왔다. 프레데릭은 이 교리 문답은 성경에 근거하고 있으므로 성경에 의하지 않고서는 그것을 받아들일 수 없음을 강조하였다.

1560년 4월 프레데릭 3세는 자신의 사위인 삭소니의 선후제 존 프레데릭(John Frederick)에게 '하나님의 영광을 가장 먼저 구할 것이며, 그 외에 나머지 세상에 관한 것들을 추구해 나갈 것이다. 이런 것들은 모두 다 우리에게 은혜로 주어지는 것이기 때문이다'라고 편지하였다. 개인적으로는 루터의 소요리 문답을 좋아하고 멜랑히톤의 정신에 공감하여 온 프레데릭 3세는 루터파와 개혁파의 연합과 일치를 도모하려는 시도를 하게 된 것이다.

1562년 프레데릭 3세는 두 사람의 출중한 젊은 신학자들에게 가장 순수하고 일관된 복음의 교리 체계를 세워서 자신의 영지 내에 신앙적 통일을 도모해 달라고 요청하였다.『하이델베르크 교리 문답』(Heidelberg Catechism, 1563)은 카스파르 올레비아누스(Caspar Olevianus, 1536-1587)와 자카리아스 우르시누스(Zacharias Ursinus, 1534-1583)에 의해서 작성되었다. 한편에는 로마 교회의 풍습이 남아 있고 다른 한편으로는 루터파의 신학이 다른 주장을 펴고 있는 상황에서 칼빈주의 신학과의 대립이 일어나자, 통일된 신앙고백이 절실히 필요했던 것이다. 이 문서는 정치 지도자에 따라서 지역의 종교가 바뀌는 혼돈의 시대에 모든 시민들이 공통적으로 받아들일 수 있는 핵심적인 개신교 교리를 담아 본 것이다.

프레데릭이 서문에서 밝힌 바와 같이, 당시 팔츠 지역은 혼란이 가중되어 있어서 통일된 문서, 일치된 신앙이 절실히 요청되었다. 이런 생각은 루터파 지도자들에게서보다는 칼빈주의자들에게서 더욱 강력하게 제기되었다. 1564년 말에 프레데릭은 프랑스 교회가 통일된 신앙고백을 갖고 일치된 목소리로 신앙 교육을 시키는 것을 극찬한 바 있다. 1568년 종교의 자유를 허락하는 낭뜨 칙령에서조차도 재세례파의 무식한 수준과 비윤리적인 행동이 비판을 받을 정도였으므로, 그들이 팔츠 지역 곳곳에서 펴 놓은 가르침과 행위들은 사람들에게 거부감을 주었다. 그래서 지역 공무원을 선발할 때에도 교회 출석을 잘 하는 사람, 기독교 신자로서 합당하게 행동하는 사람, 교회에서 하나님을 경외하는 사람으로 인정받는 사람, 공적으로 잘못이 없는 사람을 선정하도록 하였다.

하이델베르크 신앙고백은 1563년 1월 19일 인쇄를 마치고 출판되었는데, 아홉 쪽에 이르는 서문에서 프레데릭은 이것이 신앙의 통일을 기하기 위한 목적으로 준비된 것임을 거듭 주장했다. 동시에 이런 운동은 제2의 종교 개혁 정신의 지속적인 구현으로 생각할 수 있다.[6]

그러나 이 문서가 나오자마자 루터파에서는 크게 반발했다. 제2 종교 개혁은 성만찬에서 빵과 포도주를 먹는 예식에 그리스도의 영적 임재를 인정하지 않았다. 루터파에서는 성찬론에서 그리스도의 편재성을 주장하여 그리스도의 인성에 보다 집착함으로써 칼빈주의자들과는 확연히 입장이 달랐다. 초기에 이 문서의 영향력을 약화시키려는 듯 루터파 진영의 우익 인사들은 강도 높은 비판을 제기하였다. 어떤 이는 새로운 교리 문답은 쯔빙글리파에서 나온 것(Augustana Variata)이라고 하였는데, 그 이유는 성찬이 하나님이 은혜를 전달하는 것이 아니라 상징이라는 요소를 다루고 있기 때문이라고 했다.

1563년 5월 초 세 명의 루터파 영주들(Zweibruöcken, Wuörttemberg, Baden)이 새로운 교리 문답의 오류를 지적하는 장문의 편지를 보내 왔다. 신학자들의 도움을 얻어서 프레데릭 3세는 1563년 9월 14일 답변을 보냈다. 이 편지에서 그는 이전에 쯔빙글리나 칼빈의 글을 전혀 읽어 본 바도 없고, 성찬론에 있어서는 성경이 증거하는 그리스도의 영적인 임재를 받아들이며, 그리하여 그리스도의 은총을 받는 도구로 쓰일 수 있다고 설명했다. 프레데릭 3세는 자신이 가장 성경적인 신앙 문서를 작성하게 되었음을 확신하면서 루터파의 신앙과 비교해 볼 것을 권유하였다.

---

6   Henry J. Cohn," The Territorial Princes in Germany's Second Reformation, 1559-1622", in *International Calvinism*, 135-165.

칼빈주의라는 말에 대해서 사람들이 어떻게 이해하는지 나는 잘 모른다. 순수한 양심으로 내가 말할 수 있는 것은, 나는 칼빈의 저술들을 하나도 읽지 않았다는 것이다. 아우구스부르그 신앙고백에 대해서 나는 나움베르크에서 서명했었는데, 다른 많은 군주들도 역시 서명했었고, 그들 대부분이 지금까지 살아 있다. 내가 그 믿음을 견고히 붙잡고 있는 것은 그것이 성경에 기초한 것이라는 확신 때문이요, 그 이상은 결코 아무것도 없다. … 그리고 그 신앙고백에 대해서 반대하는 조항들을 받아들이는 데 있어서 내가 보여 준 것 만큼 누가 과연 할 수 있었겠는가. 그 고백과는 반대로, 내가 만들어 낸 교리 문답은 인간적인 요소들에서 끌어 낸 것이 아니라 한 마디 한 마디 하나님으로부터 받은 것이요, 그런 근거로 책의 여백에 적어 놓은 성경구절에서 입증될 것이다.[7]

프레데릭 3세는 프랑스 위그노들을 도와 주었고, 네덜란드의 칼빈주의자들을 성원했다. 더구나 그는 성경을 제외한 그 어떤 권위도 허망한 것임을 인정하였고, 팔라티네 지방의 교회들은 오직 이런 목표 아래서 세워져야 한다고 확신했다. 그는 계속해서 다음과 같이 털어 놓았다.

그 어떤 사람이라도, 나이나 국가나 계층이나 심지어 가장 천한 사람이라도, 성경에서 나온 바에 대해서 좀 더 나은 것을 나에게 가르쳐 줄 수만 있다면 나는 겸손하게 하나님의 진리에 대해서 순종할 준비가 되어 있고, 가슴으로부터 깊이 감사를 드릴 것이다. … 여기에 성경이 있

---

7   Bard Thomson, "Historical Backgound of the Catechism", in *Essays on the Hidelberg Catechism* (Philadelphia: United Church Press, 1963), 28에서 재인용. 원문은 August Kluckhohn, Die Briefe Kurfu rst Friedrichs des Frommen von der Pfalz, vol. I (1559-1566), 661-64.

다. … 이것을 시행하는 것만이 여러분의 제국을 통치하는 군주가 가장 즐거워하는 것이다.

이 신앙고백에서 성만찬의 해석은 유럽 전역에서 최고의 쟁점으로 부각되었다. 왜냐하면 독일 루터파에서는 성경 해석의 가장 핵심을 성만찬을 어떻게 받아들이는가로 판단했기 때문이다. 독일 루터파에서는 성찬론에 동의하지 않는다면 그것은 로마 가톨릭이 중세 시대에 저지른 과오를 범하는 것이라고 생각했다. 그러나 개혁파에서는 성육신하신 그리스도의 존재 방식이, 그의 부활과 승천으로 인해서, 지상에 계실 때와는 다른 방식으로 임재하시는 것이라고 주장하였다. 따라서 칼빈주의자들은 성찬에서 그리스도의 임재를 부정하는 것이 아니라, 완전하게 계속하기 위해서 성령으로 역사하고 계시며, "영적으로 임재하심"을 주장하게 된 것이다. 개혁주의자들은 루터파의 기초 교리들을 대부분 인정하면서도, 이를 좀 더 명확하게 성경적으로 밝혀 주었던 것이다.[8]

또 다른 공격으로 1563년 말에 맛디아스 플라키우스(Matthias Flacius)가 "논박"(Widerlegung)이라는 글을 발표했고, 루터파의 골수 강경파로서 칼빈이나 베자와는 결코 성찬을 같이 먹을 수 없다는 헤수스(Hesshus)가 다시 "진정한 경고"(Treue Warnung)라는 비판서를 출간했다. 우르시누스는 이 두 가지 책자에 대해서 1564년 전반부에 "기초적인 보고"(Gruündlicher Bericht)를 통해서 답변하였다.

이런 논쟁에 정치적인 요소들이 개입하였음은 두말할 필요도 없다. 루터파 진영에서는 자신들이 1555년 로마 가톨릭과 맺은 화해 조약의

---

8 B. Nischan," The' Fractio Panis': A Reformed Communion Practice in late Reformation Germany", *Church History* 53 (1984): 17-29.

보호 대상에 프리데릭 3세의 영지를 포함시켜야만 하느냐는 의문을 제기하였다. 생존이 위협받고 있는 시대에 같은 개혁 신앙을 가진 사람들끼리 이처럼 다른 신학적 입장을 가졌다 해서 서로 잔혹하게 대하였다는 것은 부끄러운 일이 아닐 수 없다.

1566년 아우구스부르그에서 열린 회의에서 프레데릭 3세는 자신이 발표한 교리 문답을 옹호하면서 매우 훌륭한 연설로 감동을 주었다. 그의 주된 논지는 다음과 같이 요약할 수 있다. '그 누구라도 이 교리 문답이 성경에 비추어서 틀린점이 있다고 증명한다면, 나는 언제라도 수정하고 다시 고칠 용의가 있다.' 마치 루터가 보름스 국회에 나가서 했던 연설을 상기시키는 프레데릭의 태도에 참석자들은 깊은 감명을 받았다. 그로 인해서 위험스럽게 대립하던 공격이 멈추어지게 되었다. 삭소니의 영주가 그 자리에 참석했던 다른 사람들의 마음을 대변하는 듯이 어깨를 두들기면서 격려해 주었다.

"프릿츠, 귀하는 우리와 똑같이 경건한 사람이오"
(Fritz, du bist froömmer als wir alle).

하이델베르크 교리 문답

개혁주의 정통신학의 발전사를 돌아보면 하이델베르크 교리 문답의 중요성을 강조하게 된다.[9] 불링거는 칼빈과 베자에게 편지를 보내어 이

---

9 The Heidelberg Catechism. Translated by Allen O. Miller and M. Eugene Osterhaven (Philadelphia: United Church, 1962). Karl Barth, Learning Jesus Through the Heidelberg Catechism (Grand Rapids: Eerdmans, 1981). Christopher J. Burchill, " On the Consolation of a Christian Scholar: Zacharias Ursinus (1534-1538) and

문서를 프랑스어로 번역해서 사용해 줄 것을 요청하였다. 그는 누구보다도 이 문서를 높이 평가하였다.[10] 칼빈은 올레비아누스가 보낸 라틴어 판을 평가해 달라는 편지 (1563년 4월 3일)를 받고 아무런 직접적인 언급을 하지 않았다. 그러나 올레비아누스의 편지를 받은 후 3개월이 되었을 때, 칼빈은 자신의 예레미야 주석을 프레데릭 3세에게 헌정하였다. 아홉 장에 달하는 이 서문을 살펴보면 칼빈의 태도가 매우 긍정적임을 알 수 있다.[11] 칼빈 사후에 이 문서의 영향력은 더욱 증대되었고, 오늘날까지도 여러 개혁

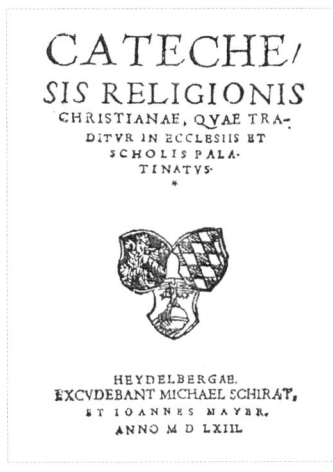

하이델베르크 교리 문답(1563, 봄, 출판)의 라틴어 번역본 표지.

---

the Reformation of Heidelberg", *Journal of Ecclesiastical History* 37 (1986):568-83. *The Commentary of Dr. Zacharias Ursinus on the Heidelberg Catechism*, Tr. by G.W. Willard (Columbus, Ohio: Scott and Bascom, 1851). John W. Nevin, *The History and Genesis of the Heidelberg Catechism* (Chambersburg, Pa., 1847). Cornelius Plantinga Jr. *A Place to Stand: A Reformed Study of Creeds and Confessions* (Grand Rapids: Christian Reformed Church, 1979). Derk Visser, ed. *Controversy and Conciliation: The Reformation in the Palatine, 1559-1583* (Alison Park, Pa.: Pickwick, 1986), 197-204. John Williamson Nevin, *History and genius of the Heidelberg Catechism* (Chambersburg, [Pa.]: German Reformed Church, 1847).

10 Heinrich Otto, *Dogmtik und Vek undigung* (Zurich: 1961), 27:" The Composition of this book is clear and its content is pure truth. All is very understandable, pious, fruitful; in concise brevity it contains a fullness of the most important doctrines. I consider it to be the best catechism ever published. God be praised; may be crown it with his blessing."

11 Fred H. Klooster," Calvin's Attitude to the Heidelberg Catechism", in *Later Calvinism*, 311-331.

교회에서 사용되고 있다.

우리는 종교 개혁의 첫 세대와 둘째 세대가 사망하고 난 후 제3세대가 활동하게 된 전체적인 변화를 이해해야 할 것이다. 16세기 유럽은 오늘날처럼 각국이 엄격한 국경을 이루고 살던 시대가 아니었으므로, 민족 간의 경쟁이나 적대감이 다소 느슨한 지역들도 많았다. 따라서 스위스에서 발전된 개혁신학은 제네바와 그 주변 프랑스어 문화권이나 쮜리히 중심의 독일 국경 지대에만 퍼졌던 것이 아니라, 서서히 유럽 전역으로 확산되어 나갔다.

신앙고백적 칼빈주의는 특히 독일 남부지방 여러 도시들에서 소중한 신학적인 결실을 맺었고, 1560년대부터 1620년대까지 일반 성도들과 지도자들에게 신앙의 지침을 제공하고 많은 감동을 주었다. 그 중에서도 1563년에 나온 하이델베르크 교리 문답은 가장 훌륭한 초기 개혁신학의 집대성으로서, 칼빈이 극찬하였을 뿐만 아니라 이를 작성한 학자들과 채택한 교회들을 통해서 후대의 교회와 학자들에게 끼친 영향이 지대하였다.

우르시누스와 올레비아누스

하이델베르크 교리 문답은 국제적으로 널리 칼빈주의를 알리고 루터교와 비교되는 신앙 체계를 드러낸 것이었다. 하이델베르크 교리 문답이 만들어지기 전에도 이미 스위스 개혁주의자들이 제1, 제2 헬베틱 신앙고백서를 작성하여 사용하였고 칼빈 역시 제네바 신앙고백서를 만들어 교육하였으나, 전체 대표들이 모여서 작성한 문서는 없었다. 그래서 지금도 스위스 내 여러 자치 도시 교회들과 독일이나 네덜란드 개혁교회는 하이델베르크 교리 문답을 사용하고 있고, 영국과 미국에서는 주로 웨스트민스터 신앙고백서를 채택하고 있다.

전체 유럽 개혁주의 교회가 일정한 어떤 하나의 교리 문서의 통일 작업을 하지 않았던 것은 그 당시 모든 사람들이 칼빈주의가 무엇인지 대체적으로 알고 있었기 때문이었다. 개혁주의 신학자들은 통일된 문서의 필요성을 절실히 느끼지 않았다. 당시 유럽 전역은 서로 왕래가 용이한 처지도 아니었고, 독일처럼 행정부가 통일되어 있지도 않았으며, 특히 많은 자치 도시들이 개혁신학을 받아들였

자카리아스 우르시누스. 스물여덟의 나이에 하이델베르크 신앙고백서의 작성자로 활약하였다.

기에, 그러한 통일성을 표방한 문서를 만들지 않았으리라 생각된다.

1561년 프레데릭 선후제는 27살의 자카리아스 우르시누스를 하이델베르크 대학으로 초빙하였다. 팔츠 지방의 교회들로 하여금 지적인 향상과 발전을 기하기 위해서였다.

우르시누스는 비텐베르크에서 7년 동안(1550-57) 공부하면서 멜랑히톤에게 영향을 입었고, 한동안 고향 도시인 브레슬라우(Breslau)에서 목회하였다. 따라서 그의 신학의 기초는 루터파의 입장이었다. 그러나 그가 고향을 떠날 무렵에 스승 멜랑히톤이 서거하자, 그는 쮜리히를 방문하여 불링거와 피터 마터 버미글리의 가르침을 경청하게 되었다. 그리고 "그들은 최고의 학자들이요, 경건한 분들이며, 위대한 분들이었다"고 토로하면서 개혁신학에 눈을 뜨게 되었다. 다시 제네바에서 한동안 머물면서 칼빈의 따뜻한 환대를 받았고, 개혁신학을 확고히 정립하였다. 특히 피터 마터 버미글리의 열렬한 추종자가 되었다.

칼빈이 극찬했던 성찬론의 저자 버미글리는 남부 독일 지방의 최고 학부인 하이델베르크 대학에 교수로 청빙을 받자, 자신은 나이가 너무 많다는 이유로 그냥 쮜리히에 머물겠다고 답변하면서, 그 대신에 총명한 제자 우르시누스를 추천하였다. 이러한 하나님의 섭리로 우르시누스는 1561년 가을 27살에 신학 교수직에 취임하여 오랜 기간(1561-76) 머물면서 남부 독일의 칼빈주의 정립에 크나큰 기여를 하게 되었다.

1561년 하이델베르크 대학의 교의학 교수로 취임한 우르시누스는 『신학 개요』(Summa Theologiae) 또는 '교리 문답 주제'(Catechesis Maior)라는 책자를 간략한 형태이지만 이미 지어 낸 바 있었으므로, 신앙 교육용 문서 작성에 남다른 열정을 가지고 있었다. 이 소책자에는 칼빈 신학의 가장 핵심적인 내용에 반영되어 있으며, 우르시누스의 스승이던 불링거의 언약 신학이 특징적으로 들어 있었다. 이 문서는 '율법과 복음'에 대해서 두 개의 장으로 나누어서 설명하였다.

그 첫 번째 질문이 바로 "살든지 죽든지 당신에게 가장 확고한 위로는 무엇입니까?"라는 것이었다. 그 대답은 역시 매우 긴 문장으로 이루어져 있다. "하나님께서… 그의 무한하시고 은혜로우신 자비하심으로 나를 은혜의 언약 안에 넣어 주시고… 그의 성령으로 나의 심장 속에 자신의 언약을 새겨 주시고… 그의 언약의 보이는 상징들과 말씀으로 인치셨다."[12]

이 첫 번째 교리 문답은 323개의 질문으로 되어 있어서 일반 시민들에게는 매우 복잡하게 생각되었다. 더구나 신학적인 내용이 중점적으로 거론되고 있어서 어렵게 느껴졌다. 그래서 108개 항목으로 축소한

---

12 August Lang, *Der Heidelberg Katechismus und vier verwandte Katechismen* (Leipzig: 1907), 152.

교리 문답이 나오게 된 것이다. 그리고 핵심 내용도 언약에서 위로로 대치되었다. 그리고 라틴어를 일반 독일어로 쉽게 고쳤다. 본질적으로는 차이가 없으나 이를 성경적으로 그리고 경건한 요소를 중점적으로 살려 내었다.

하이델베르크 교리 문답을 만드는 데 기여한 또 다른 한사람은 프랑스 출신이다. 올레비아누스는 트리예(Trier) 근처 올레비그(Olewig) 출신으로, 훌륭한 부모의 높은 교육열에 부응하여 존 칼빈이 걸어간 길을 그대로 따라가면서 자신의 학문을 발전시켰다. 파리 소르본느에서 로마 가톨릭 신부가 되는 과정을 거쳤고, 오를레앙과 부르쥬에서는 법학을 공부하였다. 그리고 제네바에서 칼빈으로부터 신학을 배우게 되었다.

그가 회심을 하게 된 것은 너무나도 기적적인 사건이 계기가 되었다. 올레비아누스도 역시 칼빈처럼 로마 가톨릭에 젖어 있다가 극적인 상황을 거치면서 복음에 일생을 헌신하게 되었다. 올레비아누스가 부르쥬 대학에서 법학을 공부하던 젊은 대학생 시절에, 함께 공부하던 그룹 가운데 영주의 아들인 루드비히(Pfalzgraf Hermann Ludwig)와 사귀게 되었다. 이 왕자의 아버지가 장차 1559년에 팔라티네 지방의 선제후가 된 선제후 프레데릭 3세였다.

1556년 7월 어느 날, 올레비아누스와 왕자 루드비히는 부르쥬 대학 주위에 있는 강변을 산책하고 있었다. 그때 한 무리의 상류층 자녀들이 배를 타고 다가왔다. 모두들 좋은 옷을 입고 있었으나, 술에 취해 있었다. 그들은 왕자에게 함께 배를 타고 건너편으로 가서 놀고 오자고 권했다. 왕자가 그들에게 합세하여 배를 타고 갔고, 올레비아누스는 그냥 강변에 남겠다고 고집했다.

그런데 얼마 후 배가 강을 절반쯤 건너갔을 때에 급한 바람이 불어서 그만 배가 뒤집히고 말았다. 함께 타고 있던 사람들은 모두 다 물에 빠졌다. 올레비아누스는 왕자의 목숨을 구해 주어야 한다는 일념으로 물 속에 뛰어들었다. 그러나 조금 후 자신도 힘이 빠져서 죽을 수밖에 없음을 깨닫게 되었다. 그는 하나님께 자신의 생명을 살려 주시면 고향으로 돌아가서 복음 전파에 일생을 헌신하겠다고 맹세하였다. 그런데 물에 빠진 학생들의 하인 중 한 명이 목숨을 걸고 젊은이 하나를 끌어올렸는데, 올레비아누스를 자신의 상전으로 착각하고 해변으로 구해 낸 것이다. 그리하여 올레비아누스는 가까스로 생명을 건지게 되었다.[13]

올레비아누스는 집으로 돌아가서 이 약속을 지켰다. 성경을 읽고 종교 개혁자들의 저술을 탐독하였다. 그 중에서도 칼빈의 저술을 열심히 읽었다. 1557년 5월 6일, 부르쥬 대학을 졸업하여 법학 전문가의 학위를 수여받았고, 고향 트리에(Trier)로 가서 로마 가톨릭의 지배에서 벗어나도록 종교 개혁 운동을 전개했으나 실패하였다. 그러한 실패를 체험한 1559년부터 2년 동안 하이델베르크 대학 교의학 교수로 봉직하다가 성령교회의 궁정 설교자로 초빙되었다. 1662년부터 우르시누스와 함께 교리의 순수성과 단순성을 기하려는 의도에서 교리 문답을 작성하게 되었다.

그러나 이 교리 문답 작성에 있어서 올레비아누스의 역할이 정확하게 무엇이었는지는 밝혀져 있지 않다.[14] 아마도 우르시누스가 내용을 정

---

13 Lyle D. Bierma, *German Calvinism in Confessional Age: The Covenant Theology of Caspar Olevianus* (Grand Rapids: Baker, 1996), 13.

14 미국 칼빈신학대학원 조직신학 교수 클루스터 박사는 우르시누스가 주도적으로 작성했다고 보고 있는 반면, 비어마 교수는 올레비아누스가 주도적이라고 주장한다. Fred H. Klooster," The Priority of Ursinus in the Composition of the Heidelberg Catechism", in *Controversy and Conciliation: The Reformation and the Palatinate*, 1559-1583, ed. Derk Visser (Allison Park: Pickwick Publications, 1986), 73-100. Lyle D. Bierma, " Olevianus and the Authorship of the Heidelberg Catechism: Another Look", *The Sixteenth Century Journal 13* (1982): 17-28.

리했고, 올레비아누스가 쉽게 이해하도록 표현을 손질하지 않았나 짐작할 뿐이다.

1563년 4월 3일 올레비아누스는 칼빈에게 편지를 보내어 '만일 이 교리 문답의 모든 부분에 대해서 용납하여 주신다면 이 안에 표현된 사상들을 수집한 사람들은 매우 만족할 것입니다'라고 하였다. 그리고 그가 이미 제네바 교리 문답을 독일어로 번역하여 하이델베르크에서 출판하였으나, 칼빈이나 제네바라는 이름마저도 사용할 수 없는 형편이었음을 설명하였다. 또한 독일 사람들은 그런 이름이 들어 있으면 누구도 읽어 보려고 하지 않기 때문이라고 양해를 구하면서, 사람들의 의견을 통일시키는 것이 너무나 어렵다고 토로했다.

그리고 베자에게도 편지를 보내면서 이 문서를 작성한 사람들의 이름으로 책자를 발송하였다고 보고했다. 그러나 칼빈은 이 편지에 대해서 직접 답장을 보내지 않았고, 자신의 태도를 유보하였다. 그러나 이미 앞에서 언급한 것처럼 칼빈은 1563년 7월 예레미야 주석을 프레데릭 3세에게 헌정하면서, 그의 건전

카스파르 올레비아누스(위)와 성령교회. 그는 하이델베르크 대학 교수이자 이 도시에 있던 "성령교회"(the Church of the Holy Spirit)의 목사였다. 그가 설교했던 성령교회의 내부 모습. 특히 오른쪽 높은 곳에 설치된 강단은 개혁 교회의 전형적인 모습이다.

한 성찬론을 칭송한 바 있다.

프레데릭 3세가 죽은 후에 그의 아들 루이스 6세(Louis VI, 1576-83, 선제후로 재위)는 다시 루터파로 복귀하였다. 그러나 그 다음 프레데릭 4세(1583-1610) 때에는 또 다시 칼빈주의로 복귀하여, 북부 팔라틴 지방 주민들의 예배 원리와 신앙 기준에 영향을 미쳤다. 그는 자기 지역에서 종교를 잘 감독하고 지배하는 것이 자신의 권위를 높이는 데 매우 중요하다는 사실을 잘 알고 있었다. 프레데릭 4세는 교회와 학교를 잘 유지하는 것이 선제후로서 자신에게 부과된 가장 중요한 임무라고 판단하였다.

비록 칼빈주의자들은 소수에 불과했으나 지성 사회에 깊은 감동을 주었고, 교회의 질서와 법령을 잘 준수되었다. 요한 피스카토르(Johann Piscator)는 성경을 문자적으로 번역하고 주석했으며, 올레비아누스는 언약 신학을 발전시켰고, 빌헬름 제퍼(Wilhelm Zepper)는 교회론을, 요하네스 알투시우스(Johannes Althusius)는 정치학을, 요한 알스테드(Johann Alsted)는 백과사전과 설교학과 교육학에 관한 저술을 남겨서 훗날 코메니우스에게 영향을 미쳤다.[15]

신학적 특징

신학의 접근 방식에서 몇 가지 특이한 발전을 이룩한 것이 하이델베르크 요리 문답의 특징이다.[16]

---

15 R.J.W. Evans, *The Wechel Presses: Humanism and Calvinism in Central Europe, 1572-1629* (Oxford: 1975); 17-19. V. Press, *Calvinismus und Territorialstaat. Regierung und Zentralbehorden der Kurpfalz 1559-1619* (Stuttgart: 1970), 128.

16 Howard G. Hageman, "Guild, Grace and Gratitude", in *Guilt, Grace and Gratitude: a Commentary on the Heidelberg Catechism Commemorating Its 400th Anniversary*, ed., Donald J. Bruggink (New York: The Half Moon Press, 1963): 16-17.

첫째, 실생활 중심의 실천적인 교리 문답이라는 것이다. 이는 하나님을 향해 그리스도인들이 가져야 할 매우 경건하고 헌신적인 측면을 강조하고 있다. 인간의 욕구와 인간적인 관심사를 가장 핵심적인 주제로 선택하여 다루고 있다. 그리스도의 사역이 핵심이면서도, 복음이 인간의 필요를 어떻게 채워 주는가, 은혜로운 축복으로 인해서 사람이 받는 유익과 위로와 혜택이 무엇인가를 거듭해서 관심을 가지고 다룬다.

둘째, 이 신앙고백은 고난과 박해를 받던 당시 성도들에게 주는 최고의 위로가 되었다. 바로 첫 문항에서부터 자기 백성들에 대해 위로하심이 강조되어 있고, 하나님의 전능하심과 초월적인 선하심이 항상 지배하시고 통치하심을 강조하고 있기 때문이다. 동시에 세상에서는 버림을 받을지라도 하나님의 섭리 가운데 구원을 얻게 된다고 확신을 심어 주었다.

셋째, 복음적이요 보편적인 기독교 신앙을 압축한 점이다. 신학적인 설명을 매우 평이하게 도입하여 단순하게 이해를 도모하고 있다. 2001년이라는 오늘의 시점에서 비교할 때에는 보잘 것 없는 분량이라고 할 수 있지만, 로마 가톨릭의 오류를 밝히는 데 주력하던 1563년의 시대 상황을 살펴보면, 개혁신학의 자료가 부족하던 시대에 엄청난 노력을 기울인 문서임을 인정하지 않을 수 없다.

문 삶에서나 죽음에 있어서나 당신의 유일한 위로는 무엇인가?
답 내가 살든지 죽든지, 내게 속한 몸과 영혼 모두 다 내 자신에게 속한 것이 아니라 나의 미쁘신 구주 예수 그리스도께 속한다는 것이다. 그는 자신의 피로써 나의 모든 죄의 값을 다 갚아 주셨고, 악마의 지배에서 나를 완전히 해방시켜 주셨다. 그가 나를 지켜 주시기 때문에 하늘에 계신 하나님의 뜻이 없이는 머리털 하나라도 나의 머리에서 떨어지지 않을 것이다. 정말 모든 것이 나의 구원을 위한 그의 목적에 부합됨이 틀림없다. 그러므로 성령에 의해서 그는 영생을 나에게 보장해 주시고 나로 하여금 이제부터는 뜻을 다하여 그를 위해서 살도록 준비해 주신다.

첫 문항은 이례적으로 매우 긴 문장이다. 현대인들은 위로라는 단어를 매우 주관적으로 생각하여 단순히 어떤 불행에서 벗어나는 것으로 생각하는 경향이 있다. 16세기에 불행과 비참함이라는 것은 전쟁과 박해와 자연의 재해와 두려운 흑사병과 같은 전염병 등 죽음과 관련된 객관적이고 역사적인 것들이었다. 당시의 위로라는 것은 마치 쉼터와 같은 곳에서 얻는 안식이요 보호였다. 신앙고백서는 당시의 문제를 정확하게 지적하여 그 당시 성도들에게 가장 필요했던 것이 이러한 위로였음을 모든 사람에게 설명한 것이다.

다음 특징으로는 삼위일체 되신 하나님의 사역을 꼽을 수 있다. 그리스도 예수가 나를 구원하신다는 것으로 시작해서, 하나님 아버지께서 나를 보호하심으로 지켜 주시고 성령께서 내게 영생을 알려 주시고 나의 의지를 조성하신다는 것으로 마친다. 이 삼위일체적인 구조는 계속해서 과거 현재 미래라는 시간의 구조를 겸하는데, 내가 이미 죄로부터 자유케 되어졌고 지금 보호를 받으며 장차 영생을 기대한다는 것이다.

처음 문답은 복음의 설명과 함께 율법을 우리에게 상기시켜 줌으로써 마치고 있다. 성령은 그분의 뜻을 따라서 살도록 우리를 준비시켜 주신다. 우르시누스는 저술 초기에 약 323개 항목의 문답으로 구성했으나, 최종 손질을 거친 총 문항은 129개로 조정되었다. 그 핵심 구조는 위로가 아니라 세 가지 내용인 바 인간의 불행, 인간의 구원, 그 구원에 대한 감사이다. 제2항의 문답은 총체적인 구조를 설명한다.

문 당신이 이러한 위로 가운데 살고 죽기 위해서는 얼마나 많은 것을 알아야 하는가?

답 세 가지다. 첫째는 내 죄가 엄청나게 크고 비참하다는 것이요, 둘째는 내가 모든 죄와 비참한 결과로부터 어떻게 해방될 수 있는가 하는 것이고, 셋째는 그 구원에 대해서 나는 하나님께 어떻게 감사를 드려야만 하는가이다.

이 교리 문답에서 다루어지는 주제 세 가지는 한 가지만을 따로 떼어 낼 수 없을 정도로 서로 긴밀히 연결되어 있다. 그 중에서도 인간의 비참함에 대한 항목(3-11)은 전체에서 차지하는 분량 면에서는 비중이 그리 크지 않다. 129항목에서 아홉 개의 문답이 이를 다루고 있다. 그러나 죄의 비참함을 분명하게 다룬 것은 종교 개혁신학의 특징을 더욱 잘 드러내려는 의도였다고 볼 수 있다. 죄책과 저주에 대하여 깊이 다루면서도 비관주의적인 접근이 아니다. 우리가 하나님의 은총의 높이를 알기 위해서는 먼저 우리 죄의 깊이를 알아야만 한다.

그리스도의 성육신(12-19항)을 다룬 부분은 아마도 가장 아름다운 부분일 것이다. 그리고 21항에서는 믿음을 정의하면서 "확실한 지식일 뿐만 아니라 … 가슴 전체의 신뢰이다"라고 두 가지를 연결시킨다. 이러한 지식과 신뢰의 결합은 칼빈의 『기독교 강요』에 나오는 믿음의 정의와 매우 유사하다. 그리고 22항에서 우리가 믿어야 할 내용이란 "사도신경에 나오는 것들"임을 명백하게 주장하여 역사적 요소를 가미하였다.

제26항은 신조의 내용을 풀이하는 것인데, 창조와 섭리를 다루고 있는 내용이 마치 제네바 교리 문답에서 칼빈이 창조와 섭리를 그리스도 안에서의 계시와 연결하였던 것과 유사하다. 칼빈은, 만일 그리스도가 없다면 이 세상은 마치 암흑과 같을 것이요 미로 속을 헤매는 것과 같을

것이라고 했다. 역시 같은 맥락에서 성부와 성자의 사역을 그리스도와 긴밀히 연결해서 풀이하고 있다.

그 다음 질문인 27항은 지금까지 앞에서 다룬 기독론적인 관점에서 하나님의 섭리로 바뀐다. 신실한 그리스도인 한 사람 한 사람의 행복을 위해서 세상을 보전하시는 데 하나님의 궁극적 목적이 있음을 가르쳐 준다. 하나님의 섭리로 내리는 비와 기근에 비해서, 부자로 사는 것과 가난하게 사는 것은 항상 똑같은 것이 아니라 다소 차이가 있다고 보았다. 왜냐하면 사회적 불평등과 부정에 대하여 모두 하나님이 그 원인 제공자라고 생각하는 것은 매우 어리석은 일이며, 근면과 성실을 요청하는 하나님을 무시해 버리는 오류이기 때문이다.

다시 32항에서부터는 기독론적인 질문으로 돌아간다. 왜 예수를 그리스도라고 부르게 되었는가? 왜 그대는 그리스도인이라고 불려지는가? 교리 문답은 우리 안에서 역사하는 그리스도를 강조하면서, 그가 우리를 위해서 하신 일을 기억하게 하려는 것이다. 종교 개혁의 초점은 믿음으로 말미암는 칭의이지만, 동시에 성화의 중요성을 한시도 잊어 버린 적이 없다. 우리는 그리스도께서 의롭게 변화시키려는 대상이기도 하면서, 동시에 그리스도는 우리들을 주체로 만들어주셔서 그와 함께 왕으로, 선지자로, 제사장으로 살게 하신다. 34항에서 '주님'이라는 명칭은 의무나 순종을 해야만 될 분이 아님을 가르쳐 주며, 이는 우리를 위한 위로의 표현이다.

틀림없이 44항의 대답은 칼빈의 해설을 따라서 만들어진 것으로 보인다. 그리스도가 장사지낸 바 된 후에 지옥에 또는 음부에 내려갔다는 것을 어떻게 이해해야 할 것인가? 예수께서 죽은 자들의 영역에까지 갔었다는 것인가? 이 조항은 1618년 돌트 총회에서 다시 재론된 사항이다. 그리고 45항에서는 부활이 주는 의미를 세 가지로 요약한다. 우리가 의를 얻기 위한 부활이며, 새로운 삶으로 일으킴을 받았으며, 미래의 약속이 되어진다. 기독론과 성령론과 종말론이 서로 연결되어 강조되고 있다.

47항과 48항은 기독론 논쟁이 첨예하게 지속된 문항이다. 주로 루터파에서 이를 공격하였다. 그리스도가 영원토록 우리와 함께 하신다면 과연 그분의 인성과 신성에서 어떤 부분이 우리들과 함께 하신다는 것인가? 제47항의 답에서 신성이 함께 하신다고 했는데, 그러면 그리스도의 절반과 함께 한다는 것이냐고 틸레만 헤수스(Tilemann Hesshus)는 비난하였다. 그리고 48항에서 그리스도의 신성과 인성, 즉 양성의 교류라는 것에 대하여 설명한다. 소위 '초월적 칼빈주의'(Extra Calvinisticum)라고 불리는 항목으로, 신성과 인성 간의 연합과 교류에 대한 진술이다.[17] "신성은 인성을 무시하지 않고 제한 없이 어디에나 임재하시기 때문에, 그것이 취한 바 인성과의 관계를 초월하여 있으며, 동시에 언제든지 그 인성에 임재하여 있고 그 인성과 결합하여 있다."

루터파 신학에는 양성의 교류(communicatio idiomatum)라는 해설이 전혀 없다. 그들은 그리스도의 인성을 그저 겸손하게 낮아지심과 자기를 비우심으로만 풀이하여 개념적으로 치우치고 만다. 실제 인성의 신학적인 풀이를 하자면, 그는 부활하여 하나님의 보좌에 앉아 계시고 있으므로 성찬시에 그리스도의 영적 임재는 가능하나 그러나 육체적 임재는 불가능하다고 칼빈주의자들은 주장한다(마 26:11, 요 16:28; 17:11, 행 3: 21, 히 8:4). 따라서 우리 성도들은 성령의 임재를 통해서 그리스도와 교통하게 되어지는 바, 성령은 승천하신 그리스도의 임재와

---

17 Heiko A. Oberman," The 'Extra' Dimension in the Theology of Calvin", in *The Dawn of the Reformation* (Edinburgh: T & T Clark, 1986), 234-258.

다를 바 없는 것이다.[18]

다음으로 우리는 그리스도의 마지막 심판을 다루는 52항을 주목한다. 그리스도는 그냥 죄인들의 구주로서, 고난받는 종으로 그치고 마는 분이 아니라, 원수를 멸하시는 정복자가 되신다. 이것은 두려움을 이기게 하는 위로를 주시려 함이다. 교리 문답은 여기서 복음과 율법의 성경적 통일을 보여 주는 항목이다.

가장 유명한 조항은 제54문답일 것이다. 아주 간단한 문장에서 저자들이 받은 탁월한 표현 능력을 선보이고 있다. 그리스도가 그의 교회에 대해서 가지는 태도를 단 세 단어로 압축하고 있는 것이다. 택함을 받은 백성들을 모이게 하시고, 보호하시고, 간수하신다. 이 세 가지 행위를 이루어 가는 수단은 말씀과 성령 안에서이다. 여기에는 어떤 제도나 조직이나 행사 등이 전혀 언급되어 있지 않다. 교회는 주님과 교제하면서 서로 연합된 기관이다. 특히 개인적으로나 실천적으로 도움을 주려는 접근 방식이 여러 문항 중에서 나타나는데(36, 43, 45, 49, 51, 57, 58, 59) 그 절정에 해당하는 제59항의 문답을 살펴보자.

문 그러나 당신이 이것을 전부 다 믿는다면 무엇이 도움이 되는가?
답 내가 그리스도 안에서 하나님 보시기에 의로우며 영생의 상속자라는 점이다.

그리스도의 사역이 나에게 가져다 주는 개인적이고 실제적인 효과를

---

18 Nevin, John Williamson (1803-1886), *The Mystical Presence* (Philadelphia: J.B. Lippincott, 1846). Robert Letham, *The Work of Christ* (Downers Grove: IVP, 1993), 75-87. G.C. Berkouwer, *The Work of Christ* (Grand Rapids: Eermans, 1965), 236.

표현한 구절이 가장 많다. 이것은 분석적인 방법 속에서도 개인의 체험 가능성과 필연성을 엄밀하게 포함시키고 있다는 말이다. 독일의 칼빈주의는 합리주의적인 해설에 치우치지 않고 실제적 경험주의를 포함했다고 볼 수 있다. 실제적이요 실용적인 노선으로 나간 하이델베르크 교리 문답은 경건주의, 대각성 운동, 부흥운동에서 더욱 확산되어 나갔다.

59문항부터 64문항까지는 믿음에 의한 칭의와 개혁주의 선행론을 다루고 있다. 개혁신학의 핵심인 칭의론 제60항에서 상세히 설명되어 있다. 61항에서는 칭의의 근거를 다루고 있다. 개혁신학은 믿는 신자의 노력이나 자의식에 의존하지 않고 오직 그리스도의 만족과 의와 거룩함만을 근거로 내세운다. 64항에서 그리스도인들은 감사와 은총에 대한 기쁨으로 열매를 맺으려 한다는 사실을 상기시킨다.

16세기 신학이 가장 첨예하게 대립했던 성례에 대한 설명이 65문항에서 85문항까지를 차지하고 있다. 특히 성찬에 매우 방대한 분량을 할애한 것은 로마 가톨릭에서 이를 은혜의 전달 수단이라고 생각했기 때문이다. 여기에는 칼빈의 영적 임재설이 가장 깊이 반영되어 있다. 칼빈은 우리가 성찬에서 빵을 먹고 포도주를 마시는 것은 실제 주님과 함께 하는 것이라고 보았다. 그러나 부활하신 주님의 육신은 승천하여 있으므로 우리는 육체적인 그리스도와는 더 이상 더불어 먹을 수 없다. 단지 성령을 통해서 천상에 계신 주님과 믿음으로 더불어서 빵과 잔을 함께 나누는 것이다. 그리스도 육체의 실재론(realism)을 주장하는 로마 가톨릭이나 루터파를 피하고, 동시에 쯔빙글리의 상징설(symbolism) 또는 기념설도 배제하는 논조가 실려 있다.

가톨릭의 미사가 왜 잘못인가를 밝히는 제80항은 지금도 논쟁이 되는 구절이다. 과연 신부들이 그리스도의 죽음을 매번 미사에서 반복해야만 하는 것은 아니다. "미사는 근본적으로, 단번에 완전하게 드린 예수 그리스도의 희생과 고난을 완전히 부인하는 그릇된 우상 숭배와 다를 바 없다."

세 번째 주제는 88항에서 시작하는데, 구원을 얻은 것에 대한 감사이다. 칼빈이 주석 방법으로 간단하고 명료한 표현을 주장한 바 있고 교리 문답이 이를 잘 반영하고 있는데, 그런 스타일의 압축된 표현이 담겨있다. 질문은 "왜 우리가 선행을 해야만 하는가?"이다. 칭의는 하나님의 사역이요 성화는 우리 자신들의 몫이라고 할 수는 없다. 우리를 구원하시고 새롭게 하신 주님께서는 믿음으로 의롭다 함을 얻게 하시고 사랑으로 성화를 달성케 하신다. "구원의 열매에 의해서 우리의 믿음이 확실해진다."

감사하는 생활을 유지하고 지속하는 것이란 무엇인가를 다루는 다음 항목들(88-91)에서 날마다의 회개를 통한 "옛 사람을 죽이고 새 사람을 살리는 길"을 제시한다. 죽임(mortificatio)과 살림(vivificatio)은 칼빈의 신학에서 가장 자주 거론되던 주제였다. 새 생명을 가진 사람은 선한 일을 힘쓰는 생활을 해야만 함을 거듭 강조하는데, 이것이 곧 "하나님의 뜻에 따라서 살기를 원하는 삶이다."

십계명에 대한 해설(92-113항)은 아주 간단하면서도 몇 가지 특징을 갖고 있다. 우선 기억해야 할 것은 각 계명을 상호 연관지어서 설명하고 있다는 것이다. 그리고 각각의 행위를 인간 내면으로 깊이 있게 파헤쳐 주고 있다. 그래서 계명은 무거운 것이라는 부정적인 태도를 긍정적인 태도로 바꾸어 놓고 있다. 그리고 계명을 교리 문답에 실제적으로 적용하고 있다는 것도 눈에 돋보이는 부분이다. 예를 들어, 108문항에서는 모든 불륜적인 행동을 금하는 내용을 설명한다.

그리고 109문항에서는 육체의 탐닉이나 쾌락만을 금하신 것이 아니라 몸과 영혼이 모두 다 생각이나 욕망에 이끌려서는 안 된다는 점을 파헤쳐 준다. 우리가 하나님의 율법과 어떤 관계인가를 전체적으로 다루는 것으로 십계명에 관한 해설은 114문항과 115문항에서 매듭을 짓는다. 여기서 모든 인류는 어느 시대에나 이 계명을 지켜야 한다는 점을 상기시킨다. 그리고 엄숙주의자들이나 완전주의자들이 만들어 놓은 아주 좁은 길을 가려는 것은 그저 "조그만 순종의 시작"에 해당하는 것이므로, "모든 계명을 지키려는 심각한 목표"를 가지라고 권면한다.

율법을 잘 지킬 수 없음에도 이를 주신 이유를 설명하는 115문항에서는 두 가지 중요한 율법의 기능을 설명한다. 첫째, 우리들이 자신의 죄에 대해서 심각하게 생각하도록 하기 위함이다. 둘째, 하나님의 형상에 따라서 새롭게 되기 위함이다. 이것은 개혁파 신학이 루터파 신학보다 율법의 사용에 있어서 두 번째 기능을 매우 강조한다는 사실을 보여 준다. 율법은 감사하는 가운데 살아가는 인생의 표준으로 기능하고 있는 것이다. 사실 이미 3-11항목에서 이러한 첫 번째 부분에 관한 내용이 이미 다루어진 바 있고, 91-113항목에서도 두 번째 부분을 찾아 볼 수 있다.

전체적으로 교리 문답을 결론짓는 부분은 116-127항목이다. 여기서는 주님의 기도를 상세히 설명한다. 기도의 삶을 강조하고 기도의 내용을 설명하는 개혁신학의 중요한 가르침을 마지막에 던져 줌으로써 경건의 생활화를 강조하고 있다.

제117문항을 살펴보자.

문 하나님은 어떤 내용의 기도를 기뻐하시며, 들으시려고 하시는가?
답 첫째, 우리가 진정으로 한 분이신 참된 하나님을 의지하는 것이다. 그는 당신의 말씀 안에서 자신을 우리에게 나타내셨다. 그것을 하나님께 구하라고 우리에게 명령하셨다. 둘째, 우리가 우리의 부족함과 가련한 상태에 있다는 것을 철저히 인정함으로써 그의 위엄 앞에서 우리 자신을 겸손하게 하는 것이다. 셋째, 우리가 무가치한 존재임에도 불구하고, 하나님이 그의 말씀 안에서 우리에게 약속하신 것과 같이, 그리스도의 연고로 우리의 기도를 확실히 들어 주실 것을 확신하는 것이다.

요리 문답은 전혀 예상하지 않은 주제에 대해서 아주 적절한 설명을 함으로써 끝을 맺는다. 그것은 129문항에서 아멘의 뜻을 풀이하는 것이다. 이 마지막 질문은 맨 처음 위로가 무엇인가를 설명한 것에 대한 대구로서 이해할 수도 있을 것이다. 왜 기도를 아멘으로 마치는가? "아멘이란 이것이 참되고 확실하다는 뜻이다. 왜냐하면 나의 기도는 내가 그러한 것을 그로부터 받기를 원한다고 내 마음속에서 생각하는 것보다 훨씬 더 확실하게 하나님께 상달되기 때문이다."

이것은 우르시누스가 첫 번째 교리 문답을 만들었던 내용에 비해서 거의 반대로 서술한 것이다. 그는 처음 교리 문답에서는 "왜 기도에 작은 단어인 아멘을 첨가하는가?"를 묻고, "그 이유는 내가 진심으로 염원하는 바 대로 하나님에 의해서 나의 기도가 확실하게 상달되기 때문이다"라고 했었다. 따라서 최종 요리 문답에서는 훨씬 더 성경적으로 더 깊이 있게 다루어진 것이다. 끝으로, 하이델베르크 교리 문답서에 담긴 언약 사상은 개혁주의 교리사에서 매우 중요한 기여를 남겼다. 다른 곳에소 자세히 소개했기에, 여기서는 다루지 않겠다.

독일 개혁신학의 확산

브란덴부르그

종교 개혁 이후에 보다 철저히 개혁 운동을 일으킨 제2의 개혁 교회와 신학 운동은 독일의 북부 브란덴부르그와 삭소니 지방에서도 일어났다.[19] 개혁파 신앙을 가진 사람들이 가장 널리 용납되었던 곳은 역시 브란덴부르그였다. 수많은 칼빈주의자들이 이곳에 몰려들었는데, 상인들과 변호사, 학자들과 목사들이 신앙의 돌파구를 찾다가 이곳으로 왔다. 1613년에는 선제후 존 시기스문트(John Sigismund)가 새롭게 회심하여 개혁 교회에 가담하면서 이 지역에서 큰 영향을 미치게 되었다. 이렇게 새로운 신앙을 받아들인 이유는 자신의 영토를 지키려는 의지도 있었지만, 남부 독일 팔라티네 지방의 개혁파 신앙을 보고 난 후에 큰 감동을 받았을 가능성도 크다.[20]

귀족으로서 칼빈주의 확산에 가장 중요한 역할을 감당한 인물은 융커 파비안 폰 도나(Junker Babian von Dohna)였다. 그는 이미 팔라티네 지방에서 20년도 넘게 군주의 참모로서 일하였던 인물이다. 파비안은 로마 가톨릭의 반종교 개혁에 대항하여 개혁 신앙의 정당성을 아주 잘 입증하였다. 스페인으로부터 공격을 당하고 삭소니 지방의 루터파에서도 미움을 받고 있었는데, 그 이유는 협화 신조에 서명하지 않고 있었기 때문이다.

그는 자신의 고향이었던 프러시아에서 종교 개혁이 성공하지 못하

---

19 Bodo Nischan," The Schools of Brandenburg and the' Second Reformation': Centers of Calvinist Learning and Propaganda", *Calviniana*, 215-233.

20 Heinz Schilling, *Civic Calvinism in Northwestern Germany and the Netherlands, Sixteenth Century Esssays and Studies*, XVII (Kirksville, MO: Sixteenth Century Journal Publication co., 1991): 69-105. Bodo Nischan," Confessionalism and absolutism: the case of Brandenburg", in *Calvinism in Europe*, ed. Andrew Pettegree, Alastair Duke, and Gillian Lewis (Cambridge: Cambridge University Press, 1994): 181-204. idem," The Palatinate and Brandenburg's' Second Reformation'", in *Controversy and Conciliation: The Reforamtion and the Palatinate 1559-1583* (Allison Park, PA: 1986): 155-73.

고 있음을 안타깝게 여기면서, 브란덴부르그의 군주들이 확고히 칼빈주의 신앙을 사수하게 되면 그런 영향력이 널리 미치게 되리라고 생각하였다. 그리하여 폴란드의 왕에게 통치를 받지 말고 도리어 브란덴부르그 편으로 속하여서 개혁 신앙을 받아들이기를 원했던 것이다. 그렇지만 선제후는 자신의 영토 안에 있던 루터파를 개혁파로 개종시키려고 강요하지는 않았다. 그는 30년 전쟁이 끝난 후에 체결된 베스트팔리아 조약을 통해서 개혁파의 권리를 확보해 준 사람이었다.

파비안의 조카 아브라함 폰 도나(Abraham von Dohna) 역시 매우 중요한 역할을 감당하였다. 아브라함은 30년 전쟁의 와중에 참가하여 개신교 동맹군의 본부에서 중요한 역할을 맡은 군인이며 하이델베르크를 주요 거점으로 하는 개혁 신앙의 동맹군을 지휘하는 장군으로서, 브란덴부르그를 대표하는 칼빈주의자로서 영토를 지키는 데 주력하였다. 그는 브란덴부르그의 군주 시기스문트가 1613년 12월 15일 개혁 신앙을 공식적으로 받아들이도록 하는 데 결정적인 역할을 하였다.

이러한 내용들은 브란덴부르그의 제2 종교 개혁에서 정치와 개혁 신앙이 서로 긴밀하게 연결되어 있었음을 보여 주는 사례이다. 개혁 신앙을 고백하게 된 군주는 그때부터 국내적으로는 보수적인 루터파와 싸워야 하고, 국외에서는 가톨릭의 반종교 개혁 군대들과 대적해야만 되었다. 한편에서는 저지대 국가들이 스페인에서 온 어둠의 세력들과 싸우고 있을 때에, 개혁파 군주들은 빛의 세력에 힘을 보태었던 것이다.

그 후 점차 30년 전쟁이 길어지면서 칼빈주의 군주와 그의 참모들과 성도들의 희생과 수고는 막대하였다. 조지 윌리엄이 존 시기스문트의 뒤를 이어서 브란덴부르그의 군주가 된 1626년 여름의 전쟁에서 그는 매우 능동적으로 참여하였다. 황제의 군대가 강압적으로 조여 들어오는 중부 유럽의 전쟁터에서 칼빈주의자들은 종말 신앙고백을 무기로 삼고 대처하였다.

브레멘 신앙고백

칼빈주의가 독일에서 크게 영향을 미친 또 다른 한 곳은 북서부에 위치한 브레멘이다. 이 지역에 개혁 신앙을 소개한 사람은 폴란드 칼빈주의자 존 라스코의 친구 알버트 하르덴베르크(Albert Rizaeus Hardenberg, 1510-1574)였다. 초기에 '공동생활의 형제단'에서 교육을 받은 하르덴베르크는 루뱅 대학에서 휴머니즘적인 복음을 접하게 되었다. 마인쯔에서 박사 공부를 하면서 라스코와 교제를 했고, 비텐베르크를 방문하여 멜랑히톤을 접촉한 후에 종교 개혁에 헌신했다.

하르덴베르크는 루뱅 대학에서 한동안 강의를 한 후에, 흐로닝겐 지방으로 돌아와서 라스코 및 멜랑히톤과의 교제를 계속했다. 1544년 그는 꼴롱을 방문하여 그 지역의 종교 개혁을 주도하고 짧은 인생을 마감한 대주교 헤르만 폰 비에드를 도왔다. 1544년의 스페이어 종교회의와 1545년에 열린 보름스 회의에도 참가하였다. 개신교 지역을 지키기 위한 전쟁에 나가서 올덴베르크의 백작을 위해서 군목으로 활약하던 중 부상을 입어서 고향 엠덴으로 돌아갔다. 거기서 칼빈주의 교회의 목사가 되었다.

그는 브레멘 시를 루터파의 일원으로 남게 하려는 압력에 대해 페첼 목사(Pezel)의 영도하에 저항했으며, 1595년 '브레멘 신앙고백'(Bremen Confession)을 채택하여 강력한 개혁주의 신학을 표방하였다. 브레멘 시에서는 요한 코흐(John Koch)가 주장하는 언약 신학을 통해서 루터파가 주장하는 성만찬론과의 마찰을 피하고자 노력했다. 성육신하신 그리스도의 계속적인 활동과 사역을 강조하는 루터파에 반대하여, 개혁파에서는 그리스도의 영이 활동하는 사역을 보다 보편적으로 강조해야만 한다고 보았다. 개혁파 측에서는, 그리스도의 승천과 재림이라는 것을 잘 생각해 보면 그리스도가 성만찬에 함께 임재한다는 것을 좀더 발전되고 변화하는 하나님의 은혜로우신 행위로 이해할 수 있다고 주장한다.

승천은 그리스도의 사건에서 매우 근본적이요 중요한 사건이었다. 여기서 칼빈주의 신학의 초기 발전 과정에 대한 고찰을 통해서 몇 가지 교훈을 되새기고자 한다.

첫째, 개혁신학의 소중한 전통과 유산을 가볍게 생각하거나 소홀히 취급하지 말아야 한다. 순교한 성도들의 외침을 무시하고 오늘의 문화에 도취되어 버린다면 기독교는 생명력을 상실하게 될 것이다. 개혁신학자들과 개혁 교회 성도들은 엄청난 피를 흘렸다. 그들이 쏟아 놓은 희생과 고난은 헛되지 않아서 유럽 전역에 전파되었고, 학문적으로 큰 발전을 이루어서 진리의 금자탑을 세우게 되었다. 개혁주의 순교자들의 순수한 신앙은 성경의 교훈대로 실천하는 교회 운동으로 출발하여, 경건한 개인의 신앙생활은 물론이요 당시 사회와 문화와 교육과 경제 등 인간의 삶을 향상시켜 주었다.

바울 사도는 "네가 누구에게서 배운 것을 알며"(딤후 3:14)라고 말씀하여 사도적 전통을 강조하고 중요시했다. 지난 날 개혁주의 신앙인들의 헌신과 눈물어린 탐구의 결과로 빚어진 이런 신앙 유산에 대해서 도무지 관심을 가지지 않는 사람들을 보게 되는데, 그런 사람일수록 자기 아집에 빠지거나 맹목적인 신앙에 빠질 위험성이 크다. 오늘날 우리가 과연 어떻게 믿어야 하고 어떻게 예배를 드리는 것이 하나님이 받으시기에 타당한 예배인가를 가려야 할 때에, 어떻게 우리의 복잡한 문제들을 풀어 나가야 할지 고뇌할 때, 이들 신앙고백적 칼빈주의자들이 남긴 교훈은 크나큰 길잡이가 되어 준다.

독일 누렘베르크 개혁 교회의 예배 광경. 이 그림에서 칼빈주의자들의 훈련된 엄숙성에 놀라움을 금할 수 없다. 여자들이 중앙에 앉고 남자들은 양 옆에 앉았으며, 장로들은 앞좌석 양편에 성찬상을 중심으로 앉아 있다. 그 앞에 세워둔 성경책이 모든 이의 집중적인 관심을 끌고 있을 뿐 예배당 내부는 단순하다. 정면의 높은 설교단이 말씀 중심의 교회임을 시사해 준다.

개혁신학의 전통을 지나간 구시대의 유품이나 골동품 정도로 무시하는 사람들은 자신의 문제를 바르게 해결할 수 없다. 성경을 바르게 이해하기 위해서는 앞선 세대의 신앙인들이 어떻게 살아 갔는가를 알아야 하고, 그 시대와 문화 속에서 무엇을 추구했는가를 알 때에 비로소 우리 시대에 범할 수 있는 오류를 줄일 수 있다. 지금은 분명히 성경적이라고 주장하나 그러나 조금 시대가 지나면 부끄럽고 후회되는 일이 얼마든지 교회 내외에서 벌어질 수 있는 것이다.

둘째, 개혁신학의 장점을 더욱 되살리는 노력을 기울여야 한다. 성경의 절대 권위를 깊이 이해하여, 방황하는 사람들에게 바른 인생관과 가치관과 세계관을 심어 주고 역사와 인류 문화의 범죄와 방탕을 방지하는 능력을 발휘하여야 할 것이다. 신앙 교육이 잘못되면 무지에서 오는 큰 오판을 하게 되어서 이단에 빠지거나 반역사적이고 반문화적이며 반인륜적인 타락을 가져오게 된다.

칼빈은 초기부터 철저히 성경의 무오함에 대한 확신을 가지고 그 권위에 의존하여 신학을 전개하였다. 이는 로마 가톨릭 측이 교황의 우위를 주장하는 상황에서 나온 가장 중요한 이념이었다. 모든 현대의 신학자들은 칼빈이 강조한 이러한 성경적 신학에 대한 확고한 이상을 좀 더 주의 깊게 살펴보아야 할 것이다.

성경이란 신학의 자료에 불과할 뿐 모든 것을 인간의 이성으로, 감성으로, 경험으로 대치하려는 교묘한 신학들을 세밀하게 분석하고, 한 걸음 더 나아가 진리에 입각한 성경 지식을 갖추어서 하나님이 기뻐하시는 신앙의 열매를 맺어야 할 것이다.

제2부

개혁파 정통신학의 확립

The Gold mine of Reformed Theology

제 1 장
개혁파 스콜라주의 정통신학의 흐름

    종교 개혁 이후부터 계몽주의 사이에 발전된 신학을 '종교 개혁 후기 정통신학'이라 부르며, 이 시대에 개혁신학은 가장 학문적으로 발전했으나 그러나 동시에 종교 개혁을 주도했던 처음 제1세대들이 가졌던 역동성과 영향력이 서서히 감퇴되는 시기를 맞이한다.[1] 이 시기는 종교 개혁자들이 제시했던 신학을 기초로 정통신학을 수립하고, 순수하고 가장 고전적인 신앙을 체계적으로 제시하고자 노력했던 시대이다. 16세기 중반부터 17세기 중엽까지의 개혁신학은 '스콜라주의', '정통신학', '스콜라적 정통신학'(Scholastic Reformed Orthodoxy) 등 여러 명

---

1   R. Buick Knox," The History of Doctrine in the Seventeenth Century", in *A History of Christian Doctrine*, ed. Hubert Cunliffe-Jones (Edinburgh: T&T Clark, 1978), 427-451.

칭으로 불리는데, 이는 종교 개혁 후기에 발전된 개혁 교회의 신학을 지칭하는 단어이다. 스콜라적이라고 하는 말은 교리의 체계를 중시하는 신학 방법론을 채택하면서, 이성과 철학을 사용하는 독특한 특징을 갖고 발전하였기 때문이다.

오늘날 이런 정통신학에 대해서 부정적으로 대하려는 선입견을 가질 필요는 없을 것이다. 정통신학이라고 하면 어쩐지 딱딱하고, 굳어진 신학이요, 흔히 죽은 정통이라고 말하면서 지레 겁을 먹는 경우가 많은데 그것은 잘못된 선입견이다.[2] 16세기 전반기 종교 개혁 초기의 신학은 체계적인 형식을 중요시하지 않았다. 그 이유는 로마 가톨릭의 논리적 체계에 대한 반감이 너무나 컸기 때문이다.

루터의 설교는 뚜렷한 체계가 없이도 체계적 신학을 비판하는 성격이 강하다. 루터에 비해서 월등히 체계를 갖춘 칼빈의 경우를 보더라도 신학이 무엇이며, 어떤 재료를 사용하고, 어떤 방법론으로 하는가에 대해서 군데군데 언급하였을 뿐이었다. 따라서 종교 개혁의 후계자들은 첫 세대의 신학적인 공헌에 근거하여 다시 한 번 후기 르네상스 시대 때 채택했던 아리스토텔레스의 사상을 재생시켜서 체계적인 조직화를 시도하였다. 이론적인 신학 체계를 시도하면서 중세 말기에 나왔던 전통적인 신학자들의 저술에 나오는 철학적, 형이상학적, 논리적 방법을 많이 채택했으니 피터 롬바르드, 토마스 아퀴나스, 둔스 스코투스, 두란두스 등의 저술 형식이 상당수 채택되었고, 프란체스코 자바렐라와 프란시스코 수아레즈의 사상도 많이 인용되었다.

그러나 종교 개혁 후기 스콜라적 정통신학은 그들이 표현하려는 방

---

2   Bernhard Lohse, *A Short History of Christian Doctrines: From the First Century to the Present* (Philadelphia: Fortress, 1966; 1985), 218.

법론에서는 논리성과 체계적인 이성 중심의 전개 방식을 채택하였다 하더라도 내용은 여전히 종교 개혁의 신학을 따라서 발전시켰음을 유념해야 한다. 방법론이 다르다고 해서, 내용마저도 동일하지 않다는 주장을 펴는 것은 무리한 비교 방법이다.

칼빈주의 후기 신학자들의 경우에 중세 말기의 가톨릭 신학자들이 주장한 내용을 그대로 채택한 경우는 거의 없었다. 따라서 방법의 채택이라고 보아야지 특정한 주제만을 검토한 후, 종교 개혁신학의 내용을 변질한 것이라고 생각하는 것은 극단적인 주장이다.[3]

종교 개혁의 신학을 후대의 학자들이나 목사들이 그냥 앵무새처럼 암송하는 것이 아니라, 다시 한 번 갱신하고 발전시키려는 시도는 매우 긍정적인 측면이 있다. 종교 개혁자들의 후계자들은 구원론, 성경 해석학, 인간론을 그대로 계승하면서 교리적 체제를 가미하는 훈련을 받고 성장하였다. 그들이 물려받은 새로운 전통을 체계화하는 작업은 교의학 혹은 교리학의 발전을 가져왔다. 체계적인 교의학의 모범으로 멜랑히톤의 『신학 총론』(Loci Communes)과 칼빈의 『기독교 강요』를 들 수 있다. 그 밖에도 볼프강 무스쿨르스의 『신학 총론』(Loci Communes, 1560)과 하인리히 불링거의 『기독교 종교 편람』(Compendium christianae religionis, 1556), 베네딕트 아레티우스의 『신학 탐구』(Examen

---

3   Donald Sinnema," Aristotle and Early Reformed Orthodoxy: Movements of Accommodation and Antithesis", in Wendy Helleman, ed., *Christianity and the Classics* (Lanham, Md.: University Press of America, 1990), 123-32. Otto Ritschl, *Dogmengeschichte des Protestantismus: Grundlagen und Grundzu ge der theologischen Gedanken und Lehrbildung in den protestantisch Kirchen*, 4 vols. (Leipzig and Go ttingen: 1908-27). Hand Emil Weber, *Reformation, Orthodoxie und Rationalismus*, 2 vols.(Gu tersloh: 1937-51). idem, *Die philosophische Scholastik des deutschen Protestantismus im Zeitalter der Orthodoxie* (Leipzig: 1907)

theologicum, 1557), 안드레아스 히페리우스의 『신학 방법론』(Methodi theolo giae, 1568), 그리고 개혁주의 신앙고백서 중에서 『후기 헬베틱 신앙고백』(Confessio Helvetica posterior, 1562/1560) 등이 이러한 초기 종교 개혁자들의 체계를 반영한 것들이다.

'정통신학'이라는 말은 '바른 가르침'(right teaching)이라는 말이다. 정통신학으로 점차 발전적인 모색이 이루어지게 되면서 스콜라적 방법론을 사용하게 되었는데, 이것이 과연 비슷한 방법론을 사용했던 중세 말기 로마 가톨릭의 신학으로 복귀한 것이 아니냐는 의혹이 제기될 수 있다. 13세기부터 17세기까지 로마 교회에서는 변증적이요 논쟁적인 스콜라적 방법론을 채택하여 아리스토텔레스의 철학에 근거한 기독교를 세웠다. 그러나 개혁신학의 후예들이 방법론적으로 스콜라적인 논리와 체계성을 강조하면서도 그들의 선구자들이 남긴 신학을 이탈한 것은 아니다. 오히려 연속선상에서 방대한 체계화 작업을 시도한 것이다.[4]

정통신학의 시발점은 1564년 존 칼빈이 서거하고, 1563년 젊은 학자들이 '하이델베르크 교리 문답'을 출간하는 시기로부터였다. 이 시기에는 확실히 신학의 진술 형식과 체제가 달라졌다. 이 시기는 제2 종교개혁 운동이 일어난 시기이기도 하다. 1640년대까지 유럽의 여러 개혁주의 교회와 신학대학은 보다 정교한 논리를 갖춘 신학을 개발하는 데 최선의 노력을 다하였다. 그리고 1640년대부터 1700년까지는 '정통신학의 전성기'로 본다. 그 이후 1700년에서 1790년까지는 정통신학의 후기 시대로 규정한다.[5]

---

4   Muller, *Post-Reformation Reformed Dogmatics*, vol., 1, Prolegomena to Theology, 34.
5   Otto Weber, *Foundations of Dogmatics* (Grand Rapids: Eerdmans, 1981-2), vol., I:120-127.

초기 개혁파 정통신학

종교 개혁의 신학이 초기 정통신학으로 전환하게 된 데는 몇 가지 이유를 추론해 볼 수 있다. 로마 가톨릭 진영은 스페인 트렌트에서 종교회의를 열고 교황 바울 3세가 1545년 12월 종교 개혁에 대한 정죄를 선언하였다. 동시에 중세 신학의 다양한 영향이 종교 개혁자들에게 주어졌다. 트렌트 회의 이후로 로버트 벨라르민(Robert Bellarmine, 1542-1621)의 『논쟁에 대한 토론』(Disputationes de Controversiis, 1586-93)에 담긴 가톨릭 신학에 대응하기 위하여 개신교 진영에서도 논리를 개발하는 데 골몰하였다. 윌리엄 에임즈와 페스투스 홈미우스(Festus Hommius, 1576-1642)와 같은 저술가들이 칼빈을 인용하여 효과적으로 방어하였다. 트렌트 선언에 대응하기 위해서 개신교 진영은 자신들의 신학적 입장을 다시 한 번 종합적으로 재구성하는 노력을 경주하였던 것이다.

두 번째 이유는 종교 개혁 이후 세대가 앞 세대의 신앙을 계승하고 다시 한 번 개신교의 정통성을 확인하려는 움직임이 있었다. 스콜라주의 정통신학이라고 부르지만, 종교 개혁과 전혀 다른 새로운 신학을 만들어 보려는 것이 아니었다.[6]

루터파에서 먼저 이런 운동이 전개되었다. 1577년 '일치 신조'(the Formula of Concord)가 교리적 기준으로 제시된 후, 이를 정통 신앙으로 해설하고 방어하는 노력을 전개하면서 빗텐베르그 신학 교수 아브라함 칼로비우스(Calovius, 1612-86)는 12권의 『신학 주제의 체계』(Systema Locorum Theologicorum, 1655)를 저술하였다. 신학 전반에

---

6 Jaroslav Pelikan, *Reformation of Church and Dogma (1300-1700)*, vol 4, *A History of Development of Doctrine* (Chicago: University of Chicago Press, 1984), 337.

대한 성경적 개념을 규정하고, 논리적 체계적 기술을 개발하여 좀 더 명확한 신학을 구성하려는 토론과 교육적 방법론을 채택하였고 이를 '스콜라주의'라고 부르게 된 것이다. 그러나 17세기 전후의 개혁파 정통 신학자들은 이성 중심의 논증에 전념했던 것은 아니므로 중세 말 아리스토텔레스의 삼단논법을 따르던 스콜라주의와는 다른 뜻으로 사용해야 한다. 그래서 '개혁주의 스콜라주의' 혹은 '스콜라주의적 정통신학'이라고 부르고 있는 것이다.[7] 학교에서 학자들이 적합한 기술적인 신학을 개발했다는 점에서 스콜라주의라는 말을 사용하는 것은 타당하며, 아리스토텔레스의 인과율을 기꺼이 채택했다는 점에서 중세 말기의 스콜라주의 방법론과 유사성이 있다. 또한 이런 기술적인 연구의 목표는 교의학적 교리적 체계를 갖춤으로써 교회를 위해서 '바른 가르침'을 준비시키고자 노력한 정통신학의 정립에 있었다. 그러나 형식이 같다고 해서 중세 말기의 스콜라주의와 동일하게 형이상학적인 신학을 건설하려고 한 것은 아니다.[8]

초기 개혁주의 정통신학의 문을 연 작품은 '하이델베르크 교리 문답'으로, 이 문서 작성에 동원된 방법론이 개혁파 스콜라주의로서 독일과 네덜란드 등 여러 지역에 학문적인 영향을 미쳤다. 우르시누스는 하이델베르크 교리 문답을 해설하면서 더욱 정교한 체계를 시도하는 신학적인 진술방식을 강조하였다. 그의 후계자인 제롬 잔키우스에 의해서 스콜라적 방법론은 확고하게 정립되었다.

독일 개혁신학을 칼빈의 신학과 비교해보면 내용적인 차이는 전혀

---

7   Richard A. Muller, *Dictionary of Latin and Greek Theological Terms* (Grand Rapids: Baker, 1988), 8.

8   Muller," Scholasticism Protestant and Catholic", *Church History* 55(1986): 193-205.

없고, 단지 형식과 방법에 있어서 차이가 있을 뿐이다. 베자처럼 타락 전 선택설에서 출발하느냐, 아니면 언약 신학에서 출발점을 세워나가느냐의 차이는 16세기보다는 17세기에 점차 두드러진다. 베자의 진술 방식은 칼빈의 신학과는 확실히 달랐다. 베자는 종합과 분석을 동시에 사용하면서 논쟁을 마다하지 않

제롬 잔키우스. 초기 스콜라주의적 정통 개혁 신학의 주창자.

는 '학교의 신학'을 발전시켰다. 구원의 경륜을 중요한 테마로 정하고 그 내용에 해당하는 각 조목을 견고히 진술하는 방식은 우르시누스와 올레비아누스를 불링거와 비교해 보면 금방 드러난다. 핵심 주제(Loci)에 대한 철학적 내용이 들어갔다든지, '스콜라적인' 정확성을 추구했다는 점에서도 달라진 것을 알 수 있다. 우르시누스는 섭리와 마지막 심판을 큰 주제로 정해 놓고 하나님의 존재, 권능, 지혜, 의 등을 하나님의 섭리라는 항목에서 다루었다. 그리고 통치하지 않는 한 분 하나님에 대한 가설은 하나님의 본질을 부정하는 것과 마찬가지라는 논리를 폈다. 그와 동시대인으로 활발한 저술 활동을 했던 제롬 잔키우스(Jerome Zanchius, 1516-1590)는 엄격한 칼빈주의자로서 초기 스콜라적 정통신학의 형성에 결정적으로 기여한 신학자 중 한 사람이다.

잔키우스는 훨씬 더 전에 토마스 아퀴나스가 사용했던 형식을 채택하였는데, 삼위일체의 속성과 외적 사역 간의 관계를 종합적인 방식으로 제시하고자 노력하였다. 그러나 이들 초기 정통신학의 주도적 신학자들 가운데 그 누구도 스콜라적인 방법론을 채택한다고 해서 성경적

인 교리를 약화시키거나 그리스도의 복음을 훼손한다고 생각한 사람은 없었다. 잔키우스는 파우다에서 공부한 후 어거스틴 교단에 속해 있다가 루카에서 피터 마터 버미글리에게 큰 영향을 받았다. 그리고 복음적인 신학을 가졌다는 이유로 이탈리아로 피신하였다가 스트라스부르에서 구약학 교수가 되었다. 1568년 하이델베르크 대학의 부름을 받고 우르시누스의 후임자가 되었다가, 루터파 선제후인 루드비히 6세가 팔라틴 지역의 군주로 취임하던 1576년 노이쉬타트로 옮겨서 그곳에서 죽기까지 머물렀다.

그는 중세 말기에 사용했던 스콜라주의자들의 질문을 그대로 다루면서, 개혁신학 내에 스콜라주의적인 방법론을 가져온 장본인이 되었다. 그의 책, 『세 엘로힘에 대해서』(De tribus Elohim, 1590), 『하나님의 본성에 대해서』(de natura Dei), 『하나님의 사역에 대해서』(de operibus Dei), 『성육신에 대해서』(de incarnatione) 등은 모두 다 제네바에서 출간되었다.

하나님의 성품에 대한 교리를 보면 초기 스콜라적 정통신학의 진술 방식을 어렵지 않게 짚어 볼 수 있다. 잔키우스는 하나님의 지혜와 예지, 의지의 자유, 불변성, 전지전능, 의, 자비하심, 사랑을 하나님의 작정과 예정을 설명하는 내용으로 간주하였다. 『하나님의 본성에 대해서』라는 저술에서 잔키우스는 하나님의 본질과 속성을 예정론과 연결해서 풀이하고자 노력하였다. 그러나 엄격하게 그것은 하나님의 속성을 먼저 가설적, 선험적으로 제시해 놓고(a priori) 그리고 다시 하나님의 사역을 연역적으로 풀어헤치는 방식(deduction)이 아니다. 성경에 계시된 내용을 과연 어떻게 연결시킬 수 있느냐를 시험해 본 것이다. 이런 점에서 잔키우스를 하나님의 본질과 존재와 속성을 서로 종합하려는 새로운 패러다임의 최초 개발자로 보아야 할 것이다. 이런 종합적인 신론이 정통신학의 절정기에는 보편화된다. 잔키우스는 삼위일체론을 그의 신학 전면에 다루고 난 후, 전체 속에 구조화하여 삼위일체론과 기독론의 주제들을 취급하는 전제로 삼고 있는 것이다. 더욱이 그의 예정론은 타락 후 선택설로 기울어지고 있는데, 어거스틴의 전통을 떠나서 철학에 영향을 깊이 받은 형이상학적이고도 회의론적인 새로운 구도를 만들고자 시도한 것이 아니었다.

『성육신에 대해서』라는 저술에서 잔키우스는 기독론의 중요성을 주목하고, 하나님의 뜻이 구원의 경륜 속에서 나타났음을 강조한다. 또한 중보자로서 그리스도의 인격이 그리스도의 사역에서 계시되었다고 보았다. 그래서 칼세돈 신조처럼 변증법적인 체제가 다시 구축되었다. 그는 기독론에서 중요하게 취급되어야 할 것은 그리스도의 왕, 제사장, 선지자라는 삼중직(munus triplex), 낮아지심으로서 신성과 인성을 겸비하신 그의 이중적 신분(status duplex)이라고 보았다. 그리고 하나님의 구원하시려는 뜻이 그리스도의 사역의 핵심이요, 이를 다시 '구원의 서정'이라는 조직적인 연결 과정으로 풀이하고자 했다.

『세 엘로힘에 대해서』는 기독론과 예정론의 보다 적극적인 종합이 시도되었다. 그리스도를 구원론의 핵심으로 삼고자 하는 형식적인 변화만이 아니라 효과적으로 개혁신학의 변화가 일어났다고 볼 수 있다. 그러나 중세 신학의 구조를 채택한 것은 결코 아니다. 중세 토마스의 신학에서는 그리스도의 사역에 기초한 구원의 형식적 가용성으로부터 시작하여 은혜의 효과적 적용으로 나아가는데, 결국 그리스도가 그의 몸의 지체인 교회를 통해서 주시므로 성례를 통해서 주어진다고 풀이하였다. 토마스 아퀴나스의 신학 체계는 하나님이라는 존재에서 은총이 나오고, 그 다음에 성례전적인 도구들을 통해서 은총이 부여된다. 따라서 믿음의 창시자요, 대상이요, 중보자가 되시는 그리스도에 초점이 맞추어져 있지 않고, 칭의의 근거로서 그리스도 안에 있는 믿음을 강조하지도 않는다.

초기 개혁신학의 형성에 스콜라적인 방법론을 제시하여 영향을 미친 유니우스(Franciscus Junius, 1545-1602)도 잊을 수 없는 영향을 남긴 인물이다. 칼빈의 노년에 제네바에 유학하여, 베자로부터 스콜라주의적인 교육을 받고 난 후, 하이델베르크와 라이덴에서 정교한 체계적 사유와 논지를 펼쳤다. 훗날 알미니우스의 사상은 거의 대부분 유니우스의 사상을 확대하여 발전시킨 것으로, 1602년 10월 23일 유니우스가 페스트에 걸려서 사망하자, 그의 후임으로 네덜란드 라이덴 대학교의 개혁신학 교수직에 알미니우스가 선임되어서 1603년 7월 11일부터 가르치게 되었던 것이다.

종교 개혁신학의 첫 세대에서 초기 정통신학으로 변화되는 전환점에서 무엇이 그 특징으로 등장하는가를 살펴보자. 그 전환기에는 단순히 교회의 개혁에 머무르지 않고, 개혁된 교회를 옹호하고 신앙고백의 진리성을 지키기 위해서 신학의 진술 방식과 방법에 있어서 중요한 변화가 감지된다는 것이다. 더욱 체계적 형식을 정립시키고자 노력하고 개혁 교회를 확고히 정통화하려는 것이었다. 그래서 개신교 학교들마다 새로운 신학을 창출해 내었다. 종교 개혁의 초기 신학은 주로 설교의 수준에서 개신교 신앙을 발표하였고, 좀 체계화된 것이라면 교리 문답이나 간략한 신앙고백서의 형식으로 진술되었다. 그러나 초기 정통 신학의 시대로 넘어오면 훨씬 더 길어지고 매우 질서정연한 체계를 갖추게 된다. 물론 종교 개혁자들의 신앙고백이나 설교에서 나오는 부드럽고 역동적인 자연스러움을 그대로 유지하면서 발전시키고자 했으나, 공교한 대조와 논쟁적인 진술이 더욱 첨가될 수밖에 없었다.

경건한 설교와 강의는 초기 정통 신학자들이 기술적인 신학을 개발하여 가르치는 신학교 교리 훈련과 교육으로부터 점차 멀어지게 되었다. 칼빈이나 불링거의 신학책에서는 분석이나 대조가 저술 동기에 들어 있지 않았고, 순수한 성경의 가르침을 요약하려는 의도가 더 근본적이었다. 따라서 논리성을 강조하기보다는 교훈적인 강좌의 형식을 갖고 있다. 그러나 바젤과 제네바에서 공부한 후바젤 대학의 구약 교수가 된 폴라누스(Amandus Polanus von Polansdorf, 1561-1610)가 저술한 『기독교 신학의 종합』(Syntagma theologiae christianae, 1609)에는 제네바에서 수학하고 돌아온 새로운 체계가 반영되었는 바, 저자의 신학적 서론이 매우 광범위하게 들어가 있다. 폴라누스의 영향으로 베자의 신학과 돌트 총회 사이에 정통신학의 발전이라는 중요한 시기가 채워지게 되었다. 그는 벨라르민과 토마스 스테플톤 등 로마 가톨릭의 반론에 대항해서 성경을 근간으로 하는 개혁신학을 옹호하였다.

폴라누스는 아리스토텔레스의 네 가지 인과율과 삼단논법을 채택하였다. 그리고 피터 라무스의 방법론을 광범위하게 채택하였다. 『신학의 구성』(Partitiones theologiae, 1590)에는 라무스가 사용했던 이분법적 설명이 많이 들어 있고, 라무스식의 도표가 무려 55쪽에 걸쳐서 들어 있다. 신학은 믿음과 선행이라는 두 가지 내용으로 나뉘어지고, 윤리적인 열매를 맺게 해 주려는 것임을 밝히고 있다. 이것은 개혁주의 교의학으로 첫 번째에 해당하는 라미즘의 실제 응용이었다.[9]

실천을 중시하는 라무스의 영향이 매우 깊이 배어 있다. 가장 중요하게 다룬 주제는 역시 신론이었다. 창조, 인간의 역사, 그리고 구원은 모두 다 예정과 섭리 가운데서 하나님의 작정에 의존적이다. 그리고 그 배

---

9   Robert Letham, "Amandus Polanus: A Neglected Theologian?" *Sixteenth Century Journal* 22(1991): 463-476. Ernst Staehelin, *Amandus Polanus von Polansdorf* (Basel: 1955).

면에는 하나님 자신이 계신다. 이런 관심은 특히 언약과도 밀접히 연결되어 있다. 그는 이성을 성경보다 중시하지 않았으며, 논리적 이론이나 형이상학적인 회의를 중요시하지도 않았다.

특히, 저자의 신학 체계에 대한 종합적인 서론이 매우 체계적이고도 광범위하게 시도된 것은 독일 하이델베르크에서는 잔키우스와 그의 사상적인 후계자로 1607년 바젤 대학에서 요한 그리네우스의 목사직을 물려받아 설교자이자 구약학 교수직으로도 임명을 받은 볼레비우스(Johannes Wollebius, 1586-1629)이고, 네덜란드에서는 발라에우스(Antonius Walaeus, 1537-1639)였다. 발라에우스는 라이덴과 제네바에서 수학한 후 1609년 미델부르그 대학에서 교수가 되었다가 돌트 총회에 참가한 후부터 라이덴 대학교 교수가 되었다. 조직신학을 집대성한『개혁 종교 교본』(Enchiridion religionis reformatae)과『신학 총론』(Loci communes theologici) 등이 그의 저작 전집에 들어 있는데 매우 철학적이고 변증적이며 체계적인 경향이 현격하게 드러난다. 그러나 그렇게 딱딱하고 무미건조한 신학으로만 일관한 것이 아니라, 그의 종말론은 박해를 피해서 난민으로 살아 갔던 경험 속에서 확고한 희망으로 자리잡고 있음을 볼 수 있다.[10]

이런 발전이 이루어진 이유 중에 하나는 초기 개혁주의 정통 신학자들이 참여하고 대처해야만 되었던 논쟁적인 시대 상황 때문이었다. 칼빈의『기독교 강요』에서 보듯이, 점차 새로운 개정판을 내면서 여러 곳에서 벌어지는 논쟁에 대한 답변을 삽입하느라고 처음의 일관된 강화

---

10 John L. Farthing, " Christ and the Eschaton: The Reformed Eschatology of Jerome Zanchi", in *Later Calvinism: International Perspective*, ed. W. Fred Graham(Sixteenth Century Essays & Studies, 1994): 333-354.

의 순서대로 따르지 않고 자꾸만 중단할 수밖에 없었던 것이다. 논쟁이 발생하여 토론이 지속되는 고통스러운 상황에서 초기 정통 신학자들은 보다 광범위하게 변증적인 논구를 하지 않으면 안 되었다. 그래서 초기 학자들은 신학의 핵심 주제를 거론하고, 형이상학적인 원리에 집중하였다. 또한 체계적인 진술과 철학적 넓이, 그리고 일관성을 유지하고자 노력하였다.

또 다른 이유를 들면, 초기 정통신학의 시대는 라미즘의 시기였다. 앞장에서 설명한 바와 같이 라무스(Petrus Ramus, 1515-1572)는 칼빈주의 철학자였다. 그는 아리스토텔레스의 삼단논법을 공박하고, 이분법과 구분의 방식을 개발하여 단순하고 실제적인 논리 진술을 개발했다. 이런 방법은 개혁주의 정통 신학자들에게 명료하고 분명한 신학의 진술 방법으로 채택되었다. 영국에서는 이 시기에 활동한 영국의 개혁신학자들 퍼킨스와 에임즈, 세인트 앤드류스에서 수학한 후 에딘버러 대학의 교수가 된 샤르피우스(Johannes Scharpius, 1572-1648) 등이 라무스의 영향을 압도적으로 입었고, 더블린 대학 신학 교수 어서 감독(James Usser, 1581-1656)도 이 시기에 '방법론'과 '체계화된 신학'을 정립하여 많은 저술을 펴냈다.

그보다는 조금 덜 그러나 발라에우스와 마코비우스 역시 명쾌하고 인식을 깨우는 신학 체계를 시도하였다. 그러나 아리스토텔레스적인 방법론을 선호한 베자와 올레비아누스가 라미즘을 반대함으로써, 모든 개혁신학자들이 다 라미즘을 채택한 것은 아니다. 그럼에도 불구하고 초기 정통 신학자들이 추구하던 신학 방법론의 특징이 되었던 것만은 부인할 수 없는 사실이다.

초기 정통 신학자들은, 그들이 라무스의 이분법을 채택하든지 안 하든지 간에, 모두 다 성공적인 신학 체계를 남기려는 의도를 가지고 보편적인 진술 체계를 사용해서 교회를 옹호하고 보호하는 교과 과목을 만들고자 했다. 칼빈의 『기독교 강요』에는 신학의 접근 방법론, 전제, 원리 등이 전혀 들어 있지 않다. 왜냐하면 칼빈의 『기독교 강요』는 신앙고백이 주된 특징이지, 교리 체계를 위한 종합이나 분석, 정립의 의도가 아니었기 때문이다. 칼빈 시대의 저작 속에는 오늘날 조직신학의 서론에 해당하는 부분이 전혀 들어가 있지 않다. 그런 자세한 연구 방법론을 채택한 초기 정통 신학자들로서 보다 명확한 개념 규정과 교리의 정리, 체계적이요 일관된 접근을 시도하였다.[11]

이 시대의 대표적인 방법론은 '이론'(theoretical)과 '실제'(practical)의 구별과 구분이라고 볼 수 있다. 이론적인 부분은 체계화를 꾀하는 종합(synthetic)이라고 말할 수 있는데 연역적인 접근과 목적론적 접근이 그 특징이다. 실제적인 부분은 귀납적인 접근으로 분석(analytic)이 주로 사용된다. 종합적인 연구 부분은 주로 신학의 서론과 성경론, 그리고 신론으로 이어지고, 다시 죄와 구속의 역사적 과정을 검토하고, 종말에 관하여 논의한다. 분석적인 연구는 죄의 문제에서 시작해서, 구속의 사역을 거쳐서, 믿음의 여러 조항들을 다루는 구원론에 해당하는 과목들이다. 이런 종합의 긍정적인 측면이 오늘날까지 서양 조직신학의 체계로 정착되어진 것이다.

초기 정통신학은 로마 가톨릭의 논쟁에 대해서 효과적으로 대응하는 가운데 스콜라적인 접근이 오히려 장점을 가지고 있었다. 또한 루터

---

11 Yves M.J. Congar, *A History of Theology*, tr. Hunter Guthrie(Garden City: Doubleday, 1968), 79-80. idem, *Tradition and Traditions: An Historical Theological Essay* (New York: Macmillan, 1967). Richard A. Muller," Vera Philosophia cum sacra Theologia nusquam pugnat: Keckerman on Philosophy, Theology and the Problem of Double Truth", *Sixteenth Century Journal* xv (1984): 341-65.

파 신학자들의 혼돈을 명쾌하게 지적하고 대처하는 데 있어서 종합과 분석이 진가를 발휘했다. 이 시기에 근대 과학, 특히 천문학의 발견이 이루어져서 케플러, 갈릴레오, 베이킨의 이론이 널리 알려졌고, 새로운 이성주의적 기초를 놓는 데카르트의 철학이 등장하였다. 대부분의 개혁신학자들은 근대 천문학과 과학, 그리고 근대 이성주의를 거부하였다.

그 밖에 정통신학의 대표자는 다음과 같다. 요한 하인리히 알스테드(Johann Heirich Alsted, 1588-1638)는 헤르보른에서 교수 사역을 했고, 돌트 총회에도 참석하였다. 베네딕투스 아레티우스(Benedictus Aretius, 1505-1574)는 스트라스부르에서 수학하고 말부르크에서 교수를 역임하고, 베른에서 볼프강 무스쿨루스의 후계자가 되었다. 그는 『신학 연습』(Examen theologicum, 1557), 『신학 난제』(theologiae problemata, seuloci communes, 1573) 등 여러 권의 교의학 저술을 남겼다. 부카누스(Gulielmus Bucanus, 1603년 사망)는 로잔에서 1591년에서 1603년까지 교수 사역을 했고, 소뮈르 신학대학에 초빙을 받았으나 그 해에 사망했다.

프랑스 개혁파 정통 신학자로는 샹디외와 물랭을 위시하여, 랑베르 다노(Lambert Daneau, 1530-1595) 역시 큰 역할을 했다. 그는 오를레앙에서 법학박사 학위를 받은 후에 1561년부터 1574년까지 목회를 했고, 1574년 제네바 대학의 교수가 되었다.

초기 정통신학의 중심지는 스위스의 제네바를 제외한다면 단연 네덜란드의 라이덴 대학교였고 그 핵심은 역시 하나님의 존재에 대한 논란이었다.[12] 고마루스(Franciscus Gomarus, 1563-1641)는 1594년부터

---

12   John Platt, *Reformed Thought and Scholasticism, The Arguments for the Existence of God in Dutch Theology, 1575-1650* (Leiden: 1982).

라이덴 대학교 교수로서 같은 대학의 알미니우스와 격론을 벌인 장본인이었는데, 콘라드 보르스티우스가 알미니우스의 사망 후에 교수직에 발탁되자 이를 거부하는 의미로 사직해 버렸다.

그리고나서 1614년 소뮈르 대학에 신학 교수로 갔다가, 1618년 흐로닝겐으로 옮겨서 죽을 때까지 그곳에서 가르쳤다. 고마루스는 돌트 총회의 주요 지도자였으며, 『신학 논제』(Disputationes theologicae, 1644)를 펴냈다.

1611년부터 라이덴 대학교 신학 교수직에 취임하여 고마루스의 후임자가 된 요한 폴리안더(Johann Poliander, 1568-1646)는 돌트 총회에 참가한 학자로서 리베투스(Rivetus), 발라에우스(Walaeus), 띠시우스(Thysius)와 함께 쓴 『순수 신학 공관』(Synopsis purioris theologiae, 1626)으로 유명하게 되었다. 이 책은 '라이덴 신학공관'이라고 불리는 880페이지에 달하는 개혁주의 변증학 교과서인데, 돌트 총회의 결의에 따라서 풀이한 것이다.[13] 오직 성경만을 유일한 기준으로 인정하고, 기독교 교리사를 전체적으로 조망한 것이다. 게으른 회의론자들을 경계하고, 중세 스콜라주의가 기초했던 신학을 추적하였다. 이 책에 나오는 우주관은 아직 코페르니쿠스적인 대 전환이 일어나기 이전의 세계관에 입각하고 있다. 쏘시니안주의, 재세례파, 가톨릭, 루터파, 펠라기우스주의, 에피큐리우스파, 신인동형론자들, 마니교도들의 주장을 모두 거부하였다.

루카스 트렐카티우스(Lucas Trelcatius, the younger, 1573-1607)는 1603년부터 모교인 라이덴 대학교 교수가 되었는데, 알미니우스를 대

---

13 G. Itterzon," De Synopsis Purioris Theologiae", *Nederlands Archief voor Kerkgeschiedenis* 23(1930): 225-59.

적하여 예정론과 기독론 논쟁을 벌였다. 그의 대표작은 『신학 총론의 스콜라주의와 방법』(Scholastica et methodica locorum communium s. theologiae institutio, 1604)이다.

베자에게서 직접 배운 룹베르투스(Sibrandus Lubbertus, 1556-1625)는 1577년부터 바젤과 노이쉬타트에서 수학하였고, 네덜란드 프라네커 대학의 교수가 되었다. 그리고 1587년 하이델베르크 대학에서 신학박사 학위를 받았고, 돌트 총회에 대표로 참석하였다. 그의 저술은 『기독교 교리의 원리』(De principiis christianorum dogmatum libri VII, 1591)가 있다. 마코비우스(Johannes Maccovius, 1578-1644)는 프라네커에서 수학한 후 1615년부터 교수가 되었고, 룹베르투스를 공격할 정도로 열렬한 '타락 전 선택설'의 지지자였다. 결국 그는 그의 회의적이요 철학적인 신학 방법론으로 인해서 돌트 총회에서 비판을 받았다.

바돌로매 케커만(Bartholomaeus Keckermann, 1571-1609)은 빗텐베르그, 라이프찌히와 하이델베르크(1592-1601)에서 수학했는데 마지막 학교에서는 히브리어를 가르치면서 공부하였다. 그는 고향 단찌히에서 학장으로 봉직하면서 『신학 체계 서론』(System sacrosanctae theologie, tribus libris adornatum, 1602)을 펴냈다.

헝가리 지방에서 개혁신학을 가르쳤다는 이유로 1552년에 로마 가톨릭에서 추방당하고, 1년 동안이나 감옥에 갇히고(1563), 다시 오스만 터키가 지배하는 지역에서 교사와 교회 감독으로 활동한 쎄제디우스(혹은 스테판 키스라고 불리기도 함, Stephanus Szegedinus, 1515-1572)는 사후에 출간된 『조직신학총론』(Theologiae sincerae loci communes de Deo et homine cum confessione de Trinitate, 1585)으로 영향을 미쳤다.

스콜라주의 정통신학의 절정기

신학의 발전과 성숙은 결코 그 시대의 사조와 정치와 사회 상황을 벗어나서 독립적으로 이루어지는 것이 아니다. 개혁신학의 정통성 확보에 노력해야만 했던 이유 중에 하나는 전체 개신교 진영에 불어닥친 불안한 그림자를 목격하면서 살아야 했기 때문이다. 다름 아니라, 보헤미아 지방과 독일 남부 팔라틴 지방에서 30년 전쟁(1618-1648)이 진행되는 동안 개신교 측과 로마 가톨릭 측이 일진일퇴를 거듭하면서 종교 전쟁을 벌이고 있었던 것이다. 따라서 로마 가톨릭의 오류를 지적하고 바른 개혁신학의 정통성 확보를 위한 논쟁도 증폭되었다. 17세기 초엽, 전 유럽은 죽음의 어두운 먹구름이 온 세상을 휘감고 있었다.

30년간의 종교 전쟁은 로마 가톨릭과 루터파 사이에 서로의 영역을 더 확대하려는 처절한 전쟁이었다.[14] 어떤 영주가 개신교로 전환하면 자신의 통치 영역권 내에 있는 모든 교회를 개신교로 전환시키는 일에 대한 반발로 예수회에서 보헤미아 지방과 바바리아 지역에서 로마 가톨릭의 잃어버린 땅을 되찾으려는 시도가 있었던 것이다. 페르디난드 2세와 바바리아의 막시밀리안은 예수회를 통해서 받은 영향으로 말미암아 개신교에 대한 뿌리깊은 증오심을 갖고 있었다. 아우구스부르그 종교화의로 통치자의 종교를 보장해서 서로 영역을 침범하지 말자는 신사협정은 로마 가톨릭 측에서 먼저 바바리아 도시를 포위함으로써 깨어지고 말았다. 개신교 진영에서도 1608년 연합군을 형성하여 대응하였다. 이미 네덜란드와 잉글랜드에서는 스페인에 저항하는 전쟁이 일어났고, 유럽 여러 도시들은 각각 자신들의 영토 안에서 종교 개혁의 마

---

14 Richard S. Dunn, *The Age of Religious Wars*, 1559-1715 (New York: W.W. Norton & Company, 1979), 82-92.

1631년 프랑크푸르트 암 마인에 진격한 구스타푸스 아돌푸스와 그 군대의 위용. Matthaeus Merian the elder의 작품.

지막 정착기에 접어들고 있었다. 프라하에서 통치자를 누구로 세우느냐를 놓고 양측이 대결을 벌인 결과 1620년 프라하 외곽의 '하얀 산' 전투에서 개신교 진영이 패하여 일시적으로 가톨릭이 승리하는 듯했고, 1629년에는 개신교인들은 모두 다 쫓겨나야 할 형편이었다. 그러나 스웨덴 전쟁에서 신성 로마 제국의 군대가 개신교에 의해 대파됨으로써 발틱 연안 국가들은 안전을 보장받게 되었다. 그러나 1551년부터 개신교에 속해 있던 독일 남부 지방은 다시 개신교 진영으로 넘어오지 않았다. 1635년부터 1648년 사이에 프랑스가 개입하여 개신교측을 거들고 나옴으로써 전쟁의 마지막 형국이 달라졌다. 합스부르크 왕가가 독일 전지역을 장악하게 되면 결국 유럽을 석권하게 될 것을 염려한 루이 13세가, 자신도 로마 가톨릭 추기경 출신이지만, 군대를 파송하여 개신교 진영을 지지하게 된 것이다. 프랑스는 이 전쟁의 개입으로 알사스 로렌 지방을 영토에 편입시켰다.

오늘의 유럽 국가별 영토는 이때에 확정된 것에 기초하게 되는데, 1648년 베스트팔리아 평화 조약을 통해서 오랜 기간 흘린 피의 투쟁이 종결되고, 네덜란드와 스위스는 독립적인 개신교 진영임을 인정받았으며, 프랑스와 스웨덴, 프러시아가 많은 영토를 확장하게 되었다. 루터의 95개 조문이 내걸리던 1517년으로부터 계산하면 무려 130년의 세월이 흘러서야 비로소 유럽 각 지역에서 개신교의 신앙을 용납하게 되었고, 개신교 성도들도 국가에서 인정하는 공직에 임명될 수 있었다.[15] 1624년 당시의 상태에서, 개신교 진영에 있는 지역은 앞으로 개신교 지역으로 인정하기로 하였다. 이제야 비로소 개신교에 대한 잔혹한 핍박이 종결된 것이다. 종교 개혁과 전쟁으로 인해서 신성 로마 제국이라는 거대한 국가는 가톨릭 연합이라는 신앙적인 의미 이외에는 흩어져 사라지게 되었으며 지역별 국가 체제가 등장하게 되었다. 종교 개혁의 신앙을 정착시키기까지 유럽의 각 지역에서는 너무나 혹독한 대가를 지불하였다. 독일은 인구의 삼분의 일을 잃어버렸으며, 수 없는 전쟁으로 파괴된 마을과 도시는 가난 속에 허덕였고, 이를 다시 복구하는 데는 다시 수십 년의 세월이 흘러야만 되었다.

    정치의 격동기에는 신학도 역시 영향을 입어서 이 시기에는 매우 논쟁적으로 바뀌었다. 격동의 시기가 지나고 난 후, 1640년대부터 17세기가 끝나는 무렵까지를 정통신학의 절정기라고 할 수 있는데, 이 시기에 비로소 학문에 전념할 수 있는 여건이 조성되어 많은 저술들이 쏟아져 나왔다. 그러나 전혀 새로운 방법론이 제기되었다기보다는 좀 더 정교한 신학의 세분화가 이루어졌다고 보는 것이 타당하다. 특히 초기 정통 신학자들이 거론한 주제들을 다시 명료화하고 형식과 체제에 있어서 보완해야 할 부분을 더 상세히 첨가하였다. 초기 정통 신학자들의 논쟁 대

---

15   Earle E. Cairns, *Christianity Through the Centuries* (Grand Rapids: Zondervan, 1954; 1981), 350-353.

1633년 부상을 당한 병사들이 병원에서 구걸하는 모습. "전쟁의 비극과 불행", 프랑스판화가 Jacques Callot.

상이 주로 로마 가톨릭의 신학이었다고 한다면, 보다 정확히 말하면 로버트 벨라르민이 개신교회를 이단으로 규정한 것에 대항하고[16] 루터파의 모순과 재세례파와 같은 전통적인 이단들에 대한 논쟁이었다면, 후기 정통신학은 자체 내의 신학적 이질감을 해소하고 개혁신학의 핵심이 무엇이냐에 대한 논쟁이 많았다. 이제는 돌트 총회의 항론파들, 쏘시니우스주의자들, 콘라드 보르스티우스 등이 주로 논쟁의 대상이 되었다.[17]

정통신학의 절정기는 개신교 신학의 최종 발전 단계이자 꽃이 핀 시기로서, 18세기에 새로운 계몽철학이 등장하여 신학의 체계를 완전히 철학적 사고에 의존하게 되기 직전까지, 지속적으로 논쟁적이요 종합적인 체계를 발전시켰다.

1640년경에는 돌트 총회를 주도했던 인물들이 거의 사라지고 그들

---

16 Robert Bellarmine, *De controversiis chrisitianae fidei adversus hujus temporis haereticos* (Rome: 1581-93).

17 Richard A. Muller, "The Debate over the Vowel Points and the Crisis in Orthodox Hermeneutics", *Journal of Medieval and Renaissance Studies* 10(1980): 53-72. idem," The Federal Motif in Remonstrant Theology from Arminius to Limborch", in *Nederlands Archief voor Kerkgeschiedenis* 62 (1982): 102-122.

1648년 뮌스터에서 스페인과 네덜란드 대표 사이에 조약이 체결되는 장면. Ter Borch의 그림. 이 조약으로 스페인은 네덜란드의 독립을 인정하게 되었고, 평화 조약은 종결되었다. 손을 들고 상기된 표정으로 비준안을 통과시키는 네덜란드 대표들과(중앙의 오른쪽) 손을 성경에 얹은 스페인의 대표들이 대조적이다.

이 훈련시켜서 배출한 제자들과 후계자들이 주축이 된 새로운 세대가 등장하여 신앙고백적인 종합을 시도하면서 스콜라적인 언어로 교의학을 체계화시켰다. 개혁주의 교회가 체계적인 신학을 갖추게 된 것은 바로 이때로서 1700년이 되기까지 정통신학의 최종 발전이 이루어졌다. 그러나 스콜라적인 방법론에만 치우쳤다고 속단해서는 안 된다. 철학적인 용어들과 공허한 학술적인 물음을 경계하고 보다 더 단순한 형식으로 진리를 제시하고자 노력하였고, 종교 개혁의 전통을 되살려서 성경 뿐만 아니라 신앙고백의 유지를 위해서도 힘을 다하였다.

제네바 대학의 프랑수아 뒤르땡과 베네딕트 삑테가 이 시대의 대표적인 신학자이며, 영국에서는 존 오웬(John Owen, 1616-1683), 『신학의 체계』(A Body of Divinity) 등 많은 책으로 영향을 미친 토마스 왓슨(Thomas Watson, 1689년 사망), 『신학 논쟁』(A Treatise of Divinity,

1646)과 『신학의 체계』(System or Body of Divinity, 1662), 『종교와 지식론』(A Treatise of Religion and Learning, 1656) 등을 저술한 에드워드 라이흐(Edward Leigh, 1602-1671) 등을 들 수 있다. 라이흐는 영국 퓨리턴 신학자로서 웨스트민스터 신앙고백을 만들 때에 참여했으며, 역사와 성경 언어학, 언약 신학에 관해 쓴 『하나님의 약속들을 논함』(A Treatise of the Divine Promises, 1633)을 남겼다. 그는 신학이란 방법론적으로, 질서 있게, 논리적으로 다루고 가르쳐야 한다고 보았다. 그가 강조한 신학의 세 가지 기초적 방법은 다음과 같다.

① 신학의 진리는 간결하면서도 요약적으로 이성에 의해서 설명되고 확증되어야 하며, 이러한 신학을 교리 문답적이고, 조직적이라고 부른다.
② 신학적인 문제가 특정 사항을 다룰 때에는 풍부하고도 방대하게, 개념 규정, 항목 세분, 논쟁, 해답이 충분히 제시되어야 하며, 이러한 신학은 스콜라적이요, 논쟁 신학이자, 총론이라고 부른다.
③ 성경 본문 중심이어야 하는 바, 성경에 대한 근면한 명상으로 구성되어서 바르게 이해하는 것이 교훈의 목적이다.[18]

초기 정통신학은 논쟁적이 아니었고, 주로 조직신학의 각론과 특히 신론을 집중적으로 발전시켰고 어거스틴이나 토마스 아퀴나스, 둔스 스코투스 등이 다룬 것과 유사한 형이상학적 진술에 집중하였다. 성경의 권위와 삼위일체론은 로마 가톨릭에 대항하여 논쟁적으로 발전시

---

18 Leigh, Edward. *A System or Body of Divinity* (London: 1662), I. i.

켰고, 반삼위일체론자들의 이단에 대항해서 많은 저술을 발표하였다. 그러나 1640년대 이후 스콜라적 정통 신학자들은 일종의 전환기를 맞이하였다. 클로펜부르크(Johannes Cloppenburg, 1592-1654)에 이어서 대표적인 인물로 손꼽히는 후른베크(Johannes Hoornbeeck, 1617-1666)는 라이덴과 유트레흐트 대학에서 수학한 뒤, 1644년부터 유트레흐트 대학교 교수가 되었는데 같은 대학에 있던 코케이우스와 헤이다누스와 논쟁을 벌였고,『종교논쟁대전』(Summa controversiarum religionis, cum infidelibus, haereticis, schismaticis, 1653)과 몇 권의 조직신학서를 저술하였다. 그러나 이 시대에 이르러서도 아직 스콜라적인 방법론에 대해서 일치를 보지 못하고 있었다.

독일 출신 요한네스 코케이우스(1603-1669)는 브레멘 대학에서 1630년부터 교수로 봉직하다가 프라네커 대학으로 옮겨서 1636년부터 히브리어를 가르쳤으며 1650년에 라이덴 대학교 신학 교수로 취임하여 프리드리히 쉬판하임의 후임자가 되었다. 그는 성경을 하나님의 목표가 담긴 역사로 규정하고, 매 시대마다 새로운 언약이 제정되었다는 신학을 정리하여『하나님의 약속들과 언약의 교리』(Summa doctrina de foedere et testamento Dei, 1648)를 출판하였다. 그는 위의 책에서 하나님께서 아담에게 에덴 동산에서 요구하신 행위언약이 파기되자, 곧바로 은혜언약으로 대치하였음을 강조하였다.

그러나 그의 시대 구분이나 성경 해석은 돌트 총회의 결정을 따르려는 보에티우스와 충돌하는 것이었다. 코케이우스가 성경신학을 전통신학과 대조시키고 언약을 작정에, 역사를 이념에, 인간론적 방법을 신학적인 방법에 대조시킨 점이 문제를 야기한 것이다. 영원하고 변치 아니하는 실체를 시간적이고 역사적인 것으로 전락시켜서 코케이우스를 지지하는 자들은 데카르트의 철학과 결합하고 말았다. 코케이우스는 당시 일반화되어 있던 개혁 교회의 입장을 바꾸려고 노력했다. 성경을 전제 없이 주어진 상황과 문맥에서 이해해야 한다는 것이다. 따라서 조직신학자들이 채택하는 용어를 기피하고, 오직 성경에서 나오는 용어만을 선택해야 한다고 주장했다. 그리고 엄격하게 성경적 해석을 고집하였다. 그는 하나님께서 그의 백성을 다루시는 역사에서 세 가지 구별되는 시대가 있다고 보았다. 바로 모세 이전, 모세의 당대, 그리고 모세 이후의 시대다. 그는 새 언약이 예수 그리스도 안에서 주어졌다고 말한다. 그런데 무리하게도 풍유적인 해석을 받아들여서 구약 성경 전체 예언 속에서 그리스도를 찾으려고 하여 너무나 지나친 남용이라고 공격을 받았다.

그리고 성경 속에 감추어진 감각을 바로 이해하게 될 때에 교회사의 일곱 시대를 발견할 수 있다고 주장했다. 더구나 구약 성경에 나오는 죄의 용서는 매우 부족한 것이어서 그리스도인들이 누리는 확신과 축복을 주지 못했다고 보았고, 십자가 사건 이후에 비로소 사죄의 기쁨을 맛보았다는 그의 주장은 성경을 지나치게 역사화한다는 비판을 받았다. 더욱이 그는 안식일이란 오직 사막에서 광야 생활을 하던 때에 제정된 것이므로 천국에서는 필요치 않으며, 그리스도인들의 생활을 얽어매서는 안 된다고 주장하여 문제를 야기시켰다. 지나치게 성경의 문맥화, 상황화가 불러 온 문제였다. 1720년 이후에는 코케이우스파가 네덜란드 대학에서 대부분의 교수직을 차지하였다. 대체적으로 정통신학의 맥을 유지하고 있지만, 세밀한 부분에서는 다른 점도 많았다. 코케이우스는 예정론에는 별로 큰 강조를 하지 않았다. 그리고 보에티우스파는 점차 약화되었고, 침묵하였다.

아브라함 헤이다누스(Abraham Heidanus, 1597-1678)는 암스테르담과 라이덴 대학에서 공부하고, 1627년부터 1648년까지 라이덴 교회의 목사로 봉직하였으며, 그 해에 라이덴 대학교 신학 교수직에 임명되었다.

이 시대의 대표적인 신학자는 벤데린(Marcus Friedrich Wendelin, 1584-1652)과 보에티우스(Gisbert Voetius, 1589-1676) 두 사람을 손 꼽을 수 있는데, 한결같이 논쟁적인 방법으로 교의학의 모든 주제들을 취급하였다. 쏘시니언주의에 대해서 논쟁해야 했고, 하나님에 대한 전통적 견해와 삼위일체를 비판하는 자들에 대항해야 했으며, 개혁주의 내부에서 일어난 항론파들(Episcopius, Curcellaeus, Grotius, Limborch)의 온당치 못한 신학 체제와 신학 전반에 걸쳐서 잘못된 것들에 대항해서 맞서야 했기 때문이다. 항론파들의 신학은 개혁신학의 체제를 조직화하는데 간접적으로 많은 영향을 미쳤다.

개혁 진영 내부에서의 논쟁은 고통스러운 일이었다. 보에티우스는 고마루스 문하생으로 라이덴 대학교에서 1604년에서 1611년까지 상당히 오랫동안 수학하여 정통신학을 체득한 후, 1616년부터 1634년까지 몇 개의 교회를 섬기는 중에, 돌트 총회에 대표로 참가하여 알미니우스를 따르는 항론파들을 정죄하고 정통신학을 고수하였다. 그리고 1634년 유트레흐트 대학에 신설된 신학 교수직에 취임한 이래로 칼빈주의 신학의 체계화에 헌신하였다. 그는 탁월한 언어 실력을 바탕으로 하여 거의 30년도 더 넘게 국제적으로 스콜라적 칼빈주의 대변자로 알려지게 되었다. 그는 알미니우스주의자들의 교회론에 앞장 서서 공격하면서, 어떤 경우에도 국가나 세속 권력이 교회의 독립성을 훼손해서는 안 될 것을 주장하였다. 국가의 보호 아래서 교회가 신학적인 이견이 있을 때에 서로 관용해야 한다는 것도 반대하였다. 그렇게 되면 결국 잘못된 신학 사조가 널리 퍼져서 국가와 교회 모두에 대한 약화를 가져 온다고 반박했다.

그는 당대에 나온 데카르트와 철학 논쟁을 벌이기도 했다. 유트레흐트 대학의 동료인 레기우스(De Roy Regius)와도 논쟁을 벌였고, 코케이우스와 카르테시언들의 신학에 정면으로 맞서서 주일성수 논쟁을 벌였으며 날카로운 비판을 서슴지 않았다. 그는 개인적으로 매우 경건한 생활을 위해서 진력하였고, 개혁주의 경건과 실천 신학의 발전에 지대한 공헌을 남겼다. 스콜라적인 그의 신학의 결정체는 『신학 논쟁 선집』(Selectae disputationes theologicae, 5 vols, 1648-1669)이다. 그러나 이에 대응하여 같은 스콜라적인 방법론으로 마레시우스가 보에티우스를 '역설적인 신학자'라고 공박하는 글(Theologus paradoxus retectus et refutatus, 1649)을 발표하고 그의 신학 속에서 무려 600개 이상의 역설이 발견된다고 공박하였다. 보에티우스를 이어서 1677년 유트레흐트 대학의 신학 교수직에 임명된 마스트리흐트(Petrus van Mastricht, 1630-1706)는 주요 신학 저술로 『신학의 이론과 실제』(Theoretico-practica theologia, 1714)를 출판하였다.

코케이우스와 보에티우스와의 논쟁을 언약 신학 대 예정론 중심의 스콜라주의 간의 대결로 설명하는 것은 온당치 못하다. 두 사람 모두 스콜라적인 치밀함과 교리의 체계성을 갖추고 있기 때문이다. 오히려 코케이우스는 언약 개념의 해석학적 의미를 강조하는 반면에, 보에티우스는 개혁주의적 전통의 해석법을 고수하려는 차이로 이해하는 것이 타당할 것이다. 왜냐하면 코케이우스의 신학은 점점 더 행위언약의 파기와 은혜언약의 시작에 관심을 두고 있었기 때문이다.

라이덴 대학에서 오래 가르친 마르키우스(Johannes Marckius, 1656-1713)는 『변증법적 기독교 신학 총론』(Compendium theologiae christianae didacticoelenctiucm, 1686)을 저술하였다. 그러나 대부분의 저술은 성경 주석이었다. 헤르만 윗시우스(Herman Witsius, 1636-1708)가 시도한 언약 신학에 관련된 저작들은 17세기 조직신학 혹은 교의학 체계의 정점을 보여 주고 있다. 윗시우스는 유트레흐트와 흐로닝겐에서 수학한 후, 1656년부터 1675년까지 웨스트우드, 보르머, 고에스, 루워덴 등에서 목회 사역을 했다. 프라네커 대학에 처음 초빙을 받은 것은 1675년이었으나, 유트레흐트 대학으로 1680년에 옮겨서 가르치다가 마지막에는 라이덴 대학교에서 건강이 악화될 때까지 가르쳤다.

헤르만 윗시우스가 쓴 교의학 저술로는 『하나님의 경륜적 언약』 (Deoeco- nomia foederum Dei cum hominibus libri quattuor, 1677) 과 『사도들의 가르침에 들어 있는 상징 가운데 거룩함에 대한 해설』 (Exercitationes sacrae in symbolum, quod Apostorum dicitur, 1681) 등이다. 1661년부터 라이덴 대학에서 가르쳤고, 유트레흐트 대학에서 교회사를 가르친 프란츠 부르만(Franz Burman, 1632-1679) 역시 이 시대의 흐름을 반영하는 『신학공관』(Synopsis theologiae, & speciatim oeconomiae foederum Dei, 1671-72)을 남겼다.

영어를 사용하는 지역에서도 괄목할 만한 성경 해석과 언어학, 신학의 발전이 이루어졌다. 브라이언 왈톤(Brian Walton, 1600-61)이 편집한 런던 성경(London Polyglot Bible, 1654-57)과 그의 동료인 에드분드 카스텔(1606-1685)이 편찬한 어휘 사전(the Lexicon heptaglotton, 1669)이 집대성되어 나왔다.

이미 제1권에서 살펴본 바와 같이 프랑스어를 사용하는 지역에서는 소뮈르 신학에 대한 논쟁이 확대되어서 아미로에 대한 논쟁이 격렬하게 일어났다. 이 논쟁은 스위스 제네바는 말할 것도 없고, 여러 지역으로 확산되었다. 쮜리히 대학의 하이데거(Johann Heinrich Heidegger, 1633-1698)가 쓴 『기독교 신학 체계』(Medulla theologiae christianae, 1969)와 『신학 총론』(Corpus theologiae, 1700)은 이 시기의 대표작이라고 볼 수 있다. 그는 쮜리히, 말부르크, 하이델베르크에서 수학한 후

1659년부터 1665년까지 쉬타인푸르트에서 신학과 역사신학을 가르쳤고, 1665년 쮜리히 대학의 윤리학 교수직에 초빙을 받았다가 1667년에 호팅기(J.H. Hottinger)의 신학 교수직을 승계하였다.

이런 논쟁을 통해서 종교 개혁의 전통을 계승하는 정통신학을 정립하는 것이 매우 어렵다는 것을 경험하게 되었고, 그러면서도 스콜라적인 방법론으로 전체 신학 체계가 형성되었으며, 성경 본문의 해석 방법에서도 매우 혁신적인 시도가 나오게 되었다. 루이 까펠(Louis Cappel, 1585-1658)이 제기한 성경의 권위에 관한 문제는 성경비평학의 발전을 가져오게 했다. 그는 맛소라 사본이 주후 6세 기나 7세기 경에 구약 성경에 모음을 삽입한 것이기 때문에 문제가 있는 것으로 보았다. 이런 언어학적인 의문은 원어 성경의 권위에 대한 것이었다. 따라서 로마 가톨릭에서 주장하는 대로 성경보다 먼저 세워진 로마 교회가 성경을 결정하는 최종 권위를 가질 수 있다는 논리로 비약할 수 있는 여지를 남기게 된다.

개신교회 측에서는 제롬이 라틴어로 번역한 벌게이트역 성경(the Vulgate, 382-404)을 권위 있게 인정하고 있었다. 개혁파 정통신학이 발전을 거듭하고 있을 때에, 독일에서는 루터파 정통주의에 맞서서 새로운 경건주의 운동이 독일 프랑크푸르트 암 마인에서 목회하던 필립 야콥 쉬페너(Philip Jacob Spener, 1635-1705)와 헬라어 교수 아우구스트 헤르만 프랑케(August Hermann Francke, 1663-1727)의 선도 하에 일어나면서 양측이 격렬한 논쟁에 들어갔다. 1666년부터 성경 공부와 경건한 모임을 주도하면서 경건주의 헌장, '피아 데시데리아'(Pia Desideria, 1675, '경건의 소원' 혹은 "참된 복음적 교회의 하나님이 기뻐하시는 개혁을 위한 가슴 속의 열망"이라고 번역됨)를 발표하였다. 당시 독일 루터파 교회는 칭의론을 잘못 이해하여 호화롭고 방탕한 귀족 문화가 지배하고 있었다. 교회가 세상의 빛과 소금의 역할을 하지 못하고 있을 때에 기존 목회자들의 사고 방식과 생활 습관을 바꾸는 것이 필요했기 때문이다. 당시 목사들은 사회적으로 상당히 존중을 받던 신분이었고, 루터의 만인제사장설은 명목에 그칠 뿐이었다. 부모들은 자녀가 목회에 대한 소명이 있느냐에 기준을 두지 않고 목회자에게 주어진 권위가 국가의 관리보다 더 막강하며, 부와 지식을 가진 신분 상승을 기대하고 있었다.[19]

따라서 경건주의 운동은 교회의 개혁을 위해서 신학 교육의 갱신을 최우선 과제로 삼았다. 이들은 1694년, 할레 대학을 설립하고, 고아원을 설립하였으며, 세계 선교와 성경 보급과 전파를 주요 골자로 하는 쉬페너의 프로그램을 시작했다.

더구나 루터의 성경 번역을 원본과 대조하면서 다시 원문에 맞게 고쳐야 한다는 프랑케의 글이 나오자 루터파 정통주의 신학자들로부터 비판이 쏟아졌다.[20] 경건주의는 요한네스 알브레흐트 벵겔(Johannes Albrecht Begel, 1687-1752)에게 깊은 영향을 미쳐서 풍부한 자료를 근거로 한 신약 주석을 저술하도록 했다.

한편 독일 루터파 정통신학의 본고장, 비텐베르크 대학에서는 1695년 쉬페너의 가르침에는 무려 254개의 오류가 들어 있다는 반론을 제기했다. 경건주의 운동에는 개인의 주관에 빠질 위험성이 있으며, 내세

---

19 J. Wallmann, *Der Pietismus* (Göttingen: 1990), 24-36. J.F.G. Goeters, *Der reformierte Pietismus in Deutschland 1650-1690*, in M. Brecht(Hg.), *Geschichte des Pietismus*, Bd. 1: Der Pietismus vom siebzehnten bis zum fru hen achtzehnten Jahrhundert (Go ttingen: 1993), 241-277. Kurt Aland, *Kirchengeschichte Entw rfe* (Gütersloh: 1960).

20 A.H. Frankcke, *Observationes Biblicae* (Halle: 1695). 1695년 1월부터 매월 루터의 성경 오역을 교정하는 글을 발표한. 성경의 가르침대로 살고자 노력하고, 삶을 변화시키는 하나님의 말씀을 회복하려는 운동이었다.

지향적이요, '교회 속의 교회'를 부르짖는 분리주의적인 요소가 있으며, 금욕적이자, 반율법적이요, 반지성적이라는 평가였다. 경건주의는 정확한 교리와 신학의 정립에 목적을 둔 것이 아니라, 교회의 갱신에 초점이 있었으므로 이러한 모습은 경건의 정신에 항상 부합하는 것은 아니었다. 계몽주의 확산으로 18세기 전반에 이르면 경건주의 운동도 역시 밀려나게 되었다.

정통신학의 절정기에 일어난 중요한 변화 중에 하나는 신학과 철학과 자연과학을 함께 아우르는 전통적인 아리스토텔레스적 종합이 사라졌다는 점이다. 이제는 더 이상 아리스토텔레스의 형이상학으로 모든 문제를 풀어갈 수 없게 되었으니, 프톨레미가 제시한 지구 중심의 우주관이 깨어지고 코페르니쿠스가 설명한 태양계라는 새로운 우주관이 완전히 정착되었다. 더구나 17세기의 끝 무렵에는 라이프니츠, 스피노자, 로크가 제시하는 새로운 철학의 분위기가 조성되었다. 정통신학은 이제 영국의 자연신론과 이성주의 신학이 밀려들어오고 있음을 느끼게 되었다. 알미니안들의 신학은 전통 개혁주의보다는 훨씬 더 그러한 이성주의 철학에, 아마도 데카르트 철학으로 기울어진 첫 번째 신학자로서, 문호를 개방하고 있었던 것이다.

후기 스콜라 정통신학과 이성주의

1700년에서 1739년까지를 후기 스콜라주의적 정통신학의 시대로 볼 때에, 이 기간에는 두 가지 기본적인 역사적 변화가 있었다. 앞선 세대에서 과학과 천문학의 관점이 달라졌고, 철학의 방법론이 완전히 새로워졌다는 점과 이제는 교의학이 모든 신학의 중심에 서게 되고, 교리 중심의 성경 해석이 압도적이 되었다는 점이다. 신학의 태도와 방향이 완전히 달라지게 된 것이다. 또한 철학적인 방법을 신학에 도입하게 되었다. 후기 개혁주의 스콜라 신학은 이제 "경건주의적이요, 절충적인 단계"에 접어든 것이다.

1700년 이후에도 스콜라주의 개혁신학이 존재했지만, 일부에서는 경건주의자들의 도전에 밀리게 되고, 사회 전반적으로 교리적 무관심과 이성주의가 압도하게 되어서 영향력이 서서히 퇴조하게 되었다. 개신교 신학의 경건주의적인 전환점과 그에 후속되는 이성 중심의 교의학의 발전은 개신교 정통신학이 마지막으로 도달하게 된 현상이었다.

18세기 중반 이후부터는 유럽의 정통 개혁신학은 완전히 쇠퇴기에 접어들며, 정체화에 빠져들고 만다. 종교 개혁자들과 16세기 말에 초기 개혁파 정통주의학자들이 시도했던 역동성과 생동감이 넘치는 활기에 찬 정신은 점차 소진되어 버렸다. 초기 정통신학의 형성자들이 가졌던 본질적인 요소들이 사라졌다.

쟝 알퐁스 뒤르땡을 필두로 샤뮤엘 웨렌펠스(Samuel Werenfels), 람바흐(J.J. Rambach), 오스터월드(J.F. Osterwald), 람페(F.A. Lampe) 등이 이 시기에 대표적인 스콜라주의 정통 신학자들이다.

1740년 독일 할레 대학 철학 교수직에 크리츠챤 볼프 교수가 다시 돌아왔는데, 그는 경건주의의 파괴자라는 오명에 종지부를 찍고 새로운 철학의 모색을 시도하였다. 대부분의 제자들은 루터파 목사들이었지만, 개혁주의 진영에서도 추종자들이 많았다. 엔데만(Endemann), 쉬타퍼(Stapfer), 위텐바흐(Wyttenbach), 벡크(Beck) 등이다. 이들 신학자들은 좀 더 적극적으로 자연신학을 채택하고, 이성을 사용하여 합리성과 초자연적 철학을 신학과 결합시켰다. 알퐁스 튜테틴과 람바흐의 해석학적 노력으로 까펠의 비평적 방법론과 소뮈르 학파가 점점 힘을 얻게 되었고, 고전적인 믿음의 분석(analogia fidei)은 폐기되고 말았다.

경건주의는 신앙의 생활화와 교리의 실제적 적용을 강조하면서 스콜라적인 신학에 비판을 가하였다. 교리에 무관심한 학자들과 힘을 합쳐서, 경건주의자들은 정통신학이 경건을 상세한 해설과 교리적 체계로 바꾸어 놓았다고 보고, 교회가 잃어버린 것을 다시 찾아야 한다고 주장하였다. 이 당시에 상당히 호응을 얻었던 교리에 대한 무관심주의는 일부 신학자들이 교리의 차이에 대해서 매우 관용적이요 자유스러운 견해를 발표함으로써 '라티튜디내리언이즘'(latitudinarianism, 범교파주의 혹은 廣敎派)이 더욱 확산되었다. 17세기 중엽에 이를 제창한 신학자는 윌리엄 칠링워드(William Chillingworth, 1602-44)였고, 듀리(John Dury, 1675년 사망)가 이를 계승했다.

칠링워드는 옥스퍼드 교수로 재직하면서 예수회 소속 존 피셔와 논쟁을 하다가 관심을 갖게 된 후 로마 가톨릭으로 개종하여 한 동안 떠나 있었다. 그리고 1634년 영국에 돌아온 후에는 다시 개신교로 개종하였다고 선언하였다. 그 후로 그는 개신교회의 일원으로 남았다. 그의 진가를 발휘한 저술로는『개신교의 종교, 구원에 이르는 안전한 길』(Religion of Protestants, a Safe Way to Salvation, 1638)이 있는데, 이 책은 개신교도들이 과연 구원을 받을 수 있느냐에 대한 예수회의 신부 놋(Knott)과 옥스퍼드 대학교 퀸스 칼리지 학장과의 논쟁을 다룬 것이다.[21] 성경만이 개신교회의 유일한 신앙이라는 점을 구실로 삼으면서, 교리적인 문제에 있어서 이성과 자유로운 질문을 제기하는 것이 정당하다고 옹호하였다.

---

21 Chillingworth, *The Works of William Chillingworth* (London: 1719). P. Des Maizeaux, *An Historical and Critical Account of the Life and Writings of Wm. Chillingworth* (1725; ed. J. Nichols, 1863).

그는 어떤 한 교회에만 오류가 없는 은사가 주어졌다는 점을 부인하였다. 어떤 교파의 신앙고백을 벗어나서 성경의 진리에 대해서 공통적인 교리를 찾을 수 있다고 주장한 것이다. 그러면서도 자신은 잉글랜드 성공회에 속하였음을 내세웠는데, 그 이유는 영국 성공회의 교리가 구원에 이르는 확신을 주고 있는 순수한 교리 체계이자, 16세기라는 복잡한 시대에 가장 탁월하게 정착된 근거를 갖고 있다고 확신하였기 때문이다. 시민 전쟁이 일어났을 때에 그는 왕당파에 속해서 참전하였다가 체포되어서, 의회파의 설득에도 불구하고 돌이키지 않으므로 결국 사형에 처해지고 말았다.

이런 절충주의적 신학의 발전은 17세기 말엽에 이르면 제네바 대학의 쟝 알퐁스 뒤르땡에 의해서 강하게 표출되었고, 쟝 프레데릭 오스터발드(Jean Frederic Ostervald, 1663-1747)의 변형된 신학에서도 드러나게 된다. 오스터발드는 쮜리히, 소뮈르, 파리에서 수학한 후, 고향 스위스 뇌샤뗄로 돌아와서 새로운 신학을 제창하였다. 그는 계몽주의와 경건주의의 영향을 받아서 온건론자가 되어서, 명확한 교리를 밝히는 데에는 관심을 두지 않고 성경이 강조하는 바는 보다 이성적이요 윤리적인 기독교라고 주장하였다.

정통신학의 마지막 세대는 1740년에서 1790년으로, 볼프(Christian von Wolf, 1679-1754) 교수가 할레 대학으로 복귀하던 시대로부터 칸트의 영향력이 증대되던 1790년으로 정리해 볼 수 있다.[22] 볼프가 경

---

22 Christian Wolff, *Vernünfftige Gedanken von Got, der Welt und der Seele des Menshen, auch allen Dingen über haupt* (1720). W. Arnsperger, *Christian Wolff's Verhältnis zu Leibniz* (1897), überweg, III:448-54." The introduction" by H.W. Arndt to C. Wolff, *Vernünftige Gedanken von den Kräften des menschlichen Verstandes in Gesammelte Werke* (Hildesheim: 1965, repr.) Vol. 1. E. Hirsch, *Geschichte der neuern evangelischen Theologie, vol. 2*(Münster, 1984, repr.)

건주의 진원지였던 할레 대학에서 수학한 후 자연과학 교수가 된 것은 1706년이었다. 그는 라이프니츠의 원리들을 체계화하면서 자신의 종합적인 철학을 구성하였다. 라이프니츠는 두 가지로 진리를 나누는 바 필연적 진리는 이성의 진리이며, 우발적인 진리는 역사로부터 알게 되는 진리를 포함한다. 따라서 볼프는 연역적인 이성보다는 역사를 그 아래 단계의 지식으로 규정한 것이다. 볼프가 이성에 최대의 신뢰를 두는 점이 개인의 역사적 체험과 실천을 강조하는 경건주의자들의 반감을 사게 되었다. 1723년 프레데릭 윌리엄 1세는 군주가 볼프의 철학이 널리 퍼지면 군대에서 탈영하는 것도 자신의 이성의 결단이라고 정당화할 수 있게 되어서 군대 기율에 반동적인 가르침이라는 여론에 밀려서 볼프를 교수직에서 해임하였다. 볼프는 말부르크에서 망명 생활을 보냈는데 그로부터 17년 후, 1740년 프레데릭 대제가 취임한 직후 첫 번째로 시행한 정치적 선포 가운데 하나가 볼프를 다시 교수직에 초빙하는 일이었다. 1740년 12월 6일 볼프는 영광스러운 승리자가 되어서 할레 대학의 교수로 다시 복직하였다.

볼프의 철학 체계와 신학은 인기리에 받아들여졌고, 18세기 후반기 50여 년 간 독일의 여러 대학에서 가장 널리 가르쳐지게 되었다. 볼프는 임마누엘 칸트의 비판철학을 태동시킨 사상적 기초이자 배경적인 인물이 되었다. 볼프는 독일어와 라틴어로 논리학(1728), 존재론(1730), 우주론(1731), 심리학(1731-4), 자연신학(1736-7), 윤리학(1750-3), 그리고 경제학(1750)의 교재를 저술하였다. 이 모든 저술들은 그의 회의적인 철학의 기초에서 나온 것이다. 다시 말하면, 볼프의 개혁신학 방법론은 여전히 스콜라적이었지만, 전통적인 교의학에서 다루어지던 내용들이 완전히 제거되고, 그의 신학 저술은 새로운 신학 체계로 대체되어 버렸다. 그래서 성경적인 원리라든가, 계시에 대한 이성의 복종이라든가 하는 일반적인 신학의 체계가 없어져 버렸다. 볼프의 방법론은 아리스토텔레스의 철학을 배제하고 이성적이요 지성적인 의문과 회의로 신학의 주제를 다루는 것이었다.

이성의 시대에 잉글랜드와 프랑스에서는 독일의 계몽주의처럼, 이신론(Deism)이 널리 퍼지게 되었고 초자연주의에 대해서 강력한 의문을 제기했다. 침례교 칼빈주의자인 존 길(John Gill)은 타락 전 선택설을 주장하면서 점차 기울어져 가는 정통신학을 옹호하였다. 비록 이성주의, 알미니안주의, 경건주의의 비판과 도전에 따라서 정통신학의 쇠퇴가 있었을지라도 정통 교의학이 완전히 종말을 고한 것은 아니었다.

칼빈주의와 루터파의 중요한 차이점

독일 루터파 교회가 게르만 민족의 편협한 민족 우월주의, 민족 중심주의 사상에 젖어버리게 되면서 전 유럽의 개신교 진영은 공동체 의식을 상실하고 편협한 사고 방식에 의해서 서로 공격하고 비판하는 모습으로 전락하게 된다. 개신교 진영 내부의 분열은 엄청난 손실을 가져왔다. 독일과 그 주변 지역에서 개혁 신앙이 스위스 사람이나 프랑스 사람들이 만들어낸 것이라고 비판하는 글들이 많이 발표되자 평민들은 쉽게 루터파로 돌아서 버렸다. 루터파의 세례 관습이 강조되던 시대였기 때문에, 관습적으로 루터주의에 물들은 사람들은 굳이 위험과 불이익을 감수하면서까지 낯선 칼빈주의 신학을 받아들이려 하지 않았다.

팔라티네 지방의 개혁 교회는 로마 가톨릭 측이 계속해서 영토 회복 전쟁을 시도함으로써 매우 불리한 처지에 빠져버리게 된다. 귀족들과 고위층들은 칼빈주의를 받아들인 영주들끼리 보다 강력한 절대 군주 체제로 굳게 뭉쳐서 연합된 군대를 유지하기를 희망하였다. 물론 팔라티네 지방에 있는 리페의 렘고 지방같은 곳에서는 백작의 지도하에서 처음에는 로마 가톨릭의 지배하에 있다가 차츰 루터파의 정치 제도를 따르는 경우도 있었다. 루터파 역시 개혁파를 돕기보다는 자신들의 영토를 확장하는데 더 관심이 많았다. 양 쪽에서 공격을 당한 개혁주의 신앙인들은 고난 속에서도 잘 견디어냈다. 그러나 결국에는 주요 지도자들이 해외로 피신하게 되어 서서히 그 영향력이 줄어들었다. 물론 결과적으로 미국이나 영국 등 다른 지역에 도움을 주게 되었다.

루터파와 개혁파, 양 진영이 모두 다 종교 개혁의 주요 교리에 대해서는 일치한다. 예컨대, 오직 믿음으로만 구원을 얻으며, 이것은 전적으로 하나님의 은혜로우신 결정에 따르는 것이요, 인간은 오직 그리스도만을 구세주로 고백해야만 한다는 것이다. 그러나 좀 더 세부 사항으로 들어가면, 성경의 핵심을 이해하는 데 있어서 차이가 난다.

① 루터파에서 주장하는 핵심적인 교리 중에 첫째는 성만찬에서 그리스도의 영적 임재가 실제로 빵과 포도주 안에, 아래, 속에 함께 들어있음(공재설, Consubstantiation)을 주장한다. 이렇게 보면, 만일 불신자들이 성찬을 먹는다면 참된 임재에 참여하는 것이 되어 버린다. 개혁신학에서는 성만찬에서 그리스도는 실제 육체적으로 임재해 있는 것이 아니라 성령에 의해서 교통하시고, 하나님의 말씀 가운데서 임재해 계신다고 본다. 따라서 불신자들은 절대로 그리스도의 임재를 체험할 수 없다.

② 루터파는 구원에 이르는 은혜란 세례를 통해서 문자 그대로 주어진다고 믿으며, 세례란 구원을 위한 필수불가결한 덕목으로 취급한다. 개혁파에서 볼 때, 세례는 구원에 필수불가결한 절대로 필수적인 요소는 아니다. 유아들은 거듭날 수 있지만, 그것은 언약의 약속을 통

해서 주어지는 것이다.

③ 루터파에 따르면, 그리스도의 인성과 신성 모두 다 어느 곳에나 임재하며, 성찬시에는 육체적으로 임재한다. 이를 편재설(ubiquitarianism)이라고 부른다. 칼빈주의자들은 그리스도의 신성만이 무소부재하시며, 그의 인성과 부활하신 몸은 승천하신 후 하늘 보좌에 계신다고 믿는다. 이를 초월적인 칼빈주의(extra Calvinisticum)라고 부른다.

④ 루터파에서는 성경에 분명하게 명령된 것이나 금지된 것만을 문자 그대로 따르고, 그밖에 일들은 성도들의 양심에 따른 자유에 맡긴다. 칼빈주의자들은 좀 더 엄격하게 적용하여, 우리에게 다소 불분명하게 보이는 것들에 대해서도 성경에 이미 분명하게 제시된 명령과 금지 조항들을 적용해 보면, 원리를 찾아낼 수 있다고 믿는다. 그 외에 것들은 양심의 자유에 맡긴다.

⑤ 루터파의 예배는 원칙적으로 예식서에 따라서 드려진다. 찬송은 작곡할 수 있으며, 일반인도 부를 수 있다. 개혁파에서의 예배는 그 자체가 예전적인 것이 아니고, 하나님의 말씀을 경청하고 성례에 참여하는 것이다. 대부분의 개혁 교회에서는 오직 시편 찬송만을 허용한다.

⑥ 루터파에서는 국가가 교회를 지배하는 권세를 가진다. 개혁주의자들은 국가와 교회와의 관계에 있어서 상호 존중하고, 상호 독립적인 영역을 인정하며, 동등함을 주장한다.

⑦ 루터파에 따르면, 율법의 주된 사용 목적은 죄를 규정하여 주고, 그로 인해서 그리스도에게로 이끌어 가는 데 있다. 또한 사회의 악을 억제하고, 믿는 자들의 생활에서 유익을 준다고 본다. 개혁 교회에서는 율법이란 하나님의 뜻 가운데서 그리스도인들을 가르치기 위해서 주어졌다고 본다. 동시에 사회에서 죄를 억제시키는 데도 쓰여

지며, 죄를 규정해줌으로써 그리스도에게로 이끌어 가고자 함이다.
⑧ 루터에게 있어서 율법과 복음은 근본적으로 대립된다. 칼빈은 율법과 복음이 서로 보완적이며, 아직도 복음 안에서 율법의 도움이 필요하다고 본다. 따라서 율법의 현대적 사용을 용납하며, 그 의미를 복음의 시대까지도 확장시킨다.
⑨ 루터 교회에서는 그리스도의 그림들이 허용된다. 성도의 양심의 자유에 따른 영역으로 생각한다. 루터파에서는 십계명을 두 가지로 나누어서, 하나는 우상 숭배를 반대하는 것이요, 둘째는 속이지 말라는 것으로 대별한다. 개혁 교회에서는 제3계명에 따라서 그리스도의 그림을 사용하지 말도록 금지하였다. 개혁 교회에서는 십계명의 첫 번째 강조는 속이지 말라는 것이요, 둘째가 우상 숭배를 금한 것이라고 요약하여 정리하였다.
⑩ 루터 교회에서는 크리스마스와 같은 축일이나, 성일은 양심의 자유(adiaphora)에 맡긴다. 따라서 로마 가톨릭에서 지켜왔던 교회 절기를 수용하며, 안식일도 역시 의무 조항이 아니라고 본다. 개혁 교회에서는 주일날을 제외하고는 그 어떤 축일이나 성일도 인정하지 않는다. 일부 칼빈주의자들은 구약의 안식일처럼 엄격하게 주일날을 지켜야 한다고 믿으며, 일부에서는 오직 주님이 부활하신 날로만 생각한다.
⑪ 루터파에서는 예수 그리스도가 모든 사람을 위해서 죽으셨다고 믿는다. 그러나 개혁주의에서는 보편속죄를 믿지 않으며, 오직 구원을 받을 제한된 사람들만을 위해서 죽으셨다고 본다. 일부 개혁주의자들 가운데는 이 두 가지 속죄론을 절충하는 경우도 있다.
⑫ 루터파의 입장에서 볼 때, 그리스도의 죽으심은 수동적 순종으로서 이것이 우리에게 전가된 것이라고 본다. 개혁파에서는 수동적 순종과

함께 능동적 순종, 즉 거룩한 생활이 우리에게 전가된 것으로 본다.
⑬ 루터파 측에서는 예정이란 오직 선한 일들에게만 해당한다고 본다. 개혁파에서는 예정이란 좋은 일과 악한 일을 모두 포함한다고 믿는다.
⑭ 루터파 측에서는 사람을 지옥에 버리는 일은 하나님이 그 사람의 행위를 미리 알고서 그렇게 하신 것이요, 버림받는 것은 그 자체가 하나님에 의해서 먼저 정해지는 것이 아니라고 생각한다. 개혁 측에서는 유기되는 것은 선택에 비해서는 부수적이지만, 하나님께서 친히 누구를 버릴 것인가 예정하신다고 믿는다.
⑮ 루터파에서는 은혜란 보편적이며, 어느 경우에나 거부할 수 없다고 본다. 개혁 측에서 볼 때에 은혜란 보편적이요, 결코 인간이 거부할 수 없는데, 구원에 이르는 은혜는 특정한 사람에게 주어지며 이는 아무도 거역할 수 없다.
⑯ 루터파에서는 인간이 아담으로부터 원죄를 실제로 물려 받았다고 믿는다. 이를 어거스틴이 주장했기 때문에 어거스틴주의 혹은 실재론(traducianism)이라고 부른다. 개혁파에서는 아담이 인류의 대표이기에 전 인류가 죄인으로 간주되며, 이를 언약적 대표 전가설(federal imputation)이라고 부른다. 칼빈은 하나님께서 모든 인간의 영혼을 직접 창조하신다고 믿는다.
⑰ 루터파에서는 구원 얻은 사람이 성화의 노력을 하더라도 근본적으로 변화하지 않는다고 생각한다. 하나님의 은혜란 우리에게 주입되는 것이 아니라, 전가되기 때문이다. 개혁파에서는 구원받은 사람이 중생하고, 성화의 과정에서 자라난다고 믿으며, 이는 하나님으로부터 주어진 은혜가 주입되기도 하고, 전가되기도 하기 때문이라고 본다.
⑱ 루터파에서는 전국 단위의 조직으로 주교들이 교회를 다스린다. 그리고 개혁파에서는 장로들(가르치는 장로인 목사와 전반을 협력하

칼빈주의자들의 성찬 예식 광경. 예배당의 엄숙함이 강조되지만, 실내 장식은 전혀 하지 않았다. 평상시의 식사처럼 성찬식에서도 둘러앉아 회중 전체가 서로 참여하였고 사회자들만 강단 위에 앉아 있다.

며 돕는 장로들)이 다스린다.

⑲ 멜랑히톤이 로마 가톨릭과의 협력을 모색하면서 주장한 바에 따라서 전통적인 루터 교회는 하나님의 통치를 점차 위축시키고, 인간의 책임과 능력을 높이고 의존하는 경향으로 흐르고 말았다. 베자를 비롯한 고차원적인 칼빈주의자들이 주장한 바에 따라서 개혁 교회는 인간의 책임을 약화시키고, 하나님의 전적인 주권을 강조하는 경향으로 흘렀다.

루터파가 유럽의 북부 스칸디나비아 반도에 널리 확산되는 동안, 칼빈주의는 독일 남부에서 서쪽으로 확산되었고 프랑스, 네덜란드, 잉글랜드, 스코틀랜드, 그리고 아메리카 대륙으로 퍼져나갔다. 그러나 종교개혁이 알프스 산을 넘지 못하게 됨으로써 이탈리아, 스페인, 그리스에

아우구스부르그에 있는 루터파 교회는 온갖 장식으로 호화롭게 꾸며진 강단을 배경으로 하여, 여자들이 예배당 중앙 의자에 앉았고 남자들은 양 옆에 준비된 높은 의자에 앉았다. 두 그림(282~3p) 모두 다 피카르트가 그린 것으로 1733년 암스테르담에서 출간되었다.

서는 큰 영향을 미치지 못하였다.

칼빈주의나 루터파나 모두 동부 유럽에서는 큰 성과를 거두었다. 폴란드, 보헤미아(체코와 슬로바키아), 특히 헝가리에서 칼빈주의는 매우 독특한 신앙 운동을 전개하였다.[23] 그러나 서방교회의 개신교 운동은 거대한 지역을 지배했던 동방 정교회와 로마 가톨릭 양 편 모두 다 경쟁 대상으로 삼아야 했다. 안타깝게도 16세기 유럽 종교 개혁은 주로 동방 정교회가 없는 지역에서만 성공하였다.

---

23 David P. Daniel," Calvinism in Hungary: the theological and ecclesiastical transition to the Reformation faith", in *Calvinism in Europe, 1540-1620* (Cambridge: Cambridge University Press, 1994), 205-230. R.J.W. Evans, *Calvinism in East Central Europe: Hungary and her Neighbours*, 1540-1700, 167-196.

개혁 교회 내의 신비주의

정통신학의 발전이 계속되는 가운데, 로마 가톨릭 교회의 신비주의가 개혁교회에도 소개되어 일부에 영향을 미쳤다.[24] 그 최초의 인물은 존 라바디(John Labadie, 1610-1674)로, 재세례파의 신앙 조항을 믿었으며, 그에 대한 개혁주의 정통교회의 판결은 매우 엄격하였다. 그는 자신을 세상의 빛이라고 주장하면서 열정주의에 빠진 상당수 추종자들을 모았다(Anna Maria von Schürmann, Peter Yvon, Peter du Lignon, Henry and Peter Schluter). 그 후에 가장 대표적인 신비주의자 피터 뽀이레(Peter Poiret, 1646-1719)가 많은 저술로 영향을 미쳤다. 뽀이레는 앙또네 부르농(Antoinette Bourignon, 1616-1680)의 제자였다.

이들은 주로 개인주의적이고 분파적인 그룹으로 활동하면서 네덜란드 프라네커 지방에서 활동하였다. 제인 리드(Jane Leade, Joanna, 1633-1714)는 필라델피아 협회를 구성하여 열광주의에 빠졌었다. 그녀는 『에녹을 따르는 길』, 『정원의 샘물』(3권, 1678-88), 『파라다이스의 율법』, 『여덟 가지 세상에서 하나님의 창조의 이적들』(1695)을 저술하였다. 광신적인 신비주의가 루터파 신학의 발전에 미친 영향에 비교해 보면, 개혁신학의 발전에 미친 영향은 극히 미미하다. 독일 지역에서는 루터파 교회에 가지 않고 자체적으로 예배를 드리면서 자신들의 영향력을 확대해 나갔다.

---

24 K.R. Hegenbach, *History of Doctrines*, tr. Henry B. Smith, vol. ii (New York: Sheldon & Company, 1862), 177.

제 2 장
돌트 총회와 알미니안주의

　칼빈주의 정통신학의 형성과 발전에서 가장 주목할 사건은 돌트 총회였다. 이 장에서는 좀 더 현미경적으로 17세기 유럽에서 전개된 칼빈주의를 일별해 보고자 하는데, 이를 통해서 유럽 대륙의 하이라이트를 장식한 개혁신학의 진면목이 드러나게 될 것이다. 종교 개혁 이후에 칼빈주의가 국가 전체적으로 확산되어서 큰 영향을 미친 곳은 네덜란드였다. 이곳에서는 재세례파가 용납되어서 널리 퍼져 있었고, 루터파의 종교 개혁 운동이 상당한 영향을 미쳤음에도 불구하고 칼빈주의적인 생활 양식, 사고 방식, 교회 갱신을 채택하였다. 그 이유는 제네바와 같이 네덜란드 개혁 교회가 성도들에게 바른 교리를 가르침과 동시에 강력한 교회의 권징을 실시함으로써 빠르게 확산될 수 있었다.

　더구나 프랑스와 국경을 마주하고 있는 저지대 국가의 남부 지방은, 주로 벨지움을 중심을 하여 프랑스어를 사용하는 성도들이 제네바에서 불어온 칼빈주의의 영향을 언어적으로 쉽게 소화할 수 있었다. 소위 프랑스어를 사용하는 벨지움 사람들을 '왈룬 사람'이라고 부르는데, 가이드 브레가 1559년 신앙고백서를 만들어서 보급할 수 있을 만큼 칼빈주의 신앙이 널리 보급되었다. 그래서 이곳에서 먼저 벨직 신앙고백서가 만들어졌다. 네덜란드 칼빈주의자들은 여러 중심 지역에 세운 대학교를 통해서 개혁신학의 발전과 집대성을 도모하여 근대 유럽 사회에의 발전 과정에 가장 적절하게 예언자적인 목소리를 발하였다.

네덜란드 칼빈주의의 확산과 특징

네덜란드 칼빈주의자들의 공헌은 교회와 국가 권력 간의 관계를 성경적으로 고찰하고, 한 단계 성숙한 해답을 제시하여 종교가 사회에 미치는 영향을 바로 세우고자 노력한 데 있다. 특히, 칼빈주의자들의 용기와 신실함은 스페인의 강압에서 네덜란드를 독립시키는 투쟁에서 여실히 드러났다.

교회와 세속 정치

신약 성경에 등장한 교회가 이 땅 여러 곳에 세워지면서, 국가와 교회와의 관계는 항상 뜨거운 문제로 등장하였다.[1] 기독교를 박해하던 로마 제국은 자신들의 체제 유지와 영토 확장, 정치 야욕을 유지함에 있어

1　Joseph Lecler, *The two sovereignties; a study of the relationship between church and state* (London: Burns, Oates and Washbourne, 1952). Leonard Verduin, *The Anatomy of a Hybrid: A Study in Church-State Relationships* (Grand Rapids: Eerdmans, 1976). 이 책들은 개혁주의 입장에서보다는 재세례파의 관점에서 교회와 국가의 관계에 대한 유익한 연구 결과를 제시하고 있다.

서 황제 숭배 사상을 거역하는 방해물로 기독교를 핍박하였다. 기독교를 공인한 이후에는 그 반대로 기독교적인 통일을 해치는 자들을 국가의 안전을 파괴하는 자들로 취급하였다. 콘스탄틴 황제가 도나티스트와 아리우스 논쟁과 같은 교회의 문제에 관여하게 된 것은 그러한 통일성을 훼방하는 데 대해서 적절하고도 필요한 조처를 취한 것으로 간주되었다. 어거스틴의 사상에서도 국가는 교회를 보호하고 내적인 평화를 유지하는 것이 첫째 임무로 인식되었다.[2] 황제들은 거짓 종교를 핍박하고 제거하는 데 최선을 다해야 한다는 것에 대해서 기독교 신앙을 이끌던 교회 지도자들도 동의했었다. 이미 구약 성경에서도 하나님을 부정하는 사람들은 이스라엘 국가의 변경에 사는 자들마저도 용납될 수 없었다.

중세 시대를 거치는 동안에 로마 가톨릭과 국가 권력은 상호 밀접히 연관을 맺고 도움을 주고 받고 있었다. 어떤 때는 종교와 국가의 권력이 서로 경쟁적으로 우위권 다툼을 벌였다. 교황과 황제 사이에는 기본적으로는 참된 기독교만을 보호하고 옹호한다는 것에 동의하였으나, 누가 그러한 원칙을 시행하는 최종 결정권자가 될 것인가에 대해서는 서로 주장하는 바가 달랐다.

타락한 로마 가톨릭 국가 내에서는 종교와 사회가 모든 면에서 서로 얽혀 있었다. 그러나 16세기 중엽, 새로운 종교 개혁 운동이 벌어지게 되면서 이러한 통일성이 깨어지고 다양성을 용납해야 할 시대가 도래하였다. 신앙의 다양성을 용납하려는 목소리는 극히 소수에 불과했다. 다양한 관점을 주장하는 종교 개혁자들은 곧바로 국가 종교에 대항하

---

2 Cyril Charles Richardson, *The Church Through the Centuries* (New York: Charles Scribner's Sons, 1950), 68.

게 되었고, 심각한 재고를 국가 전체적으로 확산시키는 기폭제가 되었다. 그러나 엄청난 희생을 치르게 되어 그 희생은 말로 표현할 수 없었다. 세속권력을 장악한 왕들과 군주들은 정치적인 안정을 유지하고자 국가 전체적으로 통일된 종교를 지속시키려 했던 것이다. 따라서 통일된 국가 종교에의 거부는 곧바로 신성 모독일 뿐만 아니라, 반역죄에 해당했다. 국가 종교를 거부하는 자들은 폭도들이요, 혼돈을 부채질하는 자들이요, 잡신을 숭배하는 자들로 취급되었다. 따라서 종교 개혁 초기 이러한 로마 가톨릭의 태도는 그리스도의 교회임에도 불구하고 박해를 부추기게 되었으며 그리스도인들을 무신론자로, 반역자로 취급하게 만든 것이다.[3]

저지대 국가의 종교 개혁

종교 개혁이 일어날 당시에 유럽의 북서부 저지대 지방은 벨지카(Belgica)로 알려진 통일 공국으로 존재했었다. 지금의 벨기에, 네덜란드, 룩셈부르크, 프랑스 북부 지역 등 17개 주 연합으로 네덜란드 연방 의회에 공동으로 속해 있던 땅이다. 이곳은 로마 가톨릭을 강력하게 신봉하던 합스부르크 왕가에 속한 스페인의 지배와 통치하에서 많은 핍박과 영향을 받아왔었다.

저지대 지역에서 일어난 종교 개혁은 일찍부터 그 뿌리를 내렸으니, '공동생활의 형제단'(Bredren of common life)이라는 경건한 단체가 교육을 중시하고, 실천적인 삶을 강조하는 정신과 풍토를 토마스 아 켐피

---

3 Joseph Lecler, *Histoire de la tolerance au siecle de la Reforme* (Paris: Aubier, 1955); *Toleration and the Reformation*, Translation by T.L. Westow (New York: New York Association Press, 1960), vol. II:201.

스(Thomas, a Kempis, 1380-1471)가 『그리스도를 본받아』라는 책에 집대성하였다. 경건한 성도의 검소한 생활과 절제된 마음을 격려한 이 책은 큰 영향을 끼쳤다.[4]

또한 '공동생활의 형제단'의 영향을 입은 베쎌 간스포르트(Wessel Gansfort, 1419-89)의 저서는 개혁신학을 형성하는 데 큰 영향을 주었다. 그의 칭의론은 루터 신학의 골격이 되는 이신득의 신학에 많은 영향을 남겼다. 또한 네덜란드에서 일어난 이런 일련의 갱신 운동은 종교 개혁의 선구자처럼 활동한 데시데리우스 에라스무스(1469-1536)가 출현하는 토양이 되었다. 에라스무스는 종교 개혁에 가담하지는 않았지만, 성경적인 저술들을 많이 발표하여 교회의 개혁과 영적이며 도덕적인 갱신의 비전을 많은 사람들에게 불러일으킨 당대 최고의 기독교 철학자였다.

네덜란드 저지대 연합 국가의 종교 개혁은 루터의 영향을 크게 입었으며 쯔빙글리의 성찬 상징설, 그리고 상당수는 메노 시몬(Menno Simons, 1496-1561)을 중심으로 한 재세례파의 영향을 많이 받았다.[5] 이 지역에서 메노의 영향은 매우 심대하였던 것 같다. 메노를 따르는 사람들은 '메노나이트'라고 부르는데, 지금도 세계 도처에 흩어져 살면서 주로 집단적인 농경 생활을 하고 있고, 미국에 이민을 가서도 몇 대를 거쳐서 아주 단순하게 세속 문화를 거부하고 있다. 예복으로는 검은 옷을 입으며, 그 밖에 생활에서도 전통적인 의상을 입고 있으며, 과학기술

---

4   Thomas a Kempis, *The Imitation of Christ; a new reading of the 1441 Latin autograph manuscript* by William C. Creasy(Macon, Ga.: Mercer University Press, 1989).

5   George Huntston Williams, *The Radical Reformation* (Kirksville: Sixteenth Century Journal Publishers, 1962; 3rd, edition 1992), 589-600.

로 발전하는 현대 문명을 거부하면서 조상들이 살아온 방식대로 농경 생활의 전통을 이어오고 있는 모습을 볼 수 있다.[6]

점차 종교 개혁이 영향을 미치면서 로마 가톨릭과 스페인의 간섭으로부터 독립하려는 의지가 강하게 표출되었다. 그러나 그 지역을 다스리던 영주들은 개혁교회가 자유를 획득하고 기존의 로마 가톨릭이 차지했던 수도원과 토지 등 가치 있던 재산들을 차지하는데 대해서 인정하지 않으려 했다. 수도원 제도를 폐지하고 자신들의 수중에 넣으려는 봉건 영주들은 교회의 보물들도 수중에 넣은 다음, 개혁주의 교회도 역시 세속 정권의 간섭과 영향력 하에 있어야 한다고 주장했다. 재세례파가 가장 강력히 반발하고 나섰고, 스페인과의 전쟁이 가중되면서 영주들로 하여금 차츰 개혁 교회의 독립을 인정받게 하고자 수많은 노력을 전개하였다. 재세례파는 개신교 진영의 가시처럼 16세기만이 아니라 그 이후까지도 고통을 안겨 주었다. 칼빈주의자들이 주로 큰 타격을 받았으며, 무질서한 생활로 개신교 진영에 큰 상처를 안겨 주었고, 이런 경향은 칼빈주의 내에서도 분파적인 행동을 가능하게 만들었던 것이다. 돌트 총회에서 다루어야 했던 항론파들의 출현은 바로 이런 회중교회파와 장로교회 진영 사이에 갈등이 지속되어 왔고, 그런 다양한 대립의 표출이 지속된 것과 일맥상통한다.

비록 1572년까지는 매우 소수에 불과했던 칼빈주의자들의 안목에서 나온 것이다. 대다수를 점유하고 있던 로마 가톨릭 신도들은 피를 흘리면서까지 독립을 쟁취하려는 움직임에 선뜻 나서지 않았다.[7] 따라서

---

6   Cornelius J. Dyck, ed., *An Introdutction to Mennonite History* (Scott-dale: Herald Press, 1967; 1981), 99-116.

7   K.H.D. Haley, *The Dutch in the Seventeenth Century* (London: Harcourt Brace Jovanovich, 1972), 84-99. P. Geyl, *The Revolt of the Netherlands, 1555-1609*

알바 장군(1508-1583). 그는 강압 정책으로 일관함으로써 네덜란드 사람들이 스페인 통치에 저항감을 불러일으키게 하였다.

일반 대중들은 중세 말기 성직자들의 잘못된 행동에 매우 실망하면서 귀족들과 권력을 장악했던 당국자들도 1572년부터는 개신교의 움직임에 동조하기 시작하였다.

돌트 총회가 열리기 전까지 저지대 국가의 개신교 숫자는 그리 많지 않았다. 총 인구의 삼분의 일에 해당하는 절대 다수가 로마 가톨릭에 여전히 충성하고 있었다. 1622년경에도 여러 지역의 소도시나 마을의 인구는 약 3천 명에서 많으면 2만여 명에 달했는데, 그 가운데 개신교 인구는 어떤 지역에서는 3퍼센트 정도였고, 많아야 6퍼센트를 차지하고 있었다. 루터의 종교 개혁 이후로 1520년대부터 1570년대까지 초기 약 50년 동안은 마치 발효하기 시작한 것처럼 소수의 의견으로 여러 곳에서 개혁사상이 서서히 전파되었다.[8]

1530년대와 1540년대에 루터파 진영의 성찬론이 합스부르크 황제 찰스 5세의 완강한 저항으로 저지대 국가들에게 전파되지 못하도록 하면서 서로 다른 길을 걷게 되었다. 1531년 스말칼트 동맹군이 결성되어서 중부 지역의 독일 군주들이 결합해서 황제를 대항하게 되고, 아우

1609-48 (London: 1936; repr. 1961), vol. II, 1648-1715 (London: 1964). J. Huizinga, *Dutch Civilization in the Seventeenth Century* (London: 1968).

8 Alastair Duke, "The Ambivalent Face of Calvinism in the Netherlands, 1561-1618", in *International Calvinism*, 109-134.

구스부르그 신앙고백에 서명하도록 촉구하게 되자, 네덜란드를 비롯한 여러 지역에서는 쉽사리 합류할 수 없었다. 아우구스부르그 종교회의가 결성된 1555년 이후로 독일 지역은 완전히 루터파의 승리가 굳어졌고, 개혁파 개신교회는 도무지 인정을 받을 수 없게 되었다. 그러나 합스부르크 왕가가 지배하던 네덜란드에서는 루터파를 강요할 수 없었다. 따라서 루터의 영향이 지대했음에도 불구하고 중앙집권적인 발상이 남아 있고 통일을 우선 순위로 내세우는 성찬론에 대해서 네덜란드 개신교인들은 루터파를 외면하게 되었다. 오히려 장로교회의 제도와 각각의 교회를 독립하여 주고 4가지 직분 제도를 확고히 정착하여 평신도들도 하나님의 일꾼들이 될 수 있게 제도화한 칼빈의 신학이 평신도들에게 흥미를 유발하였다. 루터파 성도들도 역시 수동적으로 군주들에게 복종하여야 했으나, 칼빈주의 영주들이 등장하면서 활발하게 저항 정신의 당위성을 일깨워 주었고, 성경적으로 이것이 보다 타당하다는 확신을 갖게 되었다.

1555년 필립 2세가, 아버지이자 합스부르크 황제인 찰스 5세를 이어서 스페인과 저지대 국가들을 다스리는 왕으로 등극하여 개신교에 대한 극렬한 탄압 정책을 폈다. 그는 알바 장군을 내세워서 네덜란드인들을 모두 다 폭도로 진압하도록 명령하였다. 1550년대와 1560년대에 칼빈주의 신앙인들이 급속히 증대되면서 필립 왕의 종교 정책에 대항하는 독립 운동을 전개하였다. 이런 입장을 대변한 신앙 문서가 바로 벨직 신앙고백서이다.

벨직 신앙고백서

개혁주의 신앙고백서로서 네덜란드 지역에서 가장 먼저 나온 문서는 프랑스어를 사용하면서 벨지움에 거주하던 드 브레가 개신교인들은 폭도들이나 반란군들이 아니라 법을 지키는 그리스도인임을 로마 가톨릭 군주에게 보여 주기 위해서 작성한 것이다.

벨직 신앙고백서(the Belgic Confession)의 작성자 드 브레(Guido De Bres, 1522-67)의 어린 시절은 잘 알려지지 않았으나, 1548년까지 영국에 피신해 있는 동안 런던 난민 교회에서 신앙을 키웠다. 1552년에 벨기에로 다시 돌아와서 1561년 스페인의 공격으로 개혁 교회가 극심한 탄압을 받을 때까지 열심히 성도들을 돌보며 교회를 위해 봉사했다. 그는 매우 용감한 목회자로서 저지대 지방과 네덜란드에서 프랑스어를 사용하는 회중들을 위한 목회자로 활동하였다.

벨직 신앙고백서는 두 가지 특별한 내용이 핵심 사항으로 담겨 있다. 하나는 국가와 교회와의 관계를 제시한 것이다. 또 다른 하나는 교회의 본질을 바르게 정리한 것이다. 이런 두 가지 내용을 제시하려 했던 작성 배경에는 재세례파와의 차별성을 부각시켜서 순수한 개혁 신앙을 인정 받고자 하는 목적이 있었던 것이다. 드 브레는 사람들이 너무나 권위를 부정하며, 무정부주의자들처럼 혼란을 야기하는 것에 실망을 느끼고 정권에 대해서 순종할 것을 강조했다. 그리고 오렌지의 윌리엄과 아주 긴밀하게 지냈다. 칼빈의 신학을 계승한 프랑스 신앙고백을 기초로 한 이 문서가 정립됨으로써, 개혁주의 기독교의 성경적 특징을 밝히고, 국가 체제를 부정하는 재세례파와는 차별을 시도하였다. 1567년 알바 장군이 이끄는 스페인의 군대에게 포위되었을 때에 재세례파의 과격분자들을 설득하다가 실패하여 시청에 함락될 때에 드 브레 역시 같은 부류로 간주되어 체포당했고, 마침내 그곳에서 순교하였다. 알바의 도착과 함께 많은 수의 개신교 성도들과 지도자들이 해외로 망명을 떠나야만 했다.

벨직 신앙고백서에는 칼빈의 영향이 많이 담겨 있으니, 작성자 드 브레가 모델로 삼은 '갈리칸 신앙고백서'라고 불리는 프랑스 개신교의 고백서가 칼빈에 의해서 쓰여진 것을 채택한 것을 보아 알 수 있다. 유럽의 서북부 지방에 대한 칼빈의 관심과 영향이 보이지 않게 서서히 그 열매를 맺었다. 1544년 후반에 칼빈은 직접적으로 삐에르 브룰리를 네덜란드에 보내서 개혁 교회를 담임하도록 하여 3개월 동안 용감하게 설교하였다. 그러나 완강한 가톨릭의 저항으로 화형을 당하고 말았다.

존 칼빈의 영향과 팔라틴 지방의 독일 칼빈주의자들과의 접촉으로 인해서 저지대 국가들은 많은 영향을 입게 되었다. 아마도 칼빈이 프랑스 북부 피카르디느와용 출신으로서, 이 도시는 벨지카에서 불과 30마일밖에 떨어지지 않았기 때문에, 정서적으로 많은 공통점이 있었던 것 같다. 그의 어머니와 아내가 모두 저지대 지방에서 출생한 프랑스인들이었기에, 하인리히 불링거에게 보낸 편지에서 '나 역시 벨지움 출신이다'고 말할 정도였다.

비록 제네바에서 멀리 떨어져 있지만, 칼빈은 저지대 국가에서도 개혁주의 신앙을 널리 증거하는 교회를 세우는 데 열심을 다했다. 1543년, "로마 가톨릭 교인들 사이에서 복음의 진리를 아는 신앙인이 무엇을 해야 하는지 알려 주는 짧은 논문"을 작성하여 보냈는데, 이것을 통해 겉으로는 로마 가톨릭을 따르면서, 내면적으로만 개혁 신앙을 가진 사람들을 경고한 문서로 공개적으로 신앙을 실천할 의무가 있음을 강조하였다. 미사, 성지 순례, 죽은 자와 성상을 숭배하는 기도 등은 모두 다 우상 숭배라는 것이다.

칼빈은 1561년 이 벨직 신앙고백서가 나올 때 적극적으로 찬성하지 않았다. 그 이유는 자신의 신학에 따라서 작성된 프랑스 갈리칸 신앙고백서를 더 지지했기 때문에 그것을 활용하여 사용할 것을 더 원했기 때문이다. 그러나 칼빈의 자문을 받은 것이 사실이며, 칼빈의 신학을 담고 있는 갈리칸 신앙고백서를 참고한 것이므로 개혁 신앙을 간단하게 요약한 것임에는 틀림없다. 각 지역마다 그들의 정치적 형편과 지역 정서에 맞는 문제들을 해결해야만 했고, 그 지역에 살고 있는 개혁 신앙의 옹호와 변론이 필요했기 때문에, 벨직 신앙고백서가 다소 미흡하다 하더라도 너무 부정적으로 생각해서는 안 될 것이다.

총 37장으로 구성된 벨직 신앙고백서는 칼빈의 『기독교 강요』처럼, 그 구성을 전체적으로 볼 때에 삼위일체 하나님에 대한 설명이라고 말할 수 있다.[9] 첫째는 하나님에 대한 지식과 성경으로부터 하나님을 아는 것에 대한 설명이며(1-9), 둘째는 창조와 구속에 관한 그리스도의 사역이며(10-23), 성령의 성화와 교회의 사역(24-37)에 관한 것이다. 그 중에서도 모두 6항목(27-32)이 교회에 관한 것이다. 드 브레는 성경을 자유롭게 인용하고 있으며, 종종 '우리'라는 호칭을 사용하고 있다. 재세례파와 구별하려는 의도에서 그리스도의 완전한 인성을 강조하고(18), 교회가 분파적인 이단으로 치우치지 않아야 할 것과 공적인 모임임을 역설하고(28-29), 유아 세례를 시행할 것(34), 정부 기관도 하나님이 세우신 것임을 설명한다(36).

로마 가톨릭과 공유하는 신앙에 대해서 언급하면서도, 성경의 권위는 다른 계시 문서들과는 권위에 있어서 차이가 있으며(3-7), 그리스도의 피흘리시는 희생과 중보의 충족성으로 인해서 인간적인 중보자가 더 이상 필요가 없다는 점(21-23, 26), 선행의 본질(24), 세례와 성찬만이 참된 성례임을 강조한다(34-35). 개혁주의 신앙의 특징은 예정에 있

---

9   P. Schaff, Creeds of Christendom, 502-507. 한국어로 된 번역서로는 김의환 편역, 『개혁주의 신앙고백집』 (서울: 생명의말씀사, 1984), 175-206을 참고할 것.

어서 선택(16), 성화(24), 교회의 조직 관리(30-32), 성만찬에서 주님의 영적이며, 실제적인 임재(35) 등이다.

벨직 신앙고백은 교회의 권징(discipline)을 매우 강조하였다. 교회론 중에서 도 네 항목(28, 29, 30, 32)이 이를 언급하고 있다. 이것은 칼빈의 교회론에서 권징을 교회의 본질로 강조한 점을 참조하여 반영한 것이다.[10] 칼빈은 교회의 표지로서 올바른 말씀의 선포와 정당한 성례의 시행, 이 두 가지만을 강조했다.[11] 따라서 갈리칸 신앙고백에서도 교회에 관한 부분이 모두 아홉 항목에 이르는데, 역시 교회의 표지는 두 가지만을 언급하고(프랑스 신앙고백 26항), 권징은 두 항목에서 강조하고 있다. 벨직 신앙고백에서도 교회의 표지는 역시 두 가지 뿐이다(28항). 칼빈이나, 다른 지역의 칼빈주의자들보다도, 네덜란드 칼빈주의자들이 권징을 더 강조하고 중요시했음을 볼 수 있다.

> 제32항 교회의 질서와 가르침
> 우리는 비록 교회를 다스리는 사람들이
> 교회를 질서 있게 움직이기 위하여
> 만든 규칙과 질서들이 쓸모 있고 유익하다 하더라도
> 그 모든 것은 유일한 주인이신 그리스도께서 세우신
> 모든 규례로부터 벗어날 수 없다는 사실을 믿는다.

---

10 *Institutes*, IV.xii.1.: " Accordingly as the saving doctrine of Christ is the soul of the church, so does discipline serve as its sinews, through which the members of the body hold together, each in its own place. Therefore, all who desire to remove discipline or to hinder its restoration – whether they do this deliberately or out of ignorance – are surely contributing to the ultimate dissolution of the church."

11 *Institutes*, IV.i.9, 10, 19, 22.

따라서 우리는 인간적인 모든 생각과 인간의 양심을

묶어 버리며 강요함으로써

하나님을 섬기도록 하는 그 어떤 인간적인 수단들은 배격한다.

그러므로 우리는

오직 모든 사람들이 하나님께 순종하도록 가르치며 돌봄으로써

조화와 일치를 이루도록 하는 길만을 받아들인다.

바로 이 목적을 위해서 하나님의 말씀이 지시해 주는

모든 가르침을 따라 징계하거나 다스리는 일이 필요한 것이다.

    이 문서에서 더 주목해야 할 부분은 국가와 교회와의 관계다.[12] 스위스의 독립도시와는 달리 네덜란드는 한 사람의 가톨릭 군주 통치하에서 개신교 신앙 운동을 전개하여 이런 갈등이 더욱 첨예화되었기 때문에 신앙고백서에 더욱 강조된 것이다. 그리스도인들은 박해를 받는 상황에서, 국가에 대한 충성보다는 참된 교회에 대한 충성심을 최우선으로 삼아야 한다고 분명히 밝힌 것이다. 그러나 필립의 강압적인 개신교 박해정치가 지속되고 있었기에 네덜란드 칼빈주의자들은 국가 질서에 대해서 협조하고 지원하고 있었다. 무정부주의자들인 재세례파와는 다른 입장에 있었기 때문이다. 36항에서 세속 정부의 필요성과 질서의 당위성을 명백하게 밝힌 것도 그러한 이유에서다. 죄가 관영하기 때문에 하나님께서는 세상의 정권을 세우고 통치를 맡기셨다고 벨직 신앙고백은 밝힌다. 그리고 정권을 가진 권력자는 교회를 보호하고 참된 종교를 지켜야 한다는 의무를 명쾌히 제시했다.

---

12   Diedrich Hinrich Kromminga, *Article of XXXVI of the Belgic Confession and the Christian Reformed Church* (Grand Rapids: Baker, 1943), 7-8.

제36항 국가 정부

우리는 은혜로우신 하나님께서 인간의 타락으로 말미암아

왕과 군주와 행정 장관을 세우셨음을 믿는 바,

이는 세상이 특정한 법과 정책에 의해 다스려짐으로써

인간의 방종이 제어되고

만사가 선한 질서와 순서를 따라 움직여지도록 하기 위함이다.

죄를 지은 자들을 징벌하고 선을 행한 자들을 보호하기 위하여

하나님께서는 위정자들을 세우신 것이다.

그들의 직무는 국가의 안녕에 관심을 갖고

이를 보호할 뿐만 아니라

그리스도의 왕국을 이루어나가도록 하는 것이므로

이 신성한 직무를 잘 지켜 나가야 할 것이다.

따라서 그들은 어디서나 복음서의 말씀이 전해지도록 옹호해야 하는데,

이렇게 함으로써 주께서 말씀 가운데에 명하신 대로

누구나 하나님을 높이고 경배하게 하는 것이다.

여기서 국가와 교회의 이상적인 관계가 강조되어 있는 것은 역시 신앙적인 통일성이다. 국가는 참된 종교를 보호하고, 거짓 우상 숭배를 배척해야 한다는 적극적인 책임이 강도 높게 제시되어 있다. 이런 사상은 프랑스 신앙고백서 39항목과 완전히 일치하는 것이다. 드 브레는 우상 숭배와 적그리스도는 로마 가톨릭 교회임을 여러 차례 밝히고 있다. 국가의 보호 대상 중에 으뜸은 교회이며, 교회는 거짓 종교를 배척하도록 도와야 한다는 것이다.

벨직 신앙고백서는 양심의 자유에 대해서 상당히 폭넓은 태도를 보이면서도, 참된 신앙은 오직 엄격한 칼빈주의임을 강조, 우상 숭배의 자

유는 없다는 점을 천명하였다. 1560년대에도 계속해서 박해를 받아야 했으나, 17세기와 그 이후로 칼빈주의자들은 이러한 통일된 개혁 교회를 지향해 나갔던 것이다.[13]

이 문서는 네덜란드 개혁 교회가 1618년 돌트 총회에서 공식 문서로 채택함으로써 하이델베르크 신앙고백서, 돌트 신경과 함께 모든 네덜란드 개혁 교회의 표준 문서로 가르쳐져 왔고, 신앙의 동질성을 제공하는 기초가 되어 왔다. 미국으로 이민 온 네덜란드 개혁 교회도 역시 이 문서를 개혁주의 신앙 전통으로 삼고 있다.

벨직 신앙고백서는 로마 가톨릭과 다른 신앙을 가졌다고 해서 박해 받고 있던 개혁 신앙을 가진 자들이 국가에 반항하거나 반역하는 것이 아님을 변호하기 위해서 작성된 것이다. 따라서 벨직 신앙고백은 법률을 준수하는 내용을 담고 있고 종종 '왈룬 신앙고백서'(the Wallon Confession)라고 불리기도 한다. 이것은 1562년에 네덜란드어로 번역되었고, 안트워프에서 1562년에, 베셀에서는 1568년에 이 문서를 채택하였다. 개혁 신앙을 가진 사람들은 1540년대부터 1560년대까지는 수난과 박해 속에 있었다. 그러나 서서히 숨어서 활동하던 개혁 신앙인들이 베셀에 모여 신앙고백서를 채택하는 성과를 나타냈다.

다시 1571년 엠덴에서 모인 첫 전국 회의에서, 이들은 개혁 교회의 통일성과 발전을 위한 질서를 마련하는 데 성공한다. 제5항에 보면, 프랑스어를 사용하는 교회는 제네바 교리 문답을 사용하고, 네덜란드 언어를 사용하는 교회들은 하이델베르크 교리 문답을 사용하도록 권고하

---

13 W. Robert Godfrey," Church and State in Dutch Calvinism", in *Through Christ's Word: A Festschrift for Dr. Philip E. Hughes*, ed. W. Robert Godfrey & Jesse L. Boyd III (Phillipsburg: Presbyterian and Reformed Publishing Co., 1985), 223-243.

였다. 1571년은 정치적으로 놀라운 일이 벌어졌으니, 학자요 정치가였던 쌩알데곤(Philippe Marnix de Sainte-Aldegonde)이 앞장서서 오렌지 공을 돕는, 빈주의자들이 전국적인 연합체를 형성한 매우 의미심장한 발전을 이룩한 해이기도 했다. 그리고 벨기에 교회는 드 브레가 작성한 벨기에 신앙고백서를 승인하였다.

야콥 알미니우스와 신학자들

국제적으로 알려진 저지대 17개 주 연합 국가의 개혁주의 신앙 교육을 담당한 곳은 라이덴 대학교였다. 야콥 알미니우스(1560-1609)가 성장하면서 접한 개혁신학은 이 대학교에서 한창 '스콜라주의 정통신학'이 정착되고 발전되던 시기였다. 저지대 여러 지역에서 개혁 신앙을 받아들여 학문적으로 토대를 마련하게 될 무렵에 알미니우스가 신학의 세계에 들어간 것이다. 처음에는 알미니우스도 역시 똑같은 개혁 신앙을 가진 것으로 간주되었는데, 그때까지는 발표한 논문이나 저술이 없어서 크게 다를 것이라고 생각하지 못했다. 그가 교수에 부임하여 그 동안 숨겨두었던 자신의 생각을 발전시키고 소위 새롭고 좀 더 정교한 신학운동을 시작하게 된 것은 1603년부터였다.[14] 그때까지 나타난 이력서만으로 볼 때에 그는 아무런 문제가 없는 개혁신학자였다.

알미니우스는 1560년 오우데워터에서 출생하였다. 마르부르그에서 공부하던 시절에 스페인의 침략으로 그의 모든 친척이 사망하였다.

---

14 Carl Bangs, Arminius: *A Study in the Dutch Reformation* (Grand Rapids: Zondervan, 1985). Charles M. Cameron," Arminius-Hero or Heretic?" *Evangelical Quarterly* 64(1992): 213. A.W. Harrison, *The Beginnings of Arminianism* (London: 1926).

그러나 암스테르담 길드에서는 그의 탁월한 재능을 인정하여 장학금을 부담하였고, 라이덴에서 다나에우스의 지도하에 학업을 계속하게 하였으며, 제네바에서 테오도르 베자 밑에서 수학하는 비용을 부담했다. 그리고 바젤, 파우다, 로마 등을 여행하고, 추천서를 가지고 돌아와 1588년 암스테르담에서 목회자로 시무하게 되었다. 그는 암스테르담에서 가장 명문에 속하는 집안의 딸을 아내로 맞이하였다. 그리고 이 무렵, 그의 동료였던 프란키우스가 칼빈주의 신학을 옹호하는데 매우 미온적이라는 그의 태도의 문제점을 지적을 했고, 다소 재세례파에 기울고 있다고까지 하면서 그를 비판했다. 1603년에 흑사병으로 여러 교수들이 죽자, 그는 라이덴 대학의 새 교수로 채용되었다.

매우 다양한 신학이 혼재해 있던 저지대 국가들의 상황을 잘 이해할 때, 이곳에서 칼빈주의와 유사하면서도 심각하게 이탈한 신학자가 배출되었다는 것은 이상한 일이 아닐 것이다. 처음에는 알미니우스도 열렬한 칼빈주의자였으나, 하나님의 은총에 대한 해석에서 다소 전통과는 다른 해석을 추구하였다. 그는 종교 개혁의 5대 교리를 받아들였고, 아무런 문제가 없어 보였다. 그러나 그는 합리적이며 이성적인 논리를 갖고 나온 딕 쿠른헤르트(Dirk Coornhert)와의 논쟁에서, 종래의 정통 신앙이 가진 논리로는 합리적인 사람들을 성공적으로 설득하거나 변호할 수 없음을 알게 되었다. 그 이후로 그는 자신이 배워 온 개혁신학을 재점검하고 다시 평가하여 의구심을 갖게 되었다.

첫째로, 알미니우스는 로마서 7:14-25은 회심 이전의 사울이라는 상태의 인간상이 담겨 있다고 주장하였다. 이 부분은 개혁신학자들에게는 중생한 사람으로서 말하고 있는 것으로 간주되어 왔었다. 그러나 그는 정통 칼빈주의에 대항하여, 바울 사도가 회심하지 않은 상태의 사람으로서, 때로는 자기의 의지만으로도 하나님께서 의도하시는 바를 시행

야콥 알미니우스(좌)와 그의 모순을 설파한 프란시스 고마루스(우)

할 수 있었다고 주장하였다. 즉, 인간의 의지는 아직 완전히 타락한 것이 아니요, 하나님의 뜻을 따라서 살지 못하도록 망가뜨려진 존재는 아니다라는 결론에 도달한 것이다. 이것은 칼빈주의에서 가르쳐 온 '전적 부패'에 대한 로마서 3:10, '의인은 없나니 하나도 없다'는 말씀에 정면으로 도전하는 것이다. 더욱이 아담의 후손으로서 죄에 기울어지는 본성을 부모로부터 물려받았지만, 그렇다고 해서 모든 사람들이 반드시 죄를 짓는 것도 아니요, 아담의 죄책을 유전으로 전수받는 것도 아니라고 생각하였다. 알미니우스는 펠라기우스주의자라는 명목으로 고소를 당했는데, 사실 그는 반펠라기우스주의자(펠라기우스주의를 '절반 가량 따르는 자', semi-Pelagianism)라고 해야만 정확한 표현이 될 것이다.

그 다음으로, 알미니우스는 로마서 8:29-30을 다루면서, 하나님의 주권적인 은총에 기초를 둔 선택설을 부정하였다. 베자와 퍼킨스가 주장하는 타락전 선택설을 부인하였고, 개혁신학의 주류가 지지하던 타락후 선택설도 역시 거부하였다. 개혁주의 신학자들에게 있어서 로마서 8

장은 하나님의 주권적인 은총을 설명하여 주는 곳이요, 무조건적인 선택을 가르치고 있다고 믿었다. 또한 인간이 스스로 노력하면 얼마든지 하나님의 뜻에 따라서 살아갈 수 있다고 판단하고, 인간이 구원을 얻는 것은 하나님이 미리 보시는 믿음(foreseen faith)에 기초한 것이라고 하였다. 그리고 로마서 9장으로 옮겨가서, 알미니우스는 하나님이 어떤 사람은 선택하지 않고 유기하셨다는 개혁주의 교리에 반대하였다.

그의 신학의 배경 속에는 에라스무스의 기독교 휴머니즘, 카스텔리오 등의 유니테리언파, 소시누스와 같은 재세례파, 그리고 널리 퍼져 있던 로마 가톨릭 신학 등 각종 사상이 혼합되어 있다.[15] 그의 사상은 기본적으로 개혁주의 안에서 인정을 받았으나, 그가 주장한 인간의 의지에 대한 자유롭고도 지나친 신뢰로 인해서 당시 성도들과 신학자들에게 극단의 이단처럼, 혹은 괴물처럼 취급되어서 불명예스러운 신학자의 대명사가 되고 말았다. 그의 신학은 칼빈주의자라고 자처하고 있었으나 사실은 얼마나 왜곡되었는지 심각하게 반성하지 않았다. 비록 알미니우스 자신은 그를 추종하는 자들보다는 칼빈에게 훨씬 더 기울어져 있었다고 볼 수 있지만, 그의 모든 저술은 엄청난 혼란을 불러 일으켰다. 공정하게 말하자면, 그의 저술들은 일부 제자들과 목회자들에게 인기가 있었고, 영어로도 번역되어졌다.[16] 그는 자신에 대한 논쟁이 최고조에 달할 때에 사망하였다.

알미니우스를 라이덴 대학교 교수직에 받아들인 신학자는 칼빈주의 정통신학의 계승자 프란시스 고마루스(Francis Gomarus, 1563-1641)

---

15 Cornelius Krahn, *Dutch Anabaptism* (Scottdale: Herald Press, 1981), 261.
16 James Arminius, *The Writings of James Arminius*, London Edition, trans. James Nichols and William Bagnall. 3 vols (Bufalo, N.Y.: 1853; repr. Grand Rapids: Baker Book House, 1956, 1977)

였다. 그러나 곧바로 알미니우스의 신학이 이상하다는 소문이 대학 사회에 퍼지자 고마루스는 가장 앞장서서 대항하는 신학자가 되었다. 고마루스는 가장 훌륭하게 준비 과정을 거친 신학자였다. 그는 브루게스에서 출생하였고, 그의 부모가 독일 남부 팔라틴 지방으로 피신하게 되어 스트라스부르에서 요한 스투름에게 배웠고, 우르시누스와 잔키우스 문하생으로 공부했다. 또한 영국 옥스퍼드와 케임브리지에서 공부하다가, 1587년 프랑크푸르트에서 설교자가 되었고, 하이델베르크에서 수학하여 1593년 박사 학위를 받았다. 그리고 1594년에 라이덴 대학교의 교수로 부임하여 칼빈주의자로서 선택 교리를 가장 효과적으로 변호한 신학자였다.

알미니우스의 맞수였던 고마루스는 교회 분열을 싫어하였다. 알미니우스의 사망으로 공석이 된 자리에 이사회가 알미니우스 계열의 콘라드 보르스티우스(Conrd Vorsitius, 1569-1622)를 임명하자 고마루스는 1612년 라이덴 대학교를 그만 두고 미델부르그 개혁 교회 목사로 자리를 옮겨버렸다. 그러나 알미니우스의 문제점에 대해서는 공개적으로 지적하고 열정적으로 성경과 일치하지 않음을 설파하였다. 돌트 총회에서는 매우 단호하게 항론파들이 주장하는 예정론 거부논지를 반박하였다. 그후로 약 3년간 소뮈르에서 교수로 있다가, 1618년 흐로닝겐 대학교로 옮겨서 1641년 죽을 때까지 가르쳤다.

알미니우스의 신학을 체계적으로 정리한 시몬 에피스코피우스(Simon Episcopius, 1583-1643)는 매우 위험한 사고를 가진 급진파 신학자로서 소시누스의 영향을 입어서 그리스도의 종속설을 주장했다. 그는 아주 능란한 변론가이자 성경 지식을 잘 활용한 인물로 이미 기독교의 핵심을 윤리적인 실천과 생활이라고 강조하여, 교리적이요 원리적인 면의 중요성을 약화시켰다. 1609년 프라네커 아카데미에서 자신

돌트 총회의 항의파들 : 휴고 그로티우스와 시몬 에피스코피우스.

의 스승이던 룹베르투스(Sibrandus Lubbertus)와 로마서 7장의 해석을 놓고 알미니우스의 견해를 따라서 논쟁한 후 다음해 2월, 학교를 떠나야만 했고, 고마루스가 죽자 1612년 그의 지지자들이 라이덴 대학교의 교수로 강력하게 천거하여 망명을 갈 때까지 7년 동안 신학을 강의하였다. 그는 다시 암스테르담으로 1634년에 돌아와서 항론파들의 신학교를 세우고 1643년 4월 4일 죽을 때까지 교수로 사역하였다.

'항론파' 혹은 '항의파'(the Remonstrance)로 알려진 문서를 작성한 요한네스 위텐보가르트(Johannes Uytenbogaert, 1557-1645)는 처음에는 제네바에서 베자에게 공부한 적이 있었으나, 신학이 변질되어 알미니우스 쪽으로 기울어졌다. 휴고 그로티우스(Hugo Grotius, 1583-1645)는 12살 때 대학에 들어간 천재 소년이었고, 유럽 대륙 전체에서 가장 뛰어난 신학자가 되었으나 안타깝게도 그의 탁월한 법학 지식과, '국제법의 아버지'라는 찬사에 걸맞지 않게 신학적인 입장에서는 알미니우스를 따르게 되어 정통신학에서 갈라서고 말았다. 그는 『그리스도의 만족』(De satisfactione Christi, 1617)이라는 책에서, '속죄의 주권설' 혹은 '통치설'(governmental theory of atonement)을 주장하였다. 그는 법률가답게 독창적인 대속론을 제시하여 혼란에 빠뜨렸다. 그는 예수 그리스도의 죽음을 죄에 대한 형벌을 대신 지불하신 형법적인 대속(a penal substitution)으로 받아들이지 않고 그저 예수의 죽음은 하나의 비극적인 성질과 죄라는 나쁜 본성에 대해서 형법적인 본보기(a penal example)라고 주장했다. 이제 그리스도가 죽었으므로 하나님은 죄인에 대한 형벌 요구를 그냥 지나쳐 버리시더라도, 용서를 베풀어 주시더라도, 대중들에게 하나님이 도덕적인 요구를 강조하지 않는다는 식의 명예 훼손을 당하지 않게 되었다는 것이다. 죄에 대한 대가를 치른다는 것이 사회적으로 알려지지 않으면 누구도 법을 지키려 하지 않을 것이기에 통치의 차원에서, 주권적인 차원에서 그리스도가 형벌을 받아서 죽었다는 것이다. 그러나 이제는 용서하신다는 것이다. 인류 통치의 근간으로 정하신 하나님의 율법이 요구하는 죄의 대가를 지불했으므로, 하나님의 의를 충분히 채웠고, 만족할 만큼 이를 근거로 용서를 시행하신다는 것이다. 물론, 이제 사람 편에서 해야 할 일이 남아 있는데, 하나님이 죄에 대한 대가를 용서로 바꾸셨으므로, 이제 하나님이 통치하는 세상에서 무정부주의를 중단하려고 노력해야 할 것이라는 것이다.[17]

---

17 *The Church orders of the sixteenth century reformed churches of the Netherlands*: together with their social, political, and ecclesiastical context. translated and collated by Richard R. De Ridder, with the assistance of Peter H. Jonker, Leonard Verduin (Grand Rapids, Mich.: Calvin Theological Seminary, 1987). vii, 661 pages. 이처럼 매우 방대한 문서에서 네덜란드 개혁 교회의 질서와 권징에 대한 강조를 보게 된다. 이 책은 16세기 네덜란드 교회의 모임과 주제에 대한 기록을 연대순으로 묶은 것이다. The Walloon synods 1563-1566; The Convent of Wesel 1568-The synod held at Embden 1571; The provincial synod held at Dordrecht 1574; The church laws of Holland and Zeeland 1576; The national synod held in Dordrecht 1578; The

다시 한 번 쉽게 통치설을 설명하자면, 하나님은 '형벌'과 '용서' 두 가지 모두 동시에 적용하실 수 없고, 오직 하나만 하실 수 있다는 것이다. 예를 들어, 어떤 어린 아이가 잘못을 했다면 벌을 받든지, 용서를 받든지 해야만 한다는 것이다. 그가 자신의 죄에 대한 형벌을 받았으므로, 이에 따라서 죄를 용서받는다는 것은 결국에는 용서라는 말을 쓸 수 없다고 보았다. 형벌을 받은 사람을 용서하는 것은 진정한 용서가 아니라는 것이다. 예수 그리스도가 죽는 것을 보고서, 자신의 잘못을 뉘우치고 회개한다면, 그래서 부모가 잘못을 회개하는 자녀를 진정으로 용서한다면, 결국 자녀에게 법적인 형벌을 가하지 않는 것이다. 부모는 자기 스스로 자녀의 반항과 그 반항에 해당하는 형벌을 대신 간직하고 있는 것이다. 부모가 자녀에게 형벌을 가하지 않고 자기 스스로 대신하여 죄를 짊어진다면, 이는 자기 자녀에게 용서가 확대된 것이다. 알미니안들은 형벌과 용서가 항상 같이 양립할 수는 없다고 주장한다.

이런 이론은 결국 통치설 혹은 주권설의 용서를 강조하는 것이다. 이것은 모든 사람이 용서를 받는다는 무제한 속죄론으로 이해되었다. 그리스도의 죽으심은 모든 사람의 용서를 가져왔으며, 모든 사람들 앞에서 정죄를 당한 사건이기때문에 이제 사람들에게는 정죄가 필요 없다는 것이다. 이것은 그리스도의 대속하신 피를 쓸모 없는 것으로 만들어

1581 - Church laws designed by order of the States of Holland 1583; The national synod held in Gravenhage 1586; Ordinances of the magistrates of Utrecht 1590; The provincial synod held in Middelberg, Zeeland, 1591; Ecclesiastical ordinance designed by the politicians and church leaders in the Hague 1591; The church order for the Ommelanden of Groningen - The provincial synod held in Utrecht 1612; The national synod held in Dordrecht 1618 and 1619; The church order of the province of Drente 1638; Boxes and bookcases / Jan Pieter van Dooren - Regulations of the reformed association of Holland 1809.

칼빈주의 정통신학의 주창자 고마루스의 책이 알미니우스의 거지 주머니보다 훨씬 더 무게가 나간다는 풍자화.

버리는 아주 위험한 해석이다. 이렇게 되면, 그리스도가 나를 위해서 피를 흘리셨다는 관계성이 없어져 버린다. 또한 죄값을 치르셨기에 인간의 죽음에 이르는 형벌이 중지되었고, 용서를 받았다는 성경의 가르침을 이성적으로, 합리적으로 해석하고 있는 왜곡된 이론을 만들어냈다.[18] 하나님의 초자연적인 원리와 그리스도의 십자가 사역이 지닌 대속적 특성을 전혀 고려하지 않는 잘못을 범한 것이다.

아이러니칼하게도 칼빈주의와 공통분모가 더 많은 것으로 간주되어 왔던 루터파에서 알미니안들을 지원하였다. 이 당시 독일 루터파는 멜랑히톤의 후예들이 좌우하고 있어서 역사적인 루터파 신학이 퇴색하였던 시대였다. 칼빈주의자들은 당시 널리 퍼져 있던 정통신학에 도전하

---

18 Robert L. Reymond, *A New Systematic Theology of the Christian Faith* (Nashville: Thomas Nelson Publishers, 1998), 472-3.

는 알미니안들을 거부하는 교리들을 1611년에 발표하였다.[19]

케임브리지 출신의 영국 칼빈주의자 윌리엄 에임즈(William Ames, 1576-1633)는 피터 라무스, 베자, 퍼킨스의 영향 하에 성장하여 종교 박해를 피해서 네덜란드로 건너와 있으면서 영국 난민교회의 목사로 있었고, 훗날 그 지역에 세워진 프라네커 대학의 신학 교수가 되었다. 그는 돌트 총회의 정식 대표가 아니라 참관인으로 출석하였으나, 고마루스에 이어서 두 번째로 깊은 영향을 끼쳤고, 타락 전 선택설이 채택되도록 도왔다. 에임즈는 알미니안주의가 오류는 있지만, 근본적으로 복음과 대치되는 이단은 아니라고 생각하였다. 단지 다른 사람으로 하여금 신앙을 변질시키도록 문호를 개방한 사람이라고 보았을 뿐이다.

요한 데이브넌트(John Davenant, 1576-1691)도 역시 케임브리지 칼빈주의자이자, 살리스버리의 감독이었는데 돌트 총회에서 온건한 입장을 표명한 대표적 신학자였다. 그는 훗날 돌트 신경의 중요한 해석자의 한 사람으로 명성을 날렸다.

돌트 총회의 사회를 맡았던 보거만(John Bogerman, 1576-1637)은 스위스 제네바에서 테오도르 베자에게 수학한 칼빈주의자였다. 그밖에도 요한네스 마코비우스와 야코부스 트리그란두스 등도 모두 강력하게 타락 전 선택설을 주장한 칼빈주의 신봉자들이었다. 프랑스 대표인 삐에르 뒤 물랭(Pierre Du Moulin)과 앙드레아 리베투스(Andreas Rivetus) 등은 국가에서 참가를 방해하므로 참여할 수 없었다.

---

19 Donald Sinnema," Reformed Scholasticism and the Synod of Dort(1618-19)" in B.J. van der Walt, ed., *John Calvin's Institutes: His Opus Magnum* (Potchefstroom: Potchefstroom University for Christian Higher Education, 1986): 467-506.

돌트 총회와 신경의 채택

돌트 총회의 결의 배경

저지대 국가의 개혁파 개신교인들은 프랑스 칼빈주의자들처럼 장로교회 제도를 받아들이기로 결정하였다. 개별적으로 개혁 신앙을 받아들였던 성도들은 점차 지성인들을 통해서 이러한 교회 정치 체제의 등장은 1571년 엠덴에서 모인 총회에서 결정한 것으로 향후 개신교회의 중대한 원칙으로 결정되었다. '그 어떤 교회도 다른 교회를 지배할 수 없다'는 원칙의 천명이었다. 물론 당회와 노회와 전국 총회로 확대되어 나가는 세 가지 교회 회의가 정립되기는 했지만, 지역별로 어디에나 최고 결정을 위한 재판국을 설치하였다. 결국 중앙 집권적인 합스부르크 왕가의 정치권력이 약화되고 지방 제후들의 도움과 협조가 필요하게 되는 정치의 변화가 초래되었다.

중앙 집중식 정치의 분권화는 교회의 다양화를 초래하였다. 저지대 지방으로 전파된 각종 다양한 종교 개혁자들의 주장으로 인해서 모든 교회가 칼빈주의 교회에 속한 것이 아니요, 모든 성도들이 칼빈주의적인 입장에 동조한 것은 아니었다. 곳곳에서 나름대로 물려받아 세운 신학을 주장하는 개신교회의 이단 사설들이 우후죽순처럼 번져 있었다. 그 실례로, 카스파 쿨하에스(Caspar Coolhaes)는 라이덴 대학교의 개교식에서 선포한 공적인 연설에서 칼빈주의와는 정면으로 대치하는 에라스티안주의(쯔빙글리가 받아들인 교회에 대한 세속 정권의 지배 체제를 지지하는 견해)를 주장했고, 더 나아가서 보편 속죄와 의지의 자유를 퍼트리기도 했다. 피터 오베르하그와 헨드릭 불켄스 등은 이단적인 의견을 가진 목회자로 알려져서 파문을 당하기도 했다. 헤르만 헤르베르쯔(Herman Herbertsz)는 1591년 고우다 지방에서 개혁주의 교회의 가르침을 거부하다가 정직 처분을 받았다. 그러나 1593년 세속 정권이 그를 인정하여서 다시 교회와 화해하게 되었다. 후른 지역에서는 코넬리우스 위게르츠(Wiggerts)가 이단 죄목으로 목회 정지를 당했는데, 개혁 교회의 권징을 갱신하라고 주장하였기 때문이다. 이와 같이 개혁 교회 내부에서는 서로 다른 의견의 대립이 극에 달해 있어서, 알미니우스파의 논쟁 속에서 불법으로 선포되기에 이른 것이다.[20]

1586년부터 1618년 사이는 신학적으로 혼란이 가중된 시기이다.[21] 딕 볼케르트 쿠른헤르트(Dirk Vokerts Coornhert, 1522-1590)는 인문주의자로서 종교 개혁을 지지하면서도, 칼빈의 예정론을 공격하였다. 위텐보가에르트, 포피우스, 헤르베르쯔, 코르비누스, 타우리누스, 폰델 등이 쿠른헤르트와 의견을 같이 하게 되어서 이들은 차츰 그룹으로 뭉치게 되었고, 정치가였던 올덴바르네벨트의 지원을 얻게 되었다. 예정론을 지지하는 자들은 타락 전 선택설과 타락 후 선택설로 양분되어 있었다. 개혁 교회에서는 알미니우스로 하여금 쿠른헤르트의 공격에 대항하여 예정론을 옹호하라고 명하였는데, 여기서 문제가 발행한 것이다. 알미니우스는 이 문제를 연구하면서 아예 예정론을 전체를 부인하는 데까지 이르렀다. 결국, 그는 라이덴 대학교의 신학부 주임 교수로 승진하면서 개혁 교회 내부의 다른 목소리들을 대변하는 자로 바뀌고 말았다.

신학 논쟁의 배면에는 정치적인 세력이 함께 관련된 경우가 허다하

---

20 W.R. Godfrey, *Tensions within International Calvinism: the Debate on the Atonement at the Synod of Dort, 1618-1619* (Ph.D. dissertation, Stanford University, 1974).

21 Peter De Yong, "Rise of Reformed Church in Netherlands", in *Crisis in the Reformed Church*, ed. Peter De Yong (Grand Rapids: Reformed Fellowship Co., 1968): 14.

다. 당시에 나돌던 소책자들이나 팜플렛을 살펴보면 알미니우스파가 절대로 소수가 아니었다는 판단을 갖게 한다. 알미니우스파들의 주위에는 그들을 배려하고 보호해 주는 정치적인 세력이 있었다.[22] 네덜란드와 프리슬랜드 지방 봉건 영주이던 얀 반 올덴바르네벨트(John van Oldenbarneveldt)가 항의파들의 편에 서서, 신학적인 관용과 종교적인 아량을 베풀라고 호소하였다. 그는 무정부적인 지방 분권주

낫쏘의 마우리스 군주.
Maichiel van Miereveld의 그림.

의자들과 중앙 집권적인 영주 사이에서 외교술을 발휘할 수 있는 매우 설득력 있는 지식인이었고, 열심히 중재를 서고자 노력했다. 그러나 통일 공국에서 일곱 개의 지방 영지 중에서 다섯을 차지하고 있던 낫쏘의 마우리스 군주(Prince Maurice of Nassau)를 중심으로 하는 중앙 집권적인 정치가들은 역시 신학적인 문제에서도 통일적인 교리와 국가적인 종교를 정립해야 한다고 생각했다. 따라서 정치적인 이해득실에 따라서 종교적인 다양성에 대한 관용의 입장이 판가름났다. 다양한 요소들을 서로 조정하려는 노력이 없었던 것은 아니었지만 결국 실패로 끝나고 말았다.

1609년 알미니우스가 사망하자, 그를 따르던 사람들은 국회의 권위

---

22 K.H.D. Haley, *The Dutch in the Seventeenth Century* (London: Harcout Brace Jovanovich, 1972), 103-110.

하에서 자신들에게 관용을 허용하고, 신변 안전을 보장하는 결정을 해 달라는 청원을 제출하였다.[23] 그러나 칼빈주의자들은 이런 국회의 결정으로 교회의 권위가 침해당하는 것을 매우 못마땅하게 생각하였다. 따라서 이에 맞선 네덜란드의 칼빈주의자들은 그 지역 내에서 자유롭고 합법적인 총회를 소집하도록 청원서를 제출하였다. 그러나 의회는 단지 6명의 대표들 간의 회합만을 주선하여 1611년 헤이그에서 모였다. 이때 작성된 문서에서 '항의파'(Remonstrants)와 '반항의파'(Counter-remonstrants)라는 이름이 사용되어 두 파벌이 널리 알려지게 되었다.

그러나 오랜 회의를 거듭하여도 아무런 합의에 도달하지 못하고 대립만을 거듭하였다. 네덜란드 당국에서는 토론의 주제가 기독교의 기본 교리에 해당하는 것이 아니라면 서로 그리스도인의 사랑 가운데서 관용을 베풀라고 양편에 강권하였다. 반항의파는 국가적인 총회를 소집하자고 요청하면서 이런 어려운 신학적인 문제의 판단은 외국에서 초빙한 신학자들에게 결정권을 맡기자고 했으나 무시당하고 말았다.

네덜란드 지방 사람들은 종교적인 문제에 있어서 관용을 베풀자는 쪽으로 기울어졌다. 세속 정권에서 볼 때에는 기독교인이 서로 평화와 화합을 추구해야지 지나치게 신앙적인 정통성만을 고집하면 곤란하다는 것이었다. 정치적으로 볼 때, 네덜란드는 지방 분권을 주장하는 입장이었으며, 올덴바르네벨트의 주도하에 독자적인 노선을 천명하는 성명(Sharp Resolution)을 1617년에 발표하였다. 그러자 중앙 정권을 장악하고 있던 오렌지 공국의 군주 마우리스가 이를 제지하고 나섰다. 원래 그는 행실로 평가해 볼 때에, 칼빈주의 신앙생활과는 거리가 멀었고, 신학

---

23 D.H. Kromminga, *The Christian Reformed Tradition: From the Reformation to the Present* (Grand Rapids: Eerdmans, 1943), 32-37.

적인 토론에 대해서도 별 관심이 없었지만 정치적으로 개입한 것이다.[24]

인간의 본성과 하나님의 작정의 논리적 순서에 대한 논쟁은 거의 모든 강단에서 다루어지는 현안으로 등장하였고, 상아탑 내부에서 그저 교수들이나 목사들끼리 신학적인 토론으로 그치지 않고, 일반 대중들도 이 논쟁에 대해 대단한 흥미를 갖고 있었다. 칼빈주의자들이 믿었던 신앙의 핵심은 인간 본성의 전적인 부패와 그로 인해서 인간이 선행을 하든지, 종교적으로 열심히 의무를 준수하든지, 투철한 개인적인 신앙을 갖는다 하더라도 자신의 구원을 위해서는 철저하게 무능력하다는 것이다. 구원은 하나님의 은총의 작용에 의해서만 가능한 것이요, 모든 영혼은 영생으로 혹은 영벌로 미리 예정되었다. 이러한 교리를 거부하는 에피스코피우스가 지나가자 어떤 대장간 일꾼이 시뻘건 쇳덩이를 들고 이단이라고 응징하려 했다는 이야기도 전해오고 있다.

알미니우스가 죽자 라이덴 대학 교수로 채용된 보르스티우스는 쏘시니언이라는 의심을 받던 인물이었다. 고마루스의 후임으로는 폴리안더가 기용되었으나 논쟁에는 다소 약한 편이었다. 당국에서는 보르스티우스 대신에 시몬 에피스코피우스를 임명하였다. 결국 라이덴 대학교에서는 반항의파가 열세를 면치 못하게 되었다. 네덜란드와 유트레흐트, 젤더스(Gelders), 오베리에쎌(Overijssel) 등 여러 곳에서 공공연하게 알미니우스의 견해를 받아들이는 설교자들이 나타나기시작했다.[25]

---

24 Louis Praamsma," The Background of the Arminian Controversy, 1586-1618", in *Crisis in the Reformed Church*, ed. Peter De Yong (Grand Rapids: Reformed Fellowship Co., 1968): 22-38.

25 Howard A. Slaatte, *The Arminian Arm of Theology* (Washington D.C.: University Press of America, 1979). Keneth Talbot, W. Gary Crampton, *Calvinism, Hyper-Calvinism and Arminianism* (Edmonton: Still Waters Revival Books, 1990).

항론파들은 칼빈주의 정통신학을 거부할 뿐만 아니라, 스위스 쮜리히의 쯔빙글리처럼, 세속 정부가 교회를 통치하는 정책을 지지하고 있었다. 이것은 당시 저지대 지방의 개신교회가 모델로 삼은 제네바 교회의 당회가 정부로부터 독립적으로 인정을 받는 '교회법'이 아니었다. 당시 유럽의 세속 정권은 끊임없이 교회의 일에 관여하고 있었고 돌트 총회 역시 세속 정권이 회의를 승낙해서 소집되었으며, 결정을 인정해야만 효력을 발휘할 수 있었다.

이미 1606년, 알미니우스파에서 전국 총회를 소집하여 신앙고백과 교리 문답을 갱신하자는 청원을 세속 정부에 제출하였다. 알미니우스파에서는 쯔빙글리의 교회 정치 체제를 받아들이자고 하였으나, 고마루스를 비롯한 칼빈주의자들은 전국적인 총회의 소집 여부 마저도 칼빈의 주장처럼 교회가 스스로 결정하는 것이라고 맞섰다. 그리고 정부가 나서서 기독교회의 모임을 좌지우지할 수 있는 권한을 가지지 못한다고 주장하였다. 그래서 알미니안파에서 요청한 청원은 기각되고 말았다. 그러나 네덜란드 지방에서는 알미니우스의 주장을 받아들여서 최고 의회에서 이를 허용한다는 결정을 발표하였다. 그러자 고마루스가 즉각 참가를 거부하였다. 이 무렵, 알미니우스는 학문적인 주제 가운데 하나로 교회를 지배하는 국가의 권위에 대해서 옹호하였다. 알미니우스가 죽기 전에, 네덜란드 공국의 주도하에 고마루스와의 논쟁을 주선하려 하였으나 결국 두 사람간의 논쟁은 성사되지 못했다.

1616년 이후로 반항론파가 늘어가기 시작했다. 점차 여러 지역의 호응자들을 규합하여 국가 전체 개혁 교회 총회를 개최하여 이 문제를 해결해야 한다는 데 동감하였다. 네덜란드 지방의 교회에서도 이를 받아들여서 회의를 지원하였다.

그러나 교회의 결정이 있은 다음에는 반드시 세속 정부의 인준을 받아야 한다고 주장했다. 국회는 네덜란드의 지도자 3인, 올덴바르네벨트, 그로티우스, 후게르비츠을 체포하였다. 그러자 그들의 영향이 약화되면서, 헤이그의 위텐보가에르트와 유트레흐트의 타우리누스는 해외로 망명하였다.

대표적인 신학자들[26]

드디어 전국 총회가 1618년 11월 13일에 돌트에서 모였다. 첫 모임의 사회는 윌리엄 루이의 추천을 받은 르와르덴의 목사, 보거만이 맡았다. 부회장은 암스테르담의 롤란두스와 미델베르그의 목사 파우켈리우스가 선임되었고, 펜의 담만(Zutphen)과 라이덴의 홈미우스가 서기직을 맡았다. 전국 총회가 정부(the Estates-General)의 명령으로 돌트에서 소집되었는데 여기에는 35명의 목사와 21명의 장로, 5명의 신학 교수가 참가했고, 18명은 세속 정권의 대표로서 정부가 파송한 사람들인데 이들은 국가의 권한이 소홀히 취급되는 것을 감시하려고 참여한 평신도들이었다. 외국에서 온 대표들은 모두 28명인데 잉글랜드, 독일 팔라틴 지방, 스위스의 자유 도시인 베른, 쥐리히, 바젤, 샤펜하우제, 그리고 제네바, 그밖에 독일 지역의 대표들로 헤세, 브란덴부르그, 나소, 브레멘, 엠덴 등 여러 지역 도시에서 파송된 대표들이 참여하고 독일 브란덴부르그와 프랑스에서 온 교회 대표들만이 참가하지 못하였다. 브란덴부르그의 대표들은 초청장을 너무 늦게 받았기 때문에 참석하지 못했고, 프랑스는 국왕 루이 13세가 개혁 교회들이 해외에서 연합된 기구를 구성하면 통치에 큰 곤란이 초래될 것을 염려하여, 이 회의를 향해

---

26 Simon Kistemaker," Leading Figures at the Synod of Dort", in *Crisis in the Reformed Church*, ed. Peter De Yong (Grand Rapids: Reformed Fellowship Co., 1968): 39-51.

칼빈주의 5대 교리를 제정한 역사적인 회의인 돌트 총회의 모습.

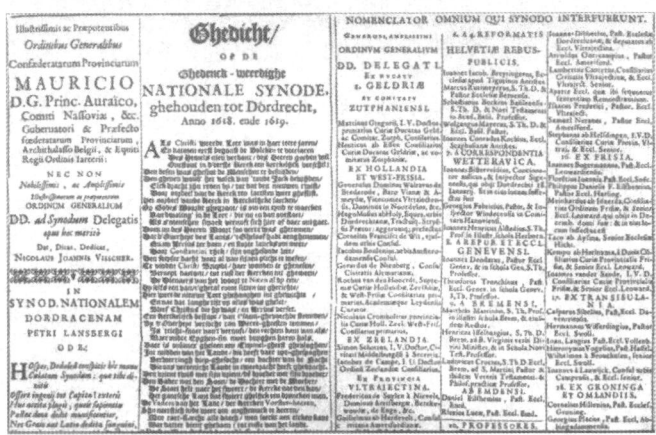

돌트 총회 참석자들의 명단.

서 가고 있던 몽토방의 교수 리베와 샤미에르(Rivet, Chamier), 세당의 교수 물랭(Chauve Moulin)을 도중에 소환하였기 때문에 참석하지 못했다. 선제후 존 시기스문트는 자신이 개혁 신앙에 속해 있음을 입증해 보이려고 프랑크푸르트 대학의 교수, 펠라르구스(Pelargus)와 베르기우스(Bergius)를 임명하였다. 펠라르구스는 자신이 너무 나이가 많고 또한 회의 시작이 너무 촉박하며, 겨울에 다다르고 있어서 참가를 포기하였다. 베르기우스는 펠라르구스도 없이 혼자 급하게 참가하는 것이 달갑지 않아서 포기하였다. 오렌지 가문과 혼인으로 동맹 관계를 맺고 있던 잉글랜드의 국왕 제임스 1세가 평가한 바와 같이, 돌트 총회는 가히 칼빈주의자들의 국제적인 첫 회합이라고 말할 수 있었다. 물론 회의는 국내의 문제를 다루는 것이었지만, 외국 대표들은 발언도 하고 투표권도 행사할 수 있었다. 총회의 첫 한 달 동안, 1618년 말 내내 총회의 권위에 대한 논쟁이 가열되었다.

처음에는 총회 의장과 부의장, 서기직을 항의파들이 독점하였다. 그러나 차츰 회의가 진행되면서 그들의 쟁점을 다섯 가지 요지로 기록해서 제출하라는 명령에 복종해야 했고, 마침내 빗장이 그어진 회담장 바깥쪽으로 밀려났다. 총회는 항의파들이 저술한 문서를 근거로 토론하게 되었고, 1619년 첫 회의부터 총회는 이 문제에 관해서는 법정의 역할을 하는 권한을 부여하였다. 총회는 세속 정권이 소집하고, 대의원들은 각 지역 교회에서 합법적으로 선출된 사람들이라는 점을 부각시킨 것이다.

1618년 11월 13일부터 1619년 5월 9일까지 154차례의 회합을 가졌다. 항의파들은 공식적인 교회의 대표가 아니었으므로, 동일한 권리로 참석하지 못했다. 그들은 처음부터 마치 죄수나 이단자와 같이 인식되었고, 토론은 전혀 공개된 형식이 아니었으며, 그들은 새로운 신학의 신봉자들로서 불려나온 것이었다.

대표적인 신학자들의 면모가 차츰 드러났다. 의장인 요한네스 보거만은 (Johannes Bogerman, 1576-1637) 회의를 압도적으로 주도한 매우 중요한 인물이었다. 그의 아버지는 1580년에 동 프리스랜드 지방의 개혁 교회 목사가 되었다. 아들 요한네스는 프리스랜드의 프라네커 신학교에서 5년간 공부하면서 라틴어와 히브리어를 익숙하게 터득하였고, 제네바로 건너가서 당시 80세이던 테오도르 베자 밑에서 수학하였다. 1599년 여름 네덜란드로 돌아와서 9월 23일 목사 안수를 받은 그는, 스넥 교회(Sneek)를 섬기게 되었고, 몇 교회의 목회를 거친 후에 1617년 프라네커 아카데미의 신학 교수로 초빙을 받았다. 그러나 지역 영주와 그의 교회 성도들이 강력하게 붙잡아서 갈 수 없었다. 역시 다른 학교에서 초빙을 받았지만 성경 번역에 충실하느라 1636년 12월 7일에 부임하였으나, 다음 해 사망하였다.

성경적으로 알미니안들의 교리를 교정하고자 나선 칼빈주의 신학자의 대표는 프란시스 고마루스(Francis Gomarus, 1563-1641)였다. 그는 스트라스부르와 옥스퍼드, 케임브리지, 잔키우스 아래서 노이쉬타트 등지에서 공부하였고 독일의 남부 지역에서 널리 전파된 개혁신학을 체계적으로 수용한 학자였다. 고마루스는 알미니우스와 함께 라이덴 대학교에서 6년 동안 서로 논쟁을 하게 되었고, 돌트 총회에서 반알미니우스파의 최선봉에 섰던 신학자였다.

룹베르투스(Sibrandus Lubbertus, 1555-1625)는 동 프리스랜드 랑와르덴(Lanwarden)의 바른 개혁 신앙을 가진 집안에서 출생하였다. 어린 시절부터 영특하고 신앙생활의 규칙들을 바르게 지키는 모습을 발견한 그의 부모들은 그를 목회자로 성장시키고자 일찍이 브레멘에 있던 몰라누스 학교에 진학시켰다. 이 학교에서 그는 라틴어와 헬라어를 공부하여 출중한 언어 실력을 갖추게 되었다.

잠시 동안이지만, 제네바에서 테오도르 베자에게 수학하고 뇌이쉬타트에 있던 칼빈주의 신학자 우르시누스 문하생으로 신학의 골격을 형성하였다. 그리고 동프리스랜드에서 새로 생겨난 프라네커 아카데미에서 1585년부터 교수 사역을 시작한 이후로, 출중한 언어 실력을 활용하여 학생들에게 성경을 가르쳤다. 그리고 그는 『구속주 그리스도』라는 책을 서술하였고, 알미니우스파인 보르스티우스가 가르치던 쏘시니언주의를 강도 높게 비판하였다. 보르스티우스의 제자들과 지지자들이 쏘시니언주의를 소책자로 출판하게 되자, 이를 통해서 양측의 논쟁이 불꽃을 튀었다. 이런 측면에서 볼 때, 그는 가장 충실한 칼빈의 제자요, 정통 신학의 변호사였다. 돌트 총회 초반에는 프라네커 아카데미 내부의 논쟁으로 참여를 못했지만, 1619년 1월 17일, 제60차 회의부터 참가하여 요한복음 3:36, 6:40, 히브리서 11:6, 고린도전서 1:12을 근거로 예정에 관한 하나님의 작정 교리를 거부하는 이유를 밝히라고 주장했다.

지스베르트 보에티우스(Gijsbert Voetius, 1589-1676)는 1589년 호이스덴의 귀족 집안에서 출생하였다. 프란시스 고마루스 문하에서 깊은 영향을 입고 7년 간의 라이덴 대학 시절을 마쳤다. 선지자가 고향에서 대접을 받지 못하는 것이 일반적인 경우인데, 그는 1611년부터 지역 교회에서 목회를 하다가, 6년 후에 고향 교회에 청빙을 받았다. 그는 이 교회를 1629년까지 섬기면서, 명예롭게 돌트 총회에 남부 네덜란드 지방의 대표로 참가하였다. 1629년부터 1634년까지는 헤르토겐보쉬에 있는 교회를 섬기고 근면하게 성도들을 보살피면서 하나님께 헌신된 삶의 절대적 필요성을 강조하고 성경에 대한 신뢰심을 가지라고 강조했다.

그는 탁월한 언어 실력을 인해서 1634년 유트레흐트 대학교 교수로 초빙을 받아서, 1676년 사망할 때까지 42년 동안 신학과 동양 언어

돌트 총회의 의장에 가장 많이 피선된 요한네스 보거만.

를 가르쳤다. 비록 돌트 총회에서는 두드러진 학자는 아니었지만, 교수사역을 통해서 그의 진가를 드러냈다. 그는 프란시스 고마루스처럼 엄격한 칼빈주의를 옹호하고 고수하였다. 1636년 『경건의 능력을 입증하라』는 저술에서 청교도들의 영향을 보여 주었는데, 신학을 공부하는 사람들은 이론적인 학문성과 경건을 동시에 함양해야 한다고 강조하여 실천적인 신학을 주장하여 17세기의 대표적인 개혁신학자로 손꼽히는 인물이 되었다.

다섯 가지 기본 교리

칼빈주의 신학을 체계적으로 종합한 다섯 가지 기본 교리를 요약하여 영어의 첫 글자를 모으면 '튤립'-'TULIP'(Total depravity, Unconditional election, Limited atonement, Irresistible grace, Perseverance of the saints)이 된다. 이 꽃은 지금까지도 네덜란드의 국화로서, 추운 겨울이 지나고 난 후 따뜻하고 찬란한 봄이 올 때에 형형색색의 아름다운 원색 색깔로 피어나서 국민들의 사랑을 받고 있는 꽃이다. 개혁신학의 핵심 사항들은 이런 튤립처럼 아름다운 신학의 결정체로 사랑을 받아 오고 있다.[27]

---

27 John Owen, *A Display of Arminianism*, vol. 2, Calvin Classics (1642; Edmonton: Still Waters Revival Books, 1989, repr.), 12." Frist, to exempt themselves from God'

1619년 4월 23일, 다섯 항목의 핵심 신조를 결정하고, 참가자 전원의 의견을 서면으로 청취하기 시작했다. 초기 신경의 골격을 작성한 대표들은 모두 아홉명으로 요한네스 보거만 의장을 포함하여 롤란두스, 파우케리우스, 폴얀데르(Polyander), 발라에우스(Valaeus), 트리그란드(Trigland), 잉글랜드에서 온 조지 칼레톤 주교(George Carleton), 팔라틴에서 온 슐테투스(Schultetus), 제네바의 데오타투스 등이다.

칼빈주의 신학의 핵심이 예정론이라고 주장하는 것을 종종 듣게 되는 데, 이는 다소 수정되어야 할 주장이다. 예정론은 돌트 총회에서 다루어진 신학의 핵심이라고 말하는 것이 더 정확한 표현이다. 돌트 총회가 결의한 개혁주의 교리의 핵심은 예정론으로 시작하는 선택과 유기였다. 돌트 신경 전문의 내용은 5개 주제를 차례로 설명하는 것이다.[28] 선택이 유기보다는 더 중요하다고 생각하였지만, 이 두 교리를 신구약 성경이 모두 다 강조한다고 생각하였다. 선택은 하나님의 주권적인 은총에 의해서 결정되는 것이요, 믿음을 예견하기 때문에 주어지는 것이 아니다. 선택과 유기는 늘어나거나 줄어들거나 할 수 있는 것이 아니요, 여기에서는 상호간에 어떤 변화나 교차하는 일은 결코 일어나지 않는다. 성도는 자신이 선택되었느냐에 대해서 알 수 있으며, 이는 거룩한 생활로 이끌어 주며, 타락하고 방탕한 생활을 하도록 유도하지 않는다.

---

s jurisdiction, to free themselves from the supreme dominion of his all-rulling providence; not to live and move in him but, to have an absolute independent power in all their actions, so that the event of all things wherein they have any interest might have a considerable relation to nothing but chance, contingency, and their own wills." 칼빈주의 5대 교리에 대한 일반적인 설명은 이 책의 제1부 각주 15번에 제시된 서적들을 참고할 것.

28 Laurence M. Vance, *The Other Side of Calvinism* (Pensacola: Vance Publications, 1999), 607-626. William Cunningham, *Historical Theology* (London: Banner of Truth, 1960), chap. XXV, II:371-513.

사도 바울은 성도가 예수 그리스도의 보혈로 구원받음을 확신하면서도, 그것이 함부로 죄를 지을 사유가 되지 않는다고 강조한 바 있다. "그런즉 우리가 무슨 말을 하리요 은혜를 더하게 하려고 죄에 거하겠느냐 그럴 수 없느니라 죄에 대하여 죽은 우리가 어찌 그 가운데 더 살리요"(롬 6:1-2). 또한 유기라는 것이 하나님을 죄의 창조자로 만들어서는 안 된다. 신실한 성도들은 자신들의 자녀가 선택된 것과 회심한 것에 대해서 추호도 의심해서는 안 된다. 타락 전 선택설을 주장하는 대표들이 적지는 않았으나, 대부분은 타락 후 선택설을 받아들이고 있었다.

칼빈주의자들에게 있어서 예정은 인간의 미래와 운명을 결정짓는 하나님의 절대적이며 무조건적인 결정을 근본적으로 높이려는 것이다. 그러나 알미니안주의자들은 하나님의 무조건적인 결정은 인간의 결단이라는 은총의 수단을 본질적으로 내포한다고 주장하였다.[29] 칼빈주의자들에게 있어서 개인의 예정은 사람들의 행동과 이에 따른 인생의 방향을 모두 미리 결정하심을 의미한다. 그러나 알미니안주의는 각 사람들의 행위에 기초한 구원의 결정이 아니라, 종말의 예지를 의미한다고 주장한다.

두 번째, 핵심 교리는 그리스도의 죽음에 관한 논쟁으로서, 죄인을 위한 대속적인 죽음이 선택된 사람들만을 위한 것이냐, 아니면 모든 사람을 위한 것이냐가 문제가 되었다. 이 대속의 보혈은 모든 사람에게 선포하는 것이기에 그 속죄의 대상과 범위에 대한 논쟁이 일어난 것이다. 돌트 총회는 다음과 같이 결론을 지었다. 하나님은 그리스도의 십

---

[29] *The Writings of Arminius*, tr. James Nichols and W.R. Bagnall (Grand Rapids: Baker, 1956), I:iii," conditional in opposition to absolute predestination, and general in opposition to particular redemption."

자가를 특별한 목적으로 계획하신 것이요, 무한정으로 생각 없이 피를 흘리게 하신 것이 아니다. 죄에 대한 관리 신학, 혹은 통치적인 속죄설(governmental theory)은 비성경적인 것이다. 속죄는 무제한적인 가치를 지니고 있으며, 모든 인류를 위해서 충분한 것이지만, 그 속죄가 적용이 되어지는 사람들만을 위해서, 즉 선택된 자들만을 위하여 특별히 의도되어진 것이다.

알미니안주의는 하나님이 인간의 구세주로 그리스도를 예정하신 것이요, 회개와 믿음이 구원의 길로 제시되었는 바, 그러한 구원은 보편적인 선물로서 모든 사람이 반응할 수 있는 은혜라고 주장한다. 따라서 그들은 하나님께서 어떤 개개인만을 미리 믿는 사람으로 예정하셨다는 것을 부정한다. 칼빈주의자들은 하나님의 전적인 주권하에서 결정된 예정이란 특정한 사람들만을 예수 그리스도의 구속 사역에 동참하는 믿음을 갖도록 효과를 발휘하게 선택하셨다고 믿는다. 따라서 알미니안주의자들은 하나님이 친히 선택하셔서 죄인들을 부르시고, 용서하시고, 양자로 삼으시고, 보전하시고, 영화롭게 하신다는 전 구원의 과정을 부정하는 오류를 범하는 것이다. 즉, 전능하신 하나님의 영역에 인간의 자의적인 활동 영역을 삽입하는 인간 중심주의가 자리하고 있는 것이다. 구원은 하나님의 구원하시는 해결책이나 그리스도의 십자가에 달려 있지 않고, 은혜에 대한 개인의 반응에 좌우되는 것이며, 하나님의 보장이란 아무런 의미가 없다는 것이다.

성경에 나오는 설명을 근거로 하나님께서 어떤 방법으로 타락한 인간을 사랑하시는지를 살펴 보면 알미니안주의가 무엇을 오판하였는가를 알 수 있다. 예수님께서 잔치 비유에서 더 많은 사람을 가서 데려오라는 말씀은 하나님의 사랑을 보여 주고 있다(눅 14:16-24, 마 22:1-10). 여기서 알미니안주의자들은 모든 사람을 하나님의 뜰에 불러오라고 했으므로 아무런 제한을 두어서는 안 된다는 것이다. 그러나 칼빈주의자들은 그런 식으로 그칠 수 없음을 같은 본문에서 발견한다. 즉, 선한 목자는 자기의 양들만을 보호하시며(요 10:1-18, 24-29), 자신의 생명을 그들만을 위해서 주시고(요 10:15), 자신의 음성을 듣고 따르는 자들만을 보장하시며(요 10:16, 27), 영원한 멸망으로부터 지켜 주신다(요 10:28). 따라서 알미니안주의자들은 칼빈주의자들이 세밀하게 살펴본 구원의 다양한 측면들과 차원들을 미처 보지 못한 것이다. 하나님은 구원하시는 사람에게 믿음을 가져다주고, 실제로 구원받은 자들의 신앙을 지켜 주시는 주권을 강조한다.[30]

세 번째 교리와 네 번째 교리는 하나님의 은총과 인간의 원죄를 서로 연결한 것이다. 돌트 총회는 원죄와 타락한 의지의 전적 부패에 대한 개혁주의 교리를 확고히 세우고자 했다. 하나님은 어떤 일을 하시든지 정당하고 의로운 일을 하신다(욥 8:3, 34:12). 하나님이 계시하신 뜻은 인간이 책임지고 따라야 할 기준이다. 인간은 하나님의 뜻에 따라서 순종하고 복종하는 의무를 지고 있다. 물론 하나님이 인간을 기계로 만들지 않으셨으므로 인간은 양심을 가지고 하나님의 명령에 따라서 살아 가도록 허용되었고, 또한 인간은 인격을 가진 도덕적인 피조물이다. 칼빈주의자들은 인간이 전적으로 부패하였다고 말한다. 그러나 사람이 열심히 노력하면 죄를 짓지 않고 하나님께 영광을 돌릴 수 있음을 믿는다. 성도가 죄를 짓는 것 외에 다른 방도란 없다고 말하는 것은 잘못된 주장이다. 죄가 인간을 부패시키고, 인간의 존재의 모든 부분에 머물러 있지만, 죄가 인간의 의지를 완전히 장악하고 있는 것도 아니요, 완전히 채

---

30 J.I. Packer, "Arminianism", in *Through Christ's Word*, 123-4.

우고 있는 것도 아니다. 인간은 죄에 대해서 기울어져 있으나, 자신이 얼마든지 선택하고 조심하면 죄를 짓는 길에서 돌이킬 수 있다. 하나님께서 순종할 수 있는 충분한 은총을 주시기 때문이다. 그러나 무제한의 자유 의지는 결코 용납되지 않는다.

하나님에 대해서 마치 네 다리를 묶어 놓은 한 필의 말이 잘 걷지 못하고 넘어지자 곧바로 매를 들고 때리는 잔인하고 학대하는 분으로 오해하는 칼빈주의자가 있어서는 안 될 것이다. 그리고 개혁신학에서 주장하는 전적부패 교리에 의거하여, 마치 고장난 기계처럼 인간은 별 수 없이 죄를 지어야만 하도록 만들어져 있으므로 죄를 더 짓도록 격려하고 있다는 식으로 왜곡하는 사람들이 있어서도 안 된다.

전적부패라는 교리가 하나님으로 하여금 짚과 흙을 주지 않고 벽돌을 만들어 내라고 강요하는 잔혹한 분으로, 도무지 인간이 할 수 없는 상태에 놓여 있는데도 선을 행하지 않았으므로 벌을 내리는 분으로 생각하도록 만들고 있다는 것은 매우 유감스러운 일이다. 하나님의 의로우심과 인간의 책임 중에서 상호 간에 어떤 것도 축소하거나 약화시켜서는 안 된다. 인간이 두 가지 능력을 갖고 있다고 보면 좀 더 설명이 쉬울 것이다. 인간은 본성적으로 능력(natural ability)을 갖고 태어난다. 자신이 하나님의 뜻대로 순종하기를 원하면 순종할 수 있는 구조적인 능력을 갖고 있다.

그러나 인간은 도덕적인 능력(moral ability)을 갖고 있지 못하다. 양심이 모든 사람에게 하나님의 존재를 증거하고 있으며, 옳고 그른 것이 무엇인가를 분별하도록 만들어 주고 있다. 그러나 율법의 기준에서 볼 때에 순종하기를 온전히 한 사람은 없으며 따라서 자신의 행동이나 순종으로는 구원에 이를 수 없다. 인간은 하나님을 순종하려는 자원하는 마음을 가지고 있지 않으며, 자신의 의지를 발휘하여 하나님께 순종하려고 노력하지 않는다. 하나님께서 긍휼히 여기시고 사람의 마음에 성령으로 새롭게 하는 능력을 주시지 않는 한, 인간은 하나님이 기뻐하시는 일을 도무지 할 수 없다.[31]

그러면 세상 사람들 중에서 남에게 선을 행하고, 많은 돈을 기증하고, 자선사업이나 구제에 기부금을 내는 사람들이 많이 있는 것은 어떻게 된 것인가? 그것은 하나님께서 신자나 불신자에게 모두 똑같이 일반적으로 주시는 은총으로 인해서 사람들에게 사회적인 선행을 하고 외부적으로 드러나는 종교적인 행동을 할 수 있도록 허용된 것뿐이다.

모든 사람이 복음의 외적인 부름을 받고 있으나, 오직 성령에 의한 특별한 부르심은 선택된 자들에게만 주어지는 것이요, 이 은총은 거부되어질 수 없으며, 항상 유효적이다. 은혜로우신 선택에 의해서, 하나님은 택함을 받은 자들에게만 중생과 믿음과 회개를 불어넣으신다.

다섯 번째로, 성도의 견인에 대해서 확고한 교리를 규정하였다. 한번 선택을 받은 성도가 중생을 하였으면, 그 성도는 항상 그러한 믿음을 유지하는 것이다. 물론 성도들도 종종 죄를 범하고, 실수와 허물이 있지만 중생한 심령은 영원토록 그러한 죄에 빠져서 벗어나지 못하도록 자신을 방치하지 않는다. 성경은 성도의 견인과 보호를 동시에 가르치고 있다. 왜냐하면 성령이 항상 은혜와 믿음을 제공하고 있기 때문이다. 성도는 자신이 선택받은 사실을 알 수 있으며, 따라서 확고히 마지막 날까지 붙잡고 나갈 것이요, 천국을 소유하게 될 것이다.

---

31   Gordon Girod, *The Deeper Faith: An Exposition of the Canons of Dort* (Grand Rapids: Baker Book House, 1978).

알미니안파의 정죄

총회는 알미니안파 목사들의 설교에 대해서 심사했다. 각 지역 정부가 그 소속 관할 구역의 목사 문제를 결정할 권한이 있었지만, 결국 총회는 항의파들을 모든 지역에서 완전히 면직시키기로 결정하였다. 알미니안파 목사들이 강하게 포진해 있던 유트레흐트 지방은 30명의 목사들이 제명 처분을 받았다. 남부 네덜란드에서는 60명이, 북부 네덜란드에서는 12명이 쫓겨났다. 모두 200명의 목사들이 해임되었고 이들을 좋아하던 지방에서는 총회 결정에 항의하는 소동이 일어났다.

그리고 개혁 교회 목사들이 서명하고 가르쳐야 할 신경과 교리 문답을 개정하는 작업을 네 차례의 회의에서 작성했다. 그 회의는 5월 13일부터 29일까지 열린 26차례의 모임에서 계속되었고 이 기간에 이미 충분히 의견을 개진한 외국 대표들은 각각 본국으로 돌아갔다. 결국 1586년에 작성된 교회법에 대한 개정에서 교회에 관한 문제들을 다루면서 다소 세속 정권의 간섭이 확대되는 쪽으로 결정되었다.

항의파 목사들을 동정하던 사람들은 세속 정부에서 강력하게 총회 결정을 뒷받침하게 되자 모두 반대하는 쪽으로 돌아섰다. 80명의 알미니안파 목사들은 돌트신경에 서명을 거부했다. 70명은 서명하였으나 나중에 이들 중 20명이 다시 서명을 철회하였다. 2명은 로마 가톨릭으로 돌아가 버렸고, 40명이 개혁 교회에 잔류하기로 결정했다. 서명을 거부하는 목사들은 모두 추방이 결정되었고 돌트 총회의 결과에 따라서 항의파들은 '평소의 절반에 해당하는 봉급을 받고 침묵'하며 보내든지, 아니면 '추방을 당하든지' 둘 중에 한 가지를 결정해야 하는 선택의 기로에 섰다. 그 중 위텐보가르트와 에피스코피우스 등 주동자 8명은 추방을 선택하였다.

돌트 총회 이후에 칼빈주의자들의 교회가 세속 정치로부터 완전히 자유를 획득한 것은 아니었다. 1625년, 프레데릭 헨리가 영주의 자리를 물려받게 되자, 위텐보가르트를 존경하던 새 영도자의 방침으로 신학적인 관용이 다시 시행되었다. 1630년에는 암스테르담과 로테르담에 항의파들의 교회가 세워졌고, 1632년에는 아카데미가 설립되어 차츰 대학교로 발전해 나갔으며, 지성인들에게 엄청난 영향을 미치게 되었다. 영주의 융통성 있는 관용 정책에 따라서 항의파들은 차츰 확산되어 나갔다.

자신에 대한 암살 모의를 발견하게 된 마우리스는 자신의 정적이며, 중앙 집권적인 통치에 반대하여 항의파 목사들을 지지해 왔던

얀 반 올덴바르네벨트(위). 1619년 5월 13일 그의 공개 사형 집행 장면(아래).

인사들을 일거에 제압하는 정략을 구사하게 되었다. 얀 반 올덴바르네벨트는 결국 그의 정치적인 판단 착오로 인해서 돌트 총회의 결정과 함께 1619년 5월 13일 공개 처형되었는데, 한때는 같은 편이었던 마우리스가 사면을 거부함으로써 반역죄로 사형에 처해졌다. 종교적인 이단으로 정죄를 받은 것이 아니었다. 아마도 올덴바르네벨트는 자신이 30여 년 간 누려온 영향력을 마지막까지 과신했을지도 모른다. 아마도 그는 수년 간의 좌절 속에서 힘의 맞대결이 가져 올 이런 결과를 미리 예상하고 있었을지도 모른다. 그의 오른팔과 같았던 휴고 그로티우스는 돌트 총회 후에 감옥에 던져졌으나, 2년 만에 그의 아내의 주도면밀한 계획 하에 탈출에 성공한다. 그는 교묘히 책 상자 속에 숨어서 프랑스로 피신하여 여생을 보냈다.

마우리스 이후의 관용 정책

1625년 마우리스가 죽자, 그의 후계자 프레데릭 헨리는 알미니안들에게도 자유를 허용하는 관용 정책을 펴나갔다. 비밀리에 알미니안들의 집회가 성행하였고, 망명했던 목사들도 다수 귀국하였다. 특히 암스테르담은 다른 어떤 도시보다도 자유로워서 1634년 에피스코피우스를 학장으로 한 새로운 신학교가 설립되었다. 물론 큰 세력으로 성장하지는 못하여서 영향력은 미미하였다. 1631년까지 약 사십 개의 알미니안 교회들이 있었고, 오십 명의 설교자들이 섬기고 있었다. 개혁 교회와 경쟁하는 교회로서 이들은 점차 자신들이 영향력을 확대해 나갔다.

만일 개혁 교회가 설교를 통해 좀 더 열심을 내어서 순수한 신앙을 유지하고 발전시켰더라면 알미니안파들 역시 지나치게 자유로운 교회를 확장시키지 못했을 것이다. 그러나 실제 역사의 과정은 그 반대로 흘러

갔다. 알미니안파 목사들은 알미니우스가 처음에 제시했던 것에 머무르지 않고, 훨씬 더 자유로운 근대합리주의의 영향에 휩싸이고 말았다.

성경 번역

돌트 총회는 또한 전반적으로 네덜란드어 번역 성경의 감수와 그 해석을 종합하는 임무도 맡고 있었다. 네덜란드어의 형성에 절대적인 영향을 미친 최초의 성경이 번역되었다. 이미 여러 차례 신구약 성경 번역본이 나왔지만, 이제 새롭게 번역 위원을 선정하여 구약은 보거만, 바우다르티우스, 부케루스가 선출되었다. 신약과 다른 묵시적인 서책들은 롤나두스, 파우켈리우스, 코르넬리에게 번역을 의뢰하였다. 그리고 이를 위한 재정 청원도 결의하였다. 그러나 1625년에 착수된 번역 작업은 난항을 겪었다. 파우켈리우스와 코르넬리가 사망하였기 때문이다. 드디어 1631년 구약 번역이 완성, 1634년에 신약이 완성되었고, 한 해 동안 다시 개정 작업을 맡은 특별 위원들이 선정되었다. 그 무렵 지독한 페스트가 유럽을 강타하여 많은 사람이 목숨을 잃었으나 다행히 특별 위원들은 무사하여, 1637년 국가 성경(the States Bible)이 출간되었다.

입양한 자녀의 유아 세례 문제

돌트 총회는 친자녀가 아니라 입양한 자녀의 유아 세례 문제를 심각하게 취급하였다. 이 문제는 오늘날처럼 입양이 자유롭고 보편화된 21세기의 관점에서 다루어진 것이 아님을 유념해야 할 것이다. 네덜란드가 스페인에게서 독립하려고 노력하던 시대에, 다른 한편으로 네덜란드는 동인도 지방에서 엄청난 식민지를 확보하고 있었고 거기서 활동하던 선교사들이 목회하는 교회에서 인도 자녀들을 입양하는 가정이 늘어나자 문제에 봉착하게 되었다. 더구나 네덜란드 안에서도 노예로 끌려온

자들의 자녀들에 대한 취급에서도 역시 동일한 문제가 발생했다.

돌트 총회는 이 문제에 대해서 일부에서는 찬성하였고, 일부에서는 반대하여 일관성 있고 통일된 결론을 도출하지 못했다. 이 난해한 질문에 대해서 총회는 직접 동인도에 대표를 파송하여 현지의 문제를 검토하는 방안을 모색했다. 그리하여 총회 석상에서는 이 문제를 충분히 거론하지 못하였다.

남은 시간 동안 돌트 총회는 안식일에 준하는 엄격한 주일성수의 문제를 결정하였다. 이것은 오늘날 우리에게도 그대로 중요한 기준이라고 본다. 비록 제사적이며, 시민법적 기준이라는 일차 기능은 구약 시대의 성도들에게만 해당한다고 하더라도, 율법은 여전히 도덕적인 기능을 감당하고 있음을 상기시켜 주었다.

개혁 교회의 발전

네덜란드 칼빈주의를 말하자면, 스페인에 대항해서 정치적 독립 운동을 주도했던 1572년의 혁명을 언급하지 않을 수 없다.[32] 이때까지 스페인 국왕 필립이 주도해 오던 종교적 탄압에 대항해서 개혁 신앙을 가진 저지대 지방의 연합 군주들이 윌리엄의 오렌지를 중심으로 뭉쳐서 스페인이 파송한 알바 장군과 군함에 대항하였다. 이 당시 유럽 전체는 스페인을 두려워하고 있었다. 그리하여 오렌지의 윌리엄은 네덜란드의 옛 권리를 되찾고 종교 박해를 피하려면, 아직까지 대다수를 차지하고

---

32 G. Brandt, *The History of the Reformation and other Ecclesiastical Transactions in and about the Low Countries* (4 vols., London: 1720-3). G. Parker, *The Dutch Revolt* (London: 1977).

오렌지의 윌리엄 1세(1533-1584). 네덜란드가 통합된 국가로 세워지는 데 기초를 놓은 그는 칼빈주의로 개종하였으나 스페인에서 일어난 폭동으로 살해당했다.

있는 로마 가톨릭을 신봉하는 귀족들과도 연대해야만 했었다.

독일의 선제후들은 네덜란드의 혁명군들이 아우구스부르그 신앙고백에 서명하면 돕겠다고 했으나, 열정적인 칼빈주의자들은 이런 제안을 거부했다. 프랑스나 영국에서의 도움도 크게 기대했던 것에 미치지 못했다. 네덜란드는 프랑스의 앙리 3세와 영국의 엘리자베드에게 지배권을 인정할 터이니, 스페인의 지배에서 벗어나도록 도움을 요청하였다. 두 나라 모두 특별히 흥미를 표명하지 않았다. 다행히, 엘리자베드가 총독 라이케이터의 영도하에 군대를 파견해 주었다.

1572년은 주님께서 복음의 선포를 위해서 네덜란드의 문을 열어 놓은 매우 특별한 해였다. 그러나 여호수아 때에 이스라엘 백성들처럼 충돌만 거듭할 뿐, 안식의 땅에서 통제가 불가능해 고통을 겪기도 했다. 사실 돌트레흐트 주변의 시민들은 아직도 개혁 교회가 어떤 신앙을 가지고 있는가에 대해서 경험한 사람들이 많지 않았다. 그리고 아직 기존의 정치 체제가 완전히 무너진 것도 아니었다.

그러나 곳곳에서 로마 가톨릭 미사가 중단되는 일이 현저히 발생하였다. 이 무렵에 개혁 교회들은 전국적인 조직을 결성하여 영향력을 발휘하고자 했으나, 개신교를 인정한다고 하는 세속 정권은 이를 쉽게 허용하지 않으려 했다. 1574년 '교회법'을 정했으나, 세속 정권은 이를 인정하지 않았다. 1578년에 모이려던 전국 개신 교회 총회는 3년을 연장하여 1581년에 모였고, 다시 5년 후에 1586년에 소집되었다. 당시 개신 교회는 압도적으로 칼빈주의적인 관점을 가진 성도들이 많았다. 그래서 개신 교회가 독립적인 당회 구성을 갖고, 권징을 시행하고, 목회자들을 선출하기를 희망하였다. 그러나 쯔빙글리가 제시한 바와 같이, 세속 정권의 통제하에 교회의 행정이 감독을 받아야만 한다고 고집하였다. 1575년에 오렌지의 윌리엄도 이런 입장을 취하여, 어떤 당회도 지역 영주의 인정을 받지 않으면 참다운 교회로 인정할 수 없다고 하였다. 결국 1578년에 제출된 교회의 독립권에 관한 청원이 기각되었고, 1581년에도 상정조차 되지 않았다.

윌리엄의 주도하에 유트레흐트 동맹으로 발전한 이들은 공동의 희망을 안고 결성되었다. 1581년, 연합 군주들은 필립의 통치권을 철회하였고 국가의회가 주도권을 가지게 되었다. 그리고 개신교회의 자치적인 권한을 허용하고자 노력하였던 윌리엄이 1584년에 죽고 말았다. 그리고 그의 아들 아무리스가 총독의 직함을 가지게 된 1584년에는 공화국 체제가 되었다. 아직 통합된 힘을 발휘하는 주도적인 지도자가 없었기 때문에 정부의 직무와 헌법의 모호성이 계속 긴장을 유발하였다.

연합 주에서 스페인과의 전쟁이 지속되는 동안에는 개혁 신앙의 전파가 매우 더디었다. 1622년 무렵에 칼빈주의 개혁 교회는 인구의 5분의 1에 해당하기도 하고, 어떤 곳에서는 불과 5%에 지나지 않았다. 당시 인구의 절반은 농업에 종사했었다. 다시 말하면 로마 가톨릭의 전통 사회에 서서히 퍼지기 시작한 개혁 신앙이 처음에는 매우 미미한 존재로 출발하였다는 말이다.

1648년, 뮌스터의 평화 조약, 혹은 베스트팔리아에 소집된 회의에 따라서 스페인이 네덜란드의 독립을 인정하게 되자, 점차 안정 속에서 개혁 교회가 확산되어서 연합 주 전체 인구의 절반 가량이 소속되었다. 점차 이 개혁 진영은 칼빈주의 영향을 받아서 국가와 교회와의 관계를 정립하고자 노력했다. 세속 정부는 전국적인 규모의 교회 회의가 결정한 사항들을 존중하도록 주장하게 되었다. 처음에는 젤란드를 비롯한 불과 몇 개의 도시에서만 개혁 교회의 법적 권리를 인정한다고 발표하는 등 정치적 불안 속에서 개혁 교회의 입지도 매우 불안했다. 그렇지만 지금까지도 '국가 교회'가 아닌 '자유 교회'라는 이름의 개신 교회가 네덜란드 칼빈주의 교회의 명칭으로 사용되어 지속적인 발전을 거듭하고 있다.

제3장
청교도 신학

역사 속에서 형성되고 발전되어 온 참된 개혁 신앙은 고난의 현장에서 빚어진 것들이다. 무릇 귀하고 좋은 것은 저절로 생겨나는 것이 아니라 오랜 기간의 수고와 땀에서 나온 결정체이다. 청교도 신학의 독특한 꿈과 이상 역시 정치적인 갈등과 다른 신앙에 대한 박해 속에서 무르익었다. 오늘날 우리 한국교회가 간직하고 있는 말씀 중심의 신앙생활, 살아 있는 예배와 성경 공부, 기독교 국가의 건설 등은 16세기 중반에서 17세기까지 퓨리턴이라고 불리우던 칼빈주의자들이 남긴 교회 갱신과 개혁의 유산이다.

영국의 칼빈주의는 유럽 대륙의 개혁주의 신학에 이어서 두 번째 특징과 유산을 형성하였는데, 이 시대는 깊은 연구와 통찰이 요구되는 기독교 신앙의 업적을 남겼다. 이 시기에 청교도들은 고난과 시련 속에서 한층 독특하게 형성되고 발전된 신앙적 체계를 드러내었는데, 감히 '개혁신학의 황금 광맥'이 형성되었던 시대라고 말하고 싶다. 그들의 용기, 하나님과 성경 말씀에 대한 충실한 믿음, 역사의 방향을 바꾼 그들의 탁월한 영향력에 대해서 찬사를 아끼지 않을 수 없다.[1]

청교도들이 살았던 시대는 우리와는 사뭇 달랐다. 그러므로 금지 조항을 지켜야 하는 엄격함에 대해서, 남을 포용하기보다는 자신의 원칙을 지켜 나가려는 완고함에 대해서, 논쟁을 많이 하는 경향에 대해서, 충분하게 생각할 줄 아는 역사적 안목과 신학적 판별력이 요청된다. 혹자는 17세기 신학으로 돌아가야 한다고 주장하기도 하는데, 바로 그러한 생각이 '전통의 고수'라는 편협한 생각을 형성하고, 교리에 빠져 버린 '죽은 정통'을 만들고 마는 것임을 깊이 인식해야 할 것이다. 아무리 '황금 시대'라 하더라도 역시 찬란한 빛과 함께 어두운 인간의 약점과 죄악을 감출 수 없고, 교회의 제도와 신학 체계에 남아 있는 헛점을 인정해야 하기 때문이다. 21세기 개혁주의자들은 오늘의 시대에 주어진 산적한 과제를 척결해야 함으로 17세기 청교도의 신학을 교훈으로 삼아 더욱 창조적인 신앙을 창출해야만 할 것이다.

청교도란 누구인가?

1560년 대부터 1700년까지 후기 종교 개혁기에 여러 세대에 걸쳐 잉글랜드 지방과 스코틀랜드 그리고 신대륙인 아메리카에서 대학 교육을 받은 교회 지도자들과 경건한 성도들이 주도한 교회의 청결 운동을 퓨리턴(puritans) 또는 '청교도'라고 부른다. 혹자는 '꼼꼼한 사람들'

---

1 *Anglican and Puritan thinking*: papers read at the 1977 conference / published by Westminster Conference (London: Westminster Conference, 1977), 2.

(Precisians)이라고 부르기도 했다.[2] 청교도들의 공통 분모는 종교 개혁이 시작된 교회를 보다 철저히 개혁하자는 것이었다.[3] 특히 '종교 개혁의 갱신'(reforming of Reformation)이라는 표어는, 신앙이란 인간들의 바램이나 요구에 따라서는 안 되며 하나님의 은혜의 언약에 따라야 한다는 것을 나타낸다.

그들은 개인적인 믿음에 의존하지 말고 사회적인 합의에 따라야 하며, 미신적인 관습에 따르지 말고 성경적인 교리에 따라야 한다고 믿었다. 또한 교회는 모든 세례받은 영국 국민들의 집합체가 아니라, 성경 말씀을 중심으로 모인 소수의 선택된 자들이 부름받은 모임이라고 생각했다. 그리고 그러한 교회를 위해 합당한 기도서는 성경에 입각해서 작성되어야 한다고 결론지었는데, 크랜머가 모든 기독교 역사에서 모아 놓은 절충적인 모음집이 아니라 칼빈주의적인 안목으로 요약된 것이라야 한다고 보았다.

청교도 신앙은 훌륭한 선구자들의 희생에서 나왔다. 1377년 옥스퍼드 대학의 신학 교수이던 존 위클리프는 교황 그레고리 11세에 의해서 이단으로 정죄를 받았는데, 1382년에 이르러서는 위클리프를 추종하는 사람들이 전부 다 제거되고 말았다. 이러한 가혹한 탄압이 지속된 영국에서 종교 개혁이 전개되고 차츰 개혁신학이 정립되기까지는, 유럽

---

2   H.C. Porter, *Puritanism in Tudor England* (London: Macmillan, 1970). John F.H. New, *Anglican and Puritan: The Basis of Their Opposition, 1558-1640* (Stanford, Calif.: Stanford University Press, 1964).

3   Peter Milward, ed., *Religious Controversies of the Elizabethan Age: a survey of printed sources* (Lincoln: University of Nebraska Press, 1977). 이 책에는 청교도들이 개혁의 대상으로 거론한 약 630개의 항목이 조사되어 있다. Charles H. George, *The Protestant mind of the English Reformation, 1570-1640* (Princeton, N.J.: Princeton University Press, 1961). Peter Lake, *Moderate Puritans and the Elizabethan Church* (Cambridge: Cambridge University Press, 1982).

의 개혁 운동이 끼친 영향을 받으면서 오랜 세월의 기도와 노력이 필요했다.

문헌상으로 볼 때 '청교도'라는 말이 맨 처음 사용된 것은 1564년경인데, 이는 영국의 성공회가 정착되어 가는 과정에서 '로마 가톨릭의 미신적인 요소들'과 '교황 체제'를 거부하고자 노력하던 개신교 운동을 일컫는 말이다. 밀턴의 용어를 빌리자면 "종교 개혁의 개혁을 위하여", 세속 정권이 발표한 교회의 정책에 맞서 교리의 확고한 정착을 위해서 노력한 운동을 말한다.[4] 종교 개혁 시대의 초기 청교도들은, 후에 활약한 17세기 청교도들과는 달리 영국 성공회 내에 머물면서 갱신 운동을 주장했으며, 국가 교회의 체제를 완전히 거부한 사람들은 아니었다는 점을 구별할 필요가 있다. 칼빈이나 부써나 낙스까지도 감독 제도로 되어 있던 영국 교회를 완전히 부정한 것은 아니었으며, 기성 교회 내에 머물러 있으면서 '개혁주의'라는 관점을 구현하고자 했다.[5]

성경에 근거한 순수한 신앙생활

청교도의 신앙은 성경에서 나온 것이다. 성경은 교회가 결정하여 집성한 한 권의 책이 아니라 인류를 향한 하나님 자신의 계시로 받아들여졌으며, 모든 권위의 완벽한 근거로 인정되었다. 로마 가톨릭과 동방 정

---

4   Lewis W. Spitz, *The Renaissance and Reformation Movements* (Chicago: Rand Mcnally, 1971), 528.

5   William Haller, *The Rise of Puritanism; or, The way to the New Jerusalem as set forth in pulpit and press from Thomas Cartwright to John Lilburne and John Milton, 1570-1643* (New York: Harper, 1938: 1957). idem, *Elizabeth I and the Puritans* (Charlottesville: Published for the Folger Shakespeare Library by the University Press of Virginia, 1972: 1964). Patrick Collinson, *The Elizabethan Puritan Movement* (Berkeley: University of California Press, 1967).

교회가 채택한 묵시 문학서들은 모두 배제되었다. 이 문서들은 1세기에 랍비들에 의해 이미 정경에서 제외된 것들이었다. 청교도들은 1565년 파커 대주교가 후원하여 편찬한 주교들의 성경도 좋아하지 않았다.

그러나 그들은 1560년에 완성된 '제네바 성경'은 받아들였는데, 이 역본은 윌리엄 윗팅햄(William Whittingham)의 주도하에 제네바에 망명해 있던 학자들이 히브리어와 헬라어 성경에서 직접 번역한 것이다. 여기에는 여러 가지 설명과 서론이 첨부되어 있었고, 선명하게 인쇄되어 있어서 읽기에 좋았으며 크기도 작고 가격도 저렴하였다. 1575년 파커 대주교가 사망한 지 채 한 달도 못 되어서 영국에서 출판을 허락받아 널리 보급되었다. 제네바 성경의 인기는 세익스피어의 희곡에 견줄 만하였다. 세익스피어는 청교도는 아니었지만(그는 묵시 문학에서 여러 구절들을 인용하였다), 1590년대 그의 작품에는 제네바 성경에서 인용한 구절들이 포함되어 있다.

청교도들은 인습적인 모든 것들을 거부하였다. 특히 성찬에 있어서, 값비싼 돌로 만들어진 제단에 나가 무릎을 꿇고 빵 조각을 받들어서 먹는 제사 형식을 거부하였다. 이것은 빵과 포도주를 높이는 우상 숭배로 간주되었다. 성찬식은 '주님의 만찬'으로 받아들였고, 이것은 식탁에서 함께 앉아 먹는 것이므로 당연히 나무로 만들어진 탁자에서 시행해야 한다고 보았다.

성직자들이 어린 아이의 이마에 십자가의 상징물을 놓고 유아 세례를 주는 것도 받아들일 수 없었다. 이것은 이교도들이 마술적으로 사람을 기만하는 행위로 생각하였다. 더구나 유아 세례를 주면서 신앙적인 이유에서가 아니라 세속적이요 사회적인 동기에서 낳은 부모를 배제시키고 대리 부모를 선택하는 관습에 동의할 수 없었다. 중세 시대에 유아들은 거의 다 생모가 아직 해산한 침상에 누워있는 시간에 세례를 받게 되어서 대리 부모를 선택하여 오던 것이 하나의 진리처럼 굳어져 버렸던 것이다.

청교도들은 유아 세례를 실시하는 정당성의 근거로 부모의 신앙을 주장하였기에, 앞으로도 신앙 교육에 있어서 보다 더 부모의 역할을 중요하게 생각하였다. 또한 산파나 다른 여인들이 아이가 죽을 위험이 있다고 해서 개인적으로 유아 세례를 베푸는 것을 절대로 금지하였다. 칼빈 역시 여자가 세례를 시행하는 것을 철저히 금지하였다. 이런 전통은 유아가 세례의 여부를 떠나 이미 하나님에 의해서 천국이나 지옥에 갈 것으로 예정되었다는 사실을 망각한 행동으로 간주되었다.

1570년에 이르면 통일된 국가 교회 체제에 남아 있는 로마 가톨릭의 잔재를 더욱 깨끗하게 청산하려는 인식이 강력하게 표출된다. 예배란 신부들이 하나님께 드리는 제사가 아니다. 이것은 이미 갈보리에서 십자가에 달리신 그리스도가 충분하게 자신의 몸으로 드렸기 때문이다. 성직자들이 입는 흰색의 가운이나 수도사들이 입었던 소매 없는 망토나 성직자가 특별한 행사 때에 걸치는 망토 모양의 옷들에 대해서도 모두 거부하였다. 촛불을 켜는 것이나 성자들의 형상을 존중하는 것이나 십자가에 못 박힌 예수의 상을 숭배하는 것들은 모두 다 중세의 성직 제도와 미신적인 것들을 받아들이는 행위로 간주하였다.

청교도들은 이러한 사소한 문제들에 대해서까지 열정을 갖고 거부하였다. 신조들을 듣기 위해서 일어나는 것, 제단 앞과 예수 그리스도의 이름 앞에서 절하는 것, 교회 안에서 모자를 벗는 것까지도 모두 다 우상 숭배에 해당하는 중세적인 관습으로 간주하였다.

청교도들의 철저한 절제 의식은 결혼식과 장례식에서도 확대 적용되었다. 심지어 신혼 부부의 손에 금반지를 끼워 줌으로써 성직자들이 축복을 내려 주는 것도 전혀 불필요하고 사악한 행위라고 간주하였다.

1641년 청교도들이 만든 나무 판화. 왼쪽의 청교도는 성경을 들고 있으나, 대주교인 로드와 다른 주교들은 예식서와 미신적인 책을 들고 있다.

결혼식은 성례가 아니라 약속을 맺는 것이며, 혼인의 서약이 가장 핵심적인 요소라고 믿었다. 장례식에서 한 사람의 몸이 영생을 믿으며 부활의 소망 가운데 흙으로 돌아가는 것이라면, 사람을 위한 미사가 있어야만 천국에서의 축복이 주어진다는 것은 받아들일 수 없었다.

이런 관점에서 그들은 크리스마스와 같은 날에 특별히 축제를 거행할 필요를 느끼지 않았다. 성경에 아무것도 언급되어 있지 않기 때문이다. 그 외에도 주중에 거행하도록 제정된 40여 가지에 이르는 로마 가톨릭의 축일들을 지켜야 할 이유를 도무지 찾을 수 없었다. 오히려 이런 행사를 치르는 동안에 마땅히 해야 할 노동과 일을 소홀히 하게 된다. 또한 100가지가 넘는 교회의 전통적인 금식일도 폐지시켰는데, 이를 지키려면 노동을 할 수 없게 되므로 경제적인 손실이 매우 컸기 때문이다. 아마도 청교도들의 가장 특징적인 모습은 철저한 주일성수에 있을 것이다.[6]

청교도들은 평소에 열심히 일하고 정규적으로 주일날에 안식을 취

---

6   John H. Primus, *Holy time: moderate Puritanism and the Sabbath* (Macon, Ga.: Mercer University Press, 1989).

하는 전통을 세웠다. 중세 시대에 일부 특정한 평신도들에게 음악을 공부하고 연습하여 찬양을 맡게 하는 것도 부자연스러운 일로 간주하였다. 청교도들은 찬양대와 벨을 울리는 것, 오르간을 연주하는 것을 좋게 생각하지 않았다. 음악은 성도들이 모두 다 시편을 찬송할 때에 유용하게 사용되었는데, 멜로디는 주로 발라드 풍의 인기 있는 가락들이었다. 음악만을 전공한 사람들에 의해서 주도되는 찬송이 아니라, 신앙이 깊은 성도들이 부르는 찬송이 되기를 바랐다.

청교도 신학은 그들이 바랬던 예배와 실제로 예배를 드렸던 기록들을 통해서도 추론이 가능하다. 특히 공동 기도서가 너무나 비인격적이요 간단한 기도로 구성되어 있었기 때문에, 청교도들은 만족할 수 없었다. 청교도들의 예배는 성경에 대한 경외심과 그에 상응하는 예배자의 조건들을 요구하였다. 그 특징은 순결성, 단순성, 그리고 영적인 것들이었다. 그들의 예배는 사도행전에 나오는 초대교회가 가졌던 기대와 열성으로 가득 차 있었다. 그것이 없다면, 이는 결국 영적인 진지함이 결여된 데서 나온 결과였다.[7]

청교도들이 창조한 '청교도의 윤리'라는 것은 지나친 자본주의가 아니었다. 청교도 설교자들에게 감동을 받아서 열심히 노력하여 성공적인 사업가들이 많이 나왔던 것은 사실이다. 기독 신자가 가져야 할 덕목으로 공동체 의식을 거듭 강조했기 때문에, 청교도 설교자들은 검소한 생활과 술 취하지 않고 깨어서 살아가는 것과 자선과 근면을 가장 축복받는 미덕으로 강조하였다. 더구나 자신이 하는 일에 대한 '소명 의식'

---

7   Horton Davis, *Worship and Theology in England: From Cranmer to Hooker, 1534-1603* (Princeton, N.J.: Princeton Univeristy Press, 1970). idem, *The Worship of the English Puritans* (London: Dacre Press, 1948; Morgan, PA: Soli Deo Gloria, 1997).

을 누구보다도 강조하였다. 그렇지만 사회를 급격하게 변화시키려는 충동이나 과격함은 어느 누구의 설교 가운데서도 찾아 볼 수 없었다.

개신교 운동의 지도자가 가졌던 위치는 중세기의 신부들이 가졌던 것과는 판이하게 달랐다. 목사라는 말은 원래 장로라는 단어에서 의미를 찾게 된다. 그런데 성경을 풀어서 설교하는 것이, 과거 신부들의 임무였던 행사의 집례나 행정, 동료들을 감독하는 것, 혹은 교구 내의 가정을 방문하는 것보다 더 중요한 위치를 차지하게 되었다.

개신교에서 하나님의 말씀을 선포하는 것은 인류 구원의 가장 중요한 수단이 되었다. 모든 개신교회 성도들은 목사들이 설교하는 일에 전념하도록 재정적으로 도와주었다. 그들은 십일조를 바쳐서 하나님의 일에 동참하였는데, 처음에는 옥수수, 건초, 목재의 십분의 일을 드리는 '큰 십일조'가 있었으나 차츰 중세 봉건 제도와 수도원 제도가 사라지면서 교회 재정은 축소되었다. 양을 키우거나, 채소를 기르거나, 광산에서 일하거나, 옷을 만들거나, 상점을 운영하거나 모두 다 현금으로 대체하여 드리는 것이 허락되었다. 그렇지만 전체의 삼분의 일에 해당하는 교구 목사들은 노동을 하여 생활의 필요를 채워야 할 만큼 가난하였다.

칼빈 신학의 계승자들

유럽에서 발전한 칼빈주의가 영향을 크게 끼친 지역은 영어를 사용하는 나라들인데, 점차 신대륙을 거쳐 기타 지역으로 옮겨 가면서 훨씬 광범위하게 전파되었다.[8] 칼빈은 프랑스인들의 종교 개혁과 정치적 발

---

8 19세기 중반에 에딘버러 파커 소사이어티(Parker Soceity)라는 모임이 결성되어 모든 칼빈의 저술을 영어로 번역하여 출판하였다. 20세기 중엽에 토렌스 교수 형제(T.F. Torrance, James Torrance)가 주도하여 신약 주석 전체가 재번역되었고, 러터포드 하우스에서 구약을 현대 문장으로 번역하여 출간하였다. cf. Edward Dowden(1843-1913), *Puritan and*

전에 훨씬 더 많은 관심을 가졌지만, 그의 이상과 꿈은 영어를 사용하는 지역에서 널리 열매를 맺었다. 칼빈의 『기독교 강요』가 영어로 번역되어 나온 후 확신에 찬 칼빈주의자들이 도처에서 배출되었고, 그들은 각 시대마다 중요한 역할을 담당하였다.

이러한 청교도들의 교회 개혁은 그 신학적인 기초의 대부분을 대륙의 종교 개혁자들, 특히 존 칼빈의 신학 체계에 광범위하게 의존하였으며, 이는 테오도르베자 시대에 제네바를 다녀온 지도자들의 영향으로 형성된 것이다.[9] 엘리자베드 여왕 통치 시대의 청교도들이 모두 다 칼빈주의자라고 볼 때에, 특히 선봉에 선 지도자들은 케임브리지 칼빈주의자들이었다.[10] 16세기 후반기에 케임브리지 대학교를 중심으로 교수들과 설교자들, 정치에 관여하던 상류층들이 청교도 운동에 적극 가담하였다. 영국 성공회를 철저히 개혁하고자 염원하던 이들은 국가를 전복하려는 과격한 폭도들도 아니었고, 따로 교단을 형성하였던 분리주의자들도 아니었다.

칼빈의 영향을 입은 에드문드 그린달(Edmund Grindal, 1519-1583)은 매우 존경을 받던 훌륭한 청교도 감독이었다. 그는 에드워드 6세 때에 웨스트민스터 교회의 담임 목사였는데, 메리 여왕의 박해 시대에 스트라스부르로 피신하였다가 1559년 다시 돌아왔다. 그 후 목회자들의

Anglican: studies in literature (New York: Holt, 1901).

9 Daniel Neal, *The History of the Puritans: or Protestant Nonconformists: from the Reformation in 1517 to the Revolution in 1688* (Minneapolis: Klock & Klock Christian Publishers, 1979). John Buxton Marsdon, *The History of the English Puritans: from the Reformation to the Opening of the Civil War in 1642* (London: Hamilton, Adams and Co., T. Hatchard, 1860).

10 David L. Edwards, *Christian England: From the Reformation to the 18th Century*, vol. 2 (Grand Rapids: Eerdmans, 1983), 144.

기대를 받으면서 캔터베리 대주교에 취임하여 칼빈주의자로서 교회법의 시행상의 문제점을 개혁하고자 노력하였다.[11] 그는 엘리자베드 1세의 불 같은 격정을 잘 알고 있었으므로 여왕이 주문하는 것들을 무시해 버렸다. 여왕은 그의 직위를 박탈하기를 원했으나 그린달은 가만히 입을 다물고 있지 않았다. 그러자 여왕의 참모들은 추문을 만들어서 그를 람베트 궁전에 가두어 놓았고, 그는 상심한 상태에서 눈을 보지 못하게 되고 건강이 악화되어 죽고 말았다.

칼빈은 이미 에드워드 6세와 서신을 교환하고 이사야 주석을 헌정하였으며, 그의 섭정이던 소머셋 공작에게도 디모데전서를 헌정하였고, 그가 메리 여왕의 박해로 런던 탑에 갇혔다가 풀려 나오자 위로의 편지를 보내고 그의 딸과도 편지 왕래를 한 바 있었다. 엘리자베드 여왕의 담임 목사였던 윌리엄 세실에게도 조언한 바 있으며, 순교자가 된 토마스 크랜머(Thomas Cranmer, 1489-1556) 켄터베리 대주교와 함께, 로마 가톨릭이 트렌트 종교회의를 개최하여 개신교의 신학에 대해서 정죄하려 하자, 이에 대항하는 독자적인 개신교 연합체를 결성하는 이상을 나누었다. 영어권에 끼친 칼빈의 영향은 메리 여왕의 박해 이후에 귀국하여 유럽의 개혁신학을 소개한 사람들에 의해서 성취되었다.

종종 영화나 텔레비전 드라마 속에서 또는 비기독교적인 역사가들이나 작가들이, 청교도를 반지성적인 사람들이요 미신을 쫓아 내는 데 혈안이 되어 있고 마귀를 때려 잡는 데 열광적인 사람들이며, 엄격하기 그지없는 사람들이었다고 일방적으로 규정하고 있는데, 이는 매우 불

---

11 Patrick Collinson, *Archbishop Grindal*, 1519-1583: the struggle for a reformed Church (Berkeley: University of California Press, 1979)에는 잊혀진 청교도 영웅의 삶이 되살려져있을 뿐만 아니라 그 시대의 생활상이 잘 재현되어 있다.

헨리 8세가 아들 에드워드 6세에게 왕권을 위임한다고 지목하는 그림.

공정하게 한쪽으로만 기울어진 편견에서 나온 것이다.

청교도들의 공통점과 차이점에 대해서는 더 세밀한 접근이 필요하다. 역사는 항상 단선적으로 형성되는 것이 아니다. 거대한 로마 교회 체제를 무너뜨리기까지는 다양한 신앙 형태의 청교도들이 협력하였다. 일부는 영국 국교인 성공회에 소속한 사람들도 있었고, 장로교회, 침례교회, 회중교회, 독립교회에 소속한 교회들도 수백 교회나 되었다.

청교도들은 공통적으로 세 가지 중요한 신학적인 특징을 가지고 있었다. 첫째는 순결한 교회에 대한 염원이요, 둘째는 하나님과 선택받은 자들 사이의 언약관계에 대한 확신이며, 셋째는 기독교화된 사회의 건설이었다. 이러한 사상은 대륙의 종교 개혁에서 영향을 받아 발전된 것으로서, 청교도 운동은 이 세 가지 원칙을 일관되게 이상형으로 간직하고 전개된 교회의 개혁 운동이요, 개인적으로는 도덕적인 생활 갱신 운동이었다.[12]

순수한 교회론

청교도들은 로마 가톨릭을 개혁한 성공회 혹은 국교회를 비롯해서 여러 교파로 나뉘어졌는데, 그 이유는 교회론에 대한 이견 때문이었다. 영국의 종교 개혁의 전개에 따라서 교회와 정치는 서로 뒤엉켜서 격변하였고, 그에 따라 다양한 집단들이 형성되었다. 그러나 그들의 신학 사상은 기본적으로는 철저하게 칼빈주의였다. 성경 중심의 하나님을 아는 지식을 강조하고, 언약 사상과 하나님의 선택 교리를 함께 호흡하였다. 청교도의 계보를 그려 보면 다음과 같이 나눌 수 있다.[13]

국가 교회 (State Church)	성공회 또는 낮은 청교도들(conformists) 장로교회 청교도들(Cartwright) 회중교회 혹은 독립적인 청교도들(Jacob)
분리주의 (No State Church)	브라운파(Robert Brown) 그린우드와 바로우(Greenwood and Barrow) 스미드와 로빈슨(Smyth and Robinson)

---

12 Leland Ryken, *Worldly Saints: The Puritans As They Really Were* (Grand Rapids: Zondervan, 1986)에는 청교도들에 대한 왜곡된 선입견을 교정하여 주는 개념들이 소개되어 있다.

13 Earle E. Cairns, *Christianity Through the Centuries* (Grand Rapids: Zondervan, 1954; 1981), 337.

영국 국교회 혹은 성공회는 모든 종교적 권한을 국왕에게 귀속시키고, 국가의 모든 국민은 반드시 성공회 교회의 회원이 되어야 한다는 원리를 고수하고 있었다. 통치하는 국왕은 하나님이 세우신 통치의 두 영역인 국가와 교회 모두 다스린다. 감독은 국왕에게 복종해야 할 의무를 지며, 국가 교회를 통괄한다. 그러나 점차 청교도들의 대세는 로마 가톨릭에 저항하던 것처럼 세속 정치와 교회를 분리시키는 원리를 내세우게 되었다.

케임브리지 대학 교수로 부임한 토마스 카트라잇은 1570년에 감독 체제를 거부하고, 사도행전에 나오는 초대교회들이 시행하던 바대로 회중의 투표에 의해서 목사와 장로와 집사를 선택하는 장로교회 제도를 정착시켰다. 오늘의 장로교회는 사도행전에서 집사들을 선출하던 원리를 주장한 카트라잇의 절대적인 헌신과 공헌으로 존재하게 된 것이다. 잉글랜드 지역의 첫 번째 장로교회가 1572년에 원즈워드(Wandsworth)에 세워졌다.

장로교회를 따르지 않는 독립된 청교도 파의 시조는 헨리 제이콥(Henry Jacob, 1563-1624)이다. 여기서 조심해야 할 것은 회중교회나 독립교회 모두 교회 제도와 국가 체제를 부정하는 분리주의자들과는 다르다는 점이다. 제이콥은 국가 교회 내에서 각 회중이 자유롭게 담임 목사를 선정할 것과, 자체 교회법을 제정하고 스스로 모든 문제를 해결하는 결정권을 가져야 한다고 주장하였다. 이로 인해서 그는 감옥에 갇히는 수모를 겪었다. 회중교회는 올리버 크롬웰(1599-1658)과 밀튼이 속했기 때문에 놀라운 속도로 보급되었다. 제이콥을 따르는 회중교회 지도자들은 런던의 사보이에서 1658년 '사보이 선언'을 발표하였는데, 이들의 신학은 제1장에서 이미 고찰한 칼빈주의 신학의 근본 원리와

전혀 다를 바 없었다.[14]

같은 청교도라고 하더라도 성공회, 장로교회, 독립교회, 회중교회와는 달리 오직 성도들은 그리스도에게만 속한다는 교회 언약 사상을 주장하는 분리주의자들도 있었다. 가장 초기에 나타난 그룹은 케임브리지 대학출신의 로버트 브라운을 따라서 1580년에 교회를 세웠다. 브라운은 교회는 완전한 자유를 누려야만 하며, 교회들 사이에 어떤 간섭이나 지배도 있어서는 안 된다고 주장하고, 국가교회와는 어떤 교류도 거부하고 철저한 결별을 선언했다. 결국 그는 네덜란드로 피신해서 그곳에서 회중교회를 인도하였다. 브라운의 지도 원리보다는 좀 부드러운 입장에 섰던 그린우드와 바로우는 1586년부터 런던에서 활약하다가 1593년 둘 다 모두 처형당했다.

세 번째 분리주의자들은 존 로빈슨(John Robinson, 1575-1657)의 지도하에 네덜란드에 정착했다가 윌리엄 브래드포드의 인도 아래 메이플라워 호를 타고 신대륙으로 이주하였다. 이들 역시 언약 사상을 새로운 땅에서 적용하려는 이상을 가졌다. 그들 중 일부는 이미 존 스미스(John Smith, 1565-1612)의 인솔하에 영국에서 박해를 피해 네덜란드 암스테르담으로 와서 독립교회를 발전시킨 성도들이었다. 이들은 분리주의 교회의 대표적인 그룹인 메노나이트들의 영향을 많이 받았다.

청교도들이 독특하게 보여 준 특징적인 신앙은 무엇보다도 순결한 교회에 대한 소망이었다. 엘리자베스 1세의 통치하에 놓여 있는 영국 성공회에 있어서, 그들은 로마 가톨릭의 잔재를 청산하고 보다 철저하게 개혁신학을 적용하고자 했다. 그리고 교회 안에 남아 있던 로마 가톨

---

14 P. Schaff, *Creeds*, 3:707-29.

릭의 여러 가지 흔적을 완전히 청산하고, 불신자들마저 뒤섞여 있는 회원권을 분명히 가려 내고자 하였다. 예수 그리스도의 교회는 단순히 국가의 수단이라거나 죄인들을 위한 옹호 집단을 넘어서는 성격을 가지고 있다고 확신하였다.

교회란 그리스도의 몸이요, 역사 가운데 하나님의 나라가 성례를 통해서 실현되는 곳일 뿐 아니라 임재하는 모임이며, 언덕 위에서 모든 사람에게 보여지도록 드러나는 등불과 같은 역할을 한다고 그들은 믿었다. 따라서 교회는 오직 깨끗하게 살아 가면서 바른 믿음을 소유한 참된 성도들에 의해서 구성되고, 또한 그런 성도들만이 지도자로서의 역할을 할 수 있다. 그러나 이 말은 오직 완전한 사람들만이 교회의 회원이 될 수 있다는 의미는 아니다. 그러나 하나님 앞에서의 통회와 회개를 통한 회심의 체험이나 거듭남의 개인적인 경험이 없는 성도는 참된 믿음의 소유자라는 인정을 받지 못했다.

청교도 교회의 회원이 되려면, 특히 신대륙 뉴잉글랜드 청교도로 거슬러 올라가면, 첫째 개혁주의 신학과 교리를 믿어야 하고, 둘째 회심의 체험이 있어야만 하며, 셋째 도덕적이며 윤리적인 생활을 살아야만 했다. 그에 대한 목사들의 철저한 조사 후에야 회원권을 인정받을 수 있었다. 청교도들은 영국 성공회가 이런 참된 성도와 거짓된 성도 사이에 아무런 구별을 하지 않고 있다고 생각했다. 일반적으로 영국 시민들은 부모에게로부터 태어나서 유아 세례를 받고 자라면서 자신이 기독교 신자라고 생각하게 된다. 그러나 청교도들은 대주교나 성직자들에서마저도 참된 기독교인의 모습이 없다고 판단하였다. 따라서 그들은 여전히 남아 있던 로마 가톨릭의 잔재들을 청산한 순수한 교회를 바랬을 뿐만 아니라, 참된 기독교인의 믿음과 헌신의 증거가 없는 사람들도 바꾸도록 노력하였다.

정치적 격동기에 형성된 청교도 신학

청교도 신앙 운동의 기원을 살펴보면 그 배경에 자리하고 있는 여러 사람의 종교 개혁자들이 있었음을 부인할 수 없다. 즉, 청교도 신학은 유럽 대륙의 개혁신학에 뿌리를 내리고서 발전된 것이다. 제네바의 칼빈과 베자 외에도, 피터 마터 버미글리의 『총론』(Common Places)이 영어로 번역되어서 엘리자베스 통치 기간 동안 깊은 영향을 미쳤다. 불링거의 영향력도 상당하였으니, 기독교 군주들의 신앙적인 역할에 대한 그의 견해는 영국 청교도들에게 그대로 반영되었다.

마치 천당과 지옥을 오고 가듯이, 자유와 탄압의 격변기에 살면서 혹독한 핍박 속에서 형성되었던 청교도 신학은 이처럼 다양한 자양분을 먹고 형성되었다.[15] 예를 들어, 존 쥐엘(John Jewel, 1522-1571)은 1547년 피터 마터 버미글리가 옥스퍼드에 온 이후로 그의 영향을 입고 종교 개혁에 대해 반대하던 마음을 바꾸어서 참여하게 되었다. 그러나 얼마 후에 메리 여왕의 박해가 시작되어서 스트라스부르로 피신하였고, 다시 그곳에서 버미글리와 교제를 나누었다. 그러다가 영국의 정치가 바뀌게 되자 1560년 살리스버리의 대주교가 되었고, 최초로 로마가톨릭에 대항하여 영국 교회의 독립성과 개혁을 옹호하는 체계적인 문서 『앵그리칸 교회를 위한 변론서』(Apologia pro ecclesia Anglicana)를 발표하였다.

영국 교회와 로마 가톨릭의 결별이 시작된 것은 헨리 8세의 결혼 문제가 촉매제가 되면서부터이다. 그는 모두 여섯 명의 아내를 맞이하였

---

15 David J. Keep," Theology as a Basis for Policy in the Elizabethan Church", in *The Materials Sources and Methods of Ecclesiastical History*, ed., D. Baker (Oxford: 1975), 263-8. idem, "Henry Bullinger and the Elizabethan Church", (Ph.D. dissertation, Sheffield University, 1970).

는데, 영국의 종교 개혁은 세 번째 부인 제인 세이모어가 낳은 아들의 통치 시대에 장족의 발전을 하게 되었다. 아홉 살 된 그의 외아들 에드워드 6세(1537년 10월 12일 출생)가 1547년 즉위한 후부터 사망(1553년 7월 6일)하기까지 개혁 운동은 활발하게 전개되었다. 그래서 영국 교회의 종교 개혁 운동은 1547년을 그 출발점으로 삼고 있다.[16] 어린 왕은 소머셋 공의 섭정 아래서 개신교 왕국을 만드는 데 협조하였고, 신앙의 자유를 허용해 주어서 개신교 설교자들이 활기차게 복음을 선포하였다.

에드워드 6세는 영국의 역사에서 최초의 개신교 국왕이었다. 헨리 8세는 주교단을 통해서 각 지역을 확실하게 통제하려고 개신교 신앙 운동에 대해 강압적인 정책을 구사하였으나, 에드워드의 통치 시대에는 각 지역의 성공회 주교들(예를 들어, John Vesey of Exeter, Edmund Bonner of London, Nicholas Heath of Worcester, George Day of Chichester)이 사임하거나 쫓겨나고 그 자리에 복음적인 개혁파 목사들이 임명되었다. 개혁신학의 핵심에 해당하는 것 가운데서 일반 사람들이 체험적으로 가장 먼저 변화를 느끼게 된 부분은 예배였다.[17]

헨리 8세 시대, 1532년부터 1553년까지 켄터베리 대주교로 영국 국교회의 기초를 놓은 토마스 크랜머는 영국식 개신교 종교 개혁으로 가는 서막을 준비하였다.[18] 1548년 3월 8일, 토마스 크랜머는 『공동 예배서』(Order of Communion)를 출간하였는데, 여기에는 라틴어를 사용하

---

16 James K. McConica, *English Humanists and Reformation Politics under Henry VIII and Edward VI* (Oxford: Clarendon Press, 1965). W. R.D. Jones, *The Tudor Commonwealth 1529-1559* (London: 1970).

17 R. Tudur Jones, *The Great Reformation* (Downers Groves: IVP, 1985), 159.

18 Geoffrey W. Bromiley, *Thomas Cranmer: Theologian* (N.Y.: Oxford University Press, 1956). Peter Newman Brooks, *Cranmer in Context: Documents from the English Reformation* (Minneapolis: Fortress, 1989).

는 미사의 요소들도 포함되어 있었다. 같은 해 말에 13명의 신학자들이 다시 협의하여 『공동 기도서』(The Book of Common Prayer)를 출간하였는데, 1549년 1월에 의회를 통과하였다. 그러나 공동기도서는 종교개혁자들이 찬성한 것이긴 그러나 여전히 로마 가톨릭에 대해서 동정적인 부분도 포함되어 있었다. 이 기도서는 영어로 된 것이 특징이었다.

크랜머의 새로운 교회 운영 규칙에 나오는 목사의 역할은 1550년에 이르러서 획기적으로 바뀌게 된다. 목사의 직무는 '하나님의 말씀을 선포하는 권위를 가지며 회중들 가운데서 성례를 집행하는 것'이다. 이제 더 이상 성직자는 제사를 집례하는 제사장이 아니라 성례를 실시하는 말씀의 종이었다. 첫 번째 『공동 기도서』에 대해서 마틴 부써를 포함한 많은 개혁자들의 비판이 쏟아지자, 1552년 3월 상당히 달라진 『공동 기도서』가 의회를 통과하게 되었다. 이 새로운 통일령에는 '미사'라는 말이 포함되어 있지 않았다. 성찬에서도 감사와 교제를 강조하였고, 성찬상 자체가 동서로 길게 예배당의 모습과 같이 병행하는 형태로 놓여져서, 더 이상 정면에서 회중과 격리된 제단으로 인식되지 않도록 했다. 에드워드 6세 때에 개정된 이 예식서는 20세기 초까지 사용되었다.

영국 국교회의 특징은 1553년 6월 에드워드 6세가 죽기 직전에 크랜머가 발표한 '42개 조항'에서 그 진일보한 모습을 드러냈다. 이 조항은 오직 그리스도에 의한 구원이지 선행에 의한 것이 아님을 강조하였다. 그리고 하나님은 영원 전부터 저주받을 인류 가운데서 누구를 구원하실 것인지 작정하셨다는 구절이 명쾌하게 들어 있었다. 이는 로마 가톨릭과 재세례파를 배격하는 신앙고백서로서, 철저하게 영국 국교회를 칼빈주의 신학에 입각하여 발전시켜 나갈 수 있는 기틀을 마련한 것이었다. 그러나 안타깝게도 갑자기 왕권이 바뀜으로서 이 강령은 시행되기 전에 철회되고 말았다.

메리 1세. 그녀는 5년 동안 영국의 여왕으로 군림하면서 개신교가 세운 모든 업적을 로마 카톨릭으로 바꾸어 놓기 위해 교회에 처절한 박해를 가했다.

하나님의 말씀에 따라서 지배되는 세상을 만들고자 한 시도는 보다 많은 피를 흘린 후에야 출현하게 되었다. 그렇다고 해서 영국 청교도들이, 당시의 정치 권력과는 아무 상관 없이 그저 신앙인으로서 교회에만 출석하던 사람들은 아니었다. 청교도들은 성공회를 그냥 맹목적으로 따라가지 않고 신앙의 개혁 운동을 전개함으로써, 권력자에 대한 중대한 도발 행위자로 취급되어 왕당파에 의해서 무참히 짓밟히고 탄압을 받았다.

메리 여왕이 경쟁자들을 물리치고 1553년 8월 3일 런던으로 돌아오자, 그 날부터 왕국의 정치 세력은 완전히 개편되고 국교회의 지도 세력도 바뀌게 되었다. 메리는 헨리 8세의 첫 번째 부인인 어머니 캐더린의 신앙대로 영국을 다시 가톨릭으로 회귀시키고자 했다. 크랜머 대주교를 비롯한 개혁신학을 전파한 청교도들은(Hugh Latimer, Nicholas Ridley, John Hooper, Miles Coverdale) 감옥에 갇히거나 처형당했고, 그 대신에 감옥에 있던 스테판 가디너(Stephen Gardiner)가 대주교가 되었다. 자신의 며느리인 제인 그레이(Jane Gray)를 여왕의 자리에 앉히려 했던 노텀버랜드 공작은 죽음을 면치 못했다. 다른 개혁 신앙의 동지들은 모두 다 유럽 대륙으로 피신을 가야만 했다.

'피에 젖은 메리'라고 알려진 새 여왕은 국민들의 원성은 아랑곳하지 않고 자신의 통치 영역 내에 있던 교회를 모두 로마 가톨릭으로 복귀시켜 버렸다. 그 사이 무려 3백여 명 이상의 개신교 측 주요 인사들이 살

엘리자베스 1세(Marcus Gheeraerts의 그림, 1588). 그녀는 16세기에 가장 탁월한 정치인으로 손꼽히는 인물이었다. 이 초상화는 스페인의 아르마다를 무찌른 승전을 기념한 것이다.

해당했고, 8백여 명 이상이 스위스 제네바로 피신하였다.[19] 그녀는 비운에 간 어머니 캐더린과 헨리 8세의 이혼에 정당성을 부여했던 개신교 진영에 대한 복수에 혈안이 되어서 당시 유럽 최고의 가톨릭 강국 스페인의 필립 2세와 결혼하였다. 그러므로 병으로 인한 메리 여왕의 갑작스러운 죽음은 대부분의 많은 영국인에게는 소름이 끼치도록 끔찍한 악몽에서 풀려나는 기분이었다.[20] 1558년 11월 17일 메리 여왕이 사망했다는 소식이 런던의 거리에 전해지자 시민들은 마치 희년을 맞이한 듯이 기뻐했다. 교회마다 종을 울려 대고, 큰 화롯불이 피워졌다.

헨리 8세의 둘째 딸이자 교양과 학식을 모두 갖춘 24살의 엘리자베스 1세가 메리 여왕에 뒤이어 왕위에 올랐는데(1558-1603), 그녀의 어

---

19 *Foxe's Book of Martyrs* (1554; Grand Rapids: Baker, 1990).
20 William R. Estep, *Renaissance and Reformation* (Grand Rapids: Eerdmans, 1986), 265.

머니 안 볼린은 헨리 8세가 택한 두 번째 부인으로 개신교 신앙을 존중하였던 여인이었다. 다시 영국은 헨리 8세가 세운 국교회 체제로 돌아가게 되었다.[21]

엘리자베스 여왕의 사람들은 1559년 통일령(the Act of Uniformity)을 발표하여 영국의 유일한 공식 교회는 성공회(Anglicanism)라는 점을 강조하고, '성공회의 권위'(High church) 하에서 모든 개신교를 통합하는 작업을 서둘렀다. 그밖에 다른 교회들은 모두 불허하고 압박을 가하였다. 모든 설교자들은 에드워드 6세 시절에 나왔던 '42개 조항'을 약간 변형시킨 '39개 조항'(The Thirty Nine Articles of the Church of England)과 『공동 기도서』에 서명해야 한다는 의회의 결정에 따라야만 했다.

'39개 조항'은 로마 가톨릭의 교리는 아니었지만, 그렇다고 제네바의 칼빈주의와 같은 개혁신학을 주장하는 것도 아니었다. 성경 제일주의와 칭의론은 유럽의 종교 개혁과 동일하나, 그러나 국가가 교회를 통치하는 문제와 같이 첨예하게 대립하는 부분에서는(6조와 37조) 완화된 입장을 표명했다. 논쟁이 많았던 성찬에 있어서 로마 가톨릭의 화체설과 쯔빙글리의 상징설을 모두 다 부정하고 칼빈의 입장을 택하였다(28조). 삼위일체론과 교회론, 그리고 성경만이 믿음의 유일한 근거요 기준이라고 강조한 것은 루터파의 영향을 나타내는 것이었다(1조, 19조, 20조). 그리고 예정론을 받아들이긴 하였으나, 그러나 칼빈주의자들이 주장하던 것은 아니었다(17조).

'39개 조항'은 주로 로마 가톨릭의 잔재를 거부하는 것이 주된 내용이지만, 반율법주의자들이나 종말론자들 또는 영혼의 잠을 주장하는

---

21 Carl S. Meyer, *Elizabeth I and the Religious Settlement of 1559* (St. Louis: Concordia Publishing House, 1960), 13.

재세례파와 보편주의자 등 과격한 종교 개혁 운동에 대해서는 침묵하였다. 이는 매우 절충적인 신앙고백서여서, 이런 태도와 원리를 '중용의 도'(Via Media)라고 한다.[22] 이 고백서는 당시 영국의 정치적 혼돈의 실상이 교회에 반영된 실상을 적나라하게 보여준다.

케임브리지 칼빈주의자들

개혁신학의 전통에서는 풍부한 학식과 지도력을 겸비한 강인한 지도자들을 만나게 된다. 칼빈이 그러하듯이, 청교도 운동 역시 케임브리지 대학교에서 교육을 받은 당대 최고의 학자들이 주도한 운동이었다. 청교도 지도자들은 당대에 극소수만이 누릴 수 있는 대학 교육의 혜택을 받은 훌륭한 '엘리트들'이었다.

개혁신학은 능숙한 어학 실력을 갖추고 철저하게 성경적인 사상을 훈련받은 신학자들과 설교자들과 변호사들과 신흥 중산층 상인들이 주도하였다. 소상인들과 농부들과 노동자들이 이에 동참하면서 16세기 중반 이후 영국 청교도들은 국교회에 대해 철저히 비타협적인 개신교 신앙을 명백히 주장했는데, 그들에게 근본이 되는 신학 사상은 스위스의 종교 개혁자 존 칼빈의 은총론과 예정론이었다.[23]

---

22 Oliver O'Donovan, *On the Thirty-Nine Articles: A Conversation with Tudor Christianity* (Exeter: Paternoster, 1986).

23 Patrick Collinson, "England and International Calvinism, 1558-1640", in *International Calvininism*, 198. idem," Calvinism with an Anglican Face: the Stranger Churches in Early Elizabethan London and their Superintendent"," The Elizabethan Puritans and the Foreign Reformed Churches in London", in *Godly People: Essays on English Protestantism and Puritanism* (1983): 213-44; 245-72. Dewey D. Wallace, Jr., *Puritans and Predestination: Grace in English Protestant Theology, 1525-1695* (Chapel Hill: University of North Carolina Press, 1982).

제네바에서 귀국한 신학자들과 목회자들은 칼빈과 베자의 가르침을 좇아 개혁주의 신학을 영국 교회에 접목시키고자 노력하였다. 이들은 엘리자베스가 영국 국교회를 다시금 로마 가톨릭으로 회귀시키는 것은 아닌가 의심하기 시작했다. 유럽 지역에 망명하였던 지도자들은 영국의 종교 개혁이 스위스나 남부 독일이나 네덜란드처럼 유연하고도 분명하게 전개되지 못했음을 깊이 인식하게 되었다.

1559년 통일령이 발표되자 그들은 로마 가톨릭처럼 교황의 흔적이 남아 있는 성공회가 입는 성직자들의 가운과 영대와 중백의 등을 모두 사용하지 말고 벗어버려야 한다는 '성직 제복 논쟁'(the Vestments Controversy)을 벌였다. 이것은 이미 에드워드 6세 치하에서 존 후퍼와 여러 종교 개혁자들이 주장했던 논지였다.[24] 그들은 국교회의 예전 의식, 행정 체계와 정치적 통일성을 거부하였으며 (the Low Church) 모든 성상, 그림, 조각, 십자가의 표식 등을 철폐하고자 노력하였다.

16세기와 17세기 영국 개신교 사상의 형성에 여러 요인들이 많이 영향을 미쳤지만, 그 중에서도 여러 대학과 교회에서 가장 중요한 업적은 모두 존 칼빈의 영향하에서 성취되었다고 해도 과언이 아니다. 칼빈의 저술은 거의 모든 대학에서 교과서로 읽혀졌으며, 특히 케임브리지 대학은 영국 국교회 제도를 거부하는 칼빈주의적인 성공회의 대표적인 중심 기관으로 급부상하였다. 물론, 칼빈 외의 종교 개혁자들의 영향도 받았다. 한때 잠시나마 마틴 부써와 버미글리가 가르친 바 있었고, 십여 편이 넘는 편지를 통해서 스위스 쥐리히의 불링거가 열렬히 지지해 주

---

24 John H. Primus, *The Vestments Controversy: an historical study of the earliest tensions within the Church of England in the reigns of Edward VI and Elizabeth* (Kampen: J.H. Kok, 1960).

고 있었다. 베자도 자신이 편집한 원어 성경(Codex Bezae)을 이 학교에 기증하였다.

제네바에 망명했던 상당수의 학자들이 이 대학에서 가르치게 되었다. 따라서 케임브리지 대학은 칼빈주의가 부활하기에는 최고로 적합한 장소였다. 칼빈의 영향은 제네바 유학에서 돌아온 수백 명의 지도자들을 통해서 정부나 교회나 학교에서 일하던 당대의 모든 사람들에게 직 간접적으로 널리 퍼져 나갔다.

윌리엄 휘태커

엘리자베스 여왕 시대에 케임브리지 대학에서 훌륭한 청교도로 활약한 윌리엄 휘태커(William Whitaker, 1548-1595)는 헬라어에 능통한 학자로서 큰 영향력을 발휘하였다. 1580년부터 교수로 활약하다가 한동안 성 요한 칼리지의 학장으로, 그리고 다시 트리니티 칼리지의 학장으로 재직하였는데, 그는 칼빈주의 신학을 케임브리지의 정통신학으로 확립시키는 데 앞장을 선 장본인이었다.

대부분의 칼빈주의자들처럼 그도 역시 로마 가톨릭에 반대하여 철저한 개신교의 원칙들을 고수하자고 주장했다. 그의 책 『성경의 논증』(Disputation of Holy Scripture)은 성경의 권위에 대해 도전하면서 강력하게 종교 개혁을 논박한 '예수회' 추기경이자 신학자인 벨라르마인(Robert Bellarmine, 1542-1621)과 스테플톤(Thomas Stapleton, 1535-1598)에 대해서 공격한 것이다. 20편이 넘는 휘태커의 신학적인 주장들은 라틴어로 쓰여져서 유럽 각처에서 널리 읽혀졌다. 또한 두 아들을 뉴잉글랜드에 선교사로 파송하여 엘리자베스 시대의 청교도들이 가장 심혈을 기울이던 신앙의 모범을 실천하였다.

존 윗키프트의 이론적 칼빈주의

케임브리지 칼빈주의자들의 신학적인 계보를 조사해 보면, 청교도라기보다는 차라리 성공회 신봉자라고 불러야 마땅한 존 윗기프트 (John Whitgift, 1530-1604) 대주교의 역할을 접하게 된다. 독신으로 살았던 엘리자베스 여왕이 나의 '작은 검은 남편'이라는 애칭을 만들어 주었을 정도로 국교회를 지지했던 인물이다. 그는 케임브리지에서 수학할 때에는 강력한 개혁 신앙에 불탔던 청년이었으나, 차자 현실에 타협적인 인물로 변하게 된다. 그는 정치권의 핵심층과 교류하면서 한편으로는 새로운 젊은이들의 개혁 운동을 활발하게 지도하였다.[25]

당시 케임브리지에는 두 흐름이 있었는데, 대다수는 소장파를 중심으로 과감한 개혁과 변화를 추구하였고, 머리부터 바꿔야 한다고 생각하였다. 그는 개혁 신앙을 가진 이유로 메리 여왕의 박해 시대에 죽임을 당한 여러 순교자들에게서 깊은 영향을 입었다. 38세에 부학장에 오른 후, 초기의 윗기프트는 부자들과 귀족들의 호화스럽고 사치스러운 생활, 고리 대금업을 비판하는 설교를 주저하지 않았다.[26]

이런 점에서 이론적 칼빈주의자와 실천적 칼빈주의자를 엄격히 구별해야 할 필요성을 느낀다. 적어도 윗기프트는 세계관이나 지적인 체계, 생활의 규칙에서는 칼빈주의를 채택하였고, 로마 가톨릭의 교황을 '적그리스도'라고 단호하게 확신시키는 논지를 폈으므로, 이론적으로는 개혁 사상가로 보인다. 그리하여 엘리자베드 1세에게 교회 개혁의 목표가 똑같은 동반자라는 인식을 심어 주어서, 1583년부터 캔터베리

---

25 P. M. Dawley, *John Whitgift and the Reformation* (1955). 윗기프트를 이해하고 옹호하는 입장에서 쓰여진 전기도 있다: V.J.K. Brook, *Whitgift and the English Church* (Lodon: English Universities Press, 1957)

26 Collinson, *The Elizabethan Puritan Movement*, 122-130.

대주교의 자리에 올랐을 만큼 개인적으로 자신의 존재를 인정받는 데 성공하기도 한다.

그러나 윗기프트는 휘태커와는 근본적으로 구별되어야 할 인물이다. 휘태커는 철저히 성경의 권위를 믿고 하나님의 예정하시는 은총의 주권을 강조하며 교황의 교회는 적그리스도적인 거짓이라고 확신하였기에, 실제로 믿는 바를 적용하였던 실천적 칼빈주의자였다. 윗기프트는 토마스 카트라잇과 대립하면서 자주 칼빈의 글을 인용하였다. 물론 카트라잇도 자신의 입장을 변호하고 윗기프트를 공격하기 위해서 칼빈을 자유자재로 인용하였다. 그렇다면 과연 이 두 사람의 대립에서 누가 진리의 편에 서 있다는 말인가? 나중에 윗기프트는 고대 교부들을 신뢰하기보다 명목상으로 칼빈이나 베자의 이름을 더 신뢰하는 것에 대해서 경고하기도 했고, 이제 더 이상 영국 교회는 칼빈이나 베자에 의존하지 않을 것이라고도 했다.[27] 문맥을 떠나서 그냥 마지막 줄만 인용하는 것은 특히 잘못된 일이다. 이런 것이야말로 무작정 의존하는 것이다.

윗기프트 시대의 학생들은 케임브리지 대학에 재학하던 시절에 리들리와 브래드포드의 영향을 깊이 받아서 종교 개혁에 합류하였다. 1563년 케임브리지 대학 교수에 취임한 윗기프트는 성공회의 의식들과 감독 체제를 거부하기 시작하였다. 젊은이들의 전폭적인 지지를 받아, 소매가 넓고 하얀 천으로 된 성직자 가운을 입는 것이 부당하다는 청원을 1565년에 제출하였다. 그러나 그는 곧 마음을 바꾸어서 성공회 감독 제도와 예배 의식을 옹호하였다.

27　 *The Works of John Whitgift*, ed., J. Ayre (Cambridge: 1851), 247-8. H.C. Porter, *Reformation and Reaction in Tudor Cambridge* (Cambridge: 1958), 359-60. 350-1. Collinson, *Elizabeth Puritan Movement*, 104.

그의 계속된 개혁 운동으로 법원에서도 목사들의 소견을 존중하게 되었고, 다소 모호한 부분이 많았던 '39개 조항'을 철저한 칼빈주의 예정론에 입각하여 개정하고자 노력하였다. 1595년 철저한 칼빈주의 예정론을 담은 문서(the Lambeth Articles, 1595)를 발표하였다가 엘리자베스 여왕으로부터 철회 요청을 받기도 했다. 여왕의 재위 시대를 통틀어서 청교도 운동에 동조하면서도 정점에 섰던 그는 여왕이 죽고 난 후 제임스 1세 치하로 바뀌자 법정에 소환되어서 취조를 당하는 수모를 겪다가 죽었다.

램버트 신앙 조항들은 초기 케임브리지 칼빈주의자들이 다양성을 존중하면서 발생한 사건이었다. 다시 말하면, 케임브리지에서는 어느 정도는 신학적인 통일성을 강조하는 시도가 있었지만, 실제로는 다양성을 존중하고 최대한의 자유를 허용하고 있었다. 그러나 다양성의 용인은 때로 과도한 남용으로 흘러 버리고 만다. 1590년대 중반에 프랑스로부터 피신해 온 피터 바로(Peter Baro) 교수와 젊은 설교자 윌리엄 바렛(William Barrett)이 케임브리지 대학에 지나치게 자유로운 교리를 소개하였다. 이들에 의하면, 그리스도는 모든 사람의 구원을 가능하게 만들기 위해서 죽으셨다는 것이다. 결국 구원을 받지 못하도록 예정된 사람들은 거의 없다고 주장했다.

이들의 주장은 훗날 알미니안들이 돌트 총회에서 주장한 것과 대동소이하였다. 이들 두 사람의 주장은 정통파 칼빈주의자들에게는 엄청난 충격이었다. 인간 의지의 자유를 중요시하고 구원을 얻는 데 있어서 인간의 행동에 중요성을 부여하는 사상이, 또 다시 무시할 수 없는 지지자들 속으로 퍼져 나가고 있었기때문이다. 윗기프트를 중심으로 한 신학자들이 런던의 램버트 궁전에 모여서 예정론을 보다 분명하게 천명하는 9개 조항으로 된 램버트 신앙 조항을 만들었다.

이들은 '39개 조항'에 예정론이 너무나 모호하다는 점을 지적하고 일련의 논문을 윗기프트 대주교의 주도하에 발표하게 된 것이다. 엘리자베스 여왕이 이를 받아 주지 않아서 공식적으로 채택되지는 못했지만, 1615년에 만들어진 아일랜드 신앙고백에는 채택되었다. 결국, 젊은 바렛은 해외로 나가서 로마 가톨릭으로 귀의하여 평신도가 되고 말았다. 이 사건이 있은 후에 바로의 제자인 존 오버올(John Overall)이 케임브리지의 교수가 되었다가 런던 대학으로 옮겨 갔다.

리들리, 브래드포드, 그린햄

윗기프트의 스승 니콜라스 리들리(Nicholas Ridley, 1500-1555)도 역시 케임브리지에서 수학하였고, 1524년에 교수가 되었으며, 프랑스 소르본느와 벨지움의 루뱅 등 여러 곳을 여행하면서 대륙 종교 개혁의 현장에서 토론되던 문제들을 섭렵하였다. 다시 1530년에 케임브리지에 돌아온 후에는 성경을 열심히 읽었고, 가슴에 깊은 감동을 입고 종교 개혁을 받아들였다. 크랜머 감독을 설득하여 종교 개혁을 받아들이게 하였고, 크랜머는 라티머 대주교에게 영향을 미쳤다.

1545년부터 리들리는 당대 최대의 문제였던 화체설의 오류를 확신하게 되었다. 그가 주장한 성만찬에 대한 문자적 해석이 『공동 기도서』 (1549)에 담겨지게 되었고, 돌로 만들어진 제단을 철폐하고 나무로 만들어진 성찬상을 강단에 설치하는 개혁을 단행했다. 그는 사회 문제에 대해서 적극적으로 개입하는 설교를 주저하지 않았으며, 마침내 종교 개혁의 불꽃을 밝히고 라티머 감독과 함께 1555년에 화형대에서 순교하였다.

철저하게 칼빈의 신학에 영향을 입은 존 브래드포드(John Bradford, 1510-1555)는 케임브리지 대학에서 1549년 석사 학위를 받고, 모교에서 가르치게 되었다. 마틴 부써와 친구로서 종교 개혁 사상을 주장하면서도 동료들과는 달리 항상 온화하고 부드러운 성품이 돋보이던 신사였다. 메리 여왕의 박해 시대에 에드윈 샌디스, 리들리, 휴 라티머, 토마스 크랜머 등과 함께 런던 탑에 투옥되었다가, 스미스필드에서 화형당하였다. 한 사람의 희생만으로도 깊은 감동을 받게 되는데, 젊은이들과 그들의 학부모들은 모두 다 케임브리지 대학의 교수진으로부터 도덕적으로, 신앙적으로 깊은 영향을 입고 있었으므로, 비록 교수진과 지도자들이 역사에서 사라져도 쉽사리 사라지지 않는 진한 영향을 남기게 되었다. 리들리와 브래드포드는 구체제 속에 들어 있던 새로운 사상가들이었다.

케임브리지 칼빈주의자 가운데 리처드 그린햄(Richard Greenham)은 1570년부터 드라이 드레이톤이라는 마을의 교구 목사로 열심히 성도들을 섬기고 헌신적으로 목회하며 열성적으로 설교하였던 바, 명예를 추구하지 않고 살았지만 유명인사가 되었다.[28] 케임브리지의 학생들과 여러 지역에서 찾아오는 방문객들은 그에게 경건한 생활과 검소한 삶을 배웠다. 그러나 1588년 그는 자신의 교구 목사직을 사임하였는데, 거의 20년간 목회했음에도 불구하고 자신이 회심시킨 것이 단지 한 가정뿐이라는 사실에 깊은 반성을 한 결과였다.

그러나 정작 그가 목회지를 떠난 이유는 논쟁을 피하고 싶었기 때문이었다. 점차 엘리자베스 여왕의 통치 후반기에 이르면서 강압적인 조치들이 그로 하여금 고통을 주었다. 그의 감독 리처드 콕스(Richard Cox)는 청교도들의 반항이 애국심이 부족한 탓이라고 격분해 있었기

---

28 John H. Primus, *Richard Greenham: Portrait of an Elizabethan Pastor* (Macon, Ga.: Mercer University Press, 1998).

때문이다. 물론 콕스 감독도 엘리자베스의 명령에 무조건 복종하려 했던 것은 아니었다. 그린햄은 런던에 있던 한 평신도의 후원으로 살아 갔다. 훗날 콕스는 "나는 나 자신에게 그리고 이 나라 사람들에게 십자가에 달리신 그리스도를 선포하는 것에만 유일한 관심이 있습니다"라고 쓴 그린햄의 편지를 보고 깊은 감동을 받았다.

윌리엄 퍼킨스, '케임브리지의 칼빈'

1640년 이전까지 영국 칼빈주의자들은 대학을 중심으로 신학의 갱신을 도모하였을 뿐, 자신들을 지지하는 정치 제도를 만들어 내고자 하지 않았다. 교단의 통일성이나 성찬의 통일마저도 성취하지 못했다. 다만 개인적인 경건에 열심을 다했다. 신앙적으로 영원한 운명에 대해 두려움을 느끼는 사람들이 경건하고 거룩한 생활의 증거를 붙잡고 구원의 확신을 도모하고자 했다. 그런 사람들에게 답변을 제시한 가장 조직적이고도 체계적인 저술가는 윌리엄 퍼킨스(William Perkins, 1558-1602)였으며, 유럽 전체에 널리 알려진 '케임브리지의 칼빈'이었다.

그는 자신의 모교(Christ's College)에서 1584년부터 죽을 때까지 열정적인 강의와 설교, 저술로 타의 추종을 불허할 정도로 업적을 남겼다. 그에게서 영향을 입은 제자들의 활동을 통해서 영국에 칼빈주의가 뿌리를 내리는 데 결정적인 역할을 하였다. 그는 칼빈이나 리처드 후커에 조금도 뒤지지 않는 권위와 학식을 자랑하는 17세기 가장 위대한 칼빈주의자로 손꼽히고 있다. 그의 명성은 죽은 후에도 높이 인정을 받았는데, 1608년부터 1635년 사이에 약 2,500쪽에 달하는 방대한 그의 책이 무려 여덟 번이나 인쇄를 거듭하는 경이적인 기록을 남겼다.

그의 영향은 대서양을 건너 뉴잉글랜드 청교도 이민자들에게로 퍼져 갔다. 초기 뉴잉글랜드 청교도들의 글을 읽어 보면, 퍼킨스의 영향이

청교도주의의 새로운 발전을 이룩한 윌리엄 퍼킨스.

뚜렷이 드러난다는 사실을 부인할 수 없다. 그에 대한 찬사는 영어를 사용하는 나라들에 제한되지 않았다. 그의 글은 거의 다 번역되어 모든 개혁주의 교회들에 보급되었다. 그는 당대 최고의 강사로 손꼽혔던 것이다.[29]

그는 성경에 기초한 매우 실천적 신학을 저술로 남겼는데, 주기도문 강해, 사도신경 강해, 그리고 『소명에 대한 논증』(Treatise on Vocations)을 통해서 하나님이 자신에게 주신 직업에 최선을 다하라고 평신도들을 격려하였다. 그의 첫 번째 '규칙'은 "모든 계층, 모든 나라, 모든 성별, 상태를 불문하고 단 하나의 예외도 없이, 모든 사람들이 분명한 특별 소명과 개인적인 소명을 갖고 살아 가야 한다"는 것이었다.

그러나 좀 더 정확히 말하자면, 그는 베자의 신학을 거의 그대로 모방하고 있었으므로 '케임브리지의 베자'였다고 하는 것이 옳을 것이다. 그는 칼빈의 시대와는 다른 분위기에서 신학을 전개했기에, 신비로 남겨 둔 예정론과 같은 주제에 대해 좀 더 완벽한 설명을 시도했고, 이는 베자의 신학을 그대로 받아들인 결과였으며, 그의 책의 주요 부분은 예정론에 할애되어 있다.[30]

---

29 Perry Miller, *Errand into the Wilderness* (Cambridge, Mass.: 1956), 57.
30 William Perkins, *The Work of William Perkins*, ed. with an introduction by Ian Breward. (Appleford, England: Sutton Courtney, 1970).

그렇다고 해서, 케임브리지 칼빈주의자들이 습관적으로 이중 예정론(하나님은 소수의 사람들만을 천국에 가도록 선택하기로 예정하시고, 다수는 영원히 지옥의 고문 속에 던져 버리시기로 결정지으셨다)을 강론하면서 어두운 분위기에서 설교했다고 속단하는 것은 공정한 평가가 아니다. 잠간 동안 육체로 머무는 기간이 지나고 나면 모든 영혼들이 사후에 가게되는 미래의 영원한 상태에 대해서 청교도들은 지대한 관심을 가지고 있었고, 영원에 대한 모든 해석들은 칼빈주의적인 전통에 따라서 주어졌다. 왜냐하면 칼빈주의적인 내세관이 성경에 입각한 것이라고 확신했기 때문이다.

퍼킨스의 저술로 널리 알려진 책 『황금 사슬』(The Golden Chain or the Description of Theologie, 1612)에 들어 있는 도표는, 사슬이 서로 연결되어 있듯이 하나님의 작정과 예정 교리를 순서대로 도식화한 것으로, 이는 베자의 타락 전 선택설에 근거하고 있다. 퍼킨스의 도표는 당시 성도들이 너무나 무지한 대중들이었으므로 쉽게 설명하고자 고심하면서 나온 목회적인 동기가 있음을 간과해서는 안 된다.[31] 그는 하나님의 영원하신 목적과 그리스도의 인격 안에 있는 구원을 로마서 8:29-30에 있는 연속적인 '황금 사슬' 안에 묶여 있는 것으로 파악하였다. 비록 오늘날에는 다소 경직되어 보이고 기독교 구원 교리를 너무 간단하

---

31 *The Works of William Perkins*, 3 vols (London: Vniuersitie of Cambridge, 1612). 특히 "황금 사슬"이란 책은 다음과 같이 아주 긴 설명으로 되어 있다. Golden Chaine: or the Description of Theologie. Containing the Order of the Causes of Salvation and Damnation, According to God's Word. A View whereof is to be Seene in the Table Annexed. Hereunto in Adjoyned the Order which Mr. Theodore Beza Used in Comforting Afflicted Consciences (London: Published by John Legatt, 1635). Sinclair B. Ferguson, *The Holy Spirit* (Downers Grove: IVP, 1996); 김재성 역, 『성령』 (서울: 한국기독학생회출판부, 1999), 112.

게 단순화시킨 것이라고 해서 잘 알려지지 않고 있지만, 퍼킨스는 그 후 시대의 청교도들에게 가장 많은 영향을 끼친 신학자였다. 그의 책들은 마치 따끈한 케이크나 맛있는 피자처럼 대중들에게 팔려 나갔다. 물론 오늘날에 평가하여 볼 때에 구원 교리를 이런 연속적인 인과 관계로 이해하는 것은, 스스로 닫힌 형태의 문제점을 가지고 있고 또 그리스도의 역할과 사역이 소홀히 취급되는 등의 어려움이 제기되고 있다. 퍼킨스의 사슬 모델에는 그리스도의 객관적인 성취와 성령의 내적인 사역이 전혀 개입할 여지가 없다. 그리고 그가 제시한 본문은 구 원의 서정에 관한 것이라기보다는 구원으로 말미암는 복의 풍성함과 충만함에 관한 언급으로 해석되고 있다. 만일 바울이 구원을 받는 전과정을 순서대로 말하였다면, 성화는 어찌하여 생략되어 있으며 중생에 대한 언급도 없는 것일까?

이 시대에는 성령의 사역으로 인해서 그리스도와 연합되어 있다는 인식이 부족하였고, 오직 주님의 사역의 열매들이 원인과 결과라는 사슬 형태의 상호 관련성으로만 이해하려 했기에 많은 부분이 생략되어 버렸다.

칼빈이 하나님의 영광을 목표로 삼고 항상 삼위일체 하나님을 신학의 핵심으로 생각하고 있었다면, 이에 기초하여 퍼킨스는 예수 그리스도를 통해서 죄인을 위해 구원의 방법들을 예비하신 하나님에 대해서 집중적인 관심을 가졌다고 볼 수 있다. 따라서 구원의 프로그램과 계획에 대한 연구에서 좀 더 명쾌한 답변을 제공하고 하였다. 구원이 믿음으로 주어지는 것이라면 그리고 믿음이란 성령의 역사로 인해서 성도들에게 주어진다는 것이 칼빈의 강조점이었다면, 내가 참된 믿음을 가지고 있음에 대해서 어떻게 확신을 할 수 있느냐는 것이 퍼킨스와 그의 시대의 과제였다. 여기서, 어떤 사람은 구원으로 선택되었고 어떤 이는 영원한 형벌로 유기되었다는 예정의 지식이 요청되는 것이다. 구원의 확신을 믿음으로부터 얻으려면, 믿음이라는 기초적인 도구에서 출발하여 구원을 주시는 그리스도에 대한 이해와 신뢰를 갖고, 여기서 자라나서 구원의 순서와 방법에 따라 자라 가야 한다는 것이다.[32]

퍼킨스는 "무지한 사람들"을 위한 교리 문답에서 기독교 신앙을 여섯 가지로 압축하였다. 이는 여섯 개의 질문과 여섯 가지의 답변으로 구성되어 있다.[33] 첫번째 원리는 하나님은 창조주이며 만물의 통치자라는 것이다. 둘째는 인간은 무가치한 죄인이며 영원한 저주에 해당한다. 셋째는 처음 두 가지로부터 나오는 결론인 바, 예수 그리스도이다.

> 문 이 저주받을 상태에서 벗어나기 위해서는 어떤 방법이 있는가?
> 답 예수 그리스도뿐이다. 하나님의 영원한 아들이요, 인간이 되사 십자가에 죽으시고 자신의 의로써 인간의 구원을 위해 필요한 모든 것들을 완벽하 게 스스로 성취하신 분이다.

네 번째 질문과 답변에서는 이를 더 보충하였다.

> 문 그리스도와 그의 은택을 입기 위해서 어떤 것이 필요한가?
> 답 회개하는 겸손한 마음을 가진 사람이 되어야 하는데, 오직 믿음으

---

32 Richard A. Muller," Perkins' A Golden Chaine: Predestinarian System or Schematized Ordo Salutis?" *Sixteenth Century Journal 9* (1978):69-81.

33 William Perkins, *The Foundation of Christian Religion*, Gathered into Six Principles. And it is to be Learned of Ignorant People, that They may be fit to hear Sermons with Profit, and to Receive the Lords Supper with Comfort (Printed by John Legatt, 1635), 1-3.

로만 그리스도의 모든 은택들을 자신에게 적용시킬 수 있고, 감사하게 되며, 하나님 앞에서 의롭다 하심을 입고, 거룩하게 된다.

퍼킨스는 그리스도가 유일한 독생자로서 선지자의 직분을 수행하여 하나님의 말씀을 계시하였고, 여기에 모든 구원의 수단들이 들어 있으며, 그분이 제사장 직분을 수행하여 이런 은택들이 가능하도록 만들었다고 가르쳤다. 따라서 믿음에 의해서 구원의 감격과 기쁨이 전달되는 것이요, 비록 그 믿음이라는 것도 구원의 서정에서 볼 때 자라 가는 과정에 있지만, 모든 질문의 첫 번째 부분에 해당하는 것이 되었다.

윌리엄 에임즈

케임브리지 대학의 그리스도 대학에서 퍼킨스의 제자로 영향을 입은 윌리엄 에임즈(William Ames, 1576-1633)는 성직자 가운을 입기를 거절하고 철저하게 청교도로서 살았다. 그는 카드놀이에 대한 강도 높은 비판 설교를 통해서 케임브리지 학생들의 존경을 한 몸에 받았다. 우리는 그의 신학이 칼빈의 『기독교 강요』를 계승하면서도 자못 다른 방법론을 가지고 있음에 대해서 주목할 필요가 있다. 에임즈는, 심지어 퍼킨스까지도, 제목과 부제목을 가진 주제들을 다루고 각 항목마다 질문과 답변 형식으로 객관적인 설명에 주력하는 방법을 채택하여, 논리적인 논쟁을 통해서 그리고 복잡한 추론으로 골치 아픈 주제들을 설명하고자 하였다.

에임즈는 퍼킨스가 죽은 후에 케임브리지에서 영향력을 발휘했으나, 콜체스터에 있는 교회의 목사로 임명을 받을 수 없게 되자 더 이상 영국에 남아서 일할 수 없음을 파악하고 네덜란드로 이주하였다. 라이덴에서 그는 항의파들과 접전하였고, 타락 전 선택설을 강조하여 돌트 총회에서 칼빈주의 신학의 건설에 이바지하였다. 1622년에 프라네커 대학(Franeker University)의 신학 교수가 되어 영향력과 명성을 널리 떨쳤다. 이 학교에서 거의 십여 년 동안 봉직하다가, 후에 로테르담에 있던 영국 교회에서 목회하였다.

에임즈는 비록 자신의 중요한 시절에 영국을 떠나서 외국에 거주하고 있었지만, 그럼에도 불구하고

윌리엄 에임즈.

그의 영향력은 매우 컸다. 앞서 언급한 바와 같이, 그의 주요 저서들은 널리 읽혀졌고 17세기 영국 칼빈주의를 형성하는 결정적인 요소로 작용하였다.

인간에게는 자신의 구원을 결정할 능력이 주어져 있지 않다고 그는 확신했다. 단지 구원으로 선택된 자들이 사실상 획득하게 될 방법과 과정에 대해서 설명할 수 있을 뿐이다. 그는 돌트 총회에서 매우 영향력을 발휘하였으며, 그의 저서 『신학의 정수』(The Marrow of Theology)는 목회자들과 성도들이 읽어야 할 신학의 교과서가 되었다.[34] 이 책 23

---

34 W. Ames, *The Marrow of Sacred Divinity*, Drawne out of the Holy Scriptures, and the Interpreters thereof, and Brought into Method. Whereunto are Annexed Certaine Tables Representing the Substance and Heads of All in a Short View, Directing to the Chapters where they are Handled. As also a Table Opening the Hard Works therein Contained. A Works Useful for this Season (London: Printed by Edward Griffin for John Rothwell at the Sun in Pauls-Church-yard, [n.d.]); ed., by, J.E. Eusden, ed. (1623, Latin, and English; 1968 reprinted). Keith L. Sprunger," Ames, Lamus, and the Method of Puritna Theology", *Harvard Theological Review* 59 (1966): 133-51. idem, *The Learned Dr. William Ames* (Urbana, IL: 1972).

장에서 에임즈는, 하나님은 만물을 주관하는 주인이시고 인간은 원죄와 자범죄를 범하고 있으며 그리스도는 죄를 이기기 위하여 양자간에 다리를 놓으셨다고 설명하였다. 그는 이런 교리적인 지식들이 인간으로 하여금 그리스도의 사역이 자신들에게 어떻게 적합한가를 제기하게 만든다고 보았다. 그래서 제24장에서 '그리스도의 적용'이란 제목하에 앞서 제기한 질문에 대해 답변하려는 목적으로 구원의 서정(order of salvation)을 설명하였던 것이다.

퍼킨스와 에임즈의 신학에서 중요시된 몇 가지 주제들은 하나님을 아는 지식, 인간 자신에 대한 지식, 언약과 믿음, 구원의 확신으로 집약해 볼 수 있다. 퍼킨스의 『황금 사슬』이나, 에임즈의 『신학의 정수』나 모두 칼빈의 『기독교 강요』와 비슷한 구성으로 이루어져 있다. 칼빈은 『기독교 강요』에서 하나님을 아는 지식을 기초로 하여 구원의 도리를 설명하였다. 하나님을 아는 지식은 구속주 예수 그리스도 안에서 계시된 지식이므로, 결국 구원에 관련된 지식이라고 볼 수 있다. 하나님을 아는 지식이 따로 떨어져서 독립된 것이 아니라, 어떻게 그리고 어디서 하나님을 아는 지식을 얻느냐는 문제와 연관을 맺고 있다. 그것은 곧 가톨릭에서 광범위하게 용납한 자연 신학을 거부하고 오직 성경에서 증거하는 것으로 한정하며, 예수 그리스도를 통하여 자신을 계시하신 하나님을 믿음으로 인정하는 것은 성령의 은혜로운 선물이라는 점이다.

리처드 십스, 어셔 감독, 존 호웨

그밖에도 칼빈주의자로 기억될 만한 인물로는 리처드 십스(Richard Sibbes, 1577-1635)와 돌트 총회에 영국 칼빈주의자들의 공식 대표로 참가한 존 데이브넌트(John Davenant, 1576-1641)를 꼽을 수 있다. 십스는 퍼킨스의 후계자인 폴 베인즈(Paul Baynes)의 감화를 받아 케임브리지를 졸업하고 존경받는 강사로 인정을 받았다. 한동안 로드 감독의 박해로 트리니티 대학에서 쫓겨났지만, 다시 어셔 감독의 도움으로 복귀하였다. 십스는 박해를 받으면서도 영국 성공회를 떠나지 않고 머물러 있으면서 칼빈주의 신학을 전파한 온화한 설교자이자 교수로서, 17세기 초반 정치적인 혼란 속에서 중요한 역할을 수행하였다.

케임브리지에서 활동한 인물은 아니지만 어셔 감독(James Ussher, 1581-1656)을 들 수도 있는데, 그는 성경의 연대를 도표로 작성하여 인기가 높았다. 그는 문자적으로 구약 성경의 연대를 합산하여 창조 연대를 B.C. 4004년으로 계산하였다. 그는 케임브리지 출신이 아니라 아일랜드 사람이지만 신학이나 교회사에 대한 해박한 지식을 가지고 있던 최고 수준의 학자였다. 어거스틴주의자로 중세에 활동했던 고트샬크에 대한 중요한 저술을 발표하기도 했다.

존 호웨(John Howe, 1630-1705)는 케임브리지에서 랄프 쿠드워드(Ralph Cudworth)와 헨리 모어(Henry More)에게 감화를 받았고, 옥스퍼드에서 수학하는 동안 칼빈주의 신학자 토마스 군윈에게 영향을 입으면서 성장하였다. 그는 올리버 크롬웰과 리처드 크롬웰의 통치 기간 동안 군목으로 활약하면서 장로교회와 회중교회의 통합을 위해서 진력하였다. 물론 그의 꿈은 이루어지지 않았고, 결국 그는 체포되어서 옥고를 치르다가 망명하였다. 존 오웬과 함께 17세기에 가장 뛰어난 영국 칼빈주의자로 손꼽히던 그는 끝까지 성공회와 타협을 거부하고, 장로교회가 충분히 받아들여지는 정책을 세우려는 희망을 포기하지 않았다.[35] 『잃어버린 영혼을 위해 구속주가 흘린 눈물』(The Redeemer's

---

35 Alexander Gordon, "Howe, John," The Dictionary of National Biography X:8-88.

Tears Wept over Lost Souls)에서 호웨는, 하나님의 존재에 대한 증명을 논하고 이에 기초하여 구속주로서 하나님을 아는 지식으로 나아갈 수 있다는 체계를 세웠다.

청교도 신학의 공통점과 다양성

공통적 특징들

신학적으로 볼 때 케임브리지 칼빈주의자들의 특징은 두 가지 측면으로 구분해 볼 수 있다. 첫째는 매우 조직적이요 논리적인 구조를 가진 신학을 구성하려 했다는 점이다. 이것은 베자의 영향과 프랑스 개신교 철학자 피터 라무스의 영향으로 인해서 초래된 것이다.[36] 그래서 하나님의 작성의 순서를 논리적으로 자세히 설명하고자 했다. 이때에 주로 다룬 것이 구원의 확신 문제(assurance of faith)였다.

둘째는 이런 매우 고답적인 신학의 주제들을 실제적으로 적용하는 문제, 다시 말하면 경험주의(experimentalism)가 대두되는 계기를 마련하였다는 점이다. 그들 중 체험적인 설교자들과 저술가들은 감정의 의도와 생각들을 집중적으로 연구하였다. 퍼킨스나 에임즈는 결의론(casuistry), 즉 어떤 특정한 윤리적인 문제에 있어서 일반적인 법칙을 적용하는 논의에 대한 매우 영향력 있는 저술을 남겼다.

에임즈는 『양심의 유형들』 제2권 1-2장에서 인간이 죄인임을 밝히고, 3장에서는 회심하지 않는 자들에 대해서 경고하며, 4장은 회심하려

---

36 Donald McKim, *Ramism in William Perkins' Theology* (New York and Bern: Peter Lang, 1987).

면 죄인이 스스로 어떻게 준비해야 하는가를 말하고 있다.[37] 믿음이 그리스도의 구속 사역을 죄인에게 적용하는 최종적인 근거로 형성된 것이라면, 에임즈는 "그리스도 안에서 참된 믿음을 얻기 위해서 사람이 무엇을 해야 하는가"라는 질문에 대해 상세한 답변을 제시하고 있다. 칼빈이 다소 희미하게 남겨 둔 문제점들에 대해서 보다 정확하고 분명한 해답을 찾으려는 것이 퍼킨스와 에임즈의 방법론이었다.

끝으로, 청교도들이 기독 신자의 생활에 대한 새로운 전망을 가질 수 있도록 생산적인 작업을 하게 만들었다. 청교도들이 기독 신자이자 특히 칼빈주의자들이었다고 볼 때 가정, 노동, 직업 등에 대한 인생관과 세계관을 빼놓고는 그들을 생각할 수 없다.

1600년에서 1700년 사이 성공회는 주로 왕실을 비롯한 상류층에서, 칼빈주의적인 장로교회는 중류층에서, 독립 교파들은 하류층에서 널리 퍼져 나갔다. 엘리사 콜스(Elisha Coles, 1608-1688)의 저술들은 존 오웬과 토마스 굿윈이 높이 추천하던 최고의 칼빈주의적 교재였다. 토마스 굿윈이 옥스퍼드 대학교 막달렌 대학 학장에 재직하는 동안 그는 교수진으로 임명을 받아 굿윈과 함께 활약하였다. 콜스는 원래 종합적인 신학 체계를 저술하려고 한 것이 아니었지만, 그의 『하나님의 주권에 대한 실제적인 설명』(1636)은 19세기 중반까지 계속해서 널리 읽혀졌다. 여기서 그는 하나님의 주권을 철저히 옹호하면서 하나님의 작정과 선택, 그리고 택함받은 백성들에 대한 보호하심과 구원론의 각 항목들을 설명하였다.

1610년부터 1640년까지 다시 영국 스튜어트 왕가에서는 수 차례

---

37 W. Ames, *Conscience with the Power and Cases thereof. Divided into V. Bookes* ([출판 장소가 명기되어 있지 않음], 1639). vol. II:8-12.

정권이 바뀌었다. 그에 따라 정치적인 위협으로 간주된 수많은 칼빈주의 청교도들이 신대륙으로 건너가서 새로운 세계를 건설하는 이상과 꿈을 갖게 되었다.[38] 기라성같이 수많은 칼빈주의자들의 사상을 기억해야 할 것인데, 특히 뉴잉글랜드 칼빈주의자로 주목해야 할 지도자로는 토마스 쉐퍼드(Thomas Shepard, 1605-1649)를 들수 있다. 그는 "복음의 빛을 가장 효과적으로 비춘 목회자"였다는 평가를 받았다.[39]

그의 부친은 상업을 기반으로 부자가 되었을 뿐만 아니라 철저한 칼빈주의자였다. 그가 열 살 때에 아버지가 사망하자 큰형의 도움으로 케임브리지에서 수학한 쉐퍼드는 프레스톤(Preston) 박사의 교훈에 크게 감동하여 회심하게 되었다. 로드 감독이 강력한 성공회 정책을 추진하는 동안 가족과 함께 미국으로 이민하여 1635년부터 뉴타운 교회의 목사로 활약하면서, 그곳에 오늘날의 하버드 대학을 설립하는 데 중요한 기여를 하였다. 또한 이곳에서 벌어진 안느 허친슨의 율법 폐기론 재판 과정에 중요한 역할을 감당하였다. 그는 참된 복음과 순수한 기독교를 칼빈주의 신학 체계에 입각하여 선포한 매우 실천적인 지도자였다.

장로교회 체제

영국 칼빈주의자들 대부분이 교회의 청결, 곧 교리적으로 순결한 교회를 건설하고자 노력했다. 따라서 그들은 '청교도'(깨끗하게 하려는 자들)라고 비아냥거림을 받았다. 그러나 그들 모두가 다 똑같은 교회 정치

---

38 뉴잉글랜드 칼빈주의의 역사를 광범위하게 기술한 다음 책을 참고할 것. Perry Miller, "Marrow of Puritan Divinity", in *The Publications of the Colonial Society of Massachusetts* (Boston: Published by the Society, 193), 250-251.

39 John A. Albro, *The Life of Thomas Shepard* (Boston: Massachusetts Sabbath School Society, 1847), 13.

체제를 신봉하고 있었던 것이 아니다. 그 이유 중 하나는 영국 종교 개혁 운동이 유럽의 영향을 다양하게 흡수하였기 때문인데, 교회 갱신의 방침도 통일되기 어려웠다.

케임브리지 칼빈주의자들 중 일부에서는 성공회의 개혁이 좀 더 발전하여서 교회 정치의 감독 체계를 획기적으로 바꿔야 한다고 주장했다. 그들은 제네바와 스코틀랜드 에든버러에서 하는 것과 같은 체제를 원했다. 그들은 감독들에 의해서 통합적으로 산하 교회를 지배하는 방식(Episcopalism)과 국가의 최고 권력 밑에 교회가 지배를 받아야만 한다(Erastianism)는 생각 모두를 거부하였다. 또한 예배를 예식서에 따라서 드려야 한다는 성공회의 주장을 거부하였다.

1570년부터 1590년 사이에 케임브리지 대학에 머물렀던 학생들은 모두 228명이었고, 이 기간은 토마스 카트라잇의 생애와 밀접한 연관을 맺고 있던 시대였다. 특히 1565년부터 1575년까지 약 10년 동안은 케임브리지 칼빈주의가 가장 번영했던 시대였다고 해도 과언이 아니다. 그러나 이들이 모두 다 장로교인이었던 것은 아니다. 케임브리지 청교도들의 일차적인 관심은 교회 정치 제도에 있었다기보다는 오히려 실제적인 경건을 더 강조하였다.[40]

토마스 카트라잇(Thomas Cartwright, 1535-1603)은 가장 중요한 초창기 장로교 신학자이지만, 화려한 업적을 남기지 못한 채 항상 대립된 사람들의 고소로 인해 피해를 입음으로써 비운에 그친 안타까운 생애를 마쳤다. 그는 케임브리지를 졸업한 후(1547) 메리 여왕의 등극으로 영국을 떠나 있다가 케임브리지 트리니티 대학의 교수로 취임하여

---

40 Collinson, "The First Presbyterians", in *The Elizabethan Puritan Movement*, 128.

(1562) 칼빈주의자로서 널리 개혁주의 신학을 보급하는 데 앞장섰다.

특히 1570년의 강의는 영원히 잊지 못할 사건을 만들어 내었다. 사도행전의 처음 두 장에 대한 강연을 통해서 그는 영국 교회의 제도와 구조가 초대교회와 가장 밀접하게 되도록 개혁해야 할 것을 주장하였다. 그리고 유럽 대륙의 중요한 개혁 도시에서와 같이 확실하게 개혁되어야 하며, 감독들은 순수하게 교회와 영적인 일에 관한 권한만을 행사해야지 세속 법관과 같은 권세를 부려서는 안된다고 강조하여, 매우 큰 반향을 불러일으켰다. 케임브리지 대학교 트리니티 대학의 윗기프트는 이에 응수하여 대학 행정 당국의 권한을 대폭 강화시켰다.

그리고 고위 행정 당국자가 처벌권을 가지는 것에 반대하는 것은 급진적인 권위에의 도전 행위로 간주되어서, 카트라잇으로 하여금 해외로 떠나라는 압력을 가하였다. 이것은 교회의 성직 제도에 대한 도전으로 비화될 가능성이 있는 것으로 보였다. 엘리자베스 여왕의 통제를 받는 성공회 제도를 비판할 뿐만 아니라 장로교 제도의 정착을 위해서 노회를 조직하는 일에 실질적인 지도자로 나섰기 때문이다. 비록 다양성이 있지만 상당수의 케임브리지 대학 신학자들이(Edmund Chapman at Trinity College, Robert Some at Queen's, William Chart at Peterhouse, John Millen at Christ's) 카트라잇의 입장에 동조하던 편이었다. 그러자 부총장이던 존 윗기프트가 그를 교수 직에서 해직시켰고(1570), 트리니티 대학에서도 면직을 당하였다(1571). 윗기프트는 국가와 교회가 동시에 필요하다는 논지를 내세워서 성공회 제도를 변호하였다.[41]

1571년 카트라잇은 제네바의 베자와 함께 얼마간 지낸 후에 다시

---

41 D.J. McGinn, *The Admonition Controversy* (New Brunswick, N.J.: 1949).

영국에 돌아왔으나 다음해 존 필드와 토마스 윌칵스가 장로교 제도를 요청하는 『국회에의 청원』(Admonition to Parliament)을 제출하여 소란이 일어나자, 다시 하이델베르크와 안트워프로 피신하여 잠시 영국 피난민 교회의 목회자로 활동하였다. 1585년에 윌리엄 세실의 보호 아래 다시 귀국한 카트라잇은 장로교회 제도를 정착시키는 데 모든 열정을 쏟아 부었다. 그러나 팜플렛이 널리 유포되어지자 카트라잇과 다른 여덟 명의 뛰어난 칼빈주의자들은 정치적으로 매우 위험스러운 인물로 지목받아서 1590년 존 아일머 주교에 의해서 체포되었다. 이들을 더욱 곤란하게 만든 것은 자칭 그리스도라는 어떤 광신주의자가 나타나서 이들이 스스로 감옥에서 나올 것이라고 예언한 일이었다. 그러나 이들은 변호사의 도움으로, 아무런 해를 끼치지 않은 것이 입증되어서, 석방되었다.

남은 생애에도 계속되는 어려움이 많았으나 카트라잇은 자신의 소신을 결코 굽히지 않았다. 그는 영국 감독의 권한에 속하였으나, 그러나 멀리 떨어져 있던 조그만 섬에서 칠 년 동안 조용히 보내다가 고향에 돌아와서 죽었다.[42] 다소 유식함을 드러내는 그의 글은 제자들에게 지속적으로 교회 제도에 대한 경고를 하고 있다.

카트라잇이 마주쳐야 했던 또 다른 경쟁 상대는 전에 그가 대립했던 국교회 윗기프트와는 전혀 인물이었다. 분리주의자 로버트 브라운(Robert Browne, 1553-1633)과 브라운주의자들이, 제도권에서 완전히 자유로운 새로운 교파를 형성하고 영국 교회를 더욱 확실히 개혁할 것

---

42 Andrew. F. Scott Peason, *Thomas Cartwright and Elizabethan Puritanism, 1553-1603*(Cambridge: Cambridge University Press, 1925). 이 책은 장로교회적인 청교도 운동의 전개 과정을 가장 잘 설명하는 독보적인 연구서이다.

을 주장하고 나섰던 것이다. 원래 브라운은 케임브리지에서 카트라잇에게 영향을 입고 장로교회를 받아들였다.

그러나 좀 더 권력으로부터 확실하게 자유를 보장받는 교회를 세울 것을 주장하다가 설교를 금지당했고(1580), 네덜란드로 피신하여 있었다. 그 후 다시 귀국하여 존 윗기프트와 타협한 후에 노트햄톤에서 안수를 받고(1591) 나머지 43년간을 그곳에서 목회하였다. 마지막에는 지역 경관에게 대든 죄목으로 감옥에 갇혀 있다가 죽었다. 이러한 '영국 회중교회의 아버지'로 불려지는 브라운과의 경쟁은 일생 카트라잇의 과제였다. 카트라잇은 1590년에 감옥에 갇혔다가 다시 풀려나서 노년을 워익(Warwick)에서 존경받는 교구 목사로 생을 마쳤다.

장로교회는 점차 언약 신학을 가장 핵심적인 교리로 주장한다. 이런 변화를 주도한 신학자는 요한 볼(John Ball)이었다. 언약 신학은 베자보다는 쮜리히의 개혁자 불링거의 신학에서 큰 영향을 입었다. 리차드 백스터(Richard Baxter, 1615-1691) 역시 장로교회 형성에 중요한 역할을 하였다. 그는 모든 교회 제도를 수용하고 서로 화합을 도모하는 일에 최선을 다했다. 그가 쓴 저술들은 청교도들에게 지대한 영향을 미쳤는데 『회심하지 않는 자의 초대』(A Call to the Unconverted), 『개혁주의 목사』(The Reformed Pastor), 『성도의 영원한 안식』(The Saints' Everlasting Rest) 등이 그것이다. 특히 그의 자서전은 무려 100여 권이 넘는 저술들 중에서 가장 많이 읽혀지고 있다. 그밖에도 설교와 팜플렛 등이 많이 남아 있다.

회중교회의 청교도주의

로마 가톨릭을 대치할 만한 교회 제도로서 장로교회 체제를 받아들이지 않는 사람들도 많았다. 특히 어떤 교회 체제에 얽매이지 않고 자유롭게 신앙생활을 하기 원하던 사람들의 뿌리에 '재세례파'(Anabaptists)라고 불리던 그룹이 있다고 주장하는 사람들이 많은데, 그렇다고 영국 회중교회(혹은 독립교회) 운동에 참여한 이들이 세례의 방법으로 침수를 주장한 사람들은 아니었다. 그러나 다음의 두 사람은 회중교회적인 청교도의 대표 신학자로 새겨둘 필요가 있다.

회중교회적인 칼빈주의자로 각광을 받았던 사람은 토마스 굳윈

토마스 굳윈.

(Thomas Goodwin, 1600-80)이다. 십스(Richard Sibbes, 1577-1635)와 존 프레스톤(John Preston, 1587-1628)의 영향을 입은 토마스 굳윈은 탁월한 성경 해석과 설교자로서 영향력을 발휘하였다. 이들의 저술과 설교의 영향으로 일반 대중들도 청교도 신학을 손쉽게 접하게 되었다. 굳윈은 웨스트민스터 신앙고백 작성에 참여한 지도적인 신학자로 타락전 선택설의 지지자였으나, 정치적으로는 국가 단위의 감독 정치를 반대하고 독립적인 교회를 인정하도록 주장하여 결정적인 영향을 남겼다.

굳윈은 1632년 케임브리지 트리니티 칼리지의 학장이 되었다가, 존 코튼(John Cotton, 1584-1652)의 설득으로 독립교회를 지지하여 2년 만에 물러났다. 그의 책 『우주적인 화평을 만드신 자, 그리스도』(Christ the Universal Peacemaker, 1561)에서는 장로교인들과 독립교회 성도들 사이에 연합을 추구하도록 노력하자고 제안하였다. 그는 새로 권력을 차지한 찰스 1세의 박해를 피해서 네덜란드에 피신해 있었는데,

청교도 신학의 최고봉을 이룬 존 오웬.

1641년에 다시 의회의 초청으로 귀국하였다. 그의 명성은 1642년 4월 27일 의회에서 설교하면서부터 알려지기 시작했고, 웨스터민스터 총회에서 매우 중요한 영향을 끼쳤다.

그는 정치와 교회의 개혁을 강력하게 주장한 설교자 가운데 한 사람으로, 철저히 정통 칼빈주의 노선에서 설교와 저술 사역을 했다. 크롬웰이 통치하던 시기에는 옥스퍼드 대학교 막달린 대학의 학장으로 매우 중요한 역할을 맡았다.

'라코뱅 교리 문답'(Racovian Catechism, 1652)에서 청교도 신학이 지식 위주로 기울어져 있다는 비판이 제기되자 존 오웬과 함께 맹렬히 반론을 제기했다. 굳윈은 조직신학을 발표하기보다는 성경의 해석에 더욱 깊은 관심을 갖고 있어서, 청교도 신학의 거의 모든 주제에 대해서 조직적으로 풀이하기보다는 대부분 소책자로 발표된 것이 많다.[43]

존 오웬(John Owen, 1616-1683)은 영향력에 있어서는 윌리엄 퍼킨스 다음에 놓아야 그러나 학문에 있어서는 그 시대 어느 누구에게도 뒤지지 않는 청교도 신학의 최고봉이다. 그는 옥스퍼드 대학에서 철저히 아리스토텔레스의 방법론에 젖어 신학을 공부했으나, 1642년 새로운 체험을 한 후 『알미니안주의의 해부』(A Display of Arminianism, 1643)

---

43 The Works of Thomas Goodwin, D.D. Vol. I-XII (Edinburgh: James Nichol, 1861).

를 발표하여 국가적으로 주목을 받게 되었고, 철저한 칼빈주의 저술가이자 옥스퍼드 대학의 부총장으로 탁월한 업적을 남겼다.[44] 그도 역시 코튼의 『천국의 열쇠』(Keyes of the Kingdom of Heaven, 1644)를 읽고서 장로교인에서 독립 회중교회 지지자로 선회하였다.

오웬은 정통 교회의 성도들에게 『관용에 대하여』(of Toleration, 1648)를 통해서 서로 관대하게 대하도록 강력히 호소하였으나, 당대의 이단으로 등장한 퀘이커 파에 대해서는 단호한 입장을 고수하였다. 퀘이커 파의 주관적인 신앙, 즉 극단적인 주장자들이 '내적인 빛'에 대해서 반대하는 동시에 이성주의로 치닫는 것에 대해서도 결코 묵과하지 않았다. 소시니언들과 그로티우스의 기독론에 대한 비판서 『그리스도의 죽으심 안에서 죽음의 죽음』(The Death of Death in the Death of Christ, 1647)은 그리스도의 신성과 속죄를 논한 중요한 저술이다. 그리스도의 대제사장 직에 대한 해석은 그의 『성령론』과 함께 영국 신학에 삼위일체적인 관점을 고취시키는 데 결정적인 역할을 하였다.

전쟁에 참여하여 군목으로 복무하면서 겪은 체험을 근거로 『그리스도의 왕국과 군주의 권세』(Christs Kingdom and the magistrates Power, 1652)를 저술한 오웬은 교회와 국가 간의 권력이 상호 다르다는 점을 부각시키고자 했다. 성경의 권위와 성경의 통일성에 대해서 보여 주는 방대한 분량의 히브리서 주석은 오랜 기간에 걸쳐서(1668-84) 완성된 것이다.[45] 그는 노년에는 상호 의견을 달리하는 청교도들 사이의 연합과 조화를 위해서 많은 노력을 경주하였다.

---

44 Dewey D. Wallace Jr., *The life and thought of John Owen to 1660*: a study of the significance of Calvinist theology in English Puritanism (Princeton, N.J.: 1965).

45 John Owen, *The Works of John Owen* (Edinburgh: Banner of Truth, 1850-53; 1965). 총 16권으로 구성된 방대한 분량 안에 신학, 실천, 논쟁적인 것들이 들어 있다.

회중교회의 또 다른 그룹으로는 침례교회가 있는데, 존 스미스(John Smyth)는 케임브리지 칼빈주의자였지만 브라운처럼 독립교파 쪽으로 기울었다. 그래서 유아 세례를 거부하고, 성인이 되어서 신앙을 고백할 때에만 세례를 실시하는 것이 옳다고 주장했다. 그런데 그는 세례를 줄 만한 사람을 도무지 찾을 수 없었다. 할 수 없이 그는 자기 스스로 세례를 시행하여, 최초로 자기 세례자(selfbaptizer)가 되었다. 그는 최초로 영국 침례교회의 설립자가 되었다. 그러나 그는 시간이 지나면서 칼빈주의를 거부하고 알미니안주의자가 되고 말았다. 그가 알미니안주의를 받아들이면서, 두 세기에 걸쳐서 번성하고 학문과 생활, 예배와 윤리에 막대한 영향을 미쳤던 칼빈주의적인 청교도주의는 쇠퇴하였다.

킹 제임스 영어 성경

1603년 영국 국왕으로 제임스 1세가 등극하자, 청교도들은 자신들의 청원을 받아 줄 것을 기대하면서 햄프톤 법정 회의에서 면담을 하게 되었다. 국왕은 모든 청원을 다 들어 주지는 않았지만, 성경 번역의 필요성은 인정해 주었다. 그리하여 1611년에 영국인들이 정본으로 인정하는 '제임스 왕의 성경'(the King James Version)이 출판되었다. 이 책의 출판 목적 가운데 하나는 당시 영국에서 가장 유명하고 널리 알려졌던 '제네바 성경'(the Geneva Bible)을 대체하고자 한 것이었다. 제네바 성경은 철저히 칼빈주의적인 책으로 청교도들에게 무기가 되어 주었다. 대부분 제임스 왕의 번역자들은 주로 성공회 출신들이었다. 그러나 시간이 지나면서 이 책은 청교도들까지 포함하여 영어권의 표준 번역 성경이 되었다.

스코틀랜드 신앙고백서

세계에서 가장 훌륭하게 칼빈주의 개혁신학의 꽃을 피운 곳은 스코틀랜드였다. 이미 이 지역에서는 한 세기 전에 루터파의 개혁 운동이 시도되었으나 실패하였다. 1540년까지 남아 있던 소수 루터파 목사들이 영국와 유럽 대륙으로 떠난 후 다시 돌아오지 않았다. 1520년대에 시작된 개혁 운동은 극히 소수에 그쳤고 미미한 운동에 불과했다. 로마 가톨릭 교회를 갱신함에 있어서 그 목표도 불분명했고, 확실한 신학적 기초도 없었다. 쯔빙글리파의 개혁 운동이 시도되었으나 조지 위샤트(George Wishart)가 1546년 사망함으로써 별 효과를 거두지 못하고 말았다. 그러나 하나님이 준비하신 사람 존 낙스가 돌아오면서 개신교는 교회 개혁과 함께 정치 개혁까지 성공하는 놀라운 성취에 도달하게 된다.[46]

여기서 잠시 스코틀랜드 지역의 칼빈주의를 일별하기 위해서 역사를 거슬러 올라가 보자. 그래서 스코틀랜드에서 낙스와 엔드류 멜빌에 의해서 성공적으로 장로교회가 정착되고, 그것을 로버트 롤록과 알렉산더 헨더슨이 함께 물려받게 되는 정황을 이해할 필요가 있다.

1192년 교황 셀레스틴 3세(Celestine III)는 스코틀랜드 교회(Ecclesia Scoticana)에 관한 칙령을 발표하여, 사도적인 후계자에 속하는 특별한 자매 교회로서 세인트 엔드류스, 애버딘, 글라스고우, 로쓰, 모레이, 케이트니스, 던브레인, 던켈드 지방을 하나의 주교 밑에 둔다고 선포하여, 자신의 직접 관할 지역에 편입시켰다.[47] 그 후로 이 지역 교회들은 한편

---

46 Michael Lynch," Calvinism in Scotland, 1559-1638", in *International Calvinism*, 225-255. J. Kirk," The Influence of Calvinism on the Scottish Reformation", *Review of Scottish Church History* 18 (1974): 157-79.

47 J.H.S. Burleigh, *A Church History of Scotland* (London: Oxford University Press,

으로는 왕실의 정치 변화와 영국의 종교 개혁에 영향을 받으면서 1540
년부터 변화가 일어나기 시작하였다.[48]

존 낙스

스코틀랜드 로마 가톨릭 교회의 위기가 닥쳐온 것은 44세의 존 낙스
가 제네바로부터 귀국한 1559년 5월부터였다.[49] 그가 귀국하기 이전부
터 개신교 신자들은 독자적인 예배, 성경 공부와 성례의 시행을 시도했
었다. 낙스는 하나님의 진리에 대한 열정으로 가득 찬 가운데 프랑스로
부터 고향에 돌아와서, 열정적인 설교를 통해서 강력한 개혁 운동의 힘

1960), p.86.

48 Alex R. Macewen, *A History of the Church in Scotland* (London: Hodder and Stoughton, 1913), vol. 1, 484.

49 Eustace Percy, *John Knox* (London: Hodder and Stoughton, no date), 274. W.S. Reid, *Trumpeter of God* (N.Y.: Scribner, 1974). Jasper Godwin Ridley, *John Knox* (New York, Oxford University Press, 1968). Andrew Lang, *John Knox and the Reformation* (London: Longmans, Green and Co., 1905). Thomas M'Crie (1772-1835), *Life of John Knox;* containing illustrations of the history of the reformation in Scotland: with biographical notices of the principal reformers, and sketches of the progress of literature in Scotland during the sixteenth century; and an appendix, consisting of original papers (Philadelphia, Presbyterian board of publication, 1905). 낙스의 신학 사상을 다룬 연구서는 다음을 참조할 것. J.S. McEwen, *The Faith of John Knox* (Richmond: John Knox Press, 1961). V.E. D'Assonville, *John Knox and the Institutes of Calvin: a few points of contact in their theology* (Durban: Drakensberg Press, 1969). Edwin Muir, *John Knox: portrait of a Calvinist* (London: J. Cape, 1929). James Stalker, *John Knox: his ideas and ideals* (London, Hodder and Stoughton, 1904). Richard G. Kyle, *The mind of John Knox* (Lawrence, Kansas: Coronado Press, 1984). Duncan Shaw, ed., *John Knox:* a quatercentenary reappraisal: lectures given at the University of Edinburgh on the four hundredth anniversary of the death of John Knox (Edinburgh: St. Andrew Press, 1975). Roger A. Mason, ed., *John Knox and the British Reformations* (Aldershot, Hants, England; Brookfield, Vt.: Ashgate, 1998). David J. Crawford, *Loving conflict: Saint Augustine, John Calvin, John Knox:* three reformers who shaped history, and contributed most to the Presbyterian (Calgary: Davmar Publications, 1995).

을 촉발시켰다. 특히 세 명의 메리 여왕(Mary Tudor, Mary of Guise, Mary Stuart)과 맞서 싸우면서, 로마 가톨릭을 신봉하는 여왕이 다스리는 것은 저주요 부자연스러운 것이라고 공격하였다. 그러나 의회를 장악하고 있던 귀족들은 종교 개혁을 전적으로 지지하지 않고 매우 애매모호한 태도를 취하고 있었다.

스코틀랜드 개혁자 존 낙스.

낙스가 직접 저술한 『스코틀랜드에서의 종교 개혁의 역사』(History of the Reformation in Scotland)는 역사로서의 가치를 떠나서 그가 추구했던 기독교의 스타일을 보여 주는 책이다.[50] 그는 개혁 교회가 자라도록 적극적인 설교를 통해서 심각하게 도전을 던짐으로써 씨를 뿌렸고, 하나님께서는 잘 자라도록 돌보아 주셨다. 여러 사람들의 마음을 감동시킨 말씀의 능력으로 인해서 스코틀랜드에서는 '언약'이라는 말이 '복리'(commonweal)라는 말을 대체하게 되었다.[51]

이러한 개혁 운동은 매우 특이한 방식으로 전개되었다. 운동을 주도하는 단 하나의 사무실도 없었고, 전체를 총괄하는 집행부도 없었다. 일

---

50 최근에 다시 편집되어 출판된 것은 John Knox, The Reformation in Scotland (Edinburgh: The Banner of Truth, 1982)이다. 이 책에 '제일 치리서'와 그 관련 기록이 상세히 실려 있다.

51 R. Mason, " Covenant and Commonweal: the Language of Politics in Reformation Scotland", in N. Macdougall (ed.), Church, Politics and Society 1408-1929 (Edinburgh: 1983): 100-12.

부에는 아직도 로마 가톨릭 주교들이 남아서 자신들의 교회 제도와 세속적인 재산을 소유하고 있었고, 특권도 누리고 있었다. 어떤 구교회 주교들은 개혁을 논하는 의회에 참석하기도 했다. 새로운 종교 정책을 강요하지 않았고, 통일된 종교 개혁의 강령이 나온 것도 아니었다. 아직은 어디에서도 종교 개혁의 선언서를 찾아 볼 수 없었다.[52]

1560년 4월 행정 당국은 최초의 개혁안을 제출하게 되는데, 이때 비로소 의회는 공식적으로 종교 개혁에 대한 논의를 지속적으로 다루게 되었다. 의회가 개혁 신앙을 허용하도록 요청을 받는 일은 흔치 않은 일이었으나, 개혁 신앙을 가진 사람들이 이단이라는 공격과 저주를 벗어 버리고 공개적으로 개혁 신앙을 선포하여 자유로이 신앙생활을 하고 싶은 것은 당연한 일이었다.

낙스는 장로교회를 정착시키고자 단지 4일만에 『스코틀랜드인의 신앙고백서』(Scots Confession of Faith)를 작성하여 순수한 복음과 성경의 진리로 돌아갈 것을 강력히 주장하였다. 이 고백서의 내용은 이미 낙스가 제네바에서 영어를 사용하는 난민 교회를 목회할 때 사용한 것들이었다. 낙스는 불과 몇 주 안에 『기독교 강요』와 개혁파 신조들을 참고하여 『제1치리서』(First Book of Discipline)를 기초하였고, 『공동 질서의 책』(Book of Common Order)을 만들었다.

1560년 4월 개혁의 문서로 처음 작성된 『제1치리서』는 지속적인 개혁을 요구하고 있었지만, 어떤 방법이 효과적인지 또 어느 방향으로 사회를 개혁해야 하는지에 대해서는 아무런 대안을 제시하지 않았다. 이 『제1치리서』와 『스코틀랜드인의 신앙고백서』는 1561년 1월 귀족과 영

52　G. Donaldson, *The Scottish Reformation* (Cambridge: 1960), 54-61.

주들이 아직 여러 부분에 개선 여지가 남아 있다고 주문한 바에 따라서 낙스를 포함한 여섯 명의 존(six Johns, 즉 첫 이름이 존으로 시작되는 여섯 사람; 가톨릭에서 회심한 Doulgas, Winram, 로마에서 변호사로 일하던 Row, 개신교 진영의 Knox, Willok, Spottiswoode)이 보완하여 제출한 것이다.[53] 이제 교회의 정치 제도를 바꾸는 것에서 한 걸음 더 나아가 하나님의 성령으로 인하여 충만하게 된 새로운 사회 건설의 비전이 공포된 것이다.

스코틀랜드 칼빈주의는 이러한 원대한 세계를 향한 거보를 내디뎠다. 『제1치리서』 갱신을 위해서 1560년에 로마 가톨릭 주교들 중에 종교 개혁으로 돌아선 세 사람도 협력하도록 선임되었다. 다양한 의견이 수렴되면서도 1541년 칼빈이 만든 제네바 교회 법령에 기초한 완전한 개혁 방안이 제시되었다. 아직 칼빈주의 목사들이 배출되기도 전에, 칼빈주의 정당이 결성되기도 전에, 아직 개신교 진영이 통일된 협의체를 구성하기도 전에 소수의 확신에 찬 하나님의 사람들이 이룩한 쾌거였다.

『제1치리서』는 신앙고백서보다 더 중요한 것으로 인식되었다. 이 문서는 개혁교회를 어떻게 잘 운영하고 치리하는가를 다룬 것으로, 신앙생활을 규정하는 직접적인 권한을 가지고 있기 때문이었다. 그리하여 중세 교회의 생활 양식과는 전혀 다른 교회와 사회에서의 계층 구조를 없애 버려야 하며, 모든 성도들은 하나님의 백성이므로 그 나라의 종교를 운영함에 있어서 동등한 지위를 갖는다고 선포하고 있다. 평등은 하나님이 교회에서 봉사하는 개인들에게 특별히 은사로 부여해 주신 것이라고 보았다. 이런 평등권을 장로교회는 1581년에 정식으로 확립하였다.

---

53 K. Hewat, *Makers of the Scottish Church at the Reformation* (Edinburgh: 1920). R. Keith, *History of Church and State in Scotland* (Spottiswoode Soc., 1850), vol. iii.

이와 같은 평등성의 확립은 세상에서 교회의 압제와 억압을 받던 사람들에 대한 구제를 절실히 요구하게 되었다. 과부, 고아, 노인, 힘 없는 가난한 사람들을 따뜻하게 동정하며 교회의 재산으로 돌보는 체제를 마련하게 되었다. 또한 교육의 근본적인 개혁이 촉구되었다. 목사들이 자기 교구에서 가난한 형제들, 노동자들, 어린이들을 가르치는 교사들을 양성하고 학교를 세우게 하였다. 또한 교회는 재산을 사용하여 학교를 설립하고 모든 사람들로 하여금 대학 수준의 교육을 받을 수 있도록 동등한 권리를 인정하는 보편 교육론을 시행하였다. 지혜와 학문은 후손에게 물려줄 기독교 신앙의 유산이었다.

그뿐 아니라 지역의 교회들마다 설교가 감상과 흥분, 쟁론과 욕설에 빠지지 않도록 감독하는 모임을 갖게 하였다. 이는 마치 오늘날 장로교회의 노회와 같은 체제였다. 성경은 순서대로 강해 설교를 하도록 하였고, 성도들은 온전한 교리를 배울 수 있도록 교리 문답을 받아야 하며, 목회자들도 역시 매주 훈련하는 모임을 갖도록 하였다. 설교와 교리 공부 뿐만 아니라 매주 한 번 가정에서 모이는 교육(exercise)을 통해서도 성도들의 행동에 대하여 교육을 받도록 했다. "그것에 의해서 교회가 자신의 몸 안에 있는 각 사람의 은혜, 은사들, 그리고 언어들을 분별하고 알게 되기 때문이다. 단순한 자들과 약간의 유익을 얻은 자들은 매일 공부해서 지식에 있어 진보하도록 격려를 받아야 하며 … 사람마다 교회의 안위와 건덕을 위해 자기의 지식과 생각을 말할 수 있는 자유를 가져야 한다."

『제1치리서』가 의회의 승인을 얻지 못하게 된 것은 교회가 음주, 무절제, 부도덕, 비방, 가난한 자에 대한 억압을 교회 법정에서 처벌할 수 있다고 명시했기 때문이다. 세속 권력은 신성 모독, 간음, 살인, 위증죄 등을 다루며 큰 범죄를 취급하나, 그러나 경미한 죄에 대해서는 회개를 요청한 후 출교라는 조치를 취하게 된다. 이것은 단순한 제약이 아니라 사업과 사회 생활이 봉쇄되고 넓은 지역에 공포됨으로써 명예가 심히 손상되는 심각한 제재 수단이 되었다.

스코틀랜드 신앙고백서

더 포괄적이요 체계적인 웨스트민스터 신앙고백이 나오기까지 약 80여 년 동안 개혁 신앙의 헌장은 존중을 받았다. 그러나 지금도 『스코틀랜드인의 신앙고백서』를 더 좋아하는 사람들이 많은데, 그 이유는 웨스트민스터 신앙고백서보다 다소 학문적으로는 떨어지지만 훨씬 더 순수하고, 신선하고, 솔직 담백하며, 실제 상황에서 빚어 낸 살아 있는 신앙을 증거하고 있기 때문이다.

『스코틀랜드인의 신앙고백서』는 모두 25개 항목으로 되어 있다. 이 고백서는 하나님의 말씀에 배치되는 것은 모두 다 거부한다는 원칙하에 작성되었다. "우리는 오랫동안 세상에 우리가 고백하는 교리의 요약을 알리고 싶었는데, 그것 때문에 우리가 불명예와 위험을 당해 왔기 때문이다"는 비감한 서두로 시작된다.

이 고백서는 오직 은혜에 의한 영원한 예정의 교리를 강조했고, 베자의 영향을 많이 받아서 사악한 탄압을 일삼는 정부는 저항하여 무너뜨릴 수 있다고 생각하였다. 12개 항목에서는 기독교의 보편적이고 기초적인 신앙 내용을 설명한다. 이 고백서는 매우 강한 힘이 담겨 있는 문체이며, 동시에 매우 사랑스러운 문체도 겸비하고 있다. 이 고백서로 인해서 스코틀랜드는 가장 오랫동안 칼빈주의가 영향을 미친 나라로 자리매김되었다.

낙스가 기초한 이 고백서에서는 하나님과 삼위일체, 창조와 인간의 타락, 구속의 선지자적인 약속들, 그리스도의 성육신(한 인격 안에 두 본성들), 고난당하심, 부활, 승천, 그리고 재림, 그리스도의 죽음으로 인한 속죄와 성령을 통한 성화 등을 다루고 있다. 그는 이런 항목들에 대해서 칼빈주의적인 해석을 독특하게 강조하였고, 보편적인 신조들과 정통 신앙에 완전히 부합하는 설명을 첨가하였다.

여기에서는 구원론과 기독론이 명백하게 천명되었다. 성도들은 은혜로 하나님의 자녀들이 되며, 하나님을 '아버지'라고 두려움 없이 부를 수 있다. 선행이란 오직 성령으로부터 흘러나온다. 그래서 인간의 선행이나 공로 사상은 전혀 개입하지 못하도록 하였다. 선행은 하나님의 계명에 대한 순종에서 믿음으로 하는 것이며, 결코 인간의 자유 의지로 하는 것이 아님을 강조하였다. "우리 안에 거하시는 주 예수의 영이 선행을 가져다 준다." 낙스는 처음부터 죽을 때까지 로마 가톨릭 교회의 예식을 철저히 금지하였는데, 이는 칼빈과 완전히 일치하는 생각에서였다. 성경에 분명히 나타나 있지 않은 것은 하나님께 대한 예배에서 허용될 수 없다는 것이다.

『스코틀랜드인의 신앙고백서』에는 참된 교회의 특징을 묘사하는 생생한 증거가 기술되어 있다. 하나의 참된 교회는 모든 시대, 지역, 인종 중에서 선택된 자들만이 포함된다는 뜻에서 보편적이며(catholic, or universal), 하나님만이 자기가 택한 백성을 아신다는 의미에서 불가견적이다. 참된 교회는 여러 특징이나 분별할 수 있는 악성들을 드러내므로 구별이 전혀 불가능한 것은 아니다. 참된 교회를 구별하는 표지(marks)로는 '하나님의 말씀의 참된 선포', '성례의 올바른 시행', '하나님의 말씀에 입각한 권징의 합당한 시행' 등을 꼽을 수 있다. 또한 교황의 권위를 부정하고 미사를 금지하며 역사적인 신조를 받아들인다고 선포하였다.

성경의 권위를 제일 높이는 개혁신학의 기본이 다시 선포되었다. 성경은 성령에 순종하여 해석되어야 하며, 교회의 권위에 순종하여 해석할 것이 아니다. 교회의 회의들은 유익하나 그러나 오류가 있음을 인정해야 한다. 교회에서 시행하는 의식들이 미신을 조장할 때에는 바꾸어야 한다. 성찬론에 있어서는 칼빈의 영적 임재설을 채택하였다. 그리스도의 신비적 임재를 통해서, 성도들이 성찬에 참여하여 떡을 먹고 포도주를 마실 때에 그리스도께서는 그들 안에, 그들은 그리스도 안에 머물게 된다.

개혁 세력에는 존 낙스보다도 훨씬 집안 좋은 귀족 가문 출신들이 많았고, 학식이 많은 사람들도 있었다. 윌리엄 윗팅햄(William Whittingham, 1524-1579)은 제네바에서 3년 동안(1550-53) 칼빈에게 교육을 받고 영국으로 돌아갔다가 다시 메리 여왕의 박해 때에 제네바의 영국 피난민 교회를 돌보았는데(1558-1560), 엘리자베드 여왕의 통치 시대에 덜햄 대학의 교무처장이 되어 확신에 찬 칼빈주의자로서 수많은 저술을 남겼다. 엘리자베드 여왕은 그의 청교도주의를 싫어했으나, 스코틀랜드의 존 낙스와 함께 종교 개혁을 보다 확실하게 정착시키고자 노력하였다.

스코틀랜드의 언약 신학자들은 모두 칼빈주의자였는데, 왕실에서는 로마 가톨릭으로 회귀하는 정책을 시행하면서 그들을 핍박하였다. 때로는 목숨을 구하기 위해서 산 속에 숨어 들어가기도 했고, 로마 가톨릭에 무릎을 꿇고 개혁 신앙을 포기하기보다는 차라리 모든 것을 몰수당하는 쪽을 택하였다. 로마 가톨릭에서는 『스코틀랜드인의 신앙고백서』에 서명한 사람들을 정죄하였다. 그들은 언약 사상가들(covenanters)이라고 알려지게 되었다. 그들이 지향하던 구도가 '기독교 사회주의'라고 부를 수 있었기 때문이다. 상당히 많은 사람들이 체포되어서 에딘버러의 건초 시장에서 처형되었다.

청교도 운동이 전개되던 시대에 새뮤얼 러더포드(Samuel Rutherford,

1600-1661)는 그들 중 가장 중요한 인물 가운데 한 사람이었다. 그는 에든버러 대학에서 수학한 후 모교의 교수로 봉직했고, 1627년에서 1636년까지 훌륭하게 목회사역을 감당했으며, 성공회 체제를 받아들이기를 거부하여 2년간 에버딘의 감옥에서 보내야 했다. 이 시기에 작성한 365편의 편지들은 거의 대부분 경건한 내용으로 가득 차 있어서 17세기 문학의 보고로 손꼽힌다. 감옥에서 나온 후 세인트 앤드류스 대학에서 교수로 재직하였고, 1643년 웨스트민스터 신앙고백을 작성하는 대표로 참여하였다.

원래 라틴어와 문학 교수를 역임한 그는 매우 헌신적으로 연구하였고, 글쓰기에 능숙한 재능을 발휘하였다. 특히 그의 경건과 기여는 교회 정치와 통치 부분에서 빛을 발휘하였는데, 이로 인해서 웨스트민스터 신앙고백서와 교리 문답은 크게 영향을 받았다. 4년 동안 집을 떠나 런던에서 회의에 참가하는 동안 네 자녀 중 두 명이 사망하는 고통을 겪었으며, 이 체험으로 인해서 고난에 대한 동정심을 깊이 가지게 되었다. 1647년부터 유럽 전체에 알려진 걸출한 지도자이자 학자로서 세인트 앤드류스 대학교 학장으로 봉직하는 동안 유럽의 여러 대학에서 초빙을 받았으나 모두 거절하였다. 1661년 3월 20일, 찰스 2세가 국왕에 취임하여 광범위한 박해가 시작되기 바로 직전에 사망하였다.

러더포드의 기념비적인 저술은 무엇보다도 『법이 왕이다』(Lex Rex, 1644)를 꼽을 수 있는데, 이 책에서 그는 모든 사람이 하나님 앞에서 평등하다는 점을 강조했다. "내가 증명하고 싶은 것은 모든 시민의 권력은 곧 하나님으로부터 나온다는 것이다. … 그리고 모든 사람들이 평등하게 태어났다면, 한 사람이 다른 사람의 왕이나 군주가 되어야 할 필요는 없는 것이다."⁵⁴ 『법과 군주』(The Law and The Prince), 『왕과 국민의 정당한 특권에 대한 논의』(A Dispute for the Just Prerogatives for King and People) 등의 저술은 신학이라기보다는 정치학에 관련된 저술들로서 입헌 군주제를 반석 위에 올려 놓은 초석이었고, 고전적인 기독교 정치 사상의 하나로 꼽히고 있다.

새뮤얼 러더포드. 장로교회의 가장 뛰어난 언약 신학자.

모든 시민 권력은 궁극적으로 하나님으로부터 나오며, 왕은 필요가 증대하는 곳에서만 권력을 행사할 권한이 있다. 러더포드가 좋아한 성경은 신명기 17:15과 열왕기하 11:17이었다. 러더포드는 모든 인간이 평등하게 태어났다는 것을 강조했다.⁵⁵ 그의 저서는 간악한 통치자가 다스리는 국가는 반드시 무너뜨려야 한다는 정당 방위를 개혁 신앙에 불러일으킨 중요한 저술이었으며, 종교 개혁에서 물려받은 정신으로 마키아벨리(Machiavelli, 1469-1527)의 『군주론』(the Prince)에 필적하는 저작이었다.

이로 인해서 혼돈 없는 시민 운동의 근거가 마련되었고, 후기 칼빈주의는 근대 유럽 국가의 건설에 중요한 영향을 끼쳤다. 입헌 군주제 혹은

---

54 Samuel Rutherford, *Lex, rex, or the law and the prince:* a dispute for the just prerogative of King and people (Edinburgh: Robert Ogle and Oliver & Boyd, 1843), 1-2.

55 John Eidsmoe, *Christianity and Constitution: The Faith of Our Founding Fathers* (Grand Rapids: Baker, 1987), 25.

법치 국가의 이상을 가슴에 품게 하였기 때문이다. 아직 오늘과 같은 민주주의 사상이 나온 것은 아니지만, 인권 신장에 중대한 거보가 아닐 수 없었다. 신앙의 자유와 함께 권력도 하나님의 법 앞에 굴복하여야 한다는 정신은 칼빈주의가 끼친 중요한 공헌이었다. 그의 입헌 군주제 이념은 1690년 혁명이 종결되면서 정착되었다.

'청교도 사상'이란 개인적인 신앙과 개신교 종교 개혁 운동에 가담하는 헌신적 참여 정신이 골자다. 그것은 복음의 부름에 응답하여 생동적인 믿음을 소유하고 능동적으로 순종하는 특성이 있다. 여기서 신앙 생활에의 개인적인 참여의 대화가 이루어졌다. 물론 중세 시대부터 개인의 선행과 자선이 시행되어 왔지만, 청교도들은 초기부터 내적으로는 거룩한 생활을 도모하고 외적으로는 적극적인 삶을 추구하였다. 그들은 믿음으로 말미암는 구원을 강조하면서도 동시에 칼빈이 주장하는 언약적 율법을 슬기롭게 조화시켰다.

그들은 딱딱한 교리 중심의 이론가로 전락하지 않았고, 강압적인 율법주의로 흐르지도 않았다. 청교도들은 점점 더 경험적이요 체험적이 되어 갔다. 최고의 청교도 신학자였던 윌리엄 퍼킨스는 '경건주의(pietism)의 아버지'라고 불릴 정도로 유럽 대륙의 개혁신학을 흡수하여 총체적으로 개인적 체험을 중시하는 경건한 칼빈주의의 전통을 세웠다.[56] 훗날 대륙에서 발전된 경건주의 운동의 초기 형태가 이미 영국 청교도의 경건에서 발견된다.

---

56 F. Ernest Stoeffler, *The Rise of Evangelical Pietism* (Leiden: E.J. Brill, 1965), 29. 스퇴플러는 영국 청교도 운동에 나타나는 경건이 중세 말기의 신비주의에서 그 기원을 찾을 수 있다는 트린테루드의 가설을 반박한다. 청교도들은 주로 유럽 대륙 종교 개혁자들의 경건한 저서에서 그들의 신앙을 인용하였기 때문이다. Leonard Trinterud," Origins of Puritanism", *Church History* 20 (1951): 37-57.

제4장

웨스트민스터 신앙고백

    모진 고난의 세월을 견디고 나면 파란 하늘이 펼쳐진 가을날 들녘에 찬란한 황금색의 결실이 맺어지게 된 것처럼 인간의 생애도 마찬가지이다. 그것은 씨를 뿌리게 하신 분이 또한 돌보아 주시고 열매를 맺도록 역사하시기 때문이다. 케임브리지 칼빈주의가 고난과 순교의 가시밭에 뿌리를 깊이 내린 영국에서 약 100여 년의 세월이 지나는 동안 개혁신학의 잎이 돋아나고 꽃이 피더니 드디어 그 열매를 맺게 되었다.

    웨스트민스터 신앙고백서는 세계 여러 나라에서 나온 신앙 문서 가운데 가장 주목할 만한 영향력을 미치고 있으며, 여전히 성경에 나오는 진리를 가장 탁월하게 요약한 문서로 손꼽히고 있다.[1] 한국 개혁주의 교

---

1 Robert S. Paul, *The Assembly of the Lord* (Edinburgh: T. & T. Clark, 1985). 이 책은 최근 계속되는 연구와 논의를 반영하고 있다. 과거에 심도 있게 연구한 것으로는 다음

회가 채택하는 신앙의 표준 문서요, 예배와 교회 정치 제도, 교회 헌법의 기초를 이루고 있는 고백서이기도 하다. 따라서 한국 칼빈주의 교회의 신학, 예배, 교회 정치의 기초에 대한 연구와 비교는 소홀히 할 수 없다. 유럽에서 일어난 16세기 종교 개혁 운동의 연장선상에서 영국으로 퍼져 나간 칼빈주의 신학이 일궈 낸 놀라운 성취이기에, 개혁신학의 발전과 성장을 가늠함에 있어서 주목하지 않으면 안 된다.

청교도 신학의 대헌장

1625년 국왕이 된 이래 찰스 1세는 윌리엄 로드(William Laud, 1573-1645) 대주교와 손을 잡고 영국의 청교도들을 핍박하기 시작하였다. 1637년 새로 작성된 '공동 기도서'를 영국과 스코틀랜드 교회가 사용하도록 강요하였다. 이것은 로마 가톨릭이 하던 통일 체제로 회귀하는 것이라고 생각한 청교도들은 거세게 반발하지 않을 수 없었다. 그러나 국가 기관에서나 교회에서나 청교도들은 열세에 몰리게 되었다.

특별한 사건이 발생한 날은 1637년 7월 23일이었다. 스코틀랜드 에딘버러의 감독은 이 기도문을 강단에 가지고 와서 성찬이 집행되는 동안 예식서로 사용하였다. 이 지역 칼빈주의자들과 특히 야채를 판매하

두 권을 추천한다: A.A. Hodge, *The Confession of Faith: A Handbook of Christian Doctrine Expounding The Westminster Confession* (1867; London: Banner of Truth Trust, 1961). Gordon H. Clark, *What Do Presbyterians Believe? The Westminster Confession: Yesterday and Today*, rev. ed. (Philadelphia: Presbyterian and Reformed Publishing, 1965). 그러나 웨스트민스터 신앙고백서를 비판적으로 고찰한 글도 있다. 칼 바르트의 신학을 따르는 Jack B. Rogers and Donald K. McKim, *The Authority and Interpretation of the Bible* (N.Y.: Harper & Row, 1979), 200-223을 볼 것. Jack Rogers, *Confessions of a Conservative Evangelical* (Philadelphia: Westminster, 1974), 93-105.

던 제니 게디스(Jenny Geddes)라는 여성도가 이런 성찬을 받을 수 없다고 거절하였다. 그녀는 자신이 앉아 있던 작은 의자를 주교에게 밀어 던지면서 "당신은 내 귀에 미사를 들려주는구려"라고 통곡하였다. 여기서 폭동이 시작되었다. 그 교회당은 스코틀랜드에서 가장 높이 여겨지는 중심 교회, 성 질레스 대성당(St. Giles cathedral)이었다. 혹자는 바로 이 제니 게디스가 의자를 집어 던진 사건이 결국 영국 왕실과 성공회의 붕괴를 초래하였다고 평가하기도 한다. 아마도 노년에 접어든 존 낙스는 그녀의 행동에 자부심을 느꼈을 것이다.

또한 그 당시에 정치 권력이 기독교 신앙을 가진 성도들과 충돌한 것은 스포츠 논쟁과 같은 사건이었다. 영국 청교도들이 가졌던 특별한 신앙의 모습은 철저히 주일날을 '안식일처럼' 준수하는 것이었다. 그런데 1637년 '스포츠에 관한 선언'(The Declaration on Sports)이 발표되어 주일날에도 각종 운동 경기를 허용하였다. 이것은 청교도를 모욕하는 법령이었다. 사회와 민간에서는 비윤리적인 것을 눈감아 주었고, 성공회는 갈수록 알미니안주의에 잠식되고 있었다. 또한 모든 교회를 중앙 집권적인 단일 감독 체제하에 둠으로써 청교도들은 심지어 직장에서도 로드 대주교의 강압적인 정책에 위협을 느껴야 했다. 1630년대 영국에서는 로마 가톨릭 체제로 회귀하려는 권력층과 그 사이에 곳곳에서 솟아나온 급진적인 여러 종파들이 맞물려서 청교도들에게는 두려움과 공포가 매우 심각했다.

영국의 칼빈주의가 쇠퇴하는 데 결정적인 악영향을 미친 지도자는 대주교 윌리엄 로드였다. 그는 1633년 켄터베리 대주교가 된 다음에 잉글랜드 지역 내외에 널리 퍼져 있던 청교도들의 흔적을 말끔히 청산하고자 했다. 그는 오직 '성공회 체제'만을 고집하는 자였고, 로마 가톨릭에 대해서는 동정심을 갖고 있음이 분명하였다. 예를 들어, 그는 로마 가

올리버 크롬웰. 네덜란드 화가의 그림
(1653년 4월 30일).

톨릭 교회만이 유일한 그리스도의 교회라는 점은 부인하나 그러나 그는 믿음의 본질적인 교리에 있어서는 로마 가톨릭 교회도 역시 하나의 참된 교회라고 인정한다. 그러나 청교도들에게는 알미니안주의자들보다 로마 가톨릭 교회가 더 비성경적이요 왜곡된 집단으로 생각되었다.

이에 영국와 스코틀랜드의 청교도들은 국가적인 언약(the National Covenant, 1638)을 결성하였다. 특히 스코틀랜드 전지역에서는 새로운 기도문과 같이 가톨릭화하는 시책에 저항하며 성경적인 개혁 신앙에 따라서 살고자 다짐하는 서약작업이 전개되었다. 그들은 성경이 자신들의 언약 사상을 지지하고 있다고 생각하였다(수 24:25, 왕하 11:17, 사 44:5). 이 언약 선서는 오늘의 동맹군에 가입하는 것과 흡사한데, 내용은 정치적이라기보다는 신학적인 유대감을 갖자는 것이었다.

긴장이 점점 고조되자 찰스 1세는 1640년에 국회를 소집하였다. 그와 로드는 국회를 설득하여 청교도를 제압하는 자신들의 방법을 추인받고자 하였다. 그러나 하나님의 섭리로 국회는 국왕이 내놓은 결정적으로 중요한 제안들을 기각해 버리고 말았다. 그리고 그 결과 시민 전쟁이 발생하였다. 찰스 1세를 지지하는 군대(the Cavaliers)와 청교도을 지원하는 일단의 시민군들(the Roundheads)로 갈라져 수년에 걸쳐서 시민 전쟁이 계속되다가, 시민군들이 승리하였다. 물론 이들 가운데에는 청교도를 전적으로 지지하지는 않지만 정부를 무너뜨리는 데에는 동의하였던 사람들도 많았다. 이제는 의회가 정치적인 우선권을 장악하였다.

그 당시 의회는 청교도들과 그들의 이념에 동정적인 인사들로 구성되어 있었다. 하나님이 이 시대에 사용하신 인물은 올리버 크롬웰이었다. 그는 독립파 청교도로 케임브리지를 대표하여 의회에 참석하였다. 그와 새로운 모델의 군대가 중심이 되어 싸움은 1646년 찰스 1세의 군대가 패배하는 것으로 끝이 났다. 이제 크롬웰은 사사기에 나오는 지도자 같이 되었다. 그는 장군으로서의 군사적인 용맹함과 정치가로서의 통솔력을 겸비한 인물로, 하나님이 기뻐하시는 나라와 교회의 건설을 염원하였다.

이제 새로운 언약파가 구성되었다. 왕당파를 좋아하지 않았던 그들은 결국 찰스 1세와 윌리엄 로드를 처형하였다. 시민 혁명으로 인해서 비로소 종교의 자유가 회복되는 계기가 주어지고, 의회는 올리버 크롬웰에게 왕관을 씌워 주려 했지만 그는 겸손하게 사양하였다. 대신에 선출된 것도 아니요 국왕의 가문에서 나오지도 않은 '보호자'(the Lord Protector)라는 호칭으로 불려졌다.

사회 전체가 군주 제도에서 벗어나 크롬웰이 지도하던 몇 년 동안 영국은 신앙의 자유를 누리면서도 가장 경건한 시대를 맞이하게 되었다. 칼빈의 제네바나 낙스의 스코틀랜드와 같이, 신앙적으로 국회가 기도하고 교회 중심적으로 생활하는 운동이 나라 전체에 퍼져 나갔다. 앞서 찰스와 로드 추기경 시대에 사회 전반에 뿌려졌던 신앙적인 죄악이 중지되고 청교도 시대가 꽃을 피웠다.

국회는 1643년 신학적이며 교회적인 문제들을 자문할 뿐만 아니라 사회적인 문제에 자문을 구하기 위해서 웨스트민스터 총회를 소집하였다. 많은 청교도들이 국회에서 정규적으로 설교를 하였다. 이미 훌륭한 청교도 설교자로 정평이 나 있던 인사들이 스코틀랜드 대표로 선정되었다.

국가와 교회의 통일성 문제

웨스트민스터 신앙고백서는 17세기 중엽에 개신교 성도들이 가졌던 국가와 교회와의 관계에서 빚어진 문제점들을 해결하는 가운데 나왔다고 할 수 있다.[2] 간단히 말하면, 당시 영국의 기독교인들에게는 교회와 국가가 서로 독립된 기관이 아니라 하나로 통합되어 있었다. 더 정확하게 말하자면, 1640년대의 영국인들에게는 모든 사회의 제도가 다 하나의 권위 아래 있었다. 교회는 국가와는 엄연히 다른 의무와 행사를 담당하고 있는데도, 국가와 교회를 분리시킨다는 생각은 극도로 과격한 소수 그룹을 제외하고는 별로 관심이 없었다. 그런 사상은 마치 왕정 통치를 역행하는 대역죄인으로 생각되고 있었다.

그런데 1643년 7월 1일 런던 웨스트민스터 교회당에 모인 사람들에게 새로운 기대가 모아졌다. 그들은 모든 영국 사람들이 하나님께 복종하기를 원했으며, 그러한 목적을 이루기 위해서는 새로운 국가적인 교회 제도가 만들어져야 한다는 생각을 갖고 있었다. 세속적인 정부와 거룩한 교회가 하나의 권위 아래서 조화와 통일을 이루지 못하고 있었고, 웨스트민스터 신앙고백을 작성하는 대표자들은 이 점을 결코 잊지 않았던 것이다.

이러한 기대감은 대표자들로 하여금 교회 회의의 권위에 대해서 토

---

2   Samuel T. Logan, Jr., " The Context and Work of the Assembly", in *To Glorify and Enjoy God*, John L. Carson and David W. Hall, ed. (Edinburgh: Banner of Truth, 1994), 31.

시민 전쟁의 종결이 임박했던 1648년 의회의 모습. 귀족들이 앉아 있고, 평민 대표들은 철책 밖에 서서 회의에 참여함.

론할 긴급성을 느끼게 하였다. 오늘날 종교가 다양한 시대에 사는 사람들에게는 교회의 권위란 별로 논의할 대상이 아니겠지만, 당시는 훨씬 단순한 구조하에 살았기에 교회가 가지는 권위는 대단히 큰 문제였다. 교회와 국가를 하나의 제도로 생각하는 사람들에게 '묶어 놓는 것'과 '떼어 놓는 것'은 상당히 다른 의미를 가지게 되는 것이다. 대표자들은 1643년 10월부터 1645년 3월까지 다수파와 소수파로 나뉘어서 교회 제도에 대한 격론을 벌였다.

웨스트민스터 회의는 단순히 한 국가 내에 존재하는 교회만을 위한 회의는 아니었다. 회의는 한 국가의 장래를 토론하는 자리였다. 그들이 결정하는 것은 국가 전체에 영향을 미치게 되는 것이다. 청교도들은 신앙적인 관용 정책을 앞선 어느 시대보다도 보장하고자 노력했다. 영국 성공회 체제가 대부분 장로교회 체제로 돌아섰지만, 그냥 옛 체제를 고수하는 교회들도 용납하였다. 무엇보다도 독립교회들에 대한 관용이 주어짐으로써, 괄목할 만한 발전이 이루어졌다. 칼빈주의적인 율법 폐기주의(Calvinistic Antinomianism)가 퍼지기 시작한 때가 바로 이 무렵이었다. 토비아스 크리스프(Tobias Crisp), 존 이튼(John Eaton), 존 살트마쉬(Jophn Saltmarsh) 등이 청교도들에게 이런 사상을 퍼뜨렸다.

혼란한 신학 사상의 극복

통일된 신앙고백서가 필요했던 또 다른 이유는 신학적으로나 정치적으로나 과격한 무리들이 점차 늘어나고 있었기 때문이었다. 도무지 "중심을 잡을 수 없을 만큼" 많은 종파들이 생겨났다. 마치 비가 오고 난 후에 여러 종류의 버섯들이 햇볕을 보려고 올라오는 것과 같았다. 당시에 새로 나온 그룹들을 보면 동등주의자들, 깊이 파고드는 자들, 흔드는 자들, 제5왕조파, 구도자들, 큰 소리파(the Lebellers, the Diggers, the Quakers, the Fifth Monarchy Men, the Seekers, the Ranters) 등등 신앙의 자유가 주어지자 종교적인 혼돈이 함께 초래되었다.

이러한 혼돈이야말로 국가에 통일되고 표준적인 신앙 문서가 절실히 필요했던 가장 중요한 이유 가운데 하나일 것이다. 웨스트민스터에 모인 신학자들은 정치적 신학적 무질서 속에서 신앙적인 확실성과 안정성을 제시할 모델을 만들어 내려고 부름을 받은 것이다.

특히 이성적인 해답을 추구하는 알미니안주의가 영국 지방마다 널리 퍼지자 칼빈주의를 반대하는 기류가 여기저기서 형성되어 혼란과 갈등이 깊어졌다.[3]

---

3   Nochols Tyacke, *Anti-Calvinism: The Rise of English Arminianism c. 1590-1640*

1620년부터 1650년 사이에 성공회의 신학은 알미니안으로 기울었고, 헨리 하몬드 같은 지도자는 대부분의 청교도들이 가졌던 이상에 대해서는 공감을 표시하면서도 칼빈주의에 대해서는 철저히 반대하였다. 그 후에, 제레미 테일러가 약간은 가톨릭적인 헌신을 강조하며 성공회를 펠라기안주의로 끌고 나가면서, 청교도들이 가졌던 경험과 체험적인 신앙생활 방식과 경쟁하는 세력으로 부각되었다. 그의 영향으로 인해서 성공회 내부에서 청교도가 아닌 '제도적 교회'를 존중하는 사람들 사이에 큰 반향이 일어났다.

알미니안 계열의 성공회 지도자들은 주로 관용주의자들(the Latitudinarians)로 불리기도 했는데, 그들은 교리적인 분별에 대해서 별로 관심을 기울이지도 않았고 또 그럴 필요성도 느끼지 않았다. 그저 종교적인 아량을 강조하여 모든 사상에 대해서 문호를 개방하였을 뿐이었다. 그러나 이는 훗날, 하나님은 그저 우주와 인간을 창조만 하셨고 그 후에는 법칙에 따라서 운행된다는, 자연신론(Deism)과 자유주의 신학이 들어오도록 문호를 개방하는 결과를 초래하였다.

청교도주의가 거의 쇠퇴할 무렵에 다니엘 휫트비(Daniel Whitby)는 알미니안주의 성공회 지도자로서 신약 성경 전권 주석을 간행하였고, 돌트 총회의 항의파들을 옹호하는 책을 저술하기도 했다. 이에 대해서 침례교 칼빈주의자 존 길(John Gill)이 다시금 반론을 제기하였다. 휫트비는 매우 위험한 신학을 전개하였는 바, 예수 그리스도의 신성을 부인하고 칼빈주의를 맹렬히 비난하였으며 결국에는 아리안주의에 빠지고

(Oxford: Oxford Clarendon Press, 1990). Terill Elniff, *The Guise of Every Graceless Heart: Human Autonomy in Puritan Thought and Experience* (Vallecito: Ross House Books, 1981).

말았다.

　웨스트민스터 신앙고백서는 신학적으로 매우 조직적인 체계로 구성되어 있다. 그것은 개인적으로 서로 상이한 것은 배제하고 정확하고도 자세한 객관적 기준을 제시하고자 한 것이다. 전에 나온 스코틀랜드 신앙고백서나 하이델베르크 교리 문답보다 훨씬 정교한 체계를 갖고 있다는 것은 그만큼 웨스트민스터 회의에 참석한 사람들이 각종 급진파들의 주장에 대해서 답변하고자 심사숙고하였기 때문이다. 그들은 좌파와 우파를 동시에 공격하였다. 총회를 모이지 못하도록 금지령을 선포한 찰스 1세는 극우파에 속하는 인물로 간주되었고, 실낙원의 저자인 존 밀톤 같은 사람은 타락한 천사들이 지옥에 모여 있는 것과 같은 회의라고 공격하고 나섰는데, 이는 좌파의 비난이었다. 그들은 이 회의가 미칠 영향력을 전혀 생각하지 못하였다. 만일 웨스트민스터 회의가 없었더라면 영국은 그 후 이단의 지속적인 성장을 효과적으로 막아 내지 못했을 것이다.

　1163회에 걸친 토론이 지속되는 동안, 대표들이 런던에 가 있음으로 인하여 비워 둔 지역 교회에서는 이단들이 준동하고 있었다. 당시 회의에 참가한 대표들은 영국 개혁신학을 대변하는 가장 총명하고 최고 수준의 학문과 지도력을 겸비한 사람들이었다. 1640년대에 영국 성공회의 성직자들 가운데 절반 가량은 실제적으로 문자를 읽지 못하던 사람들이었음에 비해서, 웨스트민스터에 참가한 대표들은 85%가 학사와 석사 학위를 소지한 수재들이었다.[4] 영국은 20세기 중반까지 석사 학위가 최종 학위였기 때문에 이들은 최고의 지식을 소유한 사람들이었다.

4　Larry Jackson Holley, The Divines of the Westminster Assembly: A study of Puritanism and Parliament (Ph.D. Dissertation, Yale University, 1979), 167 이하.

물론 이들 참석자들이 모든 회의에 전부 빠짐 없이 참석한 것은 아니었다. 공식적인 휴식 기간도 있었다. 참석자들 가운데 적어도 80% 이상이 각기 지역 성도들을 돌보는 복회자의 신분을 갖고 있었다. 적어도 대부분의 참석자들이 5년간에 걸친 회의 기간 동안에 지역 교회 성도들을 보살펴야 하는 상황이었으므로, 매주일 그들이 강단에 없다는 것은 지역 사회에 큰 지도력 공백을 초래하였다.

이 공백 기간 동안에 목자 없는 양을 빼앗으려는 늑대가 우글거리는 상황이 여기저기서 나타났다. 1640년대 중반에 이런 늑대들은 영국 전역에 엄청나게 퍼져 있었다. 총회가 모이는 기간 동안 급속하게 늘어나는 이단들의 확산은 웨스트민스터의 문서 작업에 영향을 미친 두 번째로 중요한 요인이었다.

에라스티언주의

웨스트민스터 총회에 영향을 미친 또 다른 배경에는 헨리 8세 이후 내려온 수장령(Act of Supremacy)의 영향에 따라서 왕권 통치하에 교회를 지배하려는 에라스티언들의 교회론이 있었다. 스위스 출신의 의사이자 신학자였던 토마스 에라스투스(Thomas Erastus, 1524-83)는 감독 정치나 장로교회 제도나 회중교회나 모두 하나님의 권위로 볼 때에는 만족할 수 없었다. 오직 하나님의 통치는 국가를 통해서 교회의 권징이 시행되어야 한다고 보았다.

간단히 에라스티언주의를 설명하면, 교회는 국가의 권위 아래서 감독을 받고 기능을 감당해야 한다는 주장이다. 국가가 교회의 문제든 세속적인 정치 문제든 최종 결정권을 갖는다는 원리이다.

웨스트민스터에 참여한 대표들 중에 에라스티언주의를 격렬히 반대

토마스 에라스투스.

하는 세력이 있었던 것은 사실이지만, 시대적 상황 속에서 보면 일반 시민들 중에서나 회의 대표자들 가운데서나 에라스티언주의자들이 다수였다. 다시 말하면 웨스트민스터 총회는 에라스티언주의가 지배하고 있는 시대의 한복판에 모여 있었다는 것을 잊어서는 안 된다.

우리는 이 회의가 한 단일 교파의 전국적인 총회가 아니었음과 공식적인 교회 조직이 아니라는 점을 유의해야 한다. 이 회의는 국회에 의해서 소집된 것으로 특별히 자문할 사항에 대해서 권고하는 역량을 발휘하도록 요청을 받은 모임이었다. 따라서 회의 과정에 대해서 도중에 출판하거나 나누어 주거나 하는 것이 엄격히 금지되어 있었다. "당시 국회는 국가적인 문제나 교회의 일에나 모든 권력을 가지고 결정할 권한이 있었다. 국회에 봉사하기 위해서 특별한 조건하에 모였다는 한계를 인정하는 것은 극도로 고통스러운 일이었다."[5] 이런 상황이 회의 분위기를 좌우하는 가장 비중이 큰 부분이었다. 국회가 회의 안건을 정하고 최종 결정을 내렸다. 경우에 따라서는 회의에서 나온 권고안대로 채택하였고, 어떤 경우에는 전혀 채택하지 않았다.

1643년 국회의 명령으로, 영국 전지역의 교회들이 그 동안 전국을 하나로 묶는 통일된 국가 관리하의 감독 체제(the episcopal church) 아

---

5 B.B. Warfield, *The Westminster Assembly and Its Work* (New York: Oxford University Press, 1931), 14.

래 있던 것이 폐지되었다. 그러나 아직 이를 대체할 만한 다른 체제가 선포되지 않았다. 웨스트민스터 총회는 그들이 처한 교회의 상황과 전혀 다르지 않았다. 회의 참가자들 사이에서도 통일된 어떤 의견도 아직 만들어지지 않았다. 그러면서도 중요한 것은 국회의 정치적 권한에 따라서 이 회의는 완전히 순응해야만 한다는 상황에 놓여 있었다는 점이다. 이것을 절대로 잊어서는 안 된다. 국회는 웨스트민스터 총회를 관리하려고 했고, 점점 더 그렇게 하려고 시도했으며, 1646년 3월에는 즉각적으로 총회를 비난하기까지 했다.

에라스티언주의가 그토록 강하게 영향을 미쳤던 시대에 교회와 국가가 하나의 통일된 기관이라는 생각, 점등하는 각종 급진적이 이단들의 세력, 국회의 권세와 지위를 인정해야만 하는 에라스티언주의가 묵시적으로 지배하고 있던 상황에서 웨스트민스터 총회가 모이게 되었고, 주어진 임무를 수행하게 된 것이다.

웨스트민스터 총회의 구성과 진행 과정

국회는 1643년 6월 12일, 웨스트민스터 신앙고백서(Westminster Confession of Faith)라는 새로운 문서를 만들어서 영국 성공회의 개혁을 위하여, 다시 말하면 칼빈주의 노선으로 복귀하도록 기초를 제공하고자 신학자와 목회자들을 초빙하기로 결정하였다. 그리하여 1643년 7월 1일부터 1648년 2월 22일까지 5년 6개월 동안 런던 웨스트민스터 교회당에서 무려 1163회의 모임을 가졌다. 여기에 초대된 151명의 대표들은 121명의 성직자들과 30명의 평신도들(20명은 하원 대표, 10명은 상원 대표)로 구성되었다.

교파별로 볼 때에 대부분은 장로교인들이었다. 지역 교회의 권위는

웨스트민스터 대성당의 예루살렘실. 가장 중요한 결정은 이 방에서 이루어졌다.

당회에 있고, 더 넓은 지역에 영향을 미치는 노회가 있으며, 최고 권위를 전국 총회에 두는 이 제도는 신약 성경에 있는 제도를 따라서 정비된 것이었다. 회중교회와 독립교회의 대표들도 다섯 명 있었는데, 이들은 모두 1630년대에 네덜란드로 피신했던 목사들이요 뉴잉글랜드 회중교회와 연관을 맺고 있던 사람들이었다. 이들은 지역 교회의 자율권을 주장하면서도 다른 교회나 국가로부터의 분리를 주장하지는 않았다.

비록 성공회 체제하에서 목회하고 있지만, 좀 더 지역 교회의 다양성과 자율권을 존중하는 방향으로 유연한 제도를 희망하는 온건파들도 있었다. 이들은 세속 군주들이 지역을 다스리듯이 운영되는 국가 교회 체제를 반대하고, 다만 교리와 설교에 대해서만 감독권을 시행하는 신약 시대의 목회자 제도를 희망하였다. 아일랜드 아르마의 대주교 제임스 어셔를 비롯하여, 십여 명의 성공회 대표들은 국왕 찰스 1세의 반대로 참석하지 못하였다. 비록 소수였지만 매우 학식이 있는 에라스티언주의자들도 있었다. 이들은 특히 국회의 존경과 지지를 많이 받았다.

스코틀랜드 교회의 대표들은 투표권은 없었으나 발언권을 보장받았다. 찰스 1세에 압박을 가하는 일에 군대를 파견할 정도로 적극적이었던 스코틀랜드 의회는 새뮤얼 러더포드, 조지 길레스피에, 알렉산더 핸더슨 등 5명을 파송하였다. 그리고 잉글랜드나 아일랜드도 스코틀랜드처럼 동질의 예배, 권징, 정치 제도를 갖추게 되기를 희망하였다. 거의 100여 년의 장로교 제도를 유지해 온 스코틀랜드 교회는 회의에서 장로교회 제도를 옹호하였다.

이들 각 교파의 특색은 총회가 교회 정치 제도를 다룰 때에 첨예한 논쟁을 거듭하면서 자연스럽게 분출되어 나왔다. 신학적으로 볼 때, 웨스트민스터 회의에 참석한 대표들은 모두 칼빈주의자들이었다. 신앙고백과 교리 문답에 합의한 이들 참가자들은 교리적인 통일을 이루고 있었다. 리처드 백스터 목사는 당시 이 회의에 참석한 대표는 아니었지만, 여기서 결정된 모든 사항에 대하여 철저한 개혁신학의 내용으로 인정하고 전적으로 동의하였다. 그는 나중에 모든 감독파 사람들이 대주교 어셔와 같고, 모든 장로교인들이 스테판 마샬(Stephen Marshall)과 같으며, 모든 회중교회 성도들이 예레미야 부루스(Jeremiah Burroughs)와 같다면, 교회의 분열은 곧 치료될 수 있다고 언급하였다.[6]

국가 전체에게 영향을 미칠 철저한 개혁주의 교회 건설의 이념을 품고 거듭된 회의를 속개해 나갈 때마다 보통 60명에서 70명 정도가 출석하였다. 매주 월요일 아침마다 참석자들은 서약문을 큰 소리로 낭독하였다. "나는 진심으로 다음과 같이 전능하신 하나님 앞에서 행할 것을 다짐하고 서약하나이다. 나는 이 회의에 참석하는 회원으로서 하나님의 말씀에 가장 부합하는 것으로 믿는 바를 교리의 요점으로 삼을 것입

---

6 James Leid, *Memoirs of the Westminster Divines* (Paisley: Stephen and Andrew Young, 1811; reprinted Banner of Truth, Edinburgh, 1982), vol. I. 130.

웨스트민스터 총회가 모였던 대예배당. 다시 왕정으로 복귀하여 찰스 2세(1660-1685 재위)가 대관식을 올리는 모습.

니다. 권징의 요점에서 하지 않고, 하나님의 영광과 그 분의 교회의 평화와 유익을 위하여 가장 최상의 것을 만들 것을 서약하나이다."

때로는 기도와 금식에만 전적으로 매달리기도 했는데, 어떤 회원은 큰 소리로 외치기도 했고, 두 시간 이상을 기도에만 전념하기도 했다. 상당수 참석자들은 바로 그런 시간들이 가장 영적으로 보낸 시간들이었다고 회상하기도 했다. 이 회의에 참석한 회원 중에서는 단 한 사람도 이단으로 정죄된 사람이 없었다. 단지 한 사람만 참가를 거절당했는데, 회의 참가시에 서약했던 의무를 저버리고 밖에 나와서 회의 내용을 누설했기 때문이었다.

초기 243차까지의 회의에서(1643-44) 주로 많은 발언을 했던 대표들은 열아홉 명으로 밝혀졌다. 그 중에서도 토마스 굿윈은 초기 127차

회의에서 무려 357회 발언을 해서 단연 제1위였다. 그의 영향력을 짐작케 하는 대목이다. 허버트 팔머는 140차 회의시까지 272회 발언을 하였고, 4위에 해당한다. 조지 길레스피에는 89차 회의시까지 167회 발언하여 8위에 올랐다. 윌리엄 고그는 99차 회의까지 152회 발언하여 10위에 해당하였다.[7]

주요 신학자들

기독교 교회의 역사에서 가장 존경받는 신학자와 목회자들의 모임이 바로 웨스트민스터 회의장에서 열리고 있었다. 그러므로 그 가운데서 어떤 몇 사람만을 대표자로 선정하는 것은 매우 어려운 일이다. 회의 자료는 거의 모두 남아 있지만, 350여 년이 지난 지금에 와서는 잘 모르는 사람들이 너무 많다. 그들은 모두 당대에는 탁월한 인물들이었지만, 지금은 잊혀진 바 되었다. 여기서 오늘까지도 경건한 삶과 걸출한 학문으로 우리에게 영감과 자극을 주고 있는 인물들의 생애를 돌아보는 것은 매우 유익할 것이다. 다음 세 가지 기준으로 선정된 몇 사람에 대하여 살펴보자.[8]

---

7   Wayne R. Spear, *Covenanted Uniformity in Religion:* The Influence of the Scottisch Commisioners upon the Ecclesiology of the Westminster Assembly (Ph.D. dissertation, University of Pittsburgh, 1976), 362.

8   Willam S. Barker," The Men and Parties of the Assembly", in *To Gloryfy and Enjoy God*, 52. George Gillespie, *Notes of the Debates and Proceedings of the Assembly of Divines and other Commissioners at Westminster, February 1644 to January 1645*, ed. David Meek (Edinburgh: Robert Ogle and Oliver and Boyd, 1846).

① 회의 구성시 가장 대표적인 인물.

② 회의 진행 과정에서 가장 영향력을 미친 인물.

③ 오늘날 우리의 신앙생활에 교훈을 주는 가치 있는 인물.

윌리엄 고그

웨스트민스터 총회가 소집될 때 고그(William Gouge, 1575-1653)는 육십대 중반이었다. 그는 가장 연장자 중에 한 사람이었을 뿐만 아니라, 매우 존경받는 사람이었다. 런던에 있는 안네 교회 혹은 블랙 페어스 교회의 목사로 1608년 7월부터 죽을 때까지 시무하였고, 수년 동안 '런던 목회자들의 아버지'라는 명예스러운 호칭을 들었다. 그의 명예를 훼손하는 험담가들은 '청교도의 두목'이라고 불렀으나, 그는 더 큰 교회의 더 높은 직책을 제안 받을 때마다 나의 최고 야망은 지금 섬기는 블랙 페어스 교회에서 하늘나라로 올라가는 것이라고 일축하였다.

목사로서 그는 뛰어난 분석력을 발휘하여 고통받는 영혼들을 돌보았다. 그리고 런던 목회자들 가운데서 사람들 사이의 서로 다른 의견을 조정하는 데 탁월한 능력이 있는 인물로 인정받았고, 가난한 사람을 많이 도왔기 때문에 친절하고 따뜻하다는 평판을 얻었다.

회의가 시작되자 고그는 가장 자주 의장으로 선출되어 회무를 진행했고, 다른 사람이 의장을 맡다가 건강상으로 혹은 다른 급한 용무 때문에 자리를 비우게 될 때에도 빈번히 의장으로 피선되었다. 그는 회의에 가장 성실하게 참석하였다. 항상 성경책을 갖고 다녔고, 다른 책들도 주머니 속에 넣고 다니면서, 틈틈이 회의가 중단되는 시간을 아껴서 책을 읽었다.

이렇게 시간을 아끼는 근면한 태도는 청소년 시절부터 몸에 배어 있었다. 1595년 케임브리지 킹스 칼리지에 재학할 때에 처음 3년 동안 단 하루도 학교 밖에서 시간을 허비하지 않고 공부에 전념하였다. 9년 동안 재학하면서 매일 새벽 5시 30분에 열리는 조기 기도회에 단 한번도 결석한 적이 없었다. 그는 하루에 성경을 열다섯 장씩 읽었다. 하루에 세 번, 각각 다섯 장씩을 읽는 것이다. 주일날은 따로 시간

윌리엄 고그. 45년 동안 가장 큰 영향력을 발휘한 런던 교회의 목사.

을 떼어서 사용할 것을 권고하였다. 그래서 그의 가족이나 집안 식구들은 하인들로 하여금 토요일 밤부터 주일날 하루 종일 음식을 만들지 못하게 했다. 고그는 주일날 두 번 설교하고 주중에 강의하는 생활을 거의 35년 동안 계속하였다. 그래서 대부분의 런던 목사들이나 시민들과 지도자들, 심지어 방문객들까지도 그의 설교를 듣지 않은 사람이 별로 없었다. 그는 학자로서 케임브리지 킹스 칼리지에서 논리학과 철학을 가르쳤고, 1611년에 신학사 학위를 받고 1628년에 신학 박사 학위를 받았다. 또한 그는 성경에 대한 해설집을 국회로부터 부탁받아('English Annotatin' 혹은 'Westminster Annotation') 열왕기상부터 욥기서까지를 펴냈다.

1653년에는 방대한 분량의 히브리서 주석을 펴낸 바 있다. 그는 하나님의 부름을 받고 기쁘고 조용하게 블랙 페어스에서 하늘나라로 가겠다는 소망을 이루었다. 그의 어머니의 자매들이 유명한 청교도 설교자들과 결혼했기에, 고그는 이모부들(Samuel and Ezekiel Culverwell, Dr. Laurence Chaderton of Emmanuel College, Dr. William Whitaker of

Cambridge)에게 많은 영향을 받았다.

토마스 굳윈

토마스 굳윈(Thomas Goodwin, 1600-1680)은 독립교회의 대표자였다. 올리버 크롬웰과 같이 교회 정치에 대한 신념이 있었기 때문에 청교도 군인들이 승리하는 데 많은 영향을 끼쳤고, 크롬웰의 중요한 목회 자문단의 일원으로 활약하였다. 그는 존 오웬과 다른 두 명의 목회자와 같이 크롬웰의 임종을 지켜보았다. 웨스트민스터 총회에서 굳윈은 걸출한 학식과 경건으로 존경을 받았다.

케임브리지 대학교의 그리스도 대학에 진학하면서 1613년 8월에 그는 자신의 죄악에 대한 통곡과 지옥에 대한 공포로 두려워하였던 소년이었다. 그는 칼빈의 『기독교 강요』를 읽으면서 "그 책의 약간이라도 읽으면 나는 얼마나 향긋한지 모른다! 확실한 방법으로 진리를 전달해 주는 즐거움이 나에게 있다"고 좋아하였다. 청소년 시절, 부활절에 성찬식을 받으면서 구원의 감격에 젖어 보기도 했다. 그러나 다음 성찬식에서는, 그가 학교에서 가장 키가 작았기 때문에, 아직 성숙하지 못했다고 생각한 선생님이 그를 밖으로 내보냈다. 이로 인해서 매우 상심하여, 수년 동안 영적인 침체 상태에 빠지기도 했다. 1620년 10월 한 장례식 설교에서 그는 매우 감동을 받아 참된 회개와 믿음을 회복하였다. 그 후로 성령의 감동과 인도하심이 그의 설교에서 빛나게 발휘되었다.

1628년부터 1634년까지 그는 케임브리지 트리니티 교회의 탁월한 설교자로 봉사했는데, 죄를 확신케 하며 양심을 깨우고 상처를 치유해 주며 그리스도를 아는 지식의 달콤한 위로들을 강조하고 그의 의로 인하여 값 없이 주어지는 칭의, 은혜의 복음의 영광 등에 대해서 중점적으로 설교하였다.

로드 대주교가 새로운 교회 중심 정책을 추진하자, 그는 1634년에 교회와 대학에서 자신에게 주어진 영예로운 자리를 물러나서 네덜란드로 건너갔다. 1639년까지 아른헴에 있는 독립교회 목회자로 봉사하나가 국회가 열리자 다시 런던 독립교회의 목사로 부임하여 웨스트민스터 총회에서 회중교회 파의 대변자로 활동하였다. 그의 학문은 1649년 옥스퍼드 대학교의 막달리아 대학 학장으로 임명될 정도로 공인을 받았다. 1660년에 왕정 복고로 인하여 다시 물러났지만 여전히 런던 독립교회에서 설교자로 봉사하였다.

1666년 굳윈은 런던 대화재로 인해서 자신이 가지고 있던 책의 절반을 잃어버렸다. 그렇지만 다행히도 신학 서적은 전부 다 보전할 수 있었다. 뉴잉글랜드 청교도 운동의 지도자 존 코튼의 절친한 친구로서, 1647년 초청을 받아 신대륙으로 갈 때에는 상당량을 책을 배에 싣고 가기도 했다.

허버트 팔머

팔머(Herbert Palmer, 1601-1647)는 굳윈과 동시대 사람이지만, 출신 배경이 귀족이라서 여러 가지로 서로 다르다. 팔머는 죽을 때까지 혼자 살았고, 웨스트민스터 총회가 채 끝나기도 전에 세상을 떠났다. 그는 성장하면서 차츰 청교도의 확신을 가지게 되었고, 총회에서는 장로교회를 대표하는 인물로서 매우 능동적으로 참여한 인사 가운데 한 사람이다.

팔머는 하나님이 어린 시절부터 준비시킨 사람이었다. 태어나서 말을 하기 시작할 때부터 프랑스어를 배워 그의 목회에 유익하게 활용할 수 있었다. 네 살인가 다섯 살 때 그는 어머니에게 하나님이 어떤 분이냐고 질문하기 시작하였다. 점차 성장함에 따라 은사가 개발되어지면서, 변호사가 되느냐 관직에 나갈 것이냐 시골의 신사가 되느냐 혹은 그와 비슷한 어떤 사람이 되느냐에 대하여 고민하다가, 마침내 그리스도의 사역자가 되는 것에 응답하였다.

케임브리지 대학교 성 요한 대학에 입학한 것이 1615년이다. 그리고 1622년 석사 학위를 받았다. 1623년부터는 퀸스 칼리지의 일원이 되었고, 1624년에 목사 안수를 받았다. 1626년에 캔터베리의 알페이지 교회 목회자로 부임하였다. 여기서 그의 프랑스어 실력이 빛을 발휘하였는데, 그곳에 있던 프랑스인 교회의 목사가 그의 유창한 프랑스어 설교를 듣고 특별한 경우마다 초빙하였다. 그는 키가 매우 작았기에 처음 그를 만난 어느 프랑스인 노파는 난장이 같은 이 사람이 우리에게 무슨 말을 하겠느냐고 걱정하였다. 그러나 설교와 기도가 끝나자 그 노파는 두 손을 하늘로 쳐들고 자신이 지금 듣게 된 것을 인하여 하나님을 찬양하였다.

그의 경건과 열심은 주변 캔터베리 지역 목회자들 사이에서는 반감을 일으키는 요인으로 작용하였으나, 귀족 출신인데다가 세력 있는 친구들이 워낙 많아서 함부로 그를 건드리지 못했다. 법정에서 일하던 그의 친구들이 그를 캔터베리 지역의 종교 문제를 관할하는 자리에 앉히려 했으나, 그 직책은 성공회의 새로운 정책 과제를 수행하는 자리였기 때문에, 그는 그런 자리에 앉으려고 하지 않았다. 1632년 허트포사이어에 있는 애쉬웰 교회의 수석 목사가 되었는데, 결과적으로 이 직책에서 웨스트민스터 총회의 대표적인 인물로 천거되었다. 또한 1632년부터 그는 케임브리지 대학의 설교자의 한 사람으로 선출되었는데, 신학사 학위를 받은 지 약 2년만에 모교의 부름을 받게 된 것이다.

팔머의 설교는 보통 사람들에게 접근하기 위해서 미리 준비한 것으로 평이하고도 단순하다는 점이 특징이다. 그는 자주 개인적인 모임을 갖도록 격려하였고, 고통스러운 문제들을 가지고 오는 이들에게 친절히 상담해 주었다. 성도들을 공적으로 또 개인적으로 잘 가르쳤고 그 기록을 출판하였다. 적은 재산과 독신 생활을 영위하면서, 그는 글을 읽을 수 있는 가난한 사람들에게 성경을 나눠주는 일을 열심히 하였고, 배움을 바라는 사람들에게는 교육을 받을 수 있도록 물질적으로 도와 주었다.

그는 자신의 집으로 부유층과 귀족들의 자녀들을 초대하여 신앙에 대해서 가르치는 선생이 되기도 했다. 식사를 마치고 난 후 그들 중 한 사람이 성경 한 장을 읽으면, 그는 그가 읽은 부분의 핵심 내용을 암기하도록 반복하라고 했다. 케임브리지 퀸스 칼리지의 주임 교수로 임명된 것은 1644년이었는데, 수많은 가난한 학자들의 후원에 힘을 기울였다. 그는 자신이 죽을 때에도 상당히 많은 돈을 그런 목적에 쓰도록 남겨 놓았다.

웨스트민스터 총회에서 팔머는 열심히 참석하고 발언하며 가장 활발하게 역량을 발휘하였다. 설명하도록 요청을 받은 문제에 대해서는 유창하게 풍부한 지식을 쏟아 놓았다. 다스리는 장로에게 하나님이 부여하신 권한을 확신할 수 없는 상황에 처하자, 그는 조심스럽게 성경의 가르침을 면밀히 살펴보았다. 그리고 웨스트민스터 회의에 철저히 참석하기 위해서 애쉬엘의 목사 직을 사임하였다. 그러나 그는 런던의 여러 교회에서 설교를 계속하였다. 그리고 마침내는 웨스트민스터 새교회(New Church)의 담임 목사가 되었다.

의회의 지명에 따라서 그는 웨스트민스터 애비 교회(the Abbey Church)에서 아침 강좌를 맡아 강의하였다. 그는 종종 국회에서도 설교하였는데, 그때마다 청중들의 영적인 필요성을 채워 주고자 솔직하게 말하기를 주저하지 않았다. 열정적으로 사역을 감당하던 팔머는 병으로 인해서 쇠약해지고 말았다. 아깝게도 그의 나이 46세에 부름을 받았다.

조지 길레스피에

스코틀랜드에서 파견한 자문관 조지 길레스피에(1613-1648)는 웨스트민스터 총회가 주요 임무를 막 끝마칠 무렵에 불과 35살에 죽고 말았다. 그는 비록 웨스트민스터에 참석한 대표들 가운데서 가장 어린 사람이었지만, 가장 영향력 있는 대표 중 하나였다. 특히 총회가 교회의 정치 구조를 다루는 데 있어서, 그는 장로교회 제도가 가장 성경적인 권위를 가진 조직이라는 점과 권징을 시행하는 교회의 권위를 행사하기에 합당하다는 점을 역설하였다.

세인트 앤드류스 대학에서 교육을 받은 길레스피에는 1638년 국가 언약에 서명하였다. 그는 또한 바로 그해에 불과 25살에 글라스고우에서 열린 전국 총회에 참석하였다. 그리고 1642년 에딘버러에서 목사 안수를 받았다. 다음해 그는 알렉산더 핸더슨, 새뮤얼 러더포드, 로버트 발리에와 함께 웨스트민스터에서 모이는 총회에 대표로 참석하게 되었다.

웨스트민스터 총회에서 활약한 그에 관한 전설적인 이야기들은 분명한 증거가 없는 것이므로 물리쳐야 한다고 생각되지만, 그럼에도 불구하고 그의 공헌은 높이 평가를 받아야만 할 것이다. 그는 소요리 문답에 대한 토론이 벌어지고 있을 때에 스코틀랜드로 돌아가야만 했다. 그 때에 나온 질문은 '하나님은 어떤 분인가?'였다. 그는 기도하고 난 후에 '오 하나님, 당신은 영이시며, 무한하시며, 영원하시고, 변하지 않는 존재이시며, 지혜, 권능, 거룩함, 의, 선, 그리고 진리가 되십니다'라고 부르짖었다. 결국 소요리 문답 제4문의 답이 되었다.

다른 이야기 하나는, 파문권에 대하여 에라스티언주의자들과 토론을 벌이는 과정에서 길레스피에의 역할이 돋보였다는 것이다. 그 당시에 상당한 고전 지식을 소유한 학자로 손꼽히는 존 셀든(John Selden)은, 국회의원이며 웨스트민스터 총회 대표로 참가하고 있었다. 그는 마태복음 18:15-17을 근거로 인상 깊은 연설을 하였다. 유대인들이 세속적인 정치 제도와 같은 권한을 교회적인 법정에도 부여하였다는 것을 확신할 수 없다는 것이었다. 따라서 일반 세상 법정에서 유대인의 일상적인 행위에 대해서 관여하고 있었다고 보았다. 이때 새뮤얼 러더포드가 길레스피에에게 발언을 하도록 권유하였다. 그리하여 이 젊은 목사는 한 가지 한 가지 정확하게 요점을 말하면서 본문의 의미를 설명하고, 이 구절은 국가의 간섭을 받지 않고 교회가 스스로 영적인 문제를 처리하였음을 보여준다고 설명하였다. 그의 연설의 결과는 놀라웠다. 심지어 존 셀든조차도 마음을 바꾸게 되었다. 그리고 말하기를 내가 지난 십 년 동안 공들여서 세우고자 수고한 것들을 그 젊은이가 단 한 번의 연설로 다 날려 버렸다고 고통스럽게 토로하였다.

길레스피에는 셀든의 주장에 대해 가장 중요한 반론을 제기하였는데, 다음날에도 지속되는 토론에서 다른 사람들이 잘 방어해 주었다. 길레스피에의 탁월한 능력과 연설에 대해서는 두말할 필요가 없을 것 같다. 그는 상대방의 연설을 듣고 상세히 적은 다음 자신의 논지를 준비하였다. 그가 아주 설득력 있게 잘 대답하자, 바로 옆자리에 앉아 있던 사람이 그의 노트를 쳐다보았다. 그런데 그의 노트에는 아무런 자료도 적혀 있지 않았다. 단지 라틴어로 세 가지만 쓰여 있었다.

"주님, 빛을 보내 주소서. 주님, 도와 주옵소서. 주님, 당신 스스로를 인하여 나를 보호하옵소서."

런던에서 돌아오자 길레스피에는 1648년 7월 12일 에딘버러에서 열린 스코틀랜드 총회의 의장으로 선출되었다. 그에게는 다른 임무도 부과되었으나, 곧바로 병에 걸려서 죽게 되었다. 연장자였던 새뮤얼 러더포드는 1648년 9월 27일 세인트 앤드류스에서 그에게 편지를 보내 위로하였다.

> 무거운 마음을 갖지 말게나. 지금 믿음의 삶이 요청되네. 일을 자네 생각으로 계산하지 말게, 비록 그리스도께서 자네 속에서 그리고 자네를 통하여 스무 명이 한 것보다 훨씬 더 많은 일을 하셨을지라도. 그렇지, 백발이 섞인 일백 명의 경건한 목사들보다 더 많은 것을 이루셨을지라도 말일세. 이제 자네의 마지막이라고 믿네. 부디 갈라디아서 2장 20절의 말씀을 읽어 보게나.[9]

윌리엄 트위세

웨스트민스터 총회의 의장으로 활약하였던 트위세(William Twisse, 1575-1646)는 원래 잉글랜드 사람으로 성공회에 소속해 있었으나, 후에 장로교인이 되었다. 그는 회의가 진행되면서 매우 중요한 역할을 감당했으나, 돌트 총회의 고마루스나 니케아 종교회의의 아다나시우스처럼 그렇게 회의를 이끌어 갔던 지도자는 아니었다. 원래 독일 조상의 후손으로 영국에 와서 정착했으나, 모든 면에서 가장 존경받는 사람으로 손꼽혔다.

그는 비교적 소수가 지지했던 타락 전 선택설의 열렬한 지지자였다. 그의 이러한 견해는 『자비의 그릇 속에 담긴 하나님의 사랑의 풍성함』 (The Riches of God's Love unto the Vessels of Mercy)에 분명하게 표현되어 있다. 그는 회의가 절반을 약간 넘겼을 때에 죽고 말았다.

9　Reid., *Memoirs*, II, 282.

존 라이트풋

라이트풋(John Lightfoot, 1602-1675)은 서너 명의 중요한 인물을 꼽으라고 할 때에도 당연히 그 숫자에 들어야 할 만큼 웨스트민스터 총회에 미친 영향이 지대한 인물이다. 그는 영국 성공회 측의 대표였고, 에라스티언주의자였다. 그는 주교의 권한이 세속 정권에 비해서 대폭 축소되어야 한다고 믿었다. 그는 열심히 전체 총회에 참석하였다. 라이트풋은 당대 최고의 히브리어 학자였고, 논쟁점에 대해서도 박식한 고대 유대인들의 풍습과 태도에 대해 설명함으로써 신학적인 요점을 지적하곤 했다.

그밖에 중요한 신학자로는 존 애로스미스(John Arrowsmith), 토마스 가테이커(Thomas Gataker), 안토니 부르게스(Anthony Burgess), 예레미야 부르게스, 에드워드 레이놀즈 등이 있다. 또한 회의에 참가하지 않은 중요한 청교도 신학자들도 많이 있다는 점을 기억해야 한다. 이 시대에는 웨스트민스터에 참석하지 않았다고 모두 무시해서는 안 된다. 그들은 다른 대표로 간 사람들과 같은 교구에 있었을 수도 있고 다른 일에 묶여서 참가하지 못했을 수도 있다. 일례로는 옥스퍼드와 케임브리지 대학에서 강의하던 교수진들을 들 수 있다. 존 오웬, 리처드 백스터, 토마스 왓슨, 토마스 브룩스, 스테판 차르낙(Stephen Charnock), 토마스 맨튼(Thomas Manton, 한동안 웨스트민스터 총회의 서기로 봉사했음) 등을 들 수 있다. 침례교도는 단 한 사람도 참석하지 않았다.

웨스트민스터 신앙고백은 일반적으로 칼빈주의 신학의 대장전이며, 청교도들의 경건이 특별히 녹아 들어 있는 문서이다. 정확하고 생동적으로 기독교의 경건을 반영한 문서이다. 우리 한국교회는 웨스트민스터 신앙고백서를 통해서 신앙의 노선을 지도받고 있음에 대하여 하나님께 감사를 드려야 마땅하다. 성경에 있는 교리를 체계적으로 우리에게 전달해 주었고, 교회 정치의 성경적인 원리들과 권징, 예배에 대해서 가르쳐 주고 있기 때문이다. 웨스트민스터 총회에 참석했던 신학자들과 목회자들의 생애는 경건과 학문, 희생과 노력, 기도와 복종을 하나님의 말씀에 따라서 하도록 우리를 깨우쳐 준다.

신학적인 쟁점들

웨스트민스터 총회에는 단 한 명의 알미니안주의자도 없었지만, 그렇다고 해서 그 자리에 모인 대표들이 모두 다 똑같은 칼빈주의 신학으로 통일되어 있었다고 보기에는 어려운 부분도 있다. 따라서 많은 쟁점이 있을 수밖에 없다. 어떤 사람은 다른 사람보다 더 확고한 칼빈주의자였고, 어떤 사람은 좀 더 폭넓은 견해를 주장했다. 3분의 2는 타락 후 선택설과 제한 속죄를 지지하였으나, 나머지 3분의 1은 타락 전 선택설이나 보편 속죄론 혹은 이중적인 접근법, 즉 속죄 범위는 전인류를 위해서 하셨으나 속죄의 유효적인 적용은 오직 선택자들에게만 해당한다는 설을 지지하였다. 워낙 다양한 교파의 대표들이 참가하다 보니 그럴 수 밖에 없었다.

교회의 정치 제도 문제에 있어서는 더욱 의견이 나뉘었다. 4분의 3이 장로교회 제도를 지지하였으나, 다른 4분의 1은 성공회와 독립교회에 속해 있었다. 신앙고백서와 교리 문답에서는 확고하게 장로교회의 입장이 반영되었다. 에라스티언주의와 성공회의 감독 제도, 심지어 독립교회마저도 용인하지 않았다. 한편에서는 국가와 교회의 완전한 분리를 거부하였고, 다른 편에서는 하나님의 율법을 확고히 강조하였다. 국가와 교회는 두 개의 독립된 왕국이라고 보았지만, 그러나 통치 영역은 결코 서로 분리되지 않고 연관을 맺고 있다고 기록되었다. 영국 성공회는 이제 공적인 국가 교회로 인정하지 않으며, 장로교회를 지원하기로 하였다.

율법의 역할에 대한 토론이 격렬했는데, 대요리 문답과 소요리 문답에 포함되어 있는 십계명에 대한 긴 설명에 담겨 있는 바와 같다. 당시에는 칼빈주의를 따르면서도 율법 폐기주의(Antinomianism)를 주장하는 자들이 많았으나, 총회는 이를 즉각 거부하였다. 물론 총회는 독립교회의 대표들에게 관용할 것을 지지했고, 그 당시에 국내에서 일어나고 있던 이단들까지도 관대하게 대할 것을 결정하였다.

관련된 문서들

하나의 국제적인 문서가 탄생하기까지는 그 나라와 영향을 주고 받은 주변 지역에서 나온 모든 문서들이 참고 자료로 활용되게 마련이다. 그리고 그 대표들이 먼저 만든 여러 종류의 글과 자료들도 참고 자료가 되었다.

엄숙 동맹과 언약(The Solemn League and Covenant) | 이 문서는 원래 스코틀랜드 신학자 알렉산더 핸더슨이 작성한 스코틀랜드 '국가 언약'(National Covenant)에 기초하여 만든 것이다. 따라서 스코틀랜드와 영국과 함께 웨스트민스터 총회에서 공동으로 노력하여 가장 기본적인 합의 문서를 만들었다는 의의가 있다. 영국 의회가 이렇게 스코틀랜드 신앙고백을 받아들여서 서명을 하게 된 것은 찰스 1세에 맞서서 싸우는 시민 전쟁에서 함께 대항하기 위한 동맹군으로 스코틀랜드를 끌어들이고자 했기 때문이다.

이는 단순히 신앙적인 연대감을 발표한 것만이 아니라, 군사적으로나 정치적으로 동맹을 맺으려고 한 것이다. 그래서 스코틀랜드 교회처럼 영국 지역에서도 장로교회 제도를 공식적으로 인정하고 받아들이고

자 하였다. 웨스트민스터 총회가 언약에 서약하고 장로교회를 받아들이게 되자 독립교회들은 영향력을 잃기 시작했고, 모든 기존 교회들은 단시일 내에 장로교회가 되었다.

구원받는 지식의 요약(The Sum of Saving Knowledge) | 이 문서는 비교적 짧은 글인데, 스코틀랜드의 데이빗 딕슨이 작성한 것으로 웨스트민스터 신앙고백서와 교리 문답의 기초가 되었다. 물론 영국보다는 스코틀랜드에서 더 영향을 많이 끼쳤다. 신앙고백서보다 더 간략하게 기독교 신앙의 기초를 요약한 것이다.

이 문서에는 세 가지 성경에 나오는 언약, 즉 하나님과 아들 사이의 구원 언약, 하나님과 아담의 행위언약, 하나님과 선택받은 자 사이에 역사 속에서 맺어진 은혜언약이 설명되어 있다. 가장 긴 부분은 "구원 얻는 지식의 실제적인 사용"이다. 전도와 확신의 영역 바로 앞에 위치하여 있다. 여기에서는 왜 죄인이 복음을 믿어야 하는가에 대한 다섯 가지 "참된 신앙의 증거들"과 네 가지 "믿음에의 보증"에 대해서 설명하고 있다.

① 하나님의 간절한 초청.
② 하나님께서 그리스도 안에서 우리를 그분과 화목하게 만들고자 하는 진지한 요청.
③ 그리스도를 믿고 확신하도록 그에게 가까이 하기 위하여 복음을 듣는 모든 자들에게 요청하는 하나님의 단호하고도 두려운 명령.
④ 사람들이 믿으라는 명령에 복종하는 경우에 주어지는 영생의 증거들, 그리고 그들이 순종하지 않을 때 주어지는 파멸의 두려운 증거들.

교회 정치의 장로교회 체제 | 이 문서는 '엄숙 동맹과 언약'에 기초하여 쓰여졌는데, 교회 정치를 위한 법제화를 위해서 준비된 것이다. 그 내용

으로는 교회, 직분자, 목사, 교사, 다른 직분자들, 집사, 특별한 회중, 노회, 총회, 시험과 안수 등이다.

하나님의 공적인 예배를 위한 지침서 | 진정한 장로교회 내에서 사용되는 기도문과 유사한 것이다. 웨스트민스터 총회는 이 문서로 성공회의 공동 기도서를 대치시키고자 시도했는데, 영국 국회만이 아니라 스코틀랜드 교회에서도 모두 공식적으로 채택하였다. 그러나 이 문서를 성공회와 독립교회에 무조건 힘으로 강요하지는 않았다. 이 문서에는 개교회 회중의 총회, 성경의 낭독, 설교 이전과 이후에 공중 기도, 주일성수, 결혼, 장례, 아픈 자의 방문, 금식, 감사의 절기, 시편 찬송, 성일을 허락할 것인가의 문제들이 다루어져 있다.

가정 예배를 위한 지침서 | 일반 성도들이 가정에서 예배를 드릴 때에 필요한 지침을 담아 놓았다. 원래는 스코틀랜드 교회에서 만들어진 것인데, 웨스트민스터에서도 많은 회원들에 의해서 비공식적으로 추인을 받고 사용되었다.

웨스트민스터 주석서 | 웨스트민스터에 참여한 신학자들이 집필한 비공식적인 성경 주석책이다. 각 권마다 집필자 명단이 기입되어 있지는 않지만 주로 레이, 고그, 가테이커, 핏트리 등이 작성하였다. 이 책들은 청교도의 관점에서 성경을 해석했다는 장점을 지니고 있고, 신앙고백과 교리 문답을 뒷받침하는 본문의 설명으로도 사용되었다.

운율로 된 시편 모음곡 | 라우스(Rouse)가 만든 이 시편 찬송집은 장로교회에서 사용되도록 인정을 받았다. 찬양을 위한 것이라기보다는 역사적인 장로교인들이 시편을 노래하기 위하여 만든 시편 모음곡들인데, 이런 시편 모음곡 150편을 운율과 리듬으로 쉽게 풀어 놓은 것이다. 다른 시편 모음곡들도 역시 성경의 다른 부분을 노래하도록 하기 위해서 풀어 놓은 것이다.

웨스트민스터 신앙고백서의 신학 사상

영국 국회가 기본적으로 웨스트민스터 총회를 소집한 이유는 성공회가 만든 39개 조항을 개정하여 로마 교회적인 통일 체제를 약화시키고자 함이었다. 그러나 '엄숙 동맹과 언약'이 통과된 후에 스코틀랜드에서 온 자문관들이 칼빈주의 신학과 장로교회 체제에 맞는 완전히 새로운 신앙고백서를 만들자고 대표들을 설득하였다.

그 동안 개혁 교회에서 사용해 온 신앙고백서들이나 교리 문답은 한두 사람이 개인적으로 작성한 것이었다. 돌트 신경만이 예외였다. 그러나 성경 번역 작업과 같이 공동 작업을 통해서 위원회가 작업을 한다면 좀 더 균형 감각을 갖추고 개인의 성향을 배제시킨 문서를 만들어 낼 수 있는 것이 당연하다. 웨스트민스터 신앙고백서(1646년)는 25개의 위원회가 작성한 것이다. 물론 여기에 앞서 거명한 저명 인사들의 영향력이 컸다. 고그, 휫태커, 굳윈, 투그니 등이다. 아일랜드 대표 어셔 감독이 만들어서 사용하던 아일랜드 신앙 문서(Irish Articles, 1615)도 참고로 하여 웨스트민스터 신앙고백의 체제는 잡혔다.

각 위원회에서 문서를 작성한 다음에 총회에서 점검하였고, 여기에 성경구절이 보완되었으며, 국회로 보내어 추인을 받았다. 곧 스코틀랜드 교회에서도 공식 문서로 채택하였다. 모두 33장으로 구성되었는데, 그 중에서 특성을 갖고 있는 부분과 중요한 대목은 다음과 같다.[10]

제1장 성경 | 웨스트민스터 신앙고백서는 그 동안 나온 모든 문서 가

---

10 Sinclarir B. Ferguson," The Teaching of the Confession", *The Westminster Confession in the Church Today:* Papers Prepared for the Church of Scotland Panel in Doctrine. ed. Alasdair I.C. Heron (Edinburgh: The Saint Andrew Press, 1982), 36-39.

운데서 성경에 관한 설명이 가장 탁월하다.[11] 성경의 영감에 있어서 성령의 내적인 증거를 가장 강조하였는데, 성령은 독자들에게 성경의 진실성을 확증시켜 주시고, 믿음의 확신을 주시며, 해석을 도와 주신다.

하나님 자신의 영광과 인류의 구원과 믿음과 생활에 필요한 모든 것들에 관한 하나님의 뜻은 모두 성경에 명백히 적혀 있으며, 건전하고 필요한 추론들을 성경으로부터 추론해 낼 수 있다. 여기에 어느 때든지 성령의 새로운 계시나 인간의 전통을 첨가하려고 해서는 안 된다.

제3장 하나님의 영원한 작정 | 웨스트민스터 신앙고백서는 선택과 유기를 모두 다 가르치고 있으며, 작정의 순서에 대해서는 아무런 언급도 하지 않고 있다. 첫단락에 칼빈주의 신학의 가장 탁월한 요약이라고 말할 수 있는 설명이 들어 있고, 이러한 교리에 대해서는 주의할 것을 권고하고 있다.

하나님은 영원 전부터 가장 지혜롭고도 거룩한 자신의 뜻에 따라서 되어 나갈 일을 무엇이든지 자유롭게 또는 변할 수 없게 정하셨다. 그러나 그렇다고 해서 하나님이 죄의 조성자는 아니며, 피조물들의 의지를 힘으로 억제하시지 않으시며, 제2원인들의 우연성이나 자유함을 제거하지 않고, 도리어 확립하셨다.

제7장 인간과 맺으신 하나님의 언약 | 이 부분은 주요 개혁주의 신앙고백에서 설명된 언약 신학에 관한 그 어떤 설명보다도 가장 명쾌하게 서

---

11 John Gerstner, *A Biblical Inerrancy Primer* (Grand Rapids: Baker, 1965). 그러나 일부 비평주의자들은 이 고백서에서 성경 무오설이 잘못 사용되고 있다는 의문을 제기한 바 있다. 이러한 잘못된 비판을 경계하며 Jack B. Rogers, *Scripture in the Westminster Confession* (Grand Rapids: Eerdmans, 1967), 93-105. idem & Donald K. McKim, *The Authority and Interpretation of the Bible: An Historical Approach* (New York: Harper & Row, 1979), 200-218.

술하고 있는 점이 돋보인다.[12] 하나님께서 아담과 조건적으로 맺으신 언약, 즉 행위언약과 그 후에 일어난 것을 설명한다. 즉, 그 언약이 깨어진 후에 하나님은 자신이 택한 자들을 위하여 은혜언약을 제정하셨다. 그것은 역사 속에서 점차 밝히 드러나다가 새 언약에서 정점에 도달하였다.

제8장 중보자이며 구속주이신 그리스도 | 칼빈이 이미 『기독교 강요』에서 지적한 바에 따라서 그리스도의 삼중직인 왕이시며, 제사장이시며, 선지자 되심에 대해서 분명하게 언급한 최초의 신앙고백서이다. 그리스도의 속죄의 범위에 대해서 제한 속죄를 분명히 언급하지는 않았지만, 전체를 추론해 보면 그 방향의 가르침을 전하고 있다.

제19장 율법 | 율법은 처음에 아담에게 행위언약으로서 주어졌다. 그러다가 타락 이후에 다시 시내산에서 제정되었고, 열 가지 계명으로 압축된다. 율법은 세 부분으로 되어 있다. 이스라엘을 위해서는 제사법이 있었고, 지금은 폐지되었다. 기본적으로 이스라엘만을 위해서 시민법이 주어졌는데, 이것들은 모든 사회에 상당 부분 적용 가능하다. 도덕법은 죄를 억제하고 경건을 가르쳐 주는 데 있어서 지속적으로 유효하다.

제21장 주일 성수 | 청교도 신학의 절정은 주일성수에서 드러난다. 주일날을 그리스도인들의 안식일로 성수하였으며, 십계명의 연속성을 강조하였다. 그런데 주일성수를 오직 그리스도인들만 할 것이 아니라 국가 전체에게 적용해야 한다는 점을 강조하였다.

---

12 David B. McWilliams," The Covenant Theology of the Westminster Confession of Faith and Recent Criticism", *Westminster Theological Journal* 53 (1991): 109-124. Andrew A. Woolsey, *Unity and Continuity in Covenant Thought: A Study in the Reformed Tradition to the Westminster Assembly* (Ph.D. dissertation: Glasgow University, 1988).

제23장 세속 통치자들 | 하나님께서는 세속 통치자들을 정하시고 자신의 백성들을 다스리게 하셨다. 그리스도인들도 그런 관공서의 직책에 오를 수 있다. 그러나 교회를 위해서 제정된 직분자들을 간섭해서는 안 된다. 말씀이나 성례나 교회 권징에 대해서 간섭해서도 안 된다. 하나님은 세속적인 법률을 가지고 세속적인 정의를 증진시키고자 하신다.

제25장 교회 | 교회는 유형 교회(가견적 교회)와 무형 교회(사람의 눈으로 볼 때에 불가견적 교회)로 분명히 나누어 놓았다. 지상에는 그리스도의 교회가 아니라 사탄의 교회가 될 만큼 타락한 경우도 있을 수 있다. 로마 가톨릭 교회는 자신들을 그리스도의 대리자로 주장하고 있으므로 비성경적이요, 적그리스도로 규정하였다.

제27-29장 성례 | 유아 세례를 인정하고 있으나, 성공회가 제정한 '39개 조항'과는 달리 세례가 중생의 예식이라고 가르치지는 않는다. 이것은 침례교회에서는 매우 중요한 교리일 것이나, 웨스트민스터 총회는 결코 이런 교리들을 용납하지 않았다.

요리 문답 | 안토니 투크니(Anthony Tuckney)와 존 애로우스미스(John Arrowsmith)가 주로 작성한 교리 문답(Westminster Catechism, 1647)은 어린이를 위한 '소요리 문답' 107문항으로 다시 구성되었다. 또한 좀 더 해설이 많고 질문도 광범위하여 어른들이 학습하도록 만들어진 '대요리 문답' 196문항도 작성되었다. 이 두 문답집은 지금도 사용되고 있으며, 개혁 신앙을 가장 잘 표현한 교리 문답으로 인정되고 있다.

왕정 복고 이후 청교도들의 몰락

역사에는 항상 비슷한 일들이 많이 일어난다. 대항하여 투쟁을 할 때에는 단결심이 발휘되었다가, 그 결과를 향유할 때에는 서로 분열하고 등을 돌린다. 절대 통치자가 죽은 후의 제국의 분열은 항상 불을 보듯 뻔한 일이었다. 1658년 크롬웰이 죽고 난 후에 영국 정부는 결속력이 현저히 떨어지고 각 파의 난립이 초래되었다. 그런가 하면 과거에 왕정 통치에 대한 향수가 되살아났고, 당시의 민중들이 지닌 인식의 한계 때문에 왕권의 정통성에 대한 명분론이 고개를 들고 일어났다.

집요하게 왕가의 혈통주의를 고집하던 왕당파는 유럽으로 피신을 가 있던 찰스 2세를 새로운 군주로 옹립하는 데 성공하였다. 군주제가 다시 복귀하였고, 청교도들의 복지 국가는 종지부를 찍게 되었다. 그 후로 오늘까지 영국 사회는 왕궁의 의미가 남다르게 시민 사회를 지배하고 있다. 그들은 왕의 백성이자 신하이기를 주저하지 않고 있고, 막대한 예산과 문화 유산을 소유하고 있어도 이를 천박하게 여기지 않으며, 이를 비판하는 현대 세계의 안목에 아랑곳하지 않는 듯이 보여진다.

독립교회와 회중교회 지도자들은 1658년 좀 더 자유로운 신앙고백서인 '사보이 선언'(Savoy Declaration)을 발표하였다. 이는 웨스트민스터 신앙고백서를 다소 개조한 것으로, 교회 정치 부분과 세례에 관한 것을 손질한 것이다. 1689년 특별 침례교회(Particular Baptists)의 표준 문서가 되는 '침례교회 신앙고백서'를 발표하였다. 벤자민 키치(Benjamin Keach)가 중심이 되어서 청교도들 가운데 시편 찬송만을 부르던 이들에게 회중적인 찬송 부르기를 시작하였다.

1662년 통일령이 발표되어서 다시 국가적인 성공회 체제로 회귀하였다. 그러나 이번에는 성공회 성직자들은 오직 교회의 일에만 권한을 행사하는 직책으로 축소되었다. 그리고 '공동 기도서'에 서명해야만 되었고, 이를 거부하는 사람들은 케임브리지 대학이나 옥스퍼드에 들어가지 못했다. 청교도들이 추구했던 모든 자취들을 완전히 제거시켜 보려는 의도에서 나온 것이다.

무려 2천여 명이 넘는 청교도 목사들이 성공회로 복구한 교회에서 쫓겨나면서, 거대한 국가에 영향을 발휘했던 1643년부터 1658년까지 불과 15년이라는 짧은 '황금 시대'가 지나가 버렸다. 청교도들이 핍박에서 벗어나서 인격적인 대접을 받고 박해를 벗어나서 역량을 발휘하던 시대는 이렇게 쉽게 무너지고 만 것이다. 장로교회와 독립교회는 말할 필요도 없고, 온건하게 성공회를 재건하려 했던 사람들마저도 이단으로 정죄당하였다.

마지막 영광을 맛보고 감옥에 던져진 대표적인 인물 가운데 한 사람이 존 번연(John Bunyan, 1628-1688)이다. 그는 매우 가난한 가정에서 태어나서 영어 문자를 깨우치는 법을 성경을 읽으면서 터득하였다. 젊은 날에는 크롬웰의 군대에 들어가서 시민 전쟁에 참여하였다가, 1653년 목사가 된 후로 베드포드에 있는 독립교회를 섬겼다. 칼빈주의적인 은총관을 확고한 신학으로 가지고 있던 그는 성공회의 문서에 서명하지 않는다는 죄목으로 1660년부터 12년 동안이나 감옥에 갇혀 있었다. 그러나 박해받는 칼빈주의자들은 오히려 어둠에서도 빛을 발휘하였다. 하나님께서는 손해를 보지 않으시며, 동시에 억울하게 낭비한 시간이 되지 않게 만드셨다.

구속 수감 기간 동안 그는 『천로역정』(Pilgrim's Progress, 1678)이라는 불후의 명작을 집필하는 영감을 얻었다. 이 책은 성경 다음으로 전 세계에 영향을 미치고 있는 작품이다. 그밖에도 『성전』(the Holy War, 1682), 『죄인 괴수를 사로잡은 은혜』(Grace Abounding to the Chief of Sinners, 1666) 등 많은 저술을 통해서 수천 만의 심령에 감동을 주었다. 그의 문장은 매우 단순하고 간결하며 이야기식 설명이 연속되어 있어서, 일반 가정에서 아이들이나 어른이나 모두 다 흥미롭게 읽었다. 옥에서 풀려나서 남은 생애를 설교자로서 베드포드에서 살았다.

윌리엄과 메리가 영국의 왕과 왕비로 등극한 1688년 이후로, 다시 청교도들에게 제한된 자유가 허용되었다. 관용 정책(The Act of Toleration, 1688)은 1662년 '통일령'에 대체된 선포로서, 성공회주의자가 아닐지라도 다시 강단에서 설교하고 가르칠 수 있도록 허용된 것이다. 그러나 성공회주의자가 아니라면 국회의원이나 고위직에 오를 수 없었고, 귀족으로 나라를 다스리는 직분도 얻을 수 없는 소위 하층 시민이라는 차별을 받아야만 되었다. 청교도들은 이를 감사하게 받아들였다. 사회 복구의 희망은 사라졌지만, 먼저 교회 회복의 염원이 강했으므로 이를 반겼다.

청교도들 내부에서 가장 중요한 신학적인 논쟁이 벌어진 것은 1690년대였다. 리처드 백스터는 복음이란 새로운 율법이요, 하나님 앞에서 의로움을 얻으려면 그리스도의 사역에서 보여 주는 믿음과 순종이 필수적이라고 가르쳤다. 여기서 등장한 새로운 형태의 율법주의 특히 구약의 율법이 신약의 복음으로 대체되었지만, 구원에 이르려면 먼저 신앙에의 순종, 즉 회개를 필수적으로 요구하는 '신율법주의'(Neonomianism)가 태동되었다. 백스터는 이것을 다소 완곡한 형태로 가르쳤지만, '칭의의 금언'(Aphorism of Justification)에 대한 논쟁에서 불씨를 제공한 당대 가장 나이가 많은 지도자 가운데 한 사람이었다.

신율법주의의 주장은 다음에 스코틀랜드 장로교회에서 일어난 '매로우 논쟁'에서 다시 다루어질 것이다. 이런 잘못된 주장에 대해서 이의를 제기한 사람은 철저한 '타락 전 선택설'의 주창자 아이작 차운시(Isaac Chauncy), 로버트 트레일(Robert Trail)이다. 이에 대응하여 신율법주의자들은 이 두 사람을 크리스프와 칼빈주의적인 반율법주의자라고 공격하였다. 신율법주의자들은 결국 '하이퍼 칼빈주의'(Hyper-Calvinism)이라는 딱딱한 교리주의자의 이미지를 남겨 놓게 되었다.

관용을 선포한 이후 장로교인들은 더 이상 영국에서 늘어나지 않았다. 상당수가 새로운 학습을 거쳐서 성공회로 복귀하였고, 독립교회로 넘어간 사람들도 많았다. 점차 영국 청교도들은 신학적으로 변질되기 시작하였다. 관용은 결국 핍박보다도 더 큰 분열을 낳게 하였고, 교회에 주어진 자유는 신앙적인 방종의 문호를 열어 주는 꼴이 되고 말았다. 왕정 복고 후에 영국 칼빈주의 청교도들은 자연신론(Deism)이라는 합리주의로 넘어가게 되었고, 심지어 상당수는 알미니안주의로 흐르고 말았다.[13]

마지막 위대한 영국 칼빈주의자는 매튜 헨리(Matthew Henry, 1662-1714)이다. 옥스퍼드 대학에서 공부하였으나 비성공회에 속하였으므로 불이익을 당하여, 장로교회 목사로 개인적으로 안수를 받아야만 되었다. 그는 성경 해석을 그의 목회의 가장 핵심에 두었다. 이를 위해서 매일 새벽 네 시나 다섯 시에 일어났다. 그리고 시간을 낭비하지 않고 주석 작업을 위해서만 진력하였다. 그의 성경 주석은 수많은 목회자들에게 영향을 미쳤다. 찰스 스펄전이 항상 매튜 헨리에게 많은 빚을 지고 있다고 말했을 정도로 그의 책은 널리 감동을 주었다. 헨리의 영향으로, 특히 창세기 26:34에 대한 주석에서 나타난 바와 같이, 본문에 대해서 압축된 190단어로 요약하는 서론, 그리고 이어지는 세 대지로 구성된 설교가 장로교회 목사들의 설교의 대명사처럼 되었다.

---

13 Nicholas Tyacke, *Anti-Calvinists: the Rise of English Arminianism, c. 1590-1640* (Oxford: Clarendon Press, 1987).

제5장
언약 신학

개혁신학은 한 사람의 천재가 만들어 낸 작품에 의존하는 것이 아니다. 역사 속에서 하나님이 사용하신 많은 신학자들에 의해 개발되고 수정을 거듭한 끝에 오늘에 이른 것이다. 특히 칼빈주의 신학은 언약 신학에 이르러 더 확실하게 그 진가를 발휘하게 되었다. 지속적인 개혁신학의 생산적이고도 창조적인 노력을 통해서 칼빈주의 신학은 가장 성경적인 신학으로 성장해 왔다. 개혁 교회가 내거는 '항상 개혁해 나가는 교회'(reformata sed semper reformanda)라는 표어에 반대하는 사람은 아마 아무도 없을 것이다.

개혁신학의 전체 구조는 하나님의 신실하신 약속을 중심하여 인간과의 관계를 설정하고 있다. 하나님을 배제한 채, 인간 중심의 신앙 세계를 구축하려는 어떤 신학 구조도 배격한다. 특히, 칼빈주의 신학자들은 성경의 교훈 속에서 하나님으로부터 인간에게 주어진 종합적이요 포괄적인 핵심 구조를 강조하고 있는데, 그것이 바로 언약 신학이다.

언약이라는 단어는 성경에 무려 300번 이상 나오고 있으며, 이는 하나님께서 인간과 맺은 특별한 관계에 대해서 언급하는 용어다. 언약은 하나님과 인간과의 독특한 관계를 설명해 주는 하나의 창문과 같은 역할을 하고 있다. 즉, 하나님이 사람을 어떻게 대하고 있고, 사람이 어떻게 행해야 하는가에 대한 것들이 언약관계를 통해 잘 나타나고 있기 때문에, 언약은 역사적 칼빈주의가 다루어 온 핵심 주제 가운데 하나가 되어 왔다. 모든 언약 신학자를 '칼빈주의'라고 말할 수 있을 정도이니 말이다. 그러나 모든 칼빈주의자가 다 언약 신학자인 것은 아니다. 16세기와 17세기에 유럽에서 발전한 언약 신학은 칼빈주의가 최고조에 달했을 때에 이러한 신학 내용을 체계화하였다. 따라서 칼빈주의 신학을 이해하려면 반드시 언약 신학을 거론하지 않을 수 없게 되었다. 처음에 멜랑히톤을 비롯한 독일 루터파 신학자들이 언약 신학을 주장하기도 하였으나, 차츰 인간 중심의 신학을 형성하면서 이를 버렸고, 하나님을 중심하여 신학을 구성한 칼빈주의자들만이 이를 발전시켰다. 그리고 이는 퓨리턴의 신학 속에 용해되어서 칼빈주의의 매우 핵심적인 신학으로 자리를 잡게 되었다.

엄밀하게 말하자면 언약을 거론하는 모든 신학자들을 언약 신학자들이라고 명명하는 것이 옳다. 그러나 일반적으로 말해서 언약 신학은 칼빈주의 신학의 대명사처럼 불려지고 있다. '대표 신학' 혹은 '대표주의'(Federal Theology or Federalism)라는 명칭도 언약 신학과 유사한 용어이다. 언약이라는 용어나, 대표라는 용어나 모두 다 라틴어 '포에두스'(foedus)라는 동일한 어원적인 근거를 갖고 있기 때문이다. '대표주의'는 역사 속에서 하나님의 점진적인 구원 계획을 풀이하고자 하였다.

언약 신학은 앞 장에서 살펴본 돌트 총회와는 다소 다른 분위기에서 발전된 신학이다. 맨 처음 신학사에서 등장하는 것은 16세기 유럽의 종교 개혁 시대였다. 그러나 이 신학 사상이 꽃을 피우게 된 것은 제네바가 아닌 독일의 여러 지역과 스위스 북부 지역에서이다. 테오도르 베자가 개발한 개혁주의 스콜라 신학과는 그 계보를 달리하는 신학이면서도 매우 온건하고 포괄적으로 성경의 계시역사를 탐구하였다. 그러나 이런 개혁신학의 다양성을 지나치게 양극화시키지 않고, 점차 베자의 후예들이 강조하는 하나님의 작정과 예정 교리와의 조화와 융화 작업도 시도되었다. 물론 다른 칼빈주의자들도 베자의 신학을 다소 부드럽게 하려는 노력을 게을리하지 않았다. 그러나 분명한 것은 17세기 후반의 언약 신학자들은 돌트 총회 이후로 하나님의 영원한 작정의 순서를 강조하는 점과 믿는 자들의 삶에서 구원의 순서를 규명하는 데에는 그다지 큰 관심이 없고, 좀더 포괄적인 새로운 언약 신약으로 선회하였다는 점이다.[1] 한편으로는 하나님의 독자적인 예정론(unilateral covenant predestination)이 발전했고, 다른 한쪽에 서는 쌍무적인 언약 신학을 발전시키면서, 개혁신학의 주류는 이 양자를 축으로 하여 대세를 형성하여 나갔다.[2]

종교 개혁자들의 언약 신학

쯔빙글리와 불링거의 언약 사상

언약 신학이 처음 태동될 종교 개혁 시대에는 주장하는 내용이 그렇

---

1 John Von Rohr, *The Covenant of Grace in Puritan Thought* (Atlanta: Scholars Press, 1986), 193-6:" The Continental Beginnings of Covenant Theology."
2 Lyle D. Bierma," Federal Theology in the Sixteenth Century: Two Tradition?" *Westminster Theological Journal* 45 (1983): 304-21.

게 세밀하지도 않았고, 광범위하게 집약되지도 못했다. 그러한 초기 언약 사상을 주장한 종교 개혁자는 쯔빙글리(Ulrich Zwingli, 1484-1531)였다. 그는 유아 세례를 반대하는 재세례파의 주장을 반박하면서 언약이라는 성경의 가르침을 사용하였다.

기독교 신자들은 자녀들에게 유아 세례를 줄 수 있는 이유가 충분한데, 그것은 그들이 언약의 상속자요, 후손들이기 때문이다. 쯔빙글리는 하나님께서 아담과 언약을 맺으셨음을 주장하면서도, 그 언약이 타락 전에 한 것인지, 타락 후에 한 것이지는 분명히 밝히지 않았다. 아마도 쯔빙글리가 생각한 언약 제정의 시점은 타락 후라고 추정되지만, 그 후로 이 언약은 역사 가운데서 지속적으로 발전된 것으로 보인다.

언약 사상은 하인리히 불링거(Heinrich Bullinger, 1504-1575)가 쓴 『하나이며, 영원한 약속 혹은 하나님의 언약』(Of the One and Eternal Testament or Covenant of God, De Testamento seu Foedere Dei Unico et Aeterno Brevis Expositis, 1534)에서 빛나게 다듬어졌다. 이 책은 기독교 신학사에서 최초로 언약을 다룬 독립적인 연구서이다. 그는 성경에 나오는 모든 언약들은 서로 유기적으로 연관되어 있음을 제시하면서 개혁신학자들로 하여금 언약이라는 주제의 중요성에 대해서 관심을 갖도록 만든 공로자이다. 그는 이미 1527년에, '언약은 가장 중요한 신앙의 핵심'이라고 언급한 바 있었다. 불링거의 이 책은 불행히도 영어로 번역되지 않고, 오직 독일어와 네덜란드어로 번역되어서 초기 종교 개혁자들에게 잘 알려지지 않았었다. 최근 연구에 의하면 이 책은 22장으로 구성되어 있고, 여러 제목들을 간단히 설명하고 있다.[3]

---

3 Bullinger, *De Testamento Seu Foedere Dei Unico et Aeterno*의 최초 영역본은 Peter Alan Lillback," The Binding of God: Calvin's Role in the Development of Covenant

『하나이며, 영원한 약속 혹은 하나님의 언약』(하인리히 불링거, 1534)

Ⅰ. 언약이라는 용어 설명

Ⅱ. 언약의 동기와 방법

Ⅲ. 언약의 공개적인 기록

Ⅳ. 언약의 각 부분들

    A. 하나님께서 아브라함의 후손들과 언약 관계에 들어가심

    B. 아브라함의 씨란 무엇인가?

Ⅴ. 하나님과 사람에 있어서 언약의 조건들

    A. 언약의 조건들

    B. 인간의 직분들과 그것에 어울리는 것

Ⅵ. 언약의 통일성과 영원성

    A. 모든 성경은 언약을 그 주요한 지향점으로 기록하고 있음

    B. 언약의 주인공들에 대한 모든 성경의 대조

        1. 율법

        2. 선지자들

        3. 언약의 보증이요 살아 계신 확증자 그리스도

        4. 사도들

    C. 언약의 통일성

    D. 어디서 구약과 신약이라는 것이 나왔는가?

        1. 우리가 고대인들보다 탁월한 것에 관하여

        2. 반론에 대한 고찰

Theology"(Ph.D. dissertation, Westminster Theological Seminary, 1985), 498-527를 볼 것.

　　　　a. 마태복음 5장
　　　　b. 고린도후서 3장에서의 바울
　　　　c. 어떻게 에비온파가 율법과 복음을 혼합시키는가?
　　　　d. 신명기 다섯 구절들
　　　　e. 가나안 땅에 대한 약속
　Ⅶ. 할례, 언약의 의식
　Ⅷ. 언약의 기록된 문서들
　Ⅸ. 맺는 말-기독교 신앙의 고전성

　불링거는 구속 역사를 통해서 일관되게 흐르고 있는 은혜언약이라는 진리를 아주 세밀하게 취급한 것이다. 물론 그의 사상의 근거는 쯔빙글리의 예정론과 섭리론에 근거하고 있지만, 창세기 17장을 이해하는 핵심 사상은 누가 아브라함의 후손으로서 이 언약에 속하느냐를 설명하면서 잘 드러난다. 불링거는 구세주가 오실 때까지 약속의 형태로 지속된 언약이 유지되어 왔다는 점을 강조하고, 언약의 통일성과 다양성에 주의하였다. 특히 창세기 17장은 앞으로 올 새로운 세대를 가르치고 있으며, 그리스도가 세운 새 언약은 모든 다른 언약들의 성취로서 새로이 맺어진 것이라고 보았다.

　언약은 하나님의 선물이요 은총이라는 단순한 사항만 쯔빙글리가 강조하였다면, 불링거는 언약의 본질에 있어서 '쌍무적 성격'(bilateral nature)을 새롭게 추가하고, 인간의 완전한 책임 의식과 참여가 필수적이라는 점을 확연히 드러내었다. 불링거는 은혜의 언약을 조건적 언약이라고 이해하였다. 또한 불링거는 언약의 조건이란 하나님께서 아브라함에게 요구하신 믿음과 흠없는 생활, 율법과 선지서에 담겨 있는 도덕적 조항들, 하나님을 사랑하고 이웃을 네 몸과 같이 사랑하라는 예수

하인리히 불링거. 쯔빙글리의 후계자로 스위스 언약 신학의 기초를 세웠다.

그리스도의 가르침, 이런 의무 조항들을 강조하는 사도들의 교훈 등에서 일관되게 흐르고 있다고 보았다.

이러한 인간의 의무와 책임이라는 조건적인 요소가 핵심으로 들어 있기는 그러나 불링거는 중세 말기의 유명론자들이 이해하고 있던 반펠라기우스주의자들의 낙관론이나 완전히 율법주의적인 경향을 받아들인 것은 결코 아니다. 왜냐하면 불링거에 있어서 조건적 언약이란 종교 개혁의 맥락 속에 있는 오직 믿음으로 말미암는 칭의론(sola fide)과 사람들 중에 어떤 일부만을 선택하셨다는 단순 예정의 교리를 기초로 하고 있기 때문이다.

이런 교리를 양립시키고자 할 때에 일어날 긴장과 문제점을 그가 충분히 해결한 것은 아니다. 하나님의 선택의 자유는 충분히 훼손시키지 않으면서도, 언약의 조건을 충족시키기 위해서는 인간의 의무가 성실하게 수행되어야 한다는 사실도 역시 강조하므로 이 둘 사이의 긴장에서 발생할 논쟁의 여지를 남겨둔 것이다. 구원은 오직 하나님의 은혜로만(sola gratia) 주어진다는 점을 주장하는 한편, 인간의 반응과 책임 여하에 따라서(contingent upon human response) 조건적으로 시행되는 측면을 부정하지 못한다는 것이 '언약의 쌍무적 성격'이다. 믿음을 가진 사람은 모두 다 선택받은 사람이다고 말할 수 있지만, 그 믿음은 반드시 시행되어야 할 조건을 내포하고 있는 것이다. 따라서 예정의 은혜와 쌍무적 은혜언약은 서로 강조점이 다르므로 긴장을 유발하게 되어 있다. 이런 점에서 언약 사상은 쯔빙글리나 칼빈의 신학에서보다는 불링거의

신학에서 독특한 구조와 체계화를 이루었다.[4]

칼빈의 언약 신학

칼빈은 언약을 설명하되 좀 다른 강조를 하였다. 즉, 하나님에게 일관되게 의존적인 언약의 편무적 행위(God's unilateral action)를 강조한 것이다.[5] 구속 역사 속에서 나타나는 다양한 언약들은 단 하나의 은혜언약을 시대마다 적합하게 보여 준 것에 불과하다는 것이다. 내용상으로는 하나님의 은혜에 절대적으로 의존한다는 단 하나의 본질을 공유하고 있고 그 가운데 언약의 조건적 성격과 쌍무적 관계가 들어 있지만, 조건적 요소들은 은혜 안에 포괄적으로 수용되어진다는 점을 분명히 제시하였다. 일부에서는 모호한 관계 설정이라는 비판을 하고 있지만, 칼빈에게서는 양자 사이의 이런 긴장이 별로 없다. 믿음이 인간에게 주어져서 나타나지만, 오직 그 근원은 하나님의 은총일 뿐이다. 믿음이란, 값없이 주시는 약속에 근거하여 성령을 통해서 주시는 하나님의 선물이므로 수행해야 할 조건이나 의무 여하에 구애될 필요가 전혀 없는 것이다. 칼빈의 경우, 언약은 선포되고 발표되는 것일 뿐이지 인간들에게 강요되거나 준수하라고 간청할 성격의 것이 아니었다.

그러나 칼빈에게서도 언약 그 속에 들어와 있는 자들에게 조건적 요소가 있음을 발견하게 되는 바, 언약 백성들에게는 신실함에 대한 요구

4　J. Wayne Baker, *Heinrich Bullinger and the Covenant* (Athens: Ohio University Press, 1980), 특히, 제1장과 2장을 볼 것.

5　Elton M. Eenigenburg," The Place of the Covenant in Calvin's Thought", *The Reformed Review* 10(1957): 1-22. Anthony A. Hoekema," Calvin's Doctrine of the Covenant of Grace", *The Reformed Review* 15(1962): 1-12. Idem," The Covenant of Grace in Calvin's Teaching", *Calvin Theological Journal* 2(1967): 133-61.

와 순종에의 책임이 반드시 수반되어진다는 것을 포함시키고 있다. 특히, 칼빈의 성례관에서 이런 인간적인 충성을 맹세하고, 자신을 언약의 준수자로서 하나님께 묶어놓는다는 점을 인식하게 된다.

칼빈과 불링거는 둘 다 언약이 인류 역사 전체를 통해서 드러나는 하나님의 구원 방법이라는 인식에는 동의하지만, 그러나 하나님의 행동과 인간의 행위를 다룸에 있어서 강조점에 서로 차이가 난다는 점은 부인할 수 없다. 불링거와 유사한 주장을 편 필립 멜랑히톤(1497-1560)은 1550년대에 구원의 과정에서 하나님의 은총과 협력하는 인간의 참여를 주장하여 여전히 로마 가톨릭의 신인 협력설과 유사한 주장을 폈고, 쌍무적 언약이라는 관점에서 믿음은 하나님과 인간 사이에 구원의 조건이라고 보았다.

부써도 역시 1527년 이래로 쌍무적 언약을 받아들였다고 볼 때에, 라인강을 중심으로 한 독일 지역에서는 인간의 반응에 따라서 믿음의 창출되고 언약이 효과를 발휘한다는 언약 사상이 널리 퍼졌다고 볼 수 있다. 그러나 외콜람파디우스, 카피토, 셀라리우스 등의 초기 개혁자들은 칼빈과 같이, 하나님은 선택자들을 구원하시고자 일방적이며 단독적인 행동을 하신다는 점에서 편무적 언약에 동조하였다.

칼빈의 구원론은 언약을 광범위한 영역에서 활용하고 있다. 언약은 그리스도의 두 가지 위대한 구속의 은혜들, 즉 믿음으로 말미암는 칭의와 성령에 의한 성화와 동의어이다. 언약의 본질로 인해서 칼빈은 믿음으로 말미암아 주어진 칭의는 인간의 의로움과 분리되지 않는다고 했다. 인간의 행위에 대해 전적으로 타락했다고 생각하는 칼빈에게 있어서 이것은 무슨 뜻인가? 인간의 행위를 의롭다고 여겨 주시는 하나님에 대해서 믿을 수 있는 것은 언약적인 혜택이라는 빛 가운데서 성도들이 하나님께로 그 행위를 가져왔을 때에 주어진다고 칼빈은 믿는다. 복음의 약속들과 율법의 약속들은 일치한다.

이것은 인간의 행위가 칭의를 얻는 공로가 된다는 것이 결코 아니다. 하나님께서는 성령의 은사들을 주셔서 선행에 대해서 상급을 잊지 않으신다는 점을 강조하는 말이다. 칼빈은 이 점에서 칭의만을 절대적으로 다루려는 루터와 달랐다. 율법의 약속은 언약의 은혜로운 선물에 의해서 확인되어진다. 언약 안에서 하나님은 인간들의 행위에 있는 죄를 자유롭게 용서하신다. 칼빈은 중세의 공로 사상을 용납하시는 하나님의 언약으로 인해서 선행을 분명히 인정하고, 루터의 개혁사상에서 믿음에 의한 칭의로 바꾸어 놓은 것이다. 중세 로마 가톨릭이 인정하려 했던 공로 사상을 거부하면서도, 칼빈은 언약으로 인해서 믿음으로 말미암아 의롭다 하심을 받은 성도들의 인간의 선행을 받아들였다.

칼빈이 가르친 언약 사상은 그의 전반적인 신학 구조에 담겨 있고, 특히 결정적인 구성 요인으로 나타나고 있다. 그가 언약 사상을 잘 활용한 분야는 율법이다. 칼빈이 이해한 율법은 기본적으로 언약적인 율법이다. 율법은 언약 관계에 있는 성도들로 하여금 도덕적 생활을 유지하게 하는 지침으로 사용되어져야 한다. 이것을 소위 율법의 제 3용법이라고 한다. "영적인 인간이 아직 육신의 짐에서 해방되지 않았기에 율법은 잠과 태만에서 그를 지켜는 끊임없는 자극이 될 것이다."[6]

기도 응답에의 확신, 고통 중에 있는 성도들의 위로, 그리고 회개에서도 역시 언약 사상은 중요하게 활용되고 있다. 우리가 하나님의 응답을 받아낼 수 있는 것은 선조들의 이름을 부르고 기도하였기 때문이 아니다. 오히려 하나님의 언약이 있기에 족장들처럼 기도에 대해서 응답

---

6 *Institutes*, II.vii.12.

을 확신하는 것이다.[7] 또한 고난 당하는 성도들도 역시 하나님의 언약에서 위로를 얻는다. 내가 너희를 버리지 아니하리라고 말씀하신다. 성도가 죄에 빠질 때에도 언약 가운데 주어진 은혜들을 다시 회복시켜 주신다.

예정론에서도 하나님의 언약 교리는 매우 핵심적인 부분을 차지하고 있다.[8] 교회론에서도 역시 언약이 매우 중요하다. 하나님의 구원 사역을 위해서 많은 노력이 행해지고 있는 곳이 교회이면서도, 언약이 항상 머무르는 곳이 교회이다.[9] 하나님의 언약적인 약속이 교회에서 행사되는 세례와 성찬을 통해서 시행되어진다.[10] 성례는 언약의 증표이자, 인침이다. 로마 가톨릭의 미사는 언약을 거부하고 있기에 비성경적인 예식이다. 그리스도께서 한번 세우신 언약은 다시 반복할 필요도 없으며, 십자가의 속죄 사역은 단번에 영원한 효과를 가진다.

하이델베르크 교리 문답의 언약 신학

카스파르 올레비아누스(Caspar Olevianus, 1536-1587)는 앞서 언급한 바와 같이 우르시누스와 함께 하이델베르크 교리 문답을 만들어 낸 출중한 신학자인 바, 언약 신학의 발전에 획기적인 전기를 이룩하는 업적을 남겼다. 그는 점차 발전적으로 계시된 하나의 은혜언약을 가르쳤을 뿐만 아니라, 이 언약이 하나님과 그리스도 사이에 맺어졌음을 가르쳤다. 우리의 대표이자, 머리가 되는 그리스도에 의해서 선택받은 자들

---

7   김재성, "기도와 그 언약적 특성", 『신학정론』 16권 2호 (1998년 11월): 381-423.
8   Institutes, III.xxi.1-2.
9   Institutes, IV.i.9.
10 Institutes, IV.xiv.1.

과 맺어진 것이다. 이것은 전적으로 우리에게 은혜로 주어진 것이다. 왜냐하면 믿음의 조건을 갖추는 것조차도 하나님의 은혜의 선물이기 때문이다.[11] 올레비아누스는 두 가지 중요한 언약이 있음을 설명하였다. 첫째는 구원의 언약이 영원한 삼위 내의 약속이라는 것이요, 둘째는 타락 전에 아담과 맺은 행위언약이라는 것이다. 그는 은혜언약, 영원 언약, 행위언약이라는 세 가지 언약을 언약 신학의 기초이자 핵심으로 풀이하였다. 그의 책, 『하나님과 선택받은 자들 사이에 은혜의 언약 본질에 관하여』(Concerning the Nature of the Covenant of Grace Between God and the Elect, 1585)는 칼빈의 언약 신학을 근거로 하고, 불링거에게서 체제를 도입하여 정리한 것이다.

롤록의 언약 신학

영어권에서 언약 신학을 발전시킨 부분에 대해서는 더욱 특별한 관심을 갖게 된다. 롤록, 호위(Howie), 카트라잇, 프레스톤(Preston), 퍼킨스, 에임즈, 볼(Ball) 등이 대륙의 신학에 영향을 직간접으로 받고 언약 신학을 제창하였다. 특히, 1583년부터 죽을때까지 스코틀랜드에 있는 에딘버러 대학교 학장을 지낸 로버트 롤록(Robert Rollock, 1555-1598)의 『하나님의 언약을 존중하는 질문과 답변』(Questions and Answers Respecting the Covenant of God, 1596)에는 더 조직적으로 체계화된 언약 신학이 담겨 있다.[12] 그는 하나님께서 인간에게 말씀하시거나 행동하신 것 전부 다 언약의 방식으로 하신다고 가르쳤다. 그는 특히 타락

---

11 Lyle D. Bierma, *German Calvinism in the Confessional Age:* The Covenant Theology of Caspar Olevianus (Grand Rapids: Baker, 1996), 63-106.

12 Robert Rollock, *Select Works of Robert Rollocke,* ed. William Gunn (Edinburgh: 1849).

이전의 행위언약에 대해서 명쾌히 밝히고자 노력하였다. 행위언약의 조건은 하나님이 세우신 도덕적인 법에 대한 철저한 순종이었다. 처음에 아담에게 말씀하실 때는 분명히 말하지 않아도 되었던 모호한 것들이 다시 한 번 하나님에 의해서 십계명이라는 내용으로 계시되었고, 그 후로 계속해서 역사 속에서 발전되어 나갔다. 시내 산에서 행위언약의 조건들은 더욱 자세히 계시되었다. 롤록은 언약과 성례 사이의 연관성에 대해서 많은 설명을 남김으로써 주목받을 만한 업적을 남겼다.

대표 언약

17세기로 접어들면서 언약 신학은 매우 논리적으로 정확성을 기하는 다른 내용이 첨가되고 발전하였다. 언약을 하나님의 약속으로 이해하고, 이를 '계약'(contract), 어떤 것에 대한 양편의 같은 합의라고 생각하였다.[13] 은혜언약에서 구별되는 행위언약은 독립적으로 다루게 되

---

13 Herman Witsuis, *De Oeconomia Foederum Dei cum Hominibus* (1677); *The Economy of the Covenants between God and Man*, tr. William Crookshank (London: T. Tegg & Son, 1837), 23f:" Covenant of God with man is an agreement between God and man about the way of obtaining consumate happiness, including a commination of eternal destruction, with which the contemner of the happiness, offered in that way, is to be punished. … the covenant of grace is an agreement between God and the elect sinner; God declaring his free covenant of grace is an agreement between God and the elect sinner; God declaring his free goodwill concenting eternal salvation, and everything relative thereto, freely to be given to those in covenant by and for the sake of the Mediator Christ; and man consenting to that goodwill by a sincere faith." Amandus Planus, *Syntagma Theologiae Christianae* (Hanover: 1625). John Preston, *The New Covenant on the Saints Portion* (London: 1629). Charles Hodge, *Systematic Theology* (New York: Charles Scribner's Sons, 1909), II: 354. W.G.T. Shedd, *Dogmatic Theology* (New York: Charles Scribner's Sons, 1888), II:358. Robert L. Dabney, *Systemaitc and Polemic Theology* (Richmond, Va.: Presbyterian Committee of Publication, 1927), 430.

었다. 이러한 경향은 하이델베르크 신앙고백서의 신학자 우르시누스와 올레비아누스가 처음 시작하였고, 스위스의 무스쿨루스(Musculus, Loci Communes, 1599), 폴라누스(Polanus, Syntagma, 1609), 볼레비우스(Wollebius, Conpendium, 1625), 독일에서는 피에리우스(Pierius, 1595), 소니우스(Sohnius, Methodus Theologiae), 에그린(Eglin, 1609), 마르티니우스(Martinius) 등의 스콜라주의 정통 신학자들이 더욱 발전시켰다.[14] 네덜란드에서는 프란시스쿠스 유니우스와 고마루스, 트렐카티우시스(Trelcatiuses)와 네르데누스(Nerdenus), 윗시우스, 마지막으로 클로펜부르그(Cloppenburg) 등이 칼빈주의 신학과 언약 사상을 철저히 결합시켰다.

대표 언약설에 의하면, 하나님은 아담과 행위언약을 맺으시고, 인류의 대표적인 머리(federal head)로 삼으셨다. 그리하여 모세 이전에는 십계명과 같은 역할을 했던 도덕법과 자연법을 영구히 지켜야 할 순종의 의무를 갖게 되었다. 아담과 그의 후손들이 타락한 후에, 구원은 첫 번째 언약을 통해서는 불가능하게 되었다. 따라서 하나님께서는 은혜언약을 세우셔서 그리스도가 율법을 성취하게 하시고 그 불이행에 대해서 속죄케 하는 믿는 자들의 머리로(federal head) 삼으셨다. 이 은혜언약은 구약 성경에서는 약속의 형태로 주어졌으나 신약에서 성취되었다. 이 두 언약 모두 다 하나님이 제정하신다는 측면에서는 '일방적'이지만, 인간이 하나님과의 언약의 상대방으로 참여하는 측면에서는 '쌍

---

14 Zacharias Ursinus, *Summa Theologiae; Summe of Christian Religion* (London: Printed by Robert Young, and are to be sold by John Rothwell, at the Sunne, in Pauls Church-yard, 1633), 218:" A covenant in general signifieth a mutual contract or argument of two parties joined in the covenant, whereby is mad a bond or obligation on certain conditions for the performance of giving or taking something."

무적'이다. 모든 사람은 행위언약의 의무 아래 있으나, 선택된 믿는 자들은 은혜언약아래 있다. 그로 인해서 행위언약의 조항들을 의무적으로 대하는 것이 아니라, 거룩하게 하시는 은혜를 통해서 헌신된 생활이 가능하게 하신다. 따라서 행위언약은 보편적으로 모든 사람에게 부과된 확실한 도덕적 의무를 감당케 하는 수단이 되어진다. 이런 의무에는 십계명이 포함되며, 특히 퓨리턴들에게서는 주일성수가 대표 언약과 관련이 있는 것으로 강조되었다.[15]

앞장에서 살펴본 바와 같이, 잉글랜드 케임브리지 칼빈주의자들은 대부분 베자의 신학에 영향을 입었다고 볼 수 있다. 그러나 동시대에 독일남부 지역을 중심으로 발전되어 나온 '대표 신학' 혹은 '언약 신학'이라고 불리는 사상과 하나님의 작정과 그 예정을 중심으로 한 베자를 지지하는 쪽의 사상이 서로 합류하게 되었다.[16]

케임브리지에서 나온 퍼킨스의 『황금 사슬』(A Golden Chaine, 1600)에는 베자의 사상이 많이 들어 있지만, 그는 베자보다는 언약을 더욱 강조하였다. 에임즈는 아담에서 모세에게로, 마지막에는 그리스도에게로 전개되는 은혜언약의 3단계를 가르쳤다. 그리고 에임즈로부터 영향을 입은 뉴잉글랜드 청교도들은 훨씬 더 언약 사상으로 접근하게 되었다. 존 프레스톤(John Preston)은 『새 언약 혹은 성도들의 몫』(The New

---

15 M. McGiffert," Grace and Works: The Rise and Division of Covenant Divinity in Elizabethan Puritanism", *Harvard Theological Review* 75(1982): 463-502. Idem, " From Moses to Adam: The Making of the Covenant of Works", *Sixteenth Century Journal* 19 (1988): 131-155.

16 Frederic W. Dillistone," Federalism in the Seventeenth Century", in *The Structure of Divine Society* (Philadelphia: 1951): 130-44. David A. Weir, *The Origins of the Federal Theology in Sixteenth-Century Reformation Thought* (Oxford: Clarendon Press, 1990), 157.

Covenant, or The Saint's Portion, 1629)에서 케임브리지 칼빈주의의 경험론을 집중적으로 거론하였다. 그리고 존 볼(John Ball)은 베자에게서 퍼킨스로 이어진 칼빈주의 신학과 언약 신학과의 접목을 시도한 『은혜 언약을 논함』(Treatise on the Covenant of Grace, 1645)이라는 저술을 발표하여 매우 큰 영향을 끼쳤다.[17]

유럽 대륙에서도 언약 신학이 차츰 개혁주의 신학의 핵심으로 자리 잡아갔다. 프란시스 고마루스는 두 가지 중요한 언약에 대해서 가르쳤다. 하나는 행위언약으로 자연적인 것이요, 다른 하나는 은혜언약으로 초자연적인 것이다. 프랑수아 뒤르땡은 아미랄드주의 교리에 맞서서 대표의 신학을 열렬히 옹호하였다.

'아일랜드 신앙고백서'(Irish Articles, 1615)를 만든 제임스 어셔 감독은 약간 느슨한 체계의 언약 신학을 가르쳤는데, 그가 쓴 『신학의 구조』(Body of Divinity)는 웨스트민스터 총회에 참석한 목사들에게 큰 영향을 미쳤다. 결과적으로 웨스트민스터 신앙고백과 대, 소요리 문답에는 상당히 분명하게 대표의 신학이 들어가게 되었고, 이 고백서가 최초로 대표의 신학을 가르치는 개혁주의 신앙고백이라는 찬사를 받게 되었다. 후에 발표한 어셔의 『구원 얻는 지식의 개요』(Sum of Saving Knowlege, 1650)에서는 더 상세하게 발전된 언약 신학을 제시하였다.

이 당시에 있어서 문제는 칼빈주의적인 율법폐기주의자들이라고 불리는 사람들이 주장하는 상당히 약화된 대표의 신학을 처리하는 일이었다. 그들은 은혜의 언약에는 그 어떤 조건도 있어서는 안 된다고 하면

---

17 Michael McGiffert," Grace and Works: The Rise and Division of Covenant Divinity in Elizabeth Puritanism", *Harvard Theological Review* 75(1982): 463-505. William W. McKee, "The Idea of Covenant in Early English Puritanism, 580-1643"(Ph.D. dissertation, Yale University Press, 1948).

서 율법과 같은 원칙이나 조항들을 부정하였다. 믿음이 하나님의 선물이요, 축복이라면, 조건이나 율법 준수의 의무는 없다는 것이다. 그러나 대표의 신학을 주장하는 다수 목회자들과 주류의 신학자들은 이에 대해서 강력히 반대하고 나섰다. 물론 양측 모두 하나님께서 은혜 안에서 우리에게 찾아오시고 이는 믿음이라는 조건을 필수적으로 요구한다는 것에는 동의한다. 더욱이 이들 '율법 반대론자'들은 은혜의 언약은 단 하나이며, 영원한 구원의 언약과 동일한 것이라고 보았다.

언약 신학을 가장 분명하게 제시한 전환점을 제공한 신학자는 요한네스 코케이우스(Johannes Cocceius, 혹은 John Koch, 1603-1669)이다.[18] 그는 종종 '대표 신학의 아버지'(father of federal theology)라고 호칭되고 있을 만큼 매우 정교한 논리로 이를 주장한 것만은 사실이다.[19] 코케이우스는 독일 브레멘에서 출생하여, 함부르크를 거쳐서, 네덜란드 프라네커 대학교에서 윌리엄 에임즈와 마코비우스 밑에서 수학하였다. 후에 프라네커, 라이덴 대학교에서 가르쳤다. 그는 출중한 동양 언어, 특히 히브리어, 랍비 문학, 언어학, 유형론에 관한 지식을 기초로 하여 칼빈주의 신학을 제시하고자 노력하였다. 그는 매우 뛰어난 다작을 남겼는데, 오늘날의 조직신학을 세우고자 노력하기보다는 성경적인 구원의 도리를 설명하고자 노력하였다. 그 당시에 최고에 달해 있

---

18 Charles S. McCoy," The Covenant Theology of Johannes Cocceius, 1603-1669"(Ph. D. dissertation, Yale University Press, 1956). idem," Johannes Cocceius: Federal Theologian", Scottish Journal of Theology 16 (1963): 352-70.

19 K.R. Hagenbach, *A History of Christian Doctrine*, II:446:" A peculiar theological system in the so called federal method was inaugurated by J. Cocceius." John Murray," Covenant Theology", *The Encyclopedia of Christianity*, ed. P.E. Hughes (Marshallton, Del.: The National Foundation for Christian Education, 1972), 3:208-212.

던 베자의 개혁주의 스콜라 신학에 불만을 가지고 있다가 언약 신학에서 그 해답을 찾았던 것이다. 그의 이러한 성경적인 신학 건설의 노력들은 『언약의 교리와 하나님의 약속들』(Summa doctrinae de Foedere et Testamento Dei, 1648)에서 제시되는 바, 타락 이전과 이후에 언약의 형식으로 하나님과 인간의 관계성에서 나타나 있다고 보았다.

그는 새 언약의 역사를 세 부분, 혹은 세 경륜으로 구분하였다. 첫 세대는 율법 이전의 시대, 즉 족장들의 가정을 중심으로 하나님의 나라가 나타나 있던 시대이다. 다음이 율법의 시대로, 양심을 통해서 율법을 준수하도록 하였는데 선지자들과 대표적인 제사들을 통해서 하나님의 은혜가 나타났으며, 하나님의 나라는 국가적이었다. 세 번째 경륜은 율법 이후의 시대로 그 안에서 그리스도가 나타났으며, 하나님의 나라는 우주적으로 확장되었다. 그러나 오늘날 성경신학에서 밝혀진 바와 같은 계시의 점진적 발전을 분명히 이해하지는 못했으나, 구약과 신약에 널리 퍼져 있는 은총의 체계를 밝혔다는 점에서는 큰 열매를 거두었다.

코케이우스의 언약 신학이 지닌 문제점도 상당하다는 것을 지적할 수밖에 없다. 당시 널리 퍼지기 시작한 데카르트의 철학에 호의적이었던 입장 때문에 그는 보에티우스와 그의 지지자들로부터 비판을 받았다. 코케이우스의 대표주의(federalism)는 한 가지 논쟁점을 제외하고는 개혁신학의 표준 문서로 받아들여지고 있다. 그는 은혜언약의 초기 집행에는 죄가 단지 '가리워졌을 뿐이지' 용서를 받은 것은 아니라고 가르쳤다. 다시 말하면, 인간은 죄책을 지고 있다는 법률적 선언을 받았을 뿐이라는 것이다. 이것은 다소 율법주의적인 해석이기 때문에 은혜언약의 일관성에서 볼 때에 반론이 제기되지 않을 수 없었다. 부모에게서 태어날 때부터 아담의 후손으로서의 인간은 타락한 존재라는 것이 칼빈주의자들의 공통된 기초였다. 그러나 대표주의라는 개념은 어거스틴의 실제적 원죄론을 매우 약화시킬 우려가 있는 것이다.[20] 코케이우스의 대표주의는 어거스틴이 주장한 부모의 유전을 통해서 원죄가 후손에게 인격적으로 전가된다는 것을 완전히 폐지하는 것은 아니라 하더라도, 그리스도의 의의 전가설과 함께, 아담의 죄의 전가설을 주장하는 개혁신학과는 매우 차이가 있었다.[21] 아담의 죄가 후손에게 전가되는 것은 아담이 계속해서 죄를 범하였기 때문도 아니요, 부모들의 죄가 후손에게 직접적으로 물려져서 내려오기 때문도 아니다. 아담이 하나님의 율법을 어기게 되면, 그 후손이 포함되어져서 맺어진 언약도 파기되는 것이다. 왜냐하면 언약이란 순종이라는 조건이 부과되어 있는 은혜로운 약속이 수반된 율법이기 때문이다. 코케이우스 신학에서 이러한 약점만을 예외로 한다면, 그의 대표주의(federalism)는 대부분 언약 신학의 교과서로 인정받을 만하다.

17세기 언약 신학이 최고의 정점에 도달한 것은 헤르만 윗시우스(Herman Witsius, 1636-1708)이다. 그의 책 『언약들의 경륜』(the Economy of the Covenants, 1677)은 내용적으로 볼 때에는 코케이우스의 언약 신학과 차이가 별로 없다. 그러나 윗시우스는 더 조직적이요, 체계적인 설명을 내 놓았다. 언약들의 발전과 내용을 풀이하면서 '경륜'이라는 용어를 적용하여 보다 종합적인 하나의 체계임을 강조하려 한 것이다. 윗시우스는 베자의 스콜라주의적인 '높은 칼빈주의'(High Calvinism)와 '대표 언약' 사상을 절묘하게 조화시킨 탁월한 언약 신학자로 손꼽히고 있다. 그는 원래 네덜란드 사람으로 코케이우스의 대표

---

20 George Park Fisher, *History of Christian Doctrine* (New York: Charles Scribner's Sons, 1923), 349.
21 John Owen, *Display of Arminianism*, 71-74, 80. 17세기를 대표하는 잉글랜드 칼빈주의 존 오웬은 아담과 그리스도의 대조를 통해서 죄의 전가와 의의 전가를 구분하고 강조하였다.

주의 문하에서 신학을 연마하였으나, 그의 영향력은 잉글랜드와 아메리카 대륙으로 광범위하게 퍼져나갔다. 코케이우스의 저술들은 라틴어로 그냥 남아 있었던 반면에, 윗시우스의 『경륜』은 영어로 번역되었기 때문이다. 물론 학자들이나 실력을 갖춘 목회자는 라틴어를 읽을 수 있었으나, 그래도 영어를 더 편하게 생각하였음을 더 말할 나위도 없다. 그래서 신학은 평범한 언어로 기록되어야 영향을 많이 남긴다는 사실이 다시 한 번 입증된 셈이다. 윗시우스의 『경륜』은 그 이후 몇 세기에 걸쳐서 거듭 출판되어 후대에도 많은 영향을 미쳤다.

미국에서는 존 코튼과 피터 벌케레이(Peter Bulkeley)에 의해서 초기 이민자들에게 언약 사상이 보급되었다. 그리고 18세기에는 조나단 에드워즈에 의해서 좀 더 강력하게 발전되었고, '대표주의'라기보다는 새로운 잉글랜드 신학으로 점차 새롭게 단장되었다. 지금 여기서(here and now) 자신에게 맡겨진 역사적 소명감을 강조한 에드워드의 신학은 단순한 답습이 아니라 미국적인 발전이요, 중요한 변신(important modifications)이 있었음을 주목하지 않을 수 없다. 19세기에는 찰스 핫지의 『조직신학』을 통해서 언약 신학과 제네바의 뒤르땡의 신학이 널리 보급되었다. 20세기에는 루이스 벌코프의 『조직신학』이 거의 대부분의 신학교에서 교과서로 채택되어서 읽혀짐으로써 '대표주의' 언약 신학의 영향력을 발휘하였다.

잉글랜드에서 관용령(the Acts of Toleration, 1688)이 발표된 이후로, 특정한 침례교인들이 점차적으로 '대표 언약' 신학을 채택하기 시작하였다. 비록 그들이 성인들의 침례만을 고집하는 독특한 성례관을 기본적으로 갖고 있다고 하더라도, 초기 침례교회 지도자들에게 이런 전통이 발견된 것은 다소 놀라운 일이다.

초기에 재세례파는 쯔빙글리의 유아 세례를 반대하였다. 그러나 잉글랜드의 존 길(John Gill)이 펴낸 『신학의 체계』(Body of Divinity)라는 글은 언약 신학의 입장을 견고히 고수하는 높은 칼빈주의자의 결정판이라고 말할 수 있다. 20세기에 는 아더 핑크가 이런 관점으로 광범위한 저술 활동을 전개하고 있다.

언약의 개념

언약이라는 히브리어 단어는 '베리트'(Berith)로 발음되는데, 그 뜻은 '자르다'(cutting)이다. 이 단어는 항상 헬라어 성경에서 '디아데케'로 번역되었다. 그런데 신약학자들 가운데는 '디아데케'(diatheke)는 '순테케'(suntheke)와 구별되어야 한다고 주장하는 부류도 있다. 전자가 단독적이요, 일방적이라면 (unilateral), 후자는 쌍무적(bilateral)이다. 그러나 상당수의 학자들은 이 두 개념은 본문의 배경과 연관지어서 생각해야만 하고, 어느 쪽으로 적용하든지 공통적으로 생각해야 하며, 동의어와 같다고 본다.

히브리어 '베리트'는 라틴어로 번역되면서 세 단어가 채택되었다. 그 세 용어는 '포에두스'(Foedus, 오늘날 영어의 federal), '팍툼'(Factum, 영어의 fact), '테스타멘툼'(Testamentum, 영어의 testament)이다. 오늘날 영어에서는 '팍툼'과 '테스타멘툼'이 매우 다른 뜻을 가진 단어가 되었지만, '포에두스'가 과연 이 두 단어 가운데서 어느 쪽에 더 가까운지는 따져 보아야 할 것이다.

언약 신학자들은 주로 '베리트'라는 단어는 헬라어 '디아데케'이며, 라틴어로는 '포에두스'라고 번역하였고, 그 의미를 '계약' 혹은 '약속'으로 생각하였다. 그리고 '증거'라는 뜻으로 지속성을 가진다는 개념은 다소 약하게 취급하였다. 다시 말하면, 언약이란 양쪽 사이에 맺은 계약이다. 한 쪽에서 먼저 어떤 조건들을 제시하면, 거기에 부수적인 조항들이 첨가되고 상대방에서 그에 대해 동의함으로써 계약이 성립되는 것이다. 따라서 언약은 기본적으로 쌍무적이요, 조건적이다. 그런데 이것이 증거의 형식을 취하게 된다면, 기본적으로 무조건적이 된다. 언약 신학에서 이런 용어들이 다소 약간의 변형과 차이는 있지만, 기본적으로 이런 해석을 공유하고 있다.

구속의 언약

언약 신학은 방대한 영역을 포괄적으로 취급하고 있어서 단일 주제만으로 그치는 것이 아니다. 이것은 구속의 언약, 행위언약, 은혜언약이라는 세 가지 내용으로 구성되어 있다. 이 세 가지 주제를 설명하려면 조직신학 모든 내용과의 연관을 갖고 풀어야 할 방대한 작업이다.[22] 개혁신학을 대체적으로 소개하려는 이 책에서는 보편적인 내용만을 요약하고자 한다.

세 가지 언약 중에서 첫 번째에 해당하는 구원 언약은 성경에 매우 분명하게 언급되어 있다. 그 본질적인 내용들은 성경의 여러 곳에서 가르쳐지고 있는데, 특히 시편의 메시야 예언들 속에 가장 분명하게 들어 있다.

---

22 Gerhardus Vos, De verbondsleer in de gereformeerde theologie (Grand Rapids: 1891); English translation:" The Doctrine of the Covenant in Reformed Theology", tr. S. Voorwinde and Willem Van Gemeren, in *Redemptive History and Biblical Interpretaion:* The Shorter Writings of Geerhardus Vos, ed. Richard B. Gaffin Jr. (Phillipsburg: Presbyterian and Reformed, 1980): 234-67. 이 원고는 보스 박사가 미국 칼빈신학교 교수 취임 강연에서 발표한 것이다.

주께서 이르시되 내가 나의 택한 자와 언약을 맺으며 내 종 다윗에게 맹세하기를 내가 네 자손을 영원히 견고히 하며 네 위를 대대에 세우리라 하였다 하였나이다(시 80:3-4).

내가 영을 전하노라 여호와께서 내게 이르시되 너는 내 아들이라 오늘날 내가 너를 낳았도다 내게 구하라 내가 열방을 유업으로 주리니 네 소유가 땅 끝까지 이르리로다 네가 철장으로 저희를 깨뜨림이여 질그릇같이 부수리라 하시도다(시 2:7-9).

그때에 내가 말하기를 내가 왔나이다 나를 가리켜 기록한 것이 두루마리 책에 있나이다. 나의 하나님이여 내가 주의 뜻 행하기를 즐기오니 주의 법이 나의 심중에 있나이다 하였나이다. 내가 대회 중에서 기쁜 소식을 전하였나이다 여호와여 내가 내 입술을 닫지 아니할 줄을 주께서 아시나이다(시 40:7-9).

그러므로 세상에 임하실 때에 가라사대 하나님이 제사와 예물을 원치 아니하시고 오직 나를 위하여 한 몸을 예비하셨도다 전체로 번제함과 속죄제는 기뻐하지 아니하시나니 이에 내가 말하기를 하나님이여 보시옵소서 두루마리 책에 나를 가리켜 기록한 것과 같이 하나님의 뜻을 행하러 왔나이다(히 10:5-7).

하나님 아버지께서는 분명한 조건을 규정하셨다. 하나님께서는 아들을 이런 일을 하라고 보내셨다(요 5:36). 그리스도는 '확실성'을 보장하는 이 언약의 성취자이다(히 7:22). 그리스도에게 있어서 구원 언약은 행위언약과 매우 긴밀한 관련을 맺고 있다. 그러나 각각 서로 다른 것이다. 하나님께서는 그리스도를 선택받은 자들의 대표적인 우두머리로 삼으셨다.

이런 구원 언약은 영원 전에 맺어졌으며, 이 계획은 하나님의 선택으로 효력을 발휘하게 되었다. 하나님께서는 일정한 수의 선택한 자들로 그리스도를 믿도록 하셨고(요 6:39, 17:2, 4, 6, 9, 24), 아들도 이런 계획에 찬성하였다. 그리스도는 이들의 대표되는 우두머리가 되기를 기뻐하셨고, 그렇게 되기 위해서 먼저 인간이 되어서 완전한 삶을 살았고, 그들을 위해서 자신을 주었으며, 다시 부활 하였다. 그 보답으로, 아버지는 아들을 매우 높이 들어올리셔서 만물이 복종하고 높이는 천상의 지위를 부여하셨다(빌 2:9-11). 성령은 증인으로 이 언약에 참여하고 계시고, 이 아들이 감당한 구원 역사를 언약에 참여하도록 선택받은 자들에게 적용할 때마다 마음을 열어서 거듭나게 하시고 그리스도를 받아들이도록 믿음을 불러일으키는 역사를 하신다.

루이스 벌코프는 구원의 언약은 아버지와 아들 사이에 맺어진 합의라 정의할 수 있다고 했다. 아버지는 선택받은 자들의 머리이자 구속주로서 아들을 주신다는 것이요, 아들은 자발적으로 아버지께서 자신에게 주신 자들을 위해서 대신 감당하는 일을 맡게 된 것이다.

초기 칼빈주의자들과 현대 일부 칼빈주의자들 중에는 구원의 언약을 가르치지 않는 자들이 있다. 그들은 삼위일체 안에서 맺어진 언약이라고 말하지 않고, 단지 주권적인 은혜에 의한 선택일 뿐이라고 말하고 있다. 그러나 그런 사람들이라도 아들이 선택받은 자들을 위해서, 하나님 아버지의 뜻을 성취하기 위해서 오셨다는 것을 받아들이고 있으며 이로 인해서 아들이 매우 높이 올라갔으며, 선택받은 자들이 구원을 얻었다.

행위의 언약

시간상으로 생각한다면, 세 가지 언약 중에서 행위언약이 가장 먼저이다. 행위언약은 그 호칭이 여러 가지로 쓰이고 있는데 에덴의 언약, 자연의 언약, 생명의 언약, 창조의 언약 등이다. 한 본문만을 제외하고는, 성경에서는 언약이라고 분명히 언급하지는 않고 있다. 즉, 호세아 6장 7절에서 "저희는 아담처럼 언약을 어기고 거기서 내게 패역을 행하였느니라"고 하여, 에덴 동산에서 아담에 대해 언급하면서 언약이 본질적인 요소가 있었음을 지적한 것이다. 대표주의 언약 사상을 주장하는 신학자들은 바로 이런 요소들이 성경 여러 부분에서 발견된다고 보았다. 이를 반대하는 측에서는 같은 호세아서의 본문을 달리 해석한다.

'아담처럼'이라는 단어를 '사람들처럼'(like men)이라고 해석해야 한다는 것이다. 아담이란 말은 인류의 대표라는 뜻이기 때문에, 아담이라는 특정한 인물이 아니라, 보편적인 인간들이라고 보아야 한다는 것이다. 그러나 분명한 것은 복수(사람들)가 아니라 단수(아담)가 쓰여졌다는 점이다. 다른 학자들은 '아담에서'(at Adam)라고 해석할 것을 주장하고 있는데, 이것도 역시 부자연스럽다. 이성경구절은 분명히 비교를 뜻하는 전치사를 동반하고 있으며, 어느 곳이라는 장소적인 의미는 없다. 그리고 다른 성경에서도 '아담에서'라는 장소적 용법은 한 번도 나오지 않는다.

다음으로 행위언약의 대표로서 아담을 이해하려는 언약 신학자들이 주장하는 성경은 로마서 5:12 이하와 고린도전서 15장이다. 이들 구절에서 사도 바울은 그리스도는 언약을 맺으시는 분이지만, 아담은 언약을 지키지 못하고 파기시켜 버렸다는 대조법을 강하게 구사하고 있다. 아담은 언약의 조건들을 준수하는 데 실패해 버렸으나, 그리스도는 준수하였다. 아담은 모든 인류의 대표적인 머리이다. 그러나 그리스도는 여기서 제외된다. 인간의 아버지를 가지고 태어나신 분이 아니기 때문이다. 그리스도가 대표하는 인간들은 구원의 언약에서 하나님의 선택을 받은 자들이다.

"첫 번째 인간과 맺은 언약은 행위언약으로, 그 안에서 아담에게는 개인적으로 완전하게 순종하느냐의 여부에 따라서 생명과 번영이 약속되었다"(웨스트민스터 신앙고백 7장 2항). 대부분의 언약 대표설을 주장하는 칼빈주의자들은 아담이 잠정적인 기간 동안에만 이 언약 안에서 순종하며 머물러 있었던 것임을 주장한다. 만일, 그 기간 동안 아담과 이브가 잘 참고 이겨냈더라면, 이 시험은 곧 끝이 나게 되었을 것이요, 더 이상 유혹이나 미혹을 받지 않을 것이며, 영생을 얻게 되었을 것이다. 아담이 언약을 시험받던 그 기간이 일시적이거나 잠정적인 것이라기보다는 영구적인 성격을 띠고 있었을 것이라고 주장하는 학자들도 소수이지만 있는 것은 사실이다.

아담은 자신에게 주어진 언약에 동의하였다. 그에게 부과된 언약에는 율법이라는 것이 가져 올 여러 가지 측면들이 들어 있다. 여기에는 생명의 나무라는 것이 있었다. 그러나 아담은 언약을 지키지 못했기 때문에 결코 이 생명나무의 열매는 먹지 못하였다. 이것을 첫 번째 성례로 보는 학자들이 많다. 아담은 이 언약의 조건들을 충실하게 지키지 못하였다. 단순하게 금지된 열매를 먹지 말라는 명령에 순종하는 것이었다. 이것은 로마서 2장에 있는 것과 같이, 본성으로 인간의 마음에 새겨 넣은 도덕법을 따르는 것이라고 말할 수 있다.

이 명령은 후에 십계명에서 좀 더 분명하게 드러나게 될 것이었다. 여하튼 하나님 앞에서 아담은 순종하지 아니하였다. 만일 아담이 순종하였더라면 그가 생명을 더 연장받는 생명의 언약이었다. 그렇지 않으면, 그는 죽게 된다(창 2:16-17). 다시 말하면, 아담이 죽는다는 의미는 당장 숨이 끊어진다는 육체적인 죽음보다는 영적으로 그 순간에 죽어 버린다는 뜻이다. 육체적으로 죽는 것은 그 후에 따라왔다. 모든 인류의 후손들이 그를 뒤이어서 태어나게 되었으므로 모든 인류는 그의 죄책과 형벌을 물려받게 되었다.

우리는 이것을 원죄라고 부른다(롬 5:12, 시 51:5 등). 초기 칼빈주의자들은 어거스틴의 뒤를 따라서 아담 속에 우리가 육체적으로 들어있었기 때문에 죄와 죽음을 물려받는다고 가르쳤다(히 7:10). 어거스틴이 가르친 이 원죄론은 직접 전가설(immediate imputation)이라고 부른다. 아담의 죄가 부모의 유전에 의해서 후 손들에게 직접 육체 속에 전수되어진다는 것이다. 어거스틴에게서 나온 원죄의 실재설 혹은 유전설(realism or traducianism)이 점차 언약 대표설을 통해 대두되면서, 이 이론은 새로운 전기를 맞이하게 된다. 아담의 죄는 모든 인류에게 직접적으로 전가되어진다는 주장은 예수 그리스도의 의가 믿는 자들에게 직접적으로(immediately) 전가되는 방식과 같다고 보았다. 다시 말하면, 우리가 아담 안에 있다는 말이나, 그리스도 안에 있다는 말은 문자적으로 해석할 단어들이 아니라는 것이다. 따라서 우리가 죄를 전가받았다는 말은 즉각적으로 물려받았다는 것이다. 알미니안주의자들이나 로마 가톨릭에서는 이런 언약 대표설에 대해서 강하게 반대하고 있다.

아담이 죄를 범하였을 때에, 행위언약은 적어도 몇 가지 측면에서 볼 때에 폐지되고 말았다. 그러나 어떤 측면에서는 아직도 모든 인류에게 이 행위언약은 영원히 깨어진 상태로 지속되고 있다고 볼 수 있다. 물론 모든 인간은 죽어야 마땅한 언약의 파기자로서 태어난다. 그러나 창조주이신 하나님에 의해서 도덕적인 율법을 지키도록 요청을 받고 있다. 목회자들은 강단에서 양심을 지키라고 촉구하는 하나님의 말씀을 선포하여야 한다. 그것은 행위언약의 실패를 상기시켜 주고, 인간은 모두 다

구세주를 필요로 하는 존재임을 기억하게 하려는 목적에서도 열심히 선포되어야 한다.

언약 대표설을 주장하는 칼빈주의는 이 언약의 역사적 발전을 다소 다르게 설명하였다. 이 행위언약은 시내 산에서 모세를 통해서 다시금 반복되었다. 그래서 여전히 순수한 행위언약은 율법 속에 살아있어서, 이것을 행하면 살 것이요, 반대로 이것에 순종하지 않으면 죽을 것이라는 삶과 죽음이 대두된다(눅 10:28, 롬 10:15, 갈 3:12, 레 18:5, 겔 18:4-9, 20:11, 13, 21 등).

이러한 행위언약은 마지막으로 마태복음 22:34-40에서 두 가지 사랑의 계명을 통해서 그 절정에 도달하였다. 모든 인간은 본성의 양심 속에 "하나님을 사랑하고, 이웃을 자신의 몸과 같이 사랑해야 한다"는 도덕적 의무감을 지니고 태어난다. 인간은 이런 명령을 누구나 조금이라도 깨닫고 있다. 어느 민족이나 그 누구에게나 이런 양심의 법은 조금이라도 생각해 보면 알 수 있는 것이다. 그러나 그리스도를 제외하고는 그 누구도 이런 계명을 온전히 준수한 사람은 없다.

은혜의 언약

언약 신학자들 사이에 구원의 언약과 은혜의 언약에 대해서 동일시하는 문제에 대해서 약간의 해석적인 차이가 있음에도 불구하고, 은혜의 언약에 대해서만큼은 거의 이의가 없다.[23] 앞에 나오는 두 언약과 마찬가지로, 은혜언약도 성경 속에 다소 불분명하게 들어 있다. 그러나 그

---

23 John Murray, *The Covenant of Grace* (Phillipsburg: Presbyterian and Reformed, 1953), 5.

리스도가 구원 언약과 행위언약을 성취하였듯이, 은혜언약도 역시 그리스도가 성취하신 언약이다.

은혜언약의 처음 단계는 성부와 성자 사이에 맺어진 것이다. 은혜언약이 역사상 처음 보여진 것은 아담이 죄를 범하고 난 이후였다. 창세기 3:15에, "여인의 후손은 네 머리를 상하게 할 것이요"라고 언급되었다. 이것은 장차 죄를 담당하게 될 메시야를 지적한 말씀이다. 그분에 대한 믿음으로 아담은 죄를 용서받았다. 그 이후로 이런 메시야에 대한 믿음은 희미한 형태의 속죄 방식으로 보여졌는데, 도살장에 끌려가는 어린양이 첫 번째 희생이자, 성례로서 드려진 것이다.

사람이 타락함으로 스스로 그 언약에 의해서 생명을 얻을 수가 없게 되었는데 주께서는 그 기쁘신 뜻대로 은혜언약이라 칭하는 둘째 언약을 맺으셨다. 여기에서, 하나님은 죄인들에게 예수 그리스도에 의한 생명과 구원을 값없이 제공하셔서 그들이 구원 얻기 위해서 그를 믿을 것을 요구하시고 생명을 얻기로 정해진 모든 사람들에게 성령을 주어 그들로 하여금 믿기를 원할 뿐만 아니라 믿을 수 있게 하기를 약속하셨다 (웨스트민스터 신앙고백 제7장 3항).

성경에 언급된 여러 종류의 언약들을 살펴보면, 행위언약과 은혜언약은 지속적으로 갱신되고 발전되었음을 알 수 있다. 아브라함과 맺어진 언약들을 살펴보면, 은혜의 언약이 확연히 드러난다. 그런가 하면, 모세 시대에는 행위를 강조하는 언약들이 특징적으로 드러난다. 노아와 다윗과 맺어진 언약들에 대해서도 같은 평가를 할 수 있을 것이다.

칼빈의 언약 사상을 연구한 후에, 언약 대표설을 주장하는 신학자들은 은혜언약이 역사를 통해서 지속되고 있으며, 반복되고 있다고 주장하였다. 이것은 언약 신학이 역사 속에 담긴 하나님의 목적을 설명하는 중요한 방법이다.

이 언약은 율법 시대와 복음 시대에 서로 다르게 집행되었다. 율법 시대에는 이것이 약속, 예언, 제사, 할례, 유월절 양, 또한 유대 백성에게 주어진 다른 예표와 규례에 의하여 집행되었다. 이 모든 것은 오실 그리스도를 예시한 것으로 그 당시에는 성령의 역사로 말미암아 약속된 메시야 신앙으로써 선민을 가르치고 양육하기에 충분하고 유효하였다. 이 메시야에 의해 그들은 온전한 사죄와 영원한 구원을 얻었었다. 이것을 가르쳐 구약이라 한다. 복음 시대에 있어서 실체이신 그리스도께서 나타나시매 이 언약을 시행하는 규례들은 말씀의 전파와 세례와 주의 만찬의 성례 집행으로 대치되었다. 그래서 비록 규례의 수가 적고 보다 더 단순하며 외면적 영광이 적게 보여도 이 언약은 유대인과 헬라인을 포함한 모든 민족들에게 보다 더 충분히, 명확하게 나타나며 영적 효과를 가지고 온다. 이것을 신약이라고 부른다. 그러므로 실체가 다른 두 개의 은혜언약이 있는 것이 아니라, 단 하나의 동일한 은혜언약이 다양한 경륜 아래있는 것뿐이다(웨스트민스터 신앙고백 7장 5-6항).

이 은혜언약의 위대한 약속은 다양하게 나타났다. 하나님께서는 아브라함에게 "나는 너의 하나님이 되고, 너희는 나의 백성이 될 것이다"라고 말씀하였다.

은혜언약에서 항상 조건으로 제시되는 것은 바로 믿음이다. 다시 말하면, 이 조건은 절대로 행위에 의한 것이 아니다. 더구나, 이 믿음은 성령에 의해서 주어지는 하나님의 선물이다(엡 2:8). 언약 신학은 독특한 부분이 있다. 구약 시대에 살던 사람들에게 장차 오실 메시야가 자신들의 죄를 대신 감당하실 것에 대한 믿음을 가지게 하심으로써 은혜언약 아래서 살게 하신 것이다. 이것이 그들의 시대에 주신 은혜언약의 계시 방법이었고, 그들에게 구원을 주시는 믿음을 본질적으로 요구하신 것이다.

은혜언약은 메시야가 이 세상에 오셔서 선택받은 자들을 위해 죽임을 당함으로써 충만한 계시에 이르렀다. 이로 인하여 그 전에 주어졌던 모든 언약은 성취되고, 다른 언약들은 폐기되었다. 행위언약은 인류의 의무와 죄의 상태에 있는 신분을 형성하는 데 있어서 중점적으로 지속되고 있을 뿐이다. 그리스도는 모든 선지자들과 언약들의 목표였다. 그는 아담에게 약속된 분이요(창 3:15), 아브라함에게 약속된 분이며(갈 3:16), 모세 시대에 언약을 성취하신 분이시다. 따라서 언약 신학에 있어서 구원의 역사는 언약적이며, 그리스도 중심적이다.

언약과 성례

쯔빙글리의 시대로부터 언약 신학은 성례와 연결되어서 발전되었다. 물론 로마 가톨릭 교회가 잘못된 성례론을 가장 핵심적인 신학의 내용으로 주장하고 있었기에 그것을 바로 잡으려는 의도에서 나온 것이기도 하다. 구약 시대에 있어 할례는 언약에 참여한 후손들에게 약속의 상징으로 행사되어온 거룩한 예식이었다. 마찬가지로 칼빈주의적인 언약 신학자들은 믿는 자들의 아이들에게 유아세례를 베푸는 것이야말로 이를 신약 시대에 맞게 적용하는 것으로 해석하였다.

이러한 해석에 문제를 제기한 측은 칼빈주의적인 침례교도 존 길이었다.[24] 그를 따르는 침례교도들은 신약 시대의 은혜언약은 유아 세례에 의해서 인쳐지는 것이 아니라, 성령에 의해서 인쳐지는 것이라고 주장하였다(엡 1:13). 따라서 물로 세례를 주는 것은 오직 믿음을 가지고 있

---

24 John Gill, *A Body of Divinity* (London: 1769-1770), 214-250. 345-377.

으며 언약 안에 들어와 있다는 명백한 증거들을 가지고 있는 사람들에게만 한정해야 한다고 주장했다. 그러나 칼빈주의적인 언약 신학자들은 "너와 네 집이 구원을 얻으리라"라는 사도 바울의 권고에 따라 "자기와 그 권속들이 다 세례를 받았다"(행 16:31-33)는 초대교회의 교훈을 따라서 집안 모든 사람에게 세례를 주고 있다.

언약과 교회의 회원권이 문제로 제기되었다. 언약을 중시하는 개혁 교회에서는 원래 믿을만한 중생의 증거를 가진 사람이며, 동시에 성경적인 신앙을 고백하는 사람에 한해서 교회의 회원권을 인정하였다. 시간이 지나면서 이 두 가지 조건이 차츰 후자로 축소되었다. 이것은 뉴잉글랜드 청교도들이 '반언약 사상'(Half-Way Covenant)라고 불리는데, 다음 해당되는 장에서 자세하게 언급할 것이다. 이것은 유아 세례를 주장하는 교회들에게 어려움을 초래하게 되었다. 그들은 언약의 자녀들에게 처음 성례인 세례에 참여하게 하였으나, 그들이 성장하여 거룩한 생활의 증거를 보이는 시간까지 두 번째 성례인 성만찬과 교회 회원권은 인정하지 않았기 때문이다. 아무런 의미도 없이 그리스도의 피와 살을 먹고 마시는 행위는 잘못된 것이므로, 오늘날 개혁 교회에서는 여전히 15세가 되어서 자신의 입으로 신앙을 고백하고 건전하게 생활할 것을 서약하는 입교 의식을 치룬 유아 세례 교인들에게만 성찬과 교회 회원권을 허용하고 있다. 극히 일부 칼빈주의 교회에서는 유아 세례를 받은 어린이들에게도 성찬을 시행하고 있다.

언약 신학과 세대주의의 대조

언약 신학의 발전에 비하면 세대주의는 시기적으로 볼 때에 단순히 비교시킬 수 없는 훨씬 후대에 나온 신학이지만 그 연관성 때문에 본 장에서 다루고자 한다. 복음주의 진영 내에서 언약 신학을 가장 강하게 반대하는 경쟁적인 부류 가운데 하나(one of the leading rivals)가 바로 세대주의다.[25] 앞서 언급한 것처럼 모든 언약 신학자들은 칼빈주의자들이라고 볼 수 있지만, 모든 세대주의자들이 다 칼빈주의자는 아니다. 더구나 우리가 주목해야 할 것은 세대주의자들 중에서도 일부는 칼빈주의 신학을 주장하고, 일부는 알미니안 신학을 표방하고 있다는 점이다. 세대주의와 알미니안주의와는 서로 공통점과 유사점이 매우 많다. 그럼에도 불구하고 상당수의 세대주의자들은 자신들의 체계를 언약 대표설의 대안으로 착각하고 있으며, 자신들도 역시 칼빈주의자라고 자부하고 있는 것이다.

얼핏 보면, 세대주의자들의 주장은 칼빈주의자들이 믿는 바와 흡사하다. 인간의 전적 부패를 강조하고, 성경의 완전한 영감과 무오류성을 믿으며, 하나님의 주권적 은총과 종말론적인 기대 속에 살아 가기 때문이다. 19세기에는 영국에서 상당수 지지자들을 확보하였고, 20세기에는 미국의 근본주의 운동에서 가장 뛰어난 활약을 보인 그룹이 바로 세대주의였다.[26] 한국교회에도 이들의 영향이 많이 들어와 있다고 보여진

---

25 Daniel P. Fuller, *Gospel and Law:* Contrast or Continuum? The Hermeneutics of Dispensationalism and Covenant Theology (Grand Rapids: Eerdmans, 1980). Richard Belcher, *A Comparison of Dispensationalsim and Covenant Theology* (Columbia: Richbarry Press, 1980).

26 Clyde Norman Kraus, *Dispensationalism in America: Its Rise and Development* (Richmond: John Knox, 1958). Clarence B. Bass, *Backgrounds to Dispensationalism* (Grand Rapids: Eerdmans, 1960). Ernest R. Sandeen, *The Roots of Fundamentalism: British and American Millenianism, 1800-1939* (Chicago: University of Chicago Press, 1970). Charles Caldwell Ryrie, *Dispensationalism Today* (Chicago: Moody Press, 1973). George M. Marsden, *Fundamentalism and American Culture: The Shaping of Twentieth-Century Evangelcialism, 1870-1925* (New York: Oxford, 1980).

다. 따라서 칼빈주의자들은 이들의 문제점에 대해서 보다 철저한 인식이 있어야 하겠다.

그러나 역사적으로 볼 때, 세대주의 신학의 뿌리는 19세기 유럽과 미국에서 분파적인 플리머스 형제단 운동의 천년왕국 사상에서 찾을 수 있는데, 언약 신학은 16세기 종교 개혁신학을 이어받은 체계이기 때문에 태생 배경에서부터 양대 신학은 매우 다른 신학 구조를 갖고 있다고 볼 수 있다. 세대주의자들의 대부, 존 넬슨 다비(John Nelson Darby, 1800-1882)를 비롯한 초기 지도자들은 유럽에서 서로 각각의 체계를 세우면서 갈라지다가, 세대의 구별을 엄격히 나눈 제자 스코필드(C.I. Scofield, 1843-1921)가 스코필드 관주 성경(Scofield Refrerence Bible, 1909)을 발표하여 미국에서 크게 호응을 얻었다.

첫째로, 세대주의는 각각의 세대마다 주어지는 계시가 다르며, 그에 따라서 믿음의 내용도 다양하다는 기본 전제를 확고히 주장하고 있다. 세대라는 것은 "하나님의 뜻에 의하여 특별한 위대하신 계시에 대해서 인간이 순종하느냐의 여부를 시험받는 일정한 시기"라고 정의한다. 처음 세대는 창조에서부터 아담의 타락 이전까지인데 이때는 순결의 세대였다(창 1:28-3:13). 둘째 세대는 양심 또는 도덕적 책임을 요구한 시기로, 아담의 타락에서 노아의 홍수까지다(창3:22-7:23). 셋째는 하나님께서 인간에게 자신의 권위를 위임하신 인간 통치의 기간으로 아브라함을 부르실 때까지 지속된다(창 8:20-11:9). 넷째는 하나님의 진리에 대해서 청지기 정신을 시험하는 약속의 세대로 아브라함에서 모세까지다(창 12:1, 출 19:8). 다섯 째는 훈련시키고 바로 잡는 율법의 세대로 예수 그리스도의 죽으심까지이다(출 19:8, 마 27:35). 여섯째는 성령의 세대이자 교회의 세대로 오순절에서 그리스도의 재림(휴거)까지 계속된다(요 1:17, 행 2:1). 마지막 일곱째는 그리스도가 천 년 동안 왕위에서 통치하는 천년왕국의 세대로 영원토록 지속된다(엡 1:10, 계 21:4).

기본적인 성경 해석의 원칙은 문자적인 해석이요, 계시의 단계에 따라서 하나님이 진리를 보여 주셨다는 계시의 점진성, 그리고 전 천년설을 확고한 기초로 삼는다. 특히 구약 시대에 많이 등장하는 상징이나, 표상이나, 예표 등은 전혀 인정하지 않았다.[27] 따라서 이스라엘의 회복에 관한 예언은 반드시 그 땅에서 미래에 문자적으로 성취될 것으로 믿고 있으며, 예수 그리스도가 통치하는 천년왕국도 성취될 것으로 생각한다.

이에 대해 개혁주의자들은 이러한 성경 해석은 너무나 자의적이요 비성경적이라고 반박한다. 이는 성경 본문의 전체적인 상황과 문맥을 벗어난 것이며, 세대주의자들의 치명적인 문제점은 성경 몇 구절에 너무나 지나치게 의존하고 있다는 것이다. 더구나 산상보훈과 같은 신약 성경은 교회 세대를 위한 본문이 아니라, 다음 세대에 대한 것이라고 자의적으로 떼어내서 연결짓는다. 성경을 부분적으로 제멋대로 조작하고 있는 것이다.

둘째로, 이스라엘과 교회의 구별은 매우 결정적인 요소다. 세대주의자들은 문자적인 이스라엘을 그대로 받아들여서 신약 성경에 나오는 교회와의 연속성을 부정한다. 그리고 이스라엘과 교회는 본질적으로 실체적으로 서로 다른 그룹이라고 생각한다. 또한 교회 세대마저도 그 앞의 세대와 마찬가지로 인간의 죄성과 불완전성으로 인하여서 주님의 재림과 함께 종결된다는 것이다. 앞에서 지적한 신학적 전제와 성경 해

---

[27] Oswald Thompson Allis, *Prophecy and the church; an examination of the claim of dispensationalists that the Christian church is a mystery parenthesis which interrupts the fulfilment to Israel of the kingdom prophecies of the Old Testament* (Philadelphia, Presbyterian and Reformed Pub. Co., 1945). 저자는 프린스턴을 떠나서 웨스트민스터 초기 설립에 동참한 교수 가운데 한 분으로, 이 책은 세대주의 구약 해석의 문제점을 집중적으로 파헤친 탁월한 저서이다.

석의 원리에 근거하여 세대주의자들은 이스라엘을 위한 하나님의 프로그램과 교회를 위한 프로그램을 엄격히 구별한다. 교회는 오순절날 그 모습을 드리낸 것이므로, 구약에 나오는 이스라엘에 대한 예언은 아직 성취되지 않은 것으로 본다.

그러나 언약 신학자들은 신약의 교회란 구약 성경에 나오는 이스라엘과 연속선상에 있으며, 영적으로 볼 때에는 동일하게 복음으로 인하여 구원을 받은 하나님의 백성이라고 생각한다. 세대주의자들은 이들 두 세대간(율법과 은혜)에는 큰 차이가 있으며, 두 언약이 있다고 주장하는 반면에, 언약 신학에서는 일관되게 하나님이 영광과 구원을 주시려고 선택하신 백성은 오직 하나 뿐이며, 그들은 구약 시대에는 바로 참 이스라엘이었고, 동일하게 신약 시대에는 참된 교회에 속한 성도들이라고 보았다. 언약 신학자들은 율법의 시대에도 은혜가 있었으며, 은혜의 시대에도 율법이 유익하다고 보는 것이다.

셋째로, 종말론에서 가장 특이하게 다른 점이 발견되는 바, 모든 세대주의자들은 전 천년설(Pre-Millenialism), 보통 전 휴거설(pre-Tribulation)을 주장한다. 다비는 그리스도의 재림은 두 단계로 이루어질 것이라고 가르쳤다. 첫 단계는 참된 성도들만의 보이지 않는 '비밀스러운 환희'(secret rapture)로 매 순간마다 일어나게 된다는 것인데, 이 세대는 큰 괄호 속에 들어있는 것과 같은 교회의 시대의 종결로 막을 내릴 것이다. 이 시대는 유대인들이 그리스도를 거부한 때부터 시작하였다. 둘째 단계에는 이스라엘에 대한 구약 성경 선지자들의 예언들이 문자적으로 성취되고, 신약 성경에서 예언한 휴거가 일어난다. 그리스도의 재림은 문자적으로 꼭 1000년 동안의 하나님 나라가 이 땅 위에 세워지고 이스라엘의 회복이 드러나게 될 때에 완성된다.

세대주의자들의 천년왕국설은 너무나 급진적이요, 유대 민족 중심주의다. 그리고 그들의 종말론은 19세기 말 영국에 널리 퍼졌던 잘못된 사상에서 비롯되었다. 개혁주의자들은 세대주의자들의 전 천년설이 복음적인 종말론에서 근거한 것이 아님을 지적한다. 칼빈주의자들은 대부분 무 천년설(Amillenialism)이라는 입장을 취하고 있다. 워필드 박사 같은 분은 후 천년설을 받아들였으며, 일부에서 전 천년설을 받아들이고 있지만, 여전히 주류는 무 천년설이다. 그리고 전 천년설을 받아들인다고 하더라도 개혁신학에서는 전 휴거설을 주장하지는 않는다.

구약 성경에서 하나님의 구원하시는 목적들과 관련지어서, 세대주의자들은 구약 시대에 일부 성도들은 행위에 의해서 구원을 얻었다고 주장한다. 이것은 세대주의자들의 논리적인 귀결이어서, 언약 신학자들과 마찰을 일으킨다. 모세시대에서 그리스도의 시대까지 율법에 의해서 구원을 얻었다는 것인데, 이는 불가능한 주장이다. 개혁신학이 주장하는 '오직 은혜로만'(Sola Gratia) 구원에 이를 수 있다는 교리의 핵심을 전혀 가르치지 않는 중대한 오류이다. 구원은 지금(not only now) 시대에만 은혜에 의해서 얻어지는 것이 아니라 항상(but always) 은혜로만 주어지는 것이다.

물론 대부분의 세대주의자들은 구약 성경 시대에 죄인들은 행위에 의해서 구원을 얻은 것이 아니라, 믿음으로 구원을 얻었다는 점을 인정한다. 그러나 좀 더 자세하게 들여다 보면, '오직 믿음으로만'이라는 교리가 그냥 단순히 개혁신학자들과 같이 들어 있지 않음을 알 수 있다. 왜냐하면 이들은 구약의 믿음이 신약 시대의 믿음과는 내용적으로, 질적으로 다르다고 주장하기 때문이다. 구약 시대의 죄인들은 죄를 짊어지신 메시야, 즉 십자가에 죽으신 그리스도의 복음을 믿음으로 의롭다 함을 받은 것이 아니라, 각자에게 주어진 구별된 세대의 특별한 약속을 믿음으로 구원을 받았다는 것이다. 그들은 종종 메시야의 예언을 들었지만 그것들은 어디까지나 그 자체로는 구원을 얻을 수 없는 본질을 가진 것이었다. 논리적으로 말하자면, 세대주의자들에게 있어서 구약 시대의 성도들은 그리스도 안에 있었던 것이 아니요 그리스도의 신부도, 아니 지체의 일부도 되지 못했었다.

이제 언약 신학자들에게 있어서 세대주의자들과 도저히 합치할 수 없는 의견의 차이가 어디에서 극명하게 드러나는가를 살펴보자.[28] 모든 개혁신학을 가진 교파들은, 칼빈주의자들 뿐만 아니라 심지어 루터파나, 재세례파까지라도, 구약 시대의 성도들이 장차 올 메시야를 자신들의 죄를 대신 감당하는 어린 양을 믿음으로 인하여 구원을 얻었다는 점을 받아들인다. 그럼에도 불구하고 세대주의자들은 구약의 시대가 다른 언약 하에 있었다는 전제를 강조하면서 믿음의 내용마저도 달랐다는 주장을 하고 있는 것이다. 구약의 성도들은 예언을 듣거나, 희생 제사를 드리거나, 장차 올 모형을 보면서 복음을 들었던 것이다. 따라서 그들이 가졌던 믿음의 내용은 본질적으로 신약 시대의 복음에서 나온 십자가에서 죽으신 그리스도를 믿는 신앙으로 의롭다함을 얻는 것이며, 이것은 어느 시대에나 동일한 믿음의 내용인 것이다. 이것이 바로 종교 개혁자들이 주장했던 '오직 믿음으로만'의 내용이었다. 따라서 세대주의자들은 단지 언약적 대표설이라는 부분에 대해서만 개혁신학과 다른 것이 아니라, 종교 개혁의 핵심 원리에 있어서 서로 다른 것이다. 이런 관점에서 볼 때에, 칼빈주의자는 언제나 세대주의자들과 서로 타협할 수 없다. 칼빈주의는 항상 구약 시대에나 신약 시대에나 성도들은

---

28 John Gerstner, *Wrongly dividing the word of truth: a critique of dispensationalism* (Brenwood: Wolgenuth & Hyatt, 1991). idem, *A Primer on Dispensationalism* (Phillipsburg: Presbyterian & Reformed, 1982).

모두 다 그리스도 안에 있으며, 선택된 자들이므로 그리스도의 신부로서 지체의 일부라는 점을 강조하고 있다. 다시 말하면, 세대주의는 칼빈주의 5대 교리에서 두 번째 원리인 '오직 믿음으로만'을 다르게 해석하고 있는 것이다.

세대주의자들 가운데서 상당수는 자신들이 칼빈주의자라고 자부하는 사람들이다. 그러나 '세대주의적인 칼빈주의'라는 단어로 집약되는 신학은 결코 주류를 이루는 칼빈주의에서는 용납될 수 없는 대립적인 용어이다. 세대주의 신학의 대표 기관인 미국 달라스 신학교에서 가르치는 일부 교수들은 '칼빈주의적인 세대주의자'로 불리는 경우도 있는데, 그것은 첫째 원리인 성경 중심 신학이기 때문에 그러한 용어를 차용할 수도 있으리라 생각된다. 그러나 여기에도 문제가 너무나 많이 제기되고 있으니, 그것은 문자주의적인 성경 해석에 고착되어 있기 때문이다. 이런 충돌은 당분간 해소되기 어려울 것으로 보인다.

다음은 언약 신학과 세대주의가 어떻게 다른가를 체계적으로 핵심 신학 사상을 대조한 것이다. 양 진영의 주류를 이루는 신학을 대비시켜 봄으로써, 극명하게 차이점을 이해할 수 있을 것이다. 물론 각 진영에는 세미한 부분에서 서로 다른 의견이 있을 것이다. 언약 신학의 대표적인 조직신학자를 프린스턴 신학교 찰스 핫지 교수라고 한다면, 달라스 신학교의 설립자이자, 스코필드 기념교회의 담임 목사였던 채퍼(Louis S. Chafer, 1871-1952)의 조직신학을 세대주의 신학의 총체적인 요약이라고 볼 수 있다.[29] 달라스 신학교의 교수진과 졸업생들은 모두 다 그들이

---

29 Louis Sperry Chafer, *Systematic Theology* (Dallas: Dallas Seminary Press, 1947-8), 2 vols. J.D. Hannah," The Social and Intellectual History of the Evangelical Theological College"(Ph.D. dissertation, University of Texas at Dallas, 1988).

믿는 바에 대해서 동의한다는 서약을 할 것을 요구하고 있다.

① 언약 신학은 항상 돌드 총회에서 채택한 칼빈주의 5대 교리 (TULIP)를 믿는다. 세대주의자들은 알미니안의 입장을 취하거나, 매우 타협적인 칼빈주의를 채택하며, 절대로 5대 교리를 그대로 모두 다 받아들이지는 않는다.
② 언약 신학에서는 성경의 문자적, 상징적 해석을 다 받아들인다. 세대주의는 성경의 문자적 의미만을 받아들인다.
③ 언약 신학은 항상 '믿음의 유비'(Analogy of Faith)라는 개념을 받아들인다. 하나님이 하시는 모든 사역을 이해하고자 할 때에, 하나의 원칙에서 다른 일반적인 원리를 찾는다. 그래서 어느 시대를 초월해서 성도는 모두 다 예수 그리스도에 대한 믿음을 갖는다. 세대주의는 믿음의 유비라는 개념을 거부한다.
④ 이스라엘이라는 용어는 육체적으로 야곱의 후손 혹은 상징적으로 영적인 이스라엘을 의미하기도 하는데, 이 두 가지 중에서 어느 것을 적용해야 할 것인가는 문맥에서 결정된다. 갈라디아서 3:6에 '하나님의 이스라엘'은 영적인 이스라엘을 의미한다고 본다. 갈 3:29, 롬 2:28-29, 9:6, 빌 3:3 등은 모두 동일하게 영적인 이스라엘로 해석한다. 그러나 세대주의자들은 이스라엘이란 오직 문자적으로 야곱의 육체적 후손만을 뜻한다.
⑤ 하나님은 오직 하나의 백성만을 간수하여 왔으며, 그들은 점차 교회로 발전하였다. 사도행전 7:38에 의하면, 구약 시대에도 광야 교회가 있었으며, 신약 시대에 충만한 경지로 발전되었다. 그래서 구약의 예언들 가운데는 신약 교회를 향한 예언들도 있다. 구약의 어떤 예언은 문자적인 이스라엘을 위한 것이요, 어떤 예언은 영적인

이스라엘을 위한 것이다. 세대주의자들은 이를 부인하고, 하나님은 두 개의 별개로 된 백성을 거느리고 계신다고 주장한다. 이 땅 위에서는 오직 이스라엘이요, 천국에서는 교회에 속한 백성이다. 이 천상 교회는 오직 오순절 날에 시작하였다. 그리고 구약 시대에는 교회를 위한 예언이란 주어진 바가 없고, 신약 시대가 도래할 때까지 교회는 신비로운 베일에 싸여 있었다. 이스라엘 사람들에게 주신 모든 구약 성경의 예언은 문자 그대로 이스라엘만을 위한 것이요, 교회를 위한 예언이 아니다.

⑥ 역사 속에서 하나님의 주된 목표는 예수 그리스도이며, 교회는 그리스도에 부차적인 기관이다. 교회는 모든 시대에 걸쳐서 하나님의 구원목표를 성취한 절정에 해당한다. 그러나 세대주의자들은 역사 속에서 하나님의 주요한 목표는 문자적인 이스라엘이라고 주장한다. 따라서 하나님이 모든 세대에 걸쳐서 전개하는 프로그램에서 볼 때에, 교회는 하나의 괄호에 불과하다고 주장하는 것이다.

⑦ 아브라함과 맺은 언약의 주된 계승자는 그리스도이며, 영적인 이스라엘이다. 요한복음에서 예수 그리스도가 성부와 맺은 약속을 여러 번 언급하는 바, 이는 영원한 구원의 언약을 의미하는 것으로 삼위일체 안에서 선택으로 효력을 발생한다. 그러나 이를 부정하는 세대주의자들은 아브라함과 맺은 언약의 주된 상속자는 오직 이삭이며, 문자적인 이스라엘 사람들로 생각하고 있고, 삼위일체 내에서 영원한 구원의 언약은 없었다고 주장한다.

⑧ 역사 속에서 전개되는 하나님의 모든 계획들은 일련의 밀접한 언약들과 관계되어서 시행된다. 하나님은 모든 인류의 머리이자 대표로서 아담과 조건인 행위언약을 맺으셨다. 하나님은 그리스도와 그의 백성들 사이에서 다시 은혜의 언약을 맺으셨다. 은혜언약에는 아

담도 포함된다. 이스라엘은 시내 산에서 언약을 바르게 받아들였다. 예레미야 31:31-34에 나오는 '새 언약'은 누가복음 22:20의 내용과 동일한 것으로서, 히브리서 8장에 의하면 양자 모두 영적인 이스라엘을 위해서 주어진 것이다. 그러나 세대주의자들은 역사 속에서 하나님이 성취하려는 계획들이 언약과 관계되어 있으며 이것은 서로 연관을 맺고 있다는 신학을 전면 거부한다. 각각 시대마다 다른 경륜이 주어졌다는 것이다. 하나님께서는 에덴 동산에서 아담과 행위언약을 맺은 적이 없으며, 은혜언약에는 아담은 절대로 포함되지 않는다는 것이다. 이스라엘은 시내 산에서 언약을 경솔하게 받아들였고 예레미야 31장의 새 언약은 오직 문자적인 이스라엘만을 위해서 주어진 것이요, 누가복음 22장의 새 언약과 전혀 관련이 없다는 것이다.

⑨ 그 누구도 행위에 의해서는 구원에 이를 수 없고, 오직 은혜로 주어진 믿음으로만 구원을 얻는다. 구원을 얻은 모든 사람들은 어느 시대에나 자신들의 죄를 감당한 그리스도를 믿음으로 구원을 얻는다. 이것은 모든 시대에 걸쳐서 점진적으로 계시되어졌다. 구약 시대의 성도들은 장차 올 그리스도의 모형으로서의 희생 제사와 예언들에 의해서 메시야의 복음을 믿었다. 그러나 세대주의자들은 구약 시대의 성도들은 자신들의 시대에 주어진 특수한 믿음으로 구원을 얻은 것이요, 죄를 감당해 주시는 메시야를 믿는 믿음은 없었다고 강하게 반발한다. 따라서 구약의 희생 제사는 복음으로 이해해서는 안 되며, 죄를 짊어지시는 그리스도의 모형으로 생각해서도 안 된다는 것이다.

⑩ 성령은 모든 시대에 역사하고 계시는데, 특히 신약 시대에 모든 민족에게 역사하셔서 그리스도를 적용하였으며, 결코 회수되지 않는

다. 예수 그리스도는 영적인 왕국을 제시하였으나 문자적인 이스라엘에 의해서 거부되었다. 그러나 이는 점차 영적인 이스라엘에 의해서 받아들여졌다. 모든 세대에 걸쳐서 믿는 자들은 모두 그리스도 안에 있으며, 그리스도의 신부요, 지체의 일부다. 그러나 세대주의자들은 성령이 구약 시대에 믿는 자의 마음에 머물러서 역사하였다는 점을 거부한다. 오직 은혜의 세대에만 머물러 있고, 구약에서나 휴거 후에는 회수된다. 예수님이 이스라엘 왕국을 제시했으나, 유대인들이 이를 거부하므로, 성취는 연기되었다고 주장한다. 그들은 구약 시대의 성도들은 더 이상 그리스도 안에 있던 사람들이라고 볼 수 없으며, 그리스도의 신부도 아니요, 지체의 일부도 아니라고 주장한다.

⑪ 율법은 세 가지 용도로 사용되고 있다. 사회에서는 죄를 억제하며, 그리스도에게로 인도하고, 경건하게 살도록 성도들을 가르치고 있다. 제사법은 폐지되었고, 시민법도 역시 폐지되었으나, 도덕법은 여전히 지속되고 있다. 신약 성경이 거부하지 않는 한, 구약의 율법은 여전히 효과를 발휘하고 있다. 세대주의자들은 이런 주장을 모두 부정한다. 율법은 폐지되었다. 구약의 율법은 신약에서 반복되지 않는 한, 더 이상 효력을 발휘하지 못한다는 것이다.

⑫ 교회는 하나님의 나라를 대표하는 기관이며, 장차 종말에 대해서는 무 천년설이 가장 많다. 그러나 개혁신학자들 가운데도 후 천년설이나, 전 천년설을 주장하는 등 각기 의견들이 일치하지 않고 있다. 그러나 세대주의적인 전 천년설의 핵심이라고 말할 수 있는 전 휴거설을 신봉하는 칼빈주의자들은 거의 없다. 무 천년설을 필자가 옹호하는 이유는 천년왕국이라는 말이 성경에 구체적으로 나타나 있지 않기 때문이다. 요한계시록에서 천 년 동안이라는 시간이 강조되고 있

을 뿐이다. 그리스도는 그가 오셔서 시작된 하나님의 종말론적인 나라의 통치자이며, 재림은 아직 이루어지지 않고 있다. 성도들은 그 나라의 백성이 되어서 통치를 받을 것이다. 세대주의자들은 천년왕국이 바로 하나님의 나라가 된다고 주장한다. 세대주의적 전 천년설은 천년왕국이 도래하기 전에 휴거한다는 것을 강하게 가르친다. 그리고 천년왕국에서는 이스라엘의 동물 제사가 다시 회복될 것이고 아브라함에게 주신 언약이 성취되는 것이라고 본다. 이스라엘은 예루살렘에서 천년왕국의 보좌에 다윗이 통치할 것이라는 미래상을 가지고 있는 것이다.

문제가 많은 세대주의 신학은 한국교회에도 널리 퍼졌다. 스코필드 주석 성경과 부흥사들을 통해서 특히 일제하에 휴거와 전 천년설에 대한 확신을 갖게 하였다. 이는 개혁주의 신학을 따르는 한국교회에서 시급히 청산되어야 할 과제 중 하나이다. 소위 근본주의라고 알려진 보수주의는 다분히 세대주의파에서 흘러나온 영향으로 인한 것들이 적지 않기 때문이다.

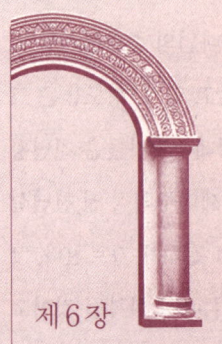

제 6장

'높은' 칼빈주의

　6장에서는 이제까지 역사적으로 살펴보았던 초기 칼빈주의 신학사의 종합적인 구도 속으로 좀 더 깊이 들어가고자 한다. 과연 첫 세대와 다음 세대의 칼빈주의 신학에 있어 무엇이 논쟁거리였으며, 그들 내부에서 제기된 문제점은 어떤 것인가를 되새겨 보아야 하기 때문이다. 이제 논쟁의 핵심을 드러냄으로써, 당대의 고뇌하던 개혁신학의 흐름이 명확하게 밝혀질 것이다.

　16세기 유럽 종교 개혁에서 비롯된 신앙고백적 칼빈주의는 기본적으로 중요한 신앙 개요에 대한 윤곽을 남겨 놓았고, 개혁신학은 이를 기초로 하여 견고한 교회를 세워나갔다. 그 첫 세대로서 위대한 금자탑을 쌓았던 칼빈, 베자, 불링거, 버미글리, 그리고 웨스트민스터 신앙고백을 만들었던 잉글랜드 칼빈주의자들로 이어져 내려가면서 보다 폭넓은 주제들을 다루게 되었다.

초기 개혁자들의 신학이, 즉 칼빈과 그의 시대에 정립된 신학이 후기 칼빈주의자들에 의해서 과연 바르게 계승되었느냐 하는 문제는 그 동안 칼빈주의 신학자들 뿐만 아니라, 거의 대부분의 교리사 연구의 흥미로운 과제였다. 19세기와 20세기 자유주의 신학자들은 대부분 칼빈의 신학을 왜곡했다고 비판하면서, 특히 베자가 예정론을 핵심 주제로 내세우면서 문제가 발행했다고 지적하고 있다.[1] 이런 주장에 대해서 교리사적인 검토를 할 때에 일부는 옳은 지적이지만, 전체적으로는 동의할 수 없다. 왜냐하면 종교 개혁의 5대 기본 교리가 그대로 살아 있고, '오직 성경으로만'(sola Scriptura), '오직 은총으로만'(sola Gratia)이 강조되었으며, 그리스도를 중심으로 한 구원 역사와 성령의 적용으로 주어지는 믿음이 강조되고 있기 때문이다. 신학의 중심축이 완전히 뒤바뀌어지거나 옮겨진 것은 아닌 것이다.

17세기 칼빈주의자들의 신학은 분명히 조금 다른 분위기에 젖어 있던 것은 사실이다. 그들은 정통신학의 체계화를 위해서 매우 경직된 사상 체계를 도입하였고, 하나님의 작정과 예정을 중심으로 '구원의 서정'(ordo salutis)을 핵심 주제로 연구하고자 했음도 사실이다. 개혁신학은 초기 백 년을 넘기면서 더 엄격한 전통의 확립이라는 딱딱한 명분론에 휩싸이게 되었다. 개신교에 대한 박해는 일단 수그러들었지만, 개신교 자체적으로 등장한 여러 가지 다른 해석들과 대립적인 새로운 분위기 속에서 새로운 강조점이 등장하게 되었다. 젊은 신학자들은 이미 세

---

[1] Ricard A. Muller, *Christ and the Decree: Christology and Predestination in Reformed Theology from Calvin to Perkins* (Grand Rapids: Baker, 1986), 1-13. Alexander Schweizer, Ferdinand Christian Baur, Wilhelm Gass, Heinrich Heppe 등 19세기 교리사 연구자들은 지나치게 편협된 견해를 가지고 후기 종교 개혁자들의 신학을 예정론으로 치부하거나 변질된 스콜라주의 신학이라고 보았다. Basil Hall, Brian Armstrong 등 최근 학자들도 역시 17세기 개혁신학은 그 본질 면에서 칼빈의 신학과 다르다는 입장을 취하고 있다.

워진 견고한 토대를 넘어서서 앞선 세대의 개척자들이 다루지 않았던 주제들을 과감하게 집중적으로 개발하게 되고, 더 체계적인 해설에 주력하였다. 그리하여 초기 개혁신학자들에게서 볼 수 없었던 다양성을 피할 수 없게 되었다. 이들을 두 가지 중요한 흐름 혹은 특정한 부류, 즉 '높은 칼빈주의'(High Calvinism)와 '낮은 칼빈주의'(Low Calvinism)로 정리할 수 있다.

주제의 다양성에서도 이들 두 그룹이 차이가 나지만, 특히 확연하게 차이가 나는 것은 하나님의 주권과 인간의 책임 사이에 관련된 질문을 다루는데서 나타난다. 초기 칼빈주의자들은 이 주제를 다룸에 있어서 중세 말기에 잃어버린 균형을 되찾는 데 주력했었다. 로마 가톨릭 신학의 무게 중심은 인간의 책임에 있었고, 이를 지나치게 강조하였다. 그들은 중세 중반 이후로 반펠라기우스주의에 치우쳐서 하나님의 주권을 강조하지 않았던 것이다. 초기 개혁신학은 간단히 말하면 이런 오류를 씻어내고 균형을 되찾아 준 것이라고 말할 수 있다. 그러나 종교 개혁 이후 칼빈주의자들은 이 균형에 대해서 다시금 논의를 전개하지 않을 수 없게 되었다.

두 흐름

기본적으로 종교 개혁 후기 상황은 다음과 같이 변했다. '높은' 칼빈주의자들은 하나님의 주권을 강조하는 반면, '낮은' 칼빈주의자들은 인간의 책임을 지나치게 강조하였다. 그리하여 각각 상대방에 대해서, 그리고 자신들의 체계에 대해서 보다 명료한 검토가 요청되었다. 예를 들어, '낮은' 칼빈주의자들은 인간의 책임을 강조하되, 심지어 알미니안주의자들이나 루터파에서 강조한 것보다도 더 열정적으로 나아갔던 것이다.

이 양대 칼빈주의 진영간의 차이점은 당시 로마 가톨릭이나, 쏘시니언주의자들, 알미니안주의자들이나, 루터파에 비하면 그리 핵심적인 사항은 아니었다. 그러나 칼빈주의자들 사이에서는 집안 내부에서부터 서로 비판하는 양상으로 전개되었다. 이들은 칼빈주의 신학의 도도한 물줄기를 형성하면서 밀물과 썰물처럼 교차하였다.

'높은' 칼빈주의가 강조한 하나님의 주권은 '낮은' 칼빈주의자들이 강조하는 영역과는 전혀 다른 차원이었다. '높은' 칼빈주의자들은 신학의 새로운 분야, 즉 신비로운 하나님의 영역을 획득한 것이다. 자연히 인간의 책임은 약화될 수 밖에 없었다. 따라서 칼빈주의 안에 두 개의 영토가 확장된 셈이다. '낮은' 칼빈주의자들의 방향은 점차로 루터파의 신학에 접근하여 있었다. 그 결과는 '높은' 칼빈주의자들의 지나친 승리감으로 치닫게 되었다. 하나님의 주권과 인간의 책임을 논하면서, 칼빈주의자들은 하나님의 주권을 바로 이해했고, 알미니안들은 인간의 책임을 올바르게 이해했다고 생각해서는 안 된다. 16세기 말과 17세기 초엽의 유럽 칼빈주의자들은 비록 그들이 '낮은' 칼빈주의자들이라고 하더라도, 결코 알미니안처럼 인간의 책임을 강조하거나 주장한 것은 아니었다. 다만 '높은' 칼빈주의자들이 생각할 때 '낮은' 칼빈주의는 결국 '반 알미니안주의'(semi-Arminianism)에 해당한다고 비판한 것이다.

결국 '높은' 칼빈주의자들은 '낮은' 칼빈주의자들을 '거짓 칼빈주의'(Pseudo-Calvinist)라는 별명을 붙여서 헐뜯게 되었다. 처음에는 신학적인 논쟁을 하는 것으로 출발하였지만, 신학자들도 역시 사람인 까닭에, 점차 그들의 개성이 개입하면서 신학의 본래 영역을 떠나서 서로 다투는 양상으로 전개되었다.

이것은 거의 모든 신학의 역사에 들어 있는 보편적인 모습일 것이다. 첫 시대가 지나고 난 다음에는 항상 그 순수함이 손상되게 마련이고, 처음의 열정이 쇠퇴하게 된다. 양 진영은 점차 자신들의 신학을 정통으로 인정받기 위해 상대방을 비판하게 되었고, 높은 칼빈주의는 '낮은' 칼빈주의자들의 강조점이나 주제는 거들떠보지도 않았다. 반대로 '낮은' 칼빈주의자들은 '높은' 칼빈주의자들의 입장이 너무나 경색되었다고 비판하면서 더 낮은 단계로 치달았다. 그리하여 초기 칼빈주의자들이 남겨 놓은 기본적인 정신과 의도에서 너무 멀리 떨어지게 되었다.

이러한 두 부류에 대한 분석은 개혁신학의 바른 전통을 세워나가는데 있어서 매우 중요하며, 과거의 발전 과정을 이해하면서 크게 교훈으로 삼아야 할 요소들이다. 모든 칼빈주의자들이 동의하는 통합된 신학 체계와 신앙의 공통 분모는 분명히 강조되고 지켜져야만 한다. 그러나 모든 지역, 모든 나라, 모든 신학자들이 그 중요한 공통 분모를 지켜나가면서 그저 전해 내려온 몇 가지 신학 내용만을 암송하고 있을 수는 없는 것이다. 따라서 역사 속에 수없이 다양한 칼빈주의자들의 신학 사상이 발전되어 나온 과정을 이해할 수 있어야 하고 이를 바르게 평가하여, 앞으로 전개될 세대를 준비해야 할 것이다. 특히 같은 칼빈주의자들 사이에 있는 약간의 차이들을 이해하고 그 다양성을 포용할 수 있어야 한다.

여러 가지 다양한 칼빈주의가 발전되어 나오면서 논쟁하고, 반응하고, 또 다시 대응하는 과정 가운데 다음과 같은 부류가 형성되었다. 균형잡힌 칼빈주의는 '높은' 칼빈주의자들과 기본 교리에서는 별로 차이가 없다고 생각될 수도 있을 것이다. 그러나 그 분위기와 정신은 다소 다르다고 본다.

'높은' 칼빈주의
- 하이퍼-칼빈주의(Hyper-Calvinism)
- 칼빈주의적인 율법 파기론(Cavinistic Antinomianism)
- 타락 전 선택론(Supralapsarianism)
- 엄격한 5대 교리주의자(Strict 5-Point Calvinism)

균형 잡힌 칼빈주의 { 온건한 신앙고백주의

'낮은' 칼빈주의 { 아미랄디즘(Amyraldism)
신율법주의(Neonomianism)
4대 교리주의자(4-Point Calvinism)
후기 뉴잉글랜드 칼빈주의

종교 개혁 후기 칼빈주의자들의 경향을 평가하면서 과연 그들이 어떤 부류에 해당하는가를 공정히 규정하고자 할 때, 다음과 같은 질문을 생각하게 된다.

"하나님의 주권과 인간의 책임 중에서 어떤 것을 더 중요한 교리로 취급하고 있는가?" 이 첫 번째 질문은 곧바로 다음 질문으로 연결된다. "하나님의 비밀스러운 뜻과 하나님의 계시된 뜻 중에서 어떤 것을 더욱 강조하는가?" 그리고 또 다시 연속적인 의문을 던지게 된다. "하나님의 속성 중에서 어떤 것이 더 근본적인가? 주권인가? 거룩함인가? 아니면 사랑인가?" 오늘의 모든 칼빈주의자들도 이런 개념들에 대해서 자신에게 스스로 물어볼 필요가 있을 것이다. 그리고 최소한 이런 질문들에 대한 대답이 무엇인가를 공부하고 충분히 알고 있어야만 할 것이다.

앞에서 던진 질문들은 독자들을 다소 속임수에 빠뜨릴 위험성이 매우 크다. 즉, 이런 질문들은 공정하지 않다는 말이다. 위에 열거한 질문 중에서 반드시 어떤 것 하나만을 선택하는 것은 위험하다. 두 가지 모두 다 신학의 중심 주제로 삼아야 하고, 또 그래야만 공정한 것이다. 신학의 중심 주제로 하나님의 주권을 선택했다고 하더라도 이것은 하나님의 속성에 해당하는 것이 아니다. 하나님의 속성들 가운데서 어떤 속성이 다른 속성을 지배하거나 좌우하는 것도 아니다.

동시에 모두 다 하나님의 속성으로 들어 있다. 그렇지 않으면 인간의 논리로 하나님의 속성들을 임의로 규정하다가, 감히 하나님의 머리를 혼란스럽게 만드는 결과를 초래하고 말 것이다.

인간의 책임은 하나님의 계시된 뜻에 기초한다. 다시 말하면, 이것은 하나님의 거룩하심에 근거하고 있다. 인간이 아무리 자신들의 책임이나 의지를 강조하더라도 하나님의 거룩하심을 떠나면 헛수고에 불과하다. 인간의 종교적 노력이 순결하고 흠이 없으며, 거룩하지 못하다면, 구원에 이르는 선행이 될 수 없는 것이다. 따라서 참된 신학은 하나님의 주권과 인간의 책임을 다룰 때에 가장 적합한 성경적 균형을 잃어버려서는 안 되는 것이다. 진리의 아름다움은 합당한 균형을 유지하는 데서 나오기 때문이다.

먼저, '높은' 칼빈주의자들이 주장하는 두 가지 교리를 살펴보고, 다음에 '낮은' 칼빈주의자들의 강조점과 문제점으로 넘어가고자 한다.

타락 전 선택설

가장 독특한 신학의 내용으로 등장한 것이 바로 '타락 전 선택설'(Supralapsarianism)이라는 주제였다. 이것은 예정론과 밀접한 관계가 있어서, 초기 칼빈주의자들의 논의에서 핵심으로 등장한 과제 중에 하나였다.

우리는 선택이나, 유기, 원죄 등의 질문을 다룰 때마다, 하나님의 작정은 과연어떤 순서로 되어 있을지 의구심을 갖게 된다. 타락 전 선택설은 하나님의 예정을 다루는 하나의 해답으로서 나온 것이다. 이런 주제는 초기 유럽 종교 개혁자들의 시대에는 제기되지 않았던 문제였다. 루터나, 멜랑히톤이나, 쯔빙글리나, 불링거나, 마틴 부써나, 버미글리나,

심지어 칼빈이나 다른 칼빈주의자들에게조차 이런 문제가 명쾌하게 주장된 바 없었다.

어떤 학자들은 칼빈에게서 타락 전 선택설의 교리를 찾아내려고 하고 있지만, 칼빈의 신학에서는 다소 낯선 주제라고 하는 것이 더 일반적인 견해이다. 어거스틴이나 고트샬크에게서도 이런 주제는 별로 다룬 적이 없다. 종교 개혁 이전의 신학자에게서 굳이 찾는다면, 둔스 스코투스(Duns Scotus, 1266-1308)의 다소 이례적인 신학에서나 볼 수 있을 것이다. 그는 당시 널리 퍼져 있던 토마스 아퀴나스의 '신학 대전'에 반대하여 자신의 새로운 영역을 개척했는데, 그렇다고 어거스틴의 신학으로 돌아간 것도 아니었다.

타락 전 선택설을 제기한 최초의 신학자는 칼빈의 후계자인 테오도르 베자였다. 그가 최초의 타락 전 선택론자인가에 대해서는 다소 이견이 있더라도, 그 누구도 베자가 이 신학을 강력히 주장했음을 부인하는 신학자는 없을 것이다. 일부 학자들은 하이델베르크에 있던 잔키우스가 최초의 타락 전 선택론자라고 말하나, 그러나 베자와 협력 관계에 있었기에 그렇게 인정되고 있거나, 아니면 동시에 주장하게 되었을 가능성이 높다. 어찌 되었건, 1560년 이전에는 이런 주장을 강하게 제기한 신학자를 찾을 수 없다.

베자의 신학적인 특징은 '타락 전 선택설'(supralapsarianism)이라는 라틴어로 압축된다. 여기에 나오는 두 라틴어를 간단히 설명하여 보면, '수프라'(Supra)는 '그 어느 것보다도 논리적으로 앞서는 것'이라는 뜻이요, '랍사리언니즘'(Lapsarianism)은 '인간의 타락'을 의미하는 단어이다. 어근은 'lapse'(라프세)인데, '타락'이라는 말이다. 이 단어는 두 낱말이 결합되어 '타락 이전에 일어난 어떤 일'을 의미한다.

타락 전 선택설이란 하나님의 작정에는 어떤 논리적인 순서가 정해져 있는데, 특히 어떤 사람을 천국에 보낼 것인가 아니면 지옥으로 보낼 것인가에 대한 인간의 예정에 관하여서 하나님의 결정과 작정은 이미 세상을 창조하려는 작정보다도 먼저 있었고, 인간의 타락을 허용하였다는 신학적 구조를 말한다. 타락 전 선택설에는 다음과 같은 논리적 작정의 순서가 있다. 즉 예정, 창조, 타락, 구원의 방편들, 그리고 적용의 순서다.[2]

① 어떤 피조물들이 구원과 영원한 생명에 해당하는지, 그 밖에 다른 피조물들이 저주에 해당하고 지옥에 던져지는 영원한 형벌에 해당하는지를 예정하는 하나님의 영화로우신 작정이 있었다(The decree of God to glorify Himself).
② 창조하시는 하나님의 작정이 있다(The decree to create those who thus elected and reprobated).
③ 인간 피조물이 죄를 범하고 타락하는 것을 허용하는 하나님의 작정이 있다(The decree to permit them to fall).
④ 선택자들을 위하여 구원의 방편들(그리스도와 복음)을 준비하시는 하나님의 작정이 있다(The decree to prepare means of redemption for the elect).
⑤ 구원(그리스도의 의로움)을 택하신 자들에게 적용하는 하나님의 작정이 있다(The decree to justify the elect and to condemn the non-elect).

---

2   Berkhof, *Systematic Theology*, 119-120.

하나님의 작정 교리에서 이러한 타락 전 선택설의 장점은 하나님의 영광을 최상으로 극대화하여 높이고자 하는 신학 구조를 갖고 있다는 것이다. 여기서는 모든 만물을 통해 하나님이 항상 주된 동기를 가지고 매사를 주도하시는 분으로 설정한다. 따라서 이중 예정이 논리적인 순서상 창조나 타락이나 그 어떤 것, 심지어 하나님의 목적을 성취하기 위하여 그리스도의 성육신과 속죄 사역보다도 앞선다.

그러나 타락 후 선택설(Infralapsarianism)이 등장하여, 베자와 초기 칼빈주의자들 사이에 혼란이 발생하였다. 라틴어 'Infra'라는 단어는 어떤 일에 후속적으로 일어나는 것을 의미한다. 따라서 예정에 관한 작정은 죄를 범하는 인간의 타락을 허용하시는 작정이 있은 후에 일어난 것으로 생각하였다. 타락 후 선택설을 주장하는 칼빈주의자들은 하나님이 전체적으로 계획을 세우시는 목적은 어떤 인간을 천국으로, 어떤 인간은 지옥으로 보내는 것이 아니라, 도리어 세상을 창조하심으로 자신을 영광스럽게 하시려는 것이 궁극적이라고 보았다. 인간이 단지 하나님을 거역하고 죄를 범하게 되자, 그 후속 조치로 하나님은 이중 예정을 선포하신 것이다. 따라서 타락 후 선택설의 논리적 순서는 다음과 같다. 즉 창조, 타락, 예정, 구원의 방법, 그리고 적용의 순서로 이해한다.[3]

① 세상과 인간을 창조하시는 하나님의 작정(The creation of the world).
② 인간의 타락을 허용하는 하나님의 작정(The fall of man).
③ 일부 타락한 자들 가운데 구원과 영생을 주시도록 선택을 하시

---

3   Herman Hoeksema, *Reformed Dogmatics* (Grand Rapids: Reformed Free Publication Association, 1966), 161-162.

는 작정과, 그 외 사람들은 영원한 형벌과 저주로 작정하심(The Election unto salvation of some, together with the passing by of others).

④ 선택자들을 위한 구원의 방법(그리스도)을 준비하시는 하나님의 작정(Christ as the Mediator).

⑤ 선택자들에게 구원을 적용하는 것과 유기된 자들이 그들에게 준비된 종말을 맞이하도록 남겨두는 하나님의 작정(The application and to realize the redemption of the elect).

위에서 살펴본 바와 같이, 타락 전 선택설이나 타락 후 선택설, 모두 공통적으로 일치하는 부분들이 많다. 그들은 칼빈이 창조에 대한 하나님의 계획과 목적에 대해서 바른 비전을 가졌었다는 인식을 같이 한다. 창조는 하나님이 만드신 것들을 통해서 영광을 받으시고자 하는 분명한 목적을 가지고 있다. 이 두 입장은 모두 다 창조와 구속에서 하나님은 모든 것을 지배하고 계시며, 그분이 결정하지 않으시면 아무 것도 일어날 수 없음을 강조한다. 이들은 모두 다 하나님이 인간의 타락과 개개인의 향후 인생이 가야 할 궁극적인 방향에 대해서 미리 알고 계실 뿐만 아니라, 구원에 이르는 자들을 미리 작정하셨다는 점을 믿고 있다.

인간과는 달리, 하나님은 악이나 죄에 대해서는 아무런 책임도 없다. 하나님은 율법과 공정해야 한다는 개념을 초월해 계신 분이다. 하나님이 하시는 것은 모두 다 옳다. 그분은 자신의 영광을 위해서 일하시는 특권을 가지고 있기 때문이다.

베자의 신학은 바로 타락 전 선택설에서 형성되어 나온 것으로, 차츰 스위스를 넘어서서 잉글랜드 케임브리지로 전파되었다. 윌리엄 퍼킨스와 윌리엄 에임즈가 곧바로 이를 널리 가르쳤다. 그리고 이와 동시에 네덜란드로 퍼져서 프란시스 고마루스와 요한네스 마코비우스가 채택하여 발전시켰다. 17세기 중반으로 접어들면서 새뮤얼 러터포드, 토마스 굳윈 등 웨스트민스터 신앙고백을 주도한 칼빈주의자들이 받아들였고, 그 중에서도 윌리엄 트위세는 『은총을 받은 그릇들에 대한 하나님의 사랑의 풍성함』(The Riches of God's Love unto the Vessels of Mercy)이라는 저술에서 결정적으로 이 주제를 설파하였다.

그 뒤에도 아이작 차운시와 로버트 트레일 등도 타락 전 선택설을 가르쳤다. 광범위하게 개념을 넓게 확장한다면 아브라함 카이퍼도 이들 범주에 속한다고 볼 수 있다.[4] 그러나 바빙크는 그가 '타락 전 선택설'이나 '타락 후 선택설' 어느 쪽에도 속하지 않고 객관적으로 기술한 것을 볼 때, 오히려 타락 후 선택설쪽으로 분류하는 것이 옳을 것이다.[5] 미국의 로버트 루이스 댑니, 헤르만 훅스마(Herman Hoeksema)와 존 길(John Gill) 역시 하이퍼 칼빈주의 입장에서 타락전 선택설을 지지했다. 웨스트민스터 신학교의 코넬리우스 반틸, 고든 클락, 아더 핑크 등도 같은 입장을 취하였다.

그러나 타락 전 선택설은 최근 칼빈주의자들 가운데 불과 5% 정도만이 지지하는 것으로 나타나고 있다. 그 영향력이 현저히 줄어든 것이다. 오히려 타락 후 선택설에 무게를 둔 학자들도 많아졌다. 마레시우스, 뒤르땡, 리베트(Rivet), 발라에우스(Walaeus), 몰리나에우스(Molinaeus), 하이데거(J. Heiddeger), 쉬판하임(Spanheim), 게르데스(Gerdes), 마스트리히트(Mastricht), 마르크(Marck), 18세기 프린스

---

4   Heinrich Heppe, *Reformed Dogmatics*, tr. G.T. Thomson (Grand Rapids: Baker, 1978), 147-149.

5   Herman Bavinck, *The Doctrine of God*, tr. William Hendrikson (Edinburgh: Banner of Truth, 1977), 382-3.

턴 신학교의 찰스 핫지를 위시하여, 쉐드(W.G.T. Shedd), 스트롱(A.H. Strong), 루이스 벌콥 등의 긴 목록이 작성될 수 있을 것이다.

조심스럽게 평가할 때, 20세기 전후의 영향력 있는 네덜란드 개혁신학자들은 더 이상 이 문제로 논쟁을 벌이지 않았다. 이 체계로 작성된 신앙고백은 거의 없다고 해도 과언이 아니다. 더욱이 우리가 잊어서는 안 되는 것은 이런 견해는 이미 지난 과거의 관심사였다는 점이다. 이 문제는 오늘날 우리가 관심을 갖고 시간을 투자해서 분명히 밝혀야만 할 과제는 아니다. 오늘날, 이 문제로 고뇌하며 저술 활동을 하고 있는 개혁신학자는 거의 없다는 것을 기억할 필요가 있다.

단지 우리가 확인할 수 있는 것은 하나님께서는 어떤 사람을 선택하여서 구원 받을 백성으로 작정해 놓으셨다는 성경적인 가르침을 따른다는 것이다. 그러한 작정의 시점과 순서는 다소 차이가 있을 수 있다. 타락 전 선택론은 하나님의 무조건적인 선택에 관한 교리와도 성격이 다르다. 더구나 하나님께서 죄의 존재를 미리 예정해 놓으셨다는 것을 가르치려는 교리도 아니다. 또한 하나님이 미리 능동적으로 정해놓으셨다거나, 마지못해서 수동적으로 허용했다거나 하는 논쟁에 해당하는 것도 아니다. 다만 타락 전 선택설은 하나님의 작정의 순서에 대한 하나의 가설로서 제시된 것뿐이다. 물론 하나님의 작정은 영원하다. 그것은 시간적인 순서로 생각되어서는 안 되고, 오직 논리적인 귀결로 이해해야 한다.

타락 전 선택설이 제기하는 질문은 다음과 같다. 영원한 작정의 논리적 순서에서 생각할 때에, 하나님은 선택과 유기를 인간이 타락하여 죄를 짓기 이전에 (before) 혹은 이후에(after) 결정하셨는가? 타락 전 선택론자들은 '이전에' 하나님께서 작정하셨다고 생각하는 것이다. 라틴어로 '수프라'(Supra)는 '이전에', '앞에'(before, above)에 해당한다. 다수의 칼빈주의자들은 오히려 타락 후 선택설(Infralapsarianism)을 지지한다. '인프라'(Infra)는 '후에', '뒤에'(after, later)를 뜻하는 바, 하나님께서는 인간에게 자유 의지를 주어서 온전히 선택권을 허용하셨으나, 인간이 언약을 지키기를 실패하자, 아담과 후손들 중에서 하나님이 택한 자들을 미리 작정하셨다는 것이다.

알미니안주의가 널리 퍼지면서 타락 전 선택론자들이 하나님의 주권에 모든 것을 포괄적으로 통관하게 하려고 노력하였다는 상황적인 필요성을 충분히 공감하고 인정할 필요가 있다. 구원은 인간이 결정하는 것이 아니라 이미 모든 것이 하나님의 주권에 달려 있다는 것이다. 하나님의 은총과 주권에만 영광을 돌리려 한다면, 아담의 선택에 맡겨진 후에야 하나님이 인간을 선택하셨다는 것에 대해 잘못되었다고 생각할 수 있는 것이다. 그러나 신학은 시대와 상황의 산물로서, 당시 알미니안을 반박하기 위해서 인간의 어떤 행위도 개입하지 아니하는 신학 체계를 세우는 것이 필요하였다는 점을 이해해야 한다.

그렇다고 해서 오늘의 상황에서 평가해 볼 때에, 타락 전 선택설은 몇 가지 문제점을 가지고 있음도 간과할 수 없다. 특히 신학을 지나치게 신론 중심으로 논의를 전개할 때에 형이상학적인 개념 논쟁으로 흐를 위험성이 있다.[6]

여기서 우리가 특별히 생각해야 할 것은 처벌을 할 때에는 수단이 목적보다 먼저 존재했다고 할 수 있을지 모르지만, 계획을 세울 때에는 목적이 수단보다 먼저 존재한다고 말해야 정당할 것이다. 예를 들어, 어떤

---

6 Lynn Courter Boughton," Supralapsarianism and the Role of Metaphysics in Sixteenth-Century Reformed Theology", *Westminster Theological Journal* 48 (1986): 63-96.

사람이 집 한 채를 지을 계획을 가졌다고 가정해 보자. 그것은 궁극적인 목적이다. 그래서 그는 부엌을 어디에 두고, 방의 크기를 어떻게 할 것이며, 출입문과 서재를 어떻게 꾸밀 것인지 자세한 계획을 세우게 될 것이다. 벽을 세워야 하므로 나무가 필요하게 된다. 나무가 필요하다는 말은 못도 있어야 한다는 말이다. 물론 망치도 있어야 할 것이다. 그러기 위해서는 목수가 필요하다. 따라서 타락 전 선택론자들은 이러한 성취가 있기까지의 과정을 정 반대로 거슬러 올라가면, 하나님의 논리적인 작정의 순서가 형성된다고 생각한다. 인류는 타락하여 죄를 지은 후에 구원을 받았다. 따라서 구원에 이르는 선택의 작정은 논리적으로 죄를 짓도록 허용하는 작정보다 이전에 있어야만 한다는 것이다.

타락 후 선택설을 주장하는 측에서 제기하는 세 가지 이의를 생각해 보자. 첫째, 그들은 타락 전 선택설은 기본적으로 목적이 수단을 정당화한다는 것이라고 반박한다. 그래서 매우 잘못된 착오를 일으켰다는 것이다. 둘째는, 타락 전 선택론자들은 선택이 하나님의 은혜라는 점을 근본적으로 부인하는 것으로 비판을 받아야 한다는 것이다. 다시 말하면, 타락도 하기 전에 인간을 선택하셨다는 것은 사랑을 주셨다는 말이다. 그러나 성경은 은혜에 의해서 택하심을 받았다고 말한다(롬 11:5). 은혜는 하나님께서 일단 죄를 범한 후, 공포에 떨고 있는 죄인에게 공로나 업적을 묻지 않고 주시는 관용인 것이다. 타락 전 선택설에 의하면 하나님은 죄인이 아닌 인간에게 그저 사랑을 주시는 것이므로, 구원에 이르는 은혜를 베푸시는 것이 아니다. 셋째로, 타락 전 선택론을 따르자면, 선택 교리만을 매우 편협하게 주장하게 되어서 자칫하면 하나님의 의만을 엄격하게 적용하는 꼴이 되고 만다는 것이다. 그 이론에 따르면 하나님은 인간이 아무런 잘못도 범하지 않았는데, 벌써부터 거부할 사람들을 계획하셨다고 가르치는 꼴이다. 아직 유기된 자로서 인간의 위치가 결정된 것이 아니라면, 그런 사람을 까닭 없이 미워하여 정죄하기로 작정해 버리는 모순이 초래된다. 따라서 타락 전 선택설은 은혜와 하나님의 의로우심을 왜곡하는 결과를 초래한다.

우리는 전택설이나 후택설이나 모두 중요하고, 또 훌륭한 동기를 갖고 있음을 주목해야 한다. 전택설주의자들은 하나님의 주권을 훼손하는 것을 두려워하는 반면, 후택설주의자들은 하나님을 인간들의 죄의 협력자로 보고 싶어하지 않는다. 따라서 네덜란드 유트레흐트 총회에서는 1908년에 다음과 같이 결정하였다.

"전택설로 하여금 네덜란드 개혁 교회의 교리를 대표하도록 허용할 수 없지만, 그 견해를 소중히 여기는 사람을 괴롭히는 것도 마찬가지로 허용할 수 없다."[7]

구원의 확신

종교 개혁 후기 제2세대의 신학자들이 작정의 순서에 대해서 논란을 벌였던 것처럼, 16세기 말과 17세기 유럽 개혁신학자들이 논쟁했던 문제 가운데 또 다른 하나는 믿음을 가지면 본질적으로 구원의 확신을 가지게 되느냐에 관한 것이다. 이것은 개혁신학의 형성 과정에서 매우 중대한 논쟁의 대상이어서 이 개론에서 학문적으로 충분히 심층적인 논쟁점을 모두 다 소개하기는 어렵다. 현재까지 밝혀진 일반적인 교리 연구가들의 설명을 중심으로 요약하고자 한다.

참된 그리스도인이라면 과연 자신이 구원을 받았다는 사실을 확신

---

7 Louis Berkhof, *Systematic Theology* (Grand Rapids: Eerdmans, 1939), 125.

할 수 있을 것이요, 선택이나 마지막 날까지의 확고한 하나님의 보호와 지켜주심에 대해서도 자신할 수 있어야 할 것이 아니냐는 토론이 제기되었다. 그리고 과연 믿음이 확신을 포함하느냐에 대해서 칼빈과 그 후예들의 차이점이 있느냐는 것이다.[8] 물론, 이것은 앞으로 많은 연구가 진행되어서 더 자세히 밝혀져야 할 과제 가운데 하나다.

먼저, 칼빈의 신학에서 이 구원의 확신이라는 문제가 다루어진 부분을 살펴보자. 칼빈의 유명한 믿음에 대한 개념 정의에 확신 부분이 표현되어 있다. 믿음이란 무엇인가?

> 성령에 의해서 우리의 마음에 인쳐지고, 우리들의 마음에 계시된, 그리스도 안에서 자유로운 약속의 진리에 기초한, 우리를 향한 하나님의 호의에 대한 견고하고도 확실한 지식이다.[9] 믿음은 확신을 포함한다.[10] 믿음의 확신은 가장 핵심적인 주제이다. 하나님께서 주신 은혜의 약속들이 우리 밖에 있듯이, 우리 안에 없다고는 전혀 말할 수 없다. 오히려 우리 안에서 이 확신들을 내적으로 붙잡음으로써 우리의 것이 되도록 만든다.[11]

---

8 Joel R. Beeke, *Assurance of Faith: Calvin, English Puritanism, and the Dutch Second Reformation* (New York: Peter Lang, 1991). 2.

9 Calvin, *Institutes*, III.ii.7. Harry Booth Hazen, "Calvin's Doctrine of Faith"(Ph.D. dissertation, University of Chicago, 1903). S.P. Dee, *Het geloofsberijp van Calvijn* (Kampen: J.H. Kok, 1918). W.E. Stuermann," A Critical Study of Calvin's Concept of Faith"(Ph. D. dissertation, University of Tulsa, 1952). Paul Sebesten," The Object of Faith in the Theologyof Calvin"(Ph.D. dissertation, University of Chicago, 1963). K. Exalto, *De Zekerheid des Geloofs bij Calvijn* (Apeldoorn: Willem de Zwijgerstichting, 1978). Victor A. Shehperd, *The Nature and Function of Faith in the Theology of Calvin* (Macon: Mercer University Press, 1983).

10 Calvin, *Institutes*, III.ii.15.

11 Calvin, *Institutes*, III.ii.16. 김재성, 『칼빈과 개혁신학의 기초』, 202-4. Calvin," Canons

간단히 요약하면, 칼빈에게서 믿음은 무엇보다도 성령의 역사로 인해서 인간의 영혼이 조명을 받는 것(enlightenment)이다. 믿음이란 그냥 무작정 어둠으로 도약하는 것이 아니라, 빛을 향해서 걸음을 옮기는 것이다. 확신은 바로 이 조명을 통해서 따라오는 것이지, 발걸음을 옮긴 그 자체에서 나오는 것은 아니다. 따라서 칼빈에게 있어서는 확신은 믿음의 본질이요, 믿음은 자기 확신을 가져다 준다는 결론을 내리게 된다.

칼빈은 성령의 내적 증거(Testimonium Internum Spiriti Sancti)를 주장한 최초이자 최고의 신학자이다. 성령의 내적인 역사를 주장한 중세 말기 신학자들이 있었지만, 대부분 신비주의자들이었으므로 이들이 칼빈에게 깊은 영향을 미치지는 못했다고 보여진다. 중세 시대의 성령론자들은 특수하게 선별된 소수가 완벽한 신비의 삶을 살아가면 체험하게 되는 매우 주관적이며, 내적인 체험을 강조했던 것이다. 칼빈은 이런 성령의 역사를 거부하였다.

도리어 칼빈은 우리 인간의 영혼에게 말씀하시는 성령의 내적인 역사는 성경을 통해서 말씀하시는 성령의 역사가 남기는 메아리와 같다고 했다. 따라서 성령의 역사는 자기의 자아만이 체험하였다고 자랑할 만큼 주관적인 것이 아니요, 성경으로부터 나오는 객관적인 것이다. 성경을 기록할 때에 영감으로 감화 감동을 주었던 바로 그 동일한 성령께서 선택자들에게 믿음의 선물을 성경을 사용해서 주시는 것이다. 성경 없이는 중생도 없고, 믿음도 없다. 칼빈에게 있어서 이것이 바로 믿음

---

and Decrees of the Councils of Trent with Antidote", in *Selected Works of John Calvin* (Grand Rapids: Baker, 1983), 125:" Faith brings nothing of our own to God, but receives what God spontaneously offer us. Hence it is that faith, however imperfect, nevertheless possesses a perfect righteousness, because it has respect to nothing but the gratitude goodness of God."

과 확신의 가장 중요한 근거가 된다. 그는 로마서 8:15-17, 갈라디아서 4:6, 요한일서 3:24, 4:13을 중요한 근거로 제시한다. 이들 성경이 주장하는 바에 따라서 믿음의 확신에 대해 근원적으로 긍정이 되었다.

물론 우리의 구원 여부에 대해서 객관적인 증거로 사용될 만한 것들이 있다. 예를 들어, 예수 그리스도를 믿고 난 후에, 진실하게 살아가고, 도덕적으로나, 윤리적으로나 패역한 행동을 하지 않으며, 물질적으로 죄를 짓지 않으면, 그런 여러 가지 정황 증거를 통해서 구원을 얻었구나 하고 생각해 볼 수 있을 것이다.

그러나 이런 증거들은 부수적인 것이요, 환영할 만한 것이 못 된다. 만일 어떤 사람이 이런 증거들을 내세울 만하게 되지 못했다면, 별로 특출한 것이 없는 사람이라면, 결국 그 사람은 구원을 받았다는 결론에 도달하지 못할 것이기 때문이다. 그런 증거들이 있다는 것만으로는 부족하다. 더욱이 믿음과 신앙은 성장하는 것이다. 완전한 확신을 갖지 못한 신자라면, 결국 충분한 믿음을 가지지 못했다는 말이 되는 것이다. 그러나 그는 장차 자라나게 된다. 그러나 썩지 아니하는 씨앗은 결국 열매를 맺지 못하게 되어 있다.

칼빈에게 있어서, 우리가 주목해야 할 또 다른 가르침을 발견하는데, '선택의 거울'로서 그리스도를 바라보라는 것이다. 그리스도 그분이야말로 우리의 확신의 근거가 되며, 믿음의 근거가 된다. 그리스도를 진정으로 믿는 것은 우리를 위한 그리스도를 아는 것이다. 나를 위한 그리스도(Christ for me), 즉 우리를 위한 그리스도가 된다는 점에 있어서, 구원은 결코 허공에 있는 교리가 아니라, 그리스도의 역사성과 사실성에 의해서 주어진다. 앞에서 살펴본 바와 같이, 나를 위한 그리스도를 바라봄으로써 얻는 구원의 확신은 칼빈이 남긴 믿음의 정의에서 잘 설명되었다.

특별히 나를 위한 그리스도를 어떻게 알 수 있다는 말인가? 칼빈은 나를 위해서 그리스도가 돌아가셨다는 지식을 통해서 이런 확신이 주어진다고 설명하였다. 속죄는 복음의 핵심이며, 복음은 믿음과 확신을 가져다 주는 것이다. 확신은 다음과 같은 인식을 가져다 준다.

> 그리스도는 나를 위해서 죽으셨다.
> 그리스도는 나를 위한 분이시다.
> 만일 그분이 나를 위해서 오신 분이라면, 나를 대적하실 수 있을까?
> 하나님께서는 그리스도와 함께 모든 것을 나에게 주실 것이다.
> 이것은 하나님께서는 그리스도를 주시는 방식으로 계획하셨다는 것을 의미한다.
> 따라서 나는 선택되었고, 앞으로 보호를 받을 것이다.
> 확신은 현재에 존재하고 있고, 뒤로도 앞으로도 움직이는 것이다. 따라서 너무나 경직되게 생각해서는 곤란하다.

'높은' 칼빈주의자들은 항상 믿음과 확신을 서술하는 방식을 타협적으로 만들어 놓고 있다. 웨스트민스터 신앙고백서(18장 3항)에는 "오류가 없는 확신은 믿음의 본질에 속한 것이 아니라, 참된 신자가 오랫동안 기다려야 하는 것이요, 그것을 소유하게 되기까지는 많은 어려움에 직면하게 된다"고 하였다. 다시 말하면, '높은' 칼빈주의자들에게 믿음의 확신이라는 문제는 성령의 내적인 증거라는 본질적인 면과 함께, 그 믿음에 수반되는 외적인 행위도 동시에 있어야 한다는 추가 사항이 덧붙여진 것이다. 가장 핵심적인 차이점은 강조하는 분야가 다르다는 것이다. '높은' 칼빈주의자들은 성령의 내적인 조명을 칼빈보다는 훨씬 덜 강조한다. '높은' 칼빈주의자들은 외적으로 드러나는 행위를 더욱 중요하게 강조한다. 이것은 확신이 믿음에 포함된 본질적인 것이 아니라는 의미가 된다.

실천적 삼단논법

'높은' 칼빈주의자들은 확신이란 믿음의 반사 작용일 뿐이라고 생각한다. 믿음에 대한 반응으로서 확신이 오는 것이기에 즉각적이거나 직접적이거나 본질적인 것이 아니다. 믿음과 함께 있어야 할 필수적인 것도 아니라는 말이다. 어떤 사람에게는 믿음은 있으나, 확신은 없을 수도 있다는 것이다. 그러나 칼빈은 '확신이 없다는 말은 결국에는 믿음이 없는 사람이다'라고 말하려 했을 것이다.

베자에 따르면 확신이 없으면 어떤 행동을 통해서 더 분명한 확신을 갖기 위해서 노력해야 한다고 격려하는 반면에, 칼빈에 따르면 사람이 믿음을 얻고 확신을 갖기 위해서는 어떤 노력을 하기 앞서서 먼저 그리스도를 향해서 직접적으로 나아가라고 한다. 이것이 바로 베자가 주장한 '실천적 삼단논법'(syllogismus practicus, Practical syllogism)이라는 것이다. 그 논리는 다음과 같다.

> 나는 선행을 하고 있다.
> 오직 신자들만 선행을 한다.
> 따라서 나는 참된 신자이다.

베자는 확신의 근거로서 성령의 내적인 증거를 기본으로 하면서도, 특히 칭의와 성화라는 배경에서 이해하려는 독특한 사상을 말한다.[12] 베자는 믿음의 결과로서 나타나는 칭의와 성화가 신자의 생활에서 나타나야 한다고 강조했다. 칼빈보다 훨씬 더 많은 선행이 뒤따라야만 확신

---

12 Muller, *Christ and Decree*, 85. Beeke, *Assurance of Faith*, 72-86.

을 할 수 있다고 말했다. 베자의 신학에는 구원의 확신에 있어서 성령이 주시는 증거와 경험적인 근거 사이에 긴장이 있다고까지 말하고 있다. 베자는 믿음의 확신이란 일부는 성령의 내적인 증거에서 오는 것이요, 일부는 자신의 행위의 증거에 의해서 주어지는 것이라고 말하였다. 따라서 이 양자 사이에 어디에서 얼마만큼의 증거를 얻어야 하는지의 문제가 제기된다.[13] 자신에게 나타난 효과를 보고서 나는 선택을 받은 사람이라고 결론을 맺게 된다는 것이다. 따라서 '높은' 칼빈주의자들은 자기 관찰적이요, 내성적인 경험주의(experimentalism)로 빠지게 되는 것이다.[14] 그리고 그러한 외적인 행위가 선한 동기를 가졌느냐의 문제가 대두되지 않을 수 없다. 욕심과 정욕에서 나오는 헛된 허영심이 많은 인간에게 과연 순결하고 순수한 선행이 존재할 수 있을 것인가?

이러한 이유는 무엇일까? 왜 경험을 중요시하면, 성도의 성화된 생활을 증거라고 강조하는 것인가? 이것은 신학이 지나치게 추상적이요 형이상학적으로 되어지는 것을 막아보려는 노력에서 나온 것이다. 따라서 '실천적 삼단논법'은 칼빈의 경건과 헌신적인 삶의 교리를 추상에 빠지지 않게 하고, 이성적으로 빠지지 않게 하려는 의도에서 나온 것이라는 긍정적인 평가를 내릴 수도 있을 것이다.[15]

---

13 Cornelius Graafland, "Van Syllogismus Praticus naar Syllogismus Musticus", in *Wegen en Gestalten in het Gereformeerd Protestantisme* (Amsterdam: Ton Bolland, 1976), 105-122. '실천적 삼단 논법'은 성도의 삶에서 성화를 의미하는 것이요, '신비적 삼단 논법'(Syllogismus Mysticus)와 구분되는 '믿음의 체험'을 의미한다.

14 여기서 칼빈이 경험을 무시하거나 전혀 믿음에 불필요한 요소라고 하지는 않았다. cf. Charles Partee, "Calvin and Experience", *Scottish Journal of Theology* 26 (1973):169-81. W. Balke, "The Word of God and Experientia according to Calvin", in *Calvinus Ecclesiae Doctor* (Kampen: Kok, 1978), 23.

15 John S. Bray, "The Value of Works in the Theology of Calvin and Beza", *Sixteenth Century Journal* 4(1973): 77-86.

또 다른 심각한 문제는 '높은' 칼빈주의자들이 구원을 얻는 믿음에 본질적 요소로서 그리스도가 자신을 위해서 죽으셨다는 지식을 부정하였다는 점이다. 그것은 확신의 최고 높은 경지에 해당하는 것이기에, 믿음의 골격이나 요체가 아니라는 말이다. 이것은 주로 '높은' 칼빈주의자들이 엄격한 제한 속죄의 교리를 발전시켰다는 점과 관련이 깊다. 이들 '높은' 칼빈주의자들에 의하면 그리스도가 자신을 위해서 죽으셨다는 것을 믿음에 의해서 확신을 갖지 못하는데, 그 이유는 성도가 성경에 의해서나 복음을 통해서나 직접적으로 알 수가 없기 때문이라고 하였다. 그는 먼저 선택으로부터 이것을 추론해 내야만 한다는 것이다. 즉, 성도는 다음과 같이 논리적으로 생각해야만 한다는 것이다.

> 모든 믿는 자는 선택을 받았다. 나는 선택을 받았다.
> 그리스도는 오직 선택받은 사람만을 위해서 죽으셨다.
> 따라서 그리스도는 나를 위해서 죽으셨다.

이제 차이점이 좀 더 분명히 드러나게 되었다. 칼빈은 성도들이 먼저 십자가에 달리신 그리스도를 바라보면서 믿음의 대상으로 삼고, 구원의 확신을 갖게 되며, 그리고 난 후에 선택받은 사실을 알게 되고, 나중에 속죄에 대해서 감격한다는 순서를 갖고 있다. 반면에 '높은' 칼빈주의자들은 그 순서를 바꾸어서 생각하였다. 먼저, 자신들을 돌아보면서 어떤 증거가 있는가를 살펴보고, 다음에 선택받은 자임을 확신하게 되어진다. 그리고 속죄에 대해서 감격하게 된다는 논리적 구조를 주장하는 것이다. 그래서 '낮은' 칼빈주의자들이 이런 구조에 대해서 재빠르게 반응을 보이고 반론을 제기한 것이다. 다음 장에서 이들 '낮은' 칼빈주의자들의 이론을 살펴보게 될 것이다. 그리고 과연 칼빈이 속죄의 범위에 대해서 어떤 견해를 가졌던가에 대해서도 점검하게 될 것이다.

마지막으로, 방금 살펴본 구원의 확신에 대한 문제들과 앞에서 살펴본 작정의 순서들(타락 전 선택설)은 '높은' 칼빈주의자들의 신학 체계 안에서 어떤 연관을 맺고 있는 것일까? 그들이 무작정 이 두 가지 주제를 강조한 것이 아니라는 사실을 알 수 있다. 이 두 주제는 서로 떨어진 요소들이 아니다. 즉, '높은' 칼빈주의자들의 논리를 따라서 사다리를 타고 더 높이 올라갈수록, 결국에는 구원에 대한 확신의 여부가 점점 더 희미해져 버린다는 것을 발견하게 된다. 이것은 하이퍼 칼빈주의자들이 격론을 벌인 주제 즉, 복음을 거저 제공함에 대해서 많은 의구심을 자아내게 했던 것이다. 한 걸음 더 나아가, 만일 우리가 타락 전 선택설에 동의하지 않는다면, 과연 우리는 하나님의 작정의 순서에서 주장하는 것과 같은 '가설적 우주론'을 가질 수 없었겠느냐는 반문을 제기할 수밖에 없는 것이다.

제7장

'낮은' 칼빈주의: 아미랄디즘

 칼빈주의는 전체적으로 매우 높은 학식을 가진 지식인들의 주도하에 발전된 신학과 신앙 체계이다. 이는 수도원이나 기도원에서 수행과 고행을 하면서 발전된 신비적이며 개인주의적인 신앙 운동이 아니라, 일반 세상 속에서 그 개혁과 갱신을 이룩하기 위해 교회가 지향해야 할 신앙의 내용을 성경에서 찾아보려는 노력 속에서 공적으로, 구체적으로 전개되었다. 특히, 당대 최고의 지식과 학문을 갖춘 신학자들이 앞장서서 설명한 체계들이므로, '높은' 칼빈주의도 어려운 체계이고, '낮은' 칼빈주의도 역시 쉽게 이해되는 내용들이 아니다. 더구나 '낮은' 칼빈주의자들도 역시 칼빈주의라고 인정해야 그러나 과연 그러해야 할지에 대해서도 평가하는 사람에 따라서 다를 것이다. 엄격하게 '높은' 칼빈주의자들만 진정한 칼빈주의자로 인정하는 입장에서는, '낮은' 칼빈주의자들의 입장에 대해서 아주 불만스러울 것이다. 따라서 '낮은' 칼빈주의에 대해서는 매우 조심스럽고 주의깊이 살펴보고자 한다.

신학을 전공하지 않는 평범한 독자들에게는 똑같은 칼빈주의자들 사이에서도 신학 체계가 이렇게도 다양하고 서로 차이가 많은가 하고 놀랍기마저 할 것이다. 더구나 대부분의 독자들은 아미랄디즘(Amyraldism)이라는 학파에 대해서 전혀 듣지도 못했을 것이며, 그들의 사상 체계에 대해 매우 낯설게 느껴질 것이다.

칼빈주의 개혁신학은 매우 다양한 체계 속에서 발전해 왔다. 칼빈주의 발전초기 유럽에서 개신교 신앙 운동은 어떤 독재자나 어떤 영웅이 주도한 것이 아니었기에 여러 다양한 교파가 형성되어졌고, 각각의 개신교 그룹들은 상당한 영향력을 발휘하는 지도자들을 중심으로 뭉쳐있었다. 마치 절대 권력이 무너지게 되는 과정을 보면, 많은 반체제 단체들이 눈에 띄는 것과 같다고 할 수 있을 것이다.

오늘날에도 개신교 진영에는 교파들이 너무 많아서 놀라움을 금할 수 없지만, 로마 가톨릭의 모순을 개선하는 데 있어서 국가에 따라서 혹은 도시마다, 혹은 세대가 달라지면서 다양한 의견들이 속출하였다는 점을 이해하지 않으면 안 된다. 이번 장에서는 '높은' 칼빈주의와는 다르게 널리 영향력을 미쳤던 그룹들이 존재하였다는 것을 밝혀볼 것이며, 그들이 주장하던 신학의 차이점이 무엇이었던가를 살펴보고자 한다. 특히, 돌트 신경을 벗어나서 '낮은' 칼빈주의를 전체적으로 대표한다고 말할 수 있는 아미랄디즘에 대해서 고찰해 보고자 한다. '낮은' 칼빈주의자들이라는 말은 당시 신앙인들에게 널리 퍼져 있었던 개념이었으므로 필자가 만들어 낸 단어라고 오해해서는 안 될 것이다. '높은' 칼빈주의나 '낮은' 칼빈주의나 모두 중산층 이상의 정치, 교육, 경제의 핵심을 맡고 있던 대표들에게 영향을 미쳤던 신앙 체계였다.

모와즈 아미로

모와즈 아미로는(Moyse Amyraut, 1596-1664, 라틴어로는 '모세스 아미랄두스' Moses Amyraldus 혹은 Moise Amyrautm, 영어권에서는 '아미라웃'이라고 부름) 프랑스 소뮈르 신학교 교수가 되기 전에 법학을 전공하였으나, 칼빈의 『기독교 강요』를 읽고 신학으로 방향을 바꾸었다. 아미로는 '낮은' 칼빈주의를 창시한 신학자는 아니었지만, 소위 아미랄디즘(Amyraldianism, 혹은 Amyraldism)으로 불리는 학파의 가장 영향력 있는 신학자였다. 당시에 '높은' 칼빈주의에 대립적인 그룹을 통칭하여 아미랄드파로 총칭하기도 한다.[1]

아미로는 1633년부터 1664년까지 프랑스 소뮈르에 있던 개신교 아카데미에서 교수로 재직하였다. 앞서 언급한 바와 같이, 이 학교는 돌트 신경을 받아들이기를 거부한 그룹이 운영하고 있었다. 그 기간 동안에 그는 프랑스 개혁 교회에 결정적인 영향을 미쳤다. 그는 십 여권이 넘는 저술을 발표하였고, 그 중에 상당수는 수 천 페이지에 달하는 대작이었다. 그가 가장 심혈을 기울인 작품은 『기독교인의 윤리』인데, 총 6권으로 구성되었으며, 무려 4,600페이지에 달한다. 그러나 그의 저술 중

---

1 Brian G. Armstrong, *Calvinism and the Amyraut Heresy: Protestant Scholasticism and Humanism in Seventeenth-Century France* (Wisconsin: The University of Wisconsin Press, 1969). 이 책은 영어로 번역 소개된 아미로의 문서들이 총망라되어 있는 대표적인 연구서로서, 저자 브라이언 암스트롱은 미국 칼빈학회 회장을 역임하였고, 세계 칼빈학술 대회의 사무총장을 맡고 있다. 이 연구서는 그가 프린스턴 신학교에 신학 박사 학위 논문으로 쓴 것을 기초로 하여 출간한 것이다. 영어권에서 아미로를 가장 선도적으로 연구한 학자는 고든 콘웰 신학교의 교수였고 현재 미국 리폼드 신학교 연구 교수로 있는 로저 니콜 박사이다. Roger Nicole," Moyse Amyraut (1596-1664) and the Controversy on Universal Grace"(Ph.D. dissertation, Harvard University, 1966). idem," Amyraut, Amyraldus, Amyraldianism", *Encyclopedia of Christianity*, ed. Edwin Palmer (Willmington, Del.: 1964), I:184-93. idem, *Moyse Amyraut: A Bibliography with Special Reference to the Cotrovery on Universal* (N.Y.: Garland Publishing Co., 1981).

에서 가장 논쟁의 대상으로 떠오른 책은 『예정론에 대한 간략한 논의』 (Brief Trea-tis of Predestination, 1634)였다.

아미로는 법학을 공부하다가 신학으로 전공을 바꾸게 되었던 17세기 프랑스 사회의 지식인이었다. 한 사람의 신학자로서 그는 누구보다도 칼빈을 철저히 존중하고 따랐던 칼빈주의자였다고 자부하였을 만한 인물이었다. 이것은 그의 모든 저술에 잘 나타나 있다. 그러나 그는 당대에 널리 퍼져 있던 '높은' 칼빈주의자들의 신학에 대해서 큰 불만을 가졌다. 그들은 너무나 차가운 신학을 가르치고 있고, 학식 위주로 치닫고 있어서 스콜라주의적이며, 칼빈의 따뜻함이 결여되어 있다고 보았다. 그래서 어거스틴과 칼빈의 전통에 따라서 돌트 신경에 견줄 만한 가장 순수한 신학을 재조직해야 되겠다고 생각하였다. 오늘날도 거의 대부분의 현대신학자들의 경우처럼 출발의 동기는 순수하다고 하겠다. 그도 역시 칼빈의 칼빈주의로 되돌아가자고 강조하였다. 예를 들어, 예정론은 칼빈이 『기독교 강요』의 최종판에서 다룬 것과 같이, 반드시 구원론의 틀 안에서 토론하는 것이 바람직하다고 주장했다. 그 당시에 '높은' 칼빈주의자들은 항상 하나님에 대한 교리, 혹은 창조론에서 다루고 있었다.

그에게 또 다른 야심이 있었다면, 칼빈주의와 루터파를 재결합시키고 싶었다는 점일 것이다. 그는 신학의 전체 구도가 칼빈주의자들은 하나님을 중심으로 전개하여 형이상학적이어서 너무 높이 올라가 있고, 루터파는 인간 중심적으로 너무 낮게 내려가 있다고 느꼈다. 따라서 그는 참된 종교 개혁의 균형 감각을 잃지 말고 중도에서 통합하자고 주장했다. 또한 그는 프랑스 위그노들의 교회들을 로마 가톨릭의 지속적인 공격에서 보호하기를 원했다. 그런데 '높은' 칼빈주의자들이 이를 더 어렵게 만든다고 생각했다. 다시 한 번 간과할 수 없는 것은 아미로가 인

모와즈 아미로.

식한 당대 신학에 대한 문제 의식, 개혁의 동기와 태도는 상당히 긍정할 수 있는 부분이 많았다.

돌트 신경에 대해서 좀 더 유연하고 부드럽게 고쳐야 할 부분이 많이 있다고 느끼고 있었지만, 그렇다고 해서 정죄를 받은 알미니안은 아니었다. 물론 돌트 신경의 여러 부분에 대해서 동의하지 않았다. 한 예로 아담의 죄가 모든 인류에게 직접적으로 전가되었다고 가르치던 당시 일반적인 '언약적 대표설'에 반대하여, 인류 전체에게 육체적 통로를 따라서 간접적으로 전가되어졌다고 믿었다. 인간은 도덕적으로 선한 의지를 가지는 것이 불가능. 그러나 본성적으로 그렇게 부패하지는 않은 것으로 보았다. 그리하여 하나님은 특별한 은총과 믿음을 주권적으로 주셨다고 보았다.

아미로는 언약적 대표설을 변형시킨 새로운 언약설을 주장했다. 그는 세 가지 언약이 있다고 가르쳤다. 첫째는 아담과 맺은 자연언약으로, 자연 속에 계시된 율법에 순종할 것이 요청된다. 둘째는 이스라엘과 맺은 율법의 언약인데, 쓰여진 율법에 대한 순종이 요청된다. 셋째는 은총의 언약으로, 두 가지 조건이 요청된다. 보편적 은혜에 기초하여 하나님과 인간 사이에 조건적인 부분이 있고, 특별한 은총에 기초하여 하나님과 인간 사이에 맺어진 무조건적인 부분이 있다고 생각했다. 그는 대부분의 언약 신학자들과는 달리, 구원의 언약이나 에덴 동산 이후에 맺어진 은혜언약의 전개에 대해서는 별로 언급하지 않았다.

문제가 될 수밖에 없었던 그의 신학의 내용은 그리스도의 속죄가 모든 사람에게 미친다는 보편 은총론 때문이었다. 은혜언약의 보편적인 부분을 위한 기초를 제시하고자 그는 그리스도가 모든 사람을 위해서 죽었다고 주장했다. 준비는 보편적이지만, 그 적용은 특별하여 선택받은 자들에게 한정되었다. 이것이 칼빈과 초기 종교 개혁자들의 견해라고 아미로는 확신하였다. 그리고 당시 '높은' 칼빈주의자들 사이에서도 다양하게 퍼져 있다고 생각하였다.

가설적 보편주의

앞에서 언급한 속죄론에 이어서, 큰 반향을 불러일으킨 것은 '가설적 보편주의'라는 학설이었다. 이것은 다음과 같은 두 가지 은총론을 일컫는 말이다. 즉, 모든 사람을 위한 일반적인 은총과 선택받은 사람들만을 위한 특수 은총이다. 하나님은 모든 인류에게 보편적인 은총을 주셨고, 은혜언약에도 보편적인 부분이 있으므로, 이교도들이라도 복음을 듣지 않았지만 구원을 얻을 수 있다는 가설을 설정할 수 있다는 것이다. 물론, 아미로는 이런 일이 실제로 벌어지지는 않았다고 부인하면서, 복음을 들어야 구원을 얻는 믿음이 주어지는 것이라고 생각하였다. 그는 이런 자신의 이론을 『종교에 대한 논의』(A Treatise on Religion) 등 여러 책에서 주장하였다.

한걸음 더 나아가서 두 가지 은총론에서 두 가지 의지론을 연결시켰다. 인간의 의지도 두 가지로 구분하여, 하나는 보편적으로 조건화된 의지(a universal conditional will)와 특수하게 비조건화된 의지(a particular unconditional will)로 나누었다. 보편적인 의지라는 것은 하나님께서 믿음의 조건에 따라서 모든 사람의 구원을 염원하시는 것이다. 그리고 이것을 부분적으로는 자연 속에 계시하셨다.

그러나 하나님께서는 복음 속에 충분하게 나타내셨다. 하나님의 은총은 다시 객관적 은총과 주관적 은총으로 구분된다. 객관적 은총이란 모든 사람에게 제시되어서 믿음과 회개라는 조건을 충족할 때에 주어지는 것이다. 그러나 주관적인 은총은 오직 선택받은 사람들과 구원에 이르는 자들에게만 제공되는 은총이다. 이런 두 가지 이론은 영원한 하나님의 작정에 대한 견해와도 상호 일치한다.

한 작정은 믿음의 조건 하에서 하나님은 보편적인 구원을 결정하였다. '조건적 작정'이라는 이러한 개념은 대부분의 칼빈주의자들에게는 매우 받아들이기 어려운 것이다. 하나님의 작정에 무슨 조건이 붙을 수 있느냐고 생각하기 때문이다. 더욱이 아미로는 작정의 순서는 다음과 같다고 주장하였다. 보편적 은총, 모든 사람을 위한 보편적 속죄, 특별한 선택, 특별하고도 효과적인 은총이 선택자들에게만 속죄를 적용하는 것 등의 순서이다. 때때로 그는 널리 보편화된 개혁신학에서 거론한 것처럼, 작정의 논리적 순서가 하부 구조로서 뒤이어 전개되지 않는 그저 단순한 작정만을 가르치기도 했다.

그리하여 아미로는 구원을 위한 준비는 보편적이지만, 그러나 적용은 특별한 자들에게 한정되었다고 주장한다. 이러한 주장은 알미니안의 속죄론과 똑같은 것이다. 즉, 그리스도는 모든 사람을 위해서 죽으셨으나, 그 적용만은 소수 선택자들에게 한정된 것이라는 주장이다. 이것은 주님의 죽으심의 유효성을 과소평가하는 잘못된 주장이다. 어떻게 전능하신 그리스도가 모든 사람을 위해서 죽었는데도 소수에게만 적용될 수 있다는 것인가? 이것은 알미니안에게 남아 있는 기독론의 심각한 오류이다. 아미랄디즘은 보편 구원을 개념적으로 가능하다고 주장하고, 단지 그 실제 적용은 선택자들에게만 한정된다고 보았다. 이러한 보편 구원론은 단지 이론상으로만 가능하다고 보았고, 실제는 아니라는 것이다.

따라서 오직 선택받은 자들만이 구원을 얻는다고 생각했다. 왜냐하면 선택은 특별한 것이요, 미래에 보여질 믿음 때문에 주어지는 것이 아니기 때문이다. 물론 아미로도 유기의 교리를 가르쳤다. 그밖에 아미랄디즘을 가르친 학자로는 스코틀랜드 출신의 신학자 존 카메론(John Cameron, 1579-1625)을 들 수 있다. 그는 샤무르 아카데미에서 3년 동안 가르친 바 있으며, 아미랄드의 이론에 따라서 자신의 신학을 세웠다. 쟌 다일리(Jean Daille, 1594-1670)는 매우 열정적으로 많은 작품을 남겼는데, 특히 교부신학, 중세신학, 16세기 종교 개혁자들에 대해서 능통한 학식을 활용하여 아미랄디즘이 새로운 신학이 아니라, 가장 좋은 조상들의 신학을 물려받은 것이라고 옹호하였다. 그 외에도 블론델(David Blondel), 뽈 떼스따르(Paul Testard), 조쥐에 드 라 쁠라스(Josue de la Place) 등이 이 운동의 중심적인 인물들이었다. 약간 세월이 더 지난 후에, 끌라우드 빠종(Claude Pajon)은 좀 더 강력한 보편 구원론의 옹호자가 되었다. 루이 까펠(Louis Cappel)도 역시 매우 중요한 아미랄디즘의 주창자로서, 히브리어 학자답게 오직 자음으로 기록된 히브리어 성경만 영감을 받은 정본이며, 맛소라 사본에 있는 모음이 달린 성경은 정본이 아니라고 주장하여 당대로서는 큰 파문을 일으켰다.

아미랄디즘에 대한 반론들

이탈리아 출신으로 제네바 아카데미에서 교수로 사역한 프랑수아 뒤르땡(1623-1687)을 필두로 하여 여러 교수들이(Pierre de Moulin, Andre Rivet, Friedrich Spanheim, Johann Heinrich 등) 앞장서서 베자의 신학을 고수하는 입장에 섰다. 이들은 모두 이성적으로 추구하는 신학을 거부하였다. 특히 뒤르땡은 개혁신학의 가장 중요한 교과서(Institutio Theologicae Elenchthicae)를 저술한 탁월한 신학자로서, 지속적으로 아미랄디즘의 문제를 파헤쳤다. 따라서 가설적 보편주의를 철저히 배격하고, 엄격하게 제한 속죄를 고수하였다.

그리고 1637년 알렝송에서 국가 총회가 개최되어, 아미로의 신학을 온건하게 비판하였다. 이때까지만 해도 아직 이단으로 정죄하지는 않았다. 그리고 연이어 개최된 종교회의(the Synod of charenton, 1645; the Synod of Loudin, 1659)에서 개혁신학자들로부터 강한 공격을 받았다. 프랑스 칼빈주의자들은 스위스 제네바의 가르침을 벗어나서 다른 주장을 하는 것을 기뻐하지 않았다. 따라서 1675년 마침내 '스위스 일치 신조'(The Formula Consensus Hevetica, 헬베티카라는 말은 스위스라는 말과 동의어임)에서는 아미랄디즘을 명쾌한 논리로 정죄하기도 했다.[2] 이것은 개혁신학을 총괄적으로 체계화한 주요 신앙고백 가운데서 가장 마지막에 작성된 것이다. 뒤르땡과 하이데거, 루이 게른너(Louis Gernler) 등이 기초하였다.

이 신조는 아담의 죄가 모든 인간에게 전가되었으되, 특별히 육체적으로는 조상들의 계통을 통해서 물려받게 되었고, 특히 아담은 언약의 대표이기 때문에 직접적으로 물려받은 것임을 강조하였다. 자연 계시는 보편적이지만 오직 부분적인 계시일 뿐이요, 구원에 이르는 길을 계시하지 못하기에 정죄에 이르게 될 뿐이다. 따라서 복음을 전혀 듣지 못한 자들, 특히 이교도들에게 가설적인 구원이 있을 수 있다는 주장을 하

---

[2] 이 책을 영어로 번역한 "스위스 일치 신조"(The Formula Consensus Helvetica)는 프린스턴 신학교 조직신학 교수였던 아치발드 핫지 교수가 매우 중요하게 취급하여 자신의 저술에 부록으로 담고 있다. A.A. Hodge, *Outlines of Theology* (Carlisle: Banner of Truth, 1860; 1972), 651-663.

는 것은 타당하지 못하다.

그리스도의 속죄는 오직 선택받은 자들에게만 제한적이다. 물론, 그분의 보혈이 지닌 가치는 무한정하고, 충분하다. 그러나 그분의 속죄의 의도가 원래부터 제한적이요, 특별한 자들에게만 한정적으로 제정되어져 있었다. 선택의 작정은 논리적으로 속죄의 작정보다 앞서 있다. 따라서 그리스도는 모든 사람의 중보자가 아니요, 오직 선택을 받은 사람들만의 중보가 되신다. 더욱이 그리스도는 선택받은 자들의 머리가 되신다. 십자가에서 그리스도는 선택자들의 구원과 그 방법들을(중생과 믿음의 선물) 모두 다 완성하였다.

일치 신조는 명쾌하게 하나님이 작정의 순서를 논하면서 타락 후 선택설을 채택하고 있다. 특히 구원을 위한 가설적 보편 은총과 아미랄디즘이 주장하던 모든 사람을 구원하기 위한 하나님의 보편적 의지라는 개념을 거부하였다.

일치 신조는 거의 모든 주제들에 대해서 철저히 체계화된 웨스트민스터 신앙고백처럼 그렇게 탁월하게 작성된 것은 아니다. 오히려 돌트 신경처럼 당대 제기된 특별한 문제점에 대해서만 의견을 피력한 것이다. 그래서 까펠이 주장한 히브리어 자음 성경만이 영감된 것이라는 주장을 배격하였으나, 훗날 까펠의 견해는 '높은' 칼빈주의자들도 보편적으로 받아들이게 되었다. 안타깝게도, 스위스와 프랑스의 칼빈주의는 18세기와 19세기에 접어들어서는 일치된 견해를 제시하지 못하게 되었다. 더구나, 일치 신조의 신학 사상에 반기를 들고 가장 앞서서 도전한 장본인이 프랑수아 뒤르땡의 아들이었다는 사실은 매우 당혹스럽다.

영국의 아미랄디즘과 그 반대자들

잉글랜드 성공회 존 데이브넌트(John Davenant, 1576-1641)는 돌트 총회에 참가했던 대표단의 일원이었다. 그는 '높은' 칼빈주의자들이 종교 개혁자들의 신학으로 돌아가서 자신들의 신학을 정당화하는 것에 대해서 못마땅하게 생각하였다. 총회가 끝난 후에, 그는 돌트신경이 엄격한 제한 속죄를 주장하지 않고, 또한 이중적이라고 가르쳤다. 이 주제에 대해서 데이브넌트는 『그리스도의 죽음에 대한 논문』(A Dissertation on the Death of Christ)이라는 저술을 발표하였다. 자신의 견해를 정당화하기 위해서 교부들의 글과 종교 개혁자들, 특히 칼빈의 글을 많이 인용하였다.

데이브넌트의 주장도 역시 아미로의 표어였던 "모든 사람을 위하여 충분한 속죄이지만, 오직 선택자들만을 위해서 적용되었다"는 것이었다. 여기서 그는 모든 사람을 위해서 죽으셨다는 것이 빠져 버리면 그 후반부에 나오는 표어는 의미가 없다고 주장한다. 아미로와는 달리, 그는 속죄는 오직 선택된 자들만을 위해서 특별히 의도되었다고 본다. 왜냐하면 그리스도가 모든 사람을 위하여 죽으셨지만, 선택된 사람들을 위해서 죽으셨기 때문이다. 그 적용에 있어서도 모든 사람에게 주어졌으나, 구원에 이르는 믿음의 선물만은 모든 사람에게 주어지지 않고 오직 선택된 자들에게 주어진 것이다. 구원에 이르는 축복들을 제외한 모든 것들은 구원받지 못한 자들도 수여받았다. 믿지 않는 사람은 구원을 받지 못한다. 믿음은 선택된 자들만을 위한 선물이다. 데이브넌트에 있어서, 엄격한 제한 속죄는 믿기 이전에라도 선택된 자들을 구원한다는 것처럼 보여졌다.

넓은 의미의 칼빈주의자들 가운데, 이처럼 유독 제한 속죄에만 반대하는 몇 사람이 더 있다. 성공회 출신으로 매우 영향력이 컸던 제임스 어셔(James Ussher, 1581-1656) 감독 역시 데이브넌트와 비슷한 주장을 폈다. 그는 앞서 언급한 것처럼 웨스트민스터 총회에 파견되었으나 실제로는 참석하지 않았던 신학자였다. "어떤 면에서는 모든 사람을 위하여 죽으셨다고 말할 수 있고, 다른 측면에서는 오직 선택된 자들만을 위해서 죽으셨다고 말할 수 있다"는 것이 어셔의 이론이었다. 속죄의 이중 근거설(Double Reference Theory)라고 통칭하고 있는 어셔의 주장에는 프랑수아 뒤르땡이나 '높은' 칼빈주의자들이 주장하는 엄격한 제한주의에 대항하는 이중성이 내포되어 있었다. 물론 영국에서는 데이브넌트나 어셔나 그 누구라도 아미로처럼 가설적 보편 구원론에까지 과감하게 보편 속죄론을 주장한 사람은 없었다.

이런 속죄의 이중성을 옹호하고, 좀 더 보편적 속죄론으로 기울어진 또 다른 칼빈주의자 가운데 한 사람이 리챠드 백스터(Richard Baxter, 1615-1688)이다. 그는 "그리스도는 모든 사람을 위해 죽으셨으나, 모든 사람이 다 동일한 것은 아니고, 여기에는 의도, 목표, 계획이 수반되어 있다"고 가르쳤다. 백스터는 자신의 견해에 영국 신학자들의 절반은 동의할 것이라고 큰 소리를 쳤다. 물론 그도 아미로의 가설적 보편 구원론을 지지한 것은 아니다. 그러나 후에 언급하겠지만 '낮은' 칼빈주의를 대표하는 새로운 주장을 펴게 되었으니, 그것이 바로 '신 율법주의'라는 것이다.

칼빈주의자 존 번연(John Bunyan, 1628-1688)은 저서 『유기를 주장함』(Reprovation Asserted)에서 좀 더 폭넓은 속죄론을 주장했다. 그는 속죄는 이미 복음의 제시를 전제로 하는 것이기에, 모든 사람에게 선포되어야 하는 것이요, 그 이유는 그리스도가 모든 사람을 위해서 죽으셨기 때문이라는 것이다. 만일 속죄가 선택된 사람들만을 위한 것이라면, 유기된 자들이 복음을 듣고 거부해 버리게 될 때에는 더 이상 처벌을 할 수 없게 되지 않느냐는 것이다. 더욱이 속죄가 제한적이라면, 그리스도가 자신을 위해 죽으셨다는 것을 알 수 있는 사람이 없게 된다. 그리하여 구원 얻는 믿음이란 그리스도가 나를 위해 죽으셨다는 확신을 근본적으로 포함하지 않는다는 말이 되고 만다는 것이다.

영국의 제한 속죄론자들은 이를 잘못된 것이라고 주장하였다. 대표적인 칼빈주의 신학자 존 오웬은 엄격한 제한 속죄론을 철저히 고수해야 한다는 입장을 표명하였다. 그는 아미로의 보편 속죄론을 가장 격렬하게 비판하였다. 또한 데이브넌트나 다른 학자들의 이중적 입장도 배격하였다. 다음은 오웬의 유명한 '세 가지 선택론'(Triple Choice)이다.

① 그리스도가 모든 사람의 모든 죄를 위하여 죽으셨다면, 왜 모든 사람이 구원을 받지 못하는가? 하나님이 더 요구하시는 것이 있다는 말인가?
② 그리스도가 모든 사람의 어떤 일부 특정한 죄만을 위해서 죽으셨다면, 다른 죄들은 속죄에 포함되지 않을 것이므로, 이런 의지는 결국 모든 사람을 정죄하지 않을 수 없다.
③ 따라서 그리스도가 어떤 사람들의 모든 죄를 위하여 죽으셨다는 교리야말로 가장 바른 가르침이 되는 것이다. 그리스도는 오직 선택된 자들만을 위해서 죽으셨다.

오웬은 선택받지 못한 자들을 위한 속죄의 여지는 전혀 없다고 단호히 잘라 말했다. 그의 동지는 스위스 제네바의 프랑수아 뒤르땡이었다. 그래서 오웬도 작정의 순서 중에서 선택이 속죄보다 앞선다는 것을 주장했다. 그리스도는 십자가 위에서 구원과 구원의 수단들을 모두 획득하였다는 것이다. 마지막으로, 오웬은 그리스도가 나를 위해서 죽으셨다는 것을 믿는 것은 구원 얻는 신앙의 본질에 해당하지 않는다고 주장했다.

18세기에 접어들어서도 제한 속죄론은 계속해서 많은 도전을 받았다. 특히 잉글랜드의 아이작 왓츠(Isaac Watts)나 필립 도드리지(Phillip Doddrige)와 같은 독립 교회 지도자들이 이를 부인하였다. 아메리카에서는 조나단 에드워즈 이후의 신학자들 대부분이 보편 속죄론을 가르쳤다. 조셉 벨라미(Joshep Bellamy), 티모티 드와이트(Timothy Dwight), 새뮤얼 홉킨스(Samuel Hopkins) 등이다.

19세기 잉글랜드의 '낮은' 칼빈주의자로는 토마스 스캇(Thomas Scott)과 라일(J.C. Ryle)을 들 수 있다. 19세기 초반, 스코틀랜드에서도 제임스 모리슨(James Morrison), 랄프 와드로우(Ralph Wardlaw), 존 맥클라우드 캠벨(John MacLeod Campbell) 등이 보편 속죄론을 옹호하였다. 캠벨은 스코틀랜드 장로교회에서 제명 처분을 받았다. 이런 전통은 지금도 일부 신학자들에게서 나타나고 있다.

'낮은' 칼빈주의자들의 대명사가 된 보편 속죄론 주창자들로는 스트롱(A.H. Strong), 티센(H. C. Thiessen), 밀라드 에릭슨(Millard Erickson) 등이다. 일부 중요한 세대주의 신학자들 가운데 채퍼(Lewis Sperry Chafer)와 라이트너(Robert Lightner)도 속죄의 범위에서 제한 속죄론을 거부하고, 나머지 네 가지 돌트 신경을 인정하는(4 Point Calvinism) 사람들이다. 최근에도 노만 도티(Norman Franklin Douty)가 『그리스도의 죽음』(The Death of Christ)이라는 저술을 발표했는데, 여기서 데이브넌트와 어셔 감독의 이중적 속죄론을 다시 한 번 천명하였다.[3] 또한

---

3   Norman Franklin Douty, *The Death of Christ:* a treatise which answers the question on " Did Christ die only for the elect?"(Swengel, Pa.: Reiner Publication, 1973).

켄달(R.T. Kendall)도 역시 해묵은 과제지만, 베자와 그 이후 신학자들이 칼빈을 왜곡했다는 논증을 제기하면서, 칼빈이 과연 제한 속죄론자인가를 재검토하자고 이의를 제기하였다.[4]

칼빈과 속죄의 범위

루터를 포함하여 모든 루터파 신학자들은 속죄의 범위에 있어서, 보편 속죄론을 믿는다. 이 문제에 대해서는 실제 논쟁이 전혀 발생하지 않았었다. 따라서 초기 종교 개혁자들은 거의 대부분 속죄의 범위에 있어서 별로 큰 논쟁을 하지 않았다. 이 점은 쯔빙글리와 불링거의 경우에도 마찬가지다. 보편 속죄론은 초기 칼빈주의 신앙고백서에도 반영되어 있는데 사실 초기 칼빈주의자들 사이에서도 크게 논쟁이 되지 않았던 주제였다. 일부에서는 누가 과연 제한 속죄를 가르친 최초의 칼빈주의자인가를 추론하고자 한다. 과연 칼빈이냐, 아니면 베자인가의 논쟁도 끊임없이 계속되고 있다.

이것은 돌트 신경이 작성될 무렵에 크게 부각되었고, 이는 과연 칼빈의 견해가 무엇이냐에 집약되었다. 일부 학자들은 칼빈도 이 문제에 대해서 심각하게 생각하지 않았다고 생각한다. 그의 시대에는 문제 의식을 가지고 주의깊이 파헤쳐야 할 과제들이 따로 있었다는 것이다. 적어도 그의 후계자들이 가졌던 것과 같은 논쟁은 하지 않았던 것만은 분명하다. 그럼에도 불구하고 칼빈학자들 사이에는 보편 속죄론자와 제한

---

4 R .T. Kendall," The Puritan Modification of Calvin's Theology", in *John Calvin: his influence in the Western world*, ed. W. Stanford Reid (Grand Rapids: Zondervan, 1982): 199-216.

속죄론자가 함께 뒤섞여 있어서, 각자 자신들을 지지하는 이론을 칼빈의 글에서 추출해 내고 있는 형편이다.[5] 특히 상당수의 알미니안들도 칼빈이 보편 속죄를 가르치고 있다고 주장한다. 엄격하게 제한 속죄론을 주장하는 입장에서는, 칼빈이 이에 대해서는 철저하고도 완전하게 자물쇠를 채워 놓았다고 본다. 이중성을 주장하는 자들은 그들 나름대로 칼빈은 보편주의자이기에, 특정한 측면에서는 '높은' 칼빈주의자들이 주장하는 것과는 다르다고 강변한다.

보편 속죄론자들은 칼빈의 언급에서 그리스도가 모든 사람들의 죄악을 씻으려고 돌아가셨다는 구절들을 제시한다. 그러면 왜 모든 사람을 구원하지 않느냐는 질문에 대해서는 구원받지 않은 사람들은 선택되지 않았고 따라서 믿지 않기 때문이라고 답변한다. 더구나 칼빈이 구원의 확신을 믿음의 본질에 포함시켰다고 한다면, 그리스도가 나를 위해서 죽으신 사실을 믿는다는 말은 오직 보편 속죄라야만 가능하다고 주장한다. 그러나 여기에는 논리적 모순이 따른다. 그가 모든 사람들의 죄를 위해서 죽으셨다면, 과연 만왕의 왕 되신 그리스도가 만인 구원의 능력을 발휘할 수 없다는 말은 이상하지 않는가? 그리스도가 죽기는 하면서, 그 권능으로 살리지는 못한다는 말이기 때문이다. 따라서 칼빈이 결코 이렇게 생각했을리가 없었다는 반론이 제기되는 것이다.[6]

분명한 것은 칼빈이 아미로와 같은 '가설적 보편 속죄'를 가르친 바는 없다는 점이다. 아미로가 선택과 유기를 받아들이고, '높은' 칼빈주의자들에 대해 지나치게 반응을 보인 결과이지만, 엄격한 제한 속죄 문

---

5 Robert A. Peterson, *Calvin's Doctrine of Atonement* (Phillipsbourg: Presbyterian and Reformed, 1983).

6 Donald A. Waite, *Calvin's Error of Limited Atonement* (Collings-wood: The Bible For Today, 1978).

제로 인해서 분명히 그는 칼빈보다는 훨씬 낮은 칼빈주의에 속하게 된 것이다.

지금까지 높은 칼빈주의와 낮은 칼빈주의가 대두되면서 큰 논쟁이 일어났고, 지금까지도 이에 대한 해결책이 없다는 점을 살펴보았다. 따라서 이를 해결하는 현대 칼빈주의자들의 관점에서 제시된 대안은 과연 어떤 것인가 살펴보자. 근대 칼빈주의자들 중에서 찰스 핫지와 쉐드(W.G.T. Shedd), 그리고 웨스트민스터 신학교에서 구원론을 가르쳤던 카이퍼(R.B. Kuiper) 등이 제시한 온건한 입장이 가장 타당한 해결책이라고 생각한다. 이들은 모두 일반 은총이(common grace) 모든 믿지 않는 자들에게도 유익을 준다는 것을 부인하지 않는다는 점에서 해결의 실마리를 찾고 있다. 이런 보편적인 측면에 대해서 설명하면서, 이들 상당수 칼빈주의자들은 복음의 보편적인 제시(universal offer of the Gospel)를 주목하자고 말한다. 물론, 오직 속죄의 혜택들은 선택받은 자들에게만 주어진다. 구원과 믿음은 오직 제한된 사람들에게만 주어진다. 이것은 가장 탁월한 개혁주의 선택론이라고 말할 수 있을 것이다. 성경이 속죄의 특별한 의도를 주장하고 있기 때문에 선택론을 제외한 보편 속죄론은 있을 수 없는 것이다.

아미랄디즘이나 '낮은' 칼빈주의자들에게는 일관성이 없다는 점이 치명적인 약점이다. 그래도 자신들은 가장 충실한 칼빈주의자라고 자부하고 있다. 그러나 만일 아미랄디즘을 받아들인다면 과연 우리가 같은 칼빈주의자라고 용납할 수 있을까? 이에 대해서 강한 의구심을 떨쳐 버릴 수가 없다. '가설적 보편주의'는 자신들을 '4가지 교리 칼빈주의자'라고 부른다. 그러므로 자신이 칼빈주의자이냐 아니냐를 따지는 것은 별로 중요하지 않다. 돌트 신경 가운데서 3가지만 믿는 사람도 자신을 칼빈주의자로 말할 수 있기 때문이다.

칼빈주의자들 사이의 갈등이나 대립을 해결하는 해결책은 성경이 과연 무엇이라고 말하느냐에 달려 있다. 다른 신학을 주장하는 자들과의 대립적인 논쟁에서도 칼빈주의를 확실하게 주장할 수 있는 이유는 개혁신학이야말로 성경에서 가르치는 바대로 믿고 고백하기 때문이다. 다시 말하면, 자신이 칼빈주의자라고 하는 명분을 내세우는 것이 중요한 것이 아니라, 성경에서 무엇을 말하느냐에 따라서 결정되는 것이다. 성경만이 최종 정답이 되기 때문이다. 성경이 가라는 데까지만 가는 것이 참된 신앙의 길이요, 진정한 칼빈주의 신학의 노선이다. 칼빈주의자들 가운데 성경을 넘어서는 독단이 있었다면, 그것은 칼빈주의 신학의 근본 이념을 떠나 있는 자의 아전인수에 불과하다. 진정한 성경의 가르침을 따르는 사람들이 바로 칼빈주의 정통신학이 지향하는 목표이다.

끝맺는 말

　종교 개혁이 남긴 중요한 성취와 업적은 먼저 교회 안에서 성경의 최고 권위를 선포하는 일과 그 실천을 위해서 가장 최우선으로 예배를 회복한 일이었다. 종교 개혁자들은 성경을 모국어로 번역하여 읽을 수 있게 하였고, 교회에서 공적으로 선포된 말씀을 듣는 것에 우선을 두었다. 권세 높은 교황들이나 열광적인 예언자들이나 개인들을 통해서 직접적으로 하나님의 말씀이 주어진다는 것을 거부했다. 칼빈은 종교 개혁을 하나님의 말씀의 능력이 낳은 결과로 해석했다.[1]

　"성경은 과연 그것이 진리라는 명확한 증거를 충분하게 드러낸다. 마치 빛을 어둠과 구별하고, 흰색과 검은 색을 구별하며, 단맛과 쓴맛을 확실하게 구별하듯이 드러낸다"[2] 종교 개혁자들은 성령의 살아있는 음성이 성경을 통해서 전파되는 것임을 확신했다. 종교 개혁자들로 인해서 교회 안에서 말씀이 회복되고, 기도와 찬송이 되살아 난 것이다.

　하나님의 말씀은 중세말기의 타락한 교회를 정화했을 뿐만 아니라, 세계 인류의 방향을 바꿔놓았다. 잠언 29:18에, "묵시가 없으면 백성이 방자히 행하거니와 율법을 지키는 자는 복이 있다"고 하셨다. 종교 개혁

1　Herman J. Selderhuis, *Calvin's Theology of the Psalms* (Grand Rapids: Baker, 2002), 121.
2　Calvin, *Institutes*, I.vii.2.

자들은 이 말씀을 교훈 삼아서 전국가적으로 진리를 따라가는 길을 제시한 것이다. 종교 개혁은 교회를 회복시키고, 국가의 질서를 회복하는 데 앞장섰다. 루터의 개혁은 독일을 살려냈고, 쯔빙글리와 칼빈은 스위스를 구했으며, 낙스는 영국을 혼란에서 구해냈다. 위그노들은 희생과 인내로 부패한 프랑스 왕권의 횡포에 맞섰다. 종교 개혁자들은 중세 말기 로마 가톨릭의 무지한 성례주의와 재세례파의 급진주의를 피하고, 교회 중심의 온건한 변혁을 일으켰다. 종교 개혁자들은 성경의 교훈에만 의존하여 성도들을 양육하고자 예배의 중심을 강해설교로 바꾸고, 성도들의 경건한 삶을 교화시켰다.

하나님께서는 에덴 동산에서 인류의 첫 조상과 함께 말씀을 통해서 교통하셨다. 타락한 인간들에게 진리의 하나님께서는 계속해서 말씀을 주시고, 선지자들을 통해서 지속적으로 이끌어 주셨다. 그래서 사람은 단순히 빵으로만 사는 것이 아니라, 하나님으로부터 나오는 말씀이 있어야만 한다(신 8:4). 종교 개혁자들은 성육신하여 세상에 오신 예수 그리스도의 말씀과 사탄의 속임수가 항상 대립적이라는 점에 주목했다. 아담은 에덴 동산에서 사탄의 속임수에 넘어갔지만, 예수님께서는 광야에서 세 번이나 말씀으로 사탄을 무찔렀다(마 4:1-11).

성경은 살아계신 하나님의 살아있는 말씀이다. 그 성경에 입각해서 선포된 말씀도 역시 살아있는 하나님의 말씀이다. 루터와 같이, 모든 종교 개혁자들은 철저하게 이를 확신했다. 쯔빙글리의 후계자, 불링거가 작성한 『제2 스위스 신앙고백서』에 따르면, "선포된 말씀은 하나님의 말씀이다. … 설교하는 사역자가 아니라, 선포된 말씀 자체에 대해서 생각한다. 왜냐하면 그가 비록 악한 죄인일지라도, 그럼에도 하나님의 말씀은 여전히 참되고 선한 것으로 남아있기 때문이다."[3] 말씀은 하나님의 은혜의 수단이다. 칼빈은 기독교 신자들의 마음속에 권위 있는 천상의 샘물로 계속해서 들려져야만 한다고 강조했다. "성경은 신자들 가운데서 그들이 하늘로부터 오는 샘물과 같은 것이라고 여길 때에 최고의 권위를 갖는다."[4] 성경은 하나님의 영광을 비춰주는 광선을 발산한다. 기독교 신자들은 성경 안에서 하나님의 최종 계시를 발견하고, 그들에게 주시는 하나님을 아는 지식과 하나님의 형상으로 변화하여야 한다 (고후 3:18).

성경은 성도들의 손에 들려있는 성령의 검이다 (엡 6:17). 성령은 성경을 사용하여 대적자들이 우리 성도들의 삶 속에서 취하고 있는 것들을 제거한다. 성령은 성경을 통해서 성도들의 인격 속에 새로운 열매를 맺을 수 있도록 씨앗을 심어놓는다. 신약성경의 서신들은 모두 다 교회들을 위해서 보내어진 것들이다. 하나님께로부터 직접적으로 나온 것들이기에 오류가 없고, 잘못된 것이나 거짓이 전혀 없는 메시지이다.[5] 택함을 받은 사도들을 통해서 교회들에게 선포된 것이다. 요한계시록 2장과 3장에는 초대 일곱 교회가 지목되었는데, 성령께서 교회들에게 하시는 말씀을 들을 귀 있는 자들은 경청하라고 촉구하였다.

---

3   The Second Helvetic Confession, chap.1, "The Preaching Of The Word Of God is The Word of God. Wherefore when this Word of God is now preached in the church by preachers lawfully called, we believe that the very Word of God is proclaimed, and received by the faithful; and that neither any other Word of God is to be invented nor is to be expected from heaven: and that now the Word itself which is preached is to be regarded, not the minister that preaches; for even if he be evil and a sinner, nevertheless the Word of God remains still true and good."

4   Calvin, *Institutes*, I.vii.11.

5   Sinclair B. Ferguson, *The Mouth of God:* Trusting, Rreading and Applying The Bible (Edinburgh: Banner of Truth, 2014), 153.

한국교회 목회자들은 16세기 종교 개혁자들의 수준 이상으로 탁월한 실력을 갖춰야만 한다. 목회적 열정과 사역적인 열망을 채워주고자 종교 개혁자들은 당대 최고의 성경학자들로서 엄청난 저술을 남겼다. 성도들의 양육을 위해서 성경의 가르침을 압축해서 훌륭한 교리적 저술을 펴내서 영향을 끼쳤다. 루터는 『소요리 문답』을 1529년에 라틴어로 출판하여 십계명 강해, 주기도문 해설, 사도신경 해석, 성례, 주요 직분론 등을 성경적으로 받아들일 것을 강조했다. 루터의 저술 총량은 무려 110권에 이른다. 멜랑히톤은 1521년 『신학총론』에서 로마서의 핵심주제들을 제시했다. 쯔빙글리는 『참된 종교와 거짓 종교에 대한 주석』을 1525년에 발표하여 프랑스 국왕 프랑소아 1세에게 헌정했다. 주로 하나님을 아는 지식과 섭리와 성례를 집중논의 하였다. 스트라스부르에서 마틴 부써는 1523년 택함 받은 자들의 교회론과 주기도문 강해와 하나님의 나라를 다루고 있는 『해설서』를 출판했다. 이들 종교 개혁자들의 모든 저술들을 종합하여 칼빈이 1536년에 『기독교 강요』 초판에 담았고, 다섯 번을 추가해서 1559년에 최종 증보판이 나왔다. 『기독교 강요』의 저자 칼빈은 성경에만 철저히 복종하고 의존하면서 경건과 하나님을 아는 지식을 순수하게 제시했다.[6] 지금도 루터의 칭의론과 기본적인 가르침, 칼빈의 정교한 성경적 강해설교와 성경에 입각한 체계적 교리 해설이 절실히 요청되는 것이다.

성경을 철저하게 연구하고 경청하는 가운데 종교 개혁자들은 인간

---

[6] 독일에서 조직신학을 가르쳤던 로마 가톨릭 신부 가녹지 교수마저도 성경의 최종 권위에 따르고자 했던 칼빈의 의도를 인정했다. Alexandre Ganoczy, *The Young Calvin*, tr. David Foxgrover & Wade Provo (Edinburgh: T&T Clark, 1987), 234: "Calvin's ideals of piety, religion, and worship raise no difficulties. In fact, they are merely a straightforward and vigorous recollection of the basic principles of Scripture."

본성에 대해서 뉘우치고 반성하게 되었다. 성경에 입각하여, 인간의 부패한 본성에 대한 근본적인 성찰이 수반되었다. 루터는 자유 의지가 죄의 노예라고 선포한 어거스틴의 가르침을 주저 없이 선포했다. 칼빈은 인간의 영적 무능력을 통렬하게 지적하면서, 우상 숭배에 빠져있는 상태를 통렬하게 고발했다. 깨어진 꽃병처럼 조각난 형상을 소유한 인간들은 선한 공로를 스스로 세울 수 없게 되었다는 것이다. 그리고 하나님의 은혜로 다시 세워서 열매를 맺도록 하늘로부터 내려오는 생명수를 공급하는 일에 앞장섰다.

종교 개혁자들이 추구하고 밝히고자 노력했던 바와 같이, 사람은 진정한 본성이 부패하고 타락하여서 전혀 신뢰하거나 믿을 대상이 못된다. 사람의 부패성은 고발해야만 하고, 하나님의 말씀으로 온전히 교정되어야만 한다. 기독교 교회 안에서 사람의 헛된 야망과 야욕이 담겨진 불순물을 제거하는 데 앞장섰던 종교 개혁자들처럼, 우리 한국교회 안에서도 세속주의에 물든 허망한 생각들을 하나님의 말씀으로 척결해야만 한다 (렘 1;10).

수많은 종교 개혁자들의 용기 있는 도전과 칼빈의 신학적 성찰이 남긴 5백년의 교훈을 되살려야 할 중요한 책임은 현재 기독교 성도들을 지도하는 목회자들과 교회의 리더들에게 달려있다. 지금 한국에서는 정부의 무능력이나 정치권의 패권적 오만함, 경제계의 약육강식, 법조계의 부패 등으로 사회가 혼탁해졌다. 일반 시민들과 비판자들은 권력자들을 향해서 돌을 던지는 것이 일반화 되어있다. 그러나 이런 정치인들에 대한 비난과 비판자의 자세로만으로는 문제가 해결되는 것이 아니다. 먼저 우리 기독교인들이 교회로부터 흘러나오는 영향력을 세상에 내보내서, 혼란에 빠진 사람들의 심령을 정화하고 경건의 능력을 발휘하여야 한다. 물질적인 욕심에 빠져있고, 권세를 향해서 달려가는 사람들에게 제정신을 차릴 수 있도록 참된 행복과 사랑을 깨닫게 해 주고, 제대로 알려 주어야만 한다. 흙탕물은 맑은 물을 흘려보내주어야만 정화될 수 있다. 마음에 빛이 들어와야만 온갖 어두움을 쫓아낼 수 있고, 위로부터 오는 절대 진리가 있어야만, 순간의 결정을 도덕적으로 내릴 수 있는 판단력이 주어지는 것이다.

지금 한국교회에서는 과연 어떤 말씀이 선포되고 있는가? 복음이 무엇인지를 분간하지 못하는 혼탁함이 한국교회를 휩싸고 있다. 복음의 핵심은 예수 그리스도이다. 오직 예수 그리스도만을 부르짖었던 종교개혁자들처럼, 지혜와 거룩함과 의로움과 구원이 되시는 예수 그리스도만을 보배로 삼아야 한다 (고전 1:20).

그러나 과연 이 시대에 순수하게 하나님의 음성만을 선포하는 교회가 얼마나 되는가? 하나님께서는 참된 복음만을 선포하는 교회를 사용하시기를 원하신다. 복음은 사람들의 행복과 번영을 포함하지만, 그것들 보다 근본적으로 성령은 죄에 대해서 꾸짖고 타락함을 회개하라고 외치신다 (요 16:8-9). 성령을 거스르는 세대에 맞서서 목회자는 하나님의 음성을 선포해야만 한다. 설교는 성도의 회개를 불러일으키는 유일한 생명수이다. 하나님의 말씀에 대항하여 불순종하는 이들에게, 이토록 방탕해버린 세대를 향하여서 회개를 촉구하고, 부흥을 호소하는 일을 누가 할 수 있을 것인가? 순수한 하나님의 말씀이 없는 나라와 백성들은 갖가지 우상들을 숭배하게 되고, 외부의 대적자들에게 먹히게 된다 (사 5:5).

사탄은 하나님의 말씀을 싫어한다. 왜냐하면 그것은 진리의 계시이기 때문이다. 사탄의 전략은 교회 안에서 거짓을 확산시키는 것이다. 교회는 진리의 기둥과 터가 되어서 세상을 향해서 하나님의 계시를 증거하고 선포하는 기관이다. 하나님의 음성을 거역하는 자들에게는 말씀이 없어서 갈증을 느끼는 심판과 진노가 내려진다. "주 여호와의 말씀이니라 보라 날이 이를지라 내가 기근을 땅에 보내리니 양식이 없어 주림이 아니며 물이 없어 갈함이 아니요 여호와의 말씀을 듣지 못한 기갈이라 사람이 이 바다에서 저 바다까지, 북쪽에서 동쪽까지 비틀거리며 여호와의 말씀을 구하려고 돌아다녀도 얻지 못하리니"(암 8:11-12).

끝으로 종교 개혁자들은 설교자의 소명을 다하고자 노력하되, 자신들의 역할과 지위에 대해서 철저하게 겸손한 자세로 임하였다. 종교 개혁자들은 설교자의 역할에 대해서 "왕의 대사"에 불과할 뿐이라고 자신의 지위를 확실히 이해하고 있었다.

오늘날 한국교회의 문제점은 특정 교회를 이끌어나가고 있는 설교자가 다른 설교자보다 더 위대하다고 높이려는 풍조가 만연돼 있다는 점이다. 설교자들 사이에서 서로 남보다 자신만을 더 돋보이게 하고자 하는 왜곡된 비교의식이 남보다 더 탁월성을 갖춘 자라고 스스로를 홍보하게 만든다. 설교자가 명예욕에 빠지게 되면 자기를 자랑하는 왜곡된 일들이 벌어진다. 담임 목사 지위와 특수한 설교자라는 의식이 남다른 리더십을 갖춘 사람으로 더 돋보이도록 만드는 일에 연루되게 하는 것이다. 소위 유명한 설교자들은 여러 가지 초교파적인 교계 행사에서 중요한 자리에 앉게 된다. 더 나아가서 그 지역에서나 소속된 교단에서나 범기독교적인 단체에서나 명예로운 지위와 직책을 얻으려하고, 국가적인 유명인사로서 대외활동에서 이름을 떨치려 하는 목회자들을 많이 목격하게 된다.

미국 시카고에 있는 트리니티 신학대학원 마네치 교수는 제네바의 목사단이 순회설교를 원칙적으로 지켰다는 점에 주목하였다. 제네바 시의회와 목사단은 주일마다 설교자들이 각 교구 교회를 순회하여 설교하도록 규정했다. 칼빈도 예외가 아니었다. 통상 15명의 제네바 소속 목회자들은 어느 누구도 특정한 교회를 자신의 목회지로 한정하지 않았다.

"설교자는 강단의 소유권자가 아니요, 회중의 우두머리도 아니었다. 말씀을 통해 교회를 지배하는 분은 그리스도였다. 적어도 원칙으로는 기독교 복음의 사역자들은 교체될 수 있었다. 또한 그런 순환 시스템이 다른 교구에 속한 교회들에서 사역하는 동료 사역자들과 함께 일할 때에 협력관계를 고무하고, 서로 설교를 청취할 수 있는 기회를 제공하였을 것이다."[7]

우리 한국교회에서는 언제부턴가 개척한 목사가 교회를 자기 소유의 기업으로 생각하는 사업가적 발상이 자리를 잡았다. 또한 교세를 크게 성장시켰고, 설교를 아주 잘한다는 "유명 목사" "인기 목사"가 자랑거리로 등장하였다. 성도의 숫자에 따라서 목사의 능력을 평가하는 척도가 되고 있다. 심지어 성경만을 강해하는 설교를 한다고 자랑하는 교회에서조차도 "아무개 목사의 교회"라는 말을 즐겨 사용한다.[8] 이것이야말로 칼빈과 종교 개혁자들이 거부했던 일이다. 개인 목사의 우상화라고까지 할 만큼, 인기스타처럼 사람들의 갈채를 받고 등장하는 목회자들이 자신의 이름과 명성을 마케팅하는 세상이 되고 말았다. 사람이 화려하게 찬사를 받으려하는 부패한 인간성의 야욕이 무너져야만, 하나

---

7   Scott M. Manetch, *Calvin's Company of Pastors: Pastoral Care and the Emerging Reformed Church, 1536-1609* (N.Y.: Oxford University Press, 2012), 147.
8   Michael Horton, *Calvin on the Christian Life: Glorifying and Enjoying God Forever* (Wheaton: Crossway, 2014), 194.

님의 영광이 드러나게 될 것이다. 이런 것은 일반 성도들에게도 마찬가지다. 자신이 어떤 교회에 소속되었느냐 하는 것이 그 성도의 내적 신앙 성숙을 의미하지는 않는다. 어떤 성도가 큰 교회를 섬긴다고 해서 더 작은 교회에 봉사하는 성도보다도 훌륭한 기독교인이라고 말할 수는 없는 법이다. 기독교 신자들은 결코 허망한 엘리트주의에 사로잡혀서는 안된다.

"이 세상이나 세상에 있는 것들을 사랑하지 말라 누구든지 세상을 사랑하면 아버지의 사랑이 그 안에 있지 아니하니 이는 세상에 있는 모든 것이 육신의 정욕과 안목의 정욕과 이생의 자랑이니 다 아버지께로부터 온 것이 아니요 세상으로부터 온 것이라 이 세상도, 그 정욕도 지나가되 오직 하나님의 뜻을 행하는 자는 영원히 거하느니라"(요일 2:15-17).

참고문헌

Aquinas, Thomas. *Summa Theologica* , ed., Anton C. Pegis (Toronto: The Modern Library, 1948).

Aland, Kurt. *Kirchengeschichte Entwürfe* (Gütersloh: 1960).

Albro, John A. *The Life of Thomas Shepard* (Boston: Massachusetts Sabbath School Society, 1847).

Allis, Oswald Thompson. *Prophecy and the church;* an examination of the claim of dispen-sationalists that the Christian church is a mystery parenthesis which interrupts the fulfilment to Israel of the kingdom prophecies of the

Old Testament (Philadelphia, Presbyterian and Reformed Pub. Co., 1945).

Ames, W. *Conscience with the Power and Cases thereof. Divided into V. Bookes* (1639).

_____. *The Marrow of Sacred Divinity*, Drawne out of the Holy Scriptures, and the Interpreters thereof, and Brought into Method. Whereunto are Annexed Certaine Tables Representing the Substance and Heads of All in a Short View, Directing to the Chapters where they are Handled. As also a Table Opening the Hard Works therein Contained. A Works Useful for this Season (London: Printed by Edward Griffin for John Rothwell at the Sun in Pauls-Church-yard, [n.d.]); ed., by, J.E. Eusden, ed. (1623, Latin, and English; 1968 reprinted).

Anglican and Puritan thinking: papers read at the 1977 conference / published by Westminster Conference (London: Westminster Conference, 1977).

Arminius, James. *The Writings of James Arminius*, London Edition, trans. James Nichols and William Bagnall.. 3 vols. (Bufalo, N.Y.: 1853; repr. Grand Rapids: Baker Book House, 1956, 1977).

Armour, Michael Carl." Calvin's Hermeneutic and the History of Christian

Exegesis"(Ph.D. dissertation, University of California, 1992).

Armstrong, Brian G. *Calvinism and the Amyraut Heresy:* Protestant Scholasticism and Humanism in Seventeenth-Century France (Madison: The University of Wisconsin Press, 1969).

_____." The Changing Face of French Protestantism: The Influence of Pierre Du Moulin", *Calviniana: Ideas and Influnce of Jean Calvin* (Kirksville: Sixteenth Century Essays & Studies, 1988).

Arnsperger, W. *Christian Wolff's Verhältnis zu Leibniz* (UEberweg: 1897).

Ashley, Clinton. "John Calvin's Utilization of the Principle of Accommodation and Its Continuing Significance for an Understanding of Biblical Language"(Ph.D. dissertation, Southwest Baptist Theological Seminary, 1972).

Augustine, Selected Library of the Nicene and Post-Nicene Fathers of the Christian Church, 8 vols. (Grand Rapids: Eerdmans, 1971).

Bainton, Roland H. *Erasmus of Christiandom* (N.Y.: Charles Scribners' Sons, 1969).

_____. *The Reformation of the Sixteenth Century* (Boston: Beacon Press, 1952).

Baker, J. Wayne. *Heinrich Bullinger and the Covenant* (Athens: Ohio University Press, 1980).

_____." The Word of God and Experientia according to Calvin", in *Calvinus Ecclesiae Doctor* (Kampen: Kok, 1978).

Bangs, Carl. *Arminius: A Study in the Dutch Reformation* (Grand Rapids: Zondervan, 1985).

Barker, Willam S." The Men and Parties of the Assembly", in *To Gloryfy and Enjoy God* (Edinburgh: Banner of Truth, 1994).

Barth, Karl. *Learning Jesus Through the Heidelberg Catechism* (Grand Rapids: Eerdmans, 1981).

Bass, Clarence B. *Backgrounds to Dispensationalism* (Grand Rapids: Eerdmans, 1960).

Battles, Ford Lewis. *Calculus Fidei: Some Ruminations on the Structure of the Theology of John Calvin* (Grand Rapids: Calvin Theological

Seminary, 1978).

_____. ed. & tr., *The Piety of John Calvin* (Grand Rapids: Baker, 1978).

_____. ed. & tr. *Gevenva Catechism* (1537) (Pittsburgh: Pittsburgh Theological Seminary, 1972).

_____. "God was Accommodating Himself to Human Capacity", *Interpretation* 31 (1977).

_____. *The Piety of John Calvin* (Grand Rapids: Baker, 1978).

Bavinck, Hermann. *Gereformeerde Dogmatiek* (Kampen: Uitgave von J.H. Kok, 1928).

Bavinck, Herman. "The Future of Calvinism", *Presbyterian and Reformed Review* (1894).

_____. The Doctrine of God, tr. William Hendrikson (Edinburgh: Banner of Truth, 1977).

Baxter, Antony G." John Calvin's Use and Hermeneutics of the Old Testament"(Ph.D. dissertation, University of Sheffield, 1987).

Beardslee, John. "Theological Development at Geneva Under Francis and Jean-Alphonse Turretin, 1648-1737"(Ph.D. dissertation, Yale University, 1956).

_____. ed. *Reformed Dogmatics:* J. Wollebius, G. Voetius, and F. Turretin(N.Y.: Oxford Press, 1965; Grand Rapids: Baker, repr. 1977).

Beck, Frank B. *The Five Points of Calvinism* (Ashland: Calvary Baptist Church, n.d.).

Beeke, Joel R. *Assurance of Faith: Calvin, English Puritanism, and the Dutch Second Reformation* (New York: Peter Lang, 1991).

Belcher, Richard A. *Comparison of Dispensationalsim and Covenant Theology*(Columbia: Richbarry Press, 1980).

Bell, M. Charles. *Calvin and Scottish Theology: The Doctrine of Assurance* (Edinburgh:Handsel Press, 1985).

Bellarmine, Robert. *De controversiis chrisitianae fidei adversus hujus temporis haereticos* (Rome: 1581-93).

Berkhof, Hendrikus. "The Catechism in Historical Context", in *Essays on the Heidelberg Catechism* (Philadelphia: United Church Press, 1963).

Berkhof, Louis. *Systematic Theology* (Grand Rapids: Eerdmans, 1939).

Berkouwer, G.C. *Sin*, tr. P. Holtrop (Grand Rapids: Eerdmans, 1971).

_____. *The Work of Christ* (Grand Rapids: Eermans, 1965).

Bierma, Lyle D. *German Calvinism in the Confessional Age: The Covenant Theology of Caspar Olevianus* (Grand Rapids: Baker, 1996).

_____. "Olevianus and the Authorship of the Heidelberg Catechism: Another Look", *The Sixteenth Century Journal* 13 (1982).

_____. "Federal Theology in the Sixteenth Century: Two Tradition?" *Westminster Theological* Journal 45 (1983).

Bizer, Ernst. *Studien zur Geschichte des Abenmahlsteirs im 16. Jahrhundert* (Gütersloh: 1940).

Bohatec, Josef. "Lutherisch" und "Reformiert", *Reformiertes Kirchenblatt für OEsterreich* 28 (January, 1951).

Boice, James M. *The Gospel of John: An Expositional Commentary* (Grand Rapids: Zondervan, 1976).

Boughton, Lynn Courter. "Supralapsarianism and the Role of Metaphysics in Sixteenth Century Reformed Theology", *Westminster Theological Journal* 48 (1986).

Boyle, Marjorie O'Rourke. *Erasmus on Language and Method in Theology* (Toronto:1977).

Brandt, G. *The History of the Reformation and other Ecclesiastical Transactions in and about the Low Countries* (4 vols., London: 1720-3).

Bray, J.S. "The Value of Works in the Theology of Calvin and Beza", *Sixteenth Century Journal* 4 (1973).

_____. *Theodore Beza's Doctrine of Predestination* (Nieuwkoup: B. DeGraff, 1975).

Bromiley, Geoffrey W. *Historical Theology: An Introduction* (Grand Rapids: Eerdmans, 1978).

_____. *Thomas Cranmer: Theologian* (N.Y.: Oxford University Press, 1956).

Brook. V.J.K. *Whitgift and the English Church* (Lodon: English Universities Press, 1957).

Brooks, Peter Newman. *Cranmer in Context: Documents from the*

English Reformation (Minneapolis: Fortress, 1989).

Bruggink, Donald J. ed., *Guilt, Grace and Gratitude: a Commentary on the Heidelberg Catechism Commemorating Its 400th Anniversary* (New York: The Half Moon Press, 1963).

Bucer, Martin. *Metaphrases et Enarrationes Perpetuae Epistolarum d. Pauli Apostoli Tomus Primus continens Metaphrasim et Enarrationem in Epistolam ad Romanos* (Strasbourg: Wendelin Rihil, 1536).

Buchanan, James. *The Doctrine of Justification: An Outline of Its History in the Church* (1867; London: Banner of Truth, 1961).

Bullinger, *De Testamento Seu Foedere Dei Unico et Aeterno, 1534* in *Fountainhead of federalism:* Heinrich Bullinger and the covenantal tradition. Charles S. McCoy and J. Wayne Baker (Louisville, Ky.: Westminster/John Knox Press, 1991).

Burchill, Christopher J. "On the Consolation of a Christian Scholar: Zacharias Ursinus (1534-1538) and the Reformation of Heidelberg", *Journal of Ecclesiastical History* 37 (1986).

Burleigh, John Henderson Seaforth, *A Church History of Scotland* (London: Oxford University Press, 1960).

Büsser, Frintz. " Bullinger as Calvin's medel in Biblical Exposition: An Examination of Calvin's Preface to the Epistle to the Romans", in *In Honor of John Calvin*, ed. Edward J. Furcha (Montreal: McGill University Press, 1987).

Cadier, Jean. *La doctrine calviniste de la sainte ce'ne* (Montpellier: 1951).

Calvin's Commentaries. 22 Vols. (Edinburgh: Calvin Translation Society, 1843-1855. reprint; Grand Rapids: Baker, 1989).

Calvin's Selected Work, ed. J. Bonnet, tr. M.R. Gilchrist (Grand Rapids: Baker, 1983 rep.).

Cairns, Earle E. *Christianity Through the Centuries* (Grand Rapids: Zondervan, 1954; 1981).

Calvin, John. "Canons and Decrees of the Councils of Trent with Antidote", in *Selected Works of John Calvin* (Grand Rapids: Baker, 1983).

_____. Institutes of the Christian Religion (1559). ed. J.T. McNeill, tr.

F.L.

Battles, The Library of Christian classics, vol. 20-21. (Philadelphia: Westminster Press, 1960).

Canons and Decrees of the Council of Trent, tr. H.J. Schroeder (St. Louis, Mo: B. Herder Book Co., 1950).

Cameron, Charles M." Arminius-Hero or Heretic?" *Evangelical Quarterly* 64 (1992).

Chafer, Louis Sperry. *Systematic Theology* (Dallas: Dallas Seminary Press, 1947-8).

Chillingworth, *The Works of William Chillingworth* (London: 1719).

Clark, Gordon H. *What Do Presbyterians Believe? The Westminster Confession: Yesterday and Today*, rev. ed. (Philadelphia: Presbyterian and Reformed Publishing, 1965).

Clavier, Henri. "Calvin commentateur biblique", in *tudes sur le calvinisme*, ed. H. Clavier (Paris: 1936).

Coats, Catharine Randall. "Reactivating Textual Traces: Martyrs, Memory, and the Self in Theodore Beza's Icones"(1581), in *Later Calvinism*, ed. W. Fred Graham(Kirksville: Sixteenth Century Journal Publishers, 1994).

Cohn, Henry J. "The Territorial Princes in Germany's Second Reformation, 1559-1622" in *International Calvinism*, ed. Menna Prestwich (Oxford: Clarendon Press, 1985): 135-166.

Collins, Kenneth J. ed., *Exploring Christian spirituality: an ecumenical reader* (Grand Rapids, Mich.: Baker Books, 2000).

Collinson, Patrick. "Calvinism with an Anglican Face: the Stranger Churches in Early Elizabethan London and their Superintendent", "The Elizabethan Puritans and the Foreign Reformed Churches in London", in *Godly People: Essays on English Protestantism and Puritanism* (1983).

_____. "England and International Calvinism, 1558-1640", in *International Calvininism*, ed. Menna Prestwich (Oxford: Clarendon Press, 1985).

_____. *Archbishop Grindal, 1519-1583: The struggle for a reformed*

Church(Berkeley: University of California Press, 1979).

_____. *The Elizabethan Puritan Movement* (Berkeley: University of California Press, 1967).

Congar, Yves M.J. *A History of Theology*, tr. Hunter Guthrie (Garden City: Doubleday, 1968).

_____. *Tradition and Traditions: An Historical Theological Essay* (New York: Macmillan, 1967).

Cooper, Leonard J. *Are Five Points Enough? The Ten Points of Calvinism* (Denver: by the Author, 1980).

Courthial, Pierre. "The Golden Age of Calvinism in France: 1533-1633", in *John Calvin: His Influence in the Western World*, W. Stanford Reid, ed. (Grand Rapids: Zondervan, 1982).

Crawford, David J. *Loving conflict:* Saint Augustine, John Calvin, John Knox: three reformers who shaped history, and contributed most to the Presbyterian (Calgary: Davmar Publications, 1995).

Cunningham, William. *Historical Theology* (London: Banner of Truth, 1960).

_____. *Reformers and the Theology of the Reformation* (Edinburgh: Banner of Truth Trust, repr. 1967).

D'Assonville, V.E. *John Knox and the Institutes of Calvin:* a few points of contact in their theology (Durban: Drakensberg Press, 1969).

Dabney, Robert L. *Systemaitc and Polemic Theology* (Richmond, Va.: Presbyterian Committee of Publication, 1927).

_____. *The Five Points of Calvinism* (Harrisonburg: Sprinkle Publications, 1992).

Daniel, David P." Calvinism in Hungary: the theological and ecclesiastical transition to the Reformation faith", in *Calvinism in Europe, 1540-1620* (Cambridge: Cambridge University Press, 1994).

Daniel P. Fuller, *Gospel and Law: Contrast or Continuum? The Hermeneutics of Dispensationalism and Covenant Theology* (Grand Rapids: Eerdmans, 1980).

Davis, Horton. *The Worship of the English Puritans* (London: Dacre Press, 1948; Morgan, PA: Soli Deo Gloria, 1997).

_____. *Worship and Theology in England: From Cranmer to Hooker, 1534-1603* (Princeton, N.J.: Princeton Univeristy Press, 1970).

Dawley, Powel Mills. *John Whitgift and the Reformation* (New York:, Scribner, 1954).

De Yong, Peter. ed., *Crisis in Reformed Theology: Essays in Commemoration of the Synod of Dort (1618-19)* (Grand Rapids: Reformed Fellowship, 1968).

Dee, S.P. *Het geloofsberijp van Calvijn* (Kampen: J.H.Kok, 1918).

Diefendorf, Barbara. *Beneath the Cross: Catholics and Hugunots in Sixteenth-Century Paris* (New York: Oxford University Press, 1991).

Dillistone, Frederic W." Federalism in the Seventeenth Century", in *The Structure of Divine Society* (Philadelphia: 1951).

Donaldson, Gordon. *The Scottish Reformation* (Cambridge: Cambridge University Press, 1960).

Donnelly, John Patrick. *Calvinism and Scholasticism in Vermigli's Doctrine of Man and Grace* (Leiden: 1976).

Douty, Norman Franklin. *The Death of Christ: a treatise which answers the question on" Did Christ die only for the elect?"*(Swengel, Pa.: Reiner Publication, 1973).

Duke, Alastair. "The Ambivalent Face of Calvinism in the Netherlands, 1561-1618", in *International Calvinism*.

Duncan, Mark. *The Five Points of Christian Reconstruction from the Lips of Our Lord* (Edmonton: Still Waters Revival Books, 1990).

Dunn, Richard S. *The Age of Religious Wars, 1559-1715* (New York: W.W. Norton & Company, 1979).

Dyck, Cornelius J. ed., *An Introduction to Mennonite History* (Scottdale: Herald Press, 1967; 1981).

Edward. Dowden. *Puritan and Anglican: studies in literature* (New York: Holt, 1901).

Edwards, David L. *Christian England: From the Reformation to the 18th Century*, vol. 2 (Grand Rapids: Eerdmans, 1983).

Eenigenburg, Elton M. "The Place of the Covenant in Calvin's Thought", The *Reformed Review* 10 (1957).

Eidsmoe, John. *Christianity and Constitution: The Faith of Our Founding Fathers* (Grand Rapids: Baker, 1987).

Elniff, Terill. *The Guise of Every Graceless Heart:* Human Autonomy in Puritan Thought and Experience (Vallecito: Ross House Books, 1981).

Elwell, Walter A. ed., *Evangelical Dictionary of Theology* (Grand Rapids: Baker, 1984).

Estep, William R. *Renaissance and Reformation* (Grand Rapids: Eerdmans, 1986).

Evans, R.J.W. "Calvinism in East Central Europe: Hungary and her Neighbours, 1540-1700)" in *International Calvinism*.

_____. *The Wechel Presses: Humanism and Calvinism in Central Europe, 1572-1629* (Oxford: 1975).

Exalto, K. *De Zekerheid des Geloofs bij Calvijn* (Apeldoorn: Willem de Zwijgerstichting, 1978).

Farley, Benjamin Wirt. *The Providence of God* (Grand Rapids: Baker, 1988).

Farthing, John L. "Christ and the Eschaton: The Reformed Eschatology of Jerome Zanchi", in *Later Calvinism: International Perspective*, ed. W. Fred Graham (Sixteenth Century Essays & Studies, 1994).

Ferguson, Sinclair B. *The Holy Spirit* (Downers Grove: IVP, 1996); 김재성 역, 『성령』(서울: 한국기독학생회출판부, 1999).

_____. "The Teaching of the Confession", *The Westminster Confession in the Church Today:* Papers Prepared for the Church of Scotland Panel in Doctrine. ed. Alasdair I. C. Heron (Edinburgh: The Saint Andrew Press, 1982).

Fisher, George Park. *History of Christian Doctrine* (New York: Charles Scribner's Sons, 1923).

Foxe's Book of Martyrs (1554; Grand Rapids: Baker, 1990).

Fitzer, Joseph." The Augustinian Roots of Calvin's Eucharistic Thought", *Augutinian Studies* 7 (1976).

Frankcke, A.H. *Observationes Biblicae* (Halle: 1695).

Fulbrook, Mary. *Piety and Politics:* Religion and the Rise of Absolutism in England, Württemberg and Prussia (Cambridge: Cambridge

University Press, 1983).

Gaffin, Richard B." Redemption and Resurrection: An Exercise in Biblical-Systematic Theology", in *A Confessing Theology for Postmodern Times*, ed. Michael S. Horton(Wheaton: Crossway, 2000).

Gamble, Richard C. "Switzerland: Triumph and Decline", in *John Calvin; His Influence in the Western World*, W. Stanford Reid, ed. (Grand Rapids: Zondervan, 1982).

_____. "Brevitas et Facilitas: Toward Understanding of Calvin's Hermeutic", *Westminster Theological Journal* 47 (1985).

_____. "Calvin and Sixteenth-Century Spirituality: Comparison with the Anabaptists", *Calvin Theological Journal* 31 (1996).

Ganoczy, Alexandre. & Scheld, Stefan. *Die Hermeneutik Calvins* (Wiesbaden: Franz Steiner Verlag, 1983).

_____. *The Young Calvins*, tr. David Foxgrover & Wade Prpvp (Edinburgh: T & T. Clark, 1987).

Garrison-Este'be, J. *Protestants du Midi, 1559-1598* (Toulouse: 1980).

Gawthorp, Richard. & Strauss, Gerald." Protestantism and Literacy in Early Modern Germany", *Past and Present* 104 (1980).

George, Charles H. *The Protestant mind of the English Reformation, 1570-1640*(Princeton, N.J.: Princeton University Press, 1961).

Gerstner, John. *A Biblical Inerrancy Primer* (Grand Rapids: Baker, 1965).

_____. *A Primer on Dispensationalism* (Phillipsburg: Presbyterian &Reformed, 1982).

_____. *Wrongly dividing the word of truth: a critique of dispenationalism*(Brenwood: Wolgenuth & Hyatt, 1991).

Geyl, P. *The Revolt of the Netherlands, 1555-1609* (London: 1932; repr. 1962).

_____. *The Dutch in the Seventeenth Century*, vol. 1, 1609-48 (London:1936; repr. 1961), vol. II, 1648-1715 (London: 1964).

Gill, John. *A Body of Divinity* (London: 1769-1770).

Gillespie, George. *Notes of the Debates and Proceedings of the Assembly of Divines and other Commissioners at Westminster, February 1644 to January 1645*, ed. David Meek (Edinburgh: Robert

Ogle and Oliver and Boyd, 1846).

Girardin, Benoit. *Rheatorique et Theaologique: Calvin, le Commentaire de l'EApitre aux Romains* (Paris: 1979).

Girod, Gordon. *The Deeper Faith: An Exposition of the Canons of Dort* (Grand Rapids: Baker Book House, 1978).

Godfrey, W. Robert. *Tensions within International Calvinism: the Debate on the Atonement at the Synod of Dort, 1618-1619* (Ph.D. dissertation, Stanford University, 1974).

_____. "Reformed Thought on the Extent of the Atonement to 1618", *The Westminster Theological Journal* 37 (1975).

_____. "Church and State in Dutch Calvinism", in *Through Christ's Word: A Festschrift for Dr. Philip E. Hughes*, ed. W. Robert Godfrey & Jesse L. Boyd III (Phillipsburg: Presbyterian and Reformed Publishing Co., 1985).

Goeters, J.F.G. *Der reformierte Pietismus in Deutschland 1650-1690*, in M. Brecht(Hg.), *Geschichte des Piestismus*, Bd. 1: Der Pietismus vom siebzehnten bis zum fruͤhen achtzehnten Jahrhundert (Goͤttingen: 1993).

The Works of Thomas Goodwin, D.D. Vol. I-XII (Edinburgh: James Nichol, 1861).

Good, James I. *History of the Swiss Reformed Church since the Reformation* (Philadelphia: Board of the Reformed Church in the U.S., 1913).

Goot, Henry Van der." A typology of' Schools' of Calvin interpretation in 19th and 20th Century"(paper for the University of Toronto, 1975).

Gordon, Alexander." Howe, John", *The Dictionary of National Biography*.

Graafland, Cornelius." Van Syllogismus Praticus naar Syllogismus Musticus", in *Wegen en Gestalten in het Gereformeerd Protestantisme* (Amsterdam: Ton Bolland,1976).

Graham, W. Fred. ed., *Later Calvinism: International Perspectives*, Sixteenth Century Essays & Studies, Vol. XXII (Kirksville: Sixteenth Century Journal Publications, 1994).

Greyerz, K. von. *The Late City Reformation in Germany: the Case of*

Colmar, 1522-1628 (Wiesbaden: 1980).

Grohman, D.D. "The Genevan Reactions to the Saumur Doctrine of Hypothetical Universalism: 1633-1685"(Ph.D. dissertation, Knox College, Toronto, 1971).

Grote, Ludwig. *Wolfgang Musculus, ein biographischer Versuch* (Hamburg: 1855).

Hagenbach, Karl Rudolf. *A text-book of the History of Doctrines*, The Edinburgh translation of C. W. Buch, revised with large additions from the fourth German ed., and other sources, by Henry B. Smith, vols. ii (New York, Sheldon, 1861-1862).

Haley, Kenneth Harold Dobson. *The Dutch in the Seventeenth Century* (London:Harcourt Brace Jovanovich, 1972).

Hall, Basil. "Calvin Against Calvinists", in *John Calvin*, ed. G.E. Duffield (Grand Rapids: Eerdmans, 1966).

Haller, Henry. *The Conquest of Poverty: The Calvinist Revolt in Sixteenth Century France* (Leiden: E.J. Brill, 1986).

Haller, William. *Elizabeth I and the Puritans* (Charlottesville: Published for the Folger Shakespeare Library by the University Press of Virginia, 1972: 1964).

_____. *The Rise of Puritanism; or, The way to the New Jerusalem as set forth in pulpit and press from Thomas Cartwright to John Lilburne and John Milton, 1570-1643* (New York: Harper, 1938: 1957).

Hanko, Herman. & Hoeksema, Homer C. & Van Baren, Gise J. *The Five Points of Calvinism* (Grand Rapids: Reformed Free Publishing Association, 1976).

Hannah, J.D. "The Social and Intellectual History of the Evangelical Theological College", (Ph.D. dissertation, University of Texas at Dallas, 1988).

Harrison, A.W. *The Beginnings of Arminianism* (London: 1926).

Hart, D.A. *Defending Faith: J. Gresham Machen adn the Crisis of Conservative Protestantism in Modern America* (Baltimore: John Hopkins University Press, 1994).

The Heidelberg Catechism. Translated by Allen O. Miller and M. Eugene

Osterhaven(Philadelphia: United Church, 1962).

Hazen, Harry Booth. "Calvin's Doctrine of Faith"(Ph.D. dissertation, University of Chicago, 1903).

Helm, Paul. *Calvin and Calvinists* (Edinburgh: The Banner of Truth Trust, 1982).

_____. "Calvin and Covenant: Unity and Continuity", *The Evangelical Quarterly* 55 (1983).

Heppe, Heinrich. *Reformed Dogmatics Set Out and Illustrated from the Sources*, ed. Ernst Bizer, tr. G.T. Thomson (Grand Rapids: Baker Book House, 1978).

Hewat, K. *Makers of the Scottish Church at the Reformation* (Edinburgh: 1920).

Hirsch, E. *Geschichte der neuern evangelischen Theologie*, vol. 2 (Münster, 1984, repr.).

Hodge, A.A. *Outline of Theology* (Grand Rapids: Zondervan, repr. 1972).

_____. *Outlines of Theology* (Carlisle: Banner of Truth, 1860; 1972).

_____. The Confession of Faith : A Handbook of Christian Doctrine Expounding The Westminster Confession (1867; London: Banner of Truth Trust,1961).

Hodge, Charles. *Systematic Theology* (New York: Charles Scribner's Sons, 1909).

Hoekema, Anthony A. "Calvin's Doctrine of the Covenant of Grace", *The Reformed Review* 15 (1962).

_____. "The Covenant of Grace in Calvin's Teaching", Calvin *Theological Journal* 2 (1967).

Hoekema, Antony. *Created in God's Image* (Grand Rapids: Eerdmans, 1986).

Hoeksema, Herman. *Reformed Dogmatics* (Grand Rapids: Reformed Free Publication Association, 1966).

Holley, Larry Jackson. "The Divines of the Westminster Assembly: A study of Puritanism and Parliament"(Ph.D. Dissertation, Yale University, 1979).

Huizinga, J. *Dutch Civilization in the Seventeenth Century* (London:

1968).

Itterzon, G. "De Synopsis Purioris Theologiae", *Nederlands Archief voor Kerkgeschiedenis* 23(1930).

Jack Rogers & Donald McKim, *The Authority and Interpreation of the Bible: An Historical Approach* (San Francisco: Harper & Row, 1979).

Jensen, Paul T. "Calvin and Turretin: A Comparison of their Soteriologies" (Ph.D. dissertation: University of Virginia, 1988).

Jones, R. Tudur. *The Great Reformation* (Downers Groves: IVP, 1985).

Jones, W.R.D. *The Tudor Commonwealth 1529-1559* (London: 1970).

Keep, David J. "Theology as a Basis for Policy in the Elizabethan Church", in *The Materials Sources and Methods of Ecclesiastical History*, ed., D. Baker(Oxford: 1975).

_____. "Henry Bullinger and the Elizabethan Church", (Ph.D. dissertation, Sheffield University, 1970).

Keith, R. *History of Church and State in Scotland* (Spottiswoode Soc., 1850).

Kelly, J.N.D. *Early Christian Doctrines* (London: Adam & Charles Black, 1958).

Kempff, Dionysius. *A bibliography of Calviniana 1959-1974* (Potchefstroom: Institute for Reformational Studies, 1983).

Kempis, Thomas a. *The Imitation of Christ; a new reading of the 1441 Latin autograph manuscript by William C. Creasy* (Macon, Ga.: Mercer University Press, 1989).

Kendall, R.T. "The Puritan Modification of Calvin's Theology", in *John Calvin: His Influence in the Western World*, ed. W. Stanford Reid (Grand Rapids: Zondervan, 1982).

_____. *Calvin and English Calvinism to 1649* (Oxford: Oxford University Press, 1979).

Kim, Jae Sung. "Unio cum Christo: The Work of the Holy Spirit in Calvin's Theology"(Ph.D. dissertation, Westminster, 1998).

Kingdon, Robert M. *Geneva and the Coming of the Wars of Religion in France 1555-1563* (Geneva, 1956).

_____. *Geneva and the French Protestant Movement 1564-1572*

(Geneva, 1967).

_____. *Geneva and the Consolidation of the French Protestant Movement 1564-1572*(Madison: University of Wisconsin Press, 1967).

_____. *Myths about the St. Bartholomew's Day Massacres, 1572-1576*(Cambridge: Cambridge University Press, 1988).

Kirk, J. " The Influence of Calvinism on the Scottish Reformation", *Review of Scottish Church History* 18 (1974).

Kistemaker, Simon. "Leading Figures at the Synod of Dort", in *Crisis in the Reformed Church*, ed. Peter De Yong (Grand Rapids: Reformed Fellowship Co., 1968).

Klauber, Martin I. "Family Royalty and Theological Transition in Post-Reformation Geneva: The Case of Benedict Pictet"(1665-1724), *Fides et Historia*(1992).

_____. "Reformed Orthodoxy in Transition: Benedict Pictet(1655-1724) and Enlightened Orthodoxy in Post-Reformation Geneva", in *Later Calvinism*.

_____. "The Context and Development of the Views of Jean-Alphonse Turrettini on Religious Authority"(Ph.D. dissertation: University of Wisconsin-Madison, 1987).

_____. "The Helvetic Formula Consensus (1675): An Introduction and Translation", *Trinity Journal*(1990).

Klauber, Martin I. & Sunshine, Glenn S. "Jean-Alphose Turrettini on Biblical Accommation: Calvinist or Socinian?" *Calvin Theological Journal* 25(1990).

Klein, T. *Der Kampf um die zweite Reformation in Kursachsen 1586-1591* (Cologne:1962).

Klooster, Fred H. "How Reformed Theologians 'Do Theology' in Today's World", in *Doing Theology in Today's World*, eds., John D. Woodbridge & Thomas Edward McComisky(Grand Rapids: 1991).

_____. "The Priority of Ursinus in the Composition of the Heidelberg Catechism", in *Controversy and Conciliation: The Reformation and the Palatinate, 1559-1583*, ed. Derk Visser(Allison Park: Pickwick Publications, 1986).

_____. "Calvin's Attitude to the Heidelberg Catechism", in *Later Calvinism*.Kluckhohn, August. Die Briefe Kurfürst Friedrichs des Frommen von der Pfalz, vol. I(1559-1566).

Knox, John. *The Reformation in Scotland* (Edinburgh: The Banner of Truth, 1982).

Knox, R. Buick." The History of Doctrine in the Seventeenth Century", in *A History of Christian Doctrine*, ed. Hubert Cunliffe-Jones (Edinburgh: T & T Clark, 1978).

Krahn, Cornelius. *Dutch Anabaptism* (Scottdale: Herald Press, 1981).

Kraus, Clyde Norman. *Dispensationalism in America: Its Rise and Development*(Richmond: John Knox, 1958).

Kraus, Hans Joachim. "Calvins exegetische Prinzipien", *Zeitschrift für Kirchengeschichte* 79 (1968): 329-41; "Calvin's Exegetical Prinzpien", tr. Keith Crim, *Interpretation* 79 (1968).

Kromminga, Diedrich Hinrich. *The Christian Reformed Tradition: From the Reformation to the Present* (Grand Rapids: Eerdmans, 1943).

_____. Article of XXXVI of the Belgic Confession and the Christian Reformed Church (Grand Rapids: Baker, 1943).

Kuhr, Olaf. "Calvin and Basel: The Significance of Oecolampadius and the Basel Discipline Ordinance for the Institution of Ecclesiastical Discipline in Geneva", *Scottish Bulletin of Evangelical Theology* 16 (1998).

Küng, Hans. *Rechtfertigung: Die Lehre Karl Barths und eine katholische Besinnung*(Einsiedeln: Johannes, 1957).

Kyle, Richard G. *The mind of John Knox* (Lawrence, Kansas: Coronado Press, 1984).

Labrousee, Elisabeth." Calvinism in France, 1598-1638", in *International Calvinism*.

Lake, Peter. *Moderate Puritans and the Elizabethan Church* (Cambridge: Cambridge University Press, 1982).

Lane, Anthony Nigel Sidney." Calvin's Use of the Fathers and the Medievals", *Calvin Theological Journal* 16 (1981).

_____. *John Calvin, Student of the Church Fathers*. (Grand Rapids:

Baker, 1999).

Lang, Andrew. *John Knox and the Reformation* (London: Longmans, Green and Co., 1905).

Lang, August. *Der Heidelberg Katechismus und vier verwandte Katechismen* (Leipzig: 1907).

Lecert, August. *Etudes calvinistes* (Paris: Delachaux et Nieastlea, 1948).

Lecler, Joseph. *Histoire de la tole rance au siecle de la Reforme* (Paris: Aubier, 1955); *Toleration and the Reformation*, Translation by T. L. Westow (New York: New York Association Press, 1960).

_____. *The two sovereignties; a study of the relationship between church and state* (London: Burns, Oates and Washbourne, 1952).

Leid, James. *Memoirs of the Westminster Divines* (Paisley: Stephen and Andrew Young, 1811; reprinted Banner of Truth, Edinburgh, 1982).

Leigh, Edward. *A System or Body of Divinity* (London: 1662).

Leith, John H. *Creeds of the Churches* (New York: Doubleday and Co., 1963).

_____. *Introduction to the Reformed Tradition:* A Way of Being the Christian Community (Atlanta: John Knox Press, 1977).

Leaonard, Emile G. *Historie geanearale du protestantisme* (Paris: Presses Universitaires de France, 1961).

_____. "Le protestantisme fran ais au XIIe sie`cle", *Rev. Historire* (1948).

Letham, Robert. "Amandus Polanus: A Neglected Theologian?" *Sixteenth Century Journal* 22 (1991).

_____. "Baptism in the Writings of the Reformers", *Scottish Bulletin of Evangelical Theology* 7 (1989).

_____. "Faith and Assurance in Early Calvinism: A Model of Continuity and Diversity", in *Later Calvinism*.

_____. "Saving Faith and Assurance in Reformed Theology: Zwingli to the Synod of Dort", 2 vols. (Ph.D. dissertation, Aberdeen, 1979).

_____. "Theodore Beza: A Reassessment", *Scottish Journal of Theology* 40(1987): 25-40.

_____. *The Work of Christ* (Downers Grove: IVP, 1993).

Letham, R.W." The Foedus Operum: Some Factors Accounting for its Development", *The Sixteenth Century Journal* 14 (1983).

Lillback, Peter Alan. "The Binding of God: Calvin's Role in the Development of Covenant Theology"(Ph.D. dissertation, Westminster Theological Seminary, 1985).

Lindberg, Carter. *The European Reformation* (Oxford: Blackwell, 1996).

_____. *The Third Reformation? Charismatic Movements and the Lutheran Tradition* (Macon, Ga.: 1983).

Little, Sara. *The Language of the Christian Community* (Richmond: The CLC Press, 1965).

Logan, Jr., Samuel T. "The Context and Work of the Assembly", in *To Glorify and Enjoy God,* John L. Carson and David W. Hall, ed.(Edinburgh: Banner of Truth, 1994).

Lohse, Bernhard. *A Short History of Christian Doctrines; From the First Century to the Present* (Philadelphia: Fortress, 1966; 1985).

Luther, Martin. "Preface to the Complete Edition of Luther", in *Martin Luther: Selections From His Writings*, ed. John Dillenberger (Garden City: Doubleday, 1961).

_____. *What Luther Says:* An Anthology, ed. Ewald M. Plass, 3 vols. (St. Louis: Concordia, 1959).

Lynch, Michael." Calvinism in Scotland, 1559-1638", in *International Calvinism*.

Macewen, Alex R. *A History of the Church in Scotland* (London: Hodder and Stoughton, 1913).

Machen, John Gresham. *Christianity and Liberalism* (New York: Macmillan, 1923).

_____. *Origin of Paul's Religion* (London: 1921).

Mackenzie, Ross. *Calvin's Commentaries:* The Epistles of Paul the Apostle to the Romans and to the Thessalonians, ed., David W. and Thomas F. Torrance (Grand Rapids: Eerdmans, 1961).

Maizeaux, P. Des. *An Historical and Critical Account of the Life and Writings of Wm. Chillingworth* (1725; ed. J. Nichols, 1863).

Marsden, George M. *Fundamentalism and American Culture:* The

Shaping of Twentieth Century Evangelcialism, 1870-1925 (New York: Oxford, 1980).

Marsdon, John Buxton. *The History of the English Puritans: from the Reformation to the Opening of the Civil War in 1642* (London: Hamilton, Adams and Co., T. Hatchard, 1860).

Mason, Roger A. "Covenant and Commonweal: the Language of Politics in Reformation Scotland", in N. Macdougall(ed.), *Church, Politics and Society 1408-1929*(Edinburgh: 1983).

_____. ed., *John Knox and the British Reformations*(Aldershot, Hants, England; Brookfield, Vt.: Ashgate, 1998).

McClelland, J.C. "The Reformed Doctrine of Predestination according to Peter Martyr", *Scottish Journal of Theology* 8 (1955).

McConica, James K. *English Humanists and Reformation Politics under Henry VIII and Edward VI* (Oxford: Clarendon Press, 1965).

McCoy, Charles S. "Johannes Cocceius: Federal Theologian", *Scottish Journal of Theology* 16(1963).

_____. "The Covenant Theology of Johannes Cocceius, 1603-1669", (Ph.D. dissertation, Yale University Press, 1956).

McCracken, George. *Early Medieval Theology, Library of Christian Classics*, vol. IX.(Philadelphia: Westminster Press).

McEwen, J.S. *The Faith of John Knox* (Richmond: John Knox Press, 1961).

McGiffert, Michael." From Moses to Adam: The Making of the Covenant of Works", *Sixteenth Century Journal* 19 (1988).

_____. "Grace and Works: The Rise and Division of Covenant Divinity in Elizabeth Puritanism", *Harvard Theological Review* 75 (1982).

McGinn, D.J. *The Admonition Controversy* (New Brunswick, N.J.: 1949).

McGrath, Alister E. *Iustitia Dei: A History of the Christian Doctrine of Justification*(Cambridge: Cambridge University Press, 1986).

_____. *Reformation Thought: An Introduction* (Oxford: Basil Blackwell, 1988).

_____. *The Intellectual Origins of the European Reformation* (Oxford: Basil Blackwell, 1987).

_____. *Justification by Faith: What It Means for Us Today* (London: Marshall Pieckering, 1988).

McKee, Elsie Anne. "On Relating Calvin's Exegesis and Theology", in *Biblical Hermeneutics in Historical Perspective*, ed. Mark S. Burrows & Paul Rorem (Grand Rapids: Eerdmans).

_____. *Elders and the Plural Ministry: The Role of Exegetical History in Illuminating John Calvin's Theology* (Geneva: Librairie Droz, 1988).

McKee, William W." The Idea of Covenant in Early English Puritanism, 1580-1643", (Ph.D. dissertation, Yale University Press, 1948).

McKim, Donald. *Ramism in William Perkins' Theology* (New York and Bern: Peter Lang, 1987).

McNeill, John T. *The History and Character of Calvinism* (N.Y.: Oxford University Press, 1954).

_____. "John Calvin: Doctore Ecclesiae", in *The Heritage of John Calvin*, ed. John H. Bratt (Grand Rapids: Eerdmans, 1973).

M'Crie, Thomas. *Life of John Knox; containing illustrations of the history of the reformation in Scotland: with biographical notices of the principal reformers, and sketches of the progress of literature in Scotland during the sixteenth century; and an appendix, consisting of original papers* (Philadelphia, Presbyterian board of publication, 1905).

McWilliams, David B." The Covenant Theology of the Westminster Confession of Faith and Recent Criticism", *Westminster Theological Journal* 53 (1991).

Merwe, N.T. van der. "Calvin, Augustine and Platonism: A Few Aspects of Calvin's Philosophical Background", in *Calvinus Reformator: His Contribution to Theology, Church and Society* (Potchefstroom: 1986).

Meyer, Carl S. *Elizabeth I and the Religious Settlement of 1559* (St. Louis: Concordia Publishing House, 1960).

Miller, Perry. *Errand into the Wilderness* (Cambridge, Mass.: 1956).

_____. "Marrow of Puritan Divinity", in *The Publications of the Colonial Society of Massachusetts* (Boston: Published by the Society, 193).

Milward, Peter. ed., *Religious Controversies of the Elizabethan Age:* a survey of printed sources (Lincoln: University of Nebraska Press, 1977).

Muir, Edwin. *John Knox: portrait of a Calvinist* (London: J. Cape, 1929).

Muller, Richard A." Fides and Cognitio in Relation to the Problem of Intellect and Will in the Theology of John Calvin", *Calvin Theological Journal* 25 (1990).

_____. *Christ and the Decree:* Christology and Predestination in Reformed Theology from Calvin to Perkins (Grand Rapids: Baker, 1986).

_____. "Scholasticism Protestant and Catholic: Francis Turretin and the Object and Principles of theology", Church History 55 (1986).

_____. *Dictionary of Latin and Greek Theological Terms* (Grand Rapids: Baker, 1988).

_____. *God, Creation, and Providence in the Thought of Jacob Arminius* (Grand Rapids: Baker, 1991).

_____. "The Debate over the Vowel Points and the Crisis in Orthodox Hermeneutics", *Journal of Medieval and Renaissance Studies* 10 (1980).

_____. "The Federal Motif in Remonstrant Theology from Arminius to Limborch", in *Nederlands Archief voor Kerkgeschiedenis* 62 (1982).

_____. *Post-Reformation Reformed Dogmatics*, vol., 1, Prolegomena to Theology (Grand Rapids: Baker, 1987).

_____. "Perkins' A Golden Chaine: Predestinarian System or Schematized Ordo Salutis?" *Sixteenth Century Journal* 9 (1978).

_____. "Vera Philosophia cum sacra Theologia nusquam pugnat: Keckerman on Philosophy, Theology and the Problem of Double Truth", *Sixteenth Century Journal* 15 (1984).

_____. *The Unaccommodated Calvin:* Studies in the Foundation of a Theological Tradition (Oxford: Oxford University Press, 2000).

_____. "The Hermeneutic of Promis and Fulfillment in Calvin's Exegesis of the Old Testament Prophecies of the Kingdom", in *The Bible in the Sixteenth Century*, ed. David C. Steinmetz (Durham: Duke University Press, 1990).

Murray, John. *Calvin on Scripture and Divine Sovereignty* (Philadelphia: Presbyterian and Reformed Pub., 1960).

_____. *The Covenant of Grace* (Phillipsburg: Presbyterian and Reformed Publishing Company, 1953).

_____. "Covenant Theology", *The Encyclopedia of Christianity*, ed. P. E. Hughes (Marshallton, Del.: The National Foundation for Christian Education, 1972).

_____. *The Imputation of Adam's Sin* (Grand Rapids: Eerdmans, 1959).

Musculus, Volfgang. *Loci communes sacrae theologiae* (Basel: 1560), Commonplaces of Christian Religion (London: 1563).

Neal, Daniel. *The History of the Puritans: or Protestant Nonconformists: from the Reformation in 1517 to the Revolution in 1688* (Minneapolis: Klock & Klock Christian Publishers, 1979).

Nevin, John Williamson. *The History and Genesis of the Heidelberg Catechism* (Chambersburg, [Pa.]: German Reformed Church, 1847).

_____. *The Mystical Presence* (Philadelphia: J.B. Lippincott, 1846).

New, John F.H. *Anglican and Puritan: The Basis of Their Opposition 1558-1640* (Stanford, Calif.: Stanford University Press, 1964).

Nicole, Roger. "Amyraut, Amyraldus, Amyraldianism", *Encyclopedia of Christianity*, ed. Edwin Palmer (Willmington, Del.: 1964).

_____. "Moyse Amyraut(1596-1664) and the Controversy on Universal Grace"(Ph.D. dissertation, Harvard University, 1966).

_____. *Moyse Amyraut: A Bibliography with Special Reference to the Cotrovery on Universal* (N.Y.: Garland Publishing Co., 1981).

_____. "Friedrich Spanheim", in *Through Christ's Word*, ed., W. Robert Godfrey & Jesse L. Boyd III (Phillipsburg: Presbyterian & Reformed, 1985).

Nischan, Bodo. "The 'Fractio Panis': A Reformed Communion Practice in late Reformation Germany", *Church History* 53 (1984).

_____. "The Schools of Brandenburg and the 'Second Reformation': Centers of Calvinist Learning and Propaganda", *Calviniana*.

_____. "Confessionalism and absolutism: the case of Brandenburg", in *Calvinism in Europe*, ed. Andrew Pettegree, Alastair Duke, and Gillian

Lewis(Cambridge: Cambridge University Press, 1994).

_____. "The Palatinate and Brandenburg's "Second Reformation"' in *Controversy and Conciliation: The Reforamtion and the Palatinate 1559-1583* (Allison Park, PA: 1986).

Oberman, Heiko A." The' Extra' Dimension in the Theology of Calvin", in *The Dawn of the Reformation* (Edinburgh: T & T Clark, 1986).

_____. *Luther: Man Between God and the Devil*, tr., Eileen Walliser-Scharzbart (New York: Doubleday, 1992).

_____. *Masters of the Reformation: The Emergence of a New Intellectual Climate in Europe* (Cambridge: Cambridge University Press, 1981).

_____. *The Impact of the Reformation* (Grand Rapids: Eerdmans, 1994).

_____. *The Reformation: Roots and Ramifications* (Edinburgh: T & T Clark, 1994).

Ockham, Guillelmi de. *Quodlibeta septem*, Quodlibet I. ed. J.C. Wey CSB, Opera Theologica IX, St. Bonaventure (N.Y.: 1980).

O'Donovan, Oliver. *On the Thirty-Nine Articles:* A Conversation with Tudor Christianity (Exeter: Paternoster, 1986).

Olson, Roger E. *The Story of Christian Theology:* Twenty Centuries of Tradition and Reform (Downers Grove: InterVarsity Press, 1999).

Ong, W.J. *Ramus and Talon Inventory* (Cambridge, M.A.: 1958).

_____. *Ramus, Method, and the Decay of Dialogue* (Cambridge, M.A.: 1958). Otto, Heinrich. Dogmatik und Vek ndigung (Zurich: 1961).

Owen, John. *The Works of John Owen* (Edinburgh: Banner of Truth, 1850-53; 1965).

_____. *A Display of Arminianism*, vol. 2, Calvin Classics (1642; Edmonton: Still Waters Revival Books, 1989, repr.,).

Packer, J.I. "Arminianism", in *Through Christ's Word*, ed. W. Robert Godfrey and Jesse L. Boyd III (Phillipsburg: Presbyterian and Reformed, 1985).

Palmer, Edwin H. *The Five Points of Calvinism* (Grand Rapids: Baker, 1980).

Parker, G. *The Dutch Revolt* (London: 1977).

Parker, Thomas H.L. *Calvin's New Testament Commentaries* (Grand Rapids: Eerdmans, 1971).

_____. *Calvin's Old Testament Commentaries* (Edinburgh: T. & T. Clark, 1986).

Partee, Charles." Calvin and Experience", *Scottish Journal of Theology* 26 (1973).

Partee, Charles Brooks. *Calvin and Classical Philosophy* (Leiden: E.J. Brill, 1977).

Pauck, Wilhelm. ed., *Melanchthon and Bucer* (Philadelphia: Westminster, 1969).

_____. *The Heritage of the Reformation* (Chicago: Free Press, 1950).

Paul, Robert S. *The Assembly of the Lord* (Edinburgh: T. & T. Clark, 1985).

Peason, Andrew. F. Scott. *Thomas Cartwright and Elizabethan Puritanism, 1553-1603* (Cambridge: Cambridge University Press, 1925).

Pelikan, Jaroslav. *Reformation of Church and Dogma* (1300-1700), vol 4, A History of Development of Doctrine (Chicago: University of Chicago Press, 1984).

_____. *The Christian Tradition*, vol. 3 (Chicago: University of Chicago Press, 1978).

Percy, Eustace. *John Knox* (London: Hodder and Stoughton, no date).

Perkins, William. *The Foundation of Christian Religion, Gathered into Six Principles*. And it is to be Learned of Ignorant People, that They may be fit to hear Sermons with Profit, and to Receive the Lords Supper with Comfort (Printed by John Legatt, 1635).

_____. *Golden Chaine: or the Description of Theologie*. Containing the Order of the Causes of Salvation and Damnation, According to God's Word. A View whereof is to be Seene in the Table Annexed. Hereunto in Adjoyned the Order which Mr. Theodore Beza Used in Comforting Afflicted Consciences (London: Published by John Legatt, 1635). The Work of William Perkins, 3 vols (London: Vniuersitie of Cambridge,

1612); ed. with an introduction by Ian Breward. (Appleford, England: Sutton Courtney, 1970).

Peterson, Robert A. *Calvin's Doctrine of Atonement* (Phillipsbourg: Presbyterian and Reformed, 1983).

Pettegree, Andrew. Alastair Duke, and Gillian Lewis, eds., *Calvinism in Europe 1540-1620* (Cambridge: Cambridge University Press, 1994).

Phelps, Fred." The Five Points of Calvinism", *The Berea Baptist Banner*, February 5, 1990.

Phillips, Timothy R. "Francis Turretin's Idea of theology and its Bearing upon his Doctrine of Scripture"(Ph.D. dissertation, Vanderbilt University, 1986).

Plantinga Jr., Cornelius. *A Place to Stand: A Reformed Study of Creeds and Confessions* (Grand Rapids: Christian Reformed Church, 1979).

Planus, Amandus. *Syntagma Theologiae Christianae* (Hanover: 1625).

Platt, John. *Reformed Thought and Scholasticism. The Arguments for the Existence of God in Dutch Theology, 1575-1650* (Leiden: 1982).

Porter, Harry Culverwell. *Puritanism in Tudor England* (London: Macmillan, 1970).

_____. *Reformation and Reaction in Tudor Cambridge* (Cambridge: University Press, 1958).

Praamsma, Louis. "The Background of the Arminian Controversy, 1586-1618", in *Crisis in the Reformed Church*, ed. Peter De Yong (Grand Rapids: Reformed Fellowship Co., 1968).

Preston, John. *The New Covenant on the Saints Portion* (London: 1629).

Press, V. *Calvinismus und Territorialstaat*. Regierung und Zentralbehörden der Kurpfalz 1559-1619 (Stuttgart: 1970).

Prestwich, Menna." Calvinism in France, 1555-1629", in *International Calvinism*.

(Oxford: Clarendon Press, 1985).

Primus, John H. *Holy Time: Moderate Puritanism and the Sabbath* (Macon, Ga.: Mercer University Press, 1989).

_____. *The Vestments Controversy: an historical study of the earliest tensions within the Church of England in the reigns of Edward VI and

Elizabeth (Kampen: J.H. Kok, 1960).

_____. *Richard Greenham: portrait of an Elizabethan pastor* (Macon, Ga.: Mercer University Press, 1998).

Puckett, David L. *John Calvin's Exegesis of the Old Testament* (Louisville: Westminster, 1995).

Raitt, Jill. ed. in collaboration with Bernard McGinn and John Meyendorff. *Christian spirituality: high Middle Ages and Reformation* (New York: Crossroad, 1987).

_____. *The Colloquy of Montpellier: Religion and Politics in the Sixteenth Century* (Oxford: Oxford Univ. Press, 1993).

_____. *The Eucharistic Theology of Theodore Beza*: Development of the Reformed doctrine (Chambersburg, Pa.: American Academy of Religion, 1972).

Raitt, Jill. & Kingdon, Robert M. eds., *Shapers of traditions in Germany, Switzerland, and Poland, 1560-1600* (New Haven: Yale University Press, 1981).

Reid, W. Stanford. ed., *John Calvin: His Influence in the Western World* (Grand Rapids: Zondervan, 1982).

_____. *Trumpeter of God* (N.Y.: Scribner, 1974).

Reymond, Robert L. *A New Systematic Theology of the Christian Faith* (Nashville: Thomas Nelson Publishers, 1998).

Reynols, Stephen M. "Calvin's View of the Athanasian and Nicene Creeds", *Westminster Theological Journal* 23 (1960).

Richard Ridder, R. De & Jonker, Peter H. & Verduin, Leonard. tr., ed., *The Church orders of the sixteenth century reformed churches of the Netherlands:* together with their social, political, and ecclesiastical context. (Grand Rapids, Mich.: Calvin Theological Seminary, 1987).

Richardson, Cyril Charles. *The Church Through the Centuries* (New York: Charles Scribner's Sons, 1950).

Ridley, Jasper Godwin. *John Knox* (New York, Oxford University Press, 1968).

Ritschl, Otto. *Dogmengeschichte des Protestantismus:* Grundlagen und Grundzüge der theologischen Gedanken und Lehrbildung in den protestantisch Kirchen, 4 vols. (Leipzig and Go ̈ttingen: 1908-27).

Robinson, W.C. *The Roformation: A Rediscovery of Grace* (Grand Rapids: Eerdmans, 1962).

Rogers, Jack B. *Confessions of a Conservative Evangelical* (Philadelphia: Westminster, 1974).

_____. *Scripture in the Westminster Confession* (Grand Rapids: Eerdmans, 1967).

Rogers. Jack B. and McKim, Donald. *The Authority and Interpretation of the Bible: An Historical Approach* (San Francisco: Harper & Row, 1979).

Rohls, Jan. *Reformed Confessions: Theology from Zurich to Barmen*, tr. John Hoffmeyer (Louisville: Westminster/John Knox, 1998).

Rohr, John Von. *The Covenant of Grace in Puritan Thought* (Atlanta: Scholars Press, 1986).

Rollock, Robert. *Select Works of Robert Rollocke* ed. William Gunn (Edinburgh: 1849).

Rolston III, Holmes. "Responsible Man in Reformed Theology", *Scottish Journal of Theology* 23 (1970).

_____. *John Calvin versus the Westminster Confession* (Richmond: 1972).

Rose, Ben Lacy. *T.U.L.I.P.: The Five Disputed Points of Calvinism* (Franklin: Providence House Publishers, 1996).

Rupp, Gordon. *Patterns of Reformation* (London: 1969).

Rutherford, Samuel. *Lex, rex, or the law and the prince: a dispute for the just prerogative of King and people* (Edinburgh: Robert Ogle and Oliver & Boyd, 1843).

Ryken, Leland. *Worldly Saints: The Puritans As They Really Were* (Grand Rapids: Zondervan, 1986).

Ryrie, Charles Caldwell. *Dispensationalims Today* (Chicago: Moody Press, 1973).

Salmon, J.H.M. *Society in Crisis: France in the Sixteenth Century* (London: 1975).

Sandeen, Ernest R. *The Roots of Fundamentalism:* British and American

Millenianism, 1800-1939 (Chicago: University of Chicago Press, 1970).

Scalise, Charels J. *From Scripture to Theology* (Downers Grove: InterVarsity Press, 1996).

Schaff, Philip. *Creeds of Christendom* (N.Y.: Harper and Brothers, 1877).

_____. *Creeds of Christendom* (Grand Rapids: Baker, 1966).

Schilling, Heinz. *Civic Calvinism in Northwestern Germany and the Netherlands*, Sixteenth Century Esssays and Studies, XVII (Kirksville, MO: Sixteenth Century Journal Publication co., 1991).

_____. *Konfessionspolitik und Staatsbildung*. Eine Fallstudie über das Verhältnis von religiösem und sozialem Wandel in der Frühneuzeit am Beispiel der Grafschaft Lippe (Gütersloh: 1981).

Schmidt, Albert-Marie. *Jean Calvin et al tradition calvinienne* (Paris: 1936).

Schnucker, Robert V. ed., *Calviniana: Ideas and Influence of Jean Calvin*, Sixteenth Century Essays & Studies, Vol. X (Kirksville: Sixteenth Century Journal Publications, 1988).

Schreiner, Susan. "Through a Mirror Dimly: Calvin's Sermon on Job", *Calvin Theological Journal* 21 (1986).

Schwab, Paul J. *The Attitude of Wolfgang Musculus toward Religious Tolerance* (Yale: 1933).

Seaton, W.J. *The Five Points of Calvinism* (Edinburgh: The Banner of Truth Trust, 1970).

Sebesten, Paul." The Object of Faith in the Theology of Calvin",(Ph.D. dissertation, University of Chicago, 1963).

Shaw, Duncan. ed., *John Knox:* a quatercentenary reappraisal: lectures given at the University of Edinburgh on the four hundredth anniversary of the death of John Knox (Edinburgh: St. Andrew Press, 1975).

Shedd, W.G.T. *Dogmatic Theology* (New York: Charles Scribner's Sons, 1888).

Shehperd, Victor A. *The Nature and Function of Faith in the Theology of Calvin* (Macon: Mercer University Press, 1983).

Sinnema, Donald." Reformed Scholasticism and the Synod of Dort(1618-19)" in B.J. van der Walt, ed., *John Calvin's Institutes: His Opus Magnum* (Potchefstroom: Potchefstroom University for Christian Higher Education, 1986).

_____. "Antoine De Chandiue's Call for a Scholastic Reformed Theology"(158), in *Later Calvinism*.

_____. "Aristole and Early Reformed Orthodoxy: Moments of Accommodation
and Antithesis", in Wendy Helleman, ed., *Christianity and the Classics* (Lanham, Md.: University Press of America, 1990).

Slaatte, Howard A. *The Arminian Arm of Theology* (Washington D.C.: University Press of America, 1979).

Spear, Wayne R. Covenanted Uniformity in Religion: The Influence of the Scottisch Commisioners upon the Ecclesiology of the Westminster Assembly (Ph.D. dissertation, University of Pittsburgh, 1976).

Spencer, Duane Edward. *TULIP: The Five Points of Calvinism in the Light of Scripture* (Grand Rapids: Baker, 1979).

Spencer, Stephen R. "Reformed Scholasticism in Medieval Perspective: Thomas Aquinas and Francis Turretini on the Incarnation"(Ph.D. dissertation: Michigan State University, 1988).

Spitz, Lewis W. The Protestant Reformation, 1517-1559 (New York: Harper & Row, 1985).

_____. *The Renaissance and Reformation Movements* (Chicago: Rand Mcnally, 1971).

Sprunger, Keith L. "Ames, Lamus, and the Method of Puritna Theology", *Harvard Theological Review 59* (1966).

_____. *The learned doctor William Ames;* Dutch backgrounds of English and American Puritanism (Urbana, University of Illinois Press, 1972).

_____. *Dutch Puritanism: a history of English and Scottish churches of the Netherlands in the sixteenth and seventeenth centuries* (Leiden: E.J. Brill, 1982).

_____. *Trumpets from the tower:* English Puritan printing in the

Netherlands, 1600-1640 (Leiden ; New York: E.J. Brill, 1994).

Staehelin, Ernst. *Amandus Polanus von Polansdorf* (Basel: 1955).

Stalker, James. *John Knox: his ideas and ideals*, (London, Hodder and Stoughton, 1904).

Steele and Thomas, *The Five Points of Calvinism* (Phillipsburg: Presbyterian & Reformed, 1963).

Steffens, N. M. "Calvinism and the Theological Crisis", *Presbyterian and Reformed Review* (1901).

Steinmetz, David C. *Luther and Staupitz: An Essay in the Intellectual Origin of the Protestant Reformation* (Durham, NC: 1980).

_____. *Luther in Context* (Bloomington: Indiana University Press, 1986).

. Reformers in Wings (Philadelphia: Fortress Press, 1971).

_____. "Calvin Among the Thomists", in *Biblical Hermeneutics in Historical Perspective,* ed., Mark S. Burrow & Pual Rorem (Grand Rapids: Eerdmans, 1991).

_____. *Calvin in Context* (Oxford: Oxford University Press, 1995).

Stephan, Raoul. *Histoire du protestantisme francais* (Paris: Club des Libraires de France, 1961).

Stephens, W. Peter. *The Holy Spirit in the Theology of Martin Bucer* (Cambridge: Cambridge University Press, 1970).

Stoeffler, F. Ernest. *The Rise of Evangelical Pietism* (Leiden: E.J. Brill, 1965).

Stonehouse, N.B. *J. Gresham Machen: A Biographical Memoir* (Grand Rapids: Eerdmans, 1954).

Strauss, Gerald. "Success and Failure in the German Reformation", *Past & Present 67* (1975).

_____. *Ideas of reformatio and renovatio from the Middle Ages to the Reformation* (Leiden: E.J. Brill, 1995).

_____. *Luther's House of Learning: the Introduction of the Young in the German Reformation* (Baltimore: Boston University Press, 1979).

Strohl, Henri. "La meathode exeageatique des Reaformateurs", in *Le probleame biblique dans le Protestantisme*, ed. J. Boisset (Paris:

1955).
Stuermann, W.E. "A Critical Study of Calvin's Concept of Faith", (Ph.D. dissertation, University of Tulsa, 1952).
Sunshine, Glenn S. "French Protestantism on the Eve of St. Batholomew: The Ecclesiastical Discipline of the French Reformed Church, 1571-72", *French History* 4(1990).
_____. "Reformed Theology and the Origins of Synodical Polity: Calvin, Beza and the Gallican Confession", in *Later Calvinism*.
Sutherland, N.M. *The Huguenot Struggle for Rcognition* (New Haven: Yale University Press, 1980).
Talbot, Keneth & Crampton, W. Gary. *Calvinism, Hyper-Calvinism and Arminianism*(Edmonton: Still Waters Revival Books, 1990).
Thomson, Bard." Historical Backgound of the Catechism", in *Essays on the Hidelberg Catechism* (Philadelphia: United Church Press, 1963).
Torrance, T.F. *The Hermeneutics of John Calvin* (Edinburgh: Academic Press, 1988).
Turrentin, Francis. *Institutes of Elenctic Theology*, tr. George Musgrace Giger, vol. 1(Phillipsburg: Presbyterian & Reformed, 1992).
Trinterud, Leonard." Origins of Puritanism", *Church History* 20(1951).
Tyacke, Nicholas. *Anti-Calvinism: The Rise of English Arminianism c. 1590-1640*(Oxford: Oxford Clarendon Press, 1990).
Ursinus. *The Commentary of Dr. Zacharias Ursinus on the Heidelberg Catechism*, Tr. by G.W. Willard (Columbus, Ohio: Scott and Bascom, 1851).
Ursinus, Zacharias. *Summa Theologiae; Summe of Christian Religion* (London:Printed by Robert Young, and are to be sold by John Rothwell, at the Sunne, in Pauls Church-yard, 1633).
Vance, Laurence M. *The Other Side of Calvinism* (Pensacola: Vance Publications, 1999).
Van Til, Cornelius. *An Introduction to Systematic Theology* (Phillipsburgh: Presbyterian and Reformed Pub. Co., 1974).
_____. *The Defense of Faith* (Philadelphia: Presbyterian & Reformed Publishing Company, 1955).

Verduin, Leonard. *The Anatomy of a Hybrid: A Study in Church-State Relationships*(Grand Rapids: Eerdmans, 1976).

Vermigli, D. Petri Martyr. *Loci communes* (London: 1576), The Commonplaces of D. Peter Martyr Vermigli (London: 1583).

Vincent, Gilbert. *Exigence EAthique et Interpreatation dans l'Oeuvre de Calvin*(Geneve: 1984).

Vischer, Wilhelm." Calvin exeage`te de l'Ancien Testament", *La Revue Reformeae* 18(1967).

Visser, Derk. ed. *Controversy and Conciliation: The Reformation in the Palatine*, 1559-1583 (Alison Park, Pa.: Pickwick, 1986).

Vos, Gerhardus. *Biblical Theology: Old and New Testaments* (Grand Rapids:Eerdmans, 1948).

_____. *De verbondsleer in de gereformeerde theologie* (Grand Rapids:1891); English translation: "The Doctrine of the Covenant in Reformed Theology", tr. S. Voorwinde and Willem Van Gemeren, in Redemptive History and Biblical Interpretaion; The Shorter Writings of Geerhardus Vos, ed. Richard B. Gaffin Jr.(Phillipsburg: Presbyterian and Reformed, 1980).

Waite, Donald A. *Calvin's Error of Limited Atonement* (Collingswood: The Bible ForToday, 1978).

Walchenbach, John Robert. "John Calvin as Biblical Commentator: An Investigation into Calvin's Use of John Chrisostom as an Exegetical Tutor"(Pittsburgh: 1974).

Wallace Jr., Dewey D. *The life and thought of John Owen to 1660: a study of the significance of Calvinist theology in English Puritanism* (Princeton, N.J.: 1965).

_____. *Puritans and Predestination:* Grace in English Protestant Theology, 1525-1695 (Chapel Hill: University of North Carolina Press, 1982).

Wallace, Ronald S. *Calvin, Geneva, and the Reformation* (Grand Rapids: Baker, 1988).

Wallmann, J. *Der Pietismus* (Goüttingen: 1990).

Warfield, Benjamine Breckindge. *The Westminster Assembly and Its*

Work (New York: Oxford UniversityPress, 1931).

_____. "What is Calvinism?" the Presbyterian (1904, Mar.2): in *Selected Shorter Writings of Benjamin B. Warfield*, vol. 1 (Nutley, New Jersey: Presbyterian and Reformed Publishing Company, 1970).

_____. *Calvin and Augustine* (Philadelphia: Presbyterian & Reformed, 1956).

_____. *The Inspiration and Authority of the Bible* (Philadelphia: Presbyterian & Reformed, 1948).

_____. "On Faith in Its Psychological Aspects", in *Biblical and Theological Studies* (Philadelphia: Presbyterian and Reformed, 1952).

Weber, Hand Emil. *Die philosophische Scholastik des deutschen Protestantismus im Zeitalter der Orthodoxie* (Leipzig: 1907).

_____. *Reformation, Orthodoxie und Rationalismus*, 2 vols. (Gütersloh:1937-51).

Weber, Otto. *Foundations of Dogmatics* (Grand Rapids: Eerdmans, 1981-2).

Weir, David A. *The Origins of the Federal Theology in Sixteenth-Century Reformation Thought* (Oxford: Clarendon Press, 1990).

The Works of John Whitgift, ed., J. Ayre, (Cambridge: 1851).

Weisheipl, James A.O.P., *Friar Thomas D'Aquino: His Life, Thought and Works* (Washington: Catholic University of America Press, 1974, 1983).

Welker, Michale. *Was geht vor beim Abendmahl* (Quell Verlag: Stuttgart, 1999); 임걸역, 『성만찬에서 무엇이 일어나는가?』 (서울: 한들출판사, 2000).

Wengert, Timothy J. "'We Will Feast Together in Heaven Forever': The Epistolary Friendship of John Calvin and Philip Melanchthon", in *Melanchthon in Europe: His Work and Influence Beyond Wittenberg*, ed. Karin Maag (Grand Rapids: Baker, 1999).

Westphal, Farrago confusanearum et inter se dissidentium opinionum de coena Domini ex sacramentarioum libris congesta (Magdeburg: 1552).

Williams, George Huntston. *The Radical Reformation* (Kirksville: Sixteenth Century Journal Publishers, 1962; 3rd, edition 1992).

Witsuis, Herman. *De Oeconomia Foederum Dei cum Hominibus* (1677); The Economy of the Covenants between God and Man, tr. William Crookshank (London: T. Tegg & Son, 1837).

Wolff, Christian. *Vernünftige Gedanken von den Kräften des menschlichen Verstandes in Gesammelte Werke* (Hildesheim: 1965, repr.).

_____. *Vernünfftige Gedanken von Got, der Welt und der Seele des Menshen, auch allen Dingen über haupt*.(1720).

Woolsey, Andrew. A. Unity and Continuity in Covenant Thought: A Study in the Reformed Tradition to the Westminster Assembly (Ph.D. dissertation: Glasgow University, 1988).

Wright, David Frederick. "1Corinthians 7:14 in Fathers and Reformers", in Die Patristik in der Bibelexegese des 16. Jahrhunderts, edited by David C. Steinmetz (Wiesbaden: Harrassowitz Verlag 1999).

Zuck, Lowell H. "Melanthonianism and Reformed Theology in the Late Sixteenth Century", in *Controversy and Conciliation: The Reformation and the Palatinate, 1559-1583*, ed., Derk Visser (Allison Park, Pickwick Publications, 1986).

Zweig, Stefan. 『폭력에 저항한 양심, 칼뱅에 맞선 카스텔리오』, 안인희 역 (서울: 자작나무, 1998).

김의환 편역, 『개혁주의 신앙고백집』 (서울: 생명의 말씀사, 1984).

김재성, "기도와 그 언약적 특성", 『신학정론』 (16권 2호 1998년 11월).

_____. 『인간의 좌표』 (서울: 도서출판 하나, 1999).

_____. 『칼빈과 개혁신학의 기초』 (수원: 합동신학대학원 출판부, 1997).

_____. 『칼빈의 삶과 종교 개혁』 (서울: 이레서원, 2001).

_____. 『성령의 신학자, 요한 칼빈』 (서울: 생명의 말씀사, 2003: 기독교 문서선교회, 2014).

_____. 『개혁신학의 정수』 (서울: 이레서원, 2003).

_____. 『개혁신학의 전망』 (서울: 이레서원, 2004).

_____. 『교회를 허무는 두 대적』 (킹덤북스, 2011).

_____. 『Happy Birthday, 칼빈』 (킹덤북스, 2012).

_____. 『개혁주의 성령론』 (서울: 기독교문서선교회, 2012).

김재성, 『개혁신학의 정수』(킹덤북스, 2016 개정판), 제6장, 제7장 "언약 사상의 정수 (1), (2). 참조.

김재성, "하이델베르크 교리문답과 언약 사상", 『국제신학』 제15권(2013): 149-206. 김재성, "하이델베르크 교리문답과 웨스트민스터 신앙고백서의 언약 사상", 『한국개혁신학』 40(2013): 40-80.

박윤선, 『성경과 나의 생애』 (서울: 영음사, 1992).

_____. 『성경신학』 (서울: 영음사, 1971).

방델, 프랑수와. 『칼빈, 그의 신학 사상의 근원과 발전』, 김재성 역 (서울: 크리스챤다이제스트, 1999).

신복윤, 『칼빈의 신학 사상』 1 (서울: 성광문화사, 1993).